早稲田大学・厦門大学国際学術会議論文集

日中共同知の創造

樋口清秀
楊　春時
劉　　迪
王　　元

編著

白帝社

目次

はじめに

一　国際政治経済研究

習近平政権の特徴とこれからの中国………………………………［天児　慧］　4

日本の環境政策………………………………………………………［樋口清秀］　8
　　　　——省エネ・省資源社会から資源循環社会へ

日本の地方財政問題——高齢社会の水道事業………………………［朝日讓治］　19

中镇问题初探——以安徽淮北临涣镇为例…………………………［王　　元］　33

乡村文化"复魅"与产业升级………………………［林朝霞·丁智才·张莉］　49
　　　　——基于福建十村的调查

国际社会利益对国际法缔约方式的影响……………………………［陈海明］　61

打破中日关系困局的文化外交途径…………………………………［李　　丹］　74

最近 40 年中国改革的实践主义特征…………………………………［刘　　迪］　82

二　日中文化交流

中日恩文化之比较……………………………………………………［杨春时］　96

早稲田大学と中国との持続可能な学術交流：………………………［宮崎里司］　108
　　　　日本語教育を中心として

日本对近代中国美学学术的影响路径………………………………［高　上］　122
　　　　——以王国维美学思想的形成为例

中日广告教育比较研究………………………………………………［苏　文］　132

中日茶道的源流及价值取向差异……………………………………［王传龙］　155

中国早期社会主义传播的日本中介…………………………………［陆　扬］　167

中日人文学交流与共识的建立——以古文字学的现况为例………［张惟捷］　176

川端康成的《麻雀的媒妁》与易占…………………………………［张　石］　186

新井白石《东雅》（1717）的类目及分类体系………………………［钟雪珂］　190
　　　　——中日交流的成果

日本學者對清朝古典學術界的影響………………［Orlandi Giorgio（羅巍）］　205

i

清代《康熙字典》流传日、朝、越三国考……………………[裴梦苏] 216

中国电影在日本——以德间康快举办的中国电影节为中心………[刘文兵] 230

当代闽籍作家的日本"性"体验——"福建二陈"的小说为例………[林 祁] 240

"去日本化"与"再中国化":光复初期台湾文化重建的论争………[余巧英] 252

"Ecological" or "Environmental"? …………………………[Li Tingwen] 262

　　　—On Kai Katsuji's Translation of Wang Nuo's Eco-criticism

日本左翼今安在………………………………………………[逄增玉] 270

　　　—日本左翼政治领袖大塚有章在"满映"与中国的岁月和活动

东方美学视角下中日广告视觉形象美探讨………………[徐心懿·罗萍] 284

　　　—以中国"百雀羚"和日本"资生堂"平面广告为例

日本动漫 IP 广告视觉形象分析…………………………[田雨蕙·罗萍] 292

三　文化・芸術

"乐感美学":中国特色美学学科体系的构建……………………[祁志祥] 300

论雕塑艺术之单纯性与丰富性………………………………[骆玉平] 320

走出德国古典美学:中国美学发展的时代主题…………………[代 迅] 331

自我、回旋与交换—中国当代美学之思………………………[赵 臻] 348

跨文化研究与中国美学话语转型……………………………[李庆本] 362

马里翁关于爱的现象学沉思…………………………………[仲 霞] 372

中共党员作家群的创作道路研究……………………………[罗伟文] 384

文化趣味:林语堂的文化建设之路……………………………[余 娜] 395

民族国家的吁求与知识分子的归属感冲动…………………[谢慧英] 405

　　　—以"何其芳现象"为例

重思"五四"……………………………………………………[周伟薇] 422

後記

ii

はじめに

　2016 年 10 月早稲田大学と厦門大学は学術交流を一層促進するために大学間交流協定を締結しました。そこでこの学術交流のスタートを切るべく、2017 年 5 月学術交流フォーラムを開催した。厦門大学側は厦門大学のみならず、中国各地の大学から 30 名を超える先生・研究者方に参加いただいたうえで、国際政治経済研究、日中文化交流研究、文芸美学研究のセッションに分かれ、さまざまな視点から多くの研究報告が行われ、それらについて真剣かつ真摯な討論がなされた。

　本書は、フォーラムにおいて研究報告された論文に加え、本書出版にご賛同いただいた先生・研究者によって著述された論文を取りまとめたものである。分野内容は、それぞれの視点からの日中国際政治経済比較研究、中国研究者からの日本研究、日本の研究者からの中国研究、また互いに関心のあるそれぞれの国の歴史を俯瞰した研究などなどさまざまである。しかし、これらはいずれもこれまでの、またこれからの日中の政治経済・文化交流・文学・美学研究に対して一石を投じうるほどの珠玉の論文ばかりある。本書がこれからの当該分野における日中での学術研究の促進および早稲田大学と厦門大学の大学間学術交流促進に大いに貢献できれば望外の喜びとするところです。

　最後になりましたが、頭書の早稲田大学―厦門大学学術交流フォーラム開催・運営および本書の出版にご尽力・ご協力をいただいた早稲田大学国際部、厦門大学楊春時教授、杏林大学劉迪教授、東北文化学園大学王元教授、早稲田大学大学院国際コミュニケーション研究科樋口研究室学生黄浩君、元研究室生劉旭君の心より感謝申し上げます。刊行にあたっては、早稲田大学孔子学院から出版助成金の交付を受けた。

2018 年 9 月
執筆者を代表して
樋口清秀

一　国際政治経済研究

習近平政権の特徴とこれからの中国

天児　慧

（早稲田大学大学院アジア太平洋研究科）

　2017年10月18日、第19回中国共産党全国代表大会が開催され24日に閉幕した。5年前の18回党大会で党総書記に就任した当時の習近平の政治的基盤は客観的に見れば脆弱であった。スタート当初は、一方で党や軍の指導部の人事では、江沢民の息のかかった人物が目立ち、他方で、党や国家の実務領域で胡錦濤の息のかかった共青団系の比較的若手の指導者が多数を占めていた。今回19回党大会での特徴は何よりも習近平の直接息のかかった人々が大量に抜擢され、習近平指導体制の基盤は飛躍的に強化されたといえよう。自分の権力基盤を強化するために、習は何に力を入れたのか。3つの特徴が見られる。

反腐敗闘争と対抗勢力の打撃の繋がり

　第一は、「腐敗の一掃」を錦の御旗にしてライバルになりそうな人物、対抗勢力を打撃したことである。反腐敗闘争の最高責任者、「旗振り人」は青年期（文革期）より交流があり、広東省、北京市で行政面で威力を発揮していた王岐山であった。習はまず18回党大会直前に党のトップをめぐり最大のライバルであった同じ革命幹部二世の薄熙来を失脚に追いやった。続いて党大会後は王岐山を党中央規律検査委員会主任にして、大々的な「反腐敗闘争」を展開した。江沢民系で公安部門、石油部門を握っていた周永康と石油派の数名のトップ幹部、軍の二人の副主席、徐才厚・郭伯雄らを失脚に追い込み、他方で、共青団系の指導者、胡錦濤下で党中央弁公庁主任を務めた令計画を失脚させた。さらに、ポスト習近平の有力候補の一人だった李源朝国家副主席、党内序列2位で国務院総理の李克強なども重要な政策決定から実質的に排除されていった。17年7月にはポスト習近平の最有力候補の一人といわれていた若手のホープ重慶市党書記・孫政才も失脚させた。いずれにせよ、反腐敗闘争の結果を見れば、習近平のライバル、ポスト習近平候補になりそうな人物がことごとく政権周辺から排除されていったということである。

習近平への権力集中と権威化

　第二は、制度的な習への権力への集中である。江沢民時代以降ほぼ 20 年間、党総書記は国家主席、中央軍事委員会主席のポストに就き、同時に外交、経済財政、など分野別の政策決定を行う 10 余りの領導小組の幾つかのみを兼任するのが通例であったが、習はこれら小組のすべてのトップに就いた。その上幾つかの領域をまたぐ特に重要な安全保障や改革政策、メディア・サイバーセキュリティーの 3 つ分野で新たな政策審議・決定の組織を新設し、これらのトップもすべて習自身が就任した。習近平は胡錦濤の後継が内定した２０１０年の秋頃から早くも政策決定は「頂層設計」（トップダウン）方式でやらねばならないと強調していたが、まさにこれらの政策決定権を握ることでそのための指導体制を作ったのである。19 回党大会はこうした流れの上に乗ったまさに習近平指導体制の完成版といえよう。

　第三は、習近平の「権威化」である。習への権力の集中、そして様々な大胆な戦略の設定、政策の実践はやがて最高指導者としての習近平の権威化を促すことになった。2012 年末の「中国の夢」の提唱、翌年の「2 つの百年」の成功裏の実現、オバマ大統領との会談で提示した米国との間での「２１世紀の創造的な新型大国関係」樹立の呼びかけ、陸と海のシルクロード構想、すなわち「一帯一路構想」の提案・推進、さらにはその具体化のために初めての中国イニシアティブで創った国際銀行、「アジア・インフラ投資銀行（AIIB）」を果敢に進めた。これらによって、偉大な指導者のイメージを高めたといえよう。

　「偉大な指導者」習近平のイメージ作りに合わせて、2016 年初め頃から習近平を「核心指導者」にするという声が上がり、同年 10 月の第六回党中央委員総会でついに「習近平同志は党の核心」という正式決定がなされた。この表現は毛沢東、鄧小平、江沢民に継いで四人目で、「党指導の核心」という肩書がつくことは、これまでのケースから類推して党の重要事項の決定に極めて大きな権限を持つことを意味する。17 年に入り、さらに「習近平思想」という言葉がメディア、地方幹部から使われるようになったが、19 回党大会でそれに近い表現の「習近平総書記『新時代の中国の特色ある社会主義』思想」が党の正式文書に盛り込まれた。習自身から見れば、5 年というそう長くはない期間で、ここまで彼の集権化と権威化を推し進めることができたのは大きな成果であったと言えよう。

中国の目指す目標と課題

　では党大会での習近平の「政治報告」からどのような特徴が読み取れるのか。第1に、「2つの百年」という成功裏に向かえるという従来の長期戦略目標をより具体化すると同時に、その間の 2035 年に中間目標を設定したことである。経済はすでに量から質を目指す段階に入っており、国有企業の戦略的再編、環境改善、ハイテク・金融の役割を重視した資本市場の健全な発展を促進することを強調し、2035 年までには、経済・技術の面で革新型国家の上位に立ち、中華文化の国際的影響を高め、中間層を増やし、格差を縮小した「美しい中国」を実現すると主張している。35 年からの第 2 段階では世界一流の軍隊を作り上げ、トップレベルの総合国力を持つ現代化した社会主義強国を実現すると言明した。習近平の演説は 3 時間半と極めて長いもので、体力的にも精神的にも頑強であることを内外に示し、「偉大な指導者」への意気込みを示したものといえよう。

習近平の統治スタイル―慰撫と懲罰

　習近平の指導スタイルとして、自分の考え方、政策に同調・支持する者に対しては恩恵を与え包容力のある姿勢を示すが、異論・批判をしめすものには強硬で仮借なき打撃を与える。「アメとムチ」「慰撫と懲罰」のやり方は王朝時代の皇帝のやり方であったが、まさにこれに重なるような姿が見える。憲法を盾に「自由と民主」を訴え獄中生活を強いられた劉暁波が 7 月に癌で死亡したが、当局は最後まで海外に移すことを拒否し、夫人も軟禁状態に置かれたままという厳しい対応に徹した。対外的にも友好を強めていた韓国が北ミサイルの脅威に対して高度ミサイル防衛システム・サードの導入を決定したとたん、これが中国自身の安全を脅かすとして強く反対した。それにより「逆鱗」に触れた如く、暴風雨に襲われたかのように韓国経済は強烈な打撃を受け、厳しい試練に直面している。

　おそらくこうした中国当局の一連の動きに対しては、国内外からかなり強い反発があると思われる。胡錦濤時代に「民主」の必要を説く知識人の声が増大し、ソーシャルメディアによる疑似的「公共空間」も広がり、社会問題に対する民衆の声が拡大していた。今これらに対する当局の引き締めは極めて強い。しかしそれは当局の引き締めに納得していることを意味しない。水面下に潜ったこれらのパワーはいずれは再び浮上してくるだろう。

　これからを見通すポイントは、習近平政権が民主化に向かう過渡期の新権威主義的政権（開発独裁政権）と判断できるのか、あるいは経済近代化は進みながらも政治的には官僚制、イデオロギー的には新儒教主義とも言えるような、かつて金観濤が提起した「封建的超安定システム」の「偉大な復興」となるのか。いずれも民衆・市民意識を含めた政治文化の変容にかかってくるだろう。前者ならば民主化の可能性が見えてくるが、少なくともこれから5年間の習近平第二期政権の終わりごろまでは、その行方はまだ見えてこないだろう。

日本の向き合い方

　では日本はこうした中国とどう向き合えばよいのだろうか。経済、軍事力で中国は日本を超え、今後ますます差をつける勢いである。尖閣・安全保障問題で一段と強硬な姿勢を強め、経済でも「一帯一路」への参入などを迫っている状況である。私は、ここしばらくは日本は米国との連携を含め毅然としたしっかりした姿勢を堅持すべきだと思う。しかし、それは対決を目的としたものではない。少しスパンを長くして考え、日中は相互に学び合い、調和のとれた関係を築き上げることを目指すべきである。その意味で「聖徳太子精神」の思い起こし、それを蘇らせることを提唱したい。中国の皇帝に毅然と向き合いながら、遣隋使を派遣し学べるものは積極的に学ぶ。そして「和を以（もっ）て貴しとなす」で締める、この現代版こそが、これからの日本に求められているのではないだろうか。

日本の環境政策
—省エネ・省資源社会から資源循環社会へ—
Japanese Environmental Policy
樋口清秀（早稲田大学）

【Abstract】 Japan had suffered severe environmental problems in Meiji era and 50's and 60's. In Meiji we suffered polluted air and polluted exit water which polluted the river from the copper mine. And we suffered polluted water and polluted air or gas from factories, the mineral mountainand motor vehicles,which led to severe losses of many human lives and human health. These are negative economic effects on human lives which is called one of market failure. We needed environmental policy to overcome these problems.. We took an environmental policy to regulate economic behavior and production systems to make air and water clean. Then it seemed that economic growth went down. But Japanese companies innovated new energy saving or energy efficient technologies and production systems with the governmental financial support, which led to improvement of global market power of Japanese products.

When the global environments and the global warming became more critical in 80's, the world countries needed to deal with these environmental problems. So they had a conference led by UN at Kyoto where they decided Kyoto Protocol which means every country must decrease exit of COx and other Gas to avoid worsening global warning. Japan ratified this treaty. Meanwhile Japanese economy suffered serious economic recession. So Japanese economy must have seek for the return to the prosperity and the environmental problems at the same time. Thus Japanese economy must seek for new environmental policy, that is, we must have make our economy return to a prosperity with overcoming the environmental problems. The new environmental policy is to seek for the resource recycling society. A symbolic term is Three Rs policy, which means Reduce, Remake and Recycle. Following this, Japan can succeed in clearing the environment with keeping the proper level of production activity and economic behaviors.

はじめに

　日本の環境政策は、日本が１９５０年代、６０年代の経済発展過程において、国民の生命や生活をむしばむほどの深刻な環境問題に直面し、これを克服することから始まった。熊本県の水俣病、富山県の神通川カドミウム公害、および三重県の四日市ぜんそく病などの３大公害問題に加え、さまざまな地域、とくに工業地帯や鉱山開発地域での大気汚染、水質汚濁、自然環境破壊など様々な環境問題が勃発し、多くの市民・国民の生命や生活の基盤喪失や深刻な健康被害を受けた。環境政策はこれらを回避・解消させるための政策である。

　そもそも環境問題の本質は、人々の自然を活用する経済活動の結果、より高い生活満足度を得る一方で、その結果生ずる負の経済効果のことである。灌漑・や森林伐採・生活排水・工場排水・鉱物廃棄・排ガス・煤煙排出などなどさまざまな負の効果につながる経済行動がある。これらにより、水質汚濁・大気汚染・酸性雨・少雨砂漠化・異常気象による健康被害・災害の急増・生活水準の悪化さらにはオゾン層の破壊などが持たされる。まさに負の経済外部性効果が生じるのであり、社会的不公平の著しい拡大につながるものである。これは政策によって是正されるべきものであろう。しかし環境政策は多面的であり、水質・土壌・大気汚染管理、化学物質の管理・生物多様性維持、自然公園管理・環境評価・廃棄物管理とリサイクルなどなど多岐にわたる。それぞれの問題にはそれぞれの政策が必要であることは言うまでもない。

　日本においては、まずは公害問題、次に環境問題を克服するための政府権限を強化するために１９６７年公害対策基本法、１９７１年環境庁発足、２００１年環境庁を改組し、環境省を発足させることで環境に対する政府・行政の権限を強化してきた点が環境政策の展開の主眼になることだけは念頭に置こう

１．日本の環境政策は水質汚濁解消から

　日本における水質汚濁についての最初の顕著な公害事例は、１９世紀に顕在化した栃木県における足尾銅山開発による鉱毒ガスやそれによる酸性雨による山々の森林破壊および渡良瀬川への銅精錬廃棄物流入による河川崩壊である。その後の１９５６年熊本県水俣市において水俣病の症病例がはじめて公表されるや、工場排水への公害問題に大いなる関心が寄せられるようになるや、６０年代には水質汚濁への環境問題に対する関心が一気に高まるとともに、富山県神通川におけるカドミウム汚染問題および四日市の喘息蔓延にも脚光が浴びることになり、政府・自治体はこうした公害問題に真剣に取り組まざるを得なくなった。その結果、１９６７年公害対策基本法を成立させた。また、それに従い、１９７０年水質汚濁防止法が立法化されることになり、日本は水質汚濁回避・解消に向け、政府・自治体・企業・国民が一丸となって本格的に環境問題に取組始めた。

　１－１　排水規制

　国と地方自治体は、１９７０年から８４年にかけて一般排水の汚濁水準を規制するために、

①　水質汚濁防止法
②　瀬戸内海環境保全特別措置法
③　湖沼水質保全特別措置法

の三法を制定した。これらの法は、環境大臣、地方首長・自治体に排水基準設定の権限とともに、工場排水の水質報告の義務化と立ち入り検査・排水処理変更権限に合わせて、違反者に対する罰則執行権限をも与えた。

そして、排水基準には以下の２点が重視された。

1)健康を害する水質汚染物質への規制であり、カドミウム・水銀などがその主たるものである。

2)生活環境を侵害する汚染物質への規制であり、水の有機物汚染および酸素の不足化を回避を目的として、生物化学的酸素要求量（BOD）および化学的酸素要求量（COD）を基準化するものである。

２００８年環境省はこの３法の施行に従い、日本全国２７７、０００事業所（うちホテル・旅館は６８，０００事業所）を調査し、７６００事業所に対して行政指導、２３事業所に改善の行政命令、１件事業停止、１３事業所において排出基準違反での逮捕、を実行してきている。

１－２　生活排水対策

家庭からの生活排水による河川・湖沼の汚染も大きな問題である。日本政府は家庭排水処理に向け、下水処理設備の建設を促進し、２００７年末までに人口当たりの下水処理普及率は７１．７％までに拡充させた。また下水処理施設が整わない山間部・過疎地には農業集落施設や浄化槽と呼ばれる家庭用下水・汚水処理設備を普及させた。さらに排水処理施設建設に対しては積極的に補助金を交付したので、２００７年末までに我が国における人口当たりの排水処理普及率は８３．７％までになった。それに加え、国民に対して排水に対する水質管理の意識向上を図る一方で洗剤製造業者などには環境にやさしい製品開発を促し、その結果７０年代には無リンの洗剤が商品化されたので、現在ではほとんどの洗剤が無リン洗剤となった。また最近ではわずかな洗剤でも泡が立ち、それで体を洗うことができるボディ・ウォッシング・タオルが発売されるようになった。これは少ない洗剤で体を洗浄でき、水利用にとっても大変効率的で・極めて環境にやさしい商品の一例であるが、日本ではこれまでのさまざまな環境規制が実施されてきたが、そのたびごとに各企業・メーカーとも水関係のみならず、その他の分野の環境保全についても、各規制に対して、人々のニーズに適応すべくさまざまなイノベーション技術・商品が開発・発売されてきており、これがわが国の環境保全向上を一層有効なものにしてきているのは事実であろう。

　日本政府・自治体は国民の水および飲料水への意識を一層向上させるために、海・河川・湖沼・地下水を定期的に調査し、水質のランキングを公表することで住民・観光業者などに対しとくに水質浄化・保全への注意・配慮を要請してきた。もし保全汚染度が深刻な場合には早急に改善の措置を取るようにしている。

　1－3　大気汚染対策

　日本では、大気汚染については、冒頭でも言及したように、1960年代石油コンビナートからの硫黄酸化物の排出による周辺住民における喘息患者の急増から問題視されるようになった。そこで1968年大気汚染防止法が設定され、工場からの煤煙・粉塵排出および車からの排ガスに対し、SOx、NOx、COxなどの人体有害物質の排出に対して厳しい環境基準値を設定した。またそこには政府・自治体に規制への執行規定も盛り込まれた。各知事には、施設計画の提出要請権限、計画変更権限を与える一方、環境省には、煤煙の排出記録提出の義務化、さらには、発電所を含む煤煙発生施設の監視義務および規制権限、自動車に加え、建設機械を含む特殊車両への許容限度設定権限、軽油・揮発油の硫黄含有量規制・窒素酸化物・粒子物質排出規制権限を付与した。その一方で、環境省では大気汚染物質広域監視システムを構築し、定期的に観測データを公表してきている。これまでの公表データによれば、大気汚染についてはおおむね問題ないと言いたいと子であるが、福島の原発メルトダウン以後に大気中の放射性物質に異常な観測値が出てきていることについては現在でも続いていること自体は事実である。

　1997年京都において、第3回国連気候変動枠組み締結会議が日本がホスト国として開催され、国連気候変動枠組み条約、いわゆる「京都議定書」が締結された。そこでは日本は2008年から2020にかけて温室ガスの排出を60％削減する目標を約束した。そこで日本政府は、'98には地球温暖化対策促進法を制定し、各団体に温室ガス排出抑制に責任を課すとともに省エネ化と非化石エネルギーの開発に重点をおいた補助金を含めた促進政策を展開した。エネルギー利用業者にはエネルギー管理者の設置を義務付けする一方で、各製品にエネルギー効率消費の基準を条件付けた。再生可能エネルギーと原子力を含む非化石エネルギーはCO2排出削減に大きく貢献するものとして重視し、2009年11月には太陽光発電の買い取り制度を新たに発足させた。その結果住宅用には48円/KW,非住宅用には24円/KWでの取引が制度として成立した。さらに政府はこの排出削減目標を達成させるために、'09年12月「チャレンジ25キャンペーン」を開始し、全国的な国民運動として京都議定書の約束実現に邁進してきている。

２．日本企業の環境への取り組みと環境マネジメント

　１９９１年環境庁は日本企業に対して「「環境」に優しい企業行動調査」を行った。それによれば、企業行動における環境への配慮について、

社会貢献である	４３．３％
業績を左右する重要な要素である	２９．９％
企業の最も重要な戦略の一つである	２２．２％

との回答内容であり、企業が積極的に環境対策に行動対応しているようには見えなかった。また環境保全のための企業行動対応としては

省エネ促進	８６．８％
オフィス回帰物削減	８３．６％
印刷物などの削減	８２．４％
産業廃棄物の削減	７２．５％
環境管理体制の整備	６６．０％
グリーン購入推進	６２．９％

との回答であり、圧倒的に資源の効率的活用にシフトしているようでうあった。さらに企業に「地域の一員として環境保全活動をしているか」との質問については、５８．％の企業が活動していると回答しており、

地域清掃活動	８０．７％
施設見学受け入れ	４０．６％
工場緑化	３４．８％

の内容であった。まさに当時の日本は環境汚染の削減が環境保全の主たる行動であった。ところが、２００８年のリーマンショックによる深刻な景気後退により、各企業はこの景気低迷状態を打破するために新たなイノベーション行動が必要になった。そこで着目されたのが、環境イノベーションあるいはグリーンイノベーションであり、環境関連の研究開発投資が急増した。それに、政府の、グリーン購入、補助金、税制優遇の各政策さらには環境技術実証制度の発足があいまって、環境配慮製品やサービスの需要を刺激することになった。それが日本の景気回復の一助になったことは否めない。

　そこで各企業は環境経営を重要視するようになった。廃棄物の削減、化学物質の管理の強化を CSR（Corporate Social Responsibility―企業の社会的責任―）とそして積極的に企業活動の中に取り入れるようになり、約６０％の企業

が新エネルギーを導入するようになった。卸・小売り業では、物流拠点の統廃合・輸送車両の大型化・輸送の共同化・シェアリング化による輸送・在庫エネルギー・コストの効率化を図るようになった。また CO2 排出企業はグリーン開発メカニズムに従って行動するようになり、電気・石油・石炭製品界は排出の取引を試行しはじめ、環境負荷の製品を価格メカニズムに従わせるようにした。

　また、企業の生物多様性への対応も顕著化した。その結果、「環境マネジメント」とういう用語も普及し始め、

　　　　① 環境は経営の基盤
　　　　② 環境活動の評価と対応は絶えずチェック
　　　　③ 環境についての情報と伝達の日常化
　　　　④ 環境モニタリング
　　　　⑤ IT 活用による環境負荷低減化

などが日常の企業活動の中で重要視、あるいは行動の根幹にするようになった。

3．One R(Reduce=省エネ・省資源)から Three Rs （＝資源再生循環社会）への転換

　日本には、「もったいない」という言葉があり、人びとみなこの言葉に共感する。これは、まだ有用・有効なのにもかかわらず捨ててしまわれたり、あるいはそれが粗末に扱われてしまわれたりすることは残念だという意味である。この言葉を背景として、少資源国ゆえに産業資源の大半を外国に依存することで産業社会基盤が極めて脆弱な状態が続いてきたうえに、環境問題に直面した日本政府は、１９９１年「再生資源の利用の促進に関する法律」を制定し、使用済み資源の再利用を企業・国民に喚起させ始める。これが京都議定書をはじめとするさまざまな環境問題の克服問題と相まって、先の法律は改正され、「資源の有効な利用の促進に関する法律」として２００１年４月に施行された。これは、これまでの大量生産・大量消費・大量廃棄の経済社会からの脱却を意味し、一定の資源制約・環境制約のもとでの持続的経済成長の達成をめざすものとなった。これは Reduce にを中心とした省エネ・省資源の環境政策から three Rs (Reduce, Reuse, Recycle)を手段とする資源再生循環型経済社会追求への大きな環境政策の転換とも言えよう。

　法律面では、「循環型社会形成推進基本法」のもとに、適性は廃棄を目指す「廃棄物処理法」と効率的は資源循環を目指す「資源有効利用促進法」は制定されたうえで、個別物品の応じても規制が行われ、

　　　　容器包装リサイクル法
　　　　家電リサイクル法

食品リサイクル法
建設資材リサイクル法
自動車リサイクル法
グリーン購入法（国などが率先した再生品などの調達促進）

が整備され、中央・地方政府およびそれぞれの事業者はこれらの法律に従って
それぞれの企業行動を行うように義務付けられた。

　　Three Rs は Reduce、Reuse、Recycle からなり、Reduce は廃棄物の抑制、
Reuse は廃棄物の再利用、Recycle は廃棄物の再資源化利用を意味するが、こ
れらを実現させるために、一般廃棄物および産業廃棄物のおよそ５割をカバ
ーする１０業種・６９品目を指定し、製造段階からの three Rs 対策、設計段
階での three Rs への配慮、分別回収のために識別表示、事業者による自己回
収さらにはリサイクルシステムの構築を義務づけた。なかでも分別回収のた
めの識別表示義務は、一般に目に見える形での環境政策を意識させるととも
に資源の効率的分別回収には非常に有効に機能している。対象の多くは容器
包装の識別マークであるが

スチールマーク
アルミマーク
PET マーク
紙マーク
プラスチックマーク
紙パックマーク
段ボールマーク

などの表示が義務化されており、現在では日本で販売されている商品のこれらに
よる容器・包装にはそれぞれわかりやすいマークが工夫・表示されており、消
費者はこれらの包装・容器を廃棄するとき分別廃棄しやすくなっている。その
結果資源回収コスト削減に大いに役立っている。もしこれらの表示義務に違反
したには、国は違反者に対して勧告・公表・命令をを実することができ、万が
一その命令に従わない場合には、５０万円以下の罰金を科すことができること
になっている。

　　さらにこの法律は関係者の役割と責務をも明確化している。事業者への責
務・役割として、

① 　使用不要部品・副産物発生抑制のための原材料の工夫・合理化
② 　再生資源・再生部品の積極的活用
③使用済み部品・不要副産物および廃棄再生部品・資源の再利用促進、

14

また消費者には、
　　　　① 製品利用の長期化
　　　　② 製品・部品廃棄物の分別回収に協力
　　　　③ 再生資源製品の購入促進
　　　　④ 国・公共団体・事業者の実施する資源回収・循環・再生対応政策措置
　　　　　 に協力、国・公共団体には
　　　　① これら施策実施にかかる資金の確保
　　　　② 公共調達における再生資源製品の購入の促進
　　　　③ これら資源循環システム構築・実施への技術振興
　　　　④ 国民。市民に理解を求める努力が課された。ここで製品資源循環の一
　　　　　 例を示すと、

　　回収されたペットボトル—（廃棄・再生）—＞ポリエステルのワイシャツ・
工場作業着—（廃棄・再利用）—＞工場での油拭き雑巾—（廃棄・再利用）—
＞火力発電所の燃料

があり、このシステムなどは、現在日本における最も効率的なリサイクルの活
用例の一つである。
　かくして、日本は国・事業者・消費者・市民が相互理解・協力し合って、経
済成長を維持しつつ、環境保全を前提とした資源循環社会の実現に邁進中であ
る。その成果が、都市のきれいな大気、汚染のない水質、停滞しない生産・消
費循環・世界最先端の環境技術の創出などに見られるようになったことは誰し
も否定はしないであろう。

４．中国の環境政策と日本の環境政策の相違

　中国は、１９７８年の改革開放以降、成長至上で経済発展が主導されてきた。
その結果２０１０年には GDP 世界第２位の経済大国となった。その一方で北京
をはじめ各大都市のみならず小都市、農村地域においてさえ深刻な環境問題に
悩まされるようになった。特に北京、上海、長沙、武漢、重慶などの大都市に
おける大気汚染は住民の健康に深刻な悪影響を及ぼすようになった。まさに環
境問題対応は待ったなしの状況に陥った。そこで、胡錦涛主席は、２００３年
１０月の共産党第１６期第３中全会において、これまでの成長至上を軌道修正
し、国民経済の科学的発展を強調し、翌年の同第４中全会において、全面的に
調和のとれた持続的発展社会を意味する「和諧社会」を提言し、その実現に向

けて各政策を展開することを提起した。環境問題については、2005年10月の党16期第5中総において、「国民経済社会発展第11次5カ年計画」を設定し、これまでの経済成長方式を転換させ、土地、淡水、エネルギー、鉱物資源および現存の環境状態をすべてを経済発展への所与の制約条件とみなし、今後の経済発展は人口、資源、環境と調和を図りつつ、実現していくべきことが強調された。まさに、「資源制約」が基本国策とされたのである。すなわち、「資源節約型のクリーンな持続的発展」こそ中国が求める環境政策目標となった。そこで、社会の情報化、節約型の経済発展、クリーンな発展、安全な発展、これらいずれも持続的発展に大きく寄与すると期待されている。さらに2008年2月の全人代では、「水質汚染防治法」が制定され、水質汚染に対する政府の権限強化とともに被害者の補償執行も盛り込まれた。

第11次5カ年計画の新計画では、生態環境の質、汚染物質排出の総量、生態の保全修繕について指数値化が初めて導入され、その政策効果も可視化されるようになった。環境の質の向上については、大気、水、土壌の汚染防止および汚染処理が主要な環境の質向上の対策行動対象とされ、各人民政府を主たる責任主体として、それぞれの地域に改善目標、対策任務、対応措置と重点プロジェクトを設定させ、中央国務院と緊密に協力して、計画実施・推進するように計画された。そして、そこにおける計画の実施状況への資金配分、評価、考課については PDCA が導入され、実施については、政治的ではなく、合理的な資金活用策も用いられた。この計画では、省エネと排出削減が主たる対策であったが、その成果としては、環境保護のキャンペーンや政策アクションプログラム展開によって、汚染物質の排出量が前年比で減少してきた。ところが2015年民間投資が減少してくるや、民間の環境対策投資も大幅に減少してしまった。これゆえ、大気汚染の根治などまだまだ道半ばである。工業分野における固形産業廃棄量やリサイクル率も10年前よりも減少してきている。したがって、この分野への投資増強は効率的資源利用の観点からも一層望まれるところである。

政府としては、環境産業を省エネ・環境保護産業として経済成長の核に成長させる意図はあるものの、戦略的新興産業になるための産業投資がまだまだ不足している。それに対して、2016年11月「国家環境保護十三五科技発展綱要」が発表され、環境保護技術の開発、環境・省エネ・技術の応用推進を政策推進することになった。さらに2018年1月からは、初めて「環境税」の施行が決定している。

以上の中国の環境政策はあくまで省資源・省エネに注視してきており、日本

16

の資源循環型社会追及とは大きな差がある。省エネ・省資源による環境改善・保護はそれに対応する技術革新・イノベーションが起こらなければ、経済成長をややもすれば抑制気味になる。しかし、資源循環型社会においては資源利用を増加させたとしても、その廃棄物は次の段階では有益な資源となるのであり、環境負荷も回避できる。ゆえに経済には成長抑制効果をもたらさない。ここが現在のところでの中国の環境政策と日本の環境政策の違いである。

まとめ

　今日の日本の環境については世界の先進国とされる。しかし、これは、ここに来るまでに多くの人命喪失・健康被害の犠牲があり、その犠牲を繰り返さないために政府・企業・国民・市民が工夫・努力してきた結果である。明治時代に公害問題が発生し、大きな住民運動がおこったが、それは単に反社会運動とみなされたこともあった。それが５０年代から６０年代に水俣病をはじめとして、戦後の高度成長にともなう公害問題が全国各地で発生し、人命喪失・健康被害が深刻になるや、国民の強い要請によってまず政府が公害抑制・防止に動いた。それは主に規制による省エネ政策によって公害発生の抑制を図ったものであった。この省エネ政策のための規制条例・規制法はオイルショックの原油価格の高騰期とあいまって、急速な省エネ・イノベーションをもたらした。そして新たに工夫された高エネルギー効率の自動車・輸送機械は世界市場で大きな需要を生み、日本経済は経済回復していく大きなきっかけとなった。

　また８０年代から９０年代には世界経済はグローバル化が浸透し、それぞれの経済間で資源獲得競争・貿易競争が激化し、地球規模での環境問題すなわち地球温暖化問題が深刻化した。そこで世界は特にCO_xの排出削減をすることで温暖化の抑制ルールを作成し、日本はそれを批准した。しかし、その直後にリーマンショックが発生し、世界経済は不況に陥った。ところが、資源獲得競争は激化したままであった。日本は、これを更なる経済構造改革の機会と捉え、あらたに「循環型社会形成推進」政策を策定、推進することで持続可能な社会の実現をめざした。その実現のために各立法・規制条例が作られ、施行されたが、重要な点は、政府・企業・市民の役割を明確化したこと、循環社会実現に対して企業には容器・包装に分別回収のための識別マーク表示の罰則を伴う義務化・循環システムの構築へ補助、国民市民への理解推進活動などは今日の循環が比較的スムーズに展開されてきたことである。さらにこれらの環境問題・資源不足による政府の厳しい規制・立法は企業にそれに適応すべき新技術・アイディアの創出、すなわち新たなイノベーションの創造を促進させることになった。そしてこれら新技術・アイディアについては政府が補助金という形で積極的に助成・支援してきたことも見逃すことができない。

　要するに日本は環境問題を経済構造の変換期と捉え、それを政府・企業・国民・市民の行動・協力でもって実現することで、環境問題を克服してきた。こうした日本における経済構造を変換させることで環境問題を克服してきた政策展開は他国の公害問題克服に重要な示唆を与えるものと確信する。

参考文献

江口伸吾・田中良（2010）「日本と中国における環境政策とそのアクター」
『総合政策論叢』3月号」
JBIC 『中国レポート』2016年第1号.
みずほ情報総合研究所「我が国の循環型社会形成の方向性」
https://mizuho-ir.co.jp/publication/column, 2017/03/30.
環境省「循環型社会への新たな挑戦」、
https://www.env.go.jp/recycle/circle/kaikaku/pamph.pdf. 2017/03/18
環境省『平成26年版環境・循環型社会・生物多様性白書』
関志雄「深刻化する環境問題—危機から商機へ—」
https://www.riete.go.jp/users/china-tr/jp/150513kaikakuhtml.2017/03/15
経済産業省「資源有効促進法について」http://www.meti.go.jp/policy/index.html
2017/03/25
国税庁「資源有効活用促進法の概要」https://www.nta.go.jp/shiraberu/senmon/
2017/04/01.
RIETI(Research Institute of Economy, Trade and Industry), *Japan's Environmental Policy*,https://www.riete.go.jp/jp/special/policy-update/059.html 2017/02/05
Smith,Brett(2015),"Japan: Environmental Issues, Policies and clean technology"
https//www.azoclean/eanfech.com/article, 2017/04/05
Yong yun Sao(2017)「環境保護5カ年計画の主旨内容と中国環境情勢の現状」、
MIZUHO China Monthly Report, 1月号。

日本の地方財政問題－高齢社会の水道事業

朝日讓治（明海大学経済学部）

はじめに

　わが国で進行している少子高齢化は、地域間の人口構成の相違を鮮明にし、地方財政にも様々な影響を及ぼしている。その一例を、地方公営企業による水道事業に見て取ることができる。地方公共団体による水道事業は、本来の行政サービスを提供する普通会計とは別に、地方公営企業会計として独立採算の理念に基づき実施されるべきものである。とはいえ、あまねく公平な水道水の供給のためには、国からの補助とともに、地域によっては地方公共団体の普通会計からの繰入金も必要としている。しかし、この繰入金の捻出が困難な地域もあり、人口の偏在と相俟って、水道料金の都市間格差を引き起こす問題のひとつになっている。

　図表1は、わが国の市町村における水道料金の格差を示している。

図表1　水道料金の比較

市町村（料金の高い順）	水道料金	大都市部	水道料金
夕張市(北海道)	6,841円	東京都	2,376円
深浦町(青森県)	6,588円	大阪市	2,016円
羅臼町(北海道)	6,360円	名古屋市	2,381円
江差町(北海道)	6,264円	福岡市	2,775円
上天草市大矢野地区(熊本県)	6,264円	札幌市	3,585円

注）表中の各市町村と東京都すべて家事用20㎥あたりの料金である。
（出所）読売新聞2016年5月31日付の表に大都市部を加えて作成。

　図表1から明らかなように、水道料金の最も高い市町村は、北海道の夕張市である。ついで青森県の深浦町、北海道の羅臼町と江差町が続く。いずれの市町も、全国平均よりもはるかに高い率で人口が減少している地域であり、人口密度も極端に低い市町村である。

　本稿は、われわれの暮らしにとって不可欠な水道に注目し、なぜ水道料金が地域によって異なるのか、を軸として、水道事業と地方財政との関係、水道水の供給主体、地方公営企業の特徴、電気やガスとは違った水道事業の特殊性などの視点から、少子高齢社会での水道事業を考える。

　第1節では、地方財政の構造を歳入と歳出の両面から考察し、水道事業への繰入金がどこに計上されているのかを明らかにする。ついで、第2節では、地方公営企業の特徴を論じる中でとくに水道事業の特性を説明し、水道事業の経営主体はどこか、地域によって様々に異なる経営実態を論じる。第3節では、水道事業の経営を、財務を中心に検討する。第4節では、具体的な水道事業経営の実態を論じ、これからの望ましい水道事業のあり方に言及する。

1. 地方財政の構造

1-1 一般会計予算

わが国の都道府県と市町村からなる地方政府の財政は、歳入面からみると、「一般財源」、「国庫支出金」、「地方債」、「その他」からなる。

「一般財源」は、個人住民税や法人関係二税などの「地方税」、ガソリン税など国が徴収した税から地方に配分される「地方譲与税」、そして地方政府の財政力に応じて交付される「地方交付税」からなる。

「国庫支出金」は、国の経済対策などに応じて地方政府が行う建設事業や復旧事業に使途が限られた歳入である。

「地方債」は、地方政府が一会計年度を超えて行う借入れである。地方財政法第5条では、「地方公共団体の歳出は、地方債以外の歳入をもって、その財源としなければならない。」とされているが、「ただし、次に掲げる場合においては、地方債をもってその財源とすることができる。」といくつかの例外を列挙し、地方債の発行を容認している。

具体的に、図表2により、静岡市の2017年度の当初予算の歳入をみてみよう。[1]

図表2　2017年度静岡市当初予算歳入内訳

市税	1266 億円
地方譲与金	21.14 億円
地方交付金	27.99 億円
国庫支出金	518.31 億円
市債	425.96 億円
その他	756.58 億円
歳入合計	3116 億円

この総額3.116億円はどのように支出されるのであろうか。図表3は、歳出内訳である。当初予算の歳出に、「衛生費」として270億円ほど計上され、そこから「簡易水道費」として1億5,350万円及び「水道費」として1億4,557

---

[1] 静岡市を例として取り上げたのは、同市が人口構成などの面で日本の平均的な市であると見なしたためである。

万円が水道のために使われる。[2]

図表 3　2017 年度静岡市当初予算歳出内訳

総務費	273.41 億円
厚生費	1003.26 億円
衛生費	270.13 億円
土木費	465.08 億円
教育費	494.48 億円
公債費	381.39 億円
その他	228.25 億円
歳出合計	3116 億円

　これら歳入・歳出予算は「一般会計」であるが、その他に「特別会計」と「企業会計」の予算が編成されている。

1-2　特別会計予算

　特別会計は、特定の事業を行う場合、一般会計とは別に立てられる会計である。静岡市では、14 の会計がある。図表 4 はその主な会計をまとめたもので、14 の特別会計の総額は 2,420 億円である。

図表 4　2017 年度静岡市特別会計当初予算

公債管理事業会計	641.40 億円
国民健康保険事業会計	861.43 億円
介護保険事業会計	631.76 億円
その他	285.41 億円
特別会計合計	2420 億円

図表 5　2017 年度静岡市企業会計当初予算

病院事業会計	147.02 億円
水道事業会計	167.13 億円
下水道事業会計	442.24 億円
企業会計合計	756.39 億円

1-3　企業会計予算

　地方公営企業の会計は、「企業会計」として、一般会計や特別会計とは別に立てられる。静岡市では、病院、水道、下水道の 3 つの会計がある。図表 5 は、静岡市の企業会計であり、その合計は 756 億円である。

---

[2] この衛生費が、後述の水道事業会計における「他会計支出金」の一部となる。

1-4 静岡市の 2017 年度当初予算

　以上３つの会計を図表６にまとめよう。静岡市の 2017 年度予算総額は、6,292億円となる。

図表6　2017 年度静岡市当初予算

一般会計	3116 億円
特別会計	2420 億円
企業会計	756 億円
予算総額	6292 億円

2. 地方公営企業と水道事業

2-1 地方公営企業

　ここで、地方公営企業の特徴を明らかにしておこう。

　地方公営企業は、次の３つの重要な特徴を持っている。まず、第一に、地方公共団体（以下「地方団体」）が経営する事業であること、第二に、地域住民にサービスを提供する事業であること、そして第三に、受益が個人に帰属する、すなわち、受益者が受益量に応じて経費を負担することが公平である事業であること、である。したがって、地方公営企業は、地方団体による公共財の提供ではなく、受益者を特定できる財・サービスを提供する企業である。当然、会計も別建てとなり、前者は「普通会計」、後者は「公営企業会計」となる。

　図表７は、2013 年度の全国の地方公営企業決算の状況である。この表から明らかなように、地方公営企業としての水道事業は、事業数 2,111 と交通や病院よりもはるかに大きな規模で実施されており、全体の決算規模は 3 兆 9,126 億円、黒字額は 2,518 億円である。この 2,111 事業のうち、「法適用企業」は 1,377事業であり、経常費用に対する経常収益の割合を示す「経常収支比率」は 109.4%である。

　さらに細かく見ていくと、水道事業は、上水道が 1,352 事業で全事業数の15.5%、簡易水道は 759 事業で 8.7% を占める。

　なお、表中、「その他」には、介護サービス、宅地造成、観光施設、駐車場整備、市場などが含まれる。また、これら事業のうち、地方団体が占める割合は、水道については 99.5%、下水道 91.3%、病院経営 12.3%、鉄道 13.4%、バス20.6%となっており、とくに水道はほぼ全体を地方団体が供給している。[34]

---

[3] 『地方財政白書 平成 27 年版』p.92-93。

[4] 朝日[2016]を参照。

図表 7　2013年度地方公営企業決算の状況　（単位：億円、％）

区分	事業数	決算規模	収支	うち法適用企業5	
				事業数	経常収支比率
水道（簡易水道を含む）	2,111	39,126	2,518	1377	109.4
交通	91	10,081	770	53	110.3
病院	642	45,536	▲429	642	99.4
下水道	3,639	55,244	1,405	538	105.1
その他	2,220	18,730	817	423	n.a.

全事業数 8703事業
注1）決算規模の算出法は次の通り
　　法適用企業：総費用－減価償却費＋資本的支出
　　法非適用企業：総費用＋資本的支出＋積立金＋繰上充当金
注2）事業数は年度末。
（出所）総務省編『地方財政白書平成27年版』p. XVに基づき筆者作成。

図表 8　地方団体の公営企業からの収入の割合

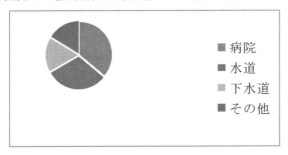

　事業別の公営企業からの収入をみたのが、図表8である。病院、水道、下水道の3事業が公営企業全体の収入のほぼ80％を占めていることがわかる。
　昭和27年に施行された地方公営企業法の第2条に、経営の基本原則として、「地方公営企業は、常に企業の経済性を発揮するとともに、その本来の目的である公共の福祉を増進するように運営されなければならない。」と規定されている。すなわち、地方公営企業は経営の効率性と、社会全体へ公平で安定的なサービスの提供という二律背反する難しい原則が求められているのである。
　同法21条では料金に関する規定があり、地方団体は、「地方公営企業の給付について料金を徴収することができる」とし、第2項で、「前項の料金は、公正

---

[5]　「法適用企業」と「法非適用企業」については、3-2節において説明する。

妥当なものでなければならず、かつ、能率的な経営の下における適正な原価を基礎とし、地方公営企業の健全な運営を確保することができるものでなければならない。」としている。ここで、「健全な運営を確保」としているのは、料金が必ずしも「原価主義」に基づくものではなく、事業報酬も原価に含めた「総括原価主義」を採用することを認めているのである。この「総括原価主義」こそ、水道事業などにおいて、永続的な供給義務を果たすことができる根拠となっているのである。[6]

2-2 水道事業の特徴

水道法によると、そもそも「水道」とは、「導管及びその他の工作物により、水を人の飲用に適する水として供給する施設の総体」と定義されている（水道法第3条1項）。ついで、「水道事業」とは、「一般の需要に応じて、水道により水を供給する事業」を指し、給水人口に応じて、100人以下の場合には水道事業とは言わず、5,000人以下の場合には「簡易水道事業」と定義し、5,000人を超える場合に「上水道事業」と定義する。このため、下水道、工業用水道、雑用水道などは「水道」に含まれない。

水道事業は、参入・退出規制があり、「すでに他の水道事業者により供給されている地域には参入できないのであり、これによって、地域独占が保障」されている。[7]

水道水の供給には、水道のための取水施設、貯水施設、導水施設、浄水施設、送水施設及び配水施設といった「水道施設」が必要になる。図表1で見た水道料金の格差は、さまざまな要因によって生じるが、最初にあげた「取水施設」と終わりの「送水施設」、すわなち、水の取り入れと上水の水道水の送り出しの費用が市町村によって異なることも重要な要因のひとつである。たとえば、地下水が豊富にある地域では取水が容易であるのに対し、他の市町村から調達する場合は単価が高くなり、それによって水道料金の格差が生じる。

長期的に水を安定的に確保するためダムを建設した地域の例をあげよう。「酒田市松山地区は、田沢川ダムからの水を浄水場や配水場に運ぶ送水管設置などのインフラ設備を行」った結果、水道料金が割高になっている。[8]

地域内に十分な水源がない場合の例として、図表1で4番目に水道料金の高い熊本県上天草市大矢野地区の事例があげられる。大矢野地区は、地域内からの送水だけでは需要を賄いきれず、独自に近隣の宇土市から分水を受けている。

---

[6] 石井ほか [2015] p.55。
[7] 中山 [2003] p.125。
[8] 中村 [2010] p.71。

大矢野地区が島であるという地形的な事情から、送水は14キロメートルに及ぶ海底送水を行っており、水道料金は高くなってしまうのである。

このように、水道事業は、水源という自然条件に左右されるため、原材料を海外からの輸入で賄っている電気やガス事業とは大きく異なる。

2-3　水道水の供給主体

水道水は、ほぼ100%が都県や市町村によって供給されている。その根拠となるのが、「水道事業公営の原則」を定めた水道法第2条の2で、「地方公共団体は、当該地域の自然的社会的諸条件に応じて、水道の計画的整備に関する施策を策定し、及びこれを実施するとともに、水道事業及び水道用水供給事業を経営するに当たつては、その適正かつ能率的な運営に努めなければならない。」と規定されているからであり、国が「国庫補助金」という形で地方団体の事業を補助しているのは、引き続く規定、「国は、水源の開発その他の水道の整備に関する基本的かつ総合的な施策を策定し、及びこれを推進するとともに、地方公共団体並びに水道事業者及び水道用水供給事業者に対し、必要な技術的及び財政的援助を行うよう努めなければならない」ことに基づく。

水道事業の経営はほとんど市町村が実施する場合が多いが、東京都や千葉県のように、都県が実施する場合もある。また、道府県が事業体となり、域内の市町村に分水する場合もある。地域によっては近隣の市町村と共同でひとつの広域連携事業体を構成する場合もある。これら事業の形態は、自然条件によって決まってくる。

たとえば、事業体として水道を提供している東京都の給水地域は、23区及び多摩地区26市町である。これに含まれていない武蔵野市、昭島市及び羽村市は独自の事業体をもつ。羽村市は、100% 地元の地下水を活用し、緊急時の受水を想定し、東京都水道局からは、通水機能確認及び受水ピット内の清掃を兼ねて、年間で500m³ 程度の暫定分水を受けている。

千葉県も千葉市をはじめ11の市で水道事業を展開し、それ以外の市町村では独自の事業体による給水が行われている。このように、地形的な理由や、歴史的ないきさつや、人口の動態に対応して、さまざまな給水方法がわが国の各地でとられているのである。

市町村合併によって、新しく誕生した市では、合併前の旧町の水道料金をそのまま引き継いでいる例がある。先ほどみた熊本県上天草市は、平成16年、大矢町と松島町と姫戸町と龍ヶ丘町の4つの町が合併して新しく誕生した市である。だが、同市の水道料金は、合併前の地区によって、図表9でみるように同じ市でありながら、異なっている。

25

図表 9　熊本県上天草市の水道料金（地区別に異なる）

大矢野地区	6,264 円
大矢野 湯島地区（離島）	4,752 円
松島地区	5,454 円

注）表中の金額は家事用 20 ㎥ あたりの消費税を含めた料金である
（出所）上天草市「上水道・下水道料金表」
http://www.city.kamiamakusa.kumamoto.jp/q/aview/122/1262.html

図表 10　2016年度静岡市水道事業の決算 収益的収支（消費税抜き）

収入	（単位：千円）	支出	（単位：千円）
区分	2016年度決算額	区分	2016年度決算額
給水収益	9,063,680	減価償却費	3,044,575
受託工事収益	66,083	支払利息	819,514
その他営業収益	245,983	人件費	1,004,614
営業外収益	539,181	工事請負費	228,834
特別利益	194	委託料	1,166,694
計	9,915,121	動力費	470,173
		修繕費	702,364
		受託工事費	63,414
		その他	730,803
		計	8,230,985
		差引損益	1,684,136

（出所）静岡市上下水道局水道部　「2016年度 水道事業の決算」

　この上天草市は、独自に地方公営企業としての水道局を持つことなく、隣接する3市、宇城市、宇土市、天草市とともに、「上天草・宇城水道企業団」を構成し、水道用水供給事業を実施している。企業団を構成することになった背景は、「上天草地域は、島嶼（とうしょ）部独特の地形から大きな河川がなく、地下水源にも乏しかったために、慢性的な水不足の地域」であり「宇城地域でも主な水源である地下水は水位の低下や塩水化が進行し地域内での新たな地下水水源開発は望めないため、水源の確保が急務になって」いた。そこで、「新たな水源を確保するため、球磨川から取水している熊本県八代工業用水の未利用水に着目し、平成10年1月に上天草・宇城水道企業団を設立」し、「平成16年2月から安全で良質な水道水を合併後の構成4市（宇土市・宇城市・上天草市・天草市）へ供給開始」することになったのである。[9]

---

[9] 上天草・宇城水道企業団ホームページ http://kamiama-ukisuido.jp/publics/index/2/

3. 地方公営企業の財政

3-1 水道事業の決算

　地方公営企業には、継続的な財・サービスの提供が求められる。そのため、施設、設備の整備がつねに行われなければならない。静岡市上下水道局水道部の決算を例にとろう。図表10と図表11は、静岡市の2016年度水道事業の決算を、「収益的収支」と「資本的収支」それぞれに分けてまとめたものである。

　収益的収支は、水道水を供給するために必要な費用である。収入側の「給水収益」とは水道料金の収入、「受託工事収益」とは、たとえば、市などから委託されて行った供給困難地域での工事の収益など、「その他営業収益」とは、不要になった水道管など売却からの収益、「営業外収益」とは、広報誌などの広告掲載費などを含む。

　また、支出側の「受託工事費」とは、市などから請け負ってする工事費用である。

　この表から、静岡市の水道事業は、収益的収支では16億円超の黒字を生み出していることがわかる。

　水道事業は、たんに水道水の供給だけでなく、同時に、長期にわたり安定した水道水の供給を確保するため、「資本的収支」も考えなければならない。図表11 は同年度の資本収支である。

　資本的収支は、継続的に安定した給水ができるように水道施設を維持し、建設するための費用である。収入側に、国庫支出金と企業債があるのが特徴的である。[10] 表中の「他会計支出金」とは、一般会計からの繰入であり、「負担金」とは、たとえば街中の消火栓設置のために市などが負担する金額であり、「補てん財源」とは、前年度からの繰越金や、現金支出を伴わない減価償却費などの内部留保資金、収益的収支の純利益などが当てられ、これらの資金が資本収支の財源不足を補てんするための財源となる。資本的収支では通常、過去の建設などにより生じた借入金（企業債）の 償還のための支出が含まれるため財源が不足することになり、このような措置が取られる。[11]

---

[10] 既述のように、地方財政法第５条の１において、「地方公共団体の歳出は、地方債以外の歳入をもって、その財源としなければならない」と規定しているが、交通事業、ガス事業、水道事業その他地方公共団体の行う企業に要する経費の財源とする場合については、地方債を発行することができると規定されている。ここでいう企業債はまさに地方債である。
[11] 「補てん財源」については、たとえば、北海道北広島市の「キーワード」を参照。
http://www.city.kitahiroshima.hokkaido.jp/hotnews/files/00010400/00010495/20140526110119.pdf

3-2 法適用企業と法非適用企業

　公営企業のうち、水道事業など7事業に対しては、地方公営企業法の全部の規程が一律に適用される。これら「法適用企業」は、公営企業会計に基づき、貸借対照表、損益計算書、キャッシュフロー計算書等の財務諸表等の作成が義務づけられている。

　財政法第6条では、「公営企業で政令で定めるものについては、その経理は、特別会計を設けてこれを行う」こと、「その経費は、・・・ 当該企業の経営に伴う収入（第5条の規定による地方債による収入を含む。）をもってこれに充てなければならない。」と規定している。

　一方、簡易水道や下水道事業などの地方公営企業は、法の規程を適用しない「法非適用企業」とされ、公営企業会計処理が義務付けられていない。ただ、後述のように、人口減による需要の減退、施設の老朽化に対処するため、とくに簡易水道や下水道は、経営状態を正確に把握し、戦略的な経営を進めるためにも、独立性に優れ、機動的である公営企業会計を採用するよう総務省によって奨励されている。[12]

3-3 地方公企業の決算規模の推移

　水道事業を継続的に進めていくため、単年度の決算規模だけではなく、長期的な視点に立った建設投資額も重要である。図表11でも取り上げた決算規模に建設投資額も加えて、両者の時系列的な動きをまとめたのが図表12と図表13である。

図表 11　2016年度静岡市水道事業の決算 資本的収支（消費税抜き）

収入	（単位：千円）	支出	（単位：千円）
区分	2016年度決算額	区分	2016年度決算額
企業債	2,090,000	拡張事業費	1,496,131
国庫支出金	62,865	改良事業費	2,567,271
他会計支出金	25,660	企業債償還金	2,140,456
負担金	105,368	その他	199,310
補てん財源	4,119,275		
計	6,403,168	計	6,403,168

（出所）静岡市上下水道局水道部 「2016年度 水道事業の決算」
　　　　http://www.city.shizuoka.jp/000739847.pdf

---

[12] 公営企業会計の特徴は発生主義・複式簿記、地方一般政府は官公庁会計で現金主義・単式簿記を特徴とする。

図表 12　決算規模の推移　　　　　　　　（単位：億円）

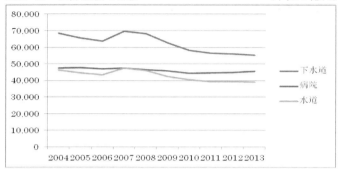

注1）決算規模の算出法は次の通り
　　法適用企業：総費用－減価償却費＋資本的支出
　　法非適用企業：総費用＋資本的支出＋積立金＋繰上充当金
注2）事業数は年度末。
（出所）『地方財政白書 平成27年版』第81図を基に著者作成。

図表 13　建設投資額の推移　　　　　　　　（単位：億円）

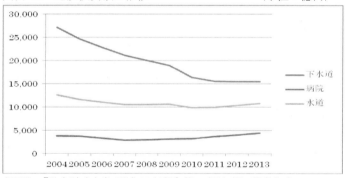

（出所）『地方財政白書 平成27年版』第82図を基に著者作成。

　2013年度の地方公営企業全体の決算規模は、16兆8,717億円であった。下水道、病院、水道、交通、宅地造成、その他の中で、下水道は最も大きな金額で5兆5,244億円、病院は4兆5,536億円、水道は3兆9,126億円と続く。図表12は、3つの事業の決算規模の時系列的な推移である。[13] 病院の決算規模はほぼ

---
[13] 図表11では、2013年度の事業数と決算規模と収支を示しており、図表12は、10年間の決算規模の推移を示したものである。

一定であり、下水道と水道は、金額は異なるものの、同様な動きを示している。ただ、下水道は2007年度をピークに、以後趨勢的に低下しているのに対し、水道は2010年以降、ほぼ一定である。

　図表13の建設投資額とは、資本的支出の建設改良費の推移を示したものである。地方公営企業全体の建設投資額は、3兆6,151億円であった。病院と水道の投資額は2010年度以降、上昇に転じているが、下水道は2004年度以降、一貫して低下している。2004年の2兆7,160億円から2011年度までの低下が大きい。

4. 水道事業の実態とこれからの水道事業

4-1 水道料金に影響する要因

　図表1でみたように、市町村によって水道料金は異なる。この差をもたらす要因は何であろうか。朝日［2016］は、北海道夕張市と熊本県上天草市を中心に水道料金に影響する要因を検討している。以下、いくつかの要因を検討しよう。

　まず、市町村の置かれた「自然環境」が水道事業の出発点である取水の難易を決定し、それが水道水単価に影響する。この自然環境は、事業の最終段階である送水施設の費用にも影響する。高低差の激しい市町村では、送水のためにポンプが必要となり追加的な費用がかかる。

　水道水に対する需要面から見ていこう。送水にかかるコストは「人口密度」にも依存する。人口密度の高い地域では、送水が有効に需要され、年間総配水量のうち料金対象となる有収水量の割合、いわゆる有収率が高くなる。東京都の有収率が96％、ほとんど無駄なく送水されている。静岡市では88％、青森県深浦町では90％とほぼ90％前後の数値が公表されている。[14]

　「人口動態」もまた水道料金の地域間差異を生じさせる重要な要因である。人口減少、世帯数の変化は有収水量を変化させる。

　地方政府からの水道事業への補助も水道料金に影響を及ぼす要因となる。市町村の「財政力指数」が水道事業への補助金などの多寡に関係する。市町村政府の全国平均の財政力指数は、0.49であるが、水道料金が高い市町村の財政力指数は、夕張市は0.18、深森町は0.15といずれもこの全国平均をはるかに下回っている。

　図表14は、水道料金の高い市町村の人口・世帯数・高齢化率・財政力指数・人口密度について、2005年と2015年の10年の変化を表の形にまとめたもので

---

[14] 深浦町水道事業「経営比較分析表」http://www.town.fukaura.lg.jp/pdf/H28suido.pdf。

ある。比較のために全国平均のデータも含めている。この 10 年間、人口は全国平均で-0.7% と減少しているが、夕張市の-18.9% を筆頭にいずれの 4 市町も大きく減少し、人口密度も江差町を別にして、はるかに全国平均、郡部平均を下回っている。

図表 14　市町村の人口・世帯数・財政力指数

	2015 年人口 （人）	2005 年人口 （人）	増減 率(%)	2015 年世帯 数	2005 年世帯 数	増減 率(%)	高齢 化率 (%)	財政 力指 数	人口 密度 人/km²
夕張市	8,845	10,922	-18.9	4,526	5,558	-18.6	47.7	0.18	11.8
深浦町	8,423	9,691	-13.1	3,304	3,532	-6.5	37.8	0.15	17.2
羅臼町	5,415	5,885	-8.0	2,101	2,177	-0.3	25.0	0.25	13.6
江差町	8,293	9,004	-8.5	3,748	3,968	-5.5	32.6	0.28	75.2
全国	121,110,047	128,057,352	-0.7	53,403,226	51,950,504	2.8	27.0	0.49	340.8
市部	116,149,227	116,549,098	-0.3	49,277,163	47,812,998	3.1	n.a.	n.a.	535.5
群部	10,960,820	11,508,254	-4.8	4,126,063	4,137,506	-0.3	n.a.	n.a.	70.3

注 1）高齢化率とは、全人口に占める 65 歳以上の人口の割合である。
注 2）財政力指数とは、財政の健全性を示す指標で、「基準財政収入額」を「基準財政需要額」で除して得た数値の過去 3 年間の平均値。
（出所）人口と世帯数と人口密度は「国勢調査」
北海道の高齢化率は「北海道の高齢者人口の状況（高齢化率順）」2017.1.1 現在
http://www.pref.hokkaido.lg.jp/hf/khf/jinkou/27_1_1koureikaritsujyun.pdf
全国の高齢化率は総務省「人口推計 平成 28 年 8 月報」
財政力指数は、総務省「全国市町村の主要財政指標」平成 26 年度
http://www.soumu.go.jp/iken/zaisei/H26_chiho.html
朝日［2016］の図表 5。

　全国平均で見ると、人口は減少傾向にある一方、世帯数は 2.8% 増加している。世帯数の増加は市部で生じており、郡部平均では 0.3% 減少している。夕張市、深浦町、江差町いずれの市町の減少率は大きく、とりわけ、夕張市の 18.6%減が著しい。世帯数の減少は、水道の需要を低下させ、ますますこれらの市町の水道事業を困難にしている。

4-2 新しい水道事業
　現在、水道事業を取り巻いている問題を供給サイドと需要サイドそれぞれから取り上げ、整理しておこう。
　供給サイドの大きな問題は、第一に、施設の老朽管などの置換の必要性とそれに要する費用である。「わが国の水道施設は、1975 年前後と 1998 年前後をピークとして整備されてきており」、これから 1975 年前後に整備された水道管などの経年化が進み、置換の時期がきている。ただ、水道管などは日常の点検で

31

は老朽化の進行がわかりにくい、という問題がある。[15]

　供給サイドの第二の問題点は、水道事業の技術者不足である。団塊の世代を中心とした専門家の大量退職と、その空席を埋めるべき若い世代の層は地方公営企業内に必ずしも厚いわけではない。

　水道水の需要サイドの問題にはどのようなものがあるだろう。第一に、人口減少による需要の減少が深刻である。この点はすでに指摘した。第二に、省資源化の波に乗って、節水技術が洗濯機やトイレに導入され、水道水に対する需要を減らしている。

　このような問題を念頭に置きながら、望ましい水道事業のあり方を考えると、つぎのような方向が見えてくる。老朽化した水道施設の置換に際しては、これからの人口動態を基に、将来の給水人口を注意深く推定し、これに見合った水道施設の置換作業を進めるべきである。

　技術者不足については、積極的に民間との連携により、解消する方法があろう。

　これからも、ますます、家庭用品の技術革新は進み、さらに高度な節水機能を備えた機器が登場するであろう。水道水への需要を高めることは難しいであろうから、水道供給の効率性を高めるため、広域の事業体連合である水道企業団を構成し、近隣の水道供給を共同で行うことも奨励できる。水道水に対する需要量を AI 技術やビッグデータの解析を通して、正確な需要に基づく水道水の効率的な供給体制を確立することが求められる。

参考文献
朝日譲治「地方公営企業の水道事業」『ゆうちょ資産研レポート』2016 年 9 月号 13-18。
石井晴夫・宮崎正信・一柳善郎・山村尊房『水道事業経営の基本』白桃書房 2015。
水道法制研究会『こう変わる！これからの水道事業―水の安全性の向上をめざして』
東京法令出版 2002。
中村吉明『日本の水ビジネス』東洋経済新報社 2010。
中山徳良『日本の水道事業の効率性分析』多賀出版 2003。
宮脇 淳・眞柄泰樹編著『水道サービスが止まらないために』時事通信社 2007。
総務省『地方財政白書 平成 27 年版』日経印刷株式会社 2015。
総務省「地方公営企業の概要」http://www.soumu.go.jp/main_content/000178063.pdf

---

[15] 石井ほか［2015］pp.108-109。

中鎮问题初探

——以安徽淮北临涣镇为例

王元（东北文化学园大学）

【要旨】1978 年、中国共産党第 11 期中央委員会第 3 回全体会議により改革開放という新たな時代を開いた。巨大な国家規模、薄い発展基盤により改革開放前期に階段式の発展モデルを採択し、一部の地域と社会階級を先に豊かにした。

世界諸国の近代化実現の道のりと違い、中国は、対外発展の余裕が小さく、まず国内で階段式の発展を遂げ、ある程度の実力を積んだ後、国際の大循環に参入するしかできない。そのような階段性と循環性により資源、人口、資金の流動を実現できる。その流動の過程の中、中国の近代化を実現する。経済発展を遂げた事実も、当時の政策が正しいと証明した。それが中国近代化の避けて通ることのできない道といえる。

階段式の発展の目的は、段階を分けて近代化を実現することである。しかし、現在生ずる問題は、前の段階で解決すべき問題が後ろの段階に後押されてしまったのである。この先のことを計画しようとしても、前の段階で未解決の問題をまた戻って考えなくてはならないのである。後ろの段階に入り、中西部の発展に戦略的移動しようとしたら、前より長年深く積んできた問題は、新たな段階にとって急迫な課題となった。中国共産党 19 回党大会以降、中国は新たな時代に突入した。今後の任務は経済発展だけではなく、発展のアンバランスと不十分の問題を解決し、ますます高まっている国民生活の需要を満足させなければならないのである。

本稿は、筆者のふるさとの臨渙鎮という皖北の小さな町を例に、中国の中部地域における中等規模の町が直面している問題について検討したい。特に基本的社会生活の欠如という問題に主眼を置き、今後のより良い分析と提案を出せるよう、価値がある意見を引き出したい。

前言

1978 年中共 11 届三中全会开启了改革开放的新时代。由于国家规模巨大，底子又薄，改革开放的前期采取了倾斜式的发展模式，允许一部分地区和社会阶层先发展起来。

跟迄今为止世界各国的现代化经验不同，中国外向发展的余地很小，只能在国内采取阶梯式发展积蓄一定实力后参加国际大循环。这样的阶梯性和循环性使得资源，人口和资金流动起来，最终在流动的过程中实现中国的现代化。历史事实证明这是正确的方式，可以说是中国现代化的必经之路。

由于这样的倾斜式发展是把要走的路分两步走，就会把上一阶段的一些问题推给下一阶段，导致此后的发展阶段必将面临上一阶段未能解决的一些发展课题。因此进入第二阶段，当我们把目光转向中西部时却发现一些深层次问题经年积累，已经成为中国新一阶段的紧迫课题。中共十九大以后，中国进入了一个新的时代，未来国内建设的任务不再只是经济增长，而且要解决发展的不平衡和不充分的问题，要努力满足人民日益增长的美好生活需要。

本文以作者的家乡皖北小城镇临涣为例，尝试探讨中国中部地区中等规模的城镇目前所面临的一些问题，特别是缺乏基本社会生活的问题，为今后进一步的分析和提出解决方案抛砖引玉。

1 临涣概述
1.1 历史

临涣是一座历史悠久的皖北小城镇。在战国时期，这里的地名叫"铚邑"，当时隶属宋国，宋亡于齐后又沦为楚国版图。秦统一后在此设铚县，属东边的泗水郡，不过大多时候都简称为铚。[1]汉字的"铚"意为镰刀。可能这里很早就成为中国的粮仓地带，实际上这一点在过去的两千多年里没有本质性的变化，这里一直是中国不折不扣的三农地区。

史记中就有陈胜吴广在大泽乡（属于蕲，现宿州）起兵后"转攻铚"的记载。[2]临涣西汉时仍为铚县，被划归北边刘邦集团的老家沛郡所辖。三国曹魏时铚县则被划归南边的谯郡（现亳州）。临涣出过秦朝名相蹇叔，还出过竹林七贤的嵇康这类反抗性人物。

临涣这个地名据说始于南北朝的梁。这一地名的来源应该跟浍河有关。浍河即浍水，又称涣水，临涣以南临涣水而得名。浍河春秋时称濊水，但是临涣人一般不大提"濊水"这一称呼，可能跟濊这个字跟秽相近有关。

其实1980年代以前浍河河水极为清澈，临涣土城正南临浍河处有古建筑南阁，

---

[1] 临涣区志编写组编《临涣区志》（吴延东主编）1989年。

[2] 在蕲没有发生有一定规模的战斗。实际上陈胜吴广军的攻铚战势如破竹，当时城内以董缫等人会集"闾左"百人，起事响应，杀县尉、开东门迎陈胜吴广军入城。县令遁，陈胜、吴广率兵卒进县衙、开府库，刑狱，招勇，继续向酂县（今河南省永城县）进发。铚有可能是陈胜吴广军正面攻下的第一个县城。

原为古铚城南门。始建于秦，历代均有修葺。南阁下的回龙水[3]是临涣人的一般生活用水。"濮水"的称呼可能跟浍河产鱼有关，国风中有这样的诗句"河水洋洋，北流活活。施眾濊濊，鱣鲔发发。"这里的"濊濊（huò）"是指撒网入水的声音。翻成现代文的话就是"洋洋黄河，滔滔北调；撒网落水，鱼虾蹦跳。"浍河水产丰富，是临涣人的母亲河。

临涣最引人瞩目的地貌特征是一座土城。这是一座始筑于战国时期，目前安徽省内保存状态最好的土城。这座土城历史上经过很多变动，据说曹操曾经在此筑城屯兵，捻军也曾在此据守。家乡的老人们经常把临涣城跟亳州城相提并论。[4]

1.2 行政：临涣区，临涣集，临涣镇，临涣乡与临涣村

现代关于临涣用过的名称有区、乡、村和镇、集等。有必要先对这几个比较接近的称呼做一些说明和界定。

政治行政意义上的"临涣"用过的名称有区、镇、乡、村。淮海战役主战场双堆集就在东南不远处，刘邓的前敌指挥部就设在临涣文昌宫。因此临涣解放较早。解放后一段时期曾设宿西县，新中国成立后的 1950 年 7 月撤县，临涣成为属濉溪县管辖的一个区。1958 年 8 月撤临涣区，成立临涣人民公社（大公社）。改革开放以后，1980 年 12 月恢复区的建制，土城的部分则成为临涣乡。1980 年代的临涣乡指临涣区的中心部分，其中包括城内的临涣镇（集）和周围的几个村庄在内。1992 年 2 月撤临涣区分设临涣、祁集两镇。2000 年，临涣镇获批为副县级镇。2006 年 3 月，祁集镇被并回临涣镇。

现在从行政区划上看，临涣在中国行政区划上属于安徽省淮北市濉溪县临涣区临涣镇，土城内的农村部分则为临涣村，与镇南新成立的铚城村共同构成临涣镇的街区。

社会文化意义上的"临涣"用过的名称有集、镇。社会生活中的"临涣"实际上是指临涣集，是一个自然生成的集镇。"乡"包括外围的乡村部分。"集"主要是指土城城内的部分。周围的乡民定期上街赶集就是来这里。本文所谓的"临涣镇"指的就是这一集镇部分，而不是行政区划上的镇，行政上的"镇"则包括了周围的众多村镇，人口更多达临涣集的 14 倍左右。

这个"集"的部分以土城为界跟周边地区比较明显地区分开来，社会生活形

---

[3] 浍河从西南方向流来，向东南方向流去，在南阁下面河道开阔，呈湾状，河中还有一个小洲。南阁地势开阔高耸，是临涣人的避暑之处。南阁下面的浍河因为转弯的缘故，河床被湍急的流水切削至砂礓底层，深邃清澈，被称为回龙水。汉陈琳上魏文帝书中称"涣水纹呈五色，两岸多出才人，曲折深秀，堪为画本"，应该就是有感于这一段河道而发。

[4] 传说临涣原为砖城，一夜之间砖城转到亳州去了。

态也跟周边地区有较大的区别，成为社会学意义上的一个相对独立的区域共同体，即临涣集。临涣集在人口上包括两个部分，一是农业人口的部分（临涣村），二是城镇人口部分（各种公共设施、特别是各中、小学校）。

但是本文中的"临涣人"却不仅限于土城之内，它还包括了附近的各个村庄，基本上涵盖了临涣区的所有范围，这个范围内的人们都会自然地指认自己为临涣人。

除了城镇人口以外，临涣"集"意义上的临涣镇主要包括人民公社时代的三个生产大队（西南部的新市、东部的永红和西北部的胜利）。临涣集位于土城的南部，其中新市部分更向南发展越过土城直抵浍河岸边，在一定意义上说，新市现在已经跟浍河南边最近新成立的铚城村连成了一体。不过，原来的土城内集镇部分任然维持着较高的独立性，因此这一点对本文的立论并不构成重大影响。为了分析的方便，本文主要分析对象为不包括铚城村在内的传统意义上的临涣集。

本文一般用"城区"这一概念，指的是地理意义上的临涣镇土城范围之内的部分，与之相对应的是以农业为主的"城外"的村庄部分。与"城区"不同的是"街区"，主要是指临涣镇的集市店铺等商业部分，其中一部分超出了土城，范围大于"城区"。

图片1 浍河

图片说明：摄于1999年9月初，地点在南阁之下，浍河泡河交汇点上方。这年的水量较少，水质尚未完全恢复，仅可见鱼苗和小虾。

1.3 衰退的水上交通

浍河从临涣土城南方流过，下游在五河（古垓下）入淮河并经洪泽湖通长江。浍河唐宋时代上接鸿沟通开封（唐时称汴州，宋时为东京汴梁），明清时则通商丘。泡河为浍河的主要支流，在临涣土城南方流入浍河。泡河上通民权王六口。从临涣以下往东的河道更加宽深，可通 10 吨船舶。[5] 城东南有码头，清末时仍有船民240 户，大小木船 182 艘。随着铁路交通的发达，临涣的水运业最终荒废了。

1980 年代前期浍河被上游的河南永城的纸厂废水污染，一度重创，鱼虾 10年绝迹。因民情汹涌，1990 年代中期在朱镕基总理严令下纸厂被迫关闭，河水才又慢慢转清，鱼虾也渐渐游回，但家乡人民至今不敢取水饮用。1995 年，临涣镇建成自来水厂，有深水井 4 眼及成套净化设备，镇区主要道路两侧铺设排水管道15000 米。现在镇子的城区以及周边的部分村庄已经普及了自来水。

1.4 茶馆文化

临涣镇是一座具有两千多年历史的古镇，与符离、固镇和口子（即濉溪）并称皖北四镇。为"全国发展改革试点镇"，还曾获得过"安徽省历史文化名镇"，"中国民间文化艺术之乡"，"安徽省特色景观旅游乡镇"等称号。

临涣别称古茶镇，茶馆是临涣文化的一大特征。临涣茶馆的茶客多为当地的农村老头，属于当地无钱的有闲阶层。临涣的茶馆文化即使在文革中也没有中断过。同样的特征不见于皖北其他集镇，这些都很不可思议，应该说跟悠久的历史和传统有关。镇上有一个法院，过去很少有人光顾，像夫妻吵架，一般就去茶馆请那些老茶客评评理就解决了。茶文化深深植根于临涣的民众之中。

临涣并不产茶，临涣的茶叶主要来自安徽省内的六安等地。有意思的是，六安茶的茶棒（茶梗）很适合用浍河边的泉水沏茶，冲泡后色泽醇红，香味益彰。临涣人把这种茶叫做"棒棒茶"，由于价廉物美，很受茶客欢迎。"棒棒茶"是临涣茶馆文化的一大特色。

临涣吃喝风气较盛，红白喜事往往大排筵宴，名为"吃大桌"。攀比排场规模时一般用"几十桌"来形容。临涣有烧饼、粉丝煎包等几种比较精致百吃不厌的小吃，还有培乳腐，包菜等远近闻名的土特产。

临涣人粗犷剽悍，不怎么爱惜生命；饮食习惯也有问题，斗酒成性。临涣人吝啬但不守财。有些老农平时很节约，积攒一点小钱为的是到逢集的时候，到镇上"弄二两晕一晕"。下酒菜现在主要是猪肚羊肝花生米，过去野味较多，一只卤的野兔头只要几分钱。到了腊月冬天，天寒地冻，酒后从镇上回村，昏昏沉沉，

---

5 临涣区志编写组编《临涣区志》（吴延东主编）1989 年，第 86 页。

一脚深一脚浅地走在雪地里。笔者小时候多次听到议论，某某倒在路边的小沟里再也没能爬起来。一直以来，包括临涣在内的淮北地区交通事故较多，居民非正常死亡率过高。

临涣人行事受语言的约束较大。临涣人认识事物无论赞成还是反对，凡事无论做还是不做以及做到什么程度，都要有一个说法，经常就是拿一句成语来做依据。成语差不多可以说是这一地区人们的意识形态。

图片 2 临涣悦来茶馆

图片说明：80 年代初的老照片。照片中大家正在听"大鼓"。大鼓又叫"说书"，是一种类似于"评书"那样的文艺形式），以说书为主，间以敲鼓调整节奏，说到起兴处则左手敲鼓，右手击长条响板，同时高唱一曲。照片中可以确认听讲者多为老年男性，还有少数妇女儿童的存在。照片中门板的后边放有清代的大缸，车夫从镇东南码头附近的龙须泉运来一车车甘甜的泉水，在缸中澄清烧开后用来沏茶。

1.5 人口

临涣从人口规模上讲只是一座中等规模的小城镇。1985 年临涣区的人口为 80704 人（17320 户），其中临涣乡 8451 人（1867 户）。城镇人口 1332 户 2656 人，基本上集中在土城内的街区。2011 年，临涣镇辖区常住总人口上升到 91650 人，2014 年达 96429 人，其中城镇人口 4127 人，较 1980 年代为分散。另有流动人口

13900 人。2016 年现在临涣镇总人口 97267 人。

目前临涣镇街区主要由临涣村和铚城村组成，街区人口约 2 万人。其中临涣村 7224 人，铚城村 4409 人，临涣中学 5000 人左右，流入人口 4000 人左右。临涣村最近 5 年间流出 741 人，铚城村流出 661 人。周边的沈圩村（5126 人，流出 1093 人）、临南村（4361 人，流出 978 人）、大高村（3657 人，流出 457 人）、四里村（3383 人，流出 954 人）也出现了大幅的人口流出。上述各村共流出 4884 人，但因为一部分为区域内流出（无资料），相对于共 4000 人左右的流入人口，并不一定意味着整个地区人口负增长。

临涣地区的年龄构成如下：总人口中，18 岁以下 23143 人，占 24%；18～35 岁 27036 人，占 28.04 %；35～60 岁 32590 人，占 33.8 %；60 岁以上 13660 人，占 14.17%。性别构成：总人口中，男性 49053 人，占 50.87%；女性 47376 人，占 49.13%。

拥有 5000 学生的临涣中学在临涣城内是一个庞然大物。加上临涣小学，青少年学生的人数占了城中人口的一半。1984 年，临涣曾有一个总体规划，包括老城（现临涣村）、新城（现铚城村）以及临涣中学在内的街区人口预计到 20 世纪末达到 3 万人。[6]现在，20 世纪已经过去了 16 年，临涣中学超额完成了任务，但临涣街区的人口满打满算也只有 2.5 万人，距当年的预期仍有较大的差距。

1.6 教育

临涣小学是濉溪县历史最悠久的小学，这里汇聚了各种背景的优秀教师，一直规模较大，曾被冠以"实验小学"，"中心小学"等名号。1971 年，临涣小学成了一座"戴帽小学"，也就是以小学校的身份，头上戴了一顶中学的帽子（招收初中学生就读）。同时临小的 1-3 三个年级被分散到临涣乡下面三个大队（即城内的永红、胜利和西市）分散办学，所以临小同时成为所谓的"伸腿小学"。1978 年，由于规模过大，中学部被移交给临涣中学。后来，由于天主教堂催着归还房地产，临涣小学一度被分散到了临涣乡下面三处小学。但是，这在教育资源上造成了分散，诸多不便。后来又在城内北部靠区政府的附近重建临小校区至今。

1985 年，临涣全区有 51 所小学，在校学生 14438 人。临涣镇上有 6 个小学，在校学生 4500 人。其中临涣（中心）小学学生 1213 人。2016 年临涣镇街区有临涣中心小学、铚城小学、临涣中心小学北校区、临涣中学四所学校，初中适龄人口入学率、小学升初中升学率、九年义务教育覆盖率均达 100%。

1985 年，临涣中学有学生 1195 人，在当地是一座规模比较大的农村中学。临

---

[6] 临涣区志编写组编《临涣区志》（吴延东主编）1989 年。第 98 页。

中在 1980 年代初曾经有过一段"极为辉煌的时代"[7]。当时的临中虽然在大学升学率上跟濉溪县里和淮北市里的中学无法相提并论，但是在质量（即考入重点大学的学生人数）上却有时能超过县里和市里的重点学校。笔者毕业的 1981 年那一届，临涣中学考上了复旦，西安交大，武汉大学等全国名牌大学；淮北市 1981 年高考的文理状元都出自这所远离城市的农村中学。远方的学生慕名而来，出现了县城的孩子下乡读高中的现象。对一个皖北乡下中学来讲，这样的成绩称"极为辉煌"并不过分。

临涣中学现在学生人数多达 5000 人，规模比 1980 年代初增大了四倍有余。现在的校园更是建设得高大漂亮，跟 1980 年代相比可以说有天壤之别。作为一座远近知名，规模庞大的中学，最近还评上了省示范中学。

1.7 集市贸易

"二四七九逢临涣"，临涣的集日为 2、4、7、9，十天四集。1980 年代，集日上市人数 1.5 万人以上，热闹非常，可达当时城内人口两倍以上。跟 1980 年代相比，现在市面总的来看比以前冷清，但南阁至南北主街交叉点之间的一段尚能维持 1980 年代旧观。

老街上以前规模较大的农贸市场略显萎缩，商贩，特别是食品摊贩减少明显。相反农业生产用品，农具，农药等有所增加，特别是以前较少的贩卖建筑物资和器材的商店大大增加了。以前没有的车马工具、交通工具关联的商店以及电机修理的商店也有了一些。北边的新大街现在成为镇上最大最繁华的街道，但是由于客人不那么多，繁华而不热闹。除了少量的电子数码服务以外，差不多是清一色的建筑材料，机电和农具等经营生产资料的店铺。

老街上的生活用品商店以及饭店旅馆等服务业到 2005 年为止基本上没有起色。不过 2010 年以后，以茶馆业为中心，旅馆饭店等服务业有较大发展。南边的石头老街也正在重新兴起。

1984 年的临涣的总体规划提到，准备在街区建三个可以容纳 6 万人的大型贸易市场。[8]30 年下来，远远没有达到当年的预期。临涣集镇的传统商贸功能发展得不理想，而这其跟人口变化以及基本社会生活的缺乏很有关系。

2000 年，临涣镇获批为濉溪县副县级镇。这是复兴的一个标志性事件。但是，

---

[7] 临涣中学首页（www.dgkete.net）有这样的记载："上世纪 70 年代末、80 年代年代初，是临涣中学极为辉煌的时期，周边及县城的学生纷纷慕名前来就读。"
http://www.dgkete.net/xuexiao/about/13796.html
[8] 临涣区志编写组编《临涣区志》（吴延东主编）1989 年。第 98 页。

在此后的一段时间里，基本社会生活欠缺的情形并未得到根本改变。

另一方面也应当看到，市面之热闹冷清不能一概而论，除了上市人数以外，市场范围扩大以及营业时间段（由于固定商店的增多，摊贩减少）的变化也是一个原因。

图片 3 石头老街

图片说明：石头老街，位于城区最南边，房屋失修，街上的石头已经被撬走了。

1.8 宗教

跟周边地区相比，临涣地区的洋宗教一直比较兴盛。天主教早在1896年就传入了临涣地区，临涣天主堂一直有意大利或法国神甫常驻。临涣小学的老校园位于土城中心，长期占用了临涣天主堂的建筑。从1952年意大利神甫德有林被驱逐后占用，到1980年代末才归还。校园里有一座两层半的砖结构小洋楼，原来是天主堂的外国神甫的住所，多少年来一直是临涣的标志性建筑。改革开放后，应天主堂的要求，土地房产等原属教堂的资产归还给了教堂。

1990年代新修的天主教堂很显眼，因为位于镇中心而成为镇上新的标志性建筑。此外，改革开放后，一直没有多大发展的基督教迅速发展，现在教徒人数直追天主教。基督教在临涣本来没有教堂，现在也修建了一座自己的教堂。当然，最好的建筑还是学校，特别是临涣中学，规模宏大，包括教堂和政府行政等在内的各种公共设施远远无法望其项背。

其他宗教活动也都有不同程度的复兴，各种洋教活动尤为兴盛。问临涣的老人，都会回答说没有临涣集山没有林，所以既没有庙也没有观。其实临涣镇上过去有过一些规模较小的佛庵，但临涣人似乎认为传统的道教佛教就是应该远离社会和生活的。传统宗教更多地变成了庙会等文化活动。

2 中镇：问题所在

笔者最早注意到临涣的中镇现象是在 1990 年代，后来在跟依田喜家教授的对谈[9]中对此有所提及。因为直觉这可能是一个具有普遍意义的现象，特命名为"中镇"。"中镇"是指中国中部地区中等规模的小城镇在改革开放的过程中陷入发展洼地，出现基本社会生活匮乏化甚至社会功能不全的现象。这一现象主要有以下几种表现：

2.1 人口流失

关于临涣的人口流失，总的趋势可以归结为以下四点：

第一，虽然整个临涣地区人口有较大增加，但是相比之下临涣集城区人口没有增长。实际上现在的临涣村 7224 人，比 1985 年的临涣乡减少了 1227 人。村与乡之间无法完全直接对比，考虑到整个地区在过去的 30 年里从 80704 人（1985年）到 97267 人（2016 年）出现了大幅的增长，可以说临涣城内的人口至少是出现了相对负增长。因此，中镇人口不一定绝对减少，所谓的减少更主要地是相对的，主要是指相对于上面的城市和下面的乡村，中间的城镇的人口没有出现同等比例的增长。

第二，人口流动的速度很快。1985 年临涣地区常住总人口为 80704 人，2011年，上升到 91650 人，26 年里增加了 10946 人，2014 年 96429 人，跟 1985 年相比，增加了 15725 人，跟 2011 年相比 3 年增加了近 5000 人，应该说近几年来增加很快。与此同时，过去的 5 年里整个地区人口流出也十分明显，[10]其中临涣村为10%，周边的有些村甚至高达 25%。但是总人口有增无减，流失的人口主要是靠自然增长和外来流入补充的。在流出人口较多的情况下仍然有所增加，说明流入的人口更多，流入的速度更快。其中，少数民族人口的流入比较引人瞩目。这可能是 1970 到 80 年代迁移到少数民族地区的人口回流而致，部分少数民族人口也随着流入本地区。少数民族人口的流入似乎成了本地区人口增长的生力军。

第三，从年龄构成上看，临涣地区总人口中 18 岁以下 23143 人，占 24%；18～35 岁 27036 人，占 28.04 %；35～60 岁 32590 人，占 33.8 %；60 岁以上 13660人，占 14.17%。年龄结构明显比较年轻，但是，18 岁以下占 24%，大大低于全国平均的 28.9%，城区人口中学前儿童更少。在人口阶层的另一端，60 岁以上的14.17%同样大大低于全国平均（2015 年 2.2 亿，16.15%）。考虑到整个安徽省的老

---

[9] 依田憙家・王元编著『東北アジア研究論叢 II』白帝社 2010 年 7 月第 223-225 页。

[10] 我也特别问了临涣集农村人口跟城镇人口分别的流出和流入情况，但镇上也没有相应资料。这个人口流入留出是我特别关注的，但由于情况变化太大，难以把握，所以地方政府也掌握不了。

龄率都比较高，[11]临涣地区的情况只能解释为老少两个年龄层比较单薄。临涣城内这一现象更加突出，尽管中间的劳动年龄层（18-60岁）的人口有所增加，临涣集土城城内的人口实际上减少了。

造成这种现象的原因之一可能在于，城镇人口中的老龄部分基本上往上走，退休后大多去濉溪县上或淮北市里居住。老龄的农业人口也有一部分因跟子女同住而流向了城市。这样的人口变化不光造成了临涣基本社会生活的减少，同时还成为社会生活内容变化的根本原因，从而导致商品的需求出现了从生活用品转向生产用品的转换。

第四，流动人口增多，2014年 临涣流动人口13900人，为人口96429人的14.4%。这在中国农村地区是比较高的。而且这还不包括临涣中学的5000学生。蜂拥而至的学生使这种现象更加突出了。

整个地区的人口增加，但是镇的人口却相对减少了。这一现象在其他中部城镇恐怕很普遍，中镇在整个国家发展的阶梯上似乎属于一个不断萎缩的层次。

图片4 访问"雷锋"家

图片说明：临涣的农民"雷锋"（右），北码头（现临南村）人。当时全国各地都有自己的"雷锋"。

---

[11] 安徽省的老龄率仅次于重庆、四川、江苏和辽宁居全国第五位。

2.2 基本社会生活的缺失

临涣基本社会生活的缺失特别是在 1980 年代后半到 2010 年为止这一段时期较为突出。提升副县级之后开始改善，但效果有待进一步显现。

临涣基本社会生活的缺失主有以下几种表现：

(1)从人口上看，整个临涣地区的总人口增加了，但是城区的人口相对减少，而且比例失调。特别是老年人和儿童这两个年龄层人口的减少导致了城区部分常住人口的减少。劳动年龄的青壮年和从附近各地求学而来的学生在一定意义上弥补了减少的部分，但是他们只是临时的流动人口。5000 人的临涣中学加上临涣小学两个校区的小学生，实际上，占到临涣城内人口的一半。成为教育名镇是临涣的荣耀，但现实中临涣这种中镇变成了把周边农村的青年向城市输送的人才中转站，失去了传统的储存和保持人才的社会功能。

(2)城区基本社会生活中特别是上有老下有小的家庭减少了。出了茶馆以外，老年人的文化活动较少，儿童玩耍游戏的景象越来越难以看到。

(3)跟 1980 年代比，生活设施的质量大有改善，但却出现了功能衰弱甚至功能不全的现象。比如，自由市场（菜市场等生活用品商店为中心）有所衰落。由于整个社会的基本生活需求减少，或发生了比重的变化，这种功能衰弱甚至功能不全是必然的。

(4)医疗保健方面的问题也比较突出。以前镇上的医院医务人员配置，以及设备尽管比较陈旧，但却比较齐全，一般的手术都能对付。可是现在，大小病都往县城和市里跑，至于下面的村庄，现在都有自己的医务室，伤风感冒，包扎伤口等不需要进城。镇上的医院实际上越来越成为一个大的诊疗所了。

(5)以前盛行的社交方式，比如春节走亲戚等，听说比以前少了一些。按理说，交通方便了，应该增加的。有可能是由于计划生育政策的实行导致家庭人口的减少，可走的亲戚越来越少了的原因。也有可能是现在亲戚关系本身发生了变化的原因。

(6)环境景观也有较大的变化。一方面，野生动物，特别是鸟类增加了很多。但是另一方面，从前跟人类共同生活的各种动物，可能是受到严格控制的结果，（放养的）家畜、家禽越来越少看到。宠物的猫狗倒是多了一点点。

2.3 教育的超常发展

文化教育方面，也有一些值得注意的变化。相对于临涣集 8000 人不到的人口，5000 人的临涣中学是一个庞然大物。临涣中学的繁荣始于 1970 年代末，巅峰时期维持了大约 7 到 8 年左右（1977-1985 左右）。1980 年代中期以后虽然有所衰退，但是这一时期形成的势头被后来的历届校领导所悉心维持，临涣中学的整体优势至今尚存。

临涣中学现在成了一所远近闻名的巨大中学。由于大学升学率的上升，考上大学的人数也增加了很多。只不过考上重点大学的学生相对减少，考上全国前 10 的名牌大学的就更少了。临涣这样的农村地区存在着一个教育资源分配不均的问题。好的老师，甚至好的学生也都被上面的县里（濉溪一中，二中）以及市里（淮北一中，二中等）的学校挖走了。

其实，从某种意义上说，临涣教育在 1970 年代末到 1980 年代初的辉煌是非正常的，有不同寻常的时代背景。临涣中学取得的成绩跟优秀的师资有很大的关系。当年的临涣中学有一批十分优秀的教师，不少来自全国各地，而且学历很高。在大学生极少的当时，临涣中学拥有如此众多正牌大学本科学历的优秀教员，这在当时皖北农村中学极为罕见。其实，临涣小学的师资同样也很优秀。很多优秀教师 1957 年反右以及文化大革命中都被打成了右派。这些教师在改革开放后被平反，心情舒畅，干劲很高。只是由于年龄已经过大而不得不滞留在乡下农村，他们把工作人生的最后一段时间用在了临中这样一座乡下学校。这样的背景是不可再现的。

这也可以看作是中镇现象在教育方面的表现。好老师，好学生都会被上面的重点中学吸引走。挖人的现象在整个中国都很普遍，淮北地区很多优秀的中青年教师甚至被上海北京挖走了。互相挖的结果固然有负的一面，但也导致了整个社会竞争力的加强。只不过在这个过程中，不上不下的中镇掉进了进退维谷的困境。

2.4 宗教复兴

教育是中镇增强了的一个社会功能，还有一个是宗教。而且，跟超常发展的教育类似，临涣宗教的发展也不是全面的。得到较大发展的主要是洋教会，佛教和道教等传统宗教并未得到同等的发展。

临涣宗教的繁荣除了得益于整个时代的变化以外，就本地区而言可能跟地区社会的流动性有一定的关系。在不稳定的社会里，人们对宗教的依赖性有所加强。20 世纪末，临涣地区的法轮功等新宗教曾有过极为迅速的发展。现在，仍然存在着一些半地下的新宗教性活动。

宗教问题的背后是社会功能发展的不平衡问题特别需要注意的是基本的社会生活的功能不全造成的社会问题，不仅对这里的居民不利而且对国家整体不利。在这种环境下生活比较痛苦，同时，在这种环境下成长也有可能会导致今后的人生出现一系列问题。当然现在这还只是笔者的一个推测，包括宗教跟中镇应该是一种怎样的关系在内，今后有待进一步的实证分析。

人的精神生活的问题需要得到解决，宗教也存在着一个需要全面发展的课题。佛教道教等传统宗教需要向人民的生活看齐。

2.5 行政地位的提升

淮北市建市之初名濉溪市，市区部分位于淮北市的北端，而且淮北市下面就直辖濉溪一个县，濉溪县所在的城关镇位于淮北市区南边。市县政府所在地紧连着，二者都位于淮北市的最北端，而临涣则远在40公里开外的中部。从地理位置上看，临涣在中部，而且煤炭等地下资源也不次于淮北市。2000年临涣获得副县级待遇与此不无关系。中国是一个行政国家，淮北市大马拉小车[12]对临涣的发展很有利。这一点对其他的中镇的发展应该是有一定启发意义的。

当然，最重要的还是临涣自身拥有的历史和文化的背景。它的休闲方式茶文化，在文革中也没停下来过。进入新世纪，随着国家的整体复兴，旅游开始兴盛，最终有人注意到了这里的茶馆和民风，几张张片传到网上，临涣马上就走红了。临涣复兴不奇怪，仅以历史之悠久而论，那些所谓的江南名镇没有几个能跟临涣比。临涣可是孔夫子时代就存在了的。春秋时期的临涣人蹇叔更是曾经推荐自己的好友百里奚，二人共同辅弼秦穆公成就一代霸业的名相。

图片5 临涣、濉溪与淮北的位置关系示意图

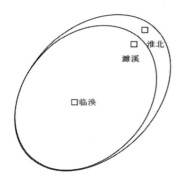

3 中镇问题的本质

到1980年代为止，临涣作为一个地域共同体，各项社会功能齐全，基本生活的几乎所有的方面都能涵盖。这样的临涣镇类似于我们平常所谓的"麻雀虽小五

---

[12] 浦兴祖主编《中华人民共和国政治制度》，上海人民出版社，2005年版，第287页。

脏俱全"。居民的生老病死，社会生活的自我完结率很高。

中镇问题可以归结为以下两个方面：一是在改革开放中没能跟上时代的步伐，落伍了的一面。不过，这一方面主要的并非中镇自身的原因，而是跟整个国家发展的战略密切相关的。受到改革开放以来的地区性倾斜发展方式的影响，沿海地区的农村借助乡镇企业的巨大发展得到翻身，在过去的几十年里连着上了好几个台阶。但是中部地区的乡镇不仅潜力一直未能发挥出来，反而出现了负超出的现象，人才，资源被调配使用到了别的地区，一直未能为己所用。中镇实际上成了全能主义国家倾斜式发展模式下的发展洼地。

另一方面是城市化，这也是一个普遍的倾向和必然会长期存在下去的现象。作为现代化的一环，城市化是很难抗拒的。[13]在这一过程中，一部分城镇必然会因此出现缩小甚至可能会消失。如果改革开放本来就有让中镇自生自灭的预期目标，那也当别论；如果现在的中镇现象只是改革开放的负的遗产的话，那就该引起我们深思。特别是临涣这样具有悠久的历史和深厚的文化背景的小城镇，它们必然具有其尚不为人所知的存在下去并且有所发展的价值，消失的结果是必须避免的。

中国是个大国，现在正在进行的全新的国家建设。中镇作为整个国家结构中的一个重要的环节，长期以来，由于战争革命以及政治运动而饱受折挫。改革开放后，东部的城镇则得到了巨大的发展，成为社会的中间。但是中部城镇却陷入了发展洼地。中镇的定位需要在整个国家的的发展战略中确定。但至少一部分临涣这样具有悠久的历史和文化传统以及优越的地理环境的城镇需要无条件得到保存和发展。

其实，笔者对中镇问题的解决持乐观态度。一些中镇实际上各有潜力和能耐。临涣已经经历了两千多年的大风大浪，有其自存之术，未必会就此被城市化浪潮所淹没。其实，大约10年前，一个偶然的机会来了，一位摄影家把他在临涣茶馆里拍摄的照片传到网上以后，旅客蜂拥而至，临涣因此名声小噪。临涣中学的例子也说明，临涣的文化软实力尚在，在全校师生的努力下，老牌子屹立不倒。

临涣这种历史悠久，传统深厚的镇子往往具有意想不到的生命力，应该不会因为一时的背运而覆灭。但是，靠自身的力量能够历久而弥坚，这样的镇子是不多的。临涣之所以成为临涣并非幸致，具有两千年的历史文化背景的镇子至少在

---

[13] 其实造成区域社会功能不全的现象在现代社会里有很多种原因。比如日本的首都圈即京滨地区中，横滨、川崎等周围的几个城市规模都不小，横滨其实是日本人口第二大城市，拥有373万人口，比大阪的270万还多100万。但是因为紧靠东京，很多在东京上班的人住在横滨而被称为东京的寝城。至于东京和横滨之间的川崎，虽然也是日本有数的大城市（人口150万），部分城市功能跟京滨共享，所以不需要完全具备。所以，这是一个必然的现象。特别是随着交通通讯设施的发展，功能共享的程度只会越来越高，并不稀奇。

整个皖北地区也不过两三个而已。有些陷在发展洼地里的中镇需要国家政策上的扶持。

中镇现象的发生跟国家政策有直接的关系。临涣在提升副县级以后有了较大的变化。长期积累的各种问题正在得到集中地解决。中国今后如能在 10-20 年里把中镇问题妥善解决的话，社会主义强国建设事业是很有希望的。可以考虑提升中镇的行政地位，临涣这样的中镇可以考虑进一步给予正县级行政级别，或者把淮北市区扩大到临涣，甚至可以考虑把淮北市迁到临涣来。临涣这样的中镇应该成为重镇。

中镇现象还在于中镇问题的普遍性和紧迫性。中镇的社会基本功能的加强势在必然。亡羊补牢，到了该拯救中镇的时候了。

4 附注

由于在过去的几十年里，临涣经历了过多的行政级别和区划上的变更，人口变化的统计资料极其缺乏统一性，地方政府提供的数据杂乱无章。特别是本文关心的土城内的人口动向，缺乏按照统一标准的统计。勉强使用有可能造成不必要的混乱。这次放弃不用，留待于今后进一步发掘。另外，以 1980 年代为参照系的做法是否妥，存疑。如何确立更加合理的参照系，还有待于我们进一步分析。

临涣是一个具有普遍性的例子，这也是中镇这一现象的研究价值所在。关于临涣发展停滞的历史以及地理因素，请参见本文的姐妹篇〈中镇的停滞〉[14]。本文大量引用了吴延东主编的 1989 年版《临涣区志》。吴老师是笔者初中时的语文老师。谨以此文献给敬爱的吴老师。

---

[14] 东北文化学园大学综合政策学部纪要《综合政策论集》Vol. 17，No. 1 pp. 197-215，2018 年 3 月。

乡村文化"复魅"与产业升级
——基于福建十村的调查
How to Charm the Countryside and industrial upgrading
based on the survey of ten villages of Fujian

林朝霞 丁智才 张莉[1]

Lin Zhaoxia, Ding zhicai, Zhang Li

【提要】乡村经济衰退和文化没落是中国城镇化过程中亟待解决的重要问题，这与城市中心主义、经济一元论评价体系以及传统文化退潮不无关系。乡村复兴要解决的关键问题是推动乡村由"生产要素输出"向"文化输出"的转型，实现乡村文化复魅和经济复苏。而要实现乡村文化输出，必须改变乡村对城市的从属、依附关系，倾力营造乡村文化空间，满足城市人"怀乡"需求，同时吸纳城市资本和人才，真正实现工业反哺农业、城市反哺乡村，并借鉴美国、日韩及台湾等地的经验，消弭城乡差距，培育乡村文化和推行田园经济，促进乡村的全面复兴。

【关键词】城市中心论；复魅；文化地理学；文化空间

【Abstract】The decline of culture and rural economy is an urgent problem in Chinese society, and appeared the polarization of deformity boom after the commercial development and depression after population outflow. This is related to the urban centralism, the evaluation system of economic monism and the decline of traditional culture. How to rescue the countryside, revive the rural economy and humanity has become an urgent problem. The rural development of China should learn from the experience of the United States, Japan, Korea and Taiwan, and gradually eliminate the gap between urban and rural areas, cultivate the rural culture, promote the economy and integrated development of rural areas.

【Key Words】 city center theory; re-enchantment; cultural geography; cultural space

　　中国处于城镇化进程中，正经历着一场史无前例的社会、政治、经济、文化变革，一面是拥堵的城市，一面是掏空的乡村，3亿人口奔走于城市与乡村之间，寻不到精神的家园。城镇化程度很高的国家如阿根廷、巴西等已然反思城镇化问

---

[1] 作者简介：

林朝霞（1977-），女，莆田人，文学博士，厦门理工学院文化产业与旅游学院教授，主要研究文化艺术管理

丁智才，男，厦门理工学院文化产业与旅游学院教授，主要研究文化艺术管理

张莉，女，厦门理工学院文化产业管理专业学生

项目来源：2016年福建省中国特色社会主义中心年度重点项目 FJ2016B047 "闽台城镇村发展差异与田园经济合作研究"

题，我国同样也要警惕过度城市化、中产收入陷阱等发展困境。在此背景下，研究城市减负、乡村复兴和城乡统筹问题显得尤为重要。张京祥从生产主义和后生产主义的理论视野研究乡村转型的多元形式，[1]申明锐借鉴日韩乡村经验研究我国城乡协调发展机制，[2]朱霞从乡村主体性角度谈论中国乡村转型与复兴的策略及路径，[3]各抒己见，为中国乡村转型提供理论依据。本文以问题为导向，以区域研究为切入点抽丝剥茧，引入文化地理学和田园经济学理论，并借鉴国内外乡村发展经验，提出乡村文化复魅和产业升级的发展理念和具体对策。

一、乡村之殇

城、镇、乡是中国长期存在的三种文化空间，其中，镇介于城与乡之间，是乡村向城市转型的重要跳板。城镇化是中国现代化的必由之路，2013年后"以人为核心的新型城镇化"运动成为举国大事。图1数据显示，2011年中国城镇人口首超乡村人口，至2015年中国城镇人口为77116万人，乡村人口为60346万人，城镇人口比乡村人口多16770万人。[4]

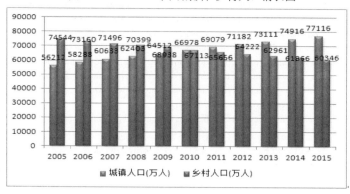

图1：2005-2015中国城镇和乡村人口消长图

首先是城乡差距逐渐拉大。厦门、福州等城市基础设施、道路交通、配套服务好，对资源、资本、人才吸附能力强，进入发展快车道；而乡村则普遍存在人口外流、产业低级、经济衰退、收入单一、卫生堪忧等问题，趋向"空心化""老年化"，城乡两级分化现象加剧。古三重村地处漳州长泰天柱山脚下，因百座古民居、千年古樟、万亩油菜花而成为远近闻名的旅游胜地，但古村落里空宅为多，即有居者亦以老年人为主，访谈中他们表示家中壮年劳动力大多外出打工，只有逢年过节方才回家。游人所能感受的是石头砌成的历史，而非鲜活的传统文化体验。从表1可见，村镇人口的城居意愿普遍高于乡居意愿，尤其是经济不发达和产业形态单一地区人口的乡居意愿更低，对他们而言乡居意味着与贫困为伍、与时代脱节，他们选择通过个人打拼为自己和后代铺就一条通往城市的道路，足见城市梦对于他们的吸引力。当然，也有一些中年人愿意将来回乡养老，但青年人很少有此想法。

表1：福建十大村镇人口乡居意愿分布比例情况表

村镇 意愿	埭美	三重	莲花	洪坑	良地	泰宁	和平	五夫	双溪	北岐
居住于城市	45.5%	52.7%	65.2%	39.9%	51.8%	47.0%	52.3%	50.1%	53.2%	45.7%
居住于乡镇	40.3%	34.5%	23.0%	45.6%	35.5%	45.8%	43.1%	39.9%	32.0%	33.6%
无所谓	14.2%	12.8%	11.8%	14.5%	12.7%	7.2%	4.6%	10.0%	14.8%	20.7%

（注：2017年春节期间针对福建十大村镇在地和回乡人群进行问卷调查）

图2：关于闽西土楼是否存在过度商业化的游客意见分析图

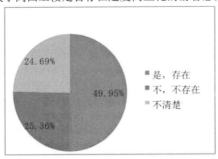

其次是已开发乡村与未开发乡村差异悬殊。乡村旅游开发多以景点旅游、农家乐为主，产品较为单一，未突破门票经济限制，且受消费主义、文化过度开发和行销的影响，存在环境污染、过度商业化、文化流失、胡乱宰客、野导扎堆等问题，人气上升了，人情味却下降了，而没有人情味的乡土难以满足世人怀旧、怀乡的热望。福建闽西土楼、武夷山风景区被亮黄牌并非空穴来风。图2显示，与之相比，未开发的乡镇则少人问津，常见屋舍颓败、耕地荒芜、老弱守家、卫生脏乱之现象。和平古镇拥有中国罕见的城堡式古村落，名列中国历史文化名镇，但目前外来游客不多，常住人口以老幼为主，生活贫困、教育匮乏，养儿防老的中国式孝道难寻踪影；老街古屋年久失修，呈现倾颓衰败之相；宗祠尚在，但静寂无人，乡村礼俗、社会网络逐渐疏远。这些的乡村虽与刻意妆点、人潮如涌的旅游景区相比多了一些原滋原味，但也饱含辛酸。图 2 可见，游客对闽西土楼运营存在过度商业化的质疑。游客重游意愿调查中，30.19%的人期待下次再来，60.38%的人认为自己不一定再来，另有 7.55%的人感觉有些失望，1.89%的人选择绝不再来。

最后是东、南部的沿海乡村与西、北部山地乡村发展不平衡。虽然两者均有人口外流的问题，但南部沿海乡村在道路、房屋、基础设施、公共卫生等方面明显强于西北部。东南部乡村经济基础较好，外流人口中留洋谋生或外出自主经营者多，能够获得沿海区域红利；而西北部乡村经济基础差，外流人口以进城打工者居多，区域红利少。漳州龙海东园镇埭美村依水而建，户籍人口不足千人，常住者亦为看家护院的老年人，但该村内道路整洁、交通便利、古厝栉比，有闽南周庄之喻，又在当地政府规划下整修古厝为"乡愁馆"，成为美丽农村建设的典范。与之相比，闽西北的山村则相差甚远。在詹亮渍《消失的村庄》笔下，昔日人烟阜盛的长科村在商品经济和城市化大潮中无法延续客家人聚族而居的生活方式，逐渐走向萧索没落，"人走了，村庄消失了，带着很多人的记忆消失了。或许长科人大多都没有走远，多数都是迁往县城，但是即便是近在咫尺，他们也再也回不去了。那里的一切都已陌生，童年的欢笑在这里销声匿迹，曾经的玩伴，也早已散落天涯，家里的田地也早已荒芜，找不到去路……"[5]，美好乡土仅仅成为埋葬先人的地方。

总之，福建乃至全国的乡村正处于历史变革的阵痛期，经历着冰与火的双重考验，冰即地域空间及文化的边缘化、人口外流、经济下滑、逐渐与时代脱轨；火即文化资源的商业化、资本化运作，原住民迁徙，外来游客涌入，仿古建筑层出不穷，原滋原味的在地文化却流失殆尽，仅存乡土之形，却无乡土之韵。

二、病之源

福建乡村发展困境其实只是全国乡村问题的一个缩影。据 2012 年中国民间文艺家协会调查结果显示，中国原有 230 万个乡村，但拥有较好自然和非物质文化遗产的古村落由 2005 年的 5000 个缩减至 2012 年的 3000 个左右；据 2013 年住建部统计，传统村落仅占全国行政村总数的 1.9%。[6]那么，乡村衰退或者虚假繁荣的根源是什么？

首先，城乡发展殊途，城市中心主义导致乡村边缘化。中国以西方城市化、现代化进程为学习范本，圈地造城，使得人口、财富和资源配置上高度集中，一方面造成城市交通拥堵、人口密集、环境污染、社会效能下降等诸多问题，另一方面又造成乡村田园荒芜、经济萧条、文化真空、道德失范等问题，其中乡村留守老人、妇女乃至儿童群体日渐受到社会的关注，他们的心灵孤独、存在感缺失、性压抑问题暴露了乡村面临的危机。西方从步入现代社会起就一直在反思城市化与工业化问题，涌现了浪漫主义、现实主义等诸多思潮，但都以批判为主，未提出实质性解决办法，到了21世纪不少学者试图从现实层面调和城乡矛盾。霍华德在《明日的田园城市》一书中打破城乡二元对立的思维方式，反对城市无限扩张论，创造性地提出"卫星城市"发展观，力图消除城乡对立，建构城乡一体的田园城市发展模型，既促进城市田园化，又推动乡村便捷化。中国城镇化运动确实是对霍华德"卫星城市"发展理念的呼应，但在实施过程中重显性指标和面子工程，轻隐性指标和人文建构，农村人口的户籍转化、住宅迁徙并不能真正实现城镇化。镇应发挥连接城乡的精神纽带作用，一方面培育在地文化资源，保存农耕文明的优秀传统，使之融入现代社会建构中，另一方面促进农民改变观念、更新知识和提高技能，在社会保障、公共配套、教育扶贫等加大扶持力度，方能实现守望乡土、古今融合、城乡一体的愿望。

其次，发展评价体系失当，经济一元论导致乡村开发不当。经济指挥棒在全球范围内推动了生产力水平的提高和社会财富的增长，但也导致了自然生态和人文环境的诸多危机，西方比东方更早体验了经济一元论的正负面效应，并开始加以修正。生态后现代主义、有机马克思主义等学派均反对以经济为导向、以城市为中心的线性发展观，从生态、人文角度提出反驳，主张在生态文明和社会和谐前提下发展经济。加勒尔·哈丁在《生活在极限之内——生态学、经济学和人口禁忌》中批判人类文化、经济发展以自然剥削为代价，大胆否定现今通行的 GDP 评价体系。[7]我国尚处于快速追赶西方文明进程中，对经济一元论的危害预见不足，产业评价体系较为单一，重量化指标，轻人文培育，重眼前利益，无长远思考。就乡村旅游开发而言，它存在如下问题：第一，重产业经济指标，轻人文社会建构，唯 GDP 是举，轻社会环境和自然资源损失评估，导致景区超载、环境破坏现象时有发生；第二，重旅游总收入和客接待量增长，轻在地文化流失和人口外流数据统计，无视经济发展内在隐患，急功近利，出现乡村旅游日炽而本地人口外迁的现象；第三，重形象工程、大型项目的投入，轻民生服务、在地文化培育和人才引进等方面的投入，仿古街区、游客中心、购物中心等耗资巨大，但产业发展后劲不足；第四，旅游产品结构单一，以农家乐为主，缺乏创意，文化底蕴不足，乡村旅游趋向模式化、套路化。因此，乡村旅游看似红火，却隐患重重。

再次，社会形态更替，传统文化没落导致乡村文化吸附力下降，下一代的乡土认同感正在逐渐消失。中国传统文化是在农业社会中孕育而成的，其经济基础和文化根脉都在乡土。古人耕读传家，修身为本，治国如治家，入仕前和归隐后均以乡土为家园，因此，尚书第、状元府在乡里颇为常见。相形之下，市集人口

53

则以手工业者、商人为主，不占社会主流。当前，中国尚处于古今社会转型中，都市文化、个人主义、消费主义兴起，农耕文化趋向没落，乡土的文化吸附力下降，连安土重迁的客家人也开始告别乡土，奔向城市。农民离乡运动既受到经济杠杆的作用，而且受到文化观念变迁的影响。农民进城打工的初衷是多赚些钱，但千方百计挤进而融入城市生活则意味着价值观念的变化，即渴望快速便捷、以个体幸福为诉求的生活方式甚于恬淡自然、聚族而居的生活方式。厦门大学人类学教授彭兆荣在《乡土重建与家园纽带》中指出，乡土文化"断裂的原因主要是乡民们家园认同感、家园荣誉感的迅速消失，不知道什么是好的，没有自己家园的荣誉感，这是一种悲哀，长此以往这将是中国人民的悲哀。他们应为自己的家园感到自豪，应有责任去把它建设好，而现在的社会价值让他们觉得自己完全是一个被抛弃的无形的对象。"[8]无疑，乡土的复兴，须以农耕文明的复兴为基础，以现代向后现代社会的转型为契机，是个体返璞归真之自由诉求的现实表征，而这在中国尚待时日。其中，福建东南沿海乡村后现代化转型速度应快于闽西北地区。原因在于，沿海乡村经济较为发达，开放性和包容性强，能够吸收和转化时兴的价值理念，社会转型较快；山区乡村经济贫困，思想闭塞，缺乏财物、人力、知识和思想资源，社会转型慢。

三、复兴之道

空心化、老年化是福建乃至中国乡村失魅的重要表征。如何为乡村复魅、扭转乡村的失语状态、恢复其在世人心目中的桃源形象成为当务之急。乡村的问题，不止出在乡村身上。头痛医头，脚痛医脚的方法治标而不治本。从文化地理学来看，乡村与城市拥有迥异的文化空间，但彼此之间又存在着千丝万缕的关系，在数百年间呈现出此消彼长又相互刺激的螺旋式上升态势。以英国为例，18世纪工业革命因城市行会的限制转向土地和人力资源丰富的乡村，带动乡村工业化运动，渐而孕育了现代工业小镇和刺激了城市发展，19至20世纪过度城市化带来拥堵、高损耗、低效率、贫苦差距等城市病，城市重建和乡村培育成为重点，1945年实施郊区化发展策略，1946年推出新市镇法，刺激了乡村的再度发展。中国乡村发展困境是现代化、城市化的产物，乡村复兴和产业升级应放在城乡统筹关系中加以思考。

一．他山之石

1.无乡之乡，城乡一体

美国是世界上城镇化程度最高的国家之一，城镇化比率超过85%，但并没有造成城乡对比悬殊的问题，其成功经验有三点。第一，国家扭转资源配置的单一化，搭建城镇乡立体结构，充分发展小城镇，使之成为连接城乡的过度地带，避免城乡的结构性失调。美国从上个世纪 70 年代开始吸纳霍华德"卫星城市"发展理念，推动大城市人口向周边小城镇分流，解决城市拥堵、环境污染、效能低下等问题，保持 10 万以下小规模城镇占城市比例的 99%。第二，政府加大宏观调控和乡村扶持力度，国家财政向小城镇倾斜，搭建交通、医疗、教育、信息、科技及社会保障体系，继而培育小城镇和乡村自我再生能力，推进城乡一体化。第三，立法保障，通过环保法、农业法、宅地法等，保障弱势群体和产业的发展。

2. 保护传统，创意再生

日本、韩国的现代化发展有别于西方，充满了古今融合的智慧。日韩两国都是资源小国，无法依仗资源开发完成现代化，因此更加看重文化资源和人的创造力，并试图打通两者之间的壁垒。它们将传统文化视为最重要的文化资源和社会财富，亦把文化传承人视为无上尊贵的"人间国宝"，保护意识超前，并通过文化创意加以开发，真正做到传统文化资源的资本转化。日韩的文化创意主要集中在影视、旅游等领域，将民族特色文化如泡菜制作、能剧等融入影视作品、旅游项目中，带给世人别样的视听体验，解决文化保护与开发矛盾问题。

3. 空间营造，情感营销

宝岛台湾上个世纪五六十年代完成农业向工业社会转型，跻身亚洲四小龙之列，但同样遇上乡村经济萧条、礼俗荒疏、人情淡漠的问题，故从七八十年代起推行农村复兴计划，通过财政扶持、建章立法、乡村自治等方式帮助乡村复兴。千禧年后台湾倾力打造乡村社区环境，通过祠堂、文庙、戏台、门楼等各种意象来保存古老的乡镇记忆，营造别具一格的乡土空间，并通过文化创意、旅游开发延伸传统农业的产业链，打破农业与服务业的界限，用文化内涵展示和过程体验提升农产品的文化附加值，唤醒世人对乡土的憧憬和对人情味的渴望。创意农业卖的不是农产品，而是文化，买的也不是商品，而是情怀。来过台湾的人都会发现，台湾城市发展不如大陆的北上广深，甚至赶不上大陆诸多二线城市，但是，台湾的乡村文化营造和创意产业确实值得学习。

二. 发展理念

阿萨·勃里格斯《英国社会史》开篇之语便是"对大多数英国人来说，古老是一种资产"。[9] 以往乡村复兴法仅仅抓住土地、人口、环境等优势，要么发展联产承包集约农业，要么发展乡村小工业，要么把生产要素（原料、人力、初级产品）单向输送给城市，忽略了乡村最大的优势——文化。乡村复兴的根本在于变"生产要素输出"为"文化输出"。而乡村"文化输出"有赖于城市对乡村的"反哺"，尤其是资本和人才的回流，通过文化复魅、经济塑形、产业升级、机制保障等手段促进乡村复兴。具体见图 3。

图3：新型城乡关系图

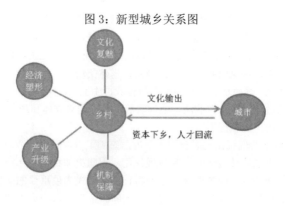

1. 文化复魅，营造乡土氛围

乡村文化输出，有赖于乡村文化自信力的大幅提升。乡村具有区别于城市的文化体系，是中国最大的文化场，耕读传家、宗法自治、忠孝为本、天人合一、乐天知命的观念影响了中国历史数千年，其中不乏对现代社会建构有价值的文化因子，但在现代化、城市化过程中被冲击和淡化。乡村文化复魅的重点在于，守望传统，保存乡土记忆，将社区氛围营造和乡土文化传承作为第一要务，给人以真切的情境感，这样方能满足都市人的"怀乡"（nostlgia）情结。

乡土文化复魅，即恢复乡土文化空间之魅力。21世纪文化地理学悄然崛起，将人文历史和地理空间研究合二为一，对事物分布、生活方式、行动方式背后的符号价值和文化权力尤为关注，认为家和城镇景观内蕴含着独立的经济结构和文化价值，对提升世人对家、地方乃至国家的文化认同意义重大，并将其理念融入日常景观设计中。彼得·古尔德提出："景观不仅是几何上的，而且由具有负责社会关系的人们所占据，更重要的是，具有某种深刻的区域根源意识，或本土意识。"[10]以文化地理学为指导，乡土文化空间的建构应包含有形和无形空间建构两个层次。有形空间建构指的是设计乡村文化的统一风格，修复古老城墙、标志性街区、广场、庙宇、重要私宅等，将其塑造成乡土社会"有意味的形式"；无形空间建构指的是复活乡土民间文学、艺术、行为、习俗、信仰等，恢复乡土的文化气息。

2. 经济塑形，警惕过度商业化

乡村文化输出，需要借力于城市资本，达到经济塑形的目的。资本下乡确实有助于解决乡村文化复兴过程中自筹经费不足的问题，对古村维新、遗产保护、产业升级、业态更新、产品推广等具有推动作用。资本下乡也有利于新型城乡关系的建构，促进城市反哺乡村，改变乡村对城市的单向输送关系。

乡村在引入城市资本时应警惕商业化陷阱，用做事业的心来做产业，做到两个结合。一是将文化开发和古村维新、商业价值和在地民众利益相结合，不仅考量外来游客量、旅游收入等经济指标，而且考量在地人口增长量、生活水平及幸福指数，切勿造成资本对乡村的再次掠夺；二是将物质文化遗产展示和非物质文化遗产开发相结合，挖掘传统制度、精神方面的文化精髓，注重文化培育和传承，提升旅游产品文化意蕴，杜绝乡村文化资源的粗暴简单开发，避免门票经济所带来的文化资源破坏、过度开发及旅游产品同质化等问题。

3.产业升级，推动田园经济

当生产力水平和社会财富积累到一定程度，工业时代向后工业时代、现代社会向后现代社会转型。此时，人的物质需求基本得到满足，产生更高的心理需求、情感诉求和精神享受要求，满足物质需求的第一、二产业开始让位于满足人精神需求的第三产业。田园经济是后工业时代的重要经济形态之一，其核心是将农耕文化和休闲文化将结合，满足世人渴望回归自然的隐逸情怀和寻求家园的原乡情结。现代都市人已经萌生了乡愁病，即对城市产生陌生感和失落感，憧憬记忆或者梦想中的精神原乡。乡愁病源于都市，是对都市生活的焦虑、抵触以及心理补偿，也是现代文化冲突的心理镜像，它会随着时间的推移不断加剧，在经济允许之下由隐性转为显性，并随社会传播逐渐蔓延生发，成为一种"流行病"。田园经济以疗救现代人的乡愁病为诉求，务必营造淳朴真率、自然和谐、清新可人、温情脉脉的文化氛围，用情感营销溶解商业气息，使消费者获得沉浸式体验，满足现代人"生活在别处"的愿望。田园经济也是农村实现跨越式发展的途径之一。产业基础较好的乡村可以先行先试，首先需要营造恬淡温馨且有传统意蕴的田园氛围，重体验与互动，变被动式消费为主动式消费；其次需要农业、加工业与创意产业、旅游业等的跨界融合，改变传统农业的经营模式；最后尽可能延伸农村创意产业链，增加产品文化附加值。

4.机制保障，缩小城乡差距

2000 年以后，乡村向城市单向输出所导致的衰退问题已然进入国家视野。城乡统筹（2003）、新农村建设（2005）、大学生村官计划（2005）、取消农业税（2006）、万顷良田工程（2008）、村庄环境整治（2011）等政策相继出台，显示了国家对乡村整治的重视。但要实现工业反哺农业、城市资本平稳下乡等目标，仍需完善城乡协调机制，避免城市模式复制到乡村，违背乡村文化复魅的初衷。首先，推行新型的乡村扶持机制。现有的乡村扶贫和文化复兴措施有其不足之处。第一，乡村扶贫容易变成经济救济。财政拨款只能解决一时的物质困难，难以解决乡村没落的根本问题。乡村扶贫的重点不应是经济救济，而应是教育和技术扶贫，促成乡村文化自觉和经济自我造血功能。第二，乡村扶持未能达到理想效果。除经济发达地区乡村以外，城乡差距不是在缩减，而是在扩大。乡村城镇化不能停留于户籍人口的行政划分上，而应切实解决农民就业、教育、医疗、社会保障等问题。第三，乡村管理应充分自主。中国乡村自治历史悠久，虽有官治和绅治之分，但以宗族制下的绅治为主。现在乡村管理仍可加以借鉴，地方成立代表农民利益的机构，直属中央管理，财力、物力资助不需经过省、市、区、镇等层层划拨，直接抵达地方，既提高行政效力，又利于公务透明，能够提高农民的主人翁意识。城、镇、乡发展的最佳状态应是，减负后的智慧城市和小而美的卫星小镇以及田园化的温馨乡村各司其职，各展风采。其次，完善城乡利益分配机制。目前乡村文化开发常用"所有权+承包权+经营权"三权分立的方式进行分工和利益分配，引入现代城市先进的公司管理和营销理念，推动文化传播，但有时也难以顾全在地文化的培育和乡民的切实利益，因此应将乡民入股、文化抽成等纳入分配机制中，如允许乡民以资金、土地、房屋、生产行为、习俗活动等方式入股，提高乡民的主人翁精神，又如将文化抽成分布用于社区氛围营造、非遗传承等。

三. 具体措施

1. 普及理念

乡村田园经济以生态文明为价值导向，通过人的智慧创意融通传统农耕文化，是对传统文化和经济形态的螺旋式上升。因此，生态理念的建构和普及对复兴乡土文化必不可少。福建先后推出"清新福建""全域生态福建"发展理念，推出"美丽乡村游""清新空气游"等，并于十二五期间完成旅游业投资千亿以上，客接待量和旅游总收入均实现双位数增长。[11]未来，福建生态资源的潜在经济价值会进一步凸显出来，但必须做好乡村生态观念普及和生态系统维护工作。首先，乡村生态宣传应从小抓起，渗透于中小学教育中，再普及到每个家庭，促进全社会重视垃圾分类、资源回收等。其次，乡村生态监督和维护机制应落到实处，逐步减少矿业等重污染、高损耗产业，把美丽乡村建设作为第一要务来抓。

2. 盘活文化

乡村田园经济除了要培育生态自然环境外，还要培育看得见、感知得到的"乡愁"，即营造能唤起世人怀乡、爱乡之情的文化氛围，真正做到"望得见山、看得见水、记得住乡愁"。乡村旅游不能走纯商业化运营的路子，而应将旅游开发和社区营造融为一体，让在地居民成为第一受益人，培养他们的文化归属感和荣誉感。墨菲(Murphy)在《旅游：社区方法》一书中指出："旅游业从一产生，就有着巨大的经济效益和社会效益，如果能够将它从商业化的运作模式中脱离出来，从生态环境和当地居民的角度出发，将旅游业考虑为一种社区的活动来进行管理，那样一定能够获得更佳的效果。"[12]首先，乡村文化培育既要重视实物保护，如保持古建筑、遗址、文物等原貌，又要重视精神财富保护，如延续传统生活方式、价值观念、生产技艺、文化制度等，唯此方能真正做到守护农耕文化的精髓，使之形神兼备。其次，乡村文化培育应以活态传承为主，静态展示为辅，具体而言，一是对传承人传承活动的充分扶持，包括经济补助、社会保障、传承场所、对外宣传等方面的支持；二是依照四时节气、节庆、地方风俗安排对应的传统文化活动，复活乡土文化生态，为美丽乡村旅游增添文化内涵。

3. 筑巢引凤

人口外流是乡村没落的重要表征。乡村的经济振兴和文化复魅需要人口的回流，尤其是优秀人才的加盟。乡村发展田园经济须引入农业技术、创意开发、科学管理以及教育宣传等各方面的人才，从而实现产业升级、创意提升、合理规划和持续发展的目标。近二十年来，中国面临史无前例的人口迁徙，从乡土到城市，从不发达地区到发达地区，既带来了乡村的空心化，也造就了城市"蚁族"，迷失在城乡之间，内心饱含"待不下的城市，回不去的乡村"[13]的精神创伤，如果能够很好地吸纳他们回乡创业，将是推动乡村复兴的一股生力军。但是，目前乡村人才吸附能力弱，在人才竞争上不具有优势，应从如下方面加以补救。首先，推行乡村人才扶持计划，对乡村创业创新人才给予住房、税收、用地、资金、奖励等方面的扶持，提高人才吸纳能力。其次，逐步改善乡村生活和教育环境，切实解决人才的生活习惯和子女教育问题。最后，倡行开放、包容的文化氛围，逐步消弭城乡思维和情感差异，提高人才的乡村融入感。

4. 乡村立法

乡村立法还不够健全与完善，乡村发展田园经济还有赖于制度保障。乡村立法保护的重点是自然、田园、文化遗迹和农民合法权益，对应出台农田保护法、环境保护法、古村落保护法、农民基础保障法等，确保耕地、山林、水源、古村落不被侵占，为后现代田园经济的兴起埋下火种；同时以人为本，从立法角度提高农民生存保障水平，缩小城乡社会保障功能的差距，提高农民的幸福感，从而拉动农民回乡创业的热潮。

结论

中国城镇化过程中不少乡村充当了城市的"输送器"，乡村普遍衰退和城市过度膨胀的现状、发展中国家的中等收入陷阱应引起世人的足够警惕。乡村应转变"输送器"为"聚宝盆"，转变"生产要素输出"为"文化输出"，通过文化复魅、经济塑形、产业升级和机制保障等手段，真正实现自我的伟大复兴。

参考文献

[1]张京祥.乡村复兴：生产主义和后生产主义下的中国乡村转型[J]，国际城市规划，2014（5）：1-7.

[2]申明锐.新型城镇化背景下的中国乡村转型与复兴[J]，城市规划，2015（1）：30-34.

[3]朱霞.中国乡村转型与复兴的策略及路径[J]，城市规划，2015（8）：38-45.

[4]2016 年中国人口总量、男女人口数量对比及城镇、农村人口数量分析[EB/OL]，（2016-09-02）[2017-01-01]，http://www.chyxx.com/industry/201609/444598.html.

[5]詹亮浈.消失的村庄[J]，文化闽西，2015(2).

[6]郭超.现代文明下的"千村寥落"——传统村落保护的忧思[N].光明日报，2013-11-23(12).

[7]加勒尔·哈丁.生活在极限之内——生态学、经济学和人口禁忌[M]，戴星翼译，世纪出版股份有限公司，2007.

[8]彭兆荣.乡土重建与家园纽带[J]，广西民族大学学报（哲学社会科学版），2006(5)

[9]（英）阿萨·勃里格斯著.英国社会史[M]，中国人民大学出版社，1991.

[10]（英）凯·安德森.文化地理学手册[M]，李蕾蕾译，商务印书馆，2009，P93-94.

[11]佚名.福建：扮靓"清新福建"生态旅游新业态[EB/OL]，（2016-11-23）[2017-01-02],http://www.mnw.cn/news/fj/1470231.html.

[12]Murphy, P·E. Tourism: A Community Approach[M]. NewYork: Methuen, 1985: 200.

[13]吕途.中国新工人：文化与命运[M]，法律出版社，2015.

国际社会利益对国际法缔约方式的影响
Impacts of international community interests
on treaty making ways of international law

陈海明（厦门理工学院）
Chen Haiming

【Abstract】International treaties are the important legal regulations of the international community. With abundant international community interests arising after the Second World War, treaty-making ways of contemporary international law have undergone changes compared with traditional international law, which are embodied in universal members of world-order treaties, package negotiation of treaty draft, decision making through consensus, and imposing restrictions on treaty reservation.

由于国际社会至今尚无统一的立法机构，国家之间签订的条约就成为规范国家交往的主要国际法律规范。二战以后，随着国际社会大量共同利益的涌现，当代国际法的缔约方式与传统相比发生了诸多变化。主要体现在：缔约成员的普遍性、条约文本的一揽子谈判方式、协商一致的决策方式以及对保留的严格限制。

一、缔约成员的普遍性

随着国际社会利益的涌现，传统双边条约立法模式已经不足以适应现实。多边条约的兴起正是国际社会利益对国际法渗透的必然结果。二战以降，世界秩序条约（world-order treaty）[1]成为一种新型的国际立法模式。维护国际社会利益成为世界秩序条约的首要任务和重要特征。联合国宪章、国际人权公约、联合国海洋法公约和WTO条约这些世界秩序条约，分别以维护国际和平与安全、保障人的尊严与价值、保护海洋资源与环境和促进自由贸易这些国际社会利益为主要宗旨。[2]这些世界秩序条约的缔结使得没有世界政府的国际社会仍然有秩序可循，不至于陷入无政府状态[3]。

由于世界秩序条约涉及国际社会利益，国际社会所有成员在社会共同利益的保护上皆拥有相同的权利和义务，因而他们积极广泛参与到这些条约的缔结之中，因此世界秩序条约的成员具有极大的普遍性。联合国宪章、国际人权公约、联合

---

[1] 世界秩序条约（world-order treaty）这一术语自20世纪90年代开始在不少国际法学者的著作中经常使用。
[2] 关于世界秩序条约的各种特征及其对当代国际法的影响，参阅：陈海明.世界秩序条约特征及其对国际法影响研究[J].河北法学,2010,（4）：65-66.
[3] 无政府状态是英文 anarchy 一词的译语，意指"混乱无序"。

国海洋法公约以及联合国气候变化框架公约等典型的世界秩序条约几乎都拥有国际社会绝大部分的主权国家。国际社会绝大部分主权成员方对这些公约的参与对于确保各种世界秩序的维护具有重要意义。以维护国际和平与安全及国际人权为主要宗旨的世界秩序条约通过国际强行法或者习惯法地位对于那些尚未加入的主权国家也具有约束力，因此这些条约具有真正意义上的普适性。

当代国际法缔约成员的普遍性在一定程度上还体现在以非政府组织为代表的国际社会非主权成员方直接或间接参与到多边条约或者世界秩序条约之中。非政府组织不仅是许多重要条约缔结的始作俑者，而且由于在环境保护、卫生健康、核技术等方面拥有许多专家学者，成为许多重要条约文本起草的参与者。同时，许多重要的国际非政府组织还在一些重要的条约机构（treaty bodies）中获得了咨商地位；国际非政府组织在监督各种公约的实施上起到了日益重要的作用。因此，国际非政府组织直接、间接参与各种公约对于维护国际社会利益具有非常重要的意义，是国际社会成员普遍参与缔约的体现。

实际上，在20世纪60年代举行的《维也纳条约法公约》缔约大会上就出现了由亚非拉第三世界国家提出的、与"世界秩序条约"相类似的"一般多边条约"（general multilateral treaties）概念。当时提出一般多边条约概念之目的在于防止由于冷战而导致的两个对立阵营阻止另一方成员参与到国际法或国际组织中。一般多边条约概念最终在维也纳条约法大会通过的宣言上得到体现。该宣言要求联大确保国际社会成员最广泛参与到该条约法公约之中，并且坚信一般多边条约应该向所有国际社会成员开放。[4] 在缔约成员的普遍性与国际社会二者之间的关系上，西玛认为，成员普遍参与多边条约的缔约谈判程序可以看作是对国际社会存在的确认。[5] 我们可以从另一个角度说，国际社会的存在本身要求所有成员参与到一般多边条约或者世界秩序条约之中，只有如此，国际社会利益才能得到有效维护。与传统国际法双边主义的缔约方式相比，当代世界秩序条约缔约成员的普遍性与之形成了鲜明对照。这是国际社会利益对国际条约缔约方式影响的首要体现。

二、一揽子谈判方式

国际社会利益对国际法缔约方式的影响还体现在条约缔结过程中的谈判方式上。传统上，主权国家在缔约中具有完全的选择自由，因此主权国家总是自愿选择缔约的事项和议题，在缔约中拒绝参与那些不利于国家利益的谈判议题和事项。

---

[4] Final Act of the United Nations Conference on the Law of Treaties, UN doc. A/CONF.39/26, 23 May 1969; International Legal Materials, 8(1969), p.734.

[5] SIMMA, BRUNO. From Bilateralism to community interest in international law[J]. Recueil Des Cours, 1994, 250: 325.

晚近涉及国际社会利益的世界秩序条约在缔约过程中的谈判方式上逐渐发生了变化。为了更好维护社会共同利益，这些条约在谈判过程中总体上对所有事项和议题进行规划和立法。因此，这些条约谈判中涉及到所有不同的议题，参与这些条约谈判的国际社会成员必须接受所有议题，不能只选择其中某些对其有益的议题而忽视所有其它对其国家利益可能存在较大约束的议题。这些涉及不同议题的条约谈判方式也就是所谓的一揽子谈判方式。传统上那种议题分离、领域隔绝的分散型立法模式容易导致潜在的法律冲突，也容易造成法律体系的碎片化。国际社会进入相互依存局面后，分散型的传统立法模式已经无法适应现实，一揽子立法形式因此取而代之。国际条约的一揽子谈判方式能够整合社会不同议题，避免条约内部出现冲突。一揽子谈判方式要顺利实现预期目标，必须注意谈判技巧，在缔约方之间实现妥协。一揽子谈判方式有利于对不同领域中的所有议题加强治理，提高立法功能，取得较好的法治效果，从而在不同领域逐步确立世界秩序，维护国际社会共同利益。

条约缔结中采取一揽子谈判方式的典型例子是WTO协议和《联合国海洋法公约》。在1986年至1994年长达8年的乌拉圭回合谈判中采取的就是一揽子谈判方式。成员方如果要加入WTO协议，必须参与不同议题的谈判，并且必须接受所有不同领域所达成的协议。因此，要成为WTO成员方，就必须同时接受GATT、GATS和TRIPS等协议。不可能只接受GATT协议，而不加入GATS或TRIPS协议。WTO采取议题交叉挂钩的谈判方式，使得成员方欲加入其中某一协议就必须同时接受其它协议为前提。这种一揽子谈判方式固然对国家主权造成了一定限制，但是，这有利于在不同国家之间达成一定的利益平衡，同时更为重要的是，这种议题交叉挂钩的谈判方式有利于更好促进国际社会实现贸易自由化，减少各种关税和非关税贸易壁垒，从而有利于国际社会在实现国际贸易自由流通方面的共同利益。正因为如此，WTO对于乌拉圭回合谈判成果采取单一承诺方式（single undertaking），全体成员必须毫无保留地接受一揽子协议，并且接受每一协议的所有条款[6]。 在WTO多哈回合后续展开的一系列谈判中，也是遵循了一揽子谈判方式的先例。由于一揽子谈判方式把各种不同议题交叉捆绑在一起，要让所有成员在所有议题上达成一致看法，存在不少困难，因此WTO后续展开的谈判至今进展缓慢。要在这种"要么全有，要么全无"（all or nothing）的谈判方式中早日实现目标，必须对不同议题进行平衡，同时所有谈判方必须彼此作出妥协和让步。

作为占据地球表面70％的海洋是人类文明的摇篮，为人类未来发展提供了大量潜在的能源。随着科学技术的进步，人类的活动领域不断扩展到海洋。与海洋

---

[6] 《建立世界贸易组织的马拉喀什协议》第16条第5款规定："本协议禁止对任何条款作出保留"。

有关的现有的习惯国际法已经远不能适应现实需要。为了避免各国在开发利用海洋上可能产生的利益冲突，最大程度上协调各国对海洋的利用，有必要对海洋进行系统立法，以维护国际社会在海洋上拥有的共同利益。根据联大第2749号相关决议，第三次联合国海洋法会议在1973年召开，并且最终于1982年制定了《联合国海洋法公约》。所有联合国的成员国、联合国专门机构的代表、其它政府与非政府机构的代表等参加了会议。会议总共有164个国家和单位参加，每次到会人数超过千人。可以说，第三次联合国海洋法会议是一次规模最大、代表最多、历时最长的国际立法大会，是海洋法发展的里程碑。大会不是针对海洋的某个领域或议题进行谈判立法，而是就海洋的方方面面进行系统立法。因此，联合国海洋法大会就海洋有关的所有领域或议题展开一揽子谈判，涉及领海、毗邻区、专属经济区、大陆架、用于国际航行的海峡、群岛国、岛屿制度、闭海或半闭海、内陆国出入海洋的权益和过境自由、国际海底以及海洋科学研究、海洋环境保护与安全、海洋技术的发展和转让等大量议题。所有会员国在谈判中必须就上述一切议题达成协议，不能只接受其中某些议题。成员国如果要加入《联合国海洋法公约》，必须接受涉及上述议题的所有条款，该公约原则上一律禁止对公约条款的保留[7]。《联合国海洋法公约》整合了与海洋有关的所有领域的议题，对涉及海洋的各种问题进行了系统立法。该公约是一部宏伟的海洋法典，内容分成17部分，由446个条款组成，同时备有9个附件。这种一揽子立法模式可以避免对海洋各种问题采取分散型立法模式可能会出现的内部冲突，能够从整体上实现对海洋的有效治理，提高立法效果。《联合国海洋法公约》作为占地球70％的海洋宪章，为海洋的有法可依奠定了基础。尽管该公约因为利益平衡和妥协的缘故对一些问题没有作出有效规制，"剩余权利"问题给一些海洋大国扩展海洋权利提供了借口，但是从整体上而言，这种一揽子立法模式能够有效地保护国际社会在海洋上拥有的共同利益。

上述分析表明，晚近国际社会采取的一揽子谈判方式是国际社会就某些事项进行系统立法所不可或缺的有效路径。这种缔约方式能够有效整合相关领域的各种议题，减少因为分散型立法模式可能会出现的内部冲突。一揽子立法模式是晚近国际社会利益对程序国际法影响的表现之一，能够从整体上实现对相关领域的国际社会共同利益的保护。这种立法模式对国家的主权造成了一定挑战，国家已经不再像传统缔约方式那样拥有完全的任意性和独立性。这是国家加入国际社会享受共同利益所必须付出的加盟费。一揽子立法模式必须协调不同国家的利益，作出合理妥协，因此在不同议题之间必须进行合理平衡。这种立法模式的一个缺

---

[7] 《联合国海洋法公约》第309条规定，"本公约禁止保留，除非公约条款明示允许。"

陷是，容易导致谈判的僵持，这也是乌拉圭回合谈判和联合国海洋法第三次会议为何持续8至9年的主要原因之一。这种一揽子谈判方式在决策中通常采取"协商一致"模式。本文下一部分内容将论述在国际社会利益影响下，缔约过程中出现的协商一致决策方式。

三、协商一致的决策方式

传统上国际组织或者国际外交会议在制定条约草案或者通过有法律约束力的决议时，通常采取投票表决制。投票表决制经历了从全体一致表决制（unanimous voting）到多数表决制（majority voting）的发展。全体一致表决制要求所有成员都投赞成票才可通过某一决议或者条约草案，只要有某一成员投反对票，就无法通过决议或者草案。在 19 世纪和 20 世纪早期，国际会议对实质性问题的决议都是采取全体一致表决方式。[8] 由于近代国际法对国家主权原则的过分强调，这段时期的各种国际会议决策时都是实行全体一致。国联盟约和国联大会程序规则对于实质性问题也是采取全体一致规则。常设国际法院在咨询意见中对上述规定评论为"与所有外交会议或大会的经久不变的传统是相一致的"。[9] 全体一致表决制是近代国际法绝对主权原则的产物，实际上包含两个因素：平等投票权以及所有参与国家一致投赞成票。因此，帕斯图霍（Pastuhov）在 1945 年认为"过去数世纪国际会议依赖的两个支柱分别是平等投票权和一致同意"。[10] 由于全体一致规则要求所有国家一致同意，只要有一国投反对票便无法通过决议或条约草案。因此，这种表决制赋予任一成员国否决权，一国可以否决所有其他国家达成的决议。显然，全体一致表决制会造成"寡人独裁"现象。故而，全体一致规则很难促使国际社会达成一致的决议，不利于国际社会的合作。所以，在相互依存度不断加深的国际社会，这种表决制在实践中已经逐渐被淘汰。

由于全体一致表决制具有上述弊端，当代国际社会已经很少采用。多数表决制已经取代全体一致规则。联合国汲取国联在投票表决方面的教训，摒弃全体一致规则，采纳多数表决制。《联合国宪章》第18条规定，联合国大会每一会员国具有一个投票权，对于重要问题必须由出席投票表决的三分之二会员国决策。因此，联合国宪章对于重要问题要求三分之二的出席表决会员国决策，而对于非重要问题以及程序性问题只要简单多数通过即可。《联合国宪章》第108条同时对宪章修

---

[8] SABEL, R.. Procedure at International Conferences[M]. New York:Cambridge University Press, 2006. 312.
[9] Advisory Opinion concerning Article 3, Paragraph 2, of the Treaty of Lausanne [1925] PCIJ, Series B, No.12,p.29.
[10] PASTUHOV, VLADIMIR D.. A Guide to the Practice of International Conferences [M]. Washinton: Carnegie Endowment for International Peacep, 1945. 135.

改生效的程序进行了规定，认为"本宪章的修改被包括安理会所有常任理事国在内的三分之二联合国会员国通过后，对联合国所有会员国具有约束力"。联合国多数表决制与国联的全体一致规则一样，都规定一国一票，实行平权表决。这是对主权国家相互独立、平等的法律地位的反映。然而，多数表决制不要求所有出席国家一致同意，只要大多数出席国家同意就可以表决出对所有会员国有约束力的宣言、决议或其它草案。这些反映了现代国际法对绝对主权原则的修正。

虽然与全体一致表决制相比，多数表决制具有较大优越性，更有利于国际社会的合作。然而，在社会共同利益大量涌现的当代国际社会，多数表决制并不能完全适应现实需要。多数表决制具有一些自身无法克服的缺陷。多数表决制运作的哲学基础或者说前提预设建立在多数人的观点具有规范权威性上面。但是，这一前提预设并没有得到合理解释和充分说明。诚如萨贝尔（R. Sabel）所言，在多边国际会议上，"多数表决制之所以为国家所接受，不是因为多数人具有规范性权威，而是因为有利于促使国际组织有秩序运作"。[11] 同时，由于国家在人口数量、国土面积以及实力大小方面各不相同，不考虑到这些客观因素赋予每个国家平等的投票权，也是导致多数表决制被批评的另一个重要原因。艾苯认为，"表决制度是联合国体系的最大敌人……联合国表决制的不合理性在于实力差异悬殊的国家却具有平等的投票权。中国、俄罗斯和美国这些大国却只拥有与斐济、巴布亚和马尔代夫这些岛屿小国等量的投票权"。[12]

由于多数表决制存在上述弊端，而且容易在投票表决国家之间形成相互对立，甚至造成"多数人的独裁"局面，很难达成共识，实现对社会共同利益的保护，晚近国际组织或者多边外交会议在通过决议或者条约草案时逐渐采取协商一致（consensus）决策方式。

英语 consensus 来自拉丁语 consentire，con 表示一起，sentire 表示思考、感受。因此从词源上讲，consensus 表示"一起思考或一起感受"。[13] 1974 年联合国经社理事会人口与发展委员会把协商一致界定为"未经投票达成的普遍同意"[14]；欧洲安全与合作会议程序规则对其界定为"代表没有提出反对意见来阻止决议"。[15] 我们可以发现，协商一致决策机制的主要特征包括三方面：1. 未经投票表决；2. 达成普遍同意；3. 没有出现阻止决议草案的反对意见。协商一致要求所有谈判方

---

[11] SABEL, R.. Procedure at International Conferences[M]. Cambridge: Cambridge University Press, 2006. 317.
[12] EBAN, ABBA.The New Diplomacy, International Affairs in the Modern Age[M]. New York: Random House, 1983. 280.
[13] Consensus[EB/OL]. http://en.wikipedia.org/wiki/Consensus, 2009-11-28.
[14] ECOSOC Resolution 1835(LVI) of 14 May 1974.
[15] See Rule 69 of the rules of procedure of the Conference on Security and Co-operation in Europe.

互相合作、妥协，兼顾多数群体和少数群体的意见。协商一致具有兼容并包、全面参与、合作共赢特征，是国际社会成员普遍参与共同利益的重要渠道。正如阿罗特（P.Allot）所说那样，"协商一致决策使得国际社会开始意识到自身的普遍性……让所有成员在其社会成员身份上找到了认同。"[16]

协商一致决策不如以投票表决为核心的罗伯特议事规则那样正式化，但是也有一系列自己的核心运作程序：确定议事日程（agenda），把相关的讨论项目（item）囊括其中；对议事日程中的每一个项目进行讨论，确认各种不同的意见和相关信息；经过讨论，形成正式的决策提议（proposal）；决策协调者（facilitator）组织成员对提议进行协商以求达成共识；如果未达成共识，每一位持不同意见者必须提出对提议的关注和不同主张；对提议修改或者重新表述，顾及少数异议成员的主张；对修改后的提议重新协商以求达成共识。协商一致决策要顺利进行，离不开协调员的积极作用。每一讨论小组的主席起到积极协调作用，协调不同集团之间的利益冲突。只要没有成员反对提议进行明显反对，就算达成协商一致。有时候协商一致"与其说是被看作来自协商团体的决议，毋宁说是来自主席的决议"[17]。协商一致体现的是一种谈判艺术。[18] 因此，主席作为决策协调者，在协商一致时应该具备高超的谈判艺术，发挥积极作用，善于在不同利益方之间作出妥协。

晚近协商一致决策方式不断兴起，是多方面因素作用的结果。首先，一国一票的多数表决制容易导致南北对立，造成国际社会分裂。二战后涌现了大量新的民族国家，广大南方发展中国家在联合国占据了绝大多数。相反，北方发达国家在联合国体系只是少数群体。如果实行传统多数表决制，那么北方发达国在投票表决中将永远处于不利地位。一项决议如果不能反映这些强国的利益获得其支持，在实践中将不大可能被彻底贯彻。因此，布赞（Buzan）就协商一致决策方式在第三次联合国海洋法会议（UNCLOS III）兴起的背景解释颇为中肯："当代国际决策的关键问题在于，国际社会成员国的扩展所导致的权力与多数表决制的分离。大国组成的少数群体遭到疏远，将导致多数表决制在国际立法决策方面逐渐失效。在一个高度分裂的国际社会中，需要一种技巧来确保对决策的广泛支持。正是基于此，协商一致才产生吸引力。"[19] 其次，在关系到国际社会所有成员国的环境、

---

[16] ALLOT, P.. Making the New International Law: Law of the Sea as Law of the Future[J]. International Journal, 1985, 40(3): 448.
[17] VIGNES, DANIEL. Will the Third Conference on the Law of Sea Work According to the Consensus Rule[J]. AJIL, 1975, (69): 120.
[18] EVENSEN, JENS. Working Methods and Procedures in the Third United Nations Conference on the Law of Sea[J]. Recueil Des Cours , 1986, (199): 486.
[19] BUZAN, BARRY. Negotiating by Consensus: Developments in Technique at the United Nations Conference on the Law of the Sea[J]. AJIL , 1981, (75): 326.

经贸等领域，只有建立在广泛共识基础上的协商一致才能达成兼容并包的协议，让国际社会广泛践行协议宗旨和原则。最后，晚近在经贸、环境等领域不断采取"一揽子"谈判方式，需要协商一致决策配套。协商一致决策与"一揽子"谈判的结合能够促使不同利益集团之间相互妥协。无论是第三次联合国海洋法会议，还是1992年气候变化和生物多样化公约谈判，抑或是持续八年的乌拉圭回合谈判，都显示了协商一致决策与一揽子谈判之间的密切关系。"一国对于本来持反对意见的议题之所以能够协商一致，是因为在另外一个持赞同观点的议题谈判中经过协商一致达成了共识。"[20] 因此，为了在一个符合自己利益的议题方面达成协商一致，就必须在其它议题谈判中作出让步妥协。

协商一致决策方式在上述领域显示了巨大的生命力。它要求所有国家在谈判中倾听对方声音，考虑对方利益诉求。协商一致有利于减少国家之间的权力差异，使决策更加民主化。正如第三次联合国海洋法会议实践表明的那样，协商一致在一揽子协议谈判中照顾了所有成员方的利益，获得了广泛共识，容易促使广大成员方迅速执行协议。协商一致通过的协议草案，由于获得广泛支持，在实践中能够获得国家持续的贯彻，因而容易迅速产生新的习惯国际法。因此，协商一致决策方式在缔结普遍性条约方面具有极大优势，是国际社会一种独特的立法模式，能够有力促进国际社会广大成员参与到以维护国际社会利益为主要宗旨的多边条约之中。正是基于这些原因，博耶尔（Boyle）和秦津（Chinkin）在对协商一致程序的看法上也认为，"广义而言，协商一致程序不仅在谈判普遍接受的条约、决策或者软法方面更加有效，而且事实上成为一种特定的立法方式。"[21]

当然，协商一致决策方式具备上述优点的同时，也存在一些被批评的弊端。由于要在不同利益集团之间达成共识，彼此妥协必不可少，因而决议文本措辞时常模糊不清，不利于在实践中执行。协商一致必须在所有成员方达成普遍同意，只要有少数成员方坚持寸步不让，协商就会失败。因此协商一致决策要在成员方之间不断协调，容易拖延时间，甚至陷入僵局。这也就是第三次联合国海洋法会议和 GATT 乌拉圭回合漫长谈判的原因之一，也解释了为什么 WTO 多哈回合谈判自2001 年底启动至今未果。为了防止少数成员方在协商一致决策中阻扰而使谈判陷入僵局，第三次联合国海洋法会议和 WTO 都规定，一旦协商一致失败将启动投票表决制。第三次联合国海洋法会议程序规则第 37 条规定，只有在协商一致的努力穷尽后仍无法达成普遍同意，方可对实质性问题进行投票表决。[22] WTO 协议第九条

---

[20] BOYLE, ALAN. & CHINKIN, CHRISTINE. The Making of International Law[M]. Oxford: Oxford University Press, 2007. 158.

[21] Ibid, p.160.

[22] Rules of procedure of the Third Law of the Sea Conference, UN Doc. A/CONF.62/30/Rev.3, UN Publication Sales No. E.76.I.4(1981).

规定，"WTO 应该继续遵循协商一致决策方式……如果无法通过协商一致作出决策，那么对于讨论的问题必须投票表决"。[23] 这样可以避免协商一致谈判陷入僵局，让少数持反对意见的成员方作出妥协。因为一旦协商一致失败，启动多数表决制后，没有任何成员方能够阻止被多数成员方表决通过的议案。以第三次联合国海洋法会议谈判为例，77 国集团在谈判中构成了很大影响力，美国、欧共体和日本等集团是为数甚少的发达强国。如果谈判采取单纯的多数表决制，77 国集团在数量上占据绝对优势，肯定可以在投票中击败数量上占弱势的强国。相反，如果谈判采取单纯的协商一致，就可能会因为少数成员方的阻扰而使决议流产。允许以多数表决制作为最后诉诸手段的协商一致决策方式，实际上可以优势互补，既可以避免多数人的暴政，又可以防止少数人滥用否决权，平衡不同集团之间的利益。

总之，全体一致表决制、多数表决制和协商一致决策机制各有特点，在促进国际社会成员参与共同利益所起到的作用上，显然协商一致决策方式属于最可取的。

四、对保留的严格限制

条约的保留是条约法中涉及的重要法律问题。根据《维也纳条约法》第2条对"保留"这一术语的界定可知，"保留"是"一国于签署、批准、接受、赞同或加入条约时所作之单方声明，无论措辞或名称为何，其宗旨在于排除或更改条约中若干条款对该国适用时之法律效果"。这一定义包含的三个因素需要加以分析。第一、保留的属性乃是"单方声明"；第二、无论这一单方声明的"措辞或名称为何"，重要的是看该声明的实质；第三、如果该声明的实质是"排除或更改条约中若干条款对该国适用时之法律效果"，那么该声明就是保留。因此，单方声明的措辞或名称并不重要，重要的是这些声明的实质内容。国家不能因为在措辞中没有使用"保留"字眼而使其声明不构成保留；同理，国家赋予单方声明以"保留"字眼并不一定是保留。"如果国家作出的主要属于政治意义的声明，或者国家加上'保留'字眼而这个字眼却只有国内意义而没有国际意义，这些单方声明是没有任何保留的法律效果的。"[24]

提出保留的国家实际上是试图对其有意接受的条约进行更改，因而保留实际上就是拒绝接受要约而提出一个新的要约。这个新的要约原则上似乎必须得到其他缔约国的同意才能有效；大部分国家在保留实践形成之初确认了这一原则。[25] 上

---

[23] See Article IX of Agreement Establishing the World Trade Organization
[24] 詹宁斯.瓦茨修订. 奥本海国际法[M].第一卷第二分册.王铁崖等译，北京：中国大百科全书出版社，1998. 648.
[25] 马尔金曾经分析一些保留的事例，并且指出，那些与缔约机制有关的人们在他们的实践中

述观点虽然对于双边条约是很容易被接受的，但是对于多边条约的保留是否要获得所有其他缔约方同意才能有效却是存在不同看法。《奥本海国际法》一书采取了与国际法院1951年在"防止及惩治灭绝种族罪公约保留问题"上所作出的咨询意见相类似的见解，认为"对保留的一致同意原则是不适合以一般性多边公约为特点的国际交往的要求的，而且，给予一个国家（或少数国家）权利来阻止另一个国家成为公约的缔约国，而所有或大多数缔约国却认为后一国家所提出的保留符合公约的目的，这种情形是不切实际的，也是不应该的。"[26]

基于对上述两种不同观点的考量，《维也纳条约法公约》采取了折衷态度。该公约第20条第2款规定，如果从谈判国的有限数量和条约的宗旨和目标看来条约在所有缔约方的完整适用是每一缔约方同意受条约束缚的根本条件，那么条约的保留需要获得所有成员方的接受。第20条第3款规定，如果条约属于国际组织的构成性文件，那么条约的保留必须获得该组织有权机构的接受。根据第20条第4款规定，在不属于上述两种情况下，由每一缔约方自行判断保留是否符合条约并且作出接受或者拒绝保留的法律行为；只要有一方接受保留，保留国就可成为条约的成员方，该保留就可以在保留国和另一成员方之间生效。西玛从另一个角度对上述有关条约保留的折衷进行了解读。他认为保留不得违背条约宗旨和目标的有关规定实际上反映了国际社会利益对条约法的影响，然而，由每一缔约方自行断定保留是否与条约相一致的有关规定反映了国际法的传统双边主义原则，因为在保留、对保留的接受或者反对之间的相互影响会把真正的多边条约分散化或者重新双边化。[27]

我们发现，维也纳条约法关于保留的有关原则性规定平衡了国家在国际法实践上的传统双边主义作法以及社会共同利益在当代国际法上的至上性；该公约第20条第2款和第3款在对条约保留接受上的规定实际上考虑到了对社会共同利益的维护。然而，在20世纪60年代起草条约法公约时由于在工业化国家和发展中国家之间存在诸多分歧，在有关条约的保留问题上后者倾向于赋予国家更大的保留自由。为了早日达成协议，两者在最后时刻就条约保留问题迅速达成了妥协。因此，《维也纳条约法公约》第19至23条只是在原则上对条约的保留问题作出了规定，但是对于保留的一些具体问题并未涉及。由于条约法对于保留问题没有提供具体的可操作性规定，国家在保留实践中出现了不少问题。这些问题主要体现在，国

也许不自觉地证明了一个应认为正确的原则，即"每一个保留必须为其他签字国所明确接受"。同上，第708页.

[26] 詹宁斯.瓦茨修订.奥本海国际法[M].第一卷第二分册.王铁崖等译，北京：中国大百科全书出版社，1998.650.

[27] See SIMMA, BRUNO. From Bilateralism to community interest in international law[J]. Recueil Des Cours, 1994, 250: 330.

家对多边条约的保留通常具有任意性，而且各国在关于保留是否与条约宗旨和目标相一致的看法上缺乏统一的标准。鉴于条约保留是重要的国际法律问题，为了规范保留实践，为各国的保留提供指引，联合国国际法委员会早在1993年就任命法国巴黎一大著名国际法教授帕雷特 (Pellet) 作为条约保留问题的特别报告员。[28]

实际上，《维也纳条约法公约》第20条第4款的有关规定使得多边条约被双边化，把一个多边条约在整体框架下分解为一系列双边条约。正如本文第二章第二节在对一切义务原则的论述中所谈到的那样，有些多边条约只是一系列双边条约的集合体，因而这些多边条约的义务实际上只具有双边性质。因此，条约法公约第20条第4款实际上只是适合这些多边条约；西玛也持有相似观点，认为维也纳条约法保留制度的显著特点在于"几乎排他性地集中于这类在适用上属于双边性的多边条约"[29]。这些条约适用上的双边性完全符合条约法保留制度的"相互性"（reciprocity）特点。然而，对于包括人权公约和具有整体性（integral）特征的多边条约在内的其他公约，显然不适合保留的相互性。人权公约与一般条约相比，其义务并非在缔约方之间相互执行；这些公约的缔约国必须对本国国民承担保护人权的义务。对于包括裁军条约在内的各种整体性条约而言，这些义务的履行必须是相互依存的，因而是不可分割的。无论是人权公约还是整体性条约，违反相关条款对所有其他缔约方而言都是违约的，因而将导致对一切义务。因此，保留的相互性完全不适合这些多边条约。如果某个缔约方对于某一被"保留"条款也不予执行，那么这种"相互性"不仅无用，而且在法律上也是不允许的。申言之，如果属于这些条约的缔约方A国对某个条款进行保留，排除该条款的适用，另一缔约方B国接受该保留，同时也排除该条款对其适用，那么这种保留的"相互性"将是无效的，A、B两国都必须为其违约行为向所有其他成员国承担责任。

因此，与社会共同利益密不可分的人权公约和整体性条约在保留问题上与传统国际法存在区别，这些条约不能适用条约法公约第20条第4款关于保留的相互性之规定。因此，对于这些条约的保留是否符合条约之宗旨不能由每一缔约方自行判断，这些条约的保留通常是严加限制的。以人权公约为例，对于人权条款的保留是否符合条约宗旨通常必须由独立的第三方进行判断。就区域性人权公约而言，无论是欧洲人权委员会或者欧洲人权法院，还是美洲人权法院都对人权公约的保留问题作出了第三方判断，认为人权公约与传统国际条约的差别在于，前者不是在缔约方之间规定主体性和相互性的权利和义务，相反，这些人权公约目的是确

---

[28] 截止到2009年帕雷特教授已经就条约的保留问题向国际法委员会提交了14次报告，涉及到条约保留的各种情况。

[29] See SIMMA, BRUNO. From Bilateralism to community interest in international law[J]. Recueil Des Cours, 1994, 250: 342.

保个人的根本权利免遭缔约方国家的侵害，因而在这些公约中缔约方承担的义务具有客观性，不能通过相互性保留加以免除。[30]

然而就全球性人权公约而言，许多缔约国经常作出与这些条约宗旨和目标相悖的保留。如果任凭各国独立对这些保留的兼容性进行判断，缺乏统一的权威机构进行甄别，那么这些人权公约的统一性就会遭到破坏，容易瓦解为一系列双边条约。正如国际法委员会在《条约保留指南草案》第二次报告会上某些委员指出的那样，国家之所以经常故意作出对这些条约宗旨背道而驰的保留，原因在于他们知道其他缔约方不会对其保留行为做出挑战。[31] 正是基于这些原因，自20世纪90年代开始联合国人权条约机构召开了一系列主席会议，讨论有疑问的条约保留问题，鼓励各人权委员会在评估国家报告中把有异议的保留问题作为"积极对话"的内容，或者建议联合国人权机构明确阐明某些对人权条约的保留是与条约宗旨和目标相违背的。[32] 一些人权条约机构甚至鼓励联合国经社理事会要求国际法院就某些保留是否与联合国人权条约相一致提供咨询意见。最引人注目的是人权委员会在1994年11月所作的与《公民和政治权利国际盟约》及其两个任择书的保留问题有关的第24号一般评论。

人权委员会从人权条约义务的具体特征出发，认为传统的保留规则不适合人权公约。第24号一般评论主张，"对于某项具体保留是否与该盟约目标和宗旨相符合的判断权当然属于人权委员会。原因部分是因为这是委员会在履行其功能时无法躲避的任务。要了解其在检查国家对公约的遵守情况方面的职责范围，委员会必然要考虑该项保留是否与该公约和一般国际法相一致……不可接受的保留之通常后果并非该公约对于保留国而言失效；相反，这种保留通常是无效的，该公约仍然对于保留国有效。"[33] 人权委员会上述一般评论中的观点第一次从履行监管职责的角度确认了自身有权判断某项保留是否与该盟约目标和宗旨相一致，这对于限制缔约国任意作出保留，维护条约的统一性具有重要意义。

实际上，特别报告员帕雷特教授在1996年向国际法委员会就条约保留问题所作的第二次报告中基本上肯定了上述第24号评论的观点。特别报告员认为，人权监督机构事实上已经开始对人权条约保留是否允许的问题进行控制，这实际上是实现其功能上的不可或缺的任务。另一方面，人权机构所作判断的法律效力不

---

[30] See respectively: Yearbook of the European Convention on Human Rights, 4(1961), pp.116ff.; International Legal Materials, 22(1983), pp.37 ff.; European Court of Human Rights, Series A, No.25(1978),p.90.

[31] Report of the International Law Commission on the work of its forty-ninth session, 12 May-18 July 1997, p.53.

[32] UN doc. A/47/628, paras. 36 and 60 ff.; UN doc. A/49/537, para.30.

[33] Doc. CCPR/C/21/Rev.1/Add.6, reproduced in Human Rights Law Journal, 1994, (15): 464-467.

72

能超越在实现其功能上所赋予的权力。因而，联合国人权机构关于保留兼容性所作的判断并不具有法律约束力。然而，鉴于这些机构所作的决定具有权威性，缔约方在自我检查保留的兼容性时必须诚信地考虑这些权威的决定。[34]

人权条约监督机构在保留是否允许问题上所实施的控制，对于督促缔约国诚信履行人权公约，防止滥用保留权，具有重要意义。由于人权公约等规范性条约与在适用上属于双边性质的传统多边条约具有显著差异，条约法公约第20条第4款有关保留的相互性以及缔约国自由决定保留是否与条约宗旨相容的规定显然已经不大适合国际现实。因此，独立第三方对保留的监督将有利于条约的完整实施。这也表明，随着国际社会利益对国际法的影响和渗透，条约的保留在当代国际法已经开始受到严格限制。当代国际法对保留的严格限制尤其体现在，不少国际条约甚至开始明确禁止国家对所有条款的保留。例如《世界贸易组织协议》和《联合国海洋法公约》就明确禁止成员方的保留行为，要求成员方一揽子接受所有相关条款。这些措施有利于加强对国际社会共同利益的保护，促进国际合作。

---

[34] Second Report on Reservation to Treaties in 1996(A/CN.4/477 and Add.1), p.65, para.198.

打破中日关系困局的文化外交途径

李丹（厦门大学）

【要旨】1990 年代中期以来、日中関係は前に進まず、民間レベルのお互いに対する許容度が低下する状態が続いてきている。日中関係が難局に陥れ、双方の利益に合致しない。如何に日中関係を改善するという課題は、中国の外交能力と知恵が試されている。

【摘要】20 世纪 90 年代中期以来，中日关系持续徘徊不前，中日民间的相互可接受度持续处于较低的状态。中日关系受困，不符合双方利益。如何改善中日关系考验着中国外交的能力和智慧。

一、影响中日关系的关键因素

经贸关系是维系中日关系发展的压舱石，也中日关系中的亮点。中日贸易规模大，互补性强，日本对华投资领域宽，两国政府间资金合作时间长，经济相互依存度深。中日贸易额占中国贸易总额的比例最高年份（1996 年）高达 20%以上。此后，比重虽然有所下降，但中日贸易的绝对量依然突飞猛进。2002 年中日贸易额首次突破 1000 亿美元大关，2006 年突破 2000 亿美元（当年中俄只有 333 亿美元），2010 年突破 3000 亿美元，中国成为日本不可撼动的第一大贸易对象国；2011 年，中日双边贸易总值上升到 3428.9 亿美元。但多年来"经热"并没有传导到政治领域，在全球金融危机的大背景下中国经济减速，加上人工费上涨等经济因素及钓鱼岛争端等政治因素的影响，"经热"降温不少。2012 年以来中日经贸关系出现下滑，双边贸易和双边直接投资出现大幅度下降，中日财政金融合作停滞不前，自贸区谈判也迟迟没有结果。2016 年日本与中国双边货物进出口额为 2705.0 亿美元，贸易退潮感明显。

与此同时，"政冷"近年来进一步加剧，两国在参拜、修宪、钓鱼岛、东海油气田、南海争端等问题上的争议不断。通常来说，历史遗留问题与领土领海争端是中日两国政治关系不和谐的两大主要障碍，有的学者将历史问题、领土问题、台湾问题视为中日关系"三大障碍"，有的学者认为有"五大死结"，有的概括为"七大敏感问题"，有的人归结为"九大症结"，还有的说是"十大困局"。也有的学者干脆深挖中日关系的总病根，认为"根本症结"是互信问题，有的以"安全困境"来解释，有的认为"结构性矛盾"是中国崛起引起的权力变更，有的认为最大祸根是"美国因素"[1]。虽然中日有四份政治文件为政治基础，双方确认两国

---

[1] 李丹《影响中日关系之因与改善中日关系之道》，《中共贵州省委党校学报》2014 年第 4 期。

互为合作伙伴，互不构成威胁。但在两国的核心利益上，双方无法满足对方需求，安倍政权近几年更是屡屡挑战中国外交底线，令中国朝野上下对日好感不断消蚀。

区域外交本应是盘活中日关系的舞台和契机，但目前形势并不乐观。中国与日本同处亚洲，是不可选择的近邻，在区域合作平台上达成更多的共识、取得更多建树是弥合中日隔阂的一个重要渠道；两国作为世界第二、第三大经济体，对亚洲的走向具有举足轻重的影响，理应为地区和平与繁荣承担更大责任；东亚共同体目标能否实现，与中日两国各自采取什么样的亚洲政策及中日双边关系紧密相关。未来的亚洲不可能是中国的亚洲或日本的亚洲，只能是联合的亚洲。亚洲的发展离不开中日协调与合作，但东亚一体化建设一直是"小牛拉大车"，缺乏强有力的发动机，既没有"轴心"也没有"火车头"，所以才出现欧亚经济区域化水平的巨大差异。目前看来，无论是东盟，还是亚太经济合作组织，或是中日韩三国合作，哪个机制也没有起到减缓中日冲突的效果；无论是亚信会议，还是博鳌论坛，或亚欧会议，哪个平台也充当不了协调中日关系的角色。

那么中日关系的出路究竟在哪里？中日友好交往历史绵延两千多年，古代中华文明推动了日本文化的形成和发展，近代中国也透过日本学到了许多西方先进文明成果。然而，从1894年甲午战争到1945年第二次世界大战，历时半个多世纪时间里，日本军国主义野蛮侵略中国，给中华民族带来了深重灾难。对此，周恩来总理将其概括为"两千年友好，五十年对立"。从历史上看，中日友好是长期的主流态势，中日反目只是短期的、近代以后的事情。新中国成立后，中国政府和人民不计前嫌，致力于改善中日关系，在日本一些友好人士的共同努力下，中日关系先后经历了民间热络、政治热络、经济热络几个不同时期。总结中日交往历史经验与教训，但凡两国关系交好的时期也都是文化交流繁荣、两国相互欣赏的时期，交恶时期则是军事、经济实力超越文化考量主宰两国关系的时期。换言之，今日两国关系的困境也是因为两国文化交流对于两国经贸、军事利益博弈来说相对弱势、滞后的地位造成的，文化不足以形成两国政治军事高层出台政策、采取措施的有力制约，也不足以成为维系两国国民情感关系的强韧纽带。

二、中日友好有赖于文化外交推动

目前中日文化外交关系呈现滞后状态，不足以为经济外交、整体外交提供足够的支撑和应有的铺垫，当两国外交处于低谷时不能起到托底的作用。中医理论认为，一个人体质寒凉症结在于气血不足，中日关系寒凉的症结在于文化交流不充分、不通畅。文化交流是疏通两国国民感情的血脉，文化交流顺畅了，感情沟通充分了，两国关系就会水到渠成地回暖了。

中日两国国民对双方关系的认识十分复杂，甚至存在着明显的矛盾认知。日本是中国隔海相望的邻邦，也是西方发达国家之一员，中日关系既是中国周边外交的"关键"一脉，也是我们大国外交的"重点"一支。在中国外交总体方略中，日本占据重要的地位。据《环球时报》连续多年的公众调查数据显示，中日关系一直是民众心目中对中国影响仅次于中美关系的第二大双边关系，直到近两年中日关系的重要性才被中俄关系所代替。然而，与中美关系不同的一点是，美国是中国民众心目中最重要的国家，同时是最喜欢的国家、最想去的国家，而日本在中国民众心目中是最重要的国家之一，也是比较想去的国家，但不是最喜欢的国家之一，甚至还是最不喜欢的国家之一。调查折射出中国人对日态度的复杂性——中日关系很重要却未必亲近，中国人喜欢去这个国家但不喜欢这个国家，喜欢其产品却不喜欢其国民，能接受其民众却不能接受其政府……2015年的环球调查表明，相比俄罗斯，日本在中国民众心中的关注度与喜爱程度同时下降，"中国民众之所以更看重和俄罗斯的关系，本质上是更看重国家的主权利益和民族尊严。很明显，钓鱼岛问题涉及到国家主权利益，历史问题则涉及到民族尊严，这两个方面日本都和中国对抗，因此中国民众不看好与日本关系的较多。"超过半数受访民众表示"喜欢日本人民，讨厌日本政府"。[2]2016年的调查也同样印证了这一点。美国皮尤研究中心（Pew Research Center）的调查也显示，中日互无好感的人群在增多。只有11%的日本人对中国持有好感，而14%的中国人表示对日本有积极的看法。在对国民情绪影响最大的历史问题上，53%的日本人认为他们的国家已经为其在20世纪三四十年代的军事行动进行了充分的道歉，另有17%的人认为为必要道歉。但中国人对此并不认同，只有10%的中国人相信日本已经道歉，77%的人说日本没有充分道歉。相比2006年的数字，两国在情绪认知上的差距呈扩大之势。不仅双方对历史问题的看法不同，而且对中日关系未来的期望也是消极的。80%的日本人和59%的中国人担心领土争端可能导致军事冲突。[3]

为什么两国国民认知差异如此巨大、彼此好感度一直不高呢？中日关系为什么在大国关系中呈现出重要度较高但亲密度不高的状况呢？这一对大国关系与其他大国关系有什么独特之处呢？除了中日之间存在着不可逾越的政治障碍（领土争端和历史问题）外，中日文化相近、自认为了解对方但实际上却渐行渐远是重要原因，也是中日关系与中国和其他大国关系不同的独特原因。中日同属东方民族、亚洲文明，尽管可能存在同源分流尤其是近代以后差距扩大的问题，但同文同种基本上已是共识，象形文字、儒家文化、黄色人种，这亦是抹杀不了的共性。

---

[2] 《环球舆情调查中心"中国人看世界"调查显露大国公民视野》，环球网2015年12月30日，http://world.huanqiu.com/exclusive/2015-12/8284959.html
[3] Bruce Stokes, Hostile Neighbors: China vs. Japan, Pew Research Center Global Attitudes & Trends, 2016-09-13, http://www.pewglobal.org/2016/09/13/hostile-neighbors-china-vs-japan

因此，大国中没有比日本更像我们自己的国家了。正是因为相近相似才可能出现同类相残、同根相煎的现象，才会从心底里更加难以原谅对方。也有的人打比方说，西方人打中国那是异邦入侵，日本人打中国是儿子犯老子，两种情形是不同的，后者更加天理难容。这也是一些日本人不容易理解的地方，为什么近代以来侵犯中国的国家不少，但中国人老抓住日本人的错误不放，穷追猛打几十年也不肯原谅。除了日本侵华时代长、侵占领域广、面积大、作恶多、罪行重、道歉少等原因外，中华文化曾经哺育大和民族，中国人民曾经长期友好日本人民，这些文化、情感因素是不能忽略、不容忘记的。不从同文同种这个角度分析就看不到中日关系的特殊性，就无法充分理解中日关系的复杂性、敏感性、脆弱性。这是以文化角度解读中日关系，也是从文化外交破解中日困局的重要依据。

中日文化交流有官方和民间两个渠道，特别是民间文化对于提升中两国关系有独特作用和效果。民间文化交往的是联系两国国民情感的纽带，曾在推动中日邦交实现正常化的过程中，担当着先行者的角色，发挥了"民间先行，以民促官"的特殊作用，成为两国最终实现邦交正常化的强大动力。中日建交后，民间交往深入两国关系的各个方面，越发显示出雄厚的群众基础和强大的生命力，与政府间的交流相辅相成，互为补充，尤其是人文领域的交流与合作，正在成为促进两国友好合作关系全面发展的助推器。2014 年度赴日中国游客超过 616 万人，(台湾为 282.98 万人，大陆 240.92 万人，香港 92.59 万人)，2015 年仅中国大陆的赴日游客就有 490 万人次，日本成为中国出境游第一目的地。2016 年中国大陆的赴日游客达 637 万人次，较上年增长 28%。网上有人分析在中日关系没有改善甚至一度被认为达到最低冰点的情况下，中国赴日游客不断激增的蹊跷之处。国际旅游一直被视作是国家之间政治关系的"晴雨表"，可这在中日关系上却不奏效，尽管日本成为中国游客的热门目的地，两个亚洲对手之间的关系却没有升温。难道中日民众相互好感度与两国政治关系不同步吗？还是中日态度民调中也出现了测不准的错误？但这终究是个好现象，这说明中日民心思动，民间层面上具备加强中日交流、推动中日友好的有利条件，需要国家层面通过文化外交等官方渠道加以助推和润滑。

三、加强对日文化外交的举措与建议

中日关系在低谷中徘徊，让人忧虑，也有很多有识之士提出了一系列见解。本人不做中日关系的专门研究，仅从个人体悟谈以下几点拙见。

1、抓住适当契机突破关系寒凉的困局

中日文化关系的发展呈现波浪式、阶段性特征。1972 年中日邦交实现正常化

以来，中日两国文化关系迅速发展，呈现出多渠道、多层次、多形式的良好局面。1978 年 8 月 12 日，《中日和平友好条约》签署，这是两国关系史上又一新的里程碑。1979 年 12 月 6 日，中日两国签署《中日文化交流协定》，确认发展两国文化、教育、学术、体育等方面的交流，奠定了中日文化交流与合作全面发展的基础。1983 年北京人民艺术剧院《茶馆》剧组、1985 年上海人民艺术剧院《家》剧组先后访日，引起轰动。日本的歌舞伎、狂言、传统舞蹈、交响乐等演出团体也频繁来华演出。1988 年春季，京剧与歌舞伎在日联合演出了《龙王》。1992 年是纪念中日邦交正常化 20 周年，又迎来了双方文化交流的一个小高峰。1992 年 9 月，日本天皇首次访华期间，曾参观了《湖北曾侯乙墓出土文物展》。1998 年是中日友好条约签订 20 周年的纪念年,中国国家主席江泽民和日本天皇实现了元首互访。当年 9 月，中央民族乐团在日本札幌市成功举办演奏会。2002 年是中日邦交正常化 30 周年，两国政府举办“中国文化年”和“日本文化年”，中国交响乐团、中央民族乐团、少林武术团等赴日演出，举办《中日邦交正常化 30 周年历程展》、《京剧人物造型展》等。中日文化交流在与中国有文化交流的国家当中处于领先地位。[4]从这一进程中可见，“逢二逢八”年份是中日建交与友好条约签署的纪念周年，往往双方会出台重要举措推动双方关系发展。近十年来尽管中日关系进展不大，但 2008 年与 2012 年相对来说也是双方动作较多、亮点较多的年份。2008 年，胡锦涛访日使中日关系迎来暖春期；5·12 汶川大地震后，日本救援队第一时间到达灾区，他们在汶川大地震中表现的良好素质、敬业精神和专业技术水平，让中国人民记忆深刻；日本运动员在 2008 年北京奥运会上的表现也较为友好，福原爱带领手举中国国旗的日本代表队进场给中国人留下了很好印象。2012 年是中日邦交正常化 40 周年，本来有庆祝的准备，但两国在钓鱼岛问题上摩擦升温，导致双方此前筹划的纪念活动有不少被取消或推迟。眼下，2018 年即将迎来中日友好条约签订 40 周年的机遇之年，双方应抓住中日好友“不惑之年”这一契机推动两国关系迈出前进一步。在连续多年的“政冷”氛围下，寄希望于文化外交是现实选择，80 年代中日两国友好、国民相亲的“蜜月期”，那时最强大的纽带是大众文化，日本的影视作品曾霸屏中国十几年，其中《血凝》、《阿信》成为中国 60 后一代人不可磨灭的记忆，《铁臂阿童木》、《聪明的一休》则成为 70 后美好童年的一部分。而那时日本人对中国的《西游记》、《三国演义》的迷恋也超过了任何时期和任何国家。如今，中国观众似乎已经淡忘了当年追看日剧的岁月，日本年轻人也越来越不再仰慕中国文化。这是中日关系的悲哀，也是双方的损失。如何再将对方的优秀文化作品引入对方、导入国民的记忆，是值得我们思考的大课题。

---

[4] 刘勇《日本对中国的文化外交》，《特区经济》2009 年第 2 期。

日本与其他国家在孔子学院与孔子课堂方面对比[5]

国家	日本	韩国	美国	英国	法国	德国	俄罗斯
孔子学院	14	23	110	29	17	19	17
孔子课堂	8	13	501	148	3	4	5

2、疏通青年一代的情感认知障碍

青年一代是文化外交的重要对象，也是主体之一。青年外交是文化外交的重要组成部分，在中国对日文化外交中代表着未来发展方向。正如前总理温家宝在2008年"中日青少年友好交流年"闭幕式上所言，"中日世代友好的基础在民间，未来在青少年。"麻生太郎在贺电中回应，"两国青少年间心灵的沟通，将大力增强未来两国国民间的信赖关系。"2015年，习近平在中日友好交流大会上发表讲话指出，"青年兴则国家兴"，"中国政府支持两国民间交流，鼓励两国各界人士特别是年轻一代踊跃投身中日友好事业，在交流合作中增进理解、建立互信、发展友谊。"我们应深入了解日本青年一代的新特点，"对中国人来说，不忘旧日本，更要关注新日本，这一点十分重要。过去我们常用二分法看待日本，非黑即白，忘了两端之间其实还有很大的无色地带。应该从一个新的角度审视日本，以现实的眼光，冷静、客观地关注新日本。"[6]很多日本年轻人对于日本侵华历史的看法是，"那已经是很久以前的事了，我不知道我们还有什么可以做的。"他们认为他们已经道歉过了，也通过日本人的税金进行了弥补。日本80后青年作家加藤嘉一说，民间情绪不能简单地用"对立"一个词，"我认为如果我们用'愤青'两个字来形容今天年轻日本人的情绪，太高估他们了。无论对内政还是外交，日本青年都不愤怒，他们找工作、谈恋爱，但就不关心时政问题。"[7]因此，我们要了解日本年轻人的想法，降低政治调门，并善于温情对待，区分新生代与老一代。2008年是中日签订和平友好条约30周年，双方决定连续4年每年实现总人数4000人规模的青少年互访。2015年，日本各界人士3000人来华开展旅游交流活动。中日互派留学生的人数不断增多，2015年中国去日本的留学生人数近10万，占全部在日留学生的45.2%。从北京大学毕业的日本政治家、民主党议员高邑勉曾说，"在日本，不了解中国的日本人很多，（对中国GDP即将位居世界第二）他们会感到惊讶，甚至感到是威胁。但对于在中国留学过的和在中国工作过的日本人来说，反而会认为这

---

[5] 孔子学院总部网站 2017 年 3 月 28 日，http://www.hanban.org/confuciousinstitutes/node_10961.htm

[6] 王泰平《风月同天：话说中日关系》，世界知识出版社 2010 年，第 408 页。

[7] 《化解中日争端需"战略耐心"》，《南方日报》2010 年 10 月 21 日。

是一个机会。"[8]中日关系的未来掌握在年轻一代的手里，推动青年文化交流出台新举措、创造新奇迹，是目前对日文化外交的一个着力点。在这方面孔子学院可以发挥独特作用。中国在日本共建立了 14 个孔子学院[9]，这在七大国中是建设孔子学院较少的，也无法与建立了 23 所孔子学院的邻居韩国相比。从来华留学生不断增多的现状看，日本青年具有学习中国语言、了解中国文化的兴趣与热情，如果未来两国能在孔子学院建设方面促成更多合作，这将是日本青年一代了解中国语言文化的一个捷径。

3、发挥学者在文化外交中的角色与责任

文化外交与在人文交流中，学者理应先行，起到引导带动作用，而不是成为主观的逆行者和客观上的阻碍者。新中国成立 60 多年来，我国一方的努力是我们学者能够深深体会到的，中国政府在历史观方面能够捐弃前嫌，做出对日邦交正常化的决定，并引导民众把少数军国主义分子与日本人民分开，是本着"以史为鉴、面向未来"态度奉行对日本友好外交政策的。可是几十年来效果并不理想。这不禁让学者们反思，我们对日本的外交政策和思路是错误的吗？日本战败后难道我们应该穷追猛打、助美虐日吗？周恩来总理等老一辈对日关系要正视 50 年并释放所有在华日本战犯等一笑泯恩仇的大度是养虎为患吗？还是因为中国过分纠结历史问题而错失了与日本和解的良机？中国难道应该彻底淡忘或装作彻底淡忘日本侵华历史吗？中国总体"对日友好"政策是失误、失策、失效之举吗？对此，学术界一直在思索，尤其是在国际关系研究领域，如果说认识不到维护中美关系重要性的学者是没头脑，那么不认真思索如何改善中日关系的学者就是没情怀。从世界观到人生观，从文化传承到思维习惯，中日学者都如此相知相近。研究国际关系的学者曾展开了对日关系重新定位的大讨论。有的学者将中国对日外交战略失误的原因归结为：对于日本崇拜强权、欺软怕硬的民族心理和文化特性未能透彻了解；对以正规国际文件的形式坐实日本侵华战争性质未能坚持不懈；对于日本右翼势力反华、仇华思想的根源和能量未能充分认识；对于美日同盟的现实性和顽固性未能认真对待……因此，中国方面所采取的宽容和解政策虽然获得了一些短期效果，但从长远看并未让日本方面心悦诚服。与此相反，"新思维"派的马立诚则主张把历史问题放在次要位置，"对日本不必过于苛刻"，"日本道歉

---

[8] 蒋丰《中日应进入"超越友好"时代》，《环球时报》2010 年 3 月 19 日。
[9] 在日本建设的 14 所孔子学院，除了我们开会所在的早稻田大学孔子学院外，其他 13 所分别是：立命馆孔子学院、樱美林大学孔子学院、北陆大学孔子学院、爱知大学孔子学院、札幌大学孔子学院、立命馆亚洲太平洋大学孔子学院、冈山商科大学孔子学院、大阪产业大学孔子学院、福山大学孔子学院、工学院大学孔子学院、关西外国语大学孔子学院、学校法人兵库医科大学中医药孔子学院、武藏野大学孔子学院。

问题已经解决","更重要的是向前看"。[10]时殷弘也提出对日"外交革命",主张中国为改善中日关系应做出让步,即将历史问题争端撤出对日外交要事议程、对日本军事力量扩充"采取内心适当警惕、外表足够大度的政策"、"以实际行动欢迎、甚而主动邀请日本以大国身份参与"东亚事务、积极支持日本成为安理会常任理事国等。[11]这两位学者"石破天惊"的观点激起舆论的强烈反应,许多网民都参与到学者们的讨论中,引发全民对中日关系的再思索。但随着近年中日矛盾升级,国民亲近感下降,对日主和派越来越失去氛围,有的人怕被扣上"卖国贼"的帽子不敢表态。但乐观的学者已经看到,一些中国人已经用实际行动做出了回答,连续几年对日旅游人数创新高就是"用腿投票"。现在有不少人称对日外交中的激进派为"爱国贼",骂他们成事不足却败事有余,是中国成为真正大国的绊脚石、误国者。

　　总之,无论从历史渊源、现实利害还是地缘政治看,日本在中国外交全局中都占有独特及重要的地位。没有良好的中日关系,中国和谐大周边的局面无法构建,东亚一体化将群龙无首;处理不好中日关系,将使中国陷入"远交近攻"的被动状态;经营不好中日关系,将辜负中国几代领导人的心血,让中国人民60多年以德报怨的努力付之东流。因此,中国必须知难而上,突破中日关系的障碍,赢得对日关系的新局面。鉴于目前政治关系坚冰难破,经济关系正在趋冷,只有文化关系是割不断的纽带,中日两国应该在文化外交上多做文章,我们学者也应该肩负时代使命,为中日关系回暖出谋划策,为中日文化交流多做贡献。

---

[10] 马立诚《对日关系新思维——中日民间之忧》,《战略与管理》2002年第6期。
[11] 时殷弘《中日接近与"外交革命"》,《战略与管理》2003年第2期。

最近 40 年中国改革的实践主义特征

刘 迪（杏林大学総合政策学部）

【要旨】ここ 40 年、中国は実践主義の方針をもって改革を遂行してきた。この実践主義の改革は既成のイデオロギーの制限を排し、「事実求是」の方針に則って市場経済システムを導入した。実践主義は中国改革の過程を貫き中国の成長を大いに促進したが、ＧＤＰ至上の方針で貧富格差の拡大や利益集団の巨大化等の問題をもたらした。中国国民は再びイデオロギーの対立に巻き込まれ、社会は不安定な状況に陥っている。現代中国の中産階級は社会安定のバランサーであり、彼等の力は重視されるべきである。今日、中国は未曽有の内外難局に直面している。この 40 年間の実践主義の成功経験を総括し、より徹底的な改革を推し進めていくことが重要である。

序

2018 年，恰值中国改革开放 40 周年。这 40 年间，中国从一闭关锁国，经济面临崩溃的贫困国家转变为世界经济大国。中国怎样发生了如此巨变？中共如何在如此巨大的国家，推动、领导了这场深刻变革？本文拟从政治思想冲突、改革方法以及现阶段中国面临的课题等角度，回顾探讨这场改革的方法特点及其当代意义。

1 当代中国政治思想冲突及其突破

最近，中国政治舆论场的左右对立非常激烈。例如关于文革，左右两个阵营观点针锋相对。对于半个世纪以前的那场浩劫，那些文革赞美者高喊实现社会公正与正义，而文革否定派也通过海外传媒密集发声。但是，这种肯定与否定言说的对立，并非当年受害者与加害者间的对立。因为 50 年前红卫兵一代，多数归隐山林，而牛棚一代，大多谢世。围绕"文革"舆论的分裂，表明当前中国社会舆论的深度分裂。2017 年岁暮，有人重提"消灭私有制"引发热议，2018 年新年过后，又有人疾呼"保卫改革开放"，中国舆论场，呈现尖锐对立。两者都以自己的视角，倾诉对中国当下及未来的忧虑。最近 40 年来，这种对中国未来命运的担忧从未间断。如何理解这种忧虑？

以关于文革的态度来看，今天中国存在两个文革。一是 50 年前那场暴力运动的事实，另一是今人解读体系中的"文革"。作为历史事实，文革是一场浩劫，充满恐怖，知识分子、高级官员人人自危，传统文化遭受破坏。那场"革命"，给中国造成巨大创伤，至今仍在深刻影响中国社会各个方面。尽管那场革命是以"工农兵"名义进行的，但事实上"工农兵"不过是名义被盗用，他们并未获得任何利益。

在文革赞美派言说中，"文革"却是美好的：在那个时代，人们尽管贫穷，但官员清廉、社会清明，人民扬眉吐气。改革中，第一线劳动者感到分配不公，生活水平相对下降。目前经济转型又牵动亿万人命运，他们感到不安。这些弱势人群，都是政治激进主义的后备军。政治浪漫主义，常高举理想旗帜，以激越行动改造社会，实践正义。因此，政治浪漫主义很容易获得那些感到社会不公人群的附和、支持。

现在不少人认真思考文革是否会再来？有人认为，赞美文革可能招致文革式激进政治爆发。也有人说，中国不会倒退至政治激情主义时代。

文革赞美或批评两派，背后均有强大的利益集团，对此行政仅能引导却不可压制，更难以武力消灭。结束后 40 年，那场"文革"仍有撕裂中国社会、舆论的魔力。47 年前中共对关于文革已经做出决议，明确予以否定。1981 年的中国，百废待兴，当时中国政治共识明确，即否定文革，实现"四化"。但今天中国社会利益多元化，围绕文革的言说对立，说明社会裂变，凝聚共识很难。

今天，应如何认识 40 年前的那个伟大转变及其历程？总结这个经验，对超越左右对立，对今天及未来中国的稳定与发展，十分重要。

1976，此前宏大理念已经支离破碎，民众贫困如洗，经济面临崩溃。不论执政党还是中国民间，都在苦苦思考中国未来方向。值得庆幸的是，在那两年中，中国亿万民众十分耐心，为执政党提供了宝贵的反思时间。尽管历经磨难，但中国人民仍怀有对美好生活的强烈渴望。彼时的中共，准确把握，正确理解了历史给予自己的这个机会。

1978 年，中共开始了一场伟大变革。粉碎"四人帮"，是 1978 年伟大变革的第一步。1978 底的 11 届 3 中全会，则将 1976 年革命序曲释放的巨大能量，引入一条非常宽阔的理性河道。

如何克服、超越文革对全民的洗脑，清除教条主义，是当时思想界的紧迫任务。中国思想界适时展开"真理标准"大讨论，极大促进了中国民众的思想解放，为改革开放开辟了道路。

改革开放最初的成功，来自基层联产承包责任制的推行。这是对中国农业生产实践的追认。市场经济制度的建立，则是中国不断扩大市场经济要素的结果。中国 40 年的改革成功，源自中央不断简政放权，让广大地方政府，普通民众获得发展经济自主权。在发展生产力的旗帜下，移居自由，创业自由从无到有，从少到多。亿万职工、农民摆脱"单位"、土地束缚，各类学校毕业生实现自由择业。

邓小平以发展凝聚共识的方针，维系了改革开放 40 年的发展。

改革开放，是中共发动的一场国民总动员，其动力来自对文革的反省。40 年来的中国发展历程证明，改革最强大动力来自亿万获得土地承包权的农民，来自百万身怀报国情怀的技术专家，来自千万历经悲情的返城知青，来自那些曾是世界最勤奋的大学生，也来自曾饱经冤屈重被"解放"的中共干部。他们的悲愿，凝聚成为推动改革开放的坚定意志，这是中国坚强走过 40 年的强大力量。

中国改革奉行渐进主义方针，小心翼翼尝试，注重信息反馈，试点成功后再做普及。这种"摸着石头过河"的方法，贯穿邓小平时代。渐进主义并非不问"顶层设计"，而是政策制定实质依人心所向。改革之后，中共提出种种目标，皆避虚就实，坚信"发展是硬道理"。邓小平治下的中国，放弃对外发力支援"世界革命"的方针，目光内敛，埋头苦干。"小康目标"彰显质朴政治，赢得民众理解与支持。政府沿海发展战略的成功，让中国收获了信心。在制度上，上世纪 90 年代中国政府倾力改革诸多法律法规，为入世奠定基础。今天中国已然成为全球化主要旗手。这得益于上世纪 90 年代的改革。

40 年来的中国改革，大众实践走在理论之前。理论往往以追认大众实践方式形成。任何理论、法律、法规，是否正确，能否持续，都要接受民心检验。一切理论、法律、法规，如违背民心必不会持久。"实践是检验真理的唯一标准"，这种方法，成为鼓舞中国改革开放的强大思想动力。中国 40 年改革，最强的理论，是这种实践哲学。在政治层面，中共奉行的是实践主义。

今天，中国社会众多价值殊难调和。那么中国应如何超越，克服价值对立，凝聚共识？

回顾改革 40 年间，邓小平提出的不鼓励意识形态争论，更不赞同其对立斗争的方法，在多数时间被遵守。中共力图以发展回避、超越各种意识形态论争，在这种开放性实践中，构筑新合法性。

改革，是对以往虚幻目标的告别，同时又是一次小心翼翼的启航。这个航行不依教条指导，也不预设宏大目标，其方向，路线均经受实践成败检验。这种渐进主义避免了重大决策失误。在实践中，中共对其实践层面信息不断反馈、不断调整，通过"调适"政策，维持政策的平稳，并寻找下一方向。

2 现阶段中国政治稳定的基石

中国改革最大的成果，是创造了一个庞大的中产阶级。在比较政治学教科书中，发展中国家的中产阶级，是这些国家政治发展及转型的动力。但不少政治学、社会学专家发现，这些年来，尽管中国中产阶级队伍迅速壮大，人均收入大幅提高，但中产阶级作为一个社会群体，其政治观点并不激进，而且日益温和、稳健，已经成为中国政治稳定的基础。

为何中国中产阶级出现这种状况呢？应该说，中国中产阶级日益具有全球视野。今天，中国每年 1.2 亿以上国民出境观光，另有数十万学子前往海外留学或回国就业。另外，中国的经济政策、技术创新正在推动全球经济、政治结构发生深刻的变革。但在技术日新月异的同时，中国社会深层，温和的保守主义思潮悄然兴起。这里说的"保守主义"，并非特定的意识形态，而是一种对对待社会生活态度。这种态度，主要表现在"对保有的渴望"。与西方保守主义表现出"怀疑或抵制变革"不同。人们发现，中国中产阶级的保守主义倾向，主要表现在对财产保全、财产保值增值的执着。同时，他们普遍对食品品质、环境问题高度关切。另外，在文化教育领域，他们重视传统、重视古典，具有文化保守主义倾向。这种"文化保守主义"，并非排外主义。而是一种"恢复、维护固有文化的思考与行动"。当然，中国社会也不排除国粹派对本位文化的坚持，但这不是中产阶级的思考。

中国中产阶级，其特点是信任政府，依赖权威。这个阶级尽量维持与政府的关系。中国中产阶级的崛起，得益于改革开放及经济高速增长。上世纪 90 年代开始的中国城市化运动，极大促进了中产阶级产生。这个阶级由小到大，由弱到强，已然成为中国政治不可忽视的力量。21 世纪中国政治稳定，最不可忽视的是中产阶级的支持。如何构筑中产阶级与政府的互信与相互支持关系，至关重要。因为中共的支持基础，已从"无产阶级"变为"中产阶级"。

中国的高增长、高房价，以及伴随而来的个人资产膨胀，造成一批又一批中产阶级。自上世纪 90 年代末，不断有人预言中国"泡沫"破灭，但他们都失败了。这是因为他们援用的，都是西方经济学理论。最近有人出书，指出中国的泡沫是"刚性泡沫"[1]，其中不乏中国政府的强力维系。其实，中国中产阶级财富地位的维持，与中国政府强力的政策支援以及组织支援密不可分，中产阶级与执政党已经形成共生关系。

上世纪 70 年代末出现的中国工业化运动，导致中国环境遭到空前挑战。今天，中国中产阶级，在发展问题上，持有温和的保守态度。在发展与环境两者间，选择环境保全，坚持环境保全先于经济发展主张。中产阶级首先是生活者，因此他们对食品品质、环境保护提出更高标准。中产阶级的家庭观念、社会建设思考出现了新变化。中产阶级的生活、社会态度与选择行动，已经并将继续影响中国政治发展的方向。

在中国，各种特殊利益集团，掌握巨大财富，拥有强大动员力、影响力。为了自我利益，各种利益集团可能干涉甚至破坏政治稳定。但中国中产阶级的日益

---

[1] 参见朱宁《中国泡沫为何不会破灭》日本经济新闻出版社、2017 年。

发展，促进了中国政治稳定。今天中国社会"左""右"言论空间对立严重，对于这种对立，中产阶级绝不介入。中国中产阶级，是中国政治问题的平衡器。中产阶级，他们拥有财务独立，拥有专业知识。他们希望利用自己的技术开创未来。对未来持有审慎的乐观与自信，他们内心反感、恐惧社会动荡，希望在现体制框架下，保持并增加自己的财富。

中国中产阶级不属于"官二代"、"富二代"，也非社会底层。中国城市化的迅速发展，促进了中产阶级发展。但是，在城市化浪潮中，亿万中产阶级呈现原子状态，个体孤立、内心不安。他们强烈关心他们自己的财富是否能够保值、增值，同时他们对安全、安定、安心问题有强烈要求。中国中产阶级的财富、安全需求，构成了中国政治稳定的重要基础。另一方面，中国中产阶级，政治参与度比较低，也比较消极。因此他们是政治世界中沉默的多数。他们对政治的这种态度，从目前看，也许有利于政治稳定。但从中长期来看，如何促进中产阶级的政治参加，对中国政治来说是一个重要课题。

作为社会政策，要防止目前中产阶级的不稳定及其衰落。中国老龄化正在迅速发展，中产阶级一旦进入退休年龄，可能在财务或心理上成为社会负担。目前，西方发达国家被高福祉政策绑架。"银色民主浪潮"席卷发达国家，老龄选民推动导致国家把财力日益转向福祉。这严重影响压迫国家预算对教育、新产业的投资。如何保证老年中产者的福祉与国家可持续发展的平衡？在中国，一个居住在城市群中的银发族，可能日益成为一个强而有力的发声群体。中国政治是否对一个高龄化的中产阶级社会做好准备？

一个强大的中产阶层，可以回避社会的左右摇摆。因为他们寻求稳定，不喜欢政治激进主义，也不会附和文革式思考。另外，一个自由的市场经济，可保障社会利益多元化，并造成社会价值观多元化。在这样一个社会中，威权社会中的卡利斯玛人物很难出现，这样也可以防止那种登高一呼，万众响应的社会。

美国政治学家伊斯东说，"政治就是社会价值的权威性分配"。今天中国政治面临一个社会财富的重新分配任务。只有让人各得其所的社会，人才能舒心，秩序才能稳定。以政治手段创造中产阶层，必须排除政治激进主义。事实证明，"让一部分先富起来"的原则，并未保证全社会共同富裕，也无助中产阶层的建立。从政治学角度看，全社会共同富裕，才是允许一部分人先富起来的前提。

当今中国社会的威胁，是强大的利益集团，这些利益集团，是中国改革之敌，发展之敌，稳定之敌。不论如何，今天中国社会的任何改革，绝不能削弱、损害中产阶级利益，要防止利益集团对中产阶级的剥夺，保护中产阶级，事关中国社会稳定。

3 重建基层社会，是中国现代化最重要课题

2016 年发生山东聊城"辱母杀人案"，此案牵扯出的高利贷、基层行政黑化、警方不作为等问题，这不禁让人思考，中国在发展中，究竟忽视了什么问题？现在，中国政治究竟应该做什么？此案本身，尚有许多细节，有关报道并未透露，但案件反映的地方政权、基层治理弱化问题，不可忽视。

人们说，"郡县治，天下安"，在中国政治中，地方治理，是国家稳定的前提，如何有效加强地方治理，这对中共统治合法性来说，是一重大考验。此次问题，发生在一个地级市，属于地方社会的一部分。今天，检验中国政府统治是否稳固，很大程度要看中央精神能否在地级市以下行政机构得到贯彻执行。

迄今为止，中国政府的重大政治目标，总能如期完成。但是，在这种强大政治执行力的背后，是地方组织统治能力的日益弱化。仔细观察地方，可发现地方利益、基层利益盘根错节，人事关系复杂陈腐。读毛泽东早期文稿，发现他在 100 多年前，即曾痛感"大中国"的空疏，而立志建设基层。这种角度，对思考今天中国国情来说，也非常值得参考。

应该说，聊城距离北京不算太远，但就在这样一个地级市，也都存在地方行政、司法的黑化问题。今日中国，与 100 年的中国比较，基层薄弱问题并未彻底改变。传统中国的地方，富集人才、资金，是中国文明再生产的基地。近代后，这种再生产受破坏，20 世纪后半叶，中共在农村社会实施的大规模实验遭到失败，激进的重工业化进程，牺牲了农村、农民、农业。改革开放后，农村社会、基层组织的重建并不顺利。中共对农村社会统治的薄弱，基层社会黑化问题，均是这种失败的后遗症。此前，中国政府曾出台工业反哺农业等政策，但是，基层社会的重建，绝非仅是金钱可以解决，这需要顶层制度设计。

今天中国基层干部，知识结构陈旧，年龄偏高。还有的基层干部，缺乏服务基层、服务民众的热忱。中国乡村、县城，不但缺资金，更缺懂现代社会管理的人。大学毕业生每年有 7、8 百万，但回归乡村者乃是少数。许多政治精英不屑于基层，而是眼睛向上。

即使在村民自治制度下，村主要干部人选，仍离不开行政意志。各级政府对基层干部的选择，片面强调听话，而忽视民意考量。基层民意无法聚集，这导致许多地方为黑势力控制。这种情况，严重威胁了执政党统治的正统性。怎样才能实现村民自治？怎样才能让村干部为民服务？这要做大量工作，其中之一，还在于人才培养，基层，需要大量懂得现代社会管理的年轻干部。

基层统治弱化乃至黑化，这对执政党来说，事关生死存亡。只有执政党下决心，才能改变目前这种农村统治乏力局面。20 年前，中国尝试推行"村官政策"，这项政策在部分地区取得成果。但这仅是局部经验，远未成为农村建设主流。对

中国政府来说，现在应是思考基层建设"顶层设计"的时刻了。为实现这个目标，中国需要展开一场深刻的基层革命。这是因为，基层势力盘根错节，如果没有一种新力量进来，很难打破旧格局。

也许，中国执政党需要招募一批批有热情、愿献身基层的青年，把他们送入最好的大学。这是关系到执政党合法性的一场斗争。正如哈佛大学等名校培养治理美国精英一样，中国最好的大学，也应培养治理中国基层的精英。今天的基层建设，应是执政党人才战略、国家战略的重要基础。

2017年，是俄国革命100周年。人们正从各种角度反思那场革命。此前中共曾提出"三个代表"理论，也有"与时俱进"，超越斯大林型政党的思考。但是，如何将"代表"从媒体层面扩展到行动层面，这需要崭新的理论指导、行动指南。前苏联后期，党内出现沉重的暮气，严重损害了党的代表性。如何避免党沦落成为老人党，恢复、重建革命党时代的革命精神，这对中共是一个重大挑战。在转型期，中共党员日益"隐形"，但是，一个党，如果不能让民众看到他们为公共利益奋斗，为人民服务，那就很危险。对中共来说，如何把"政治口号"转变为"政治行动"，是关系到党能否成为人民的党的关键。为此，党需要吸收千百万有为青年加入自己的队伍，要让中国民众，到处看到中共党员在"为人民服务"。在新时代，党员只有以真诚的行动、信仰、自我牺牲，才能重新换取人民的认可，取得统治的合法性。

聊城案说明，中国现代化遭遇"基层瓶颈"，中国正在下一个高层次社会的门前徘徊。中国民众对该案处理的议论，表明他们对正义、公正的期盼，对建设"更好的中国"的美好愿望。珍惜、重视民众这种参与热情，修正司法错误，中国就可能距"更好的中国"更近。

中国政治学者潘维说，中国政府办成"大事"不难，但困难的是，中共无法动用其科层体制，解决基层社会无数"小事"[2]。今天在中国基层，无数"小事"堆积如山，亟待解决。这些"小事"，因其关系到日常生活，对每个人来说，都是"大事"，如解决不好，可能会动摇人民对执政党的信心。

今天的中国政府，可以迅速推进高铁项目，可以迅速推进"一带一路"等宏大战略，但在如何凝聚、组织社区、乡村，基层社会问题上，却不很顺利。这些问题，究其远因，源自近代中国社会转型。百余年间，数千年形成的社会基层结构遭到破坏，广大基层，自治力薄弱。

中国社会的近代社会转型，消灭了乡绅及其经济基础。人民公社制度，是一

---

[2] 参见潘维《信仰人民--中国共产党与中国政治传统》中国人民大学出版社，2017年，149-160页。

次重组中国基层社会的宏大实验，这个实验的失败，导致上世纪 80 年代中期中国农村社会组织出现巨大空白。为了填补这种空白，上世纪 80 年代，匆忙间，全国普建村民自治制度。许多人曾对这种制度怀有极大期待，认为这是中国民主社会建设第一步。但是这种自上而下的制度设计，此后出现水土不服现象。村民选举，掺杂大量宗家族、派性、贿选、黑化问题。信心。事实证明，自上而下的制度移入，不能适合多样化的中国基层社会现实。可以说，中国至今仍然没有找到适合自己特点的基层治理模式。

中国三农专家贺雪峰在其新书《最后一公里村庄》中说，目前中国政府对农村基础设施投入巨资，但国家无法为所有人提供全面完善的公共服务，即公共服务还要依靠农民自己解决。[3] 贺雪峰指出，目前中国普遍存在这种基础设施与公共服务之间连结的"最后一公里"问题。[4] 其实，这"最后一公里"问题，本质上是国家与个人之间，缺乏基层社会自治。这种问题，不仅发生在乡村，而且在城市，都普遍存在。

今天，除政治任务外，中国政府干预基层社会的手段有限。上世纪 80 年代以后，中国政府对基层社会干预最成功的例子是在广大农村，有效地推行了计划生育，成功地减少了数亿人口。这种成功，依靠的是中国特有的"压力型体制"。这种"压力型体制"，将各种成长目标、行政目标，分解为具体政治任务，从中央到地方层层下推。的确，这种体制可以高效、准确完成上级下达的政治任务。但是，这种体制，只适合完成一些比较宏观而又具体的战略目标，却无法应对基层日常、琐碎的繁杂事务。

中国基层社会大量、不断发生的"小事"，日益耗费政府大量资源，也困扰无数居民生活。这些问题，长期放置不去解决，就真会成为"大事"。那为何这些小事解决不了，或解决不好呢？这很大程度在于，在无数个人与国家之间，中国缺乏一个强而有力的社会组织。这是中国各级政府不得不动用大量政府资源管理社会的重要原因。而这种管理，往往事倍功半，甚至事与愿违，反而损害了政府、党的合法性。

重视人民身边的"小事"，已引起中共高层重视。习近平在其 19 大工作报告中号召全党"要坚持把人民群众的小事当作自己的大事"。他说，要"推动社会治理重心向基层下移"，"实现政府治理和社会调节、居民自治"三者的良性互动。

上世纪 80 年代中期，中国政府组织退出广大农村领域。宗族、宗教力量，已经重返或进入中国基层社会。市场经济迅速发展，"单位"或"社队"不复存在，亿万职工或社员成为孤立的个人。中央政府距离个人很远，而宗族、宗教却离个

---

[3] 贺雪峰《最后一公里村庄》中信出版集团、2017 年、4-5 页。
[4] 同上。

人很近。在许多地方，宗族、宗教发挥了组织地域社会的部分功能。毕竟，这些组织对生老病死、鳏寡孤独问题具有自己的解释方式，也以其方式对上述问题进行救济。

中国的现代化问题，在于各级地方政府与人民互动不足。人民怎样参政议政？上述"最后一公里"问题的基层公共组织至关重要。个人成为自治团体中一员，如此，个人权利才能得到保障。今天中国的问题，很多并非宏观政治大事，而是自己身边许许多多令人头疼的琐事。这些问题，需要各级地方政府与基层社会、居民团体共同商议才能解决。原子状态的人民，无法进入现代社会。人民必须组织起来，通力合作，现代社会才能到来。这也是习近平19大报告强调要"坚持完善基层群众自治制度"的意义。

今天，乡绅对中国基层社会组织的意义再次引人注目。有人呼吁，中国基层需要"新乡绅"。为什么呢？以往传统社会，乡绅拥有见识、威望，公心、责任，是基层社会不可或缺的凝聚力量。那么，今天中国是否可以重建这种"新乡绅"？谁可以发挥"新乡绅"的作用？

在西方社会，执政党统治的合法性，主要来自选举。而在中国，执政党统治的合法性主要依靠"绩效"。在这个意义上，中共统治合法性，既要许多宏大成就，更需要对无数"小事"的解决。只有这样，才能为中共统治合法性源源不断提供"绩效"。因此，党必须让人民看到他们的身影，每一个党员必须让周围的人民知道他们是党员，在为人民奉献。

如何在中国广大基层社会，找到无数热心公益，毫不谋取私利的"核心人物"，这是"新乡绅"建议的背景。做这些"小事"，都是义务劳动，谁来做？中共有8900万党员。有人认为，如果这些党员都能下沉在中国基层社会，为建立社区组织发挥"核心人物"作用，那么中国的"现代化"，应不会很遥远。但是，在市场经济下，纯粹的荣誉感，是否能驱动那些普通基层党员坚持服务于琐碎的日常社区事务呢？

4 中国最大难题是基层社会治理

2017年，电视连续剧《人民的名义》获中国视听者广泛支持，这在中国言论空间分裂的时代，具有深刻意味。今后，人们关注，谁以"人民的名义"继续这场严峻的斗争？这个全球最大规模的党，将以何种方式走向百年政党时代？

俄国革命这场人类历史的宏大实验，在苏东早已落幕。前苏联教训，给予中国深刻印象。党以"人民的名义"官僚化、贵族化，窃取大众劳动果实，同时将有限资源用于全球霸权，这导致苏联解体。对此中共做了深入研究。对前苏联问题的反思，是上世纪90年代以来中国埋头发展经济的重要动因。

此外，中共非常认真地研究了许多一党长期执政的模型，如墨西哥革命制度党、新加坡人民行动党、日本自由民主党，着重分析这些政党长期执政的经验或教训。目前，中共已经积累了丰富的比较政党学的知识，但对于一个执政长达 68 年的政党来说，最重要的是，能否以及如何将这些知识转变为执政实践。

有一日本学者山田辰雄曾说，20 世纪中国共产主义革命是一场"代行革命"，是中国知识精英，以工农名义进行了一场国家建设革命。的确，中共创立时借助了外力，极少数精英借用了工农的名义。但中国革命的成功，还在于当时中共深入中国底层社会，深刻理解中国问题所在。中共少数精英与大众结合，正确把握各种历史性机遇，完成了国民国家建设这一历史任务。

今天，中共拥有 8900 万党员，但任何革命成功、政权的维系，最重要的不在党员人数众多，而在于这场革命，是否存在一个高效的干部队伍，这个队伍是否能够坚决执行中央命令。如果人民群众"看不到"党，看不到党员的忘我牺牲，那么该党就将失去支持根基。因此，中共须让自己重新成为"从群众中来，到群众去"的党，成为一个一直与群众在一起的政党，这应是中共恒久的重要课题。

进入 21 世纪来，如何重建统治合法性问题，一直是中共党建的核心。毛、邓时代，中共统治合法性来自"革命"、"高速增长"，但在今天，中国社会出现严重分裂，仅以"高速增长"，党已经无法凝聚全体民意。今天，中共正在领导一场"反腐倡廉"、恢复社会正义运动。这个运动，既关系中共生死存亡的重大问题，也将成为中共继续赢得统治合法性的源泉。坚决、彻底推进这场运动，是中共长期、艰巨的任务。

清末以来历代中国政治精英，均认识到中国近代后国家建设的失败，最为基本的原因在于社会共同体缺位。如何重构共同体，形成共同善，这是近代以后至今中国政治的重大课题。许多政党及政治势力，曾尝试重建社会共同体，但均以失败告终。而中共，以其广泛、强劲的政治动员力，终获国家建设成功。但是，这种成功，主要是以政治动员形式实施的。

如前所述，中共往往以各种大众运动或构筑"压力型体制"方式，来实现其政治目标。但是今天，中产阶级兴起，社会日益多元化，中共以自上而下的大众动员，或以泛政治化方式实现其统治目标，将会日益困难。当今中国存在各种复杂的利益分化，这些利益都要在"政治场"上表达自己。今后如何凝聚大众，形成共同体社会的共同善，对于中国的长治久安非常重要。

中共建国几近 70 年，这个党已从农村党、革命党转化为城市党、执政党，党的组织、人员、认识方式及思想方式已经极大转变。但是，目前中共全党重心正在离开农村，离开基层。如果中共不能采取有效方式重新回到农村，回到基层，中共将无法实现自己的初心，甚至丧失农村、基层的支持。

进入市场经济时代，中国基层日益成为原子化的空间。当然，中共十分重视基层的社会建设。不过这个社会建设，是以社区形式呈现，仍具自上而下的官方色彩。这样的社区或社会，自主治理能力较差，尚无法承担社会转型重任。在今后的中国政治中，国家目标、市场社会目标，必须来自共同体，并与共同体意志密切结合，才能实现其设计意图。但是，这种市民共同体的构筑，现在仅是开始。如何把分散的个体，凝聚成为一个"市民共同体"？如何形成共同体道德，实现共同体成员彼此互信，彼此合作？如何把每个人的意志凝聚成为共同善？这些问题，都是当下以及今后中国政治的重大课题。

与西方议会政党不同，中共作为非西方政党，肩负着组织社会，实现社会现代化的功能。回顾世界长期执政的非西方政党发展经验，可以发现这些政党，均是植根于社会共同体，成为共同体中不可或缺的一员。本世纪初，中共提出"三个代表理论"，大批企业家入党。但是，党的"代表性"，必须建立在社会共同体意志基础之上。党应深刻理解日益变化了社会，深深扎根于中国共同体社会。党在以"人民的名义"行使权力之前，必须充分汲取共同体的意志。

结语

改革开放 40 年的政治，其特点是"质朴政治"。这种政治摈弃宏大虚幻理念，以建设"小康社会"为目标，故赢得民众信赖，发展一步一个脚印。中国是经济大国，政治大国，但今天尚未成为人民均富的国家。今后如何继续坚持政治的质朴性，至关重要。

今天中国众多新阶层、诸多新思潮兴起，各种矛盾、冲突日益敏感。执政党只有敏感发现社会变化，在共同体社会中，谦虚听取广大民众呼声，回应这些利益诉求，如此才能凝聚共同体意志，才能继续获得统治的合法性。

中国最伟大最持久的力量仍在民间，亿万人民对美好生活的向往，是推动中国改革的强大持久的动力。回顾改革开放 40 年历程，中国的发展，乃在于政治如何真诚面对民众，认真回应最广大民众的深切呼声。

当今多数现代国家，均遭遇共识缺失甚至崩溃危机。一个没有共识的国家是没有前途的。在改革开放 40 年的今天，中国究竟应如何重新凝聚共识？中国应如何通过自由活泼的讨论凝聚共识，以激发亿万民众参与更大改革？应如何在法治下推进地方分权，经济自由，发展人民自治？这些对于释放中国发展潜力，都是不可回避的重要课题。

最近 40 年以来，中国实行了一条现实主义政治路线。这条路线采取实践主义方法，凝聚了全民意志。对中国民众来说，好的政治就是认真倾听并回应民众最直接，最广泛的关切，具体来说是解决他们的住房压力，改变应试教育，完善医疗养老保险。执政党的合法性，只能建构在充分理解，迅速回应这种深层要求基础之上。对中国民众来说，他们追求的不是更为宏大的世界目标，而是要求政治迅速回应他们每一个人最迫切、最具体的问题。

二　日中文化交流

中日恩文化之比较

Comparison of Grace Culture between China and Japan

杨春时[1]

Chunshi Yang

【Abstract】One of the common features, shared by Chinese and Japanese culture, is to define interpersonal relationship as a relationship of grace, and to consider conferring a boon and repaying the debt as basic norms of value. Grace is the connotation of Ren (benevolence), and the basic value of Chinese Confucian culture. Li, the behavior norm of Ren, and other specific norms of Ren, such as filial piety (family ethics), fidelity (political ethics), and righteousness (social ethics), are all embodied in grace. Japanese culture, affected by Confucianism and centered on Shintoism, emphasizes on the concept of grace as well. Conferring a boon and repaying the debt constitutes an important rule of interpersonal relationship. However, due to different social structures and cultures, contents of grace culture are a bit different in China and Japan. China is a civilian society based upon family ethics, hence, grace culture is original and universal. However, Japan is a noble society with hierarchy, and family ethics is not universal, accordingly, grace culture is not universal. In Japan, relationship of grace exists between Mikado and ministers, between suzerain and Kashin (both of which concern political ethics), and between patriarch and family members (which concerns family ethics); it doesn't exist among normal citizens, which concerns social ethics. In addition, although Chinese grace culture is also unequal, it is bidirectional, and equally binding on benefactors and recipients. However, in Japan, grace culture is mono-directional, and it is binding only on recipients.

【摘要】在中日文化体系中恩的理念都具有核心的或者重要的地位，因此可以称中日文化为恩文化。但中日恩文化之间又具有重要的差异，不能等同。因此，就需要对中日恩文化进行比较研究，以深入地把握中国文化和日本文化。

一、中华文化的核心——恩

生存是主体与世界之间的关系，人们如何认识和处理这种关系就构成了特定的文化。文化的核心是价值观念，中华文化的性质也决定了其核心价值观念。中华文化的核心价值观念是什么呢？对此有多种说法。一般认为是仁，我认为这个可以承认这个结论，因为仁是以儒家代表的中国文化的最高范畴，它统御了其他范畴，如孝、悌、忠、义等。但问题在于，仅仅说中国文化的核心是仁并不够，因为仁是中国传统文化的概念，不能按照儒家的定义来理解，而需要进行现代的

---

[1] 作者工作单位：厦门大学教授，四川美术学院特聘教授

通讯地址：厦门市厦大西村 15 号 1501 室（邮编 361005）

阐释，而问题的症结就在这里。在中国文化研究的历史上，由于缺乏反思性的阐释，其真正的含义被遮蔽，导致对中国文化性质的误解。那么仁的内涵是什么呢？仁是被一个更根本的理念规定的，这就是恩，恩是仁的深层意义。恩的观念是中国伦理的核心，中国伦理实质是建立在恩的观念之上的。由于中华文化的伦理本位性质，恩就成为普遍的文化观念。因此，中华文化也可以称为恩文化。

中国人认为，生存就是做人；生存的的意义就是做好人。而做好人的内涵就是做好自己的社会角色，在家做孝子慈父、贤妻良母；在外做被乡邻、国人认可的好人；在国家做忠臣良民。这个做好人的基本伦理概念就是仁。何谓仁？许多人把它解释为爱，因为孔夫子説过"仁者爱人"。仁当然有爱的含义，但并不等同于现代的爱，因为中华文化的爱是恩爱，爱是被恩规定的。在中华文化中，仁就是对他人施恩，也是对施恩者报恩。为什么要有施恩、报恩呢？中国人认为，人生而承受恩，包括天恩、国恩、家恩、人恩等，也因此就具有了报恩的义务。同时，人也天生就有施恩和报恩之心，也就是有了仁爱之心。总之，这种对恩的自觉就是仁。中国人认为，恩是基本价值，施恩和报恩都是人生的义务，而承受恩如得到父母的恩爱、社会的恩爱、国家的恩爱就是幸福之所在。每个人都是施恩者，也都是报恩者，要根据自己的社会地位施恩和报恩。自觉地履行这些义务，就成为仁义的君子。中国传统社会的人际关系被你概括为"五伦"：君臣、父子、夫妇、兄弟、朋友，而恩的观念也涵盖了五伦。

仁具体体现为各种伦理范畴，它们都以恩为根据。孝是家族伦理的核心范畴，它也以恩为根据。孝的内涵就是父母生育儿女、对儿女慈爱是施恩，故儿女从属于父母，要以奉养、服从父母来报恩。以此为中心，就衍生出悌（兄弟姊妹之间的恩）、贞（夫妇之间的恩）等家族伦理范畴。家族是中国社会的基本地位，因此家族伦理成为社会伦理的基础；而孝成为传统伦理的根源。

社会伦理也以恩为根据。由于传统社会没有形成人与人之间的契约关系，家族伦理就推广到社会领域，形成社会伦理，也就是被狭义化了的义。义本来是与仁相对的概念，仁是指内在的天性、良心，义是指外在的规范、行为。孟子曰："仁，人心也；义，人路也。"（《孟子·告子上》）但后来在实际的应用中，把非亲属的和非政治的人际关系准则也称为义，也就是民间所谓义气。家族以外的社会关系，如邻里、乡党、国人、天下之人，都是家族伦理的延伸。其中长辈与晚辈、师生之间的关系如同父母；同辈之间，同学之间、同事之间的关系如同兄弟，也都是施恩与报恩的关系。

政治伦理也是一种恩的关系。由于中国没有形成人与国家的契约关系，政治关系就被伦理化，就形成了忠的观念。忠本来是指内心的诚恳，后来就专指对君主的忠诚。君主对臣民行仁政是施恩，因此就有了统治的权力，甚至可以支配臣民的生命财产，即所谓"君要臣死，臣不得不死"；而臣民要忠于君主，奉献出自己的一切以报恩，否则就是大逆不道。中国的专制与西方不同，君主不是以上帝的名义统治，而是进行家长式的管理，虽然也要借助天子的名义，但它更强调君民之间的亲情关系，即君父对子民施恩，子民效忠君父。作为社会精英中国知识分子——士与君主的关系也以恩为纽带，君主信用士人，是施恩；士人对君主尽忠，是报恩。孔子说过："君使臣以礼，臣侍君以忠。"（《论语•八佾》"士为知己者死"成为古代知识分子的信条。百姓与官员的关系亦然，官员是父母官，是牧守；人民是子民，是牛羊。官员行仁政，就是青天大老爷，子民要感谢他的恩德；而官员也自认为"爱民如子"，有了道德上的优越感和统治的合法性。

中国的礼仪规范也建立在恩的理念之上。《礼记》曰："太上贵德，其次务施报。礼尚往来，往而不来，非礼也；来而不往，亦非礼也。"这里指出，道德为最高原则，在这个原则之下要讲求施恩报恩、礼尚往来，这就形成了恩文化。董仲舒的三纲即"父为子纲，夫为妻纲，君为臣纲"，确定了施恩者为尊，具有支配地位；受恩者为卑，具有被支配地位。他的五常即"仁义礼智信"，就以恩的观念为中心建立的伦理规范。

二、日本的恩文化

日本也有恩的观念，是重要的伦理范畴，因此日本文化在一定意义上也是恩文化。鲁思•本尼迪克特对日本的恩文化有精湛的研究，她认为日本文化是"各人相互有恩的巨大网络"。日本文化的恩的观念体现在等级关系中，不仅有人身依附和等级服从政治关系，也有施恩-报恩的伦理关系。传统的日本社会是贵族等级社会，天皇与贵族之间，贵族内部的不同等级之间、贵族与平民之间有不可逾越的身份差别。因此，日本传统社会有人身依附关系，讲求等级服从。同时，为了加强等级之间的粘合力，日本文化也有恩的观念，认为上层阶级对下层阶级有恩，下层阶级对上层阶级有报恩的义务，报恩的形式就是忠于等级身份所具有的职责，服从上层阶级。日本的恩文化体现在家庭、社会、政治诸领域，与等级制度融合为一体。在家庭伦理中，父亲的身份最高，母亲次之，子女是底等级，父母对子女有恩，子女要服从父母以报恩。丈夫与妻子的关系也大体上如此，丈夫有恩于妻子，妻子要服侍和服从丈夫。在政治领域，武士、家臣与主君的关系也体现了施恩与报恩的观念。主君对于武士、家臣是施恩者，为了报恩，武士、家臣要忘我舍身，这被看作一种非常崇高的行为。与中国的"赵氏孤儿"故事相似，日本也流传着一个舍子报主恩的故事。日本历史上有一个著名的人物菅原道真，他被政敌流放，政敌还要杀害他的幼子。而其幼子被菅原道真的旧臣源藏藏匿起来。为了保护旧主的幼子，源藏挑选了一个与其相像的孩子做替身，交给菅原道真的

98

政敌。这个替身的父亲家族受过菅原道真的恩惠，所以他和孩子的母亲都心甘情愿地献出自己的孩子。更为残酷的是，替身的父亲还被委任鉴定首级是否为菅原道真的幼子的，而他坦然地宣称是。于是，昔日主君的幼子得救了。替身的生父回家后，对等候的孩子母亲说："喂，老伴高兴吧，儿子已经效忠了。"[2]明治维新以后，出于政治的需要，日本统治阶层把以往对于藩主和大名的忠诚转移到天皇身上，建构了"皇恩"、"国恩"这一最高恩义形式，国民也以报"皇恩"、"国恩"为最高义务。

恩文化有情感的层面，也有理性的层面，后者就是相应的"义理"。所谓义理，鲁思·本尼迪克特称其为做事必须遵循的规则，它包括"报答的义理"，也就是处理恩情关系的准则。鲁思·本尼迪克特说："在日本，所谓'义'，就是确认自己在各人相互有恩的巨大网络中所处的地位，既包括对祖先，也包括对同时代的人。"[3]她在其成名作《菊与刀》中列出了日本文化中恩的种类，有皇恩、亲恩、主恩、师恩等；与恩对应的义务有忠——对天皇、法律、日本国家的责任。孝——对双亲及祖先（含对子孙）的责任。任务——对自己的工作的责任。还有对应的义理，包括对社会的责任，对主君的责任，对近亲的责任，对他人的责任，对非近亲的责任等。[4]由此可见，日本的恩的观念渗透在社会生活的众多领域，构成了一种恩的伦理文化。

三、中日恩文化的共同性

中日文化都有恩的观念，构成了伦理观念的核心，连结了人与人之间的情感。中日的恩的观念具有相同的性质，它们都是人恩，而不是神恩；都构成了一种互动的而又具有支配性的伦理关系。西方文化建立在人与人之间的契约关系之上，其伦理观念的核心是爱，而爱是平等的施予和回报。中日传统社会没有建立契约关系，恩是人恩，体现了人与人之间的不平等的关系。西方文化中没有恩的观念，只有神恩，没有人恩。西方的恩情（gratitude）是恩典的意思，专指神恩；感恩（grace）是感激的意思，有平等性，没有报恩的意思。神恩是神对人类的爱，人们要报神恩，就要按照神的教导爱他人。所以，爱是西方文化的核心概念，它具有平等的性质。中国和日本的恩文化的核心价值不是爱，是恩，恩与爱有别。所谓恩的观念，就是一方对另一方施以恩惠，施惠方就具有了支配受惠方的权力，而受惠方则承担了以牺牲自身权利回报施惠方的义务。恩爱也是一种爱的形式，但

---

[2] 故事见新渡户稻造著《武士道》，张俊彦译，商务印书馆 2006 年，第 52-53 页。

[3] 鲁思·本尼迪克特《菊与刀》（增订版），吕万和等译，商务印书馆 2012 年第一版，第 90 页。

[4] 参阅 鲁思·本尼迪克特《菊与刀》（增订版），吕万和等译，商务印书馆 2012 年第一版，第 106-107 页。

又是扭曲的爱，是一种以爱获得支配权力的伦理观念：施爱者有恩于被爱者，对其有要求报偿的权力；被爱者要对施爱者报恩，否则就是不仁。仁体现为孝、忠、义等恩的形态，衍生出礼、义、廉、耻、信、智等伦理范畴。在以施恩——报恩为基本结构的伦理关系中，施恩方就获得了支配受恩者的权力。中国古代的爱用"怜"来表示，怜爱是强者（如男人）对弱者的爱，是不平等的，所以后来"怜"就演化为"可怜"的意思。日本的恩也不等同于爱，西方的爱是

平等的，而日本的恩爱是不平等的。本尼迪克特说："但是，'爱'这个词在日文中特指上级对下级的爱。西方人也许会觉得这种'爱'其实是'庇护'（paternalism）之意，但在日语中，它的意识不仅在'庇护'，而是一种亲爱之情。"[5]这种对爱的扭曲，源于恩的观念。本尼迪克特又补充说，由于现代以来受到西方文化的影响，爱这个词也用于同辈之间。中日文化以恩情代替爱，以恩义代替普遍的理性，恩衍化为一种普遍的权力，支配了整个社会生活。

中日恩文化要从历史的角度给予评价。从积极的方面说，恩伦理以情感的交往调和人际关系，从而避免了直接的暴力性。此外，施恩-报恩的关系具有互动性，不是单方面的给予，也不是单方面的服从，而是双方的责任。如父母对子女的恩有"慈"的义务，而子女对父母的报恩有"孝"的义务，慈与孝构成了互动。君主与臣民的关系不仅有臣民对君主的忠，也有君主对臣民的"亲"，忠与亲构成了互动。因此，这种恩伦理在一定程度上缓和了社会矛盾，有助于社会稳定。

中日的恩文化具有不同于西方的社会基础，但都构成了恩文化的不平等性。中国与日本的社会性质不同，一个是平民性的宗法社会，一个是贵族性的封建社会。但与西方社会相比又有共同点，就是都缺乏西方社会那种契约关系，都具有不平等性。日本是等级制度，中国是宗法制度，这样人际关系就都缺乏独立性，而具有依附性。在这个社会关系的基础上，伦理观念也不可能是平等的，不是平等的爱，而只能是不平等的恩。

从消极方面说，恩的伦理加固了不平等的社会关系，因为施恩与报恩之间具有不平等性。恩是一种特殊的权力形式，具有情感的支配性。按照福柯的观点，权力无所不在，统治着人和社会的各个领域。伦理就属于这个权力系统，作为集体价值规范，它是对人的支配、规训力量。以恩为核心的伦理虽然有现实的根据和合理性，但像一切意识形态一样，受到历史条件的限制，具有自身的缺陷。从现代伦理关系上看，爱是核心的、最高的价值，它构成了平等、和谐的人际关系。而恩不是纯粹的爱，是爱的畸变、异化。在中国和日本的传统社会里，由于没有爱的宗教，爱作为最高价值缺失，而恩成为一种绝对的伦理法则，一种意识形态，

---

[5] 鲁思·本尼迪克特《菊与刀》（增订版），吕万和等译，商务印书馆 2012 年第一版，第 95 页。

一种支配性权力，于是爱的需求被压抑、排斥和扭曲了。恩是以情感方式对他人的支配，也是对自己的支配地位的肯定方式。这就是说，爱交换了权力，或者说爱权力化，爱异化。当然儒家也谈爱和同情，孔子说"仁者爱人"；孟子讲"君子有不忍人之心"，但这种爱和同情却受到了恩的观念的限制而丧失了本源性。特别是中国文化中，爱是有差等的，这是由施恩与报恩的大小决定的。中日传统文化中的恩，无论是父母对子女的恩爱，还是统治者对子民的恩德，或者是"义士"对弱者的恩义，都在情感上和伦理上把施恩者当作主人，把受恩者降为奴隶，这是一种温柔的奴役。正是在恩文化当中，人失去了自我，失去了自由。中国文化以恩为中心形成了宗法性的伦理体系，在平民社会建构了不平等的社会关系。日本文化以恩为中心强化了等级制度，论证了贵族社会的合理性。

四、中日恩文化的差异

中日恩文化虽然有相同之处，但也有相异之处，而且这一点也至关重要。首先，中日恩的观念在文化体系中的地位不同。中华文化中的恩具有普遍性，不仅适用于一切社会关系，而且也包括人与自然、人与神的关系。中华文化建立在天人合一的基础上，人与神、人与自然、人与人之间都有施恩-报恩的关系，神、自然都被称为天，都有恩于人，所以有天恩，人要报天恩。由于天人合一的观念，天恩就变成了人恩，赋予人恩以合法性。在社会关系上，从家族伦理到社会伦理到政治伦理，都受到恩的观念的支配，孝、义、忠体现着这三个领域的恩的观念，孝为家族伦理的核心，义（狭义的）为社会伦理的核心，忠（狭义的）为政治伦理的核心。可以说，中国伦理以恩为核心，恩的观念支配着一切社会关系。

日本文化的恩的观念也具有相当大的支配力，主要体现在家族伦理和政治伦理之中。它认为子父母抚养子女，主君任用家臣，天皇统御臣民都是在施恩；子女孝顺父母、家臣忠于主君、臣民忠于天皇都是在报恩。但是，日本文化的恩并不覆盖着全部的人际关系，它只是在上下等级身份之间存在，如父母与子女、臣民与主君、臣民与天皇之间。而在同一等级身份之间，不存在必然的恩的关系，它们之间是平等的、独立的。这与中国人与人之间普遍存在的恩情关系不同。中国人伦是家族伦理的延伸，一般的人际关系也相当于家族关系，如同事、朋友如兄弟（姐妹），年长者与年幼者、师徒之间如父母等，它们之间都有施恩和报恩的关系。而在日本，同事之间、朋友之间都是平等的，没有恩情关系，也不需要建构恩情关系。因此，日本人与人之间的交往是非恩情化的，额外的施恩并不受欢迎，因为它意味着一种需要偿还的债务负担。而在中国，即使在一般的人与人之间，也有恩情关系，也要施恩和报恩，因为一切善意都被看作施恩和随之而来的报恩。因此可以说，中国的恩是普遍的，也是积极的、建构性的；而日本的恩是

101

不普遍的、被动的、非建构性的。也可以说，中国的恩文化是整体性的文化，而日本的恩文化只是局部性的文化。

此外，中日恩文化的情理关系也不尽相同。恩文化包括情感层面和理性层面，也就是既有"恩情"层面，也有"恩义"层面，这一点在中日文化中都是存在的；但在中日文化中二者的关系不同。中华恩文化在理性层面上制定了宗法制度，讲三纲五常，有天理人欲之别。在感性层面，它讲天性人情，制定了礼乐教化。于是情理一体，互相支撑，构成了中华文化的整体结构。中国传统文化的感性与理性未充分分化，道德、政治、法律等意识形态被情感化，因此中华文化重情感，中国社会是人情社会。中国恩文化情理未分，它既是一种普遍的伦理关系，又是一种本源的情感状态。恩文化是恩情与恩义的统一，但恩情是恩义的基础。中国的恩首先意味着一种恩情，是一种感性的关系，它源于人的天性。孔子认为人天生就对父母有孝顺之心，如同父母天生就对子女有慈爱之心；孟子认为人天生有同情心即"不忍人之心"，这是仁义的根源。恩的情感层面具有本源性，而恩义建立在恩情的基础上，恩义要依附于恩情。所以在这个意义上，李泽厚先生说中华文化是"情本体"具有一定的合理性。

日本文化中的恩虽然也有情的成分，但情并不主导"义理"，义理具有独立性，不建立在情的基础上。这就是说，日本的恩情和恩义是不相统属的，各自独立的。日本文化中没有对恩的本体论式的论证，恩也不以情感为基础。鲁思·本尼迪克特提出，日本文化中义理与人情是分离的，义理是社会的、普遍的，人情是个人的、偶然的，它与义理平行，具有独立性，并不受义理统属。新渡户稻造认为，"例如对双亲的行为，唯一的动机应该说是爱，但在缺少爱的情况下，就必须有某种其他权威来命令履行孝道。于是人们就用义理来构成这个权威。"[6]在日本，家长子女、贵族对家臣、天皇对臣民的恩首先属于义理，并不以情感关系为前提；子女对父母、家臣主君、臣民对天皇的报恩也首先属于义理，不以情感关系为前提。这就是说，恩首先是一种义理，而非感情，不管父母、主君和天皇是否对子女、家臣、臣民有爱心，都不影响他们之间的恩义，都需要报恩。日本也讲恩情，但这不是根本，只是无关宏旨的个人的感情，恩义才是根本。

与此相应，中日恩文化也就有了另外一个不同点，即中国恩是双向的，而日本的恩是偏于单向的。中华文化不仅规定了受恩者报恩的义务，也规定了施恩者的施恩的义务，家长、君主等强者有对子女、臣民等弱者施以恩德的义务，而不仅仅是象征的功能。因此，中国的报恩要以施恩为条件，而不是单向的施恩或报恩，如果没有施恩，报恩也就失去了前提。根据这个原则，就有父慈子孝、君明

---

[6] 新渡户稻造《武士道》，商务印书馆，2006年版，第24页。

臣忠等一系列对等的伦理规范。例如在政治领域中，儒家就认为君主不贤德，可以行废立甚至革命。孟子告齐宣王曰："君之视臣如手足，则臣视君如腹心；君之视臣如犬马，则臣视君如国人；君之视臣如土芥，则臣视君如寇仇。"（《孟子·离娄章句下》）当然在传统社会后期，这种对等性发生了偏斜，更加强调了报恩，但并没有根本上改变恩的双向性。

日本的恩文化有单向性的倾向，它认为高等级身份对低等级身份的施恩并不是主动的、实际的，而是名义上的；而低等级身份对高等级身份的报恩则是主动的，要付诸实际。而且低等级身份对高等级身份的服从和报恩则是无条件的，不以高等级身份的施恩为条件。日本的统治者并不把通过施恩建立与被统治者的情感联系作为维系统治的必要条件，而更直接地强调等级服从，因为他们认为统治本身就是一种恩。所以日本天皇能够"万世一系"，没有改朝换代，原因也在此。中国那种"船能载舟亦能覆舟"的观念在日本并不存在，所以贵族对平民也不须实行仁政。德川家康颁布的法令甚至规定："对武士无理，对上级不逊的庶民，可立即斩杀。"[7]

在日本的伦理观念中，耻是一个重要范畴，因此本尼迪克特把日本文化称为耻感文化。耻与恩相对，是指下级对上级即被施恩者对施恩者报恩的义务感，如果不能报恩，就是耻辱。从表面上看，耻是一种自尊心，但这种自尊心是建立在恩的观念之上的。本尼迪克特说："在日本，自尊心是与对施恩者报恩联系在一起的。"[8]耻感是建立在等级制度和恩文化的基础上的，具有约束性，因此本尼迪克特说："真正的耻感文化依靠外部的强制力来做善行。"[9]

正是由于日本恩文化的单向性，所以人们把恩当作一种需要偿还的债务。本尼迪克特认为，由于恩不同于无条件的爱，所以在日本"'恩'是债务，必须偿还"；"但在日本，'报恩'被看作与'恩'全然不同的另一个范畴。"[10]这实际上是说恩的单向性，即施恩只是一种等级身份的象征性功能，施恩者并没有施恩的义务，而受恩者有报恩-还债的义务。

五、中日恩文化差异的根源

中日恩文化之间为什么具有上述三点差异呢？

首先，二者的起源不同。中国恩文化的渊源是祖先崇拜。原始社会先后有三

---

[7] 参阅鲁思·本尼迪克特《菊与刀》（增订版），吕万和等译，商务印书馆 2012 年第一版，第 59 页。

[8] 鲁思·本尼迪克特《菊与刀》（增订版），吕万和等译，商务印书馆 2012 年第一版，第 119 页。

[9] 鲁思·本尼迪克特《菊与刀》（增订版），吕万和等译，商务印书馆 2012 年第一版，第 202 页。

[10] 鲁思·本尼迪克特《菊与刀》（增订版），吕万和等译，商务印书馆 2012 年第一版，第 105 页。

种崇拜形式，一是自然崇拜，二是图腾崇拜，三是祖先崇拜。中国社会在走出原始社会后，并没有以文明宗教取代祖先崇拜，反而使祖先崇拜宗教化，成为普遍的信仰和社会伦理。特别是周代以降，以"德治"主义取代殷商的"鬼治"主义，提倡敬天法祖，祖先被神化，与天一道成为崇拜对象。一旦祖先被神化为崇拜对象，神恩变成了人恩，一切都是祖先所赐、所保佑，就要感谢、报答祖先的恩德。同时，这种崇拜也就延伸到活着的长辈，就要感谢、报答家长的恩德，从而形成了以孝为中心的恩文化体系。因此，《礼记》说，"礼也者报也……反其所自始……礼报情，反始也。"这里说礼是关于报答人情的规范，根源于对祖先的报恩（反始）。于是，源于祖先崇拜的恩文化，以孝为始基，就具有了覆盖一切人伦领域的特征，也具有了恩情作为本源、恩义奠基于恩情的特性。

日本的恩文化的起源是多元的，不只是祖先崇拜。作为政治伦理的恩，应该起源于神道教，是神崇拜与权力崇拜的结合。日本的本土宗教是神道教，它是一带有原始宗教性质，缺乏经典和统一的教义。神道教发源于自然崇拜，同时也掺入了祖先崇拜的内容。它崇拜天照大神等神灵，认为它们是日本民族的保护神；同时又认为天皇是天照大神的后裔，神人合一，最后形成了天皇崇拜。日本民族认为，天皇代表神灵祖先，降恩于大和民族，日本成为神国，所以要效忠于天皇，报神恩和国恩。这样，随着神道教的政治化，神恩就与人恩同一，形成了带有政治性的恩伦理。明治天皇于 1882 年颁发了《军人敕谕》中，阐述了"恩"和"忠"的观念："朕赖汝等为股肱，汝等仰朕为首领。朕能否保护国家以报上天之恩，报祖宗之恩，端赖于汝等恪尽其职。"[11]

神道教是恩文化的重要渊源，但不是唯一的渊源。鲁思•本尼迪克特认为，日本文化中多个理念（义理）各自独立，不存在统一的价值根据，这也体现在恩的理念上。除了神恩、国恩之外，还有家族伦理中的父母之恩、社会伦理中的师恩以及政治伦理中的主君之恩等，这些恩的理念有其独立的文化渊源。家族伦理的父母之恩和社会伦理的师恩以及政治伦理的主恩等应该与神道教无关，这些恩的观念或者来自氏族社会伦理的遗留，或者来源于封建等级制度的政治需要，也可能与儒家文化的影响有关。总之，日本的恩的起源是多元的、不统一的。

其次，还有一个差异，即中华文化是世俗文化，而日本文化带有宗教性与世俗性混合的性质。在中国，虽然有宗教信仰，但不起主导作用。孔子讲"未知生，焉知死"、"子不语怪力乱神"，把宗教信仰置于伦理之下。因此中国文化属于世俗文化，没有神恩，不以爱为核心。但社会伦理又需要建构一种情感上的联系以聚合社会人群。于是，不是神恩而是人恩，不是神圣的爱而是世俗的恩构成了基本

---

[11] 转引自鲁思•本尼迪克特《菊与刀》（增订版），吕万和等译，商务印书馆 2012 年第一版，第 194 页。

的伦理观念。

日本有神道教信仰，不是单纯的世俗文化，但也没有形成欧洲那种宗教统治，不是单纯的宗教文化，而是世俗文化与宗教文化的混合。这就决定了日本恩文化的人恩性质。由于神道教是原始宗教的遗留，缺乏高级宗教的人道内涵，因此恩作为伦理观念具有神恩与人恩一体化的特点，皇恩即神恩，人恩获得了神恩的名义和绝对权威。特别在明治维新后，神道教与天皇制结合，形成了神权与王权的一体化。所以新渡户稻造说："神道的教义包含了可以称为我们民族感情生活中两个压倒一切的特点——爱国心和忠义。"[12]

还有，中日恩文化的的社会基础不同。中国恩文化的社会基础是家族制度。中国社会在走出原始社会进入文明社会的时候，家族并没有解体，个体没有独立，家族被保留下来，成为社会的基本细胞。在中国宗法社会，血缘亲情成为基本的社会关系，家族伦理就成为普遍的社会伦理及宗法制度的核心。这一施恩——报恩的伦理模式，蔓延到在整个社会生活中，就形成了中国传统社会伦理关系。因此，从本质上说，恩文化源于中国的家长制。中国伦理中缺少平等的关系，以恩为内涵的伦理关系就成为一种权力的运作，一种支配关系。中国传统文化的伦理信条都是建立在恩的基础上，基本范畴，如礼、义、廉、耻、忠、孝、仁、爱、信、德等，都是恩情关系的凝定。

日本的恩文化的基础不是家族制度，而是封建领主制度。日本社会不是以家族为基本单位的宗法社会，而是以等级制度构成的封建社会，其社会关系不是家族制度的扩展，而是以领主与家臣关系为核心构成的不同的等级身份之间的关系。因此，这种主臣关系直接地规定了日本文化的性质。日本文化包括家族伦理，但不是家族伦理的延伸。日本的社会关系脱离了血缘关系，因此文化体系不是依据血缘亲情建构，而只能依据抽象的义理即等级服从。日本的家族伦理也不是建立在血缘亲情的基础上，而是等级制度在家庭中的体现，如父子关系、夫妻关系等都比照等级制度建立，是一种服从原则。而且，在日本，对天皇的忠不能比附于对父亲的孝。因为天皇具有神性。本尼迪克特说："说天皇是国民之父是不够的，因为父亲在家庭中虽然可要求子女尽一切任务，'却可能是个不值得尊重的人'。天皇必须是远离一切世俗杂虑的圣父。"[13]所以说，恩并不起源于血缘亲情，不是家族伦理的延伸，恩的情感性就不具有基础性而只能居于依附地位。

还有，中日恩伦理的文化背景不同。中国传统社会是平民社会，缺乏贵族精神，形成了平民文化。平民社会没有等级服从，需要建构一种伦理上的主从关系。

---

[12] 新渡户稻造《武士道》，商务印书馆，2006 年版，第 19 页。

[13] 鲁思·本尼迪克特《菊与刀》（增订版），吕万和等译，商务印书馆 2012 年第一版，第 114 页.

恩文化构成了实际的依附关系，父与子、君与臣、民与民之间都是一种主从关系。平民社会的社会关系决定了恩文化的双向性和情感性，尽管这也是一种非制度化的不平等的关系。此外，平民文化缺乏自律性而需要他律，而恩文化就以互相约束的恩构成了一种他律。

与中国的平民文化背景不同，日本的恩具有贵族文化的背景。在日本的贵族社会，等级制度规定了不平等的社会关系。日本文化的典范是所谓"武士道"，即武士阶级的的道德行为规范。耻感就主要发生于武士阶级。等级制度决定了日本的恩文化的单向性和非情感性，它是与等级服从相对应的。这就是说，恩主要指下级对上级的服从，报恩甚至不需要以施恩为前提，它是一种等级制的原则。此外，贵族社会需要一种自律性的文化，这是贵族精神的体现。因此，日本文化讲求以报恩为核心的身份责任，以忠于身份责任为荣，以违背身份责任为耻，形成了所谓"耻"感文化。

恩作为伦理观念，有其哲学根据，需要哲学的论证。中日恩文化的哲学根据不同：中国文化中恩的根据是仁；日本文化中恩的根据是义（义理）。中华文化以恩为核心，覆盖一切社会关系，这是因为恩是仁的体现，而仁具有本体论的地位，是道的体现。中国哲学认为，道既是天道，又是人道，道体现为人性，即所谓"天命之谓性，率性之谓道，修道之为教。"人性为何？孔子认为就是仁，这是最根本的人性，也是天道的落实。孔子认为，孝、忠、信、义等都是仁的具体化。仁不同于现代的爱，其核心就是恩，即强者对弱者施恩，弱者对强者报恩。孔子讲"仁者爱人"，何谓爱人？就是"己欲立而立人，己欲达而达人。"这就是施恩于人，就是恩爱。同样，受恩者也必须对施恩者感恩、回报，履行孝、忠、义等义务。所以，在中华文化中，恩不是偶然的、个别的行为，而是天经地义的法则，是人的本性，是核心的价值观念。

日本文化中的恩没有本体论的根据。这首先是因为日本文化没有仁这样的核心概念。日本文化中没有一个统摄一切的核心范畴，各个领域的义理并不贯通。它的上面没有西方那种超验的本体，如上帝之爱；下面也没有中国那种伦理本体，如仁。日本虽然接受了儒家文化的一系列观念，如忠、孝、信、义、诚、勇等等，也有仁的观念，但并没有把仁作为核心范畴，它并不支配其他伦理范畴。在日本文化中，仁并不是最高的理念，不是人的本性，也不是根本的伦理法则，仅仅是一种个人化的情感，一种在义理之外的同情心。本尼迪克特认为："事实上，'仁'在日本是被排斥在伦理体系之外的德目，丧失了它在中国伦理体系中所具有的崇高地位。"[14]日本语言体系中的爱，也不具有平等的性质，本尼迪克特说："但是，

---

[14] 鲁思·本尼迪克特《菊与刀》（增订版），吕万和等译，商务印书馆 2012 年第一版，第 108 页。

'爱'这个词在日文中特指上级对下属的'爱'。"……它的意思不仅是'庇护'之意，而是一种亲爱之情。"[15]新渡户稻造在其《武士道》中，就把仁释为"恻隐之心"，是一种"温文尔雅的感情"和"对他人痛苦的同情"。而这只是一种个人的品质，而非普遍的道义。新渡户稻造认为，仁只是对武士的勇猛品格的一种补充，而非根本品格。他引用格言说："过于义则固，过于仁则懦。"[16]可见，在日本的语境中，仁不是绝对的法则，而只是需要适当节制的情感。正因为如此，恩在日本文化体系中没有本体论的根据，不具有中心地位，不能形成普遍的伦理范畴，而只具有有限的、局部的意义。

---

[15] 鲁思·本尼迪克特《菊与刀》（增订版），吕万和等译，商务印书馆 2012 年第一版，第 95 页。
[16] 参阅新渡户稻造《武士道》第五章"仁——恻隐之心"，商务印书馆，2006 年版，第 29-35 页。

早稲田大学と中国との持続可能な学術交流：
日本語教育を中心として

宮崎里司（早稲田大学日本語教育研究科）

【Abstract】 This paper discusses higher education for sustainable development as well as reviewing historical academic interaction between Waseda university and China as a model to maintain mutual win-win relationships, particularly in terms of Japanese language education. Since accepting its first Chinese students in 1884, Waseda University has welcomed students from more than 100 different countries and regions, and created a diverse, inclusive community. Since then, Waseda university has contributed an important role to reinforce its reputation in China. Predominantly Japanese language education has its more than 100 years history and which is recognised as one of the top prestigious Japanese language institutions in the world. For example, Waseda has supported Beijing Center for Japanese Studies in the field of Japanese language education by delivering professors with expertise of Japanese language add Japanese language education. The center was established in 1985, under the agreement between the Japan Foundation. It succeeded the Training Center for Japanese Language Teachers, commonly called "Ohira School" (1980-1985), based on the agreement between then Prime Minister Masayoshi Ohira and then President Hua Guofeng in 1979, with the aim of fostering human resources to promote Japanese language and Japanese studies in China as well as cultural exchange.

On the other hand, China has established a new cultural globalization policy along with the Confucius Institute initiative aimed at disseminating Chinese language and culture. The policy is interrelated with Chinese economic policy, the "One Belt and One Road Initiative" which is a development strategy proposed by China's president Xi Jinping focusing on connectivity and cooperation between Eurasian countries, primarily China, the land-based Silk Road Economic Belt and the oceangoing Maritime Silk Road.

In such situation, Waseda seeks another global tactics in Vietnam as a new global contribution strategy. Vietnam Japan University (VJU) was established as a new model university in 2016, with Japanese qualities that have been adjusted to the needs of Vietnam. The university upholds the principle of sustainable development, based on financial autonomy and resource socialization. The difference with VJU lies in its connections with VNU member universities including Waseda and its international nature, with intensive participation from Japanese partners. VJU's council plays an important role in orienting the development, mobilizing resources and deciding crucial affairs of the university.

Japanese language education is a compulsory subject which all graduates have to learn and Waseda contributes in the field of Japanese language education program as one of the Japan's partner universities.

The global contribution of Waseda university has been diverse in the last few decades. However the university still more needs to consider how the university should be activated by contributing international student policy through promotion of Japanese language education policy and sustainable development in higher education.

1　はじめに：持続可能な学術交流とは

　近年、日本と海外の大学間の交流協定（Memorandum of University: MOU）締結は、2000年代に入ってから飛躍的に伸張している。その中でも、早稲田大学は、海外の大学を初めとする高等教育機関と学術交流協定を締結し、全国の国公私立大学でも、トップレベルと言える（表1参照）。

表1　早稲田大学の海外協定校の数（2014年現在）

Type of Agreement	Number of Agreements	Number of Universites/Institutions	Number of Countries
University-wide Agreements 大学協定	367	432	79

資料：http://www.waseda.jp/intl-ac/assets/partnerinstitutions.pdf（2017年10月15日閲覧）

　とくに、中国の大学との交流協定は、重点大学である、北京大学、復旦大学、清華大学、浙江大学、吉林大学を初めとし、中国全土に広がっており、2014年の時点で、以下の表のように47校に上っている（表2）。
　さらに、海外における研究教育拠点においても、以下のようになっており、グローバル化をめざし、欧米や東南アジアの現地オフィスや研究センターの設置の充実を図っている。
　2000年以降、中国の大学教育政策が、いわゆるエリート型と言われる、中華人民共和国教育部直属の重点大学（1995年に定められた211工程大学や、1998年に定めた988工程大学）ではなく、大衆型に移行するに伴い、中国では、国内では重点大学に位置づけられていない、大専（または専科）と呼ばれる3年制大学や、民辦と呼ばれる私立大学などの大衆型大学をめざした政策の中で、日本の中堅大学との交流が推進されるようになった。こうした大学のグローバル・パートナーシップ（Global Partnership）を考える場合、相互の大学が、それぞれ持続可能な（sustainable）大学間交流協定の存続の維持を目指す上で、早稲田大学は、今後どのような貢献を果たすべきかが問われている。
　ここで、本稿のキーワードとなるサスティナビリティについて概説する。サステイナビリティ学は、気候変動や生物多様性・生態系サービスの劣化など、世界が抱える複雑で長期的な問題に対して、俯瞰的・統合的アプローチで取り組み、人間活動と自然環境が調和した持続型社会の構築を目指すための新しい

表2　中国との協定校一覧（2014 年現在）

China(47)	Beijing Film Academy	北京電影学院	2008	F, S
	Beijing Foreign Studies University	北京外国語大学	2005	F, S
	Beijing International Studies University	北京第二外国語学院	2008	F, S
	Beijing Language and Culture University	北京語言大学	2006	F, S
	Beijing Normal University	北京師範大学	2002	F, S
	Changchun Taxation College	長春税務学院	1999	F, S
	China Scholarship Council	国家留学基金管理委員会	2012	F, S
	China-Japan Friendship Association	中国日本友好協会	2001	
	Chinese Academy of Science	中国科学院	1996	F, S
	Chinese Academy of Social Sciences	中国社会科学院	1999	F, S
	Communication University of China	中国伝媒大学	2010	F, S
	Dalian University of Foreign Languages	大連外国語学院	1998	F, S
	Dalian University of Technology	大連理工大学	2004	F, S
	East China Normal University	華東師範大学	2000	F, S
	Fudan University	復旦大学	1985	F, S
	Harbin Institute of Technology	哈爾濱工業大学	2000	F, S
	Inner Mongolia University	内蒙古大学	1999	F, S
	Jilin University	吉林大学	1997	F, S
	Liaoning University	遼寧大学	2002	F, S
	Nanjing University	南京大学	2001	F, S
	Nankai University	南開大学	1984	F, S
	North China Electric Power University	華北電力大学	2013	F, S
	Peking University	北京大学	1982	F, S
	Renmin University of China	中国人民大学	1999	F, S
	Shandong University	山東大学	2002	F, S
	Shanghai Academy of Social Sciences	上海社会科学院	1998	F, S
	Shanghai Jiao Tong University	上海交通大学	1985	F, S
	Shanghai Normal University	上海師範大学	2003	F, S
	Shanghai People's Association for Friendship with Foreign Countries	上海市人民対外友好協会	1996	
	Shanghai Sanda Institute	上海杉達学院	2002	F, S
	Shanghai University	上海大学	2006	F, S
	Shanghai University of Finance and Economics	上海財経大学	2009	F, S
	Shantou University	汕頭大学	2006	F, S
	Sichuan Provincial People's Association for Friendship with Foreign Countries	四川省人民対外友好協会	1998	
	Sichuan University	四川大学	1997	F, S
	Southwest University of Political Science and Law	西南政法大学	2003	F, S
	State Administration of Foreign Experts Affairs	中華人民共和国　国家外国専家局	1996	
	Sun Yat-Sen University	中山大学	1998	F, S
	Suzhou People's Government	蘇州市人民政府	2004	
	The Office of Chinese Language Council International	国家漢語国際推広領導小組弁公室	2007	F
	Ting Hsin International Group, Tinghyi (Cayman Islands) Holding Corporation	頂新国際集団康師傅控股有限公司	2007	S
	Tongji University	同済大学	2004	F, S
	Tsinghua University	清華大学	1996	F, S
	University of Science and Technology of China	中国科学技術大学	1998	F, S
	Wuhan University	武漢大学	1998	F, S
	Xi'an Jiaotong University	西安交通大学	1997	F, S
	Zhejiang University	浙江大学	1995	F, S

資料：http://www.waseda.jp/intl-ac/assets/partnerinstitutions.pdf（2017 年 10 月 15 日閲覧）

表3 早稲田大学の海外における研究教育拠点

早稲田大学	早稲田大学バイオサイエンスシンガポール研究所	シンガポール	シンガポール
早稲田大学	早稲田大学系属早稲田渋谷シンガポール校（高等部）	シンガポール	シンガポール
早稲田大学	バンコク事務所	タイ	バンコク
早稲田大学	早稲田エデュケーション（タイランド）	タイ	バンコク
早稲田大学	タイ早稲田国際文化センター	タイ	シーラチャ
早稲田大学	ヨーロッパセンター	ドイツ	ボン
早稲田大学	パリオフィス	フランス	パリ
早稲田大学	サンフランシスコオフィス	米国	サンフランシスコ
早稲田大学	ニューヨークオフィス	米国	ニューヨーク
早稲田大学	日米研究インスティテュート	米国	ワシントンD.C.

資料：http://www.mext.go.jp/a_menu/koutou/shitu/1287263.htm（2017 年 10 月 5 日閲覧）（文部科学省による、海外における日本の大学の拠点（平成 26 年度）「大学における教育内容等の改革状況調査（平成 26 年度実績）」）

学術体系である。さまざまな要因が複雑に絡み合った地球規模の問題を解決するためには、関連する個別的かつ専門的知識を統合し、体系化するための「知識のイノベーション」が求められ、持続型社会の構築のための行動指針や規範を提案することを目的としている。筆者が客員として在籍する、東京大学国際高等研究所サスティナビリティ学連携研究機構のホームページには、以下のようなイメージ図が示されている。

　サステイナビリティは、歴史的には、1987 年に「環境と開発に関する世界委員会」（WCED = World Commission on Environment and Development）が発行した最終報告書 "Our Common Future"（『地球の未来を守るために』）の中で、記述されたのが始まりだと言われている。2015 年の国連総会において、「誰も置き去りにしない（leaving no one left behind）」を共通の理念に、すべての加盟国が 2030 年末までに取り組む環境や開発問題に関する世界の行動イシュー（持続可能な開発目標 Sustainable Development Goals: SDGs）が採択され、17 分野にわたる開発目標が示された。貧困や飢餓の撲滅・ジェンダーの平等・国家間の不平等生態系の保護・気候変動・健康福祉の確保・エネルギーの確保と共に、「質の高い教育と生涯学習の確保」が列挙されている。日中間の持続可能な学術交流を考える場合、この SDGs に盛り込まれた「質の高い教育」という理念を目指すことを達成課題としなければならない。本稿は、日中間の高等教育機関における学術交流の実態を鑑みるなかで、相互に Win-Win となるような関係性を維持するためのモデルとして、早稲田大学と中国との交流を歴史的に振り返るとともに、中国の言語文化の普及を目指した孔子学院構想や、グローバルな経済共同体構想である一帯一路政策の中で、高校教育政策は、どのように捉えられ、また日中間の大学交流は、どのように促進されるべきかを考察する。具体的には、、中国から早稲田への留学の歴史、中国における早稲田の日本語教育貢献、孔子学院や一帯一路政策に基づく中国の言語教育政策、そして早稲田のグローバルな社会貢献というテーマで考察する。

図1 サスティナビリティとイメージ

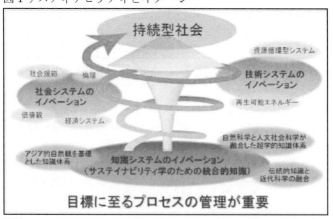

資料：http://www.ir3s.u-tokyo.ac.jp/about/sustainability-science/（2017年10月15日閲覧）

2　早稲田で学んだ中国人留学生：歴史的外観

　早稲田大学は、留学生を受け入れ始めた 19 世紀から現在まで、130 年以上にわたり、国内外の日本語教育の需要に応えてきた。この歴史については、『早稲田大学百年史』(1978) 及び『語学教育研究所三十年史』(1992) に詳しいが、清戦争に敗れ近代化を最優先課題としていた清朝政府は、国策として日本への留学が勧奨されたことに伴い、1899（明治 32）年に初めて、当時の清国人留学生を受け入れ、速成是正、師範教育を目的に設立された、清国留学生部で、日本語教育及び専門教育を行った。ただし、1905（明治38）年7月発行の『早稲田学報』120号で発表された「清国留学生部章程」によれば、当時、1年制の予科、2年制で、政法理財科・師範科・商科から成る本科、そして、1年制の研究科があったものの、日本語教育を受け入れる機関はなかった。大学史資料センターの『学科配当表』に日本語（日語）が現れるのは、大正期に入った1919（大正8）年度から4年間とされている。その後、早稲田国際学院という組織に引き継がれたが、当時の日本語教育機関の中で、最も多く、かつ多様な出身国の学生を受け入れていた。その後、1955（昭和30）年から教務部所管の補習授業として始まり、その業務は、語学教育研究所に移管され、1962年（昭和37年）に日本語教育が発足した。

　ちなみに、早稲田以外では、戦後、1946（昭和21）年に、財団法人言語文化研究所を創立した長沼直兄が、1948（昭和23）年に東京日本語学校を開校した。また、1951（昭和26）年には、国際学友会が日本語クラスを再開し、1954（昭和29）年、国費外国人留学生招致制度の発足に伴い、東京外国語大学、大阪外国語大学（現大阪大学外国語学部）に留学生別科が設置された。その後、1983（昭和58）年に発表された「21世紀への留学生政策の展開について」（留学生受入10万人計画）において、日本語教育の大きな転換期を迎え、早稲田大学は、1988（昭和63）年4月、語学教育研究所から、日本語研究教育センター（2006（平成18）年に日本語教育研究センターに名称変更）が独立した。このセンターでは、翌1989（平成1）年に、高麗大学夏季日本語講座、1995（平成7）年には短期留学推進制度による交換留学生受け入れを開始した。1997（平成9）年には、筆者も関わった早稲田－オレゴンプログラムの夏期日本語講座、2004（平成16）年には早稲田エデュケーションタイランドからの別科日本語専修課程への学生受け入れが始まった。さらに、2006（平成18）年にはETP-J（Executive Training Programme）が始まり、2007（平成19）年には頂新国際集団から別科日本語専修課程への受け入れが始まった。早稲田は、設置科目数やバリエーションの豊富さなどの「多様性」が特徴といえる。その結果、2017（平成29）年現在、早稲田大学の留学生受け入れ数は5,413名で、国内の大学ではトップシェアを占めている。また、同年度春学期の受講生の所属の内訳は、日本語センター447名に上っている。出身の地域・国別に見ると、中国が、半数以上の2,822名を占めている（表4参照）。

表4　早稲田大学全体の留学生数と中国国籍外国人学生数

2017年5月1日時点

	2006	2007	2008	2009	2010	2011	2012	2013	2014	2015	2016	2017
外国人学生総数	2,190	2,435	2,608	3,125	3,972	4,060	4,331	4,415	4,766	4,917	5,066	5,413
うち日本語教育	158	177	180	232	217	192	212	77	379	367	399	447
中国出身学生数	850	919	951	1,193	1,658	1,816	1,970	2,122	2,446	2,467	2,550	2,822
うち日本語教育	26	28	31	35	36	38	33	30	165	128	176	201

2006年度～2009年度は外国人留学生(「留学」の在留資格を保有する者)を集計

2010年度以降は外国人学生(「永住者」「特別永住者」「定住者」「日本人の配偶者等」「永住者の配偶者等」以外の在留資格を保有する者)を集計

　とりわけ特記すべきは、こうした日本語教育を、体系だった教育学として実践研究する大学院構想が始まり、2001（平成13）年大学院日本語教育研究科が開設され、その教育・研究活動が国内外の日本語教育関係者に大きな役割を果たすようになったことである。

3　大平学校（在中華人民共和国日本語研修センター）および北京日本学研究センターへの貢献

　早稲田大学で学んだ中国人留学生は、修了後帰国し知日派になり、近代国家建設に寄与した者も多い。戦前のように、中国から来日する学生だけではなく、日中の国交が回復する中で、より多くの知日派を養成する目的で、中国の改革開放路線の中で、国内での日本学や日本語学を学ぶ者も多かった。その一つが、早稲田大学が、さまざまな形で側面支援してきた、「在中華人民共和国日本語研修センター」（通称・大平学校、1980－1985年）である。大平学校は、文化大革命直後の1979年12月に大平正芳首相（当時）の訪中をきっかけとして誕生し、ODA（Official Development Assistance：政府開発支援）援助という形で、中国の大学に在籍する現職日本語教師120名に対して、都合5年間の日本語教育に関する集中研修を行う機関であった。この学校は、日中の教育文化交流に多大な影響を与えた、中国人日本語教師の養成のための教育実践であり、日中両国が意図的・計画的に他文化との相互作用・相互理解の機会を設けようとした「相互作用型」の異文化間教育モデルともいえる。

　具体的には、大平学校時代は、日中政府の信頼と協力関係に基づき、日本側に全面的に委ねた教育活動を行い、喫緊的課題であった日本語教師の質を向上させるための綿密かつ集中的な交流を継続していた。当時、早稲田の教授であった木村宗男の他、佐治圭三、玉村文郎、金田一春彦といった一流の日本側教授陣の提供や中国側による優秀な学生を選抜しながら、質を重視したコミュニティが構築された結果、改革開放政策の展開の兆しが見られると共に、日本語教師の再教育や言語教育の知識が図られ、知日派の育成や中堅日本語教師の養成に寄与した。

　大平学校の貢献により、中国の日本語教育は質量ともに大きく発展した。とりわけ、2000年代に入り、高等教育機関では、日本語、日本文学研究科の増加に伴い、日本語学科と日本語専攻の学生の増加も急増した。また、「語学の形式と技能的な訓練と比較し、一般知識の学習が疎かになっている」、「日本語学習項目の指導と比較し、日本社会や日本人に関する知識や理解の不足」、「暗誦能力と記憶能力と比べ、応用能力と独創性が不十分」であるという、中国の日本語教育が、継続的に抱える問題に対しても、IT技術の進展、インターネットの普及、衛星放送の受信などにより改善され、教育内容も多様化されていった。しかしながら、そうした改善は、同時に課題を孕んでいるという二面性も有している。例えば、学生や学科、さらには研究科の急増により、教員、教育施設、書籍などが不足し、日本語教育の水準が保証できなくなっていることや、実務志向の講義の開設傾向が強いなか、日本語の主幹講義が減らされ、日本語専攻としての基礎能力が脆弱化する傾向があった。また、卒論に関しても、学生が選ぶテーマの多様化が進み、教員の指導が追い付かない、さらには、地方の大学と大都市の大学、「大専」や新設四年制大学の学科と、長い歴史を持つ学科間で、教員のアカデミック能力の格差が顕著になっていることは、中国の国内課題というよりも、海外の日本語教育に共通する課題の一つとして注視しなければならない。

　なお、大平学校は、その後、北京日本学研究センターと名称変更し、第1次5カ年計画が、1985年から始まった。具体的には、北京外国語学院内に、日本語研修コース（定員30名）が設立され、大学院修士課程（研究生班）が北京外国語学院内に、定員30名で設立された。

　現在は、北京日本学研究センターの第8次3カ年計画が、2015年から始まり、大学院修士課程（定員35〜50名）と博士課程（定員7〜12名）が設置されており、北京大学の学内に設置された現代日本研究センターでは、大学院教育プログラムとして、博士課程（定員20名、研修期間1年）が立ち上がっている。

4　中国の言語文化普及政策：孔子学院と一帯一路戦略構想

　以上、早稲田大学が、中国人留学生を受け入れ、かつ中国国内の日本語教育の発展に寄与してきた一面を振り返ってきた。大平学校は、中国国内において、早稲田が日本語教育分野での学術貢献に寄与した一例と言える。さて、早稲田の貢献とは別に、中国政府も、自国の言語文化のグローバルな普及をめざした独自の文化政策を展開していった。一例として、中国が外国において中国語ならびに中国文化の普及を図るために設立した孔子学院による言語文化政策がある。同国の国際社会における躍進に伴い、中国政府は中国語学習の支援と中国文化の普及に取り組むため、世界各国に孔子学院の設置を進めてきた。孔子学院は、ドイツのゲーテ・インスティテュートやフランスのアリアンス・フランセーズ、スペインのセルバンティス文化センター、そしてブリティシュ・カウンシルを模して構想された。孔子学院は、中国国家対外漢語教学領導小組弁公室（国家漢弁）が海外に設立している非営利の言語文化交流団体である、国家漢弁の資料によると、2015年9月時点で、世界134カ国・地域に孔子学院495校、孔子課堂1,000校が設置されている。海外の中国語学習者は計1億人を超え、孔子学院・孔子課堂は中国の「ソフトパワー」を示す文化的ブランドとして定着しつつある。ちなみに、日本の言語文化の普及政策を管轄する独立行政法人国際交流基金による、2015年海外日本語教育機関調査（速報）によれば、海外の日本語学習者数が、ようやく400万に達しようとしている結果と比較すると、その規模の大きさが分かる。

図2　国際交流基金2015年海外日本語教育機関調査（速報）より

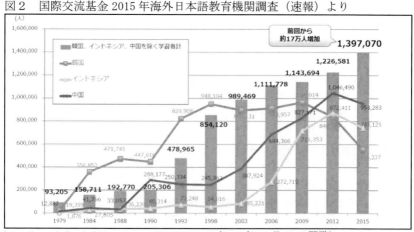

https://www.jpf.go.jp/j/about/press/2016/057.html（2017年10月15日閲覧）

こうした孔子学院の世界戦略に対しては、早稲田大学も、少なからず関わっている。2007年早稲田大学は中国国家漢語国際推広領導小組弁公室との間で「孔子学院設立に関する協定書」に調印し、北京大学と共同で運営する、早稲田大学孔子学院を設立した。その特徴として、世界初の「研究型」孔子学院として、中国を研究対象とする大学院生や若手研究者の研究活動を支援している。従来の孔子学院が語学習得と文化体験を軸にした「学習型」の事業を展開している一方で、早稲田の孔子学院は研究者育成事業、共同研究事業、研究成果出版事業を柱に、高い語学力と専門性を極め、中国と日本の橋渡しとなる人材の育成と輩出を目指している。

図3 「一帯一路」のイメージ図

『陸と海のシルクロード中国の「一帯一路」構想とは』より
https://thepage.jp/detail/20150511-00000006-wordleaf（2017年10月15日閲覧）

ところで、中国が、言語文化の普及の一環として打ち出した孔子学院とは別に、主にインフラ整備を通じて貿易や経済投資などで協力体制を構築する、対外発展戦略である経済共同体構想「一帯一路」が近年注目されている。「一帯一路」（One Belt, One Road）政策については、習近平（シーチーピン）総書記が、2013年、カザフスタンで「シルクロード経済帯」ならびに、同年10月には、インドネシアにおいて、「21世紀海上シルクロード」の建設を提唱したことに始まる。「一帯」とは、中央アジア経由で陸路欧州に至るシルクロード経済ベルトの、陸路でのシルクロード経済帯を指し、一方「一路」とは、中国沿海部と東南アジアなどとを海で結ぶ海路での21世紀型海上シルクロードを指す。「一帯一路」
上の各国の言語に精通する人材の育成は、現在の中国の外国語教育に課せられ
る最重要課題の一つである。

　「一帯一路」戦略では、（1）政策面でのコミュニケーションを図る。（2）
道路の相互通行を行う。（3）貿易の円滑化を図る。（4）通貨の流通を強化す
る。（5）国民の心を互いに通い合わせるという5つの「互連互通」（相互接続）
が提唱され、これに伴い、中国は、とくに、近隣諸国と関係する外国語教育政
策が求められるようになった。

　ここで、中国の外国語教育政策を、年代別に概観してみたい。最初の外国語
学習ブームは、1949年の建国後、重工業を中心とした国家建設に力を注いだ時
であった。この時期は、情報獲得のための外国語教育と特徴づけられるが、社
会主義建設路線の下、大量の翻訳人材、語学教員の養成が当面の急務となり、「専
門職」に従事できるような実務人材を中心とする教育が行われた。そして、1970
年代以降、科学文化や経済貿易分野にわたる世界各国との交流が一段と活発に
なりはじめ、改革開放政策の実施とともに、90年代半ばまで、運用能力重視の
外国語教育が行われることになった。この時期は、大平学校が開設され、その
後、北京日本学研究センターが設立された時期とも重なる。外国語教育は「経
済発展」に資する担い手を提供する重要な教育とみなされ、「四つの現代化」の
実現に貢献する「エリート人材」の育成が最大の課題となった。中国は、その
後、90年代から2010年代半ばにかけ、個人の資質を向上するための外国語教育
に関心が寄せられ、さらに、現在では、「人的・文化的交流」（人文交流）を狙
いとする外国語教育に移りつつある。「一帯一路」は、周辺の国々との相互接続
（connectivity）を狙いとした中国の世界戦略であるとも捉えられる。この相
互接続には、教育、文化、観光などの領域における、「ヒト」の相互接続、つま
り、民心の意思疎通でもある。「一帯一路」政策は、中国の覇権主義的な世界戦
略であり、中国語教育が、その先兵的な役割を果たしているとも捉えられるこ
ともあるが、外国語学習、中国語教育政策を活性化させ、中国自体を国際化、
グローバル化させる戦略を採る必要がある。一方で、孔子学院に対する、海外
の反発も根強い。2014年6月に、アメリカ合衆国大学教授協会は「孔子学院は
国家の手足として機能しており、「学問の自由」が無視されている」と批判し、
関係を絶つよう各大学に勧告した。このように、孔子学院は中国の言語文化に
おける国策事業であり、孔子学院を通じて共産主義に依拠した教材でプロパガ
ンダと指摘もある。

5　早稲田の国際貢献：日越大学を中心に

　早稲田は、大平学校や北京日本学研究センターへの関りの他、1990 年以降も、日本語教育の分野において、さまざまな支援や後援を行ってきたが、2010 年代半ばに入り、中国だけではなく、国際協力機構（JICA: Japan International Cooperation Agency）との共同連携の中で、アフリカや東南アジアに向けてのグローバル支援を加速化させてきた。

　まず、エジプトでは、中東・アフリカ地域の中核大学をめざし、少人数、研究重視、大学院中心、ならびに、学際的取り組みや産学連携の提供を特徴とする、日本型工学教育を導入（研究室中心、講義・演習・実験一体型教育）した、世界トップクラスの大学の設置を目指す、エジプト日本科学技術大学（E-JUST: Egypt-Japan University of Science and Technology)を、JICA を通じた日本政府の協力の下、エジプト国アレキサンドリア郊外に 2010 年 2 月に大学院のみで開講した。E-JUST は、エジプトの国立大学で、日本型科学技術教育の普及と新たな産業を生み出す高度人材育成を大学のミッションに掲げているが、2017 年9 月には工学部、ビジネス人文学部が開講された。3 学類 8 研究科の専攻を有し、そのなかで、早稲田は、コンピュータ・情報工学専攻・メカトロ・ロボティクス専攻に参画し、総括幹事大学の一つとなっている。

　さらに、東南アジアでの貢献として、2016 年 9 月に日越大学（Vietnam Japan University）が設立され、現在早稲田も、日本語教育プログラムの幹事校として、参画している。日越大学は、2013 年 、安倍晋三内閣総理大臣及びグエン・タン・ズン首相の日越首脳会談 で「構想の早期実現」につき合意され、翌年、チュオン・タン・サン国家主席 （大統領）が国賓として来日した際に締結された日越共同宣言において、両国間の協力が確認された。日越大学は、先端技術・総合科学分野および人文社会における研究成果において、新たな "Center of Excellence(最高水準の教育・研究・人材育成拠点)" として世界水準の研究大学をめざすと同時に、日系企業を含むベトナムの現地の社会的ニーズに応える実践的人材養成を重視している。ベトナム国家大学（ハノイ国家大学）[1] の 7 つ目の総合研究大学院大学として 2016 年 9 月に開設した。それに伴い、社会基盤、環境技術、ナノテクノロジー、地域研究、公共政策、企業管理の 6 領域が開設され、その後、気候変動開発、グローバルリーダーシップ、農業水産、新エネルギー、宇宙工学、分子医薬学、さらには、日本語教育分野の研究科の増設を

---

[1] ハノイ 国家大学の組織として、外国語大学、自然科学大学、人文社会科学大学、科学技術大学、経済大学、教育大学の 6 大学を有する。そのほかに、直属学部、附属研究機関・センター、図 書館等合計 43 の組織から構成されている。

視野に入れながら、博士課程、学部を順次開設し、最終的には、6,000人規模の総合大学となる予定である。このプロジェクトを遂行するに当たり、早稲田大学は、JICAより、日本側幹事大学[2]としての参加依頼を受け、とりわけ、日本語教育研究科が、重要な教育言語のひとつとなる日本語教育プログラムのカリキュラムデザインの要請を受け、筆者が、2020年までの5年間、プログラム責任者（総括）として就任した。日越大学における必修教育言語としての日本語の習得は、日系企業に就職を希望する修了生にとって重要な目標達成のひとつとして、日本語教育政策のグローバル化を実践しながら、企業のニーズに即した学生の養成とともに、最新の言語教育理論に基づいた、高等教育機関でのサスティナブルな日本語教育の実践を図ることを目指す。安倍晋三首相は2017年1月17日，日越大学」の学生と懇談した際、「日本とベトナムの懸け橋となって，両国関係の発展や世界の平和に貢献することを期待している」と激励した。続いて、天皇皇后両陛下が、2017年3月2日に、ベトナムの公式訪問の一環として文廟にて元日本留学生と懇談された際、日越大学の学生にもお言葉を掛けられた。

6 結語

　以上、これまで、早稲田大学は、戦前、戦後を通して、中国から優秀な留学生を迎え、帰国した学生が、近代国家建設に寄与してきた。1913年（大正2年）に、李大釗が入学し、李は後に中国共産党の創設メンバーの一人となった。同じく創設メンバーで、初代総書記に選出された陳独秀も、早稲田の出身であることから、明治期の早稲田留学生は革命家であり、かつ文化学術の研究者でもあった。1998年に江沢民、2008年には胡錦濤という2人の国家主席（当時）が来日し、早稲田を特別訪問して講演を行った所以であろう。こうしたことから、大平学校での日本語教育面での側面支援も納得がいく。その後、中国も孔子学院や一帯一路政策で、さまざまな言語文化戦略を打ち出してきているが、少なからず、これまで、早稲田が果たしてきた文化戦略が影響していると思われる。

　2017年10月18日より、中国共産党第十九次全国代表大会が北京で開催されたが、共産党の全国代表大会では、一帯一路の戦略政策が、より鮮明に打ち出された。こうした戦略の中で、日本語教育を含む外国語研究政策を、どのように発展させるべきかを具体化していくことになろうかと思われるが、早稲田も、いかに役割参加すべきかを提案できるようなグローバル政策観を準備しておく

---

[2] 幹事校は、早稲田大学の他、東京大学、大阪大学、筑波大学、横浜国立大学、立命館大学を加えた6大学、他に協力校として京都大学なども参加。

べきである。それが、中国との学術交流で実績を上げてきた早稲田の、持続可能なグローバル貢献につながると考えられる。

参考文献

喬穎・宮崎里司（2017）「中国の外国語教育政策の動向——一帯一路建設を中心に—」、（編著者）『日本が示すことばの政策：サスティナブルな移民社会・言語教育をめざして』明石書店　151－163頁

国際交流基金（2016）2015年海外日本語教育機関調査（速報）
https://www.jpf.go.jp/j/about/press/2016/057.html（2017年10月15日閲覧）

国際連合"Our Common Future"（われら共有の未来）
https://www.env.go.jp/council/21kankyo-k/y210-02/ref_04.pdf#search=%27%E2%80%9COur+Common+Future%E2%80%9D%27（2017年10月10日閲覧）

関志雄「動き出した一帯一路構想－中国版マーシャル・プランの実現に向けて」
http://www.rieti.go.jp/users/china-tr/jp/150408world.html　（2017年10月20日閲覧）

東京大学　「IR3Sとは」
http://www.ir3s.u-tokyo.ac.jp/about/sustainability-science/（2017年10月15日閲覧）

文部科学省「海外の大学との大学間交流協定、海外における拠点に関する調査結果」
http://www.mext.go.jp/a_menu/koutou/shitu/1287263.htm（2017年10月15日閲覧）

吉岡英幸（1994）「早稲田大学清国留学生部－そのカリキュラムと日本語教師－」『講座日本語教育』、第29分冊、早稲田大学日本語研究教育センター、83-104頁

吉岡英幸（1998）「早稲田国際学院の日本語教育」『早稲田大学日本語研究教育センター紀要』第11号 早稲田大学日本語研究教育センター　205-223頁

吉岡英幸（2000）（共編著）『日本語教育史論考』凡人社

吉岡英幸（2016）「早稲田大学における日本語教育史」、『早稲田日本語教育学』、1－20頁 早稲田大学日本語教育研究科

李向陽（2015）『一帯一路：定位、内涵及び関係処理の優先順位』中国社会科学文献出版社

早稲田大学（1905）『早稲田学報』120号

早稲田大学（1978）『早稲田大学百年史』
https://www.waseda.jp/culture/archives/holdings/database/100yrs/（2017年10月15日閲覧）

早稲田大学語学教育研究所（1992）『語学教育研究所三十年史』

早稲田大学協定校一覧
http://www.waseda.jp/intl-ac/assets/partnerinstitutions.pdf（2017年10月15日閲覧）

日本对近代中国美学学术的影响路径

——以王国维美学思想的形成为例

Influence routes of Japan to Chinese modern aesthetics:
Take Wang Guowei 's aesthetic thought as an example

高　上（黄淮学院 文化传媒学院）

【摘要】中国现代美学学术的发生具有时间上的后发性、资源上的外源性和形态上的杂糅性等特征。作为中国现代美学学术的开创者之一，王国维的美学思想可以见出鲜明的日本因素，是日本对近代中国美学学术发生影响的典型。日本因素对王国维美学思想的影响路径，主要包括自主性的学术探索，直接性的师友交游和间接性的学术著译。通过上述路径，王国维吸收了西方和日本的美学思想资源，形成了开阔的学术视野，对中国美学学术的现代化做出了重大贡献。

【关键词】王国维；　日本；　美学学术；　现代性；　影响路径

【Abstract】The occurrence of Chinese modern aesthetics had three characteristics : The lateness on time, exogenous on its resources and mixture of the form. As one of the pioneers of Chinese modern aesthetics, Wang Guowei 's aesthetic thought has some distinctive Japan factors, so it's a typical example of the influences of Japan to modern Chinese aesthetics. There were three main routes for Japan factors to make influences: The autonomy exploration, contact with the teachers and friends, academic writings and translations. Throw these routes, Wang Guowei Absorbed the aesthetic resources form the West and Japan, formed an opened academic vision, made a significant contribution to the modernization of Chinese aesthetics.

【Keywords】Wang Guowei;　Japan;　Aesthetic;　modernity;　Influences routes

　　在二十一世纪的今天，我们回望中国美学现代化的百年历史，犹然会为那风云激荡的历史现场所震撼，依然会被那坎坷波折的心路历程所打动——我们向来崇敬的前贤先哲所开辟的中国美学现代化的思想进路，并不是玄想于安闲的书桌前，而是开始于中西文明激烈撞击、古老的中华民族遭遇前所未有的深重危机的艰难时刻——近代中国美学学术的形成，有着深刻的时代根源。杨春时先生指出："鸦片战争以来，西学东渐，中西文化开始了冲突、交流；与此同时，西方文学理论也开始传入，并与中国传统文学理论相遭遇。在这场初次遭遇中，中国的一些理论家有意识地进行了中西文论的对话，试图达到汇通中西、创造中国近代文学理论的目的。这是中国近代史上第一次、也是唯一的一次对话（如果不包括改革开放以来的第二次对话)。"[1]如果我们对这一对话历程加以观照，就会发现，近代中国美学学术的发生和发展，绝不仅仅是老大中国与西方世界的双方照面，在这一历史的进程中，与我们一海相望的邻国、同样作为东方国家的日本，在多重路径上对近代中国美学学术发生着深刻的影响。而王国维先生作为中国近代美学学术的开山者之一，他的美学思想的形成，正是我们研讨、总结这种日本影响的绝好个案。

一 中国近代美学学术生成的思想史背景

我们知道，中国近代美学学术的初创期是 19 世纪末到 20 世纪初。在这一时期，中西文明激烈碰撞，中华传统文明遭遇重大危机。在西方现代文明的强烈冲击下，清朝政府在政治、军事、经济上全面溃败，老大的东方帝国不仅不复有昔日天朝的荣光，甚至连民族、国家的生存都成了迫在眉睫的严酷问题，王国维面对鸦片战争后丧权辱国的时局，曾做出两个生动而又惨痛的比喻："如圈牢羊豕，任其随时宰割而已"[2]；"瓜分之局已见榜样，如何如何"[3]……内外交困的严峻局面使统治集团、思想界不得不展开反思，从各自的现实利益和政治立场出发，他们先后形成了对既有秩序态度不同的思想倾向。陈望衡先生指出，"近代中国对西方文化的引入，经历了'夷务'——'洋务'——'西学'——'新学'几种称呼不同的阶段。从贬义性的'夷'到尊重性的'新'，三字之易，反映着深刻的思想变革过程"[4]。诚如陈望衡先生所论，以传统学术为正宗的中国学人，在选择如何对外来的现代学术时，经历了相当复杂的心态转变过程。

作为晚清学术界的重要一员，王国维对清代学术的性质有着独特、细致且系统的自觉，他认为，清朝三百年间，"学术三变：国初一变也，乾嘉一变也，道咸以降一变也。顺康之世，天造草昧，学者多胜国遗老，离丧乱之后，志在经世，故多为致用之学，求之经史，得其本原，一扫明代苟且破碎之习，而实学以兴。雍乾以后，纪纲既张，天下大定，士大夫得肆意稽古，不复视为经世之具，而经、史、小学专门之业兴焉。道咸以降，涂辙稍变，言经者及今文，考史者兼辽、金、元，治地理者逮四裔，务为前人所不为。虽承乾嘉专门之学，然亦逆睹世变，有

---

[1] 杨春时. 百年文心——20 世纪中国文学思想史[M]. 哈尔滨：黑龙江教育出版社，2000：1.
[2] 王国维. 致许家惺（1989 年 2 月 17 日），王国维全集（第 15 卷）[M]. 杭州：浙江教育出版社，2009：2.
[3] 王国维. 致许家惺（1989 年 5 月上旬），王国维全集（第 15 卷）[M]. 杭州：浙江教育出版社，2009：9.
[4] 陈望衡，周茂凤. "美学"：从西方经日本到中国[J]. 艺术百家，2009（5）.

123

国初诸老经世之志。故国初之学大，乾嘉之学精，道咸以降之学新。"[5]在系统缕叙清代学术思想的同时，王国维还借对沈曾植的高度评价表明了他在学术立场方面的价值取向：所谓"其忧世之深，有过于龚、魏，而择术之慎，不后于戴、钱"[6]，非常鲜明地体现了王国维对"经世"和"忧世"的肯定。陈平原先生认为，"王国维并不认同龚自珍、魏源为代表的'道咸以降之学'，因'其所陈夫古者不必尽如古人之真，而其所以切者者，亦未必适中当世之弊，其言可以情感，而不能尽以理究'。就像他极为推许的沈曾植一样，王国维也是'其忧世之深，有过于龚、魏；而择术之慎，不后于戴、钱'。承继清学而又不为清学所囿，乃章、梁、沈、王等晚清学人的自我期待。"[7]同时，我们看到，王国维对精于考据而远离社会现实的的乾嘉之学也并无偏见，毕竟，考据之学在乾嘉时代的风靡确实给人以深刻的印象——"乾嘉间之考证学，几乎独占学界势力，虽以素崇宋学之清室帝王，尚且从风而靡，其他更不必说了。……总而言之，乾嘉间考证学，可以说是清代三百年文化的结晶体。"[8]王国维虽对龚自珍与魏源等道咸以来学人的思想保有自己的看法，却对他们的"经世"和"忧世"的学术立场进行了肯定，其原因不仅在于学术规律本身，而在于社会环境的深刻变革——传统学术在龚自珍和魏源那里，就已经遭遇了来自社会现实的挑战，面对着空前的危机。

虽然道咸以降的清代学术已经将目光转向了社会现实，也在努力尝试以传统思想资源来解释现实问题，但是，从学术范式的维度来看，"时势"的剧变远远超出了中国古典学术话语的理论疆域——19世纪末到20世纪初，正是人类历史上第二次工业革命创造奇迹的时代，火车、轮船和新型工厂的出现，从城市到田园再到海洋，全面地打破了古典时代的宁静牧歌。全世界各个主要国家都在资本主义制度的主导下建立了牢不可破的新联系，一个全新的一体化的现代世界正在飞速形成。在晚清僵化的教育和文化体制下，中国的传统学术，从"礼义廉耻"的古典道德到"堪舆术数"的古老学问，都在新兴的价值理性和工具理性面前丧失了解释效力。王国维对中国美学现代化的思考，也是在中西美学的初次对话这一历史情境中展开的，所谓"由其世以知其人，由其人以逆其志"，我们探寻王国维美学思想的形成，必须对王国维所在的社会历史环境和思想文化语境进行考察。杨

---

[5] 王国维. 沈乙庵先生七十寿序，王国维全集（第8卷）[M]. 杭州：浙江教育出版社，2009：618.

[6] 王国维. 沈乙庵先生七十寿序，王国维全集（第8卷）[M]. 杭州：浙江教育出版社，2009：620.

[7] 陈平原. 西潮东渐与旧学新知——中国现代学术之建立[J]. 北京大学学报（哲学社会科学版），1998（1）：39-50.

[8] 梁启超. 中国近三百年学术史，饮冰室全集·专集（第17册）[M]. 上海：中华书局，1936：24.

春时先生认为，中西方美学思想的初次对话开展于特殊的历史情境，在其宏观方面，便是"鸦片战争以来中国对西方列强的抵抗，不断以失败告终，国门大开，西方物质文明、精神文明传人，中国人眼界打开，中华文明为唯一文明的天朝大国心态扫地以尽，中国先进知识分子意识到学习西方文明的必要性。"[9]这一思想史背景，是我们研究中国近代美学学术生成历史的重要语境。

二 中国近代美学学术的时代特征

我们检讨中国近代美学学术的生成，可以见出其时间上的后发性、资源上的外源性和形态上的杂糅性等特征。这些特征也正是由 19 世纪末到 20 世纪初新旧冲撞的大时代所赋予。我们知道，在中西文明冲突、交汇的历史语境中，西学是一个相对于"国学"而言的概念，在中西二学互相参证的语境中，西学几乎指代了一切源自西方而又为中国古典学术所无的学科。作为洋务派代表人物的张之洞曾总揽冯桂芬、王韬、薛福成、郑观应等人的论述，对西学概念进行概括："西政、西艺、西史为新学。……学校、地理、度支、赋税、武备、律例、劝工、通商、西政也。算、绘、矿、医、声、光、化、电，西艺也。"[10]所谓西学，实在包罗万象又影响深远，"从坚船利炮、声光电化，到物竞天择、自由民主，一波未平，一波又起，其势如江涛翻卷，滚滚而来，影响如水银泻地，无处不在，传播过程波谲云诡，社会反应百态千姿。"[11]在我们看来，西学的形态纷繁多样，但其精神实质则是理性精神。杨春时先生认为，"理性包括科学精神（工具理性）和人文精神（价值理性），科学精神促进了生产力的发展，也破除了神学迷信；人文精神（以个体价值为核心）促进了民主制度的建立，也以人的价值否定了神的价值，理性精神推动着西方走向现代社会。"[12]从思想实质上讲，西学在中国的引入和传播，即是理性精神在中国的引入和传播，其过程也即中国社会从古典走向现代的历史。美学作为人文精神的专门研究部门，其在中国的发生、发展，亦不能自外于这一时代语境，同样具有一致的时代特征。

首先是中国近代美学学术的后发性。作为人类面向世界与内心的重要精神领域，美学思想在东、西方的历史中都开始极早。从毕达哥拉斯开始，我们已经见到了古希腊时代对美学问题的丰富讨论。而古代中国的先秦时代，各个流派的思想家也提出了自己的美学观点。但是，美学作为一个专门的现代学科，其在西方

---

[9] 杨春时. 中西文论初次对话失败的历史经验[J]. 海南师院学报，1996（4）.

[10] [清]张之洞. 劝学篇·劝学篇书后[M]. 武汉：湖北人民出版社，2002：144-145.

[11] 熊月之. 晚清西学东渐史概论[J]. 上海社会科学院学术季刊，1995，（1）：154-163.

[12] 杨春时. 现代性与中国文学思潮[M]. 北京：生活·读书·新知三联书店，2009：3.

125

的真正建立则要推迟到十八世纪中叶的德国哲学家鲍姆加通那里。在古老的东方中国，在漫长的历史时期内，美学都处于一种思想丰富但自觉全无的状态。传统学术"经史子集"的分科方法和"经世致用"的价值面向，很难产生现代意义的美学学科自觉。在这样的历史背景下，王国维对近代美学学术的探索就愈发显得弥足珍贵。

资源上的外源性，是中国近代美学学术的另一个特点。既然中国美学在近代学术发生之前尚未建立自觉，那么，在东西方思想文化交流碰撞的历程中，西方既有的学术思想自然会对中国发生影响。较早地感受到这一影响的，正是王国维。1898 年初春，科场失败的王国维离开故乡海宁，来到了"十里夷场"的上海。上海是中国开埠较早的重要城市，她居于长江出海口，不仅通联广大的中国腹地，更能栉欧风而沐美雨，集聚了一批重要的具有新思想的知识分子和社会活动家，他们兴学校、开报社，在学术思想方面往往居于潮头，能够开辟风气之先。王国维在上海，接触到了自日本传来的西方美学思想，这才开辟中国近代美学学术的历史。而其具体创建中国近代美学学术的思想理路，从其思想的现代性而言，其思想资源完全是西方的。

形态上的杂糅性亦是中国近代美学学术的突出特点。我们知道，学科自觉的建立，是现代学术区别于古代学术的重要特征。叶嘉莹先生曾经指出，"中国的文学批评缺点原在缺乏推理之思辨故不易建立严密之体系，而外来之富于推理的思辨方式，当然便是促成这种体系之建立的一大助力"[13]——在我们看来，王国维对中国近代美学学术的重要贡献，也在于突破传统美学思想的混沌性，促成现代美学学科的建立。在王国维美学思想形成之前，中国美学思想并没有严整、系统的学术规范，更没有专门、独立的美学学科，甚至连"美学"这个词汇都不曾出现过。但是，这并不意味着从王国维起，中国近代美学学术就走上了完全现代化的林荫大道。形态上的新旧杂糅是王国维美学思想为代表的近代美学学术的重要时代特征，其具体表现在学术方法和学术形态两个方面。这种杂糅性首先体现在学术方法的"以西格中"。杨春时先生即认为，我们对王国维中西文论对话的成果"不应估计过高"，因为王国维几乎全盘接受了康德、叔本华等西方美学家的理论，基本上是以西方理论研究中国文学现象和解释中国传统文学概念，或者是根据中国文艺实践建立新范畴来补充西方美学理论，这些成绩基本上没有超出"以西格中"或"以外化内"的格局。而且，王国维中西对话的努力限于个别概念而非理论体系的重建，未能达成汇通中西以建立中国现代文论的目标[14]。代迅先生认为，"《《红

---

[13] 叶嘉莹. 王国维及其文学批评[M]. 广东人民出版社，1982.09：174.-
[14] 杨春时. 中西文论初次对话失败的历史经验[J]. 海南师院学报，1996（04）.

楼梦〉评论》实质是把《红楼梦》作为论证西方文论有效性的理论注脚",这种文论思维模式对中国现代文论与批评产生了极为广泛的影响,甚至可以说是提供了一种学术范式,在中国现代文艺思想史上长盛不衰","这种强烈的以西格中色彩,显示了他进行中西文论会通尝试中的一种初期稚拙状态"[15]。"以西格中"这种偏颇的定位固然不是成熟的现代学术的姿态,但在王国维所处的历史语境中,能够以开放、长远的学术襟怀接纳西学,已然难能可贵,我们不当对历史中的前贤做脱离语境的苛责。另外,在学术著作的形态方面,王国维也出现了一种令人望之费解的反复,呈现出思想先进、形态古典的杂糅状态。尽管王国维在早期完成了相当典范的现代美学学术的译介和撰述,王国维美学思想却要在一部非常传统、古典,或者说前现代的著作那里成熟和完成——《人间词话》。尽管《人间词话》的现代意义已被学界所公认,但其古典的、含混的传统词话的形态,却充分地体现了中国近代美学学术在形态上的杂糅性。

三 日本因素对王国维的影响路径

我们观照中国近代美学学术发生、发展的历程,不难发现,东方邻国日本对中国近代美学学术的诞生和发展起到了相当重要的积极作用。作为相对较早开始近代化的东亚国家,日本一方面也有相当漫长的美学思想历史,具备独特的古典美学思想,同时,日本在美学学术的近代化方面也开始较早。一般认为,明治 6 年也即 1873 年,哲学家西周(1829-1897)发表的《美妙学说》是东亚国家最早的一篇美学学术文献。稍后,中江兆民(1847~1901)又在翻译《维氏美学》时,将之前的"佳趣论"正式定名为"美学"。日本学术界在现代美学领域的探索及成果,是中国近代学术界向日本学术学习的基础。我们以王国维美学思想的形成为个案,探索日本对中国近代美学学术发生影响的路径。我们认为,日本因素对王国维美学思想的影响路径,主要包括自主性的学术探索,直接性的师友交游和间接性的文献著译。

王国维接受日本美学学术的现代因素,首先是通过自主性的学术探索。1898年初春,王国维离开故乡海宁,去上海谋生。他一方面告别的是即将走向末日的科场取士制度,另一方面则面向着全新的现代知识分子的生活轨迹——这既是王国维对传统士人生存方式的告别,也意味着王国维在学术思想和生存方式等多个方面走向现代。早在家乡读书应试时,王国维就已怀抱着对新学术的向往,他曾在其学术自传《自序》中写道:"……有甲午之役,始知世尚有所谓新学者。家贫

---

[15] 代迅. 成功与失误——王国维融汇中西文论的最初尝试[J]. 文艺理论研究,1999(03).

不能以资供游学，居恒怏怏，亦不能专力于是（指科举事业，引者注）矣。"[16]甲午战争的失败，深刻地刺激了中国思想界，王国维也因之了解到了新学术的存在，并动摇了对旧的生活道路的认识。我们摘录王国维的《自序》如下："二十二岁正月，始至上海，主《时务报》馆任书记校雠之役。二月而上虞罗君振玉等私立之东文学社成，请于馆主汪君康年，日以午后三小时往学焉。汪君许之，然馆事颇剧，无自习之暇，故半年中之进步，不如同学诸子远甚。夏六月，又以病足归里，数月而愈。愈而复至沪，则《时务报》馆已闭，罗君乃使治社之庶务，而免其学资。"[17]在王国维本人以及我们今天看来，在《时务报》馆的文书记等勤杂工作，对王国维的学术进步并无甚大帮助，但却从侧面反映了王国维热心维新思想的倾向，直接体现了王国维接受日本影响的重要路径——自主性的学术探索。

紧接着，王国维就开始了直接性的师友交游，这是王国维接触新学，建立近代美学的全新契机。王国维在《自序》中记叙了他进入东文学社和之后的主要活动："是时，社中教师为日本文学士藤田丰八、田冈佐代治二君。二君治哲学，余一日见田冈君之文集中，有引汗德、叔本华之哲学者，心甚喜之。顾文字暌隔，自以为终身无读二氏之书之日矣。次年，社中兼授数学、物理、化学、英文等，其时担任数学者，即藤田君。君以文学者而授数学，亦未尝不自笑也。顾君勤于教授，其时所用藤泽博士之算术、代数两教科书，问题殆以万计，同学三四人者，无一问题不解，君亦无一不校阅也。又一年而值庚子之变，学社解散。盖余之学于东文学社也，二年有半，而其学英文亦一年有半。时方毕第三读本，乃购第四第五读本，归里自之。日尽一二课，必以能解为度，不解者且置。而北乱稍定，罗君乃助以资，使游学于日本。亦从藤田君之劝，拟专修理学。故抵日本后，昼习英文，夜至物理学校习数学。留东京四五月而病作，遂以是夏归国。自是以后，遂为独学之时代矣。"[18]在东文学社，王国维半工半读，广泛且较为深入地接触了西学的各个学科门类，系统地学习了英文，还惊艳地初逢康德和叔本华的哲学著述，可谓收获甚丰。在这一阶段，王国维初步了解了来自西方的新学术，基本掌握了日语、英语等进一步学习新学术的语言工具，结识了对他提携、助益甚多的师友，走上了开辟中国近代美学学术的道路。更进一步地，王国维还东渡日本，试图直接在日本进行现代学术的学习，惜乎身体羸弱，陈疾复发，不得不归国养病。

间接性的文献著译则是王国维建设中国近代美学学术更具体的路径。王国维

---

[16] 王国维. 自序，王国维全集（第 14 卷）[M]. 杭州：浙江教育出版社，2009：119.
[17] 王国维. 自序，王国维全集（第 14 卷）[M]. 杭州：浙江教育出版社，2009：119.
[18] 王国维. 自序，王国维全集（第 14 卷）[M]. 杭州：浙江教育出版社，2009：119.

《自序》中所述的"独学之时代"，是指他在东文学社结业、东渡日本却因病归国后独立进行研究和著述的时期，这一时期自1901年（清光绪二十七年）从日本归国始，至1907年作《自序》两篇，告别哲学研究为止。台湾学者李明辉认为，在吸收康德哲学的过程中，中国现代学术界表现出三个阶段："在第一阶段，其传入主要凭借日文书刊之转介，以康有为（1858-1927）、梁启超（1873-1929）、章太炎（1869-1936）等人为代表；在第二阶段，中国知识界不再以日文书刊为媒介，而是开始直接阅读德文原典，甚至有人亲赴德国学习康德哲学，其代表有蔡元培（1868-1940，）、张君劢（1887-1968），郑昕（1905-1974）等人。到了第三阶段，现代中国最具影响力的三大思潮——马克思主义、自由主义与新儒学——鼎立之势已成，它们对康德哲学各持不同的立场"[19]。依照这三期的区分，李明辉认为，"王国维对康德哲学的吸纳介乎第一阶段与第二阶段之间。因为一方面，他像康有为、梁启超、章太炎等人一样，藉由日本学者的著作来了解康德哲学。但另一方面，他与康、梁、章不同的是，他可以阅读康德著作的英、日文译本"[20]。也正因为王国维掌握了语言工具的便捷条件，他一边翻译、一边著述，殷勤用功，开辟了中国近代美学学术的全新路径。在这一阶段，王国维通过间接性的文献著译，一边翻译引介，一边独立著述，为中国近代学术展开了全新的篇章，我们这里仅对美学、哲学相关著译稍作列举：1902年，译《心理学》、《伦理学》和《哲学概论》；1903年，作《哲学辨惑》、《论教育之宗旨》、《汗德像赞》、《叔本华像赞》，译《西洋伦理学史要》、《势力不灭论》；1904年，作《孔子之美育主义》、《论性》、《叔本华之哲学及其教育学说》、《＜红楼梦＞评论》、《国朝汉学派戴阮二家之哲学说》、《书叔本华遗传说后》、《释理》、《叔本华与尼采》；1905年，作《论近年之学术界》、《论新学语之输入》、《周秦诸子之名学》、《论哲学家与美术家之天职》、《＜词辨》、＜介存斋论词杂著＞跋》，编定《静安文集》；1906年，作《墨子之学说》、《＜人间词甲稿＞序》、《原命》、《去毒篇——雅片研之根本治疗法及将来教育上之注意》、《文学小言》、《书辜氏汤生英译＜中庸＞后》；1907年，作《屈子文学之精神》、《古雅之在美学上之位置》、《人间嗜好之研究》、《论小学校唱歌科之教材》、《自序》、《自序二》、《＜人间词乙稿＞序》，译《欧洲大学小史》、《心理学概论》；……在这些著译中，王国维不仅介绍经由日本路径而来的新学术进入中国，更展开中西美学的对话，将西方的观点、方法与中国传统的思想资源、学术领域及研究对象结合起来，力图融会贯通。

---

[19] 李明辉. 王国维与康德哲学[A]. 西学东渐研究（第四辑）[C]. 北京：商务印书馆，2013.39-64.

[20] 李明辉. 王国维与康德哲学[A]. 西学东渐研究（第四辑）[C]. 北京：商务印书馆，2013.39-64.

四 对王国维美学思想日本因素的评价

王国维面对先进学术思想，积极引进、吸收，并试图融会贯通，其学术胸襟与勇气至今令我们感佩不已。我们研讨王国维美学思想形成过程中的日本因素，可以发现，日本因素对王国维的影响既积极又深刻，在学术资源和学术视野等多个方面，对王国维建设中国近代美学学术发挥了作用。

在学术资源方面，日本因素不仅在于为王国维提供了来自西方的现代美学、哲学思想，更提供了西方学术与东方语境相交流的范本。如上文所述，间接性的文献著译是王国维建设中国近代美学学术的具体路径。一方面，王国维对经由日本路径而来的先进哲学、美学著述进行译介，这些成果直接地成为汉语学界的思想资源。另一方面，王国维主动展开思索，积极地尝试中西对话，探索中国美学的近代化道路。在这一过程中，日本对西方美学思想学习、引入的范本，给了王国维以相当的启发。例如，术语的提出和厘定是现代学术建立的重要指征，在此方面，王国维既在日本的启发下，为中国美学学术的现代化做出了标志性的开辟。早在明治时代，日本学者就已经在译介西方著述时尝试使用"艺术"和"美术"等词汇，其后，在学习西方美学思想的过程中，日本先后形成了了"美学"、"美感"、"审美"、"优美"、"壮美"和"美育"等等术语。王国维积极吸纳日本学术的成果，不仅引进了这些词汇，还界定了这些词汇具有现代意味的内涵，堪称开辟之功。我们评价王国维的功绩，日本美学学术吸纳西方思想资源的范本意义显然不容忽略。

在学术视野的开拓方面，日本因素也对王国维产生了积极的影响。在对中日学术关系的理解方面，本居宣长（1730-1801）较早地显出了理性和开阔的学术视野，他说："汉籍亦应参读之，观汉籍，为学问也多益。更坚固大和魂，既至不可移，则虽使昼夜观汉籍，亦无致惑之忧也"[21]。至于近代的王国维，日本因素直接地开阔了他的学术眼光，使王国维真正地接触到了新学术。清政府在中日甲午战争中惨败的事实，鲜血淋漓地刺激了中国思想界。如果说在中、西文明的冲突中，晚清思想界尚处于震惊状态，那么，与一个素来落后的东方邻国的交手，更能使思想界明确地认识到外部世界的急速变化。也正是在此背景之下，王国维自述道，中日甲午之战是其对新学的启蒙："……有甲午之役，始知世尚有所谓新学者。"[22]在这个角度看，现实的强烈刺激也是中国思想界反思旧学的契机。至于王国维在真正通过日本路径，接触到新学术后，他的学术视野就真正地开阔和宏大起来。

---

[21] [日]今道友信. 东方的美学[M]. 蒋寅等译，北京：生活•读书•新知三联书店，1991：81.
[22] 王国维. 自序，王国维全集（第14卷）[M]. 杭州：浙江教育出版社，2009：119.

他在《国学丛刊序》中庄严地做出了一系列论断："今之言学者，有新旧之争，有中西之争，有有用之学与无用之学之争。余正告天下曰：学无新旧也，无中西也，无有用无用也。凡立此名者，均不学之徒，即学焉而未尝知学者也"；"……中、西二学，盛则俱盛，衰则俱衰。风气既开，互相推助。且居今日之世，讲今日之学，未有西学不兴而中学能兴者；亦未有中学不兴而西学能兴者"；"中国今日，实无学之患，而非中学西学偏重之患"；"学问之事，本无中西"²³。更具有超前意义的是，王国维还指出，学术思想是全人类共同的精神财富，提出了"世界学术"²⁴的远大理想。他激越的情感洋溢于字里行间，我们今天读来，犹然能够感到王国维先生屹立于中西思想交汇激荡之潮头的豪迈。须知，王国维的这一断言是发出在中国社会内忧外患、处在亡国灭种的危机时刻，他的自信和远略即使在今天看来，也犹然有着令人动容的魄力。

总之，通过多重路径，王国维接受了日本因素的影响，对中国美学现代化建设做出了积极贡献。他在这一过程中形成的学术思想值得我们继续研讨，他开辟的中国美学学术在对话中走向现代的道路，亦是我们必须继续前进的方向。

参考文献：

[1]李泽厚. 梁启超王国维简论[M]. 北京：人民出版社，1979.

[2]赵庆麟. 融通中西哲学的王国维[M]. 上海：上海社会科学院出版社，1992.

[3]钱竞. 王国维美学思想与晚清文学变革[J]. 文学评论. 1997，（6）.

[4]王攸欣. 王国维朱光潜接受西方美学方式比较研究[J]. 中国文学研究. 1999，（2）.

[5]杨春时. 百年文心—20世纪中国文学思想史[M]. 哈尔滨：黑龙江教育出版社，2000.

[6]罗钢. 当"讽喻"遭遇"比兴"——一个西方诗学观念的中国之旅[J]. 北京师范大学学报(社会科学版). 2013，（5）.

---

²³ 王国维. 国学丛刊序，王国维全集（第14卷）[M]. 杭州：浙江教育出版社，2009：131.
²⁴ 王国维. 奏定经学科大学文学科大学章程书后，王国维文集[M]. 北京：中国文史出版社，1997：71.

中日广告教育比较研究

A comparative study of advertising education in China and Japan

苏文（厦门大学新闻传播学院）

Su Wen（Xiamen University）

【摘要】本研究分析了中日两国广告教育的模式与现状，结果发现制约我国广告教育的问题与可借鉴日本的做法在于（1）由于学科设置与课程设计的限制，"宽口径，厚基础"的教学理念只流于形式。应借鉴日本学科设置与课程设计加入经营学、社会学、艺术学、文学等课程，真正培养高综合素质的人才；（2）远离一线的高等院校独自承担了理论和实践两方面的教学任务，有实践经验的实务专家难以引进，高校广告教育存在教学与实践严重脱节的情况。应借鉴日本高校聘用业界专家教授实务课程的做法，提高理论与实践教育的平衡；（3）由于人事体制上的僵化、科研上的考核，国内高校教师难以提升自身的业务水平，知识体系滞后于业界。应借鉴日本教师研修制与终身培训的做法，鼓励教师前往知名高校访学和前往业界培训。同时本文也指出日本广告教育模式的局限性与可能存在的问题。

【关键字】广告教育 教育模式 中日

【Abstract】This study analyzed the mode and present situation of advertising education in China and Japan, found that the problems which restrict China's advertising education and what can learn from Japan's practice are (1) about the subject setting and curriculum design, China should learn from Japan, joining the courses about sociology, art, literature and so on, training talents with high comprehensive quality; (2) The colleges of China took the teaching task both theory and practice, but it is hard to introduce the experts who have practical experience, which makes theory divorce from practice. The colleges of China should employ experts to become the professor of practice course, improve the balance of theory and practice; (3) Due to the inflexible system and scientific research assessment, the college teachers in China have few chances to increase experience and master the knowledge about industry. China should learn from the lifelong training system in Japan, encourage teachers to go to the industry for training. Also, this paper points out the limitations and possible problems of Japanese advertising education mode.

【Keywords】Advertising education　education mode　China and Japan

一、研究背景

至 2013 年 4 月，中国已经成为世界第二大广告市场[1]。然而与广告业发达国家相比，中国广告业仍存在高水平人才匮乏、创新能力不强、专业化程度不高、综合竞争力较弱的问题。2014 年，我国广告经营额占 GDP 比重为 0.88%，明显低于世界主要广告市场平均水平。美国市场广告占 GDP 的比重一直是 2% 左右，日本市场一直是 1% 左右[2]。在我国广告经营额的内部构成上，以 2013 年为例，设计费用占比 13.9%，制作费用占比 12.3%，代理费用占比 31.1%，发布费用占比 42.7%[3]。显而易见，广告经营额主要依靠发布费支撑，广告产业链中最需要创新能力的设计、制作环节，是其弱项所在，不利于行业水平的提高。

我国广告业缺乏颇具国际竞争实力的大型广告企业，例如日本的电通、博报堂。电通公司是日本最大的广告公司，也是全球规模最大的广告公司，据 2015 年的财报，电通是亚洲仅有的广告传播集团，位居全球第五，仅次于来自欧美的 WPP、宏盟、阳狮和 IPG[4]。我国缺少像电通这样的本土广告传播集团，目前国内的主要广告代理企业主要是外资企业。此外，我国缺乏具有国际运作经验的广告高端人才。2004 年中国广告协会对北京、上海、广州三个城市不同类型广告公司的调查结果显示，我国广告从业人员达 91.38 万人，但其中受过正规专业教育的不足 2%，且有 77.9% 公司表示缺乏优秀的广告人才[5]。然而时至今日，当业界在分析广告公司承负的几大困局中最重要的仍在于专业人才短缺和流失[6]。由此可见，人才问题已经成为制约中国广告业发展的"瓶颈"。

二、问题意识

虽然中国的广告业刚刚完成规模上的赶超，但与美国、日本或其他广告较为发达的国家相比，它仍很不成熟。国家工商总局副局长甘霖在第 43 届世界广告大

---

[1] 中国广告协会：中国已成为世界第二大广告市场. [EB/OL]. http://www.chinanews. com/cj/2013/04-15/4732350.shtml.2013-04-15(2017-03-14).

[2] 易观张鹰：中国广告营收额占 GDP 比重不到 1%. [EB/OL]. http://www.bnet.com.cn/ 2009/1109/1511448.shtml.2009-11-09(2017-03-14).

[3] 曲荣璘. 当前中国广告业困境及解决思路[J]. 视听,2015,11:70-71.

[4] 全球六大广告传媒集团半年度财报洞察. [EB/OL]. http://www.cnad.com/html/ Article/2016/0831/20160831143525784954 6.shtml.2016-08-31(2017-03-14).

[5] 广告业发展遭遇人才"瓶颈". [EB/OL]. http://edu.163.com/05/1018/11/20BFPFU 500290028.html.2005-10-18(2017-03-14).

[6] 2016 年广告公司继续承负的 11 大困局. [EB/OL]. http://mt.sohu.com/20160305/ n439454448.shtml.2016-03-05(2017-03-14).

会的新闻发布会上指出，与发达国家相比，中国广告业存在专业化和组织化程度不高、创新能力不强、高端专业技术人才匮乏、综合竞争力较弱等问题[7]。其中，如何解决长期存在的高校广告人才培养与业界需求之间的矛盾始终困扰着中国的广告学界及业界。

以 1983 年厦门大学设立广告专业为发端，中国的广告教育已经走过三十多年的时间。随着广告业的繁荣发展，我国广告教育的规模也日益扩大，目前已有数百所高等院校开设有广告专业，每年培养毕业生超过万人。而广告学科做为一个年轻的学科始终处于边缘化的位置，广告教育滞后于广告实践，广告专业学生动手能力缺乏仍待改善。我国广告教育在学科归属、教育水平、以及教育方法等很多方面需要不断地向其他国家学习，如何建立科学合理的广告教育体系，提高广告人才的创新能力、实践能力以及综合素质，使培养出来的人才契合行业实际需求是广告教育急需探讨的问题。

日本与中国一样也属于东亚文化圈范畴，文化渊源深厚。日本自明治维新以来积极奉行对外开放政策，学习西方先进思想和先进科技，鼓励发明创新，形成了自己独特的广告教育体系，培养出大批优秀的广告人才。在现代广告发展上，日本长期位居世界广告的第二大市场，积累了很多值得中国借鉴的发展经验。

因此，本论文希望通过探讨中日广告教育的现状，分析中国广告教育的优势与存在的不足，结合我国的国情与广告业的发展指出可以借鉴的完善建议。同时也从比较的视角指出新时代日本高校广告教育可能存在的局限性。

三、中国广告教育模式及其现状

大众传媒时代的到来推动了近代广告业的迅速发展，进而衍生出了对广告专业人才的需求。两百年间，由于中日两国在政治、经济和文化等方面的差异，发展的路径、水平也不尽相同，形成了各具特色的广告教育模式。

（一）中国的广告教育模式

我国的广告学研究以及广告人才培养的历史，可以上溯到 20 世纪初叶的"五四时期"[8]。这一时期的广告学教育，多种模式并存，新闻、商业、广告、美术四种模式培育不同方面的广告人才[9]。这样的模式也预示着广告学科的综合性和交叉性等特点，奠定了我国现在的广告教育专业设置的基础，有新闻传播类、有广告

---

[7] 郑北鹰.中国已成世界第二大广告市场[N]. 光明日报.2014-05-06(10 版).

[8] 陈培爱.中外广告史——站在当代视角的全面回顾[M]，中国物价出版社，1997 年版，52 页.

[9] 谢六逸讲，林绍文.新闻教育的重要及其设施，见黄天鹏.新闻学演讲集[M]，现代书局，1931 年版，23 页.

类、经济管理类、美术设计类。现代高校广告教育的办学模式和学科特点也是从五四时期的广告教育与人才培养模式基础上发展起来的。

1983 年 6 月，厦门大学新闻传播系经教育部批准建立，设立了广告学专业，并于翌年开始正式招生。这是我国大陆真正意义上高校广告教育的滥觞。广告行业经过 30 多年的发展，已经成为中国市场经济中重要的一环。中国广告教育研究会统计显示，截至 2013 年 8 月，全国共有 412 家设有广告专业的院校，由于没有严格的专业论证评估机制，这些不同类型的高校广告专业建设水平参差不齐[10]。由于广告学科的边缘性、综合性，目前国内高校的广告学专业主要有以新闻传播为母体、以中文为母体、以艺术设计为母体、以工商管理市场营销为母体这四种开设形式[11]。

第一类是以新闻传播院系为母体的广告教育模式，该模式倾向于培养学生的传播策划与广告管理能力。课程中有较大部分与新闻系、传播系较为相似的传播理论课程，学生偏重理论学习研究。这种模式下的学生具有较强的理论水平，但是专业局限性较强。这种模式多存在于名牌大学中，学生大多文化基础深厚，毕业后或继续深造或进入甲方广告部门工作。这类广告学专业办学时间比较长，在广告学研究领域内也颇负盛名。

第二类是以中文系为基本母体所开设的广告学专业。许多学校开设广告学专业时的师资来自于中文，使得中文教师对于学生的影响更大，90 年代后期，拥有实践经验的新闻记者和广告从业人员加入广告教育师资，加强了广告教育的社会实践性。该模式倾向于培养学生的广告创意和广告文案写作能力，课程设置偏重于语言文学方面的课程，从本质上说，这类广告教学模式与新闻传播下的学生培养侧重点较为相似。

第三类是以艺术院校为背景所开设的广告学专业，这类课程开设对学生培养重点在于对广告设计能力及对广告创意的执行力上。由于这类专业大多为艺术类招生，学生具有一定的美术基础，并且，在相对浓厚的艺术设计的氛围里耳濡目染，对广告作品的视觉表现与把握具有较敏锐的审美感觉。课程设置偏重于创新与实践，学生接受的思维创新训练较多，实际的动手能力强。市场上对于这种毕业生的需求较大。

第四类是以工商管理、市场营销为背景而增设的广告学专业，将广告作为市场经济中的一个环节，倾向于培养学生经营管理与营销策划的能力。课程设置以

---

[10] 廖秉宜. 中国广告高等教育三十年的反思与变革[J]. 新闻界, 2014, 02:76-80.

[11] 刘波. 关于中国广告学科教育模式的现状分析与思考，见陈培爱. 中国广告理论探索三十年[M]，厦门大学出版社，2009 年版，497 页。

广告公司经营管理、客户管理或市场营销方面的课程为主，因而其课程体系中会有较多的经济学课程[12]。

（二）中国广告教育模式存在的问题

在中国广告教育近 30 年的成长过程中，虽然取得了诸多成绩，但广告学科始终处于边缘化的位置，仍然存在着不可忽视的种种瓶颈[13]。这些瓶颈主要表现在以下三个方面。

首先，广告教育在学科定位、培养目标、课程设置和师资配备上仍需明确。20 世纪八九十年代创办广告专业早期，教师基本是从营销、中文、绘画艺术等关联学科抽调组织而成，缺少与国际广告教育保持同步的资深人士，可以说当时的教师对广告教育基本上都处于一种恶补与摸索的状态，在广告教育的学科定位、培养目标和课程设置上更难以有严谨的论证，中国的广告教育长期处于一种缓慢的、自发式的、摸索的成长状态。虽然经过三十多年的发展，中国的广告教育得到了明显的提升，但在广告的学科定位、培养目标和课程设置等基本问题上，还不是很明确，经历了 80 年代"广告即营销"、90 年代"广告是科学与艺术"之争，新媒体时代的到来更进一步促使广告界思考广告是什么，广告人才应该怎么培养。广告业是实践性很强、跨领域且不断变化的行业，广告教育往往滞后于行业的变化与需求，这给高校教授广告的教师也提出了很高的要求。

其次，"格式化、批量化生产"的现象突出。中国的广告教育力图在最短的时间内与国际广告教育同步，缺乏充足的论证与研讨，社会对广告人才的急促需求又促成了广告教育的急功近利。急功近利使得中国的广告教育不可避免的陷入"格式化、批量化生产"的情境，难以避免理论与实践的脱离，难以培养较为全面的，集理论与实践能力的人才。另一方面中国的企业及广告公司存在的历史也都较为年轻，也无法完成对人才的培养。但是，由于受到市场竞争的压力和对广告专业水平的要求的影响，广告公司和中国企业对广告专业人才又有着的切实的需求。于是，广告公司和企业就把希望培养广告人才的任务全部寄托在院校的广告教育与培养上，进一步促成了中国广告教育"格式化、批量化生产"的现象。

最后，广告教育的方向性与前瞻性不强。高校的广告教育者有不少已经意识到广告教育与业界的脱钩，对学生的教育也不够全面，也难以设定广告教育的长期目标。而广告产业是个千变万化的行业，既需要广告人才有综合知识也需要有

---

[12] 刘洁,张姮. 创意产业背景下浙江省高校广告学专业定位研究[J]. 艺术与设计(理论),2010,09:149-151.

[13] 张发松.中国广告教育批判与泛广告教育. [EB/OL]. http://www.emkt.com.cn/article/228/22854.html.2005-09-14(2017-03-14).

专业技术。但如果跟着业界亦步亦趋,高等院校的广告教育永远都不可能跟的上产业变化的脚步,按照业界的需求对广告教育做技术性的调整,会给今后教育的发展留下很多后遗症:比如当广告产业发生变化时,专业设置又需要重新洗牌,课程大纲也需要频繁更换等。如果广告教育模式一味地迎合市场需求,广告学专业无法建构学科体系,确立学科在行业发展中的权威和引导地位。因此,广告教育必须保持前瞻性与自主性,这也是目前中国广告教育面临的最困难的问题。

四、日本高校的广告教育及其现状

(一)日本高校的广告教育

日本的广告教育模式与中国最大的明显不同在于在日本高等教育的学科体系中并没有独立的广告学科。即使是在20世纪六七十年代广告飞速发展的时期,在高等院校中也未曾设立广告专业。与中国将培养广告人才的任务交由高等院校承担不同,日本主要依靠社会资源建立广告教育平台,形成了以"高等院校广告课程"与"广告公司职业培训"为广告人才培养的两条并行途径,形成了被称为"二元制"的日本广告教育体系。

在日本的大学中虽然没有设置独立的广告学科,但是与广告相关的课程却为数颇多。日本大学开设广告课程的历史可以追溯至1921年神户高等商业学校开设的"广告论"课程。二战结束后,广告课程的数量逐年递增,以1962年小林太三郎在早稻田大学开设了"广告论"课程为起点广告课程在日本高校逐步增多。1989年开始,日经广告研究所开展了"大学广告相关课程调查(大学広告関連講座調査)",比较翔实地记录了日本广告课程的发展历程。根据该调查统计,1993年,日本全国高等院校广告课程数为342门。到了2003年,日本各大学的广告课程共计1806门,是10年前1993年的五倍多[14]。日本的广告教育具有以下特点。

首先,从课程的题目构成来看,大部分的课程是将广告作为课程内容的一个部分。这类课程以学科交叉为特点将广告列为课程的学习主题之一,其中又以与市场营销学相结合的课程最为常见,占40%以上,其次是社会学、情报学和传播学,这些都是与广告具有众多共通之处的学科。据1991年延世大学名誉教授刘鹏卢的调查研究显示,在受调查的55所高校中,此类的广告课程主要集中在商学部、文学部、经济学部、经营学部、社会学部、环境情报学部、大众传播研究所、新闻研究所、文艺学部、教养学部、美术学部等,约43%的课程集中在经营学或商学学部开设,其他主要集中在传播学类、艺术类和跨学科类,甚至在理工、自然科学

---

[14] 嶋村和恵.日米の学生意識調査に見る大学での広告教育の現状と課題[J]. 早稲田商学 (400),2004:139-169.

类也涉及到广告学课程。课程的题目多为"广告论（広告論）"，占到近60%，常有加注二级标题的情况，如广告论经济学特讲、社会学特讲、传播学特讲，又或称为广告表现论、广告管理论、广告设计论等。授课内容主要是广告学基本理论，辅以关于广告实务的介绍，这些课程主要包括消费者研究、商品研究、广告媒体研究、广告法规研究、广告伦理、广告文案研究等，大体上涵盖了广告活动的全貌[15]。

其次，从任课教师上看，虽然课程的内容如此繁多，但是通常在一所大学中只会设置一门以广告为主题的课程，由一名教师授课并囊括广告相关的所有内容，而非区分出独立的广告创意学、广告心理学等课程，开设有多门课程或聘请有多名教师进行广告课程教学的大学比较少见。从任课教师的构成来看，根据日经广告研究所的统计数据，1996年开始专职教师与非专职教师的比率基本上都高于0.90，也就是说专职教师在数量上基本与非专职教师持平。其中专职教师主要是从事广告研究的学者，以及曾经在广告一线工作过后就职高校的广告人，他们主要教授的是广告和营销方面的基础理论知识，如广告学概论。而非专职教师一般是就职于广告相关企业或机构具有丰富实践经验的广告从业者，他们主要教授一些实务、实践的内容，如文案撰写、CM制作、营销案例策划等等，更多是专题研讨课和实务培训课。

最后，从学生的需求上看，日本高等院校广告课程的授课对象主要是对广告感兴趣的大学生。由于日本没有设定广告学科，因此与中国大学生在入学前即通过填报志愿选定广告专业不同，在日本参加高等院校广告课程的学生中有一半以上是在进入大学之后才对广告产生兴趣的。根据村和惠2003年进行的调查，对于"参加广告课程的理由"这一问题，有55.7%的调查对象回答"为了学习与广告相关的基本常识"，46.9%的调查对象的理由是"因为广告与市场营销学密切相关"，而回答"将广告作为未来从事的职业"的人数相对较少，只占13%[16]。这也是日本高校广告教育主要是简单的一两门概要性的课程的主要目的之一。

因此，从整体上看，日本高校的广告教育比中国高校似乎更加边缘，只是作为几门课程开设，但修读这些课程的学生来自各种专业，他们对广告感兴趣而修读该课程，保证了中国高校一直强调的跨专业学习的比例。同时，从课程设置与师资配备上看，日本高校的广告教育更重视全面的基础理论与相应的实践训练的结合，在学校里面只介绍最基础的广告相关理论与知识，但是又通过非专职教师的实务讲座与培训提高了学生对广告业界的认识。这是中日之间广告教育模式的

---

[15] 刘鹏卢.日本广告教育实况调查研究.广告学研究[J]. 1992：45-47.

[16] 同[14]。

区别所在。

表1 日本开设广告课程与新媒体相关课程的学校调查(19所 调查于2017年4月)

大学名	开设学部	开设课程
青山学院大学（私立）	经营学部	广告传播
爱知大学（私立）	经营学部	广告传播
立正大学（私立）	经营学部	广告论
成城大学（私立）	经营学部	广告心理
爱知学院大学（私立）	商学部	广告论
庆应义塾大学（私立）	商学部	广告论
明治大学（私立）	商学部	广告论
日本大学（私立）	商学部	广告传播
早稻田大学（私立）	商学学术院	广告研究
关西学院大学（私立）	社会学部	广告文化
立教大学（私立）	社会学部	广告·PR论
同志社大学（私立）	社会学部	广告论
关西大学（私立）	社会学部	广告传播、广告创意、广告与社会
东洋大学（私立）	社会学部、经营学部	广告论
东京经济大学（私立）	传播学部	广告论
驹泽大学（私立）	全球媒体研究学部	广告文化
大阪艺术大学（私立）	放送学科	广告概论、广告表现演习、广告的策划与表现、广告实习、广告策划实践
多摩美术大学（私立）	美术学部	广告概念、广告史、广告表现论、广告文案论、广告企划
东海大学（私立）	文学部	广告论、PR·广告战略论、广告策划、广告表现

（二）日本高校开展广告教育的现状

　　日本学者嶋村等人（2002）对21世纪日本广告教育现状进行了调查，提到了2001年日本20所私立大学开设广告课程的概况[17]。2017年4月笔者根据查找这些学校相关学院（商学院、经营学院、经济学院、社会学院、新闻/传媒学院、信息学院、艺术学院）的课程设置，目前部分学校已经不再开设广告课程（鹿儿岛国际大学、上智大学、高崎经济大学、名古屋经济大学），仍开设广告课程的学

――――――――――
[17] 嶋村和惠、武井寿、広瀬盛一、神戸康弘. 広告教育の現状と21世紀に求められる広告教育のあり方について[J].吉田秀雄記念事業財団35次助成研究集.2002（3）：101-111.

139

校有爱知大学、爱知学院大学、青山学院大学、关西大学、庆应义塾大学、驹泽大学、明治大学、日本大学、大阪艺术大学、立正大学、成城大学、东京经济大学、东海大学、东洋大学、多摩美术大学、早稻田大学。

同时为了扩大对进行广告教育高校的查找，笔者从《国立私立 TOP300 大学偏差值ランキング 2017 一覧（国立私立前 300 名大学偏差值排名 2017 年一览）》中挑选经营/经济学科、商学科、社会学科、信息学科（较可能开设广告课程的学科）的高校作为调查的对象。可以发现私立大学的这些专业分布在庆应义塾大学、早稻田大学、上智大学、青山学院大学、立教大学、同志社大学、明治大学和关西学院大学，这些大学也是私立大学中最优秀的学校；国立大学的这些专业分布在一桥大学、横滨国立大学、京都大学、筑波大学和名古屋大学，这些大学也是日本国内乃至世界顶级的国立大学。结合嶋村等人（2002）调查的开设广告课程的 20 所高校以及日本大学排行前 300 名具有相关专业的 13 所高校（私立 8 所国立 5 所，4 所与 2001 年开设广告课程的 20 所重合），本文共调查了这 29 所高校的广告相关课程的开设情况（カリキュラム），一共有 19 所高校开设了广告课程，统计如表 1 所示。

从表 1 的调查结果可以看到，这些开设广告课程的 19 所高校都集中在私立学校，主要集中在经营学部和商学部，这些学部一般以营销课程为主，广告作为边缘课程，因此一般只开设一门广告课程，大多是广告论（广告論）或广告传播（広告コミュニケーション）。另外有一部分广告课程设置在社会学部，作为一种人类社会行为来介绍，课程也偏向于如广告与公共关系（PR）、广告与社会、广告文化论等课程。其他开设广告课程的学部还包括传播学部（如东京经济大学）、文学部（如东海大学）和美术学部（如多摩美术大学）。传播学部和文学部开设广告课程，主要是将广告作为传媒的内容进行研究，比较类似于国内广告学设置在新闻传播学院或文学院下面，而美术学部设置的广告课程更偏向实务，如广告表现、广告文案等以设计、艺术表现与传达为主要内容。

（三）日本高校开展广告教育的四类学部

在日本高校中，除了在经济/经营学部与商学部下开设广告及新媒体课程的模式外，也有在社会学部、传播/媒体学部、文学部、艺术学部开设广告课程及新媒体课程的模式。在调查的 19 所高校中代表不同广告课程开设模式的高校包括青山学院大学（经营学部）、关西大学（社会学部）、东京经济大学（传播学部）、东海大学（文学部）、多摩美术大学（美术学部）。这几所高校都有悠久的校史在学科设置与课程设计也比较成熟、系统，有较强的代表性，值得进一步研究。

1、经济/经营学部、商学部设立广告相关课程模式

在被调查的这 19 所高校中，爱知大学、青山学院大学、日本大学和早稻田

大学是经济/经营学部、商学部设立广告相关课程的代表学校。以青山学院大学为例介绍该广告教育模式。

青山学院大学有悠久的历史。追溯青山学院大学的教育与研究的历史可以发现，青山学院大学最早的教学机构一个是英文学科另一个就是商业学科。最早青山学院大学叫做青山学院高等学部，其在1916年设立了实业科（实业科）和人文科，1935年改为高等商学部（商科）和文学部（英文科）。1949年青山学院大学成为新制大学，两个学部分别成为商学部（商学科）和文学部（英美文学/基督教学科）。1953年商学部变为经济学部，下设经济学科与商学科，1966年经济学科独立成为经济学部，商学科独立为经营学部。到了2009年，经营学部又设立了营销学科，经营学部于是包括经营学科与营销学科。

经营学部营销专业的课程有4个特点：

（1）**理论与实践相互反馈的学习模式**。新生最早的专业课是营销基础（マーケティング・ベーシックス），这是营销学科的新生的必修课。课上会以实际市面上的商品或服务为对象（如2016年的协助企业是日本阿迪达斯、日本可口可乐），围绕其营销课题进行小组讨论、报告与提案，采用基于项目学习的方式（Project Based Learning）。

（2）**多角度学习全球性课题**。为了达到这一目的，学科设置了多样的课程，如用英语对专业课题进行讨论和提案的课程，学习企业在全球化背景下所面临的市场环境，特别是近年来成长显著的新兴国家的经济、社会、文化的课程，学习贸易制度变迁及现状的课程，学习国际化企业营销活动及其环境的课程，以及与国际社会、文化、民族、传播、协作等相关的课程。这些课程可以提供学生丰富的知识储备，是企业经营与实践不可缺少的。

（3）**阶段性地学习**。在1年级营销基础课之后，营销论是2年级营销学科学生的必修课，课上会通过讲义、教材、案例研究、游戏等方式系统地学习市场细分、目标、定位、整合营销等营销的基础知识外，还通过数据分析教学培养学生客观分析数据逻辑地判断市场营销环境的能力。到了3、4年级的营销实训课（マーケティング・ワークショップ），课上会分成小组采用头脑风暴、二手资料分析、消费者访谈、问卷调查等方式来策划真正的营销课题（如2016年日本阿迪达斯提出的课题是增加adidas RUNBASE的女性用户），最终进行提案和执行。通过这样阶段性的学习，提高学生在错误中思考，与同伴协商一起解决问题的能力。

（4）**小班上课确保质量**。每个班级都严格限制人数，以确保专任教师可以充分教会学生，对每个学生的反馈得以回应。

具体经营学部课程的开设如表2所示，从中可以看到在专业选修上主要分为三类课程，全球商业课程、经营学科课程以及营销学科课程，不同学科的学生可以在其中选课，按照学分设置，除了在两个学科的课程中选课，学生也需要选修全球商业的课程。在三类课程的设置上也反映出经营学部设置的经营学科与营销学科的分工与互补，同时也体现了提升学生以多样视角解决全球课题能力的培养目标。其中广告传播作为营销学科的专业选修课被设置，作为营销系列课程的补充。这也是经营学部、商学部开设广告课程的主要模式。

表 2 青山学院大学经营学部课程设置（参考学部主页课程设置）

必修		英语（第一外语）、营销基础（基础科目）
通修课		微观经济学基础、会计基础、营销学基础、财政入门、流通论、管理会计论、经营管理论、经营组织论、公司财务、危机管理论、经营史、国际文化理解、企业信息战略、经营基础研讨
专业选修	全球商业	Global Communication、Market and Business Environment、International Business English、传播特论、国际营销、国际贸易、国际经济环境、美国文化、英国文化、英语圈社会·文化研究、犹太文化与商业、世界的语言文化
	经营学科	战略管理会计、企业评价论、组织心理学、全球商品战略、人类行为的多面分析、供应链与决策法、供应链管理、事业创造战略论、顾客创造战略论、保健经营论
	营销学科	**广告传播**、营销传播、消费者行为、品牌管理、关系营销、社会化营销、营销调查、宏观营销、营销实习、流通信息系统论、流通政策、服务营销、统计学、统计调查、经营研讨

表 3 关西大学社会学部媒体专业课程设置

方向	研究内容	课程
大众传播与新闻	研究大众传媒对现代社会产生的影响及扮演的角色	新闻学、地域社会与新闻、新闻史、信息法与伦理、媒介法与伦理、大众传播效果、舆论与大众传播、放送论、影像传播、国际传播论、时事问题研究、新闻英语、大众传播研讨
广告与宣传	研究存在于包括大众媒体在内的各种各样媒体及其内容中的广告及 PR 的效果和可能性	**广告传播论、广告创意论、广告与社会、广告论**、媒介产业论、广告研讨
媒体文化	研究音乐、旅游、体育等媒体产生的丰富文化的存在方式	媒介文化论、媒介与音乐、媒介与体育、媒介与性别、媒介表现论、影像传播、信息媒介论、放送论、媒介史、媒介研讨
网络传播	研究信息社会中新形式的传播形态	网络传播论、信息媒介论、信息社会论、媒介产业论、放送论、媒介史
实习	通过写新闻、拍摄影像作品、**策划广告活动**等丰富的实习培养学生的表现力和策划能力。由在电视台拍摄过知名纪录片，写过知名报道、在广告公司第一线工作的专家们直接指导实习。	新闻实习（调查）、新闻实习（制作）、媒体调查实习、**媒体策划实习（广告媒体）**、媒体策划实习（音乐媒体）、大众传播实习、影像基础实习、影像应用实习

2、社会学部设立广告相关课程

在被调查的这 19 所高校中，东洋大学、关西大学、关西学院大学和立教大学是社会学部设立广告相关课程的代表学校。以下以关西大学为例介绍该广告教育模式。

关西大学在社会学部分别设有社会学、心理学、媒体和社会系统设计专业。关西大学社会学部的媒体专业是 2013 年 4 月更名的，之前叫做大众传播学专业有

142

着 46 年的历史（1967 年-2012 年），大众传播学专业的前身为关西大学文学部"新闻学科"，有着 18 年的历史（1949 年-1966 年），因此关西大学社会学部传媒专业是成立 65 年第 3 次改换的名称，具有悠久的传统与媒体研究与教育的历史。

目前媒体专业的课程包括大众传播与新闻、广告与宣传、媒体文化和网络传播四个方向以及新闻、媒体与广告等方面的实习五个部分，如表 3 所示。表 3 可以看出，四个方向有着自己的课程体系，但四个方向的课程并非相互独立的，更多的是媒体形态的多个面向，而实习则是负责这四个方向课程的实践功能。由于媒体专业将广告作为其中一个主要的方向，因此围绕这一方向开设了很多广告课程，同时在配套的实习中也包括广告活动策划的内容，由在广告公司第一线的专家指导。

3、传播/媒体学部设立广告相关课程

在被调查的这 19 所高校中，驹泽大学和东京经济大学是传播/媒体学部设立广告相关课程的代表学校。以下以东京经济大学为例介绍该广告教育模式。

东京经济大学传播学部设立于 1995 年是日本最早的传播学部，其目的是通过提高学生的信息处理能力、批判的阅读能力、表现能力、传达能力以及关系形成能力，培养活跃在社会传播相关领域的人才。具体来说包括：一、加深对媒介与传播的理解；二、提高媒介素养；三、提高传播能力；四、提高传播环境设计能力；五、提升共鸣能力的涵养。为了达到这些目的，传播学部设置了三类专业课程，分别为媒体类课程、企业类课程以及全球性课程以及语言、表现和调查的三类实习。

表 4 东京经济大学社会学部课程设计

基础课程		传播学入门、社会调查入门、媒体素养入门、多媒体入门、现代社会学、社会心理学
通修课		传播心理学、现代媒介史、电脑科学、艺术论、表现与批评
专业选修	媒体类课程	媒介传播论（必修）、媒体论、电视文化论、比较媒介史、媒介空间论、放送论、大众传播论、新闻论、出版论、信息产业论、信息生活论、通信产业论、网络传播论、社交媒体论、电脑网络论
	企业类课程	企业传播基础（必修）、**广告论**、营销论、传播战略论、社交媒体论、电脑网络论、社会调查论、信息产业论、通信产业论、媒体论、组织传播论、提案论、网络营销论、薄记原理
	全球性课程	全球传播基础（必修）、影像文化论、比较媒介史、媒介空间论、英美文化论、英语学概论、英美文化论、英美文学、音乐文化论、现代言语学、现代文化论、地域文化论、比较文化论、商业传播
实习	言语	英语实训、翻译同声传译、高级英语、英语学术写作
	表现	身体表现实训、媒体制作实训
	调查	数据分析实训、社会调查实训

如表 4 所示，**媒体类课程**围绕电视报纸等大众媒体以及网络、手机等新媒体为对象研究媒介传播以及学习工作与生活需要的知识和技能；**企业类课程**通过学习企业传播活动与经营以及媒体环境与人们的意识等内容培养学生战略性思考能力，提升广告企业专员需要的知识和技能；**全球性课程**学习作为传播工具的英语，学习全球化中的现代社会与多样的人进行合作所需的知识和技能，加深学生理解文化的固有性和多样性。**三类实习**包括：**语言类实习**聚焦在重要的传播手段——言语，提高学生的表达能力；**表现类实习**通过影像作品、网站的设计与身体表现等提高学生的表现能力；**调查类实习**通过访谈或问卷、收集现场信息进行分析。

学生在不同年级也有修读的要求。1 年级学生主要学习基础课程，2 年级开始学生可以开始选修三类专业课程并参加实训，上课形式多为小组讨论提高学生发表与讨论的能力。如表 4 所示，广告论课程包含在企业类课程中，作为其中的一门选修课。

4、文学部设立广告、新媒体相关课程

在被调查的这 19 所高校中，东海大学是文学部设立广告相关课程的代表学校。以下以东海大学为例介绍该广告教育模式。

东海大学文学部的前身是 1950 年新制东海大学设立的文学部。文学部设置了四类学科，分别为文明类、历史类、言语·文学类和现代社会类，如表 5 所示。四类学科下共设置了 14 个学科，如表 5 所示。14 个学科/专业通过专业领域的学习提高学生的 3 种能力：一、人文科学的基础学习能力；二、想法、想象的活用能力；三、发布信息的能力，通过这 3 种能力的锻炼最终提高学生主体性思考能力与判断能力，重新审视现代社会，寻找"人是什么"的答案。

表 5 东海大学文学部四类学科/专业分类

文明类	文明学科、亚洲文明学科、欧洲文明学科、美洲文明学科、北欧学科
历史类	历史学科：日本史专业、东洋史专业、西洋史专业、考古学专业
言语·文学类	日本文学科、文艺创作学科、英语文化传播学科
现代社会类	**传媒学科**、社会心理学科

在四类学科类别中，传媒学科属于现代社会类的一个学科，该学科跨越报纸、广播、出版、网络、广告等界限进行媒体教育，通过理论与实践的指导培养学生识别有价值的信息进行传播的能力，同时开展**"新闻报道"、"生活·娱乐信息"、"PR·广告"**三个领域的实践性活动以提高学生信息发布所需要的知识、工具及技术的使用能力，培养学生活跃于媒体、企业、行政机构的广告宣传部门，在各种媒体混杂的业界中的生存能力。通过与各种各样的组织和企业联合，目前以学

144

生开展的节目有纪录片节目"東海大ミネスタウェーブ"、广播节目"こちらラジオ番组制作部"、采访节目"東海 Book Cafe"、纸媒同人志"DOZINE"、体育报纸"TOKAI SPORTS PRESS"等等。

表6 东海大学文学部传媒学科课程设计

传媒基础	巩固传媒学科的知识基础	**广告媒体基础研讨**、报纸出版论、**广播论**、广告论、大众传播史、基础信息处理
新闻与报道	培养新闻与报道的专业知识	广告媒体基础研讨、新闻播报论、体育媒体论、纪录片论、国际报道论、杂志媒体论、女性与媒体、媒体传播论
生活与娱乐信息	培养生活与娱乐信息的专业知识	娱乐媒体论、映像表现论、地域媒体论、网络媒体论、视听者行动论、传播调查法
PR与广告	培养PR与广告的专业知识	**PR·广告战略论**、行政宣传论、**企业广告宣传**、广告论、节目·CM分析论
实习	培养信息发布的实践能力	电视节目制作、广播节目制作、提案基础、新闻英语、大众传播文章表现、杂志编辑基础、制片人实务、**广告表现**、大众传播音声表现、CM制作

同时学生四年的学习也有明确的规划。第1年为打基础阶段，学生通过学习"广告媒体基础研讨"、"报纸·出版论"、"大众传播史"等课程来巩固媒体相关知识的基础，思考媒体与社会的关系。第2年为挑战专业领域阶段，学生进入专业领域的学习，通过"电视节目制作"、"广播节目制作"等实践性科目制作媒体作品体验真正的传媒工作。第3年为扩宽兴趣阶段，学生可以根据自己今后想从事什么样的媒体工作选修"新闻与报道"、"生活·娱乐信息"、"广告与PR"等相关的选修课来积累知识。第4年作为大学4年最后的时间补缺补漏，完成毕业论文与毕业设计。

针对这四年的学习，传媒学科开设了五大类的课程：传媒基础类课程为新生的必修课程，"新闻与报道"、"生活与娱乐信息"、"PR与广告"为传媒学科最主要的三个方向，每个方向都设定了提高该领域专业知识的课程，而信息发布类课程则为实践课程，辅助"新闻与报道"、"生活与娱乐信息"、"PR与广告"三个方向，如表6所示。其中跟广告相关的课程不仅出现在PR与广告方向专业课程中，传媒基础课程中也设有广告媒体基础研讨、广告论等基础课程，在信息发布能力类课程也设有广告表现与CM制作的课程，因此可以说在广告课程的设置上覆盖到了基础课、专业课和实践课。

5、艺术学部设立广告相关课程

在被调查的这19所高校中，大阪艺术大学与多摩美术大学是艺术学部设立广告相关课程的代表学校。以下以多摩美术大学为例介绍该广告教育模式。

多摩美术大学的前身是 1935 年设立的多摩帝国美术学校，1947 年被认可为专业学校改名为多摩造型艺术专业学校，设有美术部、建筑部和工艺部，1953 年改名为多摩美术大学。1998 年在原有学科的基础上设立了图形设计学科（グラフィックデザイン学科），建校以来多摩美术大学的视觉传播设计专业培养了很多代表日本的设计师。图形设计学科通过系统的课程设置，培养学生高水平的造型能力、传达能力与实践能力。

学生在第 1、2 年主要学习基础课程，3、4 年级学习专业课程。

第 1 年的基础课程主要学习通过"基础造型"课程让学生亲自实践色彩、形态、素材、构成、字体等造型要素来提高学生视觉传播设计基础的表现能力和造型能力，以及通过照相、电脑技术进行的造型的能力。第 2 年通过"基础设计"课程让学生学习信息构成、图表、动态图、网络、创意想象法、字体等内容培养其将信息构造化并高效传达的手法以及照片、印刷等数字技术。

第 3 年学习视觉传播的专业知识、策划及表现技能。学生从**广告、传达、表现**三类课程中选择其中一种，再组合其他课程的课程，根据自己的个性来确立自己的专业方向。广告课程系统地学习广告策划、艺术指导、CM 策划、报纸、杂志、海报、包装、网页的广告表现与设计，从而培养学生的广告理论涵养与多样的表现技术。传达课程学习图形设计、VI 策划、字体、美编设计等，提高学生视觉表现的各种理论与技术。表现课程学习概念·立体·角色插图设计、**广告摄像**、动画设计等来提高学生的信息传达所需的各种重要表现手段。第 4 年则围绕着第 3 年选择的课程类别进一步学习并完成集合了四年成果的毕业设计。

表 7 多摩美术大学美术学部图形设计学科课程设计

第 1 年		基础造型（设计、色彩构成、动作与传播、电脑基础实习、字体基础实习）、立体造型
第 2 年		基础设计（绘画、信息构成、图表、动图、Web、字体基础实习、构思法）、照相基础实习、立体造型
第 3、4 年	**广告课程**	**广告策划**（广告活动立案、制作）、**美术指导**（广告设计立案、制作）、包装设计、CM 创意（CM 内容立案）、毕业设计
	传达课程	图形设计（传播设计立案、制作）、视觉语言设计（视觉传播立案、制作）、VI 策划（视觉识别系统立案、制作）、字体（欧文、和文）、毕业设计
	表现课程	表现设计（信息插图）、卡通（短篇卡通）、**广告摄像**、插画（概念、数字与角色）、毕业设计
1-4 年贯通	讲座	English in Graphic Design、视觉设计基础概论、印刷概论、图形设计原论、插画原论、标识传播论、设计管理、**广告概念、广告表现论、广告文案论**、消费者行动论、营销论、媒体论、照片表现论、色彩设计论、近代西洋美术史、数字创意论、社交（媒体）设计论

146

从表 7 可以看出该课程体系与学生每年的培养相对应，第 1、2 年学生主要修读造型与设计的基础课，3、4 年则分**广告、传达和表现**三个方向进一步学习专业知识，同时配合各种理论和实践的讲座来提高学生的视觉传达技能和理论涵养。从广告教育上主要集中在 3、4 年的专业方向性课程，一些讲座也包含广告的课程，如广告概念、广告表现论、广告文案论等。与在经济/经营学部、社会学部、传播学部等开设广告课程的模式有很大不同，美术学部主要是培养有专业素养的设计师，因此比起在经营学科、社会学科、传媒学科下进行广告教育更重视理论和综合素养方面的培养，而图形设计学科下的广告课程更偏向技能和创意能力的培养。

通过对以上四类学部开设广告课程模式的梳理可以发现，虽然广告课程被设置在不同学部不同学科下，但在设计学科课程时，有一些共通的特点：（1）课程的设计与学科想要培养人才的目的是对应的，同时也与学生在学四年期间所要修读的科目相对应，呈现先基础再专业的特点。（2）相对于中国高校，日本高校很重视学生的国际性视野和跨学科知识的摄入，所以可以发现有很多培养学生不同国家的语言、民族、社会文化等课程，要求学生除了选择一类课程外还需要选修学部下不同学科，学科下不同方向的课程。（3）课程设计理论与实践相结合。除了基础课和专业课外，高校课程设计都注重与各种课程相应的实习、实训的设计。这样的课程设计真正落实了"厚基础、宽口径、强能力、高素质"的教育理念。

五、中日高校的广告教育对比

（一）中日进行广告教育的学院类别比例不同

日本由于没有广告学科和专业，广告课程分散在多种学部中成为多类课程中的一个方向或是一个方向中的一门课程。通过对以上日本高校的调查可以发现，这四类开设广告课程的学部与中国开设广告课程的学院相对应但比例不同。

日本开设广告课程最多的是在经济/经营学部、商学部，这相当于我国大学经济学院或管理学院中开设的广告学专业或是在经营学专业或营销学专业下开设广告课程。相反，在我国较多的是在新闻传播学院下设立广告学系或广告学专业进行广告教育，这与教育部设立的一级学科与二级学科目录有很大关系，而广告作为新闻传播活动重要的收入来源，在探讨大众媒体时也是不可或缺的，广告教育设置于新闻传播学院也有一定的依据。但在日本的学科设置中将传媒作为现代社会的一种信息传播手段进行探讨时，更多的是在社会学部或情报（信息）学部下进行的，很少成立独立的传媒学院，而是将传媒作为社会学部或情报学部下的一个学科或专业。因此就形成了中国在新闻传播学院下开设广告学系进行广告教育为主，日本在经济/经营学部、商学部下的营销学科开设广告课程为主的广告教育模式。

147

（二）中日进行广告教育的师资类别比例不同

在中国高校中负责进行广告教育的师资主要是从事广告研究的学者，很少在业界第一线的实务家长期担任课程的教职工作，而日本担任广告教育的师资基本上是从事研究工作的学者与从事实务工作的专家各占一半。

在中国主要是从事研究的学者担任广告教育有现实的原因。首先在国内高校无博士学历不可能成为教授，要进入一些知名高校广告系任教首先就要求有博士学位甚至是博士后学位。这样的高门槛无形中就限制了进入高校的师资很难有长期的实务经历和丰富的实践经验。其次，进入高校后所有教师除了从事教学工作外还要进行科研考核，基本上都要求发表学术论文，因此即使是获得博士学位的实务专家愿意担任广告实务课程也难以成为校内编制的专职教师。最后也缺少聘用退休教师的制度。教师一退休就不再任课，必须找到教师承接相应的课程。从教学经验上看，新接任课程的教师不如退休教师有经验，承接的教师要丰富所承接课程的教学内容，摸索合适的教学方法也需要一段时间。

日本广告公司自行培养广告人才的历史始于 19 世纪末广告公司的初创时期，在当时的日本，专门的广告教育尚未出现。因此，急需人才的广告公司就以资深员工为导师，以自身的实践经验为教材，对新员工进行广告知识普及和业务指导。在大学开始设立广告课程后，这一人才培养路径也没有中止。同时日本广告公司高度发展，特别是像电通、博报堂、ADK 这样在全球都有一定影响力的大公司的存在，日本广告教育长期依赖于这些日本的大型广告公司的培训，广告公司或大企业也愿意承担高校的广告实务课程作为企业社会责任事业的一部分。在调查的 19所高校中就有部分课程是以广告研讨（演习）、广告实习（实习）命名的课程，担任这些课程的教师几乎都是有实务经验的。日本业界实务家到高校进行广告培训或教育已经成为日本广告教育的传统，同时高校也与这些企业达成人才培养计划，进一步加强了与业界的联系。

（三）学生的广告课程学习动机不同

由于中国高校有明确的广告系和专业的设置，同时有公布每年广告专业高校的排名，因此高考填报志愿并考入广告系学习的学生对广告学习有明确的动机与积极性，也更倾向于毕业后从事广告相关工作。而日本没有设置广告系、广告学科，从学生的学习动机方面来讲，更多的是受到本专业（如营销、经营、传媒、设计）的影响，想了解广告行业或对广告感兴趣，与中国学生不太相同。

据嶋村和惠对日本和美国学生对广告教育意识的调查结果，日本的学生在学生时代更希望"有愉快的校园生活"、"跟亲友和谐相处"、"在踏入社会之前好好渡过"等等。同时由于大学没有广告专业，只是开设广告课程，因此日本的学生大部分也并没有想要从事广告相关职业。而美国学生更多的希望学习"广告策划的整个流程"、"广告和 CM 的制作技术与流程"等，这与美国学习广告的学生大部分都是想从事广告相关职业的学生，对今后所要从事的广告实务有较强需求相关。中国高校中学习广告的学生与美国高校类似，因此在学习动机上也区别于日本高校的学生。

六、中日高校的广告教育的思考与相互借鉴

（一）日本的广告教育对中国广告教育的借鉴

1、健全宽口径的课程体系，建立"大广告"教学观念

对日本广告教育的调查可以发现，广告教育并不是限制在跟广告相关的课程当中的，例如经营学部的学生学习了宏观经济学和微观经济学，作为微观经济的一种现象再进一步学习营销和广告。社会学部、文学部、美术学部的学生也是如此，在所学专业的知识体系下广告只是作为他们所学范畴的一小部分。但是由于我国将广告学设置在新闻传播一级学科下，其他二级学科包括新闻学、广播电视学与传播学。因此一般修读广告专业的学生的知识面只能够扩展到新闻学、广播电视学、传播学，相比日本高校在经营学部、社会学部、艺术学部等学部下学习广告的学生在知识结构的广度和深度上有很大不同。

重视学生的跨学科教育与综合素质是日本向来人才培养的重点。早在 1984 年，以直属于首相的"临时教育审议会"成立为标志，日本高等院校进行了课程综合化的改革，其目的在于探索适应现代社会需要的一般教育形式，使其符合学科综合化、交叉化发展的要求，建立跨学科的、横向的、综合的一般教育课程结构。因此，日本在划分高等教育学科和设置课程时，注重综合、联系而非区分、独立。同时，日本高等教育在人才培养上重视基本素养而非技能，较宽的专业口径使培养出的毕业生知识面广阔，适应能力强，职业选择时出路更多。

广告学是门杂学，涉及社会学、经济学、新闻学、传播学、心理学、声学、统计学、美学、电子学等众多学科，具有多学科综合性与交叉性。并且，广告学还有着自己的理论体系和许多的分支学科，这一定程度上要求学生的知识涵盖面广而新，如果划分出独立的广告专业或只局限在某个或某两个分支学科领域，易割裂广告学科知识的系统性，割裂它与其他学科的联。在以上对日本 19 所高校教学模式的分析中就可以看到，除了少部分必修课外，绝大多数高校都设立了多样化的课程方向，学生可以根据自己的需要选修，同时配合相应的实践课程。

近年来，我国高校已经意识到宽口径课程设计的好处，于是提出了"厚基础、宽口径、强能力、高素质"的教学理念，但是这一理念是很难在目前的学科设置与课程设计中实现的。目前的广告教育主要教授的还是广告学概论、广告创意、广告文案等这些广告范畴内的课程，一旦扩展到社会学、经营学或艺术学领域学

149

生则知之甚少，但是真正广告实务需要的是既有专业知识又有社会学、经营学、艺术学知识这样宽领域学科体系下培养出来的"杂学"学生。这就需要建立像日本高校建立跨学科的、横向的、综合的通识教育课程结构。我国应该借鉴日本的学科设置和课程设计，高校应该多增加一些不限于广告专业范畴又与广告相关的课程，建立"大广告"教学体系，逐步提升广告专业学生的综合素质。

2、引入业界师资，加强实务教学

加强师资队伍建设是中国广告教育亟待解决的问题，高等院校广告专业师资队伍建设的水平直接关系到广告人才培养的质量。特别是目前与日本相比，高校广告教育的师资主要是来自校内的专职教师，缺少业界实务型的教师。日本电通广告公司执行顾问、有"日本广告教父"之称的镜明认为：广告与实践密切相关，把广告学科当作理论研究不能等同于怎样学习广告。因此，在高校的广告教育中除了研究型的师资外同样需要实践型的师资。

在日本，高等院校广告课程的任课教师中，有多数来自业界。由于广告行业工作时间长、强度大、节奏紧张，因此在年岁渐长，感觉力不从心之时，会有一部分从业者考虑从一线退下来，转而选择环境相对宽松、节奏稳定的工作。而日本高校教师的聘任相对宽松，只要实务水平优秀即使没有发表过学术论文也可以作为授课教师予以聘用。因此对于他们而言，高等院校的教职具有相当强的吸引力，很多实务家将高校作为离开业界的首选。这些在业界有长期工作经验的实务家拥有丰富的阅历，积累了大量实战经验，能给学生带来真实、鲜活的案例，解决了因教师队伍缺乏从业经验产生的教学培养方面的一系列问题。所以在调查的这些开设广告课程的高校中基本上都开设了配有丰富经验的实务老师进行指导的广告实习或实训作为教学的重要一环。

但目前国内对专职教师的要求很高，大多从研究业绩上考核，优秀的业界人员即使想成为高校的专职教师，也没有太多时间和精力专注科研、发布论文，这样就很难能达到考核的要求，只能作为兼职教师服务广告教育。近年来，由于看到学校广告教育实践环节的薄弱，一些院校常常邀请广告界在职的资深人士、专家为学生授课，但这一机制也并不稳定。这些业界资深人士往往肩负要职，当业务繁忙，分身乏术时，难以有充足的时间和精力留给教学，同时高校能给专家的课酬也很有限，因此这些资深的专家往往讲过一两次就结束了，很少能够长期担任同一门课程的专任教师，这些讲座也无法纳入到课程大纲中定期举行。

因此，在教师选择标准这一点上，对于综合性边缘交叉学科的广告学来说，借鉴日本是很有必要的。我国高等院校广告专业有必要多样化人才引进政策，打破常规评聘标准，引进具有丰富从业经验的专职教师，形成学术师资与实务师资相辅相成的结构。例如在广告业界从事十年以上且有国际获奖经历的优秀实务家应该放宽对学历与科研业绩的要求。而除了实务能力外对实务专家的价值观与品德修养也需要进行一定的考察。

3、健全进修制度，提高师资质量

日本神户大学发达科学部教授在《现代日本教师的养成》一书中说道：教育质量取决于教师，也就是说，教育质量是由教师的好坏决定的[18]。师资力量的匮乏是当今中国高等广告教育面临的一个重要问题，这在很大程度上限制了广告学教育的发展。与日本高校的广告教育不同，我国有很多高校开设了广告学系或广告学专业，也缺少广告业界的师资力量，广告教育的重担就落在了为数不多的高校教师身上。但高校教师的研究背景与高校教育环境的限制难免与国际与业界脱轨，导致教育观念落后、业务水平薄弱等问题。广告任职教师不能闭门造车，有必要及时关注广告业界与学界的发展，才能时刻把握最近的资讯来传达给学生、更好地培养和引导学生。因此除了要引进业界力量外也需要加强对校内师资的培养，加强师资队伍建设。

日本的法律规定，教师有终身不断研究、学习的义务。早在1949年，日本就对教师研修加以法律规定，目前日本已实现了有计划、有组织、有系统的教师研修制度。日本政府把新任教师的培训作为加强师资培训，提高未来整个师资队伍水平的突破口。并同时将教师研修按照从业时间长短分为新任教师研修和任教5年、10年、15年、20年等教师的研修，研修结束需要用实际业绩和研修成绩对教师进行考核。例如有5年教龄者研修8天，研修内容为专业学科教学工作；有10年、15年教龄的骨干教师也必须参加8天的研修，内容为指导学生的技巧和与学生家长进行教育交谈的艺术[19]。从1989年开始日本高校还开始派遣教师到校外的企业、社会教育机构等进行一个月至一年的社会体验研修，这种向企业和社会派遣的"校外体验"研修突破了行业内部培训教师的传统方式，而采取了对全社会开放的方式。

而我国教师在职教育起步较晚，至今在教师进修教育法制化等方面仍不完善。因此，吸取日本教师的研修制经验，组织各高校广告学教师进行系统的广告专业知识与实务技术的培训，是十分必要的。高校从事广告教学的教师在保证教学研究精力的前提下，应与世界知名高校与著名广告公司建立并保持相对紧密的联系，积极向学界与业界学习。同时，高校应把教师的进修和深造当做一项常规工作进行，在人事、薪酬等方面予以一定的支持和保障，鼓励教师的进修和深造

---

[18] 许衍凤,杜恒波. 日本广告教育对我国广告教育的启示[J].艺术.生活,2007,04:51-52.

[19] 张华民.日本教师研修制对我国教师在职教育引起的思考[J].黑龙江教育学院学报,2009,04:54-55.

常态化，鼓励专业教师到知名学校进行访学，了解海外高校在专业设置与定位、课程设计、学生培养上的经验，或赴广告实战一线学习、观摩、调研、参与实际工作，了解业界在策划创意、媒体投放以及市场调查等方面的最新发展动态。通过取长补短，及时更新自身知识储备，提高自身的业务能力，使广告教育始终与行业发展同步。

4、联合业界资源，打造实习基地

日本广告学会副会长、早稻田大学商学部教授龟井昭宏则认为，在大学的课堂上，授课内容只能依靠语言、文字和图像来描述传达，给学生留下的印象既抽象又模糊，而要获得清晰准确的认识，就只有到真实的、具体的实际工作中去体会[20]。而且，当毕业生进入广告公司后就会发现，在广告行业的日常工作中，包括言语交流、人际关系、创意发想、团队配合、组织运转等都是不断变化运动而没有一定规律的，与之相对，公式的、确定的、可供传授的、具有普遍意义的知识则并不多见。因此，对国内的高校广告教育而言，要求学生参加学习是教学计划当中很重要的实践教学环节。

但由于目前大部分广告公司，出于经济效益、管理、商业机密等诸多因素的考虑而不愿接收学生的实习，所以在建立广告实习基地本身存在一定的难度。为了能让学生在校园内的学习得到进一步的强化与提升，选择一些规范的广告实习基地颇为重要。目前，广告业发展较快的地区有北京、上海、广州、杭州等地，这些地区大型广告公司众多，给实习生提供的锻炼机会相对来说也更多。除了这些一线城市，其他地方的高校也可以与当地的广告公司或广告相关企业如公关公司、咨询公司或大企业的广告部签订实习合作协议，定期派送实习生前往实习。接收实习生的企业可以通过简单的面试筛选优秀的实习生，但必须配有专门指导实习生的导师。这样企业不仅可以让实习生做一些力所能及的事情，实习生也可以学到真正实务工作中的知识与技能。

通过在这些广告公司的锻炼与学习，为将来广告专业学生适应广告公司工作打下了基础，也为企业寻找优秀的毕业生提供了一个平台。

（二）中国的广告教育对日本广告教育的启示

虽然日本发展出一套较为适合人才培养的广告教育模式，但随着时代的变化与学生需求的提高也存在一定局限性。日本可以尝试以下的完善建议。

1、加强高校广告教育，明确校企教育分工

日本广告公司之所以愿意动用自身资源开展广告教育培训，而非将这一任务

---

[20] 梶山皓，亀井昭広. わが国における広告教育の課題[J]. AD STUDIES(1)，2002:24-27.

推向高等教育，是与日本独特的企业文化和人力资源管理模式紧密相关的。

企业之所以愿意承担新员工培训的成本，原因在于日本企业实行的终身雇佣制。日本的终身雇佣制度是 1955 年确立并在此后逐渐成熟起来的，在当时经济高度成长期而劳动力不足的情况下，劳资双方之间达成了一种不成文的默契：员工一旦入社后就采取终身聘用制，给予足够的安全感和稳定感，换来的是员工全身心投入到工作中为企业创造利润，并承诺不主动辞职，降低人员流失的风险。主观上长远发展目标的确定，加之客观上的人才资源匮乏状况，日本企业逐渐形成了依靠自身培养人才的传统。也因此日本社会在人力资源开发上，形成了教育机构负责培养学生基本素质、企业负责培训员工专业技能的合作格局。

但随着 2008 年泡沫经济，2011 年东日本大地震等负面事件对日本产业与经济带来的严重打击，一些中小企业破产，大企业也不得不从各种途径控制运营成本，大量裁员，降低人才培养等各种成本。同时随着终身雇佣制的结束，优秀的人才也不必承诺必须终身为同一家企业服务，跳槽的现象已经十分普遍。在专业培训上，虽然日本广告公司高度发展，广告教育长期依赖于电通、博报堂等日本的大型广告公司的培训。但这些著名企业同样对成本和资源有严格的限制，要像高校那样培训大量的人才是很困难的。电通招募的广告培训也是通过层层的笔试、测验、面试等考察，每年挑选大学教育机构中一个班左右的学员进行培训，虽然广告培训极受学生的追捧和欢迎，但能够接受到培训的学生只是其中的很小一部分。

因此，主要由业界来进行广告教育存在一定的局限性，也不一定是完全符合广告教育与业界发展需求的，如何与高校进行配合培养高质量的广告人才，并在不同时期与阶段进行调整才是最重要的。

2、有选择地增加广告学科的设置，培养专门人才

日本教育领域内部长期以来缺乏推动广告学科独立、广告专业出现的客观环境和主观愿望。虽然有部分资深广告从业者到大学开设广告讲座，但广告业界整体上对于大学广告教育所能达到的效果持保留态度。高校教师根据自身的从业实践经验得出这样的认识：广告人才培养的核心在于实践，理论知识的传授对于能力和水平提高帮助不大。

但这样就导致了在日本高校中没有广告专业，开设的课程只是一门广告概论的课程的现状。而日本又有着在全球都有一定影响力的大广告公司，求职者特别是大学生大多会优先考虑能进这样的公司，在这样的背景下，他们对广告抱有浓厚的兴趣，就只能挤破头去参加广告公司的培训，或者花费高额的费用去参加相关机构的广告研讨会。业界的广告培训和研讨会备受追捧，但在高校的广告学课程却处于边缘的现状形成了鲜明的对比。但实际上，广告公司等大多数企业所要

求的的综合素质、创造性、发散性思维、沟通能力、团队合作能力、分析能力等等都需要通过高校长期培养才能得到，而企业所做的培训只是短短数日最多一个月，即使安排周密，学员也很难在实践上得到很明显的提高，不同企业的培训也参差不齐。

因此，借鉴中国高校适当地在一些已经开设多门广告课程的高校中增设广告学科，培养广告业界真正需要的人才，为那些真正想要进入广告公司的学生提供一个低成本且高效的学习空间，不失为日本高校可以尝试的做法。

3、制定评估体系，加强学生职业生涯规划指导

在日本高校院系中一提到广告教育第一印象指的就是广告论这样的一个囊括了所有的课程或讲座。因此，每当学校提到要增设科目这一问题时，大家最先想到的绝对不会是广告学科，这也是公立大学几乎没有广告专业，私立大学也不把它作为必设科目的一个重要原因。

的确，建立跨学科的、横向的、综合的一般教育课程结构相对区分、独立的专业设置有助于培养具有高综合素质的人才。但由于日本大学没有开设广告专业，只是开设广告讲座，因此日本的学生大部分学生主要是想了解广告，对广告感兴趣，并没有想要从事广告相关职业。那么就存在着这样的问题：如果学生在学期间没有明确自己的职业规划，只是根据自身兴趣选择课程的话，等到自己发现想要从事广告方面的工作时，之前修读的课程是否合适，是否有更想修读的课程，他们在毕业时所具有的能力与素养是否达到进入广告公司的要求呢，这些问题是客观存在的。

因此日本高校宽口径，强调综合的学科设置，可以培养学生综合素质，促进学生根据自己的兴趣进行自主性学习，但是在学生学力培养的管理和评估上具有一定难度，同时宽口径的学科设置并不是要培养"万精油"的人才，学校要注意宽口径的程度，同时也需要加强面向学生的职业生涯的指导。

七、结语

随着我国广告专业办学规模的扩大、招生数量的增长，以及业界衡量人才标准的提高，对于教师队伍的"质"和"量"的要求也日益提高。广告教育的最终目的是为广告行业培养人才。广告业需要的是具有创新能力、实践能力以及综合素质，既有扎实的专业功底，又善于动手实践，同时还具备长期培养潜力的高水平人才。

本研究分析了中日两国广告教育的模式与现状，探索性地提出了一些可以供两国参考，完善广告教育形式的建议，以期为两国广告教育的发展提供借鉴。

中日茶道的源流及价值取向差异

王传龙[1]（厦门大学文学院）

The Origin and Value Orientation of Chinese and Japanese Tea Ceremony

Wang Chuan-Long

【摘要】唐代以后的学者对于陆羽《茶经》的贡献往往过于推崇，实际上陆羽对茶道的贡献并非革命创新性的，《茶经》所描述的茶末煮饮法，是建立在前代采叶煮羹法与茶饼碾末冲饮法二者基础之上的改良。陆羽在世时的影响力并不算广，煎茶法也并非唐代的主流饮茶方式。唐代寺院才是用茶的主力军，而寺院中所流行的是茶饼碾末冲饮法，并非陆羽所创的煎茶法。饮茶之风经由日本求法僧东传日本后，从情况却发生了改变，陆羽的煎茶法成为当时日本主流的饮茶方式。宋代点茶法兴起，文官集团斗茶之风盛行，僧侣集团则针对如何饮茶形成了一整套的典章规范。两种风气再次传入日本后，彼此交互作用，以禅悟作为归宿，逐渐催生出日本灿烂的茶道文化。由于中日在茶道价值取向上的差异，点茶法在明代以后没落，而崇尚朴素简易的泡饮法成为中国人最主要的饮茶方式；日本茶道则在细节的讲求刻画方面取得了很大进展，最终演变为一种注重舞台效果与宾主默契的表演。

【关键词】陆羽；茶道；团茶；末茶；煎茶

Abstract: Those scholars born after the Tang dynasty had given so many compliments for *Book of Tea* by Lu Yu, but the actual contribution is not revolutionary in this book. The tea boiling method in *Book of Tea* was based on the previous generation of both leaf picking method and powder drinking method. Lu Yu's influence in his life was not very wide, while the tea boiling method wasn't the mainstream tea drinking style in Tang dynasty too. In the fact, temples were the main force of drinking tea, where powder drinking method was the most popular drinking style instead of the tea boiling method. When Japanese had learned how to drink tea from those Japanese monks who travelled to China in Tang dynasty, the situation had changed a lot, because the tea boiling method had become the mainstream tea drinking method in Japan. In Song Dynasty, Chinese official group had loved the tea fighting, while a set of norms about drinking tea had formed gradually in temples. Those two kinds of trends had spread to

---

[1] 王传龙，男，山东诸城人，厦门大学人文学院中文系助理教授。
地址：福建省厦门市思明区思明南路 422 号厦门大学人文学院中文系

Japan again, which led to the birth of tea ceremony under the influence of Zen philosophy. Because of the different value orientation, the simple brewing method has become the main way of drinking tea after Ming Dynasty in China, meanwhile Japanese tea ceremony has made great progresses in detail depiction and stage effect, which has eventually evolved into an art show between the host and guests.

Key Words: Lu Yu, tea ceremony, brick tea, powder tea, boiling tea

茶原产于中国，[2]最早被人们认识的可能是它的药用价值。《格致镜原·饮食类·茶》云："《本草》：'神农尝百草，一日而遇七十毒，得茶以解之。'今人服药不饮茶，恐解药也。"[3]《本草》之说相承已久，唐代陆羽《茶经》中已引用，但神农氏过于缥缈，恐难以确考，惟"服药不饮茶"之习俗仍保存在中国绝大部分地区。《华阳国志》记载武王克商之后，巴蜀之地进贡"茶蜜"，"园有芳蒻、香茗"，[4]《晏子春秋》记载晏子日常食用"茗菜"，[5]一向被视为早期食用茶叶的记录，但具体的食用方法不详。今所见最早的茶叶实物，为长沙马王堆三号汉墓所出土的一箱茶，其遣册标注"一笥"，箱内为规则不一的黑色颗粒状物体，经显微镜切片被确认为茶叶。三号汉墓墓主利苍之子下葬年代是西汉文帝前元十二年（公元前168），则中国确实可信的采茶历史，至少已有两千一百多年。

晋郭璞注《尔雅》"槚，苦茶"条云："树小如栀子，冬生，叶可煮作羹饮。今呼早采者为茶，晚取者为茗，一名荈。蜀人名之苦茶。"[6]又，晋郭义恭《广志》云："茶丛生，直煮饮为茗茶。"[7]晋张华《博物志》云："饮真茶，令少眠睡。"[8]晋干宝《搜神记》云："夏侯恺，字万仁，因病死，……入坐生时西壁大床，就人觅茶饮。"[9]四种晋代文献相互印证，可知最迟至晋代，茶已经成为较为普遍的饮料，

---

[2] 此观点本为世界所公认。19世纪，英军上校勃鲁士在印度阿萨姆发现野生茶树，其中最高一株高约13米，径粗约0.9米，他据此认定印度为茶的原产地，部分学者对此观点表示支持。实际上，中国有十个省份发现野生大茶树，树龄最长的在千年以上，最高的勐海县野生大茶树高32.1米，干径最粗的镇安老茶树达1.23米。中国马王堆汉墓出土的茶叶实物已有两千多年的历史，而相关典籍中对于茶的记载则更为久远。

[3] 陈元龙《格致镜原》卷二十一，清文渊阁《四库全书》本。

[4] 常璩《华阳国志》卷第一，《四部丛刊》景明钞本。

[5] 李昉《太平御览》卷第八百六十七饮食部二十五转引《晏子春秋》，《四部丛刊三编》景宋本。

[6] 《尔雅疏》卷第九，清嘉庆二十年南昌府学重刊宋本十三经注疏本。

[7] 李昉《太平御览》卷第八百六十七饮食部二十五转引《广志》，《四部丛刊三编》景宋本。

[8] 李昉《太平御览》卷第八百六十七饮食部二十五转引《博物志》，《四部丛刊三编》景宋本。

[9] 干宝《搜神记》卷十六，明《津逮秘书》本。

其主要食用方式为采叶直接煮饮。而在此之前，茶作为一种日常消费品，就已经开始在市场上销售。西汉王褒《僮约》云："舍中有客，提壶行酤，……武阳买茶。"[10]又，《广陵耆老传》云："晋元帝时，有老姥每旦擎一器茗，往市鬻之。市人竞买，自旦至暮，其器不减。"[11]《僮约》作于神爵三年（公元前59年）正月十五日，此亦可证明中国茶叶的销售历史至少也已有两千多年。"市人竞买"之语，似乎显示茶叶属于市场上较为畅销的货物。

"茗菜"、"煮作羹饮"等语，说明当时人除了饮用其汁液，还要食用其叶片，不同地区又有不同的食用方式。据晚唐杨晔《膳夫经手录》云："茶，古不闻食之。近晋、宋以降，吴人采其叶煮，是为茗粥。"[12]而三国魏时张揖撰《广雅》云："荆巴间采叶作饼，叶老者，饼成以米膏出之。欲煮茗饮，先炙令赤色，捣末，置瓷器中，以汤浇覆之，用葱、姜、桔子芼之。其饮醒酒，令人不眠。"[13]杨晔所见不广，故以吴人茗粥为最早，实际上荆巴之地作为最早饮茶的地区，不仅自周代以前就开始种茶，而且早在三国以前就发展出了新的饮茶方式，亦即茶饼碾末冲饮法。茶叶本身味道发苦，故有"苦茶"等称，为了中和其苦味，荆巴之地还要添加葱、姜等其他调味料。在唐代陆羽《茶经》诞生之前，采叶煮羹法与茶饼碾末冲饮法成为当时人两种最主要的饮茶方式，然此时饮茶之风主要在南方盛行，几乎没有波及到中原一带。王肃由南朝入北朝，北魏高祖曾要其点评南方茗饮与北方酪浆之高下，亦可为证。

一、《茶经》的成书与茶道的东传

陆羽被后世尊为"茶圣"、"茶神"，主要是因为他所著的《茶经》一书，以及所发明的一整套的煎茶法。其法选用茶饼，经炙烤、冷却后碾罗成茶末，初沸适量调盐，二沸时先出水一瓢，后环搅投末，三沸时则将先出水加入，止沸育华。煎茶已毕，酌茶入碗，以前三碗为上，多亦不过五碗，乘热连饮之。《新唐书》云："羽嗜茶，著《经》三篇，言茶之原、之法、之具尤备，天下益知饮茶矣。时鬻茶者至陶羽形置炀突间，祀为茶神。"[14]此亦可见《茶经》在有唐一代影响之大。

唐人谓陆羽"始创煎茶法"，然而从历史的源流来看，煎茶法并非陆羽灵机一动的个人发明，而是建立在采叶煮羹与茶饼碾末冲饮二者基础上的改良。《茶经》

---

[10] 徐坚《初学记》卷十九人部下，清光绪孔氏三十三万卷堂本。

[11] 李昉《太平御览》卷第八百六十七饮食部二十五转引《广陵耆老传》，《四部丛刊三编》景宋本。

[12] 杨晔《膳夫经手录》，清初毛氏汲古阁钞本。

[13] 陆羽《茶经》卷下转引《广雅》，宋《百川学海》本。

[14] 欧阳修《新唐书》卷一百九十六列传第一百二十一《陆羽传》，清乾隆武英殿刻本。

称："饮有粗茶、散茶、末茶、饼茶者。乃斫、乃熬、乃炀、乃春，贮于瓶缶之中，以汤沃焉，谓之痷茶。或用葱、姜、枣、桔皮、茱萸、薄荷之等，煮之百沸，或扬令滑，或煮去沫。斯沟渠间弃水耳，而习俗不已。"[15]陆羽所述之痷茶，正是《广雅》所谓荆巴惯用的茶饼碾末冲饮法；所谓加调味料"煮之百沸"，正是吴人惯用的采叶煮羹法。如前所述，这两种饮茶法是此前习俗最常用之法，而陆羽贬之为"沟渠间弃水"，显然是认为冲饮不如煮饮更能激发出茶味，煮茶叶则不如煮茶末更能培育出茶香，至于乱加调味料更是掩盖了茶叶本身的味道。陆羽实际上采纳了茶饼碾末冲饮法的前半段"（茶饼）先炙令赤色，捣末"，又采纳了采叶煮羹法的后半段"煮之百沸"、"或煮去沫"，而去掉了乱加调味料的做法，盖因既不直接咀嚼食用茶叶，则无需用葱、姜等调料来掩盖其苦味，而只需增添些许盐分来提高鲜度。唐代以后的学者对于陆羽的贡献往往过于推崇，实际上他对茶的贡献并非革命创新性的，而茶艺的集成改良者。

陆羽虽然在后世声誉鹊起，几至永垂不朽，但从典籍中的记载来看，陆羽在世时的影响力并不能算很广，他被最终被捧上神坛要到几十年后。封演《封氏闻见记》云：

> 陆鸿渐为《茶论》，说茶之功效并煎茶、炙茶之法。造茶具二十四事，以都统笼贮之，远近倾慕，好事者家藏一副。有常伯熊者，又因鸿渐之《论》广润色之，于是茶道大行，王公朝士无不饮者。御史大夫李季卿宣慰江南，至临淮县馆，或言伯熊善茶者，李公请为之。伯熊著黄被衫、乌纱帽，手执茶器，口通茶名，区分指点，左右刮目。茶熟，李公为歠两杯而止。既到江外，又言鸿渐能茶者，李公复请为之。鸿渐身衣野服，随茶具而入。既坐，教摊如伯熊故事。李公心鄙之，茶毕，命奴子取钱三十文酬煎茶博士。鸿渐游江介通，狎胜流，及此羞愧，复著《毁茶论》。[16]

陆羽在《茶经》中所叙述了二十四种茶具，并宣称"城邑之中，王公之门，二十四器阙一则茶废"，[17]故而"好事者家藏一副"，以供炫耀身份之用。陆羽虽因此为"远近倾慕"，但影响地域并未超出江外，以至自京城而来的御史李季卿并不了解其人，而鄙之为提壶续水的茶博士。常伯熊对陆羽《茶论》（即《茶经》）有润色之功，乃令"茶道大行"，他在当时的影响力完全不亚于陆羽，这也可以从李季卿对二人不同的态度中看出。陆羽因此羞愧难当，不仅著《毁茶论》，甚至改名

---

[15] 陆羽《茶经》卷下，宋《百川学海》本。
[16] 封演《封氏闻见记》卷六，清文渊阁《四库全书》本。
[17] 陆羽《茶经》卷下，宋《百川学海》本。

158

为陆疾，字季疵，即取"疾季疵"之意。[18]封演约与陆羽同时，其书所载多为亲眼目睹，此事记载当可采信。但同样的一件事，在几十年后张又新的《煎茶水记》中却模样大变：

> 代宗朝李季卿刺湖州，至维扬，逢陆处士鸿渐。李素熟陆名，有倾盖之欢，因之赴郡。至扬子驿，将食，李曰："陆君善于茶，盖天下闻名矣。况扬子南零水又殊绝。今日二妙千载一遇，何旷之乎！"命军士谨信者，挈瓶操舟，深诣南零，陆利器以俟之。俄水至，陆以勺扬其水曰："江则江矣，非南零者，似临岸之水。"使曰："某擢舟深入，见者累百，敢虚绐乎？"陆不言，既而倾诸盆至半，陆遽止之，又以勺扬之曰："自此南零者矣。"使蹶然大骇，驰下曰："某自南零赍至岸，舟荡覆半，惧其鲜，挹岸水增之。处士之鉴，神鉴也，其敢隐焉！"李与宾从数十人皆大骇愕。李因问陆："既如是，所经历处之水，优劣精可判矣。"陆曰："楚水第一，晋水最下。"李因命笔，口授而次第之。[19]

原本令陆羽羞愧难当的耻辱经历，几十年后却变成了他大放异彩的奇特表演，而常伯熊之事迹则完全消失不见，这显然是陆羽地位攀升后的附会之作。下文陆羽次第罗列二十种水高下，亦与《茶经》所云原理相矛盾。张又新谓此书元和九年（公元814）得自楚僧囊中，又于几十年后始出之，当系假托之词。这一典故的情节逆转，反映出在《茶经》诞生后的几十年内，陆羽的影响力日益增加，终于最终攀上神坛，为后世所膜拜。今本《茶经》中有几处文字似非出自陆羽之手，学者多据此以为《茶经》曾经陆羽数次修订，笔者则推测此类文字属常伯熊的润色之语，惟陆羽身价攀升之后，常伯熊的贡献完全被抹杀，其名气与影响力也随之逐渐消散。

《新唐书》称自《茶经》诞生之后，"天下益知饮茶矣"，此语亦不可过分解读。《茶经》成书时间虽有分歧，但最早的记载为上元辛丑（公元761），此时《茶经》仍"贮于褐布囊"中，[20]并未传世流行。《封氏闻见记》称："开元（公元713-741）中，泰山灵岩寺有降魔师大兴禅教，学禅务于不寐，又不夕食，皆许其饮茶。人自怀挟，到处煮饮，从此转相仿效，遂成风俗。自邹、齐、沧、棣渐至京邑，城市多开店铺煎茶卖之，不问道俗，投钱取饮。其茶自江、淮而来，舟车相继，所

---

[18] 陆廷灿《续茶经》卷下之三转引《湘烟录》："闵康侯曰：羽著《茶经》，为李季卿所慢，更著《毁茶论》。其名疾、字季疵者，言为季所疵也。"

[19] 张又新《煎茶水记》，明刻《百川学海》本。

[20] 李昉《文苑英华》卷七百九十三《陆文学自传》，明刻本。

在山积，色额甚多。"[21]正因为饮茶之风大兴，是以建中三年（公元782）九月丁亥，朝廷"乃于诸道津要置吏税商货，每贯税二十文，竹、木、茶、漆皆什一税一"。[22]此亦可见在《茶经》诞生之前，茶叶已成为当时颇为大宗的货物，故被纳入税收行业。《茶经》对饮茶之风或有推波助澜的功效，但既非肇启者，亦非主要的倡导者，真正令饮茶之风盛行中原的关键，实际上来源于佛寺的禅修。唐代佛教之风盛行，而禅修最忌昏沉掉举，茶的醒神作用就颇受看重，甚至陆羽本身亦长成于寺院之中，其与茶结缘或自此开始。今陕西扶风县法门寺所出土的唐代皇帝所用茶具，绝大多数为精美的金银器，是唐懿宗、唐僖宗等帝王供奉佛指舍利的器物，同样也揭示了茶道与佛教之间的关联。而其中有一件鎏金伎乐纹调达子，于咸通十五年（公元874）被封存于地宫，其功能为将茶末与各种调味料调制成糊状，然后加沸水稀释为茶汤，而这正是被陆羽贬为"沟渠间弃水"的饮茶方式。由此可见，直到《茶经》诞生后的上百年，陆羽所创的煎茶法仍然没有在宫廷中占据主流。

唐代寺院不但是饮茶的倡导者，也是用茶的主力军。由于佛教鼓励众生布施，以作为积累来世福德的重要手段，故茶叶也成为供奉寺院的重要物资。据圆仁《入唐求法巡礼行记》记载，唐代开成五年（公元840）表施五台山十二大寺"细㲲五百领，绵五百屯，袈裟布一千端（青色染之），香一千两，茶一千斤，手巾一千条"，且注明此为"每年常例"。[23]除类似的年例外，逢佛诞法会、高僧忌辰等节庆日又有恩赐。据大历三年（公元768）不空《谢恩命为先师设远忌斋并赐茶表一首》所称："伏奉恩命，今月十五日故大弘教三藏远忌，设千僧斋，赐茶一百一十串。"[24]大历十二年惠朗《谢斋馔茶表一首》称："伏奉今月十四日设一千僧斋，赐茶二百串。"[25]类似对于寺庙的赏赐皆为司空见惯之事，而所赐物中多有茶饼。

寺庙内僧众数量颇多，每日消耗茶叶量极大，而陆羽所倡导的煎茶法，使用工具较多，相关步骤费时费力，每炉出茶不过五碗，且前碗与后碗味道又有等差，茶味的好坏还与煮茶者的水平直接相关，实际上只适合上层贵族的茶道讲究之用，并不适合僧众平民日常引用。因此缘故，唐代中晚期寺院中所流行的饮茶法，实际上并非陆羽所创的茶末煮饮法，而是茶饼碾末冲饮法，只是在许多步骤上借鉴

---

[21] 封演《封氏闻见记》卷六，清文渊阁《四库全书》本。

[22] 刘昫《旧唐书》卷十二本纪第十二《德宗 上》，清乾隆武英殿刻本。

[23] 白化文等校注《入唐求法巡礼行校注》，花山文艺出版社，1992年，第296页。

[24] CBETA汉文《大藏经》18史传部类所收《代宗朝赠司空大辨正广智三藏和上表制集》卷第一，No. 2120。

[25] CBETA汉文《大藏经》18史传部类所收《代宗朝赠司空大辨正广智三藏和上表制集》卷第一，No. 2120。

了前者的作法。寺庙茶风最主要的改变是去掉了习俗所惯用的各种调味料，而这很难说就是由于《茶经》所倡导的缘故，因为葱类本身属于僧人严禁食用的荤菜，而僧人"过午不食"的戒律也禁止以饮茶为名兼吃枣、桔皮之类调味品。唐代佛法极盛，寺院亦招待施主与信众饮茶，故其法亦波及至广大民众之中。唐代麻谷、南泉的"煎茶婆公案"中，述及"煎茶一瓶，携盏三只至"，[26]亦可窥见民间习俗之法与陆羽茶末煮饮法之差别。过去学者在评点《茶经》对于唐朝饮茶风气的影响时，往往会犯盲目夸大的错误，实际上陆羽煎茶法的主要受众为一般的贵族官员或富裕之家，并非社会的主流人群。

包括圆仁在内的日本求法僧侣，所经寺院、民居无不饮茶，而官员、僧友相赠之物也多为茶叶，自然很容易地形成了饮茶的习惯。圆仁行至莱州，偶遇无人施斋，甚至依靠"出茶一斤，买得酱菜"，[27]可见茶叶不仅已成为他随时携带之物，也是被当时民众所普遍接受的商品。唐代来华的日僧空海、最澄、永忠等，在中国时所接触的主要人群，除了寺院僧侣，还有上流社会的各类官员，因此无论是民间习俗之法还是陆羽的煎茶法，他们都有所体验。但当这些日本僧人把中国习以为常的茶叶携带回本国之后，情况却发生了改变。日本并非茶叶的原产国，因此茶叶这种舶来品一开始就属于珍稀之物，不仅直接拥有者不多，试验栽培后的产量亦不高，以至于永忠亲自煎茶作为奉献嵯峨天皇之用。既然茶叶在日本只是少数人能享用的奢侈品，陆羽的煎茶法自然更为适合。据日本平安时代《经国集》所载《和出云巨太守茶歌》云："纱中漉仍银镰子，兽炭须臾炎气盛，盆浮沸浪花。起巩县垸闽家盘，吴盐和味味更美。"[28]纱中漉、沸浪花、吴盐和味等等，此显然出自陆羽《茶经》所创茶末煮饮法。

概言之，《茶经》诞生后的这一段时期，是中国茶道开始东传日本，日本原样模拟唐代上流社会饮茶方式的时期。此期中国饮茶之风已开始波及全国，主要的倡导者和活动场所为寺院，以及受寺院之风影响所产生的各种民间茶棚，而饮茶的目的主要看重其功用性（醒神、解渴等），煎茶方式以茶饼碾末冲饮法为主流，陆羽所创的茶末煮饮法则流行于贵族群体之中。日本此期的饮茶风气仍然停留在自唐朝输入的模样，几乎没有自己的特色，其主要倡导者亦为寺院僧侣，所盛行之法则以陆羽所创的煎茶法为主。

二、宋代点茶法的盛行与日本末茶道的崛起

自五代至宋，饮茶之风愈加盛行，从帝王至平民几乎到了日日饮茶的地步，

---

[26] CBETA 汉文《大藏经》18 史传部类所收《优婆夷志》，X1621。

[27] 白化文等校注《入唐求法巡礼行校注》，花山文艺出版社，1992 年，第 239 页。

[28] 收入《日本古典文学大系》，岩波书店，1965 年。

如《梦粱录》所云："人家每日不可阙者，柴米油盐酱醋茶。"[29]随着饮茶人数的增加，各色名目、档次的茶饼也渐次出现。福建是宋代最主要的贡茶产地，北苑御茶更是名震天下，备受朝廷上下所追捧。《宣和北苑贡茶录》载："太平兴国初（公元976）特置龙凤模，遣使即北苑造团茶以别庶饮，龙凤茶盖始于此。"[30]宋真宗时，丁谓为福建转运使，监造贡茶为龙团、凤团，"贡不过四十饼，专拟上贡，虽近臣之家，徒闻而未见"；[31]宋仁宗时，蔡襄任福建转运使，又将丁谓所创造的大龙团改制为小龙团，"尤极精好，被旨号为上品龙茶，仍岁贡之"。[32]据欧阳修《归田录》叙述："凡二十饼重一斤，其价直金二两，然金可有而茶不可得。"[33]宋徽宗时，郑可简任福建转运使，又制银线小芽号"龙团胜雪"，并把团茶分成细色五纲（试新、贡新、龙团胜雪、无比寿芽、太平嘉瑞）等四十三个品种，粗色七纲（小龙小凤、大龙大凤、不入脑上品、栋芽小龙、不入脑小凤、入脑大凤、入脑小凤）等三十一个品种。元丰七年（公元1084），福建路转运副使王子京上疏言："建州岁出不下三百万斤，南建州亦出二十余万斤。"[34]以上还仅是福建、海南两地而已，而其余各省亦皆种茶树，本地出产的茶类更是五花八门，每年产茶数量难以估算。茶叶档次的细致区分、茶叶产量的急剧攀升，让人们不但开始讲究茶叶的产地与质量，甚至沏茶的水质、饮茶的器皿、搭配的茶点也日益讲究起来，类似的因素必然带来茶道的进一步完善。

宋代饮茶盛行点茶法，其法实际上是对唐代茶饼碾末冲饮法与茶末煮饮法的进一步改进。在茶饼炙烤、研磨为茶末方面，三者步骤基本类似，但点茶法既非以锅煎煮茶末，亦非将茶末置于瓶中沸水冲泡，而是置茶末于茶盏，添加少量沸水，用茶筅快速搅动均匀，之后再添水分茶。此外，宋代茶类更为丰富，点茶所用茶末，不仅可用茶饼碾磨，也可以选用团茶、草茶（散茶）碾磨。碾茶为末、以罗筛细、加炭煮水等项均为粗重之活，身份富贵者皆不屑为之，惟点茶一项，看似只是微小的改进，却成为增加饮茶乐趣、点评茶艺高低的关键所在。主人不仅能体会到亲自动手的乐趣，而茶末在搅匀的过程中会产生乳花（泡沫），又能直接观察到茶汤的颜色转变，因此可以作为鉴别茶叶质量及所用水质的依据。

饮茶方式的变化，让唐代形成的两大饮茶群体——文官集团与僧众集团，继续沿着各自的特性向前发展，并出现了一定程度的融合。宋代皇帝经常召集官员

---

[29] 吴自牧《梦粱录》，清《学津讨原》本。

[30] 熊蕃《宣和北苑贡茶录》，清《读画斋丛书》本。

[31] 张舜民《画墁录》，明《稗海》本。

[32] 蔡襄《端明集》莆阳居士蔡公文集卷第二《北苑十咏》自序，宋刻本。

[33] 欧阳修《欧阳文忠公集》归田录卷第二，《四部丛刊》景元本。

[34] 李焘《续资治通鉴长编》卷三百四十九，清文渊阁《四库全书》本。

举行茶会，遍列茶点瓜果，君臣品茶赋诗，同乐太平；贵族文人之间，不仅时常馈赠精茶，也时常举行雅会，斗茶为乐。宋代文官集团间斗茶之风大盛，据江休复《嘉祐杂志》云："苏才翁与蔡君谟斗茶，蔡茶精，用惠山泉；苏茶少劣，用竹沥水煎，遂能取胜。"[35]从斗茶的描述可以看出，茶已经超出了日常饮用的功能，成为一项比拼胜负的娱乐活动，茶质、水质均需用心讲究。宋代瓷器烧制极为发达，在点茶的过程中，款式、色泽合适的茶盏可以令茶色更为漂亮，因此拣选、品评茶盏也成为茶艺中重要的一环。《大观茶论》云："盏色贵青黑，玉毫条达者为上，取其焕发茶采色也。底必差深而微宽，底深则茶宜立，易于取乳；宽则运筅旋彻，不碍击拂。"[36]对茶艺的细心钻研，也催生像《茶品要录》《茶录》《斗茶记》等各类茶道著作，从茶叶的产地、采摘到点茶、斗茶的技巧，几乎涉及到茶事的一切步骤。甚至贵为帝王的宋徽宗，也耗费心思钻研茶道，亲自撰写《大观茶论》二十篇，汇集茶事心得，见解极为精辟。

与文官集团相对，僧众集团戒禁对物质的贪求，僧众间讲究气氛和合，因此对于斗茶娱乐并不热衷。僧众集团将饮茶视为日常功课之一，其用途在于调节身心，下可维护僧人威仪，上可藉以参禅悟道，因而针对如何饮茶形成了一整套的典章规范。寺院一般都设有茶寮，有专门负责其事的茶头、施茶僧，定时敲击茶鼓召集僧众吃茶，期间必须遵守各类的茶礼条文，逢佛成道日、涅槃日等节庆日还要举行专门的供茶仪式。《景德传灯录》记载僧人日常生活云："晨朝起来洗手面，盥漱了吃茶，吃茶了佛前礼拜。……打睡了起来洗手面、盥漱，起来洗手面盥漱了吃茶，吃茶了东事西事。……上堂吃饭了盥漱，盥漱了吃茶，吃茶了东事西事。"[37]既然饮茶成为僧人日常的重要功课之一，相关的仪程条文自然日益详备。晚唐怀海和尚曾制定《百丈清规》，此规章至宋代一再修订，衍生出《禅院清规》《丛林校定清规总要》等名目，并逐渐成为大部分禅林寺院的共守典章。今通行本《敕修百丈清规》为元代所修，其中包含有二十五条茶事仪式，对于佛像器具的摆放、茶事的主持、宾主的位置、彼此的问讯都规定无疑。许多高僧同时也是点茶能手，并以茶道作为媒介，与文人集团有所交往。如南屏净慈寺的谦师，自称其艺"得之于心，应之于手，非可以言传学到者"，并曾专程为苏轼表演点茶。苏轼赋诗相赠，对其技艺大为赞扬，其中又有"忽惊午盏兔毛斑"之句，可知谦师对于茶盏拣选亦颇为讲究。[38]宋代禅宗流行参话头的修行方式，因此茶事与悟道

---

[35] 周辉《清波杂志》卷第四转引《嘉祐杂志》，《四部丛刊续编》景宋本。

[36] 赵佶《大观茶论》，载《中国历代茶书汇编》，商务印书馆，2007年，第105页

[37] 释道原《景德传灯录》卷第二十六，《四部丛刊三编》景宋本。

[38] 苏轼《苏文忠公全集》东坡续集卷一《南屏谦师妙于茶事，自云得之于心、应之于手，非可以言传学到者。十月二十七日闻轼游寿星寺，远来设茶，作此诗赠之》，明成化本。

也紧密联系到了一起。《五灯会元》云："问：'如何是和尚家风？'师曰：'饭后三碗茶。'"[39]赵州禅师"新到吃茶，曾到吃茶，若问吃茶，还是吃茶"的公案，更是深入人心，影响力波及日本、韩国等地。

中国文官集团的斗茶风气与僧众集团的茶礼禅机，都经由日本求法僧侣再次东传，而茶叶更是大规模出口日本。镰仓时代，日僧荣西曾摘取宋代《太平御览》中的部分段落，又结合中医药理，撰写成《吃茶养生记》一书，对茶叶的药用价值做了详细的阐述，为茶文化在日本的普及做了很好的宣传。日本的社会阶层与地理环境与中国存在较大差异，斗茶之风虽然传到日本，但其主体则为新崛起的武士阶层，其方式则主要为品尝其味道，辨别出本茶（栂尾茶）与非茶（其他茶），至于茶筅搅拌等工作则由仆从担任。日本的烧瓷工艺相对落后，而武士并不亲自点茶，因而在中国茶道中备受看重的茶盏在日本茶道中并不突出，与之相反，储存茶末的茶入则备受关注。类似初花肩冲、付藻茄子这一类的茶入，其形制和精美度在中国瓷器中并不突出，但在传入日本后却成为无上神品。兼之日本的地理环境差异并不大，无法像中国那样区分各地山泉水质，若企图在茶叶、水质、器皿上进行更细的区分，这种前进的空间并不大。

日本茶道（末茶道）由村田珠光、武野绍鸥奠基，至千利休而集大成。从点茶的形式上看，基本继承了中国宋代的茶道模式，但其形成时间约在两百年后，其时中国已至明代。日本茶道的精髓，在于借鉴了中国僧侣集团所创制的茶礼仪式，但将其转移至寺院之外的茶室（书院、草庵等）中，不仅进行了布局设计上的创新，还赋予了茶道更高层次的精神追求，将其作为虔诚悟道的一种修行体验。最早将茶与禅结合在一起的虽然是中国高僧，但他们不过是借茶说禅，认为茶中有禅，但实际上茶仍是茶，禅仍是禅，饮茶本身并不能代替佛法修行。如宝禅师的"饭后三碗茶"，在中国高僧的话语体系中，与守初禅师的"麻三斤"、赵州禅师的"庭前柏树子"、慧海禅师的"饥来吃饭，困来即眠"实际上并无二致，只为陈述百姓日常即是道，禅意无处不在。而日本的茶道则强调"茶禅一味"，对于茶道的施行制定了成千上万种规则、法度，具体到先迈哪一只脚、每步的距离有多大都纤毫不乱，将茶道完全视为一种修行，在这里茶道就是禅修，茶室即是禅室。日本茶道的家主均有寺院参禅的经历，而最终又回归茶道，在茶庭与茶室中营建出自己内心的一片净土，其间一花一木、一画一炭、一瓶一罐的布置都要体现出自己心境的高下，乃至反映出自己的美学追求，这与中国寺院中大同小异的茶事招待也并不相似。千利休称"佛之教便是茶之本意"，又称自己"朝夕以禅林清规

---

[39] 释道原《景德传灯录》卷第十二，《四部丛刊三编》景宋本。

为本，追求茶道之本意"，[40] 这是一种借禅说茶、禅中有茶式的思维模式，而其茶道最终的目标又重新回归到禅。为此完善自己的茶道，千利休甚至主动抛弃了精美的茶具，而用平民的粗茶碗、渔民的小竹笼作为布置茶室的器皿，因为只有弃尽繁华后的朴质，才是真正本然的、纯真的美丽，如其所云："须知茶道之本不过是烧水点茶。"[41]

更为难得的是，日本的茶道是一种主客双方相配合的演出。要完成一场优雅的茶会，不仅需要茶艺高明的主人，同样需要眼力不凡的客人。客人要有能力把握并体味到主人的苦心布置，适度地给予肯定与赞美，这样才不会产生一种对牛弹琴式的浪费。千利休曾由衷感慨："如果由赵州作主人，达摩作客人，我和你为他们打扫茶庭的话，该是真正的茶道一会了。"[42]赵州禅师的点茶技艺未必能超越千利休，但他在禅意上的领悟要更胜后者，因而在千利休心中，他才是比自己更高明的主人；达摩被视为中国禅宗的祖师，地位和境界更为超然，自然能品味并点评出赵州一切布置中所蕴含的深意。这样的主人和这样的客人，才称得上是完美的茶道，因为日本茶道的归宿是禅，而非茶。

三、明代以后泡饮法的兴起与日本煎茶道的出现

中国最庞大的饮茶群体，既非文官集团亦非僧众集团，而是出于社会底层的平民百姓。因为平民百姓并没有自己独立的茶艺追求，要么攀附于前两者，要么干脆自甘平庸，以廉价、简易为尚。南宋之后，散茶逐渐盛行。《文献通考》云："茗有片、有散，片者即龙团旧法，散者则不蒸而干之，如今之茶也。始知南渡之后，茶渐以不蒸为贵矣。"[43]据元代王祯《王祯农书》所记载，元代时茗茶、末茶、蜡茶三者并行，蜡茶即宋代龙凤团茶，"此品惟充贡献，民间罕见之"；末茶即北宋文官、僧侣点茶法所用者；茗茶则"择嫩芽，先以汤泡去熏气，以汤煎饮之，今南方多效此"。[44]盖平民百姓既无力讲究茶质、水质、器皿，更无心遵守寺院的各式茶礼，遂取散茶直接煮汤或加水冲泡，反而形成了一种独特的朴质风尚。明代初定天下，太祖朱元璋出身寒微，爱惜民力，遂罢造龙团，惟采茶芽以进。由于帝王行政力量的大力倡导，泡饮法随之大兴，并一直延续到今天，成为中国人最主要的饮茶方式，而点茶法则迅速没落，并最终退出中国历史舞台。

---

[40] 《南方录》，日本淡交社影印本，1986 年。

[41] 《南方录》，日本淡交社影印本，1986 年。

[42] 《南方录·灭后》，日本淡交社影印本，1986 年。

[43] 谢肇淛《五杂组》卷十一转引《文献通考》，明万历四十四年潘膺祉如韦馆刻本。

[44] 王祯《王祯农书》卷三十六谷谱十，清乾隆武英殿刻本。

泡茶法"惟取初萌之精者，汲泉置鼎，一瀹便啜"，[45]省时省力，本为下层百姓取其方便之意，但这与日式茶道"弃尽繁华后的朴质"实有异曲同工之妙，而且表现得更为干净利索。这种看似毫无艺术性的饮茶方式，却备受明代文人所推崇，他们认为宋代的龙凤团茶往往"杂以诸香，饰以金彩，不无夺其真味。然天地生物，各遂其性，若莫叶茶烹而啜之，以遂其自然之性也"，[46]甚至认为泡饮法"遂开千古茗饮之宗，……陆鸿渐有灵，必俯首服；蔡君谟在地下，亦咋舌退也"。[47]明代阳明心学兴起，其王学左派倡导"百姓日用即是天理"、"满街都是圣人"，太祖爱惜民力的做法却与禅学、理学的悟后境界暗合，这不能不说是一种历史的宿命。盖繁华绚烂终究归于一时，只有日用常事方能垂之久远，中国文化中质朴冲淡的成份一直在茶道背后存在，并最终走向前台，占据了上风。千利休称"茶道之本不过是烧水点茶"，此境界仍可更进一步：茶道之本不过是水与茶。若茶道的最终目的是参禅悟道，则泡茶法要比点茶法更贴近事物的本来面目，此可为大智慧者道，然百姓日用却不能自知；若茶道的最终目的是追求一种人为所创造出的美，则泡茶法实际上已经走向了它的反面，很难称得上是一种艺术。

泡茶法东传日本后，又促成了日本煎茶道的诞生。但其时末茶道已经在日本全面繁荣，不仅形成了严格的仪式礼节，而且诞生出大量的流派，茶道的体系已经非常完备。煎茶道无力挑战末茶道的统治地位，更无力构建新的茶道体系，因而只是将其中的点茶法更换为泡茶法，其余方面则全面继承并借鉴了末茶道的做法。加之日本已进入全面学习欧美文化的改革期，更为看重舞台的、艺术的美，不再以中国文化作为参照与导向，因而对泡茶法这种极为简易的方式难以产生共鸣。中国、日本原为同根所生的茶道，终于在这里分道扬镳，并各自沿着不同的道路继续前进。

千利休之后，日本茶道（无论是末茶道还是煎茶道）在艺术细节的追求方面有了更多的进展，但在茶禅一味的境界上却始终无法超越这位宗师的水准。今天的日本茶道，似乎在以身体为媒介，重复描摹、演绎千利休等人当年所领悟的一切，但外在举止的精细刻画始终无法代替心境的超然忘我。茶道虽美，却终究不是真实的生活；艺术中可以蕴含禅意，却终究不是禅本身。

---

[45] 沈德符《万历野获编》补遗卷一《供御茶》，清道光七年姚氏刻同治八年补修本。
[46] 朱权《茶谱》，载《中国历代茶书汇编》，商务印书馆，2007年，第174页。
[47] 沈德符《万历野获编》补遗卷一《供御茶》，清道光七年姚氏刻同治八年补修本。

中国早期社会主义传播的日本中介

陆扬（复旦大学中文系）

The Japanese Agency in Early Spreading of Socialism in China

Lu Yang（Department of Chinese, Fudan University, ）

【Abstract】 Before the influence of Russia's October Revolution, the Chinese journey of Marxism as well as socialism is basically a voyage though Japanese media. At least eight works on socialism translated from Japanese published during 1902 to 1904. However, the most significant one, Kotoku Shusui's *Socialist Ideology* consist itself of a brief history of socialist communication covered more than half a century since its first Chinese version came out in 1906, three years after its first edition in Japan. Accompany with the repeated reprint of Shusui's work till 1963, the Chinese image of Marx developed from a famous leader of workers to the founder of scientific socialism.

【Keywords】 Marx, Socialism, Benjamin Kidd, Kotoku Shusui

一、马克思的最初介绍

中国本土作者第一次谈到马克思，一般认为是梁启超化名"中国之新民"，刊于改良派咽喉《新民丛报》第十八号上的《进化论革命者颉德之学说》一文。本杰明·颉德（Benjamin Kidd）英国社会学家，其 1894 年由麦克米伦公司在伦敦和纽约出版的《社会进化论》（*Social Evolution*）一书，由浸礼会传教士李提摩太（Timothy Richard）节译出前三章内容，复由《万国公报》的华文主笔蔡尔康用文言敷出，易名《大同学,》连载于 1899 年 2 月至 5 月《万国公报》的第 121 至 124 册。马克思的名字传入中国，迄今所见，最初是见于这一文献。具体说，是 1899 年 2 月《万国公报》第 121 期上《大同学》第一章中以"其以百工领袖著名者，英人马克思也"[1] 开头的一段话，全文统共不足 200 言。1899 年 5 月，《万国公报》的东家上海广学会印行《大同学》全本，李提摩太撰写序言，全书十章的标题译文和原文分别是：

一、今世景象（The Outlook），二、进境（Conditions of Human Progress），三、相争相进之理（There is no Rational Sanction for the Conditions of Progress），四、人世第一大事（The Central Feature of Human History），五、大道关系于兴世（The

---

[1] 本杰明·颉德著：《大同学》，李提摩太译，蔡尔康撰文，载《万国公报》，第 121 期，1899 年 2 月，

167

Function of Religious Beliefs in the Evolution of Society），六、泰西教化［上］
（Western Civilization），七、泰西教化［下］（Western Civilization）[continued]，八、
今世养民策（Modern Socialism），九、教化本于道心非出于学术（Human Evolution
is not primarily Intellectual），十、总结（Conclusion）。

对照这个译名章目，可以见出西学东渐初期鲜明的精英文化意识。翻译即便
是一手传一手又传一手，就像林纾那样同原本之间还有一层中介，也能做到融会
贯通、触类旁通。如将今译宗教信仰的 religious belief 译作"大道"，社会进化
evolution of society 译作"兴世"，社会主义 socialism 译作"养民策"，intellectual
译作"学术"等。可以说，这是在日语中汉字译名全面登陆之前，中国接受西学
的原生态译笔，其实值得充分重视。

梁启超撰文《进化论革命者颉德之学说》，此时距《大同学》全书刊布，已
经三年过去。但是诚如标题所示，梁启超这篇文章鼎力推举的是本杰明·颉德。
文章开篇便说，20世纪揭开帷幕，年余之中名人著述、鸿篇巨制多有面世。但是
能够独辟蹊径，卓然成一家之言，且影响被及世界与将来者，必推颉德的《泰西
文明原理》。梁启超对颉德情有独钟，固然非空穴来风。可是包括1902年出版的
《泰西文明原理》（*Principles of Western Civilization*），颉德后期著作影响事实上
无一可匹他1894年一鸣惊人的《社会进化论》。此书2009年剑桥大学出版社又
予再版，足见它对于今日社会学的反思，也并非就是明日黄花。颉德的社会进化
论理论渊源主要来自斯宾塞和马克思，从斯宾塞那里他读到物竞天择的达尔文主
义，从马克思那里读到了阶级斗争。但是颉德对斯宾塞和马克思都不以为然，反
之寄希望于基督教的心灵教化。认为惟其如此，社会才可望在一片爱的祥和气氛
中，步入正途。颉德同样反对社会主义，认为未来社会将为个人才情的发展提供
极大空间，故而竞争将发生在个人中间，而不是在集团中间。而社会主义呼吁平
等，其结果只能是助长低层阶级的惰性，让社会变得毫无生气，失去竞争力。颉
德的这些思想对于暮气沉沉的贫弱中国无疑是具有吸引力的。梁启超甚至认为颉
德比较马克思，是"百尺竿头，更进一步"：

> 虽然，以斯宾塞之睿智，创"综合哲学"，自谓借生物学之原理，以定
> 人类之原理，而其于人类将来之进化当由何途，当以何为归宿，竟不能确实
> 指明，而世界第一问题，竟虚悬而无薄。故麦喀士（日尔曼人，社会主义之
> 泰斗也）嘲之曰："今世学者，以科学破宗教，谓人类乃由下等动物变化而
> 来。然其变化之律，以人类为几点乎？抑人类之上，更有他日进化之一阶级
> 乎？彼等无以应也。"赫胥黎亦曰："斯宾塞之徒，既倡个人主义，又倡社会

168

主义（即人群主义）。然此两者，势固不可以并存，甲立而乙破，乙立而甲破。故斯氏持论虽辩，用心虽苦，而其说卒相消而无所余。"此虽过激之言，亦实切当之论也。虽然，麦喀士、赫胥黎虽能能人，而不能解难于人。于是颉德乃百尺竿头，更进一步，于一千八百九十四年，初著一书，名曰《人群进化论》，以解此问题。[2]

这段文字是马克思第一次进入中国知识分子自己的叙述系统，它的背景不是别的，依然还是本杰明·颉德《大同学》的社会进化论。我们看到梁启超以马克思并提赫胥黎，认为两人虽然言语过激，但是对于社会进化论有补偏救弊的镜鉴之功。只是比较颉德这位今日已经很少有人提起的英国学者，马克思和赫胥黎还是显得功亏一篑。值得注意的是，梁启超这一回用《人群进化论》来对译颉德的《社会进化论》，没有沿用此书三年之前《大同学》的中译名。马克思的译名，也转换成一个更具有本土色彩的名字"麦喀士"。这是不是意味着梁启超的马克思叙述另有来源？即是说，考察从《大同学》到《进化论革命者颉德之学说》，这一从移译到叙述的马克思最初的中国之旅，中间是不是还存在一个迄今尚未发现的迷失环节？

从梁启超的转述来看，马克思在是时中国的知识视野中，已经成为社会主义当仁不让的代表人物。如果说马克思的社会主义同其他社会论、国家论、人民论、民权论等等有什么不同，那就是鲜明的阶级斗争意识。一如《大同学》中之所言，纠股办事之人，其权笼罩五洲，穷黎既至其时，实已计复无之，除了奋起反抗，别无他途。梁启超上文援引颉德的话，再一次提到了马克思时，着目的也还是阶级冲突：

> 今之德国，有最占势力之二大思想，一曰麦喀士之社会主义，二曰尼志埃之个人主义（尼志埃为极端之强权论者，前年以狂疾死，其势力披靡全欧，世称为十九世纪末之新宗教）。麦喀士谓今日社会之弊，在多数之弱者为少数之强者所压伏；尼志埃谓今日社会之弊，在少数之优者为多数之劣者钳制。[3]

尼志埃即尼采，这一回是马克思和尼采并论，一样是重申强与弱、优与劣的社会两极分化。但是很显然梁启超更愿意认同颉德的评价，所谓二者虽皆持之有故、言之成理，其目的皆在现在，而未能展望将来。换言之，独有颉德鼎力鼓吹的社会进化论，不但切中现时势必，而且可为将来所用。这里梁启超已经相当娴熟地

---

[2] 梁启超：《进化论革命者颉德之学说》，《新民丛报》，第十八号，1902 年 10 月。
[3] 梁启超：《进化论革命者颉德之学说》，《新民丛报》，第十八号，1902 年 10 月。

在使用"社会主义"这个从日本转道而来的 socialism 汉语译名。在"养民策"、"人群主义"等名称相继流行过之后,"社会主义"终于尘埃落定,替代进化论,成为约定俗成的天下大同之学的名称。

二、从进化论到社会主义

这一时期蔚然成风的社会主义中国译介和本土传播,同日本正在兴起的社会主义运动有着千丝万缕的联系。在所谓"十月革命一声炮响,送来马克思主义"之前,马克思主义的中国之旅主要是假道日本的见解引介。马克思成为举足轻重的划时代人物,经历了一个日渐清晰的过程。如马君武 1903 年 2 月 15 日发表在《译书汇编》第二年第十一号之上的《社会主义与进化论比较》一文,开宗明义就说,社会主义发源于法国人圣西门、傅里叶,中兴于法国人路易·勃朗、蒲鲁东,极盛于德国人拉萨尔、马克思。换言之,社会主义的内涵和外延较马克思主义要广泛得多,它并不是马克思的专利。这很大程度上也是先行一步,接受西学的东邻日本影响使然。

就目前可以找到的材料来看,从梁启超刊布《进化论革命者颉德之学说》的 1902 年到 1904 年这三年之间,中国至少出版了八种译自日文的社会主义推介专著。其中值得注意的是东京大学英语教授村井知至所著的《社会主义》一书。村井知至是 1898 年成立的日本社会主义研究会会长。此书应是社会主义日本化的一个硕果,被认为是日本第一部真正的社会主义文献。作者本人是基督教徒,所以不奇怪全书十章篇幅中,第九章的标题就是"社会主义与基督教"。作者说,基督教历来与社会主义水火不容,互为仇雠,但那只是近代的贵族基督教所为,基督教的原初形态则非如此。所以,既然圣西门写过《新基督教》一书,搜剔古代基督教精义,论证可与当今社会主义相合,那么,他以自己的切身体验,也很愿意将古代的基督教精神,同近代的社会主义两相互勘。由此村井知至列出基督教与社会主义的七个相似点。它们分别是:一、理想与目的皆为人类平等与社会协同。二、传到热心相似。三、同遭社会迫害。四、传播之迅速也部分彼此。五、同为世界的思想。六、同样同情贫民、七、同样富于兄弟有爱精神。正是在第五点"同为世界的思想"一段中,村井知至将视宗教为鸦片的马克思引为同道。作者的论述是,犹太教非常顽固,思想所及止于一国,非犹太人不得如其教。但是基督教大开户门,创立之初即传到异邦,成为世界的运动。社会主义无疑同样有此世界情怀:

> 故卡尔氏主唱此主义,组织万国劳动者之同盟会,其纲领有曰:"吾党

170

无国种之区别，惟依真理正义道德以立此主义，以期传于万国。[4]

上文中的"卡尔氏"，即马克思。"万国劳动者之同盟会"指的是第一国际。纲领引申的一段话，无疑是本于马克思 1871 年起草的《国际工人协会共同章程》中的这一段话："协会宣布：加入协会的一切团体和个人，承认真理、正义和道德是他们彼此间和对一切人的关系的基础，而部分肤色、信仰和民族。"[5] 这里马克思已经成为社会主义的主唱领袖。然而宣传基督教社会主义，可视为日本这部社会主义开山之作的一大特色。村井知至的《社会主义》系罗大维编译，上海广智书局出版，扉页上印有"光绪壬寅三月初版"，是时为 1902 年四月。事实上，这也是中国出版的第一部系统介绍社会主义学说的译著，虽然其中马克思尚还是一言带过，未有专述。

三、马克思主义的系统介绍

马克思和马克思主义的系统介绍终于姗姗来迟，出现在一年后面世的《近世社会主义》之中。此书福井准造所著，1899 年由有斐阁出版，这不但是后来中国，也是其时日本第一部系统介绍社会主义来龙去脉及在各国发展线索的厚实著作。中译本系时通力译介西学的赵必振译出，铅印线装，分为上下两册，1903 年上海广智书局出版，赫然一部长达五百页的大著。《近世社会主义》全书分为四编，分别介绍巴贝夫、圣西门以降的法英"第一期社会主义"，德国马克思、拉萨尔为代表的"第二期社会主义"，以无政府主义等为代表的"近世社会主义"，以及社会党为主角的"欧美诸国社会党之现状"。其中第二编题名为《加陆·马陆科斯及其主义》的第一章，对马克思及其学说有专门及系统介绍。马陆科斯即马克思，是书恩格斯的译名，则为野契科斯。很显然这是比较典型的吴方言译名：恩、昂、野的发音大体可以相通。作者说，法国的第一期空想社会主义，不过自家一人假定，立论根基与原理原则鲜有深入说明。但是马克思考察德义正道与资本历史，进而与当代制度资本相比较，而究经济学理与历史事实，而成自家学理前提。是以"德意志之社会主义，既已如斯，其学识之深远，其思想之精致，与从来之社会主义者，大异其趣。"[6] 虽然，该书在叙述马克思生平时，注意到恩格斯是马克思"有力之同志"，两人始终同甘共苦，而且提及恩格斯 1845 年出版的《英国工人阶级状况》，但还是毫不含糊地将德国社会主义的创立之功，归于拉萨尔和马克

---

[4] 村井知至：《社会主义》，罗大维译，上海广智书局，1902 年 4 月，第九章。
[5] 马克思：《国际工人协会共同章程》，《马克思恩格斯文集》，第三卷，第 227 页。
[6] 福井准造：《近世社会主义》，赵必振译，上海广智书局，1903 年 2 月，第二编，第一章，第一节。

思名下。作者说，拉萨尔是德国社会主义运动发起人，其名最是显赫。又说，马克思确立了社会主义的理论基础，写出无二之经典，而闻名于世。这些"无二之经典"中，居功至伟的不消说是《资本论》。事实上《近世社会主义》介绍马克思的学说，通篇就是在谈《资本论》。诚如斯言：

> 加陆·马陆科斯创设社会主义之实行，与国际的劳动者同盟以期社会之雄飞，其学理皆具于《资本论》，大耸动于学界，为社会主义定立确固不拔之学说，为一代之伟人。其学理与主义，吾人不能不进而采之夜。[7]

《近世社会主义》应是在中国第一次系统介绍了马克思《资本论》的相关学说。作者告诉我们，马克思的《资本论》开启了一个全新的社会主义传统，它不同于以往大都属于架空妄说、博取虚名的空想社会主义，而是考察资本的起源与历史变迁，以说明当今世界的经济结构，全然是为资本所支配。这一切都毋庸置疑地显示着中国前途的直接考量。1903 年三月，由康有为、梁启超创办，流亡横滨的梁启超本人遥控主持的广智书局，还在《新民丛报》第二十七号上刊登《近世社会主义》的出版广告，开宗明义指出此书关系中国前途者有两端：一是此书言欧美各国劳动问题，有最详备之解释，对于中国不可限量的工业发达前景，有为借鉴。二是中国的组织党派尚处在幼稚时代，宗旨混淆。尤其社会党与无政府党不好分辨，容易混淆耳目。故此书解析何以社会党为世界所欢迎，无政府主义乃世界所厌恶，亦有直接镜鉴意义。故而广智书局鼎力推介："即此两端，此书之价值可知，有志者请急先睹。"

关于《资本论》的介绍，《近世社会主义》以这一段话作结：

> 马陆科斯其著《资本论》，于解释资本之性质，果断定其正当之资本为掠夺之结果与否，尚未定之问题。彼非但举排斥之议论以攻击现时之社会制度者，彼亦鉴于前者社会主义之通弊，徒唱荒唐无稽之暴说，驰于空理，流于空论，不顾社会之大势如何，单诉人间之感情，而计划社会组织之改革者可比。若资本家之专横压抑，大背正理正道者，亦未尝企图社会制度之改革。此前者之通弊也。马陆科斯之所以绝叫社会之改革，企图劳民之改善者，以认识夫正道与正理，以公平之权利，为正当之要求，以分与一切之人民。非如彼狂奔于社会问题，徒激发人心以鼓舞社会，而博一时之虚名，其事业倏忽而可解散者。故彼所采之社会改革者，非仅就其面目，必以学理为社会主

---

[7] 福井准造：《近世社会主义》，赵必振译，上海广智书局，1903 年 2 月，第二编、第一章、第二节。

义之根据，以攻击现社会，以反对现制度。而创立新社会主义，以唱导于天下，舍加陆·马陆科斯其人者，其谁与归？[8]

很显然，在《近世社会主义》这部广智书局大力推广的译著中，可谓在中国第一次系统介绍了欧美各家各派社会主义及马克思学说。马克思已经当仁不让成为舍我其谁的新社会主义领袖人物。比较起来，以往圣西门以降的空想社会主义是驰于空理，流于空论和情感主义，不顾社会大势，不识社会制度之改革必然。反之马克思呼吁社会改革，声张公平正义，提出剩余价值学说来解释阶级斗争之必然，以推翻现存资本主义制度为己任。这一切，无疑都是显示一个革命新时代的到来。

这个新时代或许应当叫做科学社会主义。这一点在 1906 年由达识译社译出，《浙江潮》编辑所出版的《社会主义神髓》中，亦见端倪。该书 1903 年年 7 月日本初版，作者是社会主义活动家，中江兆民的学生幸德秋水。该书说，近年出版的许多社会主义著述和译本，大都出于非社会主义者之手，往往陷于独断和片面，所以他竭力剔除枝叶，突显社会主义的大纲和要旨。这个大纲和要旨毋宁说即是马克思主义的科学社会主义。作者交代写作此书用了八种参考文献。前三种便是今日社会主义的第一经典：马克思和恩格斯的《共产党宣言》、《资本论》第一卷、《社会主义从空想到科学的发展》。幸德秋水的这本《社会主义神髓》凡七章加上短短的自序，不过一个小册子。但此书在日本和中国马克思主义初期传播史上，影响深广，特别是本着以上三部马克思主义的经典著作，对马克思主义基本原理有逐一引述。如题为"产业制度之进化"的第三章，开篇就说：

> 社会主义之祖师凯洛·马尔克斯者，为吾人道破所以能组织人类社会之真相，曰："有史以来，不问何处何时，一切社会之所以组织者，必以经济的生产及交换之方法为根底。即如其时代之政治及历史，要亦不能外此而得解释。"[9]

这是以马克思为新一代社会主义的开创人。紧接着的引文出自马克思和恩格斯的《共产党宣言》。作者以这段话为人类社会组构的真相所在，故对此的阐释是，人生必先满足衣食需要，然后方有暇从事美术、宗教与学术。这显然是沿承了恩格斯在《马克思墓前的讲话》中所说的马克思两大发现之一，即是揭示社会生活物质基础的观点。

---

[8] 福井准造：《近世社会主义》，赵必振译，上海广智书局，1903 年 2 月，第二编，第一章，第二节。
[9] 幸德秋水：《社会主义神髓》，达识译社译，《浙江潮》编辑所出版，1906 年 12 月，第三章。

所以不奇怪，是书又引恩格斯《社会主义从空想到科学的发展》中的一段话，重申一切社会变化及政治革命，其根本原因不是出于永恒之真理和正义，毋求之于哲学，但见之各时代之经济。关于经济如何作用于社会发展，作者基本上复述了《共产党宣言》和《资本论》中的著名内容。他指出，中世纪本无资本家和地主，唯久之时易市变，分散的小规模的生产资料集中起来，渐渐成为现代产业的基础。故美洲的发现，好望角的回航，东印度的贸易，中国的市场，必推动生产方式演变，使其从地方成为全国，从全国成为世界之有。同样阶级斗争，劳资矛盾，是为自由竞争的必然产物。对此作者介绍了马克思的另一主要发现：剩余价值。指出，马尔克斯盖谓：交换之时，决不生价格；价格之创造，决非在市场。彼等资本家所以厚其资本者，唯从劳动者掠夺此"剩余价格"。"价格"为日语原文所用语词，中译本系直接移用。总而言之，社会主义的神髓就在于完成了从空想到科学的必由之路。作者说，19世纪有欧文、卡贝、圣西门、傅里叶、路易•勃朗、魏特林这一批社会党人，指责现实制度非不痛切，理想非不高尚，然是时社会主义发达犹浅，偏于狂热和空想。近世社会主义者，实从死灰中再燃也：

> 一千八百四十七年马尔克斯与其友音盖尔同发表《共产党宣言》，详论阶级战争之由来及其要终，并谓万国劳动者同盟以来，社会主义俨然成一科学，非若旧时之空想狂热也。[10]

作为日本明治时期水准最高的社会主义著述之一，《社会主义神髓》对马克思主义应是有了一个系统的介绍。它以《共产党宣言》为科学社会主义诞生的标志，不但阐述了社会主义从乌托邦走向现实，从狂热走向科学的必由之路，而且对马克思唯物史观的基本认知，以及《资本论》中的剩余价值学说，都有涉猎阐解。这也是此书后来一译再译，一版再版，流传广泛的原因。仅在达识社的译本推出四年之间，就分别在日本印行了1906和1907年两个新的中译本。前者为蜀魂译，东京中国留学生会馆，社会主义研究社出版。后者为创生译，东京奎文馆书局出版。值得注意的是，1912年，上海的《东方杂志》社连续五期，刊登了由杂志主编杜亚泉以笔名高劳重译的这本《社会主义神髓》，此为是书在上海第一次刊布。而陈望道翻译《共产党宣言》，将还是八年之后的事情。高劳译本后收入"东方文库"丛书，1923年上海商务印书馆出版。建国后，北京商务印书馆又将此书收入汉译名著丛书，1963年出版了马采的译本。从《社会主义神髓》上述蔚为大观的汉语传播史来看，应称得上是马克思主义中国最初传播阶段中，一个令马克

---

[10] 幸德秋水：《社会主义神髓》，达识译社译，《浙江潮》编辑所出版，1906年12月，第六章。见幸德秋水：《社会主义神髓》，马采译，商务印书馆，1963年，第38-39页。

思的中国形象日渐清晰，从"百工领袖著名者"到确立为科学社会主义创始人的里程碑。

总观以上从《大同学》到 20 世纪最初十年的马克思和恩格斯社会主义学说中国接受史，我们可以发现，首先，上海不仅是马克思主义进入中国的最早窗口，而且也是此一时期中国译介马克思主义的第一重镇。这同上海作为近代中国的经济和文化中心，不但在西学译介以及出版发行方面具有其他省市未必具备的得天独厚条件，而且培育了近代中国第一支产业工人队伍有直接关系。对于从《共产党宣言》到《资本论》，从阶级斗争到剩余价值的马克思主义学说，很快将成为远东第一都市的上海，具有天然的亲和性与接受土壤。其次，假如说基督教会和英国因其政治、宗教和文化上的多种原因，成为马克思学说进入中国的最早渠道，那么随着日本的提前一步走向西化、宣传社会主义，以及留日学生学者日众，那么很快日本替代欧美，成为 20 世纪初叶向中国传输马克思主义的主渠道。这一转向，与辛亥革命的酝酿有直接关系。最后，虽然此一时期马克思主义的最初传播流于解释世界的启蒙，诉诸改变世界的革命实践尚且有待时日，但是它毕竟在新旧世纪之交苦难中国的改良主义知识语境中，播下了一颗新的火种。很快这颗火种将成燎原之势，燃起熊熊大火，映红整个神州大地。

中日人文学交流与共识的建立
——以古文字学的现况为例
张惟捷（厦门大学人文学院）

【中文摘要】基於出土文献所建立的古文字学，对於传统中国学术造成了莫大冲击与刺激。这些"新材料"的出现直接促成了中国"古典学"的重新洗牌与确立。在廿世纪早期乃至中叶，古文字学不仅影响中国自身极深，日本学界亦曾赋予很大的关注，运用新材料反省旧学，并培养出许多名家。本文试图透过观察古文字学的现况，商讨中国与日本之间，人文学交流与共识建立的历史与价值，尤其希望推动两国青年人才的广泛交流，实现新世纪人文学的再次复兴。

【关键字】古文字、中国、日本、人文学、交流

【Abstract】The palaeography based on unearthed documents, greatly affected the traditional Chinese academic. These "new materials" directly contributed to the reflection of China "classics". In the early 20th century to the middle, its deep influence not only China, Japanese scholars also have given great attention, the use of new materials to reflect the old study, and cultivate a number of scholars. This article tries to observe the status of paleography, discuss China with Japan, the history and value of humanities exchanges and build consensus, especially to promote extensive exchanges between young people, realize the revival of new century humanities.

【Keyword】spalaeography 、Chinese、Japan、humanity、exchange

一、前言

近代中国古文字学的建立，可以由 1899 年殷墟甲骨文的出土开始算起，在此之前，中国学术界严格说起来并不存在"现代意义"的古文字学，而是延续了清代乾嘉之学的余绪，以传统朴学作为研究经典的工具，以文字、声韵、训诂之知识解经证史，所谓"由小学入经学者，其经学可信"，其中尤其倚重《说文解字》一书，作为研究的圭臬。这种情况一直到 19-20 世纪之交才开始有实质上的改变。

随着殷墟甲骨文、西北居延汉简的出土，以新材料作为论述主体的新学风逐渐改变了传统学术面貌，尤其是王国维在 1925 年具体提出了"二重证据法"的观念後，出土文献与古典经籍的相互佐证所带来的观念突破，彻底改变了中国学术界的认知，并影响了"一时代的风气"。[1] 关于古文学的兴起给传统中国"古典

---

[1] 王国维：《古史新证》第一章总论，北京：清华大学出版社，1994 年。陈寅恪深明新材料对时代学风带来的强烈冲击，曾有相关的着名申论："一时代之学术，必有其新材料与新

学"带来的巨大冲击与推进，裘锡圭先生曾针对"古书的真伪、年代"、"古书的体例、源流"、"古书的校勘、解读"三层面，指出：

> 出土文献对古典学的发展有举足轻重的作用，古代的"孔壁古文"和"汲冢竹书"就是明证。新中国成立以后，尤其是上世纪 70 年代以来，在战国至汉代的墓葬里，陆续出土了大量文献资料，其中包含了很多先秦典籍（有些是已无传本的佚书）的抄本，下文把这些抄本简称为"新出文献"。从总体上看，它们对古典学的重要性已超过了"孔壁古文"和"汲冢竹书"……新出文献既是古典学的重要新资料，也是相关学科的重要新资料。要进行古典学的重建，必须更快、更好地开展新出文献的整理和研究。[2]

由此可知，基於出土文献所建立的古文字学，对於传统中国学术造成了莫大冲击与刺激，新材料所带来的正面贡献是十分令人期待的。而众所周知的是，这门学问在廿世纪早期乃至中叶，不仅影响中国自身极深，日本学界亦曾赋予很大的关注，运用新材料反省旧学，并培养出许多名家，当时大学者云集的程度甚至可说胜过中国甚多，此现象颇值得後世关注。以下，我们以古文字学中的重镇：甲骨学为论述核心，对其在中日两地的早期传布与交流，进行探讨。

二、 早期中日双方古文字学者的交流

自从 1899 年甲骨出土於河南安阳之後，由於此崭新材料的特殊性，颇受当时学者的注目，日本学者起初便对其赋予相当的注意，并在研究方法上给早期中国学者带来莫大影响，例如王国维受教於其师藤田丰八的东洋史学训练，写出了名着《殷周制度论》。[3] 而就日人学者而言，最早期重要的甲骨学家，当首推林泰辅博士（1854-1922）。

林氏是关东下总人（今千叶县），早期主要研究重点在朝鲜史方面，直到 1903 年，身为日本高等师范学校教授的林泰辅博士得睹刘鹗编着的《铁云藏龟》一书後，虽怀疑书中所载的骨片系伪造之物，仍对中国古代文字生出浓厚兴趣，开始进入中国上古史的研究领域。1905 年，东京文求堂从古董商手中买了 100 片甲骨，

问题。取用此材料，以研求问题，则为此时代学术之新潮流。治学之士，得预于此潮流着，谓之预流（借用佛教初果之名）。其未得预者，谓之未入流。此古今学术史之通义，非彼闭门造车之徒，所能同喻者也。"见氏着：《陈垣敦煌劫余录序》，上海：中西书局，2014 年 8 月。

[2] 裘锡圭：《出土文献与古典学重建》，《出土文献》（第四辑），上海：中西书局，2013 年。

[3] 王国维曾在上海的东文学社跟随藤田丰八、田冈佐代治学习，尤以前者带给他的新史学训练为钜，同时启发观堂先生对古文字与古代史的研究志趣，见谢崇宁：《王国维的治学与日本汉学界》，《暨南学报》（哲学社会科学版），2011 年第 4 期，第 85 页。

放在店中出售，他在 1909 年透过东京文求堂得到甲骨实物，经过亲自目验後，认为：“余はその実物を一見して、決してその偽物にあらざることを信ぜり。”[4] 解开了疑惑，相信这是真正的古代文字，史料价值极高。很快的，林氏便在《史学雑誌》发表了日本最早的一篇甲骨学论文《清国河南汤阴县发现之龟甲兽骨》，文中林泰辅旁征博引，详细考证了出土甲骨史料在文字学和上古史学上的可信度，充分肯定了甲骨史料的重大学术研究价值。

其文引起中国学者的重视。[5] 其中，最重要的就是与金石学大师罗振玉的来往。罗氏此时正在京师大学堂农科大学担任监督，1910 年，林泰辅将论文寄送给罗氏，请求指正，罗振玉对其内容的论证严谨给予高度评价，此文亦对罗振玉为《铁云藏龟》所写序文有所补宜。由於时代因素，当时出土的甲骨不断由大陆传入日本，由於此物的珍贵性，诸如三井家、河井荃廬、中村不折等家族或个人陆续开始收藏。1917 年、林氏联系諸家，对其所藏甲骨共约 1023 片开始进行综合研究工作，包括了龟骨挑选、拓本制作（由村田蔚堂负责），以及释文的研究写作（蠟崎大華书写）等项目。最终顺利出版了《龟甲獣骨文字》一书，共 2 卷，由河井荃廬氏为之刊行，此书内容体例详实，为日本甲骨学創始期的最著名着作、林泰辅也由此成为日本甲骨学的先驱者，为中日两国的学术交流做出巨大贡献。

与林氏同时或稍後，对中国古文字有所涉猎的学者，尚可列举出富冈谦藏、内藤湖南、松崎鹤雄、饭岛忠夫、驹井和爱、八幡关太郎、松田寿男等人。[6] 其中，富冈谦藏在 1910 年发表於《史学研究会讲演集》第三册的《古姜里城出土龟甲之说明》一文，虽仍误识甲骨出土地於陕西周原，但已即时掌握学术前沿动态，可谓目光准确。[7] 汉学泰斗内藤湖南先生仅仅在甲骨出土的第三年（1902）便已亲眼见到了这批珍贵材料，目前来看似可算是最早近距离接触甲骨的日本学人。内藤先生如此回忆：

> 後年，也就是光绪二十八年（1902），当我国明治三十五年，其後人为了处理王懿荣生前的借款，变卖收藏品。当时有龟版一千余片，归於刘铁云氏之手。其後刘氏又托人蒐集得到龟版三千余片，总数达到了五千片之多。我於是年十一月，到刘氏在北京外城的寓居拜访，亲见他当时专心制作龟

---

[4] ［日］貝塚茂樹編：《古代殷帝国》：東京：みすず書房、新版 1958 年，第 32 页。

[5] ［日］林泰辅：《清国河南省湯陰県発見の亀甲獣骨について》，《史学雑誌》第二十卷，8、9、10 号，1909。

[6] 董作宾：《甲骨文六十年》，《董作宾先生全集》乙编第五册，台北：艺文印书馆，1977 年，第 138-141 页。

[7] ［日］富冈谦藏：《古姜里城出土の亀骨の説明》，《史学研究会．史学研究会演讲集》，（第 3 册），东京：富山房，1910。亦见载於董作宾：《甲骨学在日本》，《董作宾先生全集》乙编第三册，第 446-447 页。

版拓本的情形。这就是我第一次见到龟版文。[8]

此契机实属因缘际会，不仅内藤先生第一次，也是日本学人首次亲自目验甲骨，实在是相当值得珍视的契机。

日本现代著名历史考古学家江上波夫指出，"后来日本甲骨学、经学研究的兴盛，产生了后学贝冢茂树、诸桥辙次这批成就卓著的学者，都不能不追溯到林泰辅与罗、王论学的时期。"[9] 允为至论。

在上世纪的早期，甲骨学方面还有東京帝国大学後藤朝太郎教授（曾着《漢字音の系統》、《文字の研究》）、京都大学梅原末治教授（後任天理大学讲座，曾着《河南安陽遺物の研究》）等着名学者，他们与中国学者的关系紧密，共同形塑了当时的自由交流时代特色。

三、 当代具代表性学者介绍

二战之後，随着国际情势转变，中日之间的学术氛围也产生了很大变化，最明显的不同，就是基本断绝了两国学者之间的频繁来往，过去不带成见、不受交通国境限制的往来交流，至此成为了奢望。

在这种情况下，古文字学的研究在两国之间形成"内向发展"的趋势，例如自昭和廿七年（1952）始，日本创立甲骨学会，机关刊物名为"甲骨学"，会员最多曾达到三百余人，知名学者如加藤常贤、佐藤武敏、新开高明、内藤戊申、水泽利忠、岛邦男等均为主要成员，在上世纪的中期曾在学术界发挥重要的影响力。然而却未对两岸中国学界带来些许影响，殊为可惜。

政治上的隔绝带来了信息的阻碍，人才流动亦因而停滞，由日本本国自行培养出的古文字学者，也就是能够熟练运用第一手文献、独立针对古文字进行考释之人，较之战前有明显的减少，老辈学者逐渐凋零。当时中生代值得称述者，除了前章谈及的梅原末治教授外，诸如京都大学贝冢茂树教授，曾主持京都大学人文科学研究所藏甲骨的出版，在文字研究、分类论述上具有重要贡献。岛邦男教授，其巨作《殷墟卜辞研究》在体例上受到陈梦家先生《殷墟卜辞综述》的影响，细致地将卜辞所体现的商代文化、文字与历史信息做了分类探讨，成为一部无可替代的着作。以及立命館大學名譽教授白川静先生，着有大量古文字学重要着作，为汉字学在日本的普及付出很多的心血。

---

[8] ［日］内藤湖南：《関於殷虚》，载氏着《東洋文化史研究》，上海：复旦大学出版社，2016年4月，第25页。

[9] ［日］江上波夫编：《東洋学の系譜》，東京：大修館書店 1992 年版，第 18、23 页。转引自谢崇宁：《王国维的治学与日本汉学界》，《暨南学报》（ 哲学社会科学版），2011 年 4 月，总 153 期。

严格而言，虽然总体人数未见增多，在二十世纪的中期及稍後，日本学者在出土文献与古文字学领域的造诣，仍然保有一定的优势与高度，这很大程度上与中国大陆自 1949 年後长期的封闭，以及台湾学术界的保守倾向有关。而这种态势，在二十世纪晚期之後，随着大陆的改革开放，迅速产生了质量上的转变。笔者认为，这与第一手研究材料的掌握情形以及中国学术传承的重新建立，关系至为密切。

观察近三十年来的出土文献与古文字学在日本的发展，可以见到新生代（相较於前述老辈）的崭露头角，例如中央大学池田雄一教授在简帛、法律史的研究教学；专修大学饭尾秀幸教授在战国文字、中国古代史的钻研；东京大学平势隆郎教授在出土简帛、历法学的专攻；東京大學大西克也教授对中国語史、漢字史的探索；早稻田大学工藤元男教授对秦汉简的研究等等。但诚如笔者後文将指出的，对於此专业的第一手文献掌握，以及教育面向、学生数量素质，似乎中日之间投入力量的鸿沟已经开始拉大，而这是许多现实因素所造成的。

无论如何，真正意义上的学术交流与共识之建立，若只限於单方面自行培养的学术传统，仅在一方学术圈中埋头钻研，是远远不足的，无论日方或中方都是如此。以下想要介绍的，是学术背景不限於原籍的中日两地学者，这些学者数目较少，多具有留学或游学对方国家的背景，他们的教学与研究不受元极地的限制，能够真正做到跨越国界，为两国学术共识的建立做出进一部贡献。为了彰显中日交流的教育成果，笔者尽目前所知，列举出六位较具代表性的中日籍甲骨学者，以年龄为序进行简介，这几位学者均受益於中日文化交流甚多。

高嶋谦一

1939 年出生，东京都人，在东京成长并受教育，於上智大学本科第三年转至西雅图华盛顿大学，在此期间师从司礼义教授（Fr. Paul L-M. Serruys）并於 1973 年取得博士学位。长期以来任教於英属哥伦比亚大学，并在此校荣退。退休後曾任东京大学、安徽大学、艾朗根大学的访问教授。

他专擅的学术领域在於中国古文字学、音韵学，尤以甲骨学着名当世。高嶋教授曾出版过八部着作，以及数十篇论文，在欧美和学界享有高度声望，在中国甲骨学界也具有很大的影响。值得注意的是，高嶋教授的独特经历不同於一般的学者，在中国、日本、欧美与加拿大都有治学足迹留下。近年来他接受安徽大学的邀请，於 2011 年受聘为特聘客座教授，数年来在合肥市的安大教课，培养出一批优秀学生，受到很高的评价，可视作美、日、中学风联合教育的一个特殊典范。

蔡哲茂

蔡哲茂先生，1950 年人，中国古文字与古代史专家，台湾台北人，东京大学东洋史学博士。目前是中央研究院历史语言研究所专任研究员，并于辅仁大学中文系所、政治大学中文系所担任兼任教授。对甲骨文、金文以及商周史有许多突破前人固说的创见，并以甲骨缀合闻名于古文字学界，着有《甲骨缀合集》、《甲骨缀合续集》以及论文百余篇。2014 年 10 月，由于海内外学界肯定，获颁首届全球华人国学大典"国学成就奖"（岳麓书院、凤凰卫视共同举办）

蔡先生是笔者业师，他本科、硕士毕业於台湾政治大学与台湾大学中文系所，旋即赴日，考进东京大学硕士班，并入松丸道雄教授门下，花费八年时间取得东洋史学博士学位。在海峡两岸与日本之间，可以说是同受中日教育的代表性学者。与高嶋谦一教授类似的是，他回台湾工作之後，花费大量精力整理史语所藏的大量甲骨，在研究工作之余教育了许多陆、台、韩的年轻甲骨学人才，其知识融合中日精蕴，为这门学问的传承做出了重大贡献。

王震中

王先生是 1957 年人，甲骨文与殷商史专家，是中国社会科学院历史研究所研究员，、中国先秦史学会理事。着有《中国文明起源的比较研究》、《中国古代国家的起源与王权的形成》、《商族起源与先商社会变迁》等着名专着，并有数十篇论文。1982 年，取得西北大学历史学系考古专业学士学位。在中国社会科学院研究生院获历史学硕士学位（1984）。博士期间，师从田昌五先生，在中国社科院研究生院攻读，获中国社会科学院研究生院历史学博士学位（1992）。

值得一提的是王先生与日本学界的渊源，在 1989 年 4 月—1990 年 4 月，读博的期间，王先生受到资助赴日学习，从师于着名甲骨学者伊藤道治教授，在日本关西外国语大学留学一年，在这期间，除了与伊藤先生确立师生关系外，亦开始建立中日之间的专业交流网路。得到学位之後，於 1995 年—1996 年，作为日本学术振兴会外国人特别研究员（博士后研究项目），在伊藤教授指导下，再次到关西外国语大学学习研究一年。後来在三年後，於 1999 年—2000 年，参与日本国际交流基金项目，到东京大学东洋文化研究所作研究一年。

从上述经历可以了解到，王先生与日本学界的交流相当频繁，关系亦深厚，他是现当代两岸中国学者中极少数亲炙日本前辈学人的代表，在日期间，他师从伊藤教授，学习日本风格的古文字学治学方式，与大量日本学者建立关系，取得信任基础，并将所学带回中国，在社科院历史所教授专业知识，流泽下一代学者，在直接、间接的层面上都为中日之间学术交流与共识的建立，提供了非常正面的帮助。

广濑薰雄

广濑薰雄先生是 1975 年人，生于日本大阪。1994 年 4 月至 1999 年 3 月在东京大学法学部学习，获法学学士学位。1999 至 2001 年在东京大学大学院人文社会系研究科攻读硕士学位，获文学硕士学位。2001 年 4 月进入东京大学大学院人文社会系研究科攻读博士学位，2006 年 3 月修满学分提前毕业，所撰博士学位论文《战国秦汉時代法与诉讼之研究 ——构建新中国古代法制史之尝试》于 2008 年 11 月答辩通过。2002 年 9 月至 2004 年 8 月，作为中国政府奖学金高级进修生，在武汉大学人文科学学院历史系（后改称历史学院）留学。2006 年 4 月至 2008 年 8 月作为日本学术振兴会特别研究员在日本埼玉大学从事研究工作。2008 年 9 月起任复旦大学出土文献与古文字研究中心讲师。2010 年 10 月起任复旦大学出土文献与古文字学中心副研究员。主要从事中国古代法制史、出土文献的研究。

复旦大学的出土文献与古文字学中心是目前中国相关专业的重镇，广濑教授身为纯粹日本大学体系出身的学者，进入此中心工作，在很大程度上刺激了其自身的学术成长，同时也形成了相当明显的科研良性互动，他将日式的严谨治学态度以另一种形式融入中国，学生每多受益；而其自身受到中国第一留学人，中心的裘锡圭教授直接影响也很大，由此看来，作为中日人文学术的交流典范，广濑氏也是一位不可忽视的代表性人物。

崎川隆

崎川先生是是 1978 年人，东京都出生，2001 年 3 月于日本庆应义塾大学大学院史学研究科考古专业，毕业获史学硕士学位。2002 年 4 月至 2004 年 3 月就读于日本庆应义塾大学大学院史学研究科考古专业，攻读博士学位。同时，於 2002 年 9 月至 2004 年 7 月，到吉林大学考古系进修。2004 年 9 月考入吉林大学古籍研究所，师从吴振武先生攻读博士学位，2009 毕业，获历史学博士学位，同年留校任教至今。是目前吉林大学着名的古文字学团队不可或缺的青年力量。

在庆应大学就读期间，崎川先生开始对古文字学感兴趣，持续参与东京大学松丸道雄教授的研习会，开始步入相关研究。2004 年到吉林大学，正式系统性研习中国古文字学，以五年寒窗刻苦取得博士学位，其博士论文《宾组甲骨文字体分类研究》获 2005 年吉林省优秀博士论文殊荣，并入围全国优秀博士论文名单。此书分为三册，近两千页，可见其投入精力之巨量。和广濑教授一样，崎川先生的主要求学经历都在日本本国，直至博士之后开始进入中国，接受更加深入、直面材料的本土学习，是少数同时具备中日高等教育背景的青年古文字学中坚。相信在他的任教之下，对於中日知识体系的交流，吉林大学的同学必定能够收获良多。

陈逸文

陈氏是台湾高雄人，1980 年出生，2005 年毕业於台湾政治大学，取得硕士学位；於 2013 年毕业於台湾中山大学中文系，取得博士学位，博士论文题目是"中央研究院歷史語言研究所殷墟第一到九次發掘所得甲骨之整理與研究"。毕业後，陈氏担任台湾中研院史语所的研究助理，旋即赴日本东京大学东洋文化研究所，担任平势隆郎教授的博士後，目前专任於津市的三重大学，职称为特任准教授。

他的研究领域主要在於甲骨学古文字考释，对史语所藏的甲骨，尤其是《殷墟文字甲编》所收录的该批大量卜辞有深入研究。此外同时擅长近代网络文学，受到学生欢迎。陈氏在本科期间即曾前赴日本东北大学交换，因此日文极为流利。他是蔡哲茂教授的学生，蔡先生与平势先生同在松丸道雄教授门下受业，因此陈氏於毕业後有机会引荐至东京大学平势教授处工作。陈氏在三重大学主要教授出土文字、中文口语对话、文献阅读。

必须指出的是，就中国出土文献与古文字学者而言，陈氏是目前唯一仅有的一位中国青年一代在日本专任工作的，十分罕见。这现象也从侧面显现出一些问题，可见下一章的讨论。

四、 交流与共识的现状评思

由前章可以看到，这六位具代表性的学者除了陈氏以外，都是在中国进行教学研究工作，而日籍人员留学於中国回到日本者却绝无仅有，呈现出一种单向的学术流动，这也在一定程度上导致了目前日本人文学科，尤其是出土文献部份日渐薄弱的景况。以本文强调的甲骨学而言，东京大学原本有松丸道雄教授，形成此门学问之海内重镇，而在他荣退之後，东京大学可以说已经失去了在甲骨学界的话语权。古文字学赖以成长茁壮的"代代传承"，现阶段由於老成者陆续退出舞台，新生代中青年学者人数偏少，学术成果未能很好的在中国为人所知，尤其是学生培养的"孤岛化"，似乎逐渐呈现凋零的景况。[10]

相较而言，中国的出土文献与古文字研究目前呈现出欣欣向荣的局面，这与近年来持续不断的考古出土有密切关系。从廿一世纪至今，河南省安阳小屯村中南出土甲骨、河南省里耶出土秦简、湖南省益阳出土孙吴简牍、陕西省戴家山与石鼓山西周墓葬群出土青铜器、湖北省叶家山西周墓地出土青铜器、《清华简》、《北大简》、《岳麓简》的入藏等重大考古发现，均陆续为中国古典人文学带来新材料与刺激，以最近的例子为例，2012-2016 年的南昌海昏侯汉墓挖掘工作，便可望为我们带来又一批可喜的新出土材料，据 2016 年底的报导，目前正在整理的竹简数目大约五千余枚，内容上涵盖了《论语》、《周易》、《礼记》等典籍与"医书"、"五色食胜"、"悼亡赋"、"六博"等多种类目，可谓精彩纷陈，未来清理完毕出版後必将为传统典籍与文化的研究注入一股新的生命力，令人翘首以待。

由此可见，大量珍贵的古文字材料出土，给这们学科带来了蓬勃生机，中港台学术界均蒙此地下宝藏而获益良多。反观日本，百余年来累积的中国出土文献

---

[10] 这现象似乎也与日本政府近年大量削减人文学科经费，压低人文学价值有某种内在关系。

研究之可贵传统，进入近几十年逐渐疲软，前贤淡出而国际化较为不足，海内外着名的中青年学者似乎不若过去一般人员充足，这一点从中日学术的正常往来上来看，是相当遗憾且可惜的。毕竟，学术共识的友好建立，其基础必定在於两国学者之间长期不间断的互通有无、问道问学，甚至站在各自立场上，以自我文化之独特思维向对方提出学术质疑，也是良性促进学术成长的重要方式。不过，这一切设想都必须建立在对等的基础上，才能有效推动。这里所谓的"对等"，不仅指的是学术话语权上的平等，也是研究者数量与水平上对等的体现，而后者往往是实现前者的理论前提。也就是说，倘若某一方学术蓬勃发展，知名的青壮年学者充实；而另一方的学术团队日渐单薄，逐渐欠缺一流的专门学者，则此学科未来的跨国交流前景，恐怕绝非乐观。

由此可见，现在的问题是，促使"出土文献与中国古文字学"此门学科持续茁壮成长（未来显然也前景可期）的第一手材料大量出土於大陆，公认第一流的专家也100%由中国（含台湾）所培养教育出来，日本学界如果想要设法取得更多的话语权，回复二十世纪早中期的整体研究水平，应该采取哪些具体举措？

笔者认为，若想要扭转这种颓势，重新建立起两国出土文献与古文字学科的蓬勃交流盛况，恐怕只有回归原点，从"培养人才"的根本入手，才能有效地解决问题。而人才的培养，<u>应以日本方面担任此交流的主要担当方</u>，这是因为就出土文献与古文字这门学科而言，毋庸讳言，世界顶级的学者绝大部分都任教于中国大陆与台湾、香港的高等院校或研究单位，目前形成的态势是极为向中方倾斜的，过去的一流日籍学者率皆凋零，使得日本本土后进青年学子无法在本地跟随此学科顶级学者，直接学习"本色"的研究方法，从而也丧失了第一时间掌握最新出土信息的机会，殊为可惜。

建议日方由两方面着手，首先，加大资助研究生留学的力道，在"学术振兴会"之下设立专门制度，鼓励优秀硕博士生赴中国（含台、港）一流单位，例如吉林大学、复旦大学、广州中山大学、台湾大学、台湾政治大学、香港中文大学，进行学习，并与上述院校建立教学合作模式，共同培育新血，支持学生（无论国籍）在自由交流的背景下吸收学术最前沿的知识。

第二，在日本大学院的通识教育部份着重出土文献的知识传授，使学生广泛了解其重要性，并於已有较深出土文献研究传统的老牌院校，例如东京大学、京都大学之外，增设此学科之教席，聘请获得专门学位的留学生任教，以收广泛传播之效。而已有深厚传统的名校，亦可鼓励使之增设专门的出土文献与古文字研究中心，或强化原有研究中心的人员国际化，活络中日青年学者的交流性，鼓励中国籍青年赴日，为日本的此专门学问增添生力军，同时亦可提高对第一手材料的掌握度，更加推进研究成果质量上的产出。

184

五、结语

近年来，中国大陆出土了大量珍贵的甲骨、青铜器与简帛文书，这些"新材料"的出现直接促成了中国"古典学"的重新洗牌与确立。[11] 沛然莫之能御的学术潮流影响近年来的学界，其影响既深且远，王国维之先生当年所昭示的二重证据法，藉由新材料对中国传统学问的当代梳理，於今成为学术上的热点。因此，日本学界若缺乏熟稔此方面的国际化人才，无法充分追上日新月异的相关研究前延，显然是件很可惜的事，不仅在学术上有所欠缺，在建立两国文化的深入相互理解方面，也将面临缺环，实属遗憾。[12] 这篇小文即缘此而作，希望透过自己的肤浅认识，或多或少能为中日之间青年学者的积极性交流，以及专业人才的培育问题，提供一点正面的讨论与帮助。

---

[11] 相关问题可参裘锡圭：《出土文献与古典学重建》，《出土文献》第四辑，上海：中西书局，2013 年。

[12] 例如，出土文献相关的研讨会，近年来在大陆、台湾与香港地区频繁召开，所参与的中青年学者提出之问题都是所谓的"学科前沿"之待解决重要议题，此类会议欧美学者多所出席，但往往较难见到青年日本学者的身影，这将间接导致对前沿重大问题的疏离，日本学界理应赋予注意。

川端康成的《麻雀的媒妁》与易占

张　石（中文導報）

【要旨】川端康成は日本始めて、アジアにおいても二人目のノーベル文学賞受賞作家である。彼が世界最高の名誉を与えられた理由は、「すぐれた感受性（中略）ならびに卓越した手法をもって、日本人の心の精髄を表現した」と、「東洋と西洋との間に精神的な架け橋造りに貢献した」とのことである（1968 年ノーベル文学賞授賞式基調講演）。

『雀の媒酌』は 1 つの掌編小説であるが、「一事が万事」で『雀の媒酌』により、川端文学と中国古代易学の思想が密接に繋がっていることが窺える。

【摘要】川端康成是日本首位获得诺贝尔文学奖的作家，也是亚洲第二位得到这个殊荣的作家，他之所以能摘取世界文学的最高桂冠，是因为他以"卓越的感受性……并用小说的技巧，表现了日本人心灵的神髓"，同时也因为他"在架设东方与西方的桥梁上做出了贡献"（见 1968 年诺贝尔文学奖《授奖辞》）。《麻雀的媒妁》是川端康成的一篇微型小说，但是可以"借一斑以窥全豹"，从中我们可以看到川端文学与中国古代易学思想的密切联系。

一

川端康成的文学，虽然不是具有很强的社会性和时代感的文学，但是却反映了比时代更久远的文化和比文化更久远的自然与生命。川端康成在自己的创作中广泛吸收人类各种文化与文学的营养，他大量地吸收西方文学的精髓，倾倒于莎士比亚、托尔斯泰、佛洛伊德、乔伊斯等西方文化巨人，与同时代的先锋艺术也有着密切的关系，同时他更积极地吸收东方古老的文化精神，在他的作品中，佛教精神表现得非常充分，老庄、儒学精神也都有所体现，而中国古老的易学，在他的文学中更占有重要的地位。目前，有关川端康成的研究中，在种种方面取得了很大成就，但是无论在中国还是在日本，极少有人涉及到川端康成与易学的关系。而易学精神在整个川端文学中，却占有不容忽视的位置。从宏观着眼，可以说易学的"易"与"不易"的思想，贯穿川端文学的始终；从微观着眼，《十六岁的日记》、《山音》、《参加葬礼的名人》、《抒情歌》、《南方的火》等作品，都和易学有着直接和密切的联系。笔者甚至惊叹：他的某些作品竟然利用《易经》的某一卦相构成思想与艺术的深层框架，形成一个神秘的人间生活、深层心理与天道神启之冥和的微型宇宙。

笔者经过反复研究，发现川端康成的易学思想，深受其祖父的影响，其祖父川端三八郎精通《易经》，并留有风水学著作《构宅安危论》。川端两岁丧父，3岁丧母，这以后的漫长童、少年时代，他一直和半盲的祖父生活在一起，川端康成的祖父是对川端康成的成长影响最大的人物，川端康成在他的作品《故园》中提及祖父时说：祖父是在他记忆中唯一一个一起生存过的骨肉亲人。

二

《麻雀的媒妁》是川端康城的一篇微型小说，只有两页纸。男主人公称自己是一个："在自己的孤独中久住"的人，认为"人这个种族不过是从过去传往未来的一粒种子，和各种矿物质及植物等一起，支撑在这个宇宙飘泊的大生命的一个小小的支柱"，他对"并不认为人比其他的动物和植物尊贵"这种想法也有同感。

这篇小说大致的情节是这样的：男主人公的堂姐(或是表姐)正在梳妆台上转动一枚银币，她用手掌一下按住这枚银币。然后对男主人公说：如果这个银币是反面，你和这个姑娘结婚?还是不结婚?男主人公说：就和她结婚吧。

堂姐挪开手一看，说："是正面。"男主人公说："是吗?"堂姐大笑着说："为社么回答得这样有气无力?"然后把拿着的那位姑娘的照片扔出去走了：

他拾起相片看这位姑娘，觉得自己和这位姑娘结婚也可以，觉得按照家长的意志决定自己婚姻的姑娘在日本还很多。这个姑娘是很美，为了使没出息的自己觉醒，他意识到游移不定的自己很丑。

堂姐对他说：找结婚的对象，到头来不过是像抽签一样，用银币的表与里来决定的东西。

被表姐这样一说，他对自己的命运任由她白皙的手掌下的银币来决定感到了很大的欢喜，但是他知道这只不过是她在嘲笑自己而已，他的眼神寂寞地落在了房前的泉水中。他在心里拜托泉水：如果在这个姑娘之外，还有能成为自己妻子的女子，请把这个女子的脸映现在泉水中。他相信人是能透视时间与空间的，他就是如此地孤独。

而在他一心一意凝视水面的时候，神的敏锐的石子落了下来，那是两只交尾的麻雀从房顶落了下来。麻雀在水面上像神敏锐的石子在一道黑影中落了下来，那是两只交尾的鸟儿从屋顶上落了下来。麻雀在水面上扑打着翅膀分开，向不同的方向飞去。他把这理解为神的闪光。

"是这样吗?"他小声地嘀咕着。

水面上细小的波纹静了下来，他全神贯注地持续地望着泉水。他的心像水面一样静得像一面镜子。于是一只麻雀的身姿鲜明地映在了水面上。这只麻雀在叫着，这声音的意思是这样的：在现实的世界中，即使你看到将成为你妻子的女人的身姿，也不会相信她将成为你的妻子吧?因此给你看一下来世妻子的姿态吧。

他对麻雀说：麻雀呀，感谢你。假如来世转生为雀，将你作为妻子，我就决定娶这个姑娘吧。看到了来世命运的人不应该在现世犹豫不决。我来世美丽而尊贵的妻子，就给我做现世结婚的媒妁吧。

于是他轻爽地向相片上的姑娘问好，并感谢伟大的神。[1]

三

这里我们可以很清楚地看到作者所接受的易学的影响，首先堂姐用银币来决定男主人公婚姻的做法实际来源于占卜中的投币法。

记录算卦方法的最原始的文献就是《易传》。《易传》是一个统称，它包括了十篇解释《易经》的文献，这十篇文献历来也被称为"十翼"。"十翼"里有一篇《系辞上传》，有史以来第一次讲解了算卦的方法：

大衍之数五十，其用四十有九。分而为二以象两，挂一以象三，揲之以四以象四时，归奇于仍以象闰。五岁再闰，故再仍而后挂。天一，地二；天三，地四；天五，地六；天七，地八；天九，地十。天数五，地数五。五位相得而各有合，天数二十有五，地数三十，凡天地之数五十有五，此所以成变化而行鬼神也。乾之策二百一十有六，坤之策百四十有四，凡三百六十，当期之日。二篇之策，万有一千五百二十，当万物之数也。是故四营而成《易》，十有八变而成卦，八卦而小成。引而伸之，触类而长之，天下之能事毕矣。显道神德行，是故可与酬酢，可与佑神矣。子曰："知变化之道者，其知神之所为乎。"[2]

翻译成现代语的意思就是说：(占问用蓍草来)演算的数目是五十五根，其中用的是四十九根，(余下的六根指六爻)。把(四十九根)分为两部分(放在上下)来象天地，(从上面的草里)抽出一根来(放在上下之间)来象天地人。(把上面的草)四根——组来分来象四时。把余下的草夹在左手指中间来象闰月。阴历五年两闰，故把下面的草(四根一组)来分，把余下的草夹在右手指中间，然后把两手指间夹的草挂起来。(《易经》以《乾》为天，《乾》用阳爻构成，阳爻一是奇数)，天以奇数一三五七九为天数。(以《坤》为地，《申》用阴爻构成，阴爻——是偶数))，地以偶数二四六八十为地数。天数是五个奇数，地数是五个偶数。五个(奇数或偶数)相加而得到和数，天数(的和数)是二十五，地数(的和数)是三十。计天地的数是五十五，这是确定变化而能贯通鬼神的理由。占到《乾》卦的草共计二百十六根，占到坤卦的草共计一百四十四根，合计三百六十根，约合一年的日数。《易经》上经下经两篇占草的数合计一万一千五百二十根，与万物之数相当。因此，(六十

---

[1] 川端康成《麻雀的媒妁》，《川端康成短篇全集》，讲谈社，1964年版，191页。
[2] 见《周易译注》，周振甫译注，中华书局，1991年版，241页。

四卦）都经过四次布策而成为《易经》，经过十八次变而成为一卦，八卦是小成。引申八卦（为六十四卦），碰上同类的事物加以扩大，天下的能事完全在内了。能够显示出道和神及德行，因此可以跟人应对，可以帮助神灵了。夫子说："知道变化的道的，他能知道神灵的作为吧？"。[3]

《易经》筮法里的数学神乎其神。数学家从中发现二进制，十进制，奇数偶数，排列组合以及三阶魔方等规律。

在易学的发展过程中，人们又根据《系辞上传》上所说的方法演变出多种筮法，投币法也是其中之一。

掷币起卦法（又称以钱代蓍法）是用三枚面值相同的硬币（最好用乾隆通宝），以反面为阳，正面为阴。然后双手捧着摇晃数下，抛放于桌面之上，这样就会出现以下四种组合：

1、反、反、反为老阳画"0"
2、正、正、正为老阴画"X"
3、反、正、正为少阳画"—"
4、正、反、反为少阴画"--"

每掷一次便出现一个爻象，六次便成一卦象，老阴 X、老阳 0 为动爻，动则变，阴变阳，阳变阴。

隋唐以后人们常用的占筮方法是以钱代蓍。这也就是"火珠林推卦法"。唐代贾公彦在《周礼疏》中说："但古用木画地，今则用钱。以三少（背面）为重钱，重钱则九也；三多（正面）为交钱，交钱则六也，两多一少为单钱，单钱则七也；两少一多为折钱，折钱则八也"。这样自下而上，摇六次可成一卦，从程序上比起用五十根蓍草来演算就简化的多了。最早把"以钱代蓍"起卦和通过"纳甲"理论占断归结成一个完整的占筮体系的书籍是《火珠林占法》一书。该书的作者以及成书年代已不可考，相传是麻衣道者所著。

这种占筮方法很早就传入了日本，在各种易学书籍上都有详细介绍，而《麻雀的媒妁》主人公的堂姐（或是表姐）在梳妆台上转动一枚银币来决定婚姻，明显受到这种易占方法的影响，而男主人公以麻雀来决定自己是否娶那位姑娘，明显受到了中国另一占法之一"黄雀叼卦"的影响。

"黄雀叼卦"易占的一种，学名叫"鸟占"，让鸟来抽签，取意是鸟得上天灵气。
（原载张石著《川端康成与中国易学》一书，广东人民出版社，2016 年出版，此次发表有所修改。）

---

[3] 同上，242 页。

新井白石《东雅》（1717）的类目及分类体系
—中日交流的成果
The Classification system of Arai Hakuseki's *Dong Ya* （*1717*）
— the achievement of Sino-Japanese friendly exchanges
钟雪珂（厦门大学人文学院中文系）

【摘要】新井白石的《东雅》是一部名物训诂类辞书，继承了《尔雅》以来按照意义进行分类的方式进行编撰。对于这类辞书，类目和分类体系的研究是首要的工作。文章将《东雅》类目和分类体系与中日相关辞书进行比较，发现其不仅表现出较为明显的"中国特色"；同时，又不失"日本元素"。可以说是一个中日友好交流的成果。此外，新井白石在设置类目和分类体系的过程中，继承了中日相关辞书的已有体系，同时又结合自己的认识和需要而有所发展。通过对该分类体系的研究，我们不仅可以更加深入了解作者的想法，还能够更好地理解日本学者在中日交流过程中的角色和表现。

【关键词】新井白石　《东雅》　类目　分类体系　中日交流

【Abstract】Arai Hakuseki's *Dong Ya* is an exegetical dictionary of nouns, which compiled according to the meaning as the means of *Er Ya*. In terms of this kind of dictionaries, studying the classification system is the first work we'll face. Compared the system of *Dong Ya* with those of other relative dictionaries, we notice that it not only carries obvious 'Chinese Characteristics', but also be without losing 'Japanese elements'. It can be regarded as an achievement of Sino-Japanese friendly exchanges. In addition, Arai Hakuseki absorbed the systems existing in the relative classical Chinese and Japanese dictionaries when he set his own dictionary's system. He, while, improved them by his knowledge and requirements. We can not only acquaint the ideas of Arai Hakuseki deeply, but also be familiar with the role and performance of Japanese scholars in the Sino-Japanese exchanges through studying the classification system.

　　《东雅》的作者是新井白石（1657-1725）。作为江户时期著名的儒学者，新井白石在日本政治、经济、外交、历史、文学等诸多领域都有着较高的建树。北大历史学教授周一良称其为"江户时代许多著名的、受人重视的人物中最为多姿多彩的一个"。[1]在儒学上，新井白石颇有造诣，自学成才，并在三十岁归于当时的儒学代表者木下顺庵（1621-1698）门下，被称为"木门十哲之首"。在木下顺庵的推荐下，入幕府，进而参与政事。在任期间，对幕府的政治、经济、外交等方面都有过突出贡献，名存史册。此外，新井白石在对意大利传教士西多蒂的讯问

---

[1] 周一良：《新井白石论》，《周一良自选集》，北京：首都师范大学出版社，2008 年，第 499页。

中，了解到西方世界，并以此撰写了《采览异言》（1713）、《西洋纪闻》（1715）等著作，而被日本学界公认为"兰学"的创始之人。

新井白石流传至今的著述较多，所涉及的领域较广。与语言学有关的主要有：《东雅》、《东音谱》、《同文通考》。这三部著作刚好对应了中国传统小学的三个分支：训诂、音韵、文字。它们都以日语研究[2]为目的，但从术语的沿袭到对中国传统小学家观点的把握，无不显示着中国传统小学研究的痕迹，体现出其汉学、尤其是中国传统小学的深厚功底。

《东雅》是一部训诂类辞书，对日语名物词的语源进行解释，全书按照《尔雅》以来的分类方法，将日语名物词分为15大类。类目和分类体系能够很清楚地体现出作者对名物词的认识所达到的水平，是研究这类辞书首先需要注意的问题。就《东雅》类目和分类体系而言，通过与中日相关事类辞书的梳理，我们发现，它无论是从命名，还是分类体系的设置、顺序的排列（内部逻辑）等都能看到中国相关义类辞书分类体系的影子，但同时又不完全拘泥于后者，而是根据日本的实际情况，以及自己所处时代对名物的认识和理解进行了调整。在调整的过程中，不仅继承了日本相关辞书在分类上的传统，还有自己的创新。从新井白石对中日辞书的继承和创新中，我们可以看到他在中日交流过程中，对名物词、对事物的认识和思考，在一定程度上也能够体现出当时人们对事物的认识。该分类体系可以说是一个"中日交流"的成果，为中日交流中一个值得称赞的典范。

一、《东雅》的类目及其命名

（一）《东雅》的类目

《尔雅》是"中国最早的一部语义分类辞典"[3]，这种按照意义分类，对词目和内容进行整理和编撰的方法，可以说是《尔雅》的创造。其后的雅学类辞书，基本都按照这种方法进行编撰。另外，这种编撰体例还为类书的编排打下了坚实的基础。我们也将这种按照意义进行分类，编撰而成的辞书叫做"义类辞书"或"事类辞书"。新井白石的《东雅》也是将所要解释的名物词按照意义进行分类的一部训诂类辞书，也属于"义类辞书"之列。虽然，《东雅》的具体分类，及其内在体系与《尔雅》不尽相同，但仍然未能超出后者的框架和意旨。

《东雅》全书共二十卷，总收词量为692条。所收词目按照意义分为十五大类，大类下又有若干子目。其中，词目数量最多的是"器用"类，占五卷，也是所占篇幅最长的一类。全书以汉语词为词目，其下标注日本假名。全书很明显可见三级类目。其分类和收词的具体情况，如下：

---

[2] 即日本学界所称"国语研究"。
[3] 钱剑夫：《中国古代字典辞典概论》，北京：商务印书馆，1986年，第126页。

《天文》（卷之一），又细分为"天象""岁时"两个子目，总共收词 31 条。

《地舆》（卷之二至卷之三），又细分为"土石""山泽""田园""河海""方位"五个子目，总共收词 54 条。

《神祇》（卷之四），又细分为"神祠""祭具""陵墓"三个子目，总共收词 17 条。

《人伦》（卷之五），又细分为"亲族""人品"两个子目，总共收词 33 条。

《宫室》（卷之六），总共收词 21 条。

《器用》（卷之七至卷之十一），又细分为"度量""附历""漏刻""乐器""宝货""布帛""冠服""几筵""帐御""农器""织纴具""裁缝具""工匠具""锻冶具""舟船""车舆""鞍辔""旅装""渔猎具""文具""武器""金器""漆器""瓦器""木器""竹器"二十六个子目，总共收词 199 条。

《饮食》（卷之十二），总共收词 29 条。

《谷蔬》（卷之十三），又细分为"禾谷""菜蔬"两个子目，总共收词 46 条。

《果瓜》（卷之十四），总共收词 32 条。

《草卉》（卷之十五），总共收词 45 条。

《树竹》（卷之十六），总共收词 39 条。

《禽鸟》（卷之十七），总共收词 40 条。

《畜兽》（卷之十八），总共收词 16 条。

《鳞介》（卷之十九），总共收词 51 条。

《虫豸》（卷之二十），总共收词 39 条。

就整体而言，虽然此书是介绍日语名物词的语源，但就其所分类目的命名到各类目内在的逻辑和结构来看，明显与中国义类辞书的关系密不可分，深受中国辞书的影响；但同时又有对日本相关义类辞书分类的继承；此外，又不完全拘泥于后二者，而有自己的调整。可以说是一个结合了中日特点，又进行了自我完善的系统。

（二）《东雅》类目的命名

首先，其类目的名称，大多可见于中国古代义类辞书，而且是在这类辞书中经常出现的类名。新井白石曾长期借阅方以智《通雅》一书，受其影响较深，在类目的名称上与《通雅》相同的就有五类，分别是："天文"、"地舆"、"器用"、"宫室"、"饮食"。又如"鳞介""虫豸"等类名，见于《艺文类聚》《太平御览》《渊鉴类函》等综合性类书。

同时，部分类名也在日本义类辞书中常出现。日本义类辞书一般是在中国义类辞书的影响下编撰，所以有着较明显的中国辞书的痕迹，因而，往往我们在看到这些类目时不会感到陌生。但是，日本学者在编写时，也多经过自己的思考，对中国辞书的内容进行了一定的改动、整理。《东雅》仿《倭名类聚钞》（以下简称《倭名钞》）而作，在类名的设置上也有着较深的模仿痕迹，最为明显的是"果瓜"这一类目。该类目可以说是源顺的独创，在其以前，中日辞书中都少有用其作为类名的情况，《东雅》直接沿用了这一类名。在小类名称的设置上，更是大量沿用了《倭名钞》中的类名，以篇幅最大，小类最为繁多的"器用"类为例。虽然，在《倭名钞》中并没有设置"器用"这一大类，而是分散在不同的类别。《东雅》受《通雅》影响，将《倭名钞》中分散的这些类别整合在了一个大类"器用"之下，而在小类上进行区分，因此在"器用"类下的子目就大量地沿用了《倭名钞》：如《倭名钞》的大类"宝货""布帛"，"调度部"下的小类"裁缝具""工匠具""锻冶具"，还有"器皿部"下的全部小类"金器""漆器""瓦器""木器""竹器"等都出现在了《东雅》"器用"类之下。此外，《东雅》还参照了稍早的日本义类辞书的分类体系，如"神祇"类，在早期的《下学集》（1444）中即已出现，除了在《东雅》中出现，还出现在其他一些日本义类辞书中[4]，而中国的相关辞书中基本未见单独将其设置为类目的情况。

虽然部分类目的设置承袭了中日相关辞书，但是新井白石还根据自己对事物的认识和理解对整个体系进行了一定的调整。最值得一提的是对《倭名钞》类目的调整。不仅对其大类进行合并，除了上面提到的以"器用"统领《倭名钞》中的术艺部、音乐部、居处部、船部、车部、宝货部、灯火部、布帛部、装束部、器皿部等类别，还将《倭名钞》中的地部、水部、国郡部合并为"地舆"类，菜蔬部、稻谷部合并为"谷蔬"类等。对一些小类也进行了合并，如将岩石、尘土合为"土石"，山谷、林野、水泉、涯岸等合并为"山泽"，冠帽、衣服合并为"冠服"，畋猎、渔钓合并为"渔猎"，船类、舟具等合并为"舟船"等等。不仅如此，我们说《东雅》的词条基本见于《倭名钞》，但词条所处的类别，新井白石也作出了一些调整。如将《倭名钞》中归属于男女、父母、兄弟、子孙、婚姻等小类的词条整合在一个小类"亲族"中，更为简明；将分属于织机、蚕丝小类的词条整合在一个"织纴具"小类中等等。通过这些整合，使得整个分类体系更好地概括所收录的词条，分类更显简单明晰。我们以今天的眼光来看，也更为合理。

二、《东雅》类目的内在结构和逻辑

我们说，按照意义进行分类，源于《尔雅》。学者就《尔雅》对所收词汇进行的分类，以及对类目排列顺序的研究过程中发现，这种分类及顺序的安排并不是随意的，同样体现出编者对社会和自然的认识。就《尔雅》的分类而言，除去前

---

[4] 如《和尔雅》（1694），江户末期的《古今要览稿》（1841年因主编逝世无人主持而中止致编写未能完成，但存有类目），以及大正时代完成的日本类书之集大成者《古今事类》（1914）中都设置有"神祇"一类。

三篇的"释诂""释言""释训",从"释亲"到"释畜",最后 16 篇的安排都有着内在规律。窦艳秀在其《中国雅学史》(2004)中有详细论述,如下:

《释亲》《释宫》《释器》《释乐》四篇是对亲属称谓和宫室器物名称进行解释,即主要训释与人的社会关系和日常生活密切相关的词语;《释天》《释地》《释丘》《释山》《释水》五篇是对天文地理方面的词语的解释;而《释草》《释木》《释虫》《释鱼》《释鸟》《释兽》《释畜》七篇是对植物动物方面的词语的解释。各篇之间以类相从,排列有序。[5]

《尔雅》对词汇的分类对后来的按照意义分类的辞书有着深远的影响,尤其是对类书的编者起到了很大的启发作用。但是,类书的分类体系却没有完全照搬《尔雅》,而是根据自己的需要[6]而进行了修改,逐渐形成了"天-地-人-事-物"的基本序列。这种序列得以确立的思想源头可以追溯到《周易》。在《周易·说卦第九》中有:"有天地,然后有万物。有万物,然后有男女"。[7]这种排列,在雅书类辞书《释名》中已经得到应用。《释名》作为一部仿雅之作,并非完全照搬《尔雅》的分类体系,而做出了一定的改动,这种改动不仅有类目名称的改动,同时在类目的排列顺序上作出了调整。首先释"天地":释天、释地、释山、释水、释丘、释道、释州国;然后释"人": 释形体、释姿容、释长幼、释亲属、释言语;再释"事"和"物": 释饮食、释采帛、释首饰、释衣服、释宫室、释床帐、释书契、释典艺、释用器、释乐器、释兵、释车、释船、释疾病、释丧制。但是,就类书而言,从我们现在可见的文献来看,这种序列在唐代的《艺文类聚》时才得以确定,并在后代的综合性类书中得到广泛应用。从宋代的应试类书《玉海》到清代的综合性类书之集大成者《古今图书集成》,从官修类书到民间学者自行编撰的类书,基本都是按照"天-地-人-事-物"的基本序列进行编排。

《东雅》"凡例"中也指出其类目的安排是"根据《倭名类聚抄》,天地始,而至虫鱼类"。而《倭名钞》实际上又是在中国类书,尤其是《艺文类聚》的框架下进行编撰。《东雅》在具体的类目排列上,与《倭名钞》的顺序稍有不同,而与《通雅》更为一致,尤其是"物"的类目安排上,始于"器用"而终于动物类。总的来说,其类目的安排上也接受和继承了这种基本序列,而有:卷之一,以"天文"开篇;卷之二、三为"地舆";卷之四、至六为与"人事"相关的"神祇""人伦""宫室";卷之七至二十为"物"相关的"器用""饮食""谷蔬""果瓜""草

---

[5] 窦艳秀《中国雅学史》,齐鲁书社,2004 年,第 32-33 页。
[6] 类书,尤其是大型类书,一般是官修,代表着封建统治者的意志,而且它们一般影响力较大,自然也会影响到民间学者的辞书编撰。
[7] 李守素、梁松:《试论类书的分类体系与分类技术》,《大学图书馆学报》,1989 年第 5 期:第 22-28 页。

卉""树竹""禽鸟""畜兽""鳞介""虫豸"。

三、《东雅》类目及分类体系与中国相关辞书的关系

《东雅》的分类体系并非凭空而出，而是在对中日义类辞书之分类体系的继承和发展中得以产生，因而，既可以看到其中国辞书的痕迹，也保有日本辞书的传统，是一个"中日交流"的成果。在继承的过程中，新井白石还根据自己的学识和编写的需要，对已有的体系进行了调整和完善。下面，我们就其与中日相关辞书的关系进行梳理。

（一）《东雅》与方以智的《通雅》

《东雅》有"日东尔雅"之称[8]，但其内容和体例又与《尔雅》有着明显的区别，但是，不妨碍我们将其看作一部"域外仿雅之作"。《尔雅》按照意义分为19卷，各卷分释一类，总共19个类别，除了前面三卷，剩下的都属于名物类别。其类目采用"释*"的形式，"*"为单音节词，即所释对象。继《尔雅》之后，中国历史上各个朝代都出现大量的广雅和仿雅之作，形成了中国传统学术研究中独具特色的"雅学"。"雅学"类辞书的类目，大多继承了《尔雅》的形式。但也有一些广雅之作，将"释"改为"广"；还有一些仿雅之作并不严格按照这两条规则，如《释名》，虽采用"释*"的形式，部分"*"与《尔雅》相同，采用单音节词，但同时还出现大量的双音节词，将《尔雅》中的"释亲"、"释宫"、"释器"等，变为"释亲属"、"释宫室"、"释用器"。《东雅》的类目与《尔雅》相去甚远，它并没有采用一般雅书的形式，而是全部都直接使用双音节词作为其类目，与《通雅》更为一致。《通雅》虽说是仿雅之作，但却直接抛弃"释*"的形式，而采用双音节词，与明代大多数类书的分类没有太大区别，这在"雅学"类辞书中也是少见的。而通过比较，我们发现《东雅》与《通雅》有着明显的继承关系。《东雅》之所以称"雅"，与其说是《尔雅》，不如说是《通雅》。

《通雅》是明清之际著名学者方以智（1611-1671）的代表作之一，是方以智早年为《尔雅》作注的基础上完成。何九盈在其《中国古代语言学史》中指出："研究先秦词汇要读《尔雅》，研究汉魏词汇要读《广雅》，如果要研究唐宋元明词汇，则不可不读《通雅》。中国的雅书，最为重要的就是这三部。"[9]可见，《通雅》在汉语研究中的地位。可以说，是雅学发展过程中具有重要意义的一部著作。同时，

---

[8] 大槻如电在《东雅》明治三十六年刊本的解说中提出这种观点，后来被大多数日本学者所引用，广为接受。当然也有中日学者对此提出了不同的看法，如陆尊梧（1986）就认为二者并没有继承关系；日本杉本つとむ也对这种观点作出了订正，指出其并非白石的观点。

[9] 何九盈：《中国古代语言学史（新增订版）》，北京：北京大学出版社，2006年，第229页。

195

它还丰富了雅学的内涵。[10]《通雅》全书总共 52 卷，我们将名物相关的分类及所属卷目的情况，罗列如下：

类数	卷数	大类	小类
1	11-12	天文	（11）释天、历测；（12）阴阳、月令、农时
2	13-17	地舆	（13、14）方域；（15）水注；（16）地名异音；（17）九州建都考、释地
3	18	身体	
4	19	称谓	
5	20-21	姓名	（20）姓氏、人名；（21）同姓名、鬼神
6	22-25	官制	（22）仕进、爵禄；（23、24）文职；（25）武职、兵制
7	26	事制	事制、田赋
8	27	货贿	货贿、刑法
9	28	礼仪	
10	29	乐曲	
11	30	乐舞	乐舞、乐器
12	31-35	器用	（31）书札，碑帖、金石；（32）书法、装潢、纸笔墨砚、印章；（33）古器；（34）杂用诸器；（35）戎器具，车类、戏具
13	36-37	衣服	（36）彩服；（37）佩饰、布帛、彩色
14	38	宫室	
15	39	饮食	
16	40	算数	
17	41-44	植物	（41）帅；（42）草、竹荈；（43）木；（44）木、穀蔬
18	45-47	动物	（45）鸟；（46）兽；（47）虫
19	48	金石	

任道斌在其《方以智年谱》（1983）中提到《通雅》在方以智"卒后一百余年"流传海外[11]，但是根据大庭修《江户时代接受中国文化之研究》中的描述，新井白石曾长期借阅《通雅》一书。为准备接待朝鲜使臣，新井白石于 1711 年"从幕府的枫山文库借去《通雅》以及《通典》、《通考》、《续文献通考》、《谐声品字笺》等五部书，到 1716 年被黜免才归还"。[12]由此可见，《通雅》传入日本的时间还要更早一些。同时，在传入日本后，"不仅为白石所宝重，江湖文人始终目为备查考的重要工具"。[13]

长达五年的借阅期间，新井白石必定反复查阅，甚至还留下了两卷抄本。他

---

[10] 《通雅》不仅对词汇的古今变化进行了考证，同时还吸收了大量当时的词汇。加之方以智自小对西学感兴趣，甚至吸收了一些从西方传教士处了解到的西学知识。

[11] 任道斌：《方以智年谱》，合肥：安徽教育出版社，1983 年，第 289 页。

[12] 见大庭修《江户时期接受中国文化之研究》一书。转引自《周一良自选集·新井白石——中日文化交流的身体力行者》，北京：首都师范大学出版社，2008 年，第 587 页。

[13] 周一良：《新井白石——中日文化交流的身体力行者》，《周一良自选集》，北京：首都师范大学出版社，2008 年，第 587-588 页。

对方以智《通雅》的认可和接受也是比较明显的，在其著作中多有体现。新井白石《东雅》的编写注重考据，对不确定的内容，不做主观臆想，只将其罗列，只讲有理有据的部分。这一点与方以智著《通雅》的做法是一致的。此外，我们在前面已经提到，新井白石有三部与语言学相关的著作《东音谱》、《同文通考》和我们这里所说的《东雅》。这三部著作都是立足于日语研究，分别是日语语音、文字和词汇语源的研究。不仅在《东雅》中对《通雅》多处引用，在《同文通考》也多见直接引用之处。即使是篇幅较小的《东音谱》，没有出现直接的著作引用，但其对表音文字和表意文字的认识，甚至术语、结构的设置都与《通雅》第50卷之《切韵声原》一脉相承，在序言中也提及方以智的字号（"密之"）及其观点。

《东雅》不仅在编写上深受方以智"重考据"的思想影响，在文献中直接引用《通雅》，在类目和分类体系的设置上显然也受到《通雅》的影响。最为明显的即为多个类目直接来自于《通雅》。

从大类上看，《东雅》与《通雅》类目一致的有"天文"、"地舆"、"器用"、"宫室"、"饮食"五类。《东雅》中的"谷蔬"一类，为《通雅》"植物"类中的一个小类。也就是说，十五类中有六类是直接来自于《通雅》的类目。这种一致性，可见一斑。其余类别，则根据自己的编写需要，进行了一些调整。如将《通雅》中的一些与自己编写内容关系不大的类别删减；将《通雅》中的动物、植物类分得更为细致，这不仅参考了其他中日辞书的分类，还有自己的思考，我们将在后面有所对相关内容进行说明。

其中，"天文""地舆"的类目，虽然并非方以智独创，在他以前的义类辞书，尤其是类书中，就有"天文""地理""坤舆"等说法，但是如《通雅》这般将这两个名目确立下来，并列使用，却是少见的。而新井白石则直接采用了这两个类目。

最值得一提的是"器用"类。"器用"类，同样并非方以智所创造的名目。最早可见其出现于义类辞书的类别中，应该要属《释名》的"释用器"。从它们所收录的词条可见，所属类别应是一致的，只是用字的顺序有所差异。在现存最早的类书《艺文类聚》中，是没有"器用"一类的。唐玄宗时期由徐坚所编的《初学记》和宋太宗时期由李昉等所编的《太平御览》中，也都是"器物部"，不见"器用"一类。一直到南宋王应麟编写的《玉海》中，才可见"器用"一类。《玉海》是一部应试类书，也就是科举考试的参考书目，在民间的流传和影响力是巨大的。另外，后来传到日本，且影响较大的图文并茂的明代类书《三才图会》也设立"器用"一类。可见，"器用"这一类别从宋代开始在一些通俗书和类书中广泛使用，在明清各译馆编写的译语类书籍分类体系中也"受到青睐"[14]。这里，方以智使用"器用"，而不是"器物"，我们认为可能也是受到了这些通俗类书籍和类书的影响。这在下一部分还会提及。

"器用"类是最能体现二者相同的地方。两书的"器用"类都占了全书的最大篇幅，《通雅》占 50 卷中的 4 卷[15]，而《东雅》更多，占 20 卷中的 5 卷。正因为篇幅大，收词也最为丰富，数量也最多。这是其一。其二，因为收词丰富，范围广泛，两书该类下属的小类数量也最多：《通雅》分为 12 小类，而《东雅》更是分为 26 小类。从小类上看，《东雅》所收的词更为广泛，不仅包括了《通雅》中的"器用"类，还包含了《通雅》中的"乐舞（乐器）"、"衣服"等类别。因此，在篇幅上更为庞大，所占全书的比例也更重。此外，《东雅》在小类上还对《通雅》进行了一些细化和扩充，使分类更为具体。将《通雅》中冠以"杂用诸器"的类目，进行了细化，并增加了一些小类。可以说，《东雅》继承了《通雅》，但又对其有所发展。

虽然，《东雅》并非完全套用《通雅》的分类，但却受到后者较大的影响。《通雅》的分类是方以智经过自己的认识重新整理过的体系，有其自身的特色，《东雅》直接沿用其中一些具有方以智特色的类别，我们就不难看出二者的继承关系了，尤其是其中的"天文""地舆"以及"器用"类。但是，新井白石又非刻板地继承方以智的分类，而是在方以智分类的基础上，结合自己的编排需要，以及社会的发展和自己对名物的认识、理解，进行了处理，有所发展。

（二）《东雅》与中国的类书

类书可以说是我国古代的百科全书，这点已是学界的共识。它将各种知识按照一定的标准进行分类，汇集成书。从最早的《皇览》到后来的《古今图书集成》，各种类型的类书数量可观。这种书籍为文人学者查找相关知识提供了便利，是非常有效的工具书。由于大多类书的编撰都是由统治者主持，因此，其分类自然也是精心设计，为自己的封建统治服务。为了得到更多人的认同，更是喜欢在经典中为编写寻找依据。最突出的表现即是其"天-地-人-事-物"排列顺序的确立。前面我们已经提到，这在现存最早的类书《艺文类聚》中就已得以确立，在后代的综合性类书中更是广泛得到应用。这一顺序之所以得以确立和应用，正是因为其符合封建统治者的思想，并且有取自经典的理据（前面我们已经提到）。经典对人们的影响是其他书籍无法匹敌的，它们会根植于人们的思维认知之中。所以，虽然《尔雅》开启了按类编排的先例，类书继承其后，但却形成了自己的特色，确立起"天-地-人-事-物"的编排顺序，该顺序更为中国古代人们对万事万物的

---

[14] 但是"器物"仍然是义类辞书分类体系中出现更多的类目。

[15] 如仅从名物类来看，则占 38 卷中的 4 卷。

理解和认识所接受。

中国的类书，很早就传入了日本，比较重要的类书，如《艺文类聚》《太平御览》《三才图会》《古今图书集成》等都在日本有所流传，这在《本朝见在书目》《日本国见在书目》以及大庭修的一系列关于江户时期汉籍传入的研究中即可知。并且，这些类书的传入，对日本相关辞书的编写有着深刻的影响。

《东雅·凡例》中指出，其编排所依据的是《倭名钞》的体系，始于"天地"，终于"虫鱼"。《倭名钞》是源顺编写的一本辞书，成书于937年，虽为"和名"，实际上所收都是汉语词，只是对这些汉语词进行日语解释，现存二十卷本和十卷本两种版本。究竟哪一版本为源顺真本，学术界仍有争议。但从分类来看，二十卷本分为32部，只是增加了"职官部"和"国郡部"。[16]据史料分析，其"编排方式颇近似于《杨氏汉语抄》"。《杨氏汉语抄》已经失佚，无从考证，但其沿用类书编排方式这一点是不容置疑的。从现有的类书来看，其与《艺文类聚》的关系似乎更为密切，并且书中的内容，有许多正是出自《艺文类聚》。[17]《倭名钞》的编排方式也是"借用了我国历史上多种典籍（类书）的排列方式"[18]，因此，也遵循类书"天-地-人-事-物"的顺序。《东雅》与《倭名钞》在具体的类目排列上，虽然有所差异，但整体上也是按照"天-地-人-事-物"的顺序进行编排。此外，《东雅》中的一些类目，如"鳞介""虫豸"，虽说是取自《倭名钞》，但究其源头，仍然是《艺文类聚》等中国类书。

这里，有个问题还值得补充。前面我们说《东雅》在很大程度上受到了方以智《通雅》分类体系的影响。而《通雅》作为仿雅之作，在分类上却与普通的"雅学"类辞书有着明显的不同，从形式和内容上都更接近明代大多数类书分类体系的形式：直陈对象；同时，每一个类目都采用双音节词进行整合。这些特点，在类书中也是从宋代应试类综合性类书《玉海》开始才有的。在明代（《通雅》之前），这种分类体系的形式在很多综合性类书，以及译馆译语的编写上普遍采用。如王圻父子所编的《三才图会》，章潢所编的《图书编》，以及各版本的《华夷译语》的分类体系都是如此。《通雅》中的类目大多与它们一致，可见，方以智应是受到它们的影响，也继承了这一"潮流"。而《东雅》模仿《通雅》，也就间接接受了类书中的这一特点。

---

[16] 潘钧：《日本辞书研究》，上海：上海人民出版社，2008年1月，第76页。
[17] 林忠鹏：《〈倭名类聚抄〉与中国典籍》，《重庆师院学报哲社版》，2000年第2期，第83-89页。
[18] 同上。

四、《东雅》类目及分类体系与日本相关辞书的关系

（一）《东雅》与源顺的《倭名类聚抄》（934）

《东雅》在"凡例"第一条中就指明了两书的密切关系，称其是仿《倭名类聚抄》而作。从内容安排来看，《东雅》所收词目，七成以上都能在《倭名抄》中找到原词，剩下部分只是发生了一些变化，完全没有的词目非常少。此外，《东雅》每个词条下紧接着有一个日文假名，这个假名基本来自《倭名钞》。词条释义部分也大量引用《倭名类聚钞》的原文。在分类上，《东雅》更是参考了《倭名钞》的体系，这一点我们在前面已经提到过。下面，我们具体来分析二者分类体系的异同。

从大类上来说，《东雅》同样直接沿用了《倭名钞》中的多个类目，如"人伦"、"饮食""果瓜""鳞介""虫豸"等五类。"人伦"类进入辞书的分类体系，在中国的义类辞书中是少见的，基本没有，但是在日本，从《倭名钞》开始，到后来的《色叶字类抄》《字镜集》《下学集》《节用集》等重要辞书中都单独列为一个类目，可见这是日本义类辞书有别于中国辞书的一个共同特点。"鳞介""虫豸"类最能体现其继承中国类书的特点。这两类进入分类体系可以说是《艺文类聚》的独创，其后在《太平御览》《事类赋》等辞书中得到继承，但是在其他辞书的分类体系中也较少看到。可见，这是《倭名钞》从《艺文类聚》处沿袭而来，《东雅》继续沿用。而"果瓜"类，是源顺自己的独创，在其他义类辞书中，无论是中国，还是日本，都较少看到此类目，而新井白石直接将其沿用于《东雅》类目中。

从小类设置上来看，不仅可见二者的继承关系，还能够明显地体现出白石对源顺系统的发展完善。我们上面提到的，继承和发展《通雅》而来的庞大的"器用"类，在小类设置上更多地体现出了对《倭名钞》的沿袭和继承。《倭名钞》并没有"器用"类，但是与《通雅》一样，《东雅》的"器用"类范围较为广泛，整合了《倭名钞》的多个类别的部分和全部，主要有术艺部、音乐部、居处部、船部、车部、宝货部、灯火部、布帛部、装束部、器皿部等。所以，《东雅》"器用"类中的小类，都是对《倭名钞》这些类别的大小类目进行整合的结果。其中大量是直接沿用《倭名钞》中的类名，如来自小类的"裁缝具""工匠具""锻冶具"，还有"器皿部"的"金器""漆器""瓦器""木器""竹器"全部；来自大类的"宝货""布帛"等。白石对《倭名钞》有所改动和完善的地方，也在小类设置上有所呈现。《东雅》的小类大多是对《倭名钞》类别进行整合而来的。"地舆"类，合并了《倭名钞》的"地部"、"水部"、"国郡部"，因此小类中有直接沿用《倭名钞》小类的"田园"、"河海"；有将《倭名钞》小类合并的，如"岩石"和"尘土"合为"土石"，"山谷"、"林野"、"水泉"、"涯岸"合并为"山泽"，"国郡部"略为"国都"，此外，还增加了"方位"一类。经过一番整合，使得分类更好地囊括了

所要收录的词条，也扩充了《倭名钞》所缺少的常用词词目。还有对《倭名钞》小类进行合并的情况，如将"冠帽""衣服"合为"冠服"、"畋猎""渔钓"合为"渔猎"，"船类""舟具"合为"舟船"等；对大类的合并，如将"稻谷部""菜蔬部"合为"谷蔬"[19]。还有一些是对《倭名钞》小类的重新分类，虽然不能说绝对精确，但却比《倭名钞》稍显混乱的分类更为明晰、合理，有所进步。

由此可见，《东雅》不仅直接沿袭了《倭名钞》分类的部分特点，而且还作出了一些调整，有大小类的交替，有类别的合并以及增减。这些调整也使得分类更为明晰，体现出新井白石对名物词分类上的思考，以及对名物认识水平的提高。

（二）《东雅》与贝原好古的《和尔雅》（1694）

与《东雅》同时期（稍早）还有两部同类的辞书，而且从名字上看，同样极具"日东汉籍"的特色，它们分别是：贝原益轩的《日本释名》（1700）和其侄贝原好古的《和尔雅》（1694）。

贝原益轩（1630~1714）比新井白石年长二十多岁，但都曾学于木下顺庵（1621~1698），也是江户时期著名的儒学家、汉学家。同时，贝原益轩作为一名医生，还是著名的本草学家，开创了日本的本草学，著有大量本草、养生的著作。其《日本释名》的内容就收录了大量本草相关的名物，这也是其最大的特色。《日本释名》的书名来源于刘熙的《释名》[20]，其内容同样按照意义进行分类，分为"天象、时节、地理、宫室、地名、水火土石金玉、人品、形体、人事、鸟、兽、虫、鱼、介、米谷、草、木、饮食、衣服、文具、武具、杂器、虚字"等23类。新井白石曾抄写过《日本释名》，抄写本还保存于日东洋文库之中。[21]但是，仅从其分类来看，二者并没有太明显的关系，而与其侄子所著《和尔雅》却有更多的相似之处。

《和尔雅》的编者是贝原好古。贝原益轩为其所作序言中有：

"予自幼好字学，而有志于纂修。然拙懒之资，继之以衰病，不能起稿。幸家姪好古亦嗜此学，朝夕采撷，用心斯已勤矣，顷岁辑倭尔雅。"[22（543）]

可见，贝原好古应为贝原益轩的侄子。同时，在贝原益轩的序言中，我们可以看到，贝原好古编写这部书的目的在于，使之成为"童蒙之指南"。因此，基本

---

[19] 虽然，这一类可以看做对《通雅》的直接承袭，但看做对《倭名类聚钞》中的两个小类的合并也未尝不可。《倭名类聚钞》分列两类，《通雅》合为一类，我们可以说新井白石选择了《通雅》合并后的"谷蔬"，也可以看做对《倭名类聚钞》的合并。二者似并不冲突。

[20] 益轩会编：《益轩全集卷之一·日本释名》，益轩全集刊行会，1910-1911年，第2页。

[21] 高松正毅：『「東雅」において新井白石が目指したもの——貝原益軒著「日本积名」との比較を中心として——』，『國文學研究（123）』，1997-10-15，第22-31页。

[22] 益轩会编：《益轩全集卷之七·和尔雅》，益轩全集刊行会，1910-1911年。

201

收录汉和"通用事物之名字"，做到"所记之事物，惟随方俗从来所熟知者"，同时还尽量做到全面。全书共八卷，分为24门：天文、地理（水火土石类）、岁时、居处、神祇、人伦、身体（病疴）、亲戚、官职、姓名、衣服（布帛彩色）、宝货、器用、畜兽、禽鸟、龙鱼、虫介、米谷、饮食、果瓜、菜蔬、草木、数量、言语（人事）、杂类。

从这一分类体系，我们可以看到，《和尔雅》在编排上也遵循"天–地–人–事–物"的顺序。形式上，采用与《东雅》一样的双音节词作为类目，更为值得注意的是，二者相同的类目竟高达八类，分别是："天文"、"神祇"、"人伦"、"器用"、"畜兽"、"禽鸟"、"饮食"、"果瓜"。 其中， "畜兽""禽鸟"两类最能够体现出二者的密切关系。因为，这两类在其他分类体系中基本不见，只在《和尔雅》与《东雅》中所见。其次，"岁时"、"布帛"、"宝货"、"菜蔬"等四类在《东雅》的小类类目中可见。剩下有"地理""亲戚""龙鱼""虫介""米谷""草木"经过了重新整合。另外，还有"居处"、"身体"、"官职"、"姓名"、"数量"、"言语"、"杂类"在《东雅》中未找到能够相互对应的类别，这些类别或多与名物关系不大，或整合到其他类别之中。从这个比较来看，二者的相似度是很高的，甚至超过了我们前面提到的《通雅》和《倭名钞》。这就很难让我们不作出猜测：新井白石应该见过比其所编《东雅》早成书二十余年的《和尔雅》，并受到了后者的影响。

《和尔雅》分类体系的中国来源也不外乎我们前面提到的雅书和类书，同时也与日本本国的相关辞书不无关系。从《和尔雅·凡例》将其所引用的书目，分为"华书"和"倭书"，主要有以下一些：

华书：《诗经》《尔雅》《五经注疏》《左传》《三史》《释名》《说文》《玉篇》《小补韵会》（应为《韵会小补》）《字汇》《本草纲目》《三才图会》《农政全书》等为主。

倭书：《日本书纪》《万叶集》《和名抄》为本。以林氏《多识编》，中邨氏《训蒙图会》等继之。[23（546）]

将《和尔雅》的分类与以上中日义类辞书相比较，我们可以知道，对其分类体系影响更大的应为《三才图会》和《倭名钞》两部书。我们前面已经说过，《通雅》的分类似与《三才图会》等明清类书不无关系。由此可见，《和尔雅》和《东雅》所接受的分类体系并不矛盾，甚至可以说是相同的，也就不难解释二者在分类上的高度一致性了。同时，二者一致性之高，也正好应证了"分类体系反映了分类者对事物的认识，是随着社会的发展而变化"的观点。新井白石和贝原好古两人因为身处相同的时代背景，对名物的理解应该能有更多的共识，因社会发展

---

[23] 益轩会编：《益轩全集卷之七·和尔雅》，益轩全集刊行会，1910-1911年。

而带来的认识水平的差异较小，体现在分类体系上的差异也就越小。即使二者有相同的参考体系，如果理解不同，也可能会有所差异。新井白石也借鉴了《通雅》和《倭名钞》的分类体系，但却作出了较大的改动，而与同时代的《和尔雅》，则具有这样的高度一致性，可见白石与贝原好古在名物词的理解和分类上具有更多的认同。二者如此高的相似性，也让我们很难不作出前面提出的"新井白石对《和尔雅》有所借鉴"的猜测。

在类目的形式上，《和尔雅》与《东雅》一样，很明显追求类目的双音节化，这在同出自明代的各译馆译语、《玉海》、《三才图会》、《通雅》等书中亦是如此。为了达到这种标准，这些书的作者在类目的设置上都经过了一些调整，整合的过程中又呈现出各自的特点。

此外，无论是《和尔雅》，还是《东雅》还参照了日本早些时期的辞书分类体系，如"神祇"一类，在早期的《下学集》（1444）中即已出现。而这一在中国的义类辞书分类体系中则较少作为类目出现的类别，在日本的义类辞书中却普遍单列一个类目。

最后，我们以动植物类别为例，将《东雅》对前面各类相关辞书的继承和完善进行举例分析，相关辞书的动植物分类体系如下：

分类	《艺文类聚》	《倭名钞》	《华夷译语》	《三才图会》	《通雅》	《和尔雅》	《东雅》
植物	药香草部	草木部（草、苔、莲、葛、竹、木）	花木	草木	草	草木	草卉
	木部				竹苇		树竹
					木		
	果部	果瓜部				果瓜	果瓜
	百谷部	稻谷部			谷蔬	米谷	谷蔬
		菜蔬部				菜蔬	
动物	鸟部	羽族部	鸟兽	鸟兽	鸟	禽鸟	禽鸟
	兽部	毛群部			兽	畜兽	畜兽
	鳞介部	鳞介部			虫	龙鱼	鳞介
	虫豸部	虫豸部				虫介	虫豸

译馆译语、《三才图会》等书中的分类是非常简单的。植物类别中，《和尔雅》对《倭名钞》的改动只有一处，即将"稻谷"改为了"米谷"。《东雅》则结合《倭名钞》和《通雅》的分类，自己进行了重新的分类，将《倭名钞》中的"草木部"，在《通雅》的启发下分得更为细致，但是又没有完全按照《通雅》的"草、竹苇、木"的分类，而是将草单列，而将后二者合并，为了追求双音节化，将草命为"草卉"，而将"竹苇、木"合并为"树竹"，这样分类更为清晰，同时，还能够在类目上体现出"花卉"的内容，比其他二者都更具有包容性和明晰性，更加符合现代分类的标准。"稻谷"类，因数量相对较少，《东雅》将其与"菜蔬"合为一类

"谷蔬"。"稻谷"和"菜蔬"都是农耕时代人们的劳作物,是人们日常三餐所需,一般同时出现,也符合人们对日常生活的理解。另外,《东雅》将"果瓜"和"谷蔬"分列,也符合实际情况,有利于将二者区别开来,而非《通雅》中混为一类。

再看动物类,首先《三才图会》中只有"鸟兽"类,《和尔雅》在结合《倭名钞》的同时,对其进行了增补扩充,但是在类目的设置上又没有完全按照《倭名钞》的分类,而进行了一定的调整,一方面增加了没有的虫、鱼等类别,使分类更具有包容性;另一方面又继承了传统的鸟、兽,而非"羽族""毛群",也更为符合中国辞书分类的特点,从《尔雅》开始即如此命类,少有用"羽族""毛群"的说法。[24] 为了达到双音节化,《和尔雅》也进行了调整,变为"禽鸟""畜兽""龙鱼""虫豸"等。而《东雅》一方面,继承了《和尔雅》的"禽鸟""畜兽",另一方面也继承了《倭名钞》沿袭《艺文类聚》等中国类书而来的"鳞介""虫豸",而非贝原好古所采用的较少出现在中日义类辞书分类体系中的"龙鱼""介虫"。同时,四分的做法,也弥补了《通雅》三分,而没有"鳞介"(鱼)类的缺憾。这里值得一提的是还有,他们为了达到双音节化而做出的改动,无论是新井白石的"草卉""树竹",还是贝原好古的"禽鸟""畜兽""龙鱼""介虫"等,都是符合汉语使用习惯的,毫无违和感。由此可见,江户时期儒学家深厚的汉学功底,对汉语使用的娴熟程度。

五、结论

新井白石的《东雅》,作为一部解释日语语源的辞书,按照意义进行分类。从其分类体系来看,它明显受到了中国辞书,尤其是方以智《通雅》和传统类书的影响;同时,还受到了日本国内义类辞书分类体系的影响,与同时期的《和尔雅》有着较高的一致性,还沿用了一些日本相关辞书传统的类目。这样,从整体上看,可说是:更具中国特色,但也不失日本元素,是一个"中日结合"的分类体系。

我们说分类体系体现了人们当时对事物的认识水平,从《东雅》的分类体系中,我们可以看到,新井白石虽然受到了中日辞书分类思想的影响,但是又非完全照搬和拘泥于已有的分类,而是对后者进行整合,从而使自己的分类体系在形式和内容上更好地体现自己对名物的认识和理解。另一方面,因为身处同时代,对名物的认识和理解具有更多的共识,体现在分类体系上就是:与贝原好古《和尔雅》的高度一致性。总而言之,《东雅》的分类体系是中日交流过程中一个值得称赞的代表,该书也值得我们国内学者进行深入的研究。

---

[24] 《太平御览》中有"羽族部",但未见"毛群部",仍用"兽部",可见为源顺的改动。

日本學者對清朝古典學術界的影響

羅巍（廈門大學人文學院）

Orlandi Giorgio

【Abstract】 The *Hékānběn* [和刊本 Japanese version of Chinese Classics], though often disregarded or underestimated, are a precious resource for philologists and sinologists interested in the Chinese Classics. In fact, they are emblematic not only of the great literary acumen of the Japanese scholars but also of the often-unmentioned influence that Japan had toward the Chinese classical scholarship, especially in Qing epoch. This brief paper shall analyze two works in particular, *viz.* the *Qī jīng mèngzǐ kǎowén* edited by Yamanoi Tei 山井鼎 and the *Classical of Filial Piety* (孔氏古文孝經) edited by Dazai Shundai 太宰春台, easily the epitome of Japanese scholars' efforts toward Chinese classics, and in so doing this paper shall attempt to dispel the long-lasting whimsical myth, according to which the Qing classical scholarship was a closed circle that has never been influenced by any foreign thought. Another aim of this brief *disamina* is to provide a different perspective on our puny yet lofty position about Chinese classical scholarship and its relationship with foreign - in this case Japanese - influences.

一、 前言

眾所周知，學術研究應該具有精確性與嚴謹性，因此在做學問的過程當中，學者需要做到不偏不倚。很遺憾，如今許多偏見仍然出現於不少漢學家的論文中[1]。本文將反駁關於清代古典學術界的兩種比較流行的觀點：其一、清代古典學術界是孤立的。我認為，儘管清朝與外國關係數度蒼黃，但是清朝學界並非像諸多人認為的那樣具有孤立性（isolationists）；其二、清代古典學術未受到其他國家學者的影響。幾乎所有的中國學者都認為中世以前的日本從各個方面深受中國文化的影響。這個觀點當然是正確的，但是中國學者往往忽視了一點，那就是在很大程度上中國的古典學術界（classical scholarship）也受到了日本學者的影響。

---

[1] Roy Andrew Miller, Some Japanese Influences on Chinese Classical Scholarship of the Ch'ing Period, *Journal of the American Oriental Society*, Vol. 72, No. 2, 1952, p. 56. 原文為: "ACCURATE AND UNBIASED history of scholarship can at times be as important as scholarship itself. But if this is especially true of Sinology, it is by the same token especially difficult for the sinologist to accomplish. On the one hand he finds himself all but lost in the wilderness of a vast and largely unindexed literature; on the other he may well have his judgment guided by national allegiances and recent events, both influences difficult to evade, but nevertheless quite inimical and at times fatal to true scholarship. No problem in the study of the relations of China with her cultural colony Japan can possibly be approached without keeping this dilemma in mind, nor without a firm resolve that one's critical faculties be not impaled on its horns."

例如，傳教士 Joseph John Spae 神父在其 *Itō Jinsai, a Philosopher, Educator and Sinologist of the Tokugawa Period*[2] 中寫道：

It goes without saying that Jinsai was unacquainted with the studies of Wang Nien-sun [王念孫 *ndr*] （1744-1832），Juan Yuan [阮元 *ndr*] （1764-1849）and Wang Yin-chih [王引之 *ndr*]（1766-1834）. Two generations before these giants of the historical school wrote their famous commentaries, Jinsai arrived at conclusions not altogether different from theirs.[3]

除此之外，關於荻生徂徠（Ogyū Sorai）[1666-1728]，John Spae 寫道：

Yamanoi Konron [Yamanoi Tei, *ndr*] published a Shichikei-Mōshi-kobun [七經孟子古文 *ndr*] and Dazai Shundai a Kobun Kōkyō... which attracted great attention. It would be interesting to compare these Japanese efforts toward editing annotated and emendated texts... with those of contemporary Chinese scholars like Lu Wen-ch'ao [盧文昭 ndr], Juan Yuan..., and the whole Ch'ing movement of text-criticism. It does seem certain, however, that there have been no direct relations between the two.

二、 清朝和刊本，以山井鼎（Yamanoi Tei）之《七經孟子考文》一書為例

在中國，有多種方式稱呼日本刊刻的中國古籍，如和刊本、日本刊本、東洋刊本等等。本文將使用“和刊本”之說。如上述所說，本文的目的並非分析和刊本的學術價值或其思想史價值等等，而僅以此來反駁上述提到的兩種錯誤觀點。

據現有資料查證，我們有把握認為中日學者來往的史料往往依賴于日本的心細保存而得以傳世[4]。清朝時如此，在之前的朝代亦如此。譬如，據歷史記載，1261 年韓國禎公子來訪蒙古帝國，故而被問到韓國是否有《古文尚書》一書得以流傳。他說在韓國無此書，因此明朝的萬曆年間（1573-1620）有人建議到日本去搜尋這本書，只不過被葉春之拒絕。實際上，更早以前，在宋代偉大詩人歐陽修的《日

---

[2] *Ibid.* 1948, p. 179.

[3] Roy Andrew Miller, Some Japanese Influences on Chinese Classical Scholarship of the Ch'ing Period, *Journal of the American Oriental Society*, Vol. 72, No. 2, 1952, p.

[4] 舉幾個例子，其中明清和刊本有如下版本：《耕織圖》（1462）、《異端辯正》（1525）、《內閣秘傳字府》（1568）、《神器譜》（1602）、《新刊草字千家詩》（1630）、《聖朝破邪集》（1639）、《晚香園梅詩》（1678）、《四書緒言》（1686）、《花曆百詠》（1711）等等。為進一步的研究參見金程宇先生的《和刊本中國古逸書叢刊》，發表于《東華漢學》第 16 期（2012:253-96）。

本刀歌》中[5]，就提到過一個不明之地，在那裡隱藏了許多秦始皇焚書坑儒後倖存的古書！

　　山井鼎（1690-1728）可以被視為中日學術交流的代表人物之一。山井鼎[6]，"字君彝，號崑崙，紀州（今和歌山縣）人，正德3年（1713年）入伊藤東涯門下，讀《譯文筌蹄》，乃入江戶師事荻生徂徠。享保3年（1718年）出仕紀州藩支藩伊予西條藩，享保5年（1720年）至9年（1724年）間，與同門根本武夷同讀書於下野足利學校，取所藏古寫本與宋刻善本群經校讎，享保10年（1725年）於江戶完成《考文》。但是山井生來體弱多疾，《考文》成書後病情更加惡化，享保12年（1727年）2月返回故鄉紀州，不久即於享保13年（1728年）元月逝世"[引自維基百科]。

　　山井鼎非常著名的《七經孟子考文》一書，在中國的流傳出現於德川時代的許多歷史及文獻記載中。例如，在《通航一覽》中，我們可以看到：

引自：《通航一覽》，東京 1936 年 5. 250。 http://dl.ndl.go.jp/info:ndljp/ pid/1908952?

---

[5] 在太史公的《史記》中有講徐福"神境"之旅。據說，他曾經游到日本。這個觀點也出現於在法國漢學家 Edouard Chavannes 的 *Mémoires historiques de Se-Ma- Ts'ien* 一書中（1897:128, 152-3 注釋 1）。

[6] 關於山井鼎的生平以及其《七經孟子考文》，讀者可以進一步地參見狩野直喜（Kano Naoki）的 *Yamanoi Tei to Shichikei Mōshi kōbun hoi*（1927）。讀者還可以參考 Paul Demiéville 的 *Choix d'études sinologiques: (1921-1970)*, 或 Klaus Kracht 的 *Japanese Thought in the Tokugawa Era: A Bibliography of Western-language Materials*, 亦見 Laura Hess 的 *The Reimportation from Japan of the Commentary to the Classic of Filial Piety*（1993）。

itemId=info%3Andljp%2Fpid%2F1908952&__lang=en

就我了解，無人知道山井鼎的《七經孟子考文》何時傳入了中國。對狩野來說，很有可能是 1731 年至 1736 年之間。它可能比另一部和刊本著作《古文孝經孔氏傳》更早一些傳入中國[7]。那麼，中國學者是如何評價山井鼎《七經孟子考文》一書呢？幸虧這些評論保留於幾部重要的作品中。譬如，在《四書考異·第八卷》一書中，我們可以看到：

宋元人從盧此役者既圍五家今皆佚不得見得見佳此二家而其書如是會萃鹽揮不能不更俟於復人也八七經孟子者文四十卷圓本圊西條薰言記山井鼎驛享保十五年庚戌東都講宮物圖補適按其蕶就易詩書圖記言秋左傳孝經論語七驪配乂孟子以中華頒注疏為本窮取彼圍鹽閧寫印諸本較其異同詳略補共圊蝕每條各具圍目曰經圓注曰釋文曰疏所較本有稱宋板者有稱古本者有稱足利本者凡例云宋板乃足利學藏宋頒正驪古本乃由方古博士家所傳寫本足利本乃本學印符字板也一木外又有稱阻本者凡例云論語藏右鐉本一過其一與皇侃義疏伺為古本其一有一不同者名以一本所題卒保十五年是彼國年號物觀補過所主注疏者係崇正時本則以所題庚戌年計之為本朝康熙九年也山井鼎不詳何時入察其書似與物觀去不甚逮或當明之中葉耳愚於乾隆辛巴從蓋捕杭先生向小粉揚汪氏借開此書知彼圍尚有皇侃蕡疏語於杭枕初不深信反覆諦圊乃相與束望太息逡巡十年眾友五相傳說武林汪君鵬耽海至圍本圓竟悶得以圈上遺書眉長鹽圊君廷搏葉其副於知不足齋圈書中以初閧一本見圊不蕚復珍珠船也圊以與考文所云古本文校什八相合耳而稍過之不合軌多彼圓藏義疏原云有一本且皆未刑刻汪君所賊將其後刻之校定本歎其孟子考五詳於第一十一符浦江黃律元校字。

我們有理由認為《四書考異》所提到的汪先生，是汪啟淑（1728-1799）；此外，它提到的另外一人應為杭世駿（1696-1773）。另一位中國杭州古書收藏家——鮑廷博（1728-1814）獲得了《七經孟子考文》的另一個版本，並將山井鼎的作品同其他作品同收於自己的《知不足齋叢書》。鮑廷博先生之所以知道山井鼎的這部書，是因為他曾經讀過《宋史》中關於奝然對宋朝帶來的《孝經徵書》的故事[8]。

---

[7] Roy Andrew Miller, Some Japanese Influences on Chinese Classical Scholarship of the Ch'ing Period, *Journal of the American Oriental Society*, Vol. 72, No. 2, 1952, p. 58.

[8] Roy Andrew Miller, Some Japanese Influences on Chinese Classical Scholarship of the Ch'ing

此外，中國的盧文昭（1717-1796）於 1779 年獲得了另一份山井鼎的《七經孟子考文》。他在其《抱經堂文集·周易注疏輯正題辭》的第七卷中寫道：

余有志欲校經書之誤蓋司十年於茲矣乾隆己亥友人示余日本國人山井鼎所為求經孟子考文一書歟彼海外小邦猶有能讀書者頗得吾中國舊本及宋代梓本前明公私所梓復一四本合以參校其議論亦有可採然猶憾共旌古本宋本之訛誤者不能盡加別揮因始發憤為之刪訂先自周易始亦既有成編矣價予之秋枉京師又見嘉善浦氏鍾所纂十馴經注疏正字久十丘卷旌同年犬典翁祕校蓋溪所假歸讀之喜不目禁誠不意垂老之年忽得見此大觀更喜吾中國之有人且竟聞更廣其智慮更周自不患不還出乎其上雖然彼亦何可廢也余欲兼取所長略其所短乃復取音所校周易重為整頓以成此書名之日周易注疏輯正正字於郭京范誇昌之說亦有取焉余謂其皆出於私智窖鑿而無所用故一切刊去若漢以來諸儒傳授之本字句各異已見於釋文者今亦不錄惟釋文本有與此書異者著為唐宋人語之近理者雖旌注疏未盡合亦閒見岫一焉如欲考經文之異同則白有前明何氏楷所著古周易訂詰柱學者自求之可耳毛氏汲古閣所梓大抵多善本而周易工者獨於正義破碎割裂條繫於有注之下致有犬謬戾者蓋正義本自為糾書後人始附於經注之下故毛氏標書名日周易兼義明平向者之未嘗兼也此亦當出自宋人而未免失之鹵莽正字亦未見宋時佳本故語亦不能全是此則今之官本為近古也周易曹本獨不載釋文旌經注間可無鼠易遷就之弊今就通志堂梓本併為校之輔嗣略例余案頭禍有官本亦就校之噫余非蛟自謝所見出正宇考文上也既觀兩家之美合之而美始完其有未及史以愚管參之夫校書以正誤也而粗略者或反以不誤為誤考文於古本朱木之異同不擇是非而盡載之此征少知文義者或不官如此然今讀之往往有義似難通而前後參證不覺渙然者則正以共不持澤之故乃得酉其本真旌後世也既再脫橋遂書其端云。

除此之外，在其《抱經堂文集·七經孟子考文補遺題辭幸丑》一書中，盧文昭對山井鼎《七經孟子考文》的評價如下：
此日本國西條掌書記山井鼎之所輯謂之七輕孟子考文七經者易

書詩左傳禮記論語孝經也又盍以孟十皆據其國唐以來相傳之古本及
宋刻本以校明毛氏之汲古閣本書成當。

雖然盧文昭先生對山井鼎《七經孟子考文》的評價毫無疑問地充滿了民族主
義色彩，但是他也不得不承認山井鼎的作品能夠為清朝古典學界提供不小的幫
助。此外，阮元也對山井鼎《七經孟子考文》推崇倍至。在其《文選樓叢書》一
書中，他寫道：

　　山井鼎所稱"宋本"，往往與漢、晉古籍及《釋文》別本、岳
珂諸本合；所稱"古本"及"足利本"，以校諸本，竟為唐以前別
行之本。物茂卿《序》所稱唐以前王、段、吉備諸氏所齎來古博士
之書，誠非妄語。故經文之存於今者，唐《開成石經》、陸元朗《釋
文》、孔衝遠《正義》三本為最古，此本經雖不全，實可備唐本之遺。
……凡以上經文，略為舉證，皆非唐石經以下所有，誠古本也。傳注、
《釋文》、《正義》三者所校更為繁細，助語多寡，偏旁增減，或不
足為重，然精核可採者亦復不少。

此外，據顧永新先生的《〈七經孟子考文補遺〉考述》[9]，嘉慶五年(1800)，洪
頤煊(1764—1832)撰《七經孟子考文補遺跋》，引證類書等他校資料說明《考文補
遺》所出異文的價值，以為其"義皆長於今本。山井鼎稱足利學所藏'古本'為唐
以前物，蓋亦可信其不誣矣"(《詁經精舍文集》卷三)[10]。此外，山井鼎的《七經
孟子考文》還得到了楊守敬先生(1839-1915)的認可。楊守敬先生在日本訪書有很
大的收穫，他不僅親眼看到了山井鼎的《七經孟子考文》，還發現其不足之處。他
的評價如下：

　　日本山井鼎等就其國足利學所藏古鈔本、宋槧本及足利學活字
本合而校之，頗為精審。然餘於其國得《周易》、《尚書》單疏、《毛
詩》黃唐殘本、《禮記》單疏殘本、《左傳》古鈔卷子本及單疏殘本，
皆山井鼎所未見。又得《七經》經註本各數通，以校山井鼎之本，時
多出入。緣山井鼎僅就足利一學所藏，餘則遍覓其國中古本，故所
見多數倍。擬為重校《七經》本，僅成《論語》、《左傳》，餘未脫
稿。而余老衰眼昏。《增訂叢書舉要‧卷三》

---

[9] 顧永新《〈七經孟子考文補遺〉考述》*北京大學學報*，第 29 卷第 1 期，2002 年，89 頁。
[10] *Ibid.*

由上述可見，楊守敬指出《七經孟子考文》的不足之處在於版本收羅不全[11]。當然，他自己也意識到山井鼎的《七經孟子考文》是很有價值的，并在其《日本訪書志》一書中寫道：

> 足利學活字本《七經》，山井鼎所據以著《七經孟子考文》者。是書印行于日本慶長時，當明萬曆年間。其原係據其國古鈔本，或去其注末虛字，又參校宋本，故其不與宋本合者皆古鈔本也。日本刻經，始見正平《論語》及翻興國本《左傳》，又有五山本《毛詩鄭箋》，其全印《七經》者自慶長活字本始。余至日本之初物色之，見一經即購存，積四年之久，乃配得全部。蓋活字一時印行雖多，久即罕存，其例皆然。如吾中土蘭雪堂活字本，亦印于明代，今日已成星鳳。山井鼎當我康熙年間，此本已非通行，惟足利侯國大學始有全部，無怪近日之更難遇也。或疑其中凡近宋諱多缺筆，當是全翻宋本。是不然，蓋其刻字時仿宋本字體摹入，故凡遇宋諱亦一例效之，實不盡據宋本。

當然也有學者全盤否定外國學者研究的價值。例如，丁晏在其微不足道的《孝經徵文》一書中如此評價了山井鼎的《七經孟子考文》：

> 自偽書盛行，又有日本國《佚存叢書》、魏徵等《群書治要》、許敬宗等《文館詞林》，皆贋鼎不足信；即東洋市舶之皇侃《疏》、山井鼎之足利本，又安在其可信也？而士大夫多尊信之。顧亭林言"近世之說經者，莫病乎好異，舍中國之文而求之四海之外"，愚於日本《孝經傳》深有味乎亭林之言，而為之慨然也。

三、 其他日本學者對清代古典學界的影響

除了山井鼎先生的《七經孟子考文》一書之外，還有其他日本學者及其研究著作得到了清代古典學界的認可與讚同。例如，岡田新川（Okada Shinsen）[1737-1799]的《孝經徵書》。岡田新川在其書中抄寫了魏徵（581-643）的《群書治要》，由此可見，雖然魏徵的這部作品在中國已亡佚，但它的原貌依然保存於日本。後來，鮑廷博先生將岡田新川的《孝經徵書》收進其《知不足齋叢書》（1802），還把洪藝璇（1765-1837）先生的注釋加了進去。

另外，清末學者俞越（1821-1907）對伊藤仁斎（Itō Jinsai）充滿了敬佩

---

[11] 顧永新《〈七經孟子考文補遺〉考述》北京大學學報，第 29 卷第 1 期，2002 年，89 頁。

之感。他在其《東瀛詩選》中指出中國的"古學"在日本仍有傳承。除此之外，他還對荻生徂徠（Ogyū Sorai）的《論語徵》（*Rongochō*）[12]進行了褒揚。不僅如此，他還對安井息軒（Yasui Sokken）[1799-1876]的《管子篆書》（*Kanshi Sanko*）以及監古岩陰（Shionoya Tōin）[1809-1844]的《六藝論》（*Rokugei-ron*）有所了解。

此外，1838年，荻生徂徠先生的《辯道》（*Bendō*）和《辯名》（*Bemmei*）由錢泳先生（1759-1821）出版於中國。

中日學術交流的另外一個重要人物是中國藝術家蔣稼圃先生（1796-1821）。他與日本藝術家菅井梅關（Sugai Baikan）[1784-1844]有密切的關係。他與菅井梅關同行至長崎（Nagasaki）訪書，成功將大田錦城（Ōta Kinjō）[1765-1825]的《九經談》（*Kyūkei-dan*）、村瀬栲亭（Murase Kōtei）[1746-1819]的《村瀬日涉》（*Geien nisshō*）以及多紀元簡（Taki Motohiro）[1754-1825]的《醫勝》（*Iyō*）傳入中國。

四、太宰春臺的《古文孝經孔氏傳》在中國的傳播與接受度

不像山井鼎先生的《七經孟子考文》那樣，有許多清代語文學家懷疑《古文孝經》的真實性，如孫志祖（1737-1801）、張宗泰（1750-1832）、阮元（1764-1849）、周中孚（1768-1831）、瞿中溶（1769-1842）、丁晏（1794-1875）、鄭珍（1806-64）；李光廷（1812-80）。丁晏認為太宰春臺所擁有的《孔氏孝經》是偽造的，而其偽造者是王肅（195-256）雖然如此，Hess 教授對《古文孝經》以及對語文學家所提出的意見的評價如下[13]：

"Qing scholars were for the most part unfamiliar with Japanese historical texts, they were not aware that the textual transmission of the Kong commentary in Japan was in fact well-documented. [...] sheer ethnocentricity and blatant prejudice prevented most of them from acknowledging that the text Shundai edited, published, and had sent to China could actually be the same Kong commentary that had been extant in China from the Sui dynasty through the Five Dynasties period."

4.1. 清代學者對太宰編的《孔氏孝經》的評價

盧文昭認為《孔氏孝經》的和刊本非近人偽造的，同時也辨明其質疑之處：

---

[12] Roy Andrew Miller, Some Japanese Influences on Chinese Classical Scholarship of the Ch'ing Period, *Journal of the American Oriental Society*, Vol. 72, No. 2, 1952, p. 62.

[13] Laura Hess, *The Reimportation from Japan to China of the Kong Commentary to the Classic of Filial Piety*, paper presented at the national meeting of the American Oriental Society held in Chapel Hill, North Carolina, in April 1993.

其文義典核又與釋文、會要、舊唐書所載一一符會，必非近人所能撰造。然安國之本亡於梁，而復顯於隋，當時有疑為劉光伯（炫）所作者，即鄭注人亦疑其不出於康成。雖然，古書之留於今日者有幾，即以為光伯所補綴，是亦何可廢也？蓋其文辭微與西京不類，與安國尚書傳體裁亦別，又不為漢惠帝諱盈字，唯此為可疑耳。漢桓譚、唐李士訓皆稱古孝經千八百七十二言，今止一千八百六十一言，此則日本所傳授，前有太宰純序，所謂不以宋本改其國之本是也。唯是章首傳云"孔子者，男子之通一符會，必非近人所能撰造。然安國之本亡於梁，而復顯於隋，當時有疑為劉光伯（炫）所作者，即鄭注人亦疑其不出於康成。雖然，古書之留於今日者有幾，即以為光伯所補綴，是亦何可廢也？蓋其文辭微與西京不類，與安國尚書傳體裁亦別，又不為漢惠帝諱盈，唯此為可疑耳。"漢桓譚、唐李士訓皆稱古孝經千八百七十二言，今止一千八百六十一言，此則日本所傳授，前有太宰純序，所謂不以宋本改其國之本是也。唯是章首傳云："孔子者，男子之通稱也，仲尼之兄伯尼十五字，斷屬訛誤。"故備舉其左證於前，以明可信。且尚書傳朱子亦以為不出於安國，安在此書之必與規規相似也。然其誤入者，則自在讀者之善擇矣。

吳騫在其《新雕古文孝經序》寫道：

"或曰：然則此書出於安國之手，殆的然可信矣乎？曰：是未易以一言斷也。大抵其出愈晚，則其疑益甚，此亦世俗之恆情。然而汾陰之鼎，詎必非九牧之金？所謂各疑其疑，各信其信耳！嗟乎！是一書也，厄於秦，巫蠱於漢，亡於梁，嘩於隋，聚訟於唐，散佚於五代，自有經傳以來，其更歷患難，屢興而屢躓者，疑莫有甚於此矣夫！"

王鳴盛（1722-1798）《十七史商榷》卷九二：

"日本尚文，勝於他國[…]近日從彼土傳入中國者，有孔安國古文孝經傳、皇侃論語義疏，皆中國所無。"

丁晏云：

> "大旨皆與日本書同，殆即隋劉炫所得古文孔傳、唐宋以來流傳之
> 本也[……]
> 有此五驗，則世所傳古文孝經 必非安國之傳明矣[……]
> 夫孔傳與古文不合者五，可斷其非真古文；與王肅宛合者五， 又可
> 斷其為肅偽撰矣。唐司馬貞、元吳幼清（ 澄）、明宋景濂（ 濂）、
> 歸震川（ 有光）皆斥古文之偽，日本所得之古文尤偽之偽者。"

4.2. 太宰春臺《孔氏孝經》對日本的影響

1778 年《孔氏孝經》重新出版於日本，該版本包含著木村兼葭堂 [Kimura Kenkadō]（1736-1802）的序言。此外，1779 年嵩山房 [Sūzanbō] 重新出版《孔氏孝經》加大鹽鼇渚[Ōshio Gōsho]（1717-85）的序言。不僅如此，需要說清楚的是，之前在日本"朱子學"[Shushigaku]的影響力很強，比較流行的版本有朱熹編的《孝經刊誤》、董鼎編的《孝經大義》以及吳澄編的《孝經定本》。可見，日本國學最初也並不能表現出獨立發展的形態，而是從屬於朱子學的一種教養而已。太宰春臺編的《孔氏孝經》以及清代學者對它的接受度給日本國學帶來了一股清新的空氣，不僅使國學走到極致，還使得日本國學從產長久以來的朱子學的限制解脫出來。可見，《孔氏孝經》還其對德川學界的影響非常大，該影響在"漢學者" [kangakusha]和"國學者"[kokugakusha] 的對立有所體現。雖然如此，也有日本漢學家否定太宰春臺《孔氏孝經》的重要性，如吉田篁墩[Yoshida Kōton]（1745-98）(亦見《近聞偶筆》[*Kinbun gūhitsu*])、 "水戶"學派（Mito School）的藤田 幽谷 [Fujita Yūkoku]（1774-1826）(參見其《讀古文孝經孔傳》[*Kobun kōkyō Kōshi den o yomu*])、朝川善庵[Asakawa Zen'an]（1781-1849）(亦見《古文孝經私記》[*Kobun kōkyō Shiki*])、諸葛琴臺[Morokuzu Kindai] （亦見《讀太宰氏校訂孔傳孝經》[*Dazai shi kotei-suru Koden kōkyō o yomu*])和平田 篤胤[Hirata Atsutane]（1776-1843）(亦見《氣吹舍筆叢》[*Ibukinoya hissō*])。後者批評太宰春臺對中國過於崇洋媚外。

五、 結論

總而言之，上述提出的例子雖然少，但足以證明以下兩點：一）清代學術界不僅非孤立存在，而且往往對國學的海外學者充滿敬佩；二）日本學者對清朝古典學界的影響不小，因此我們有把握認為和刊本是中國古籍域外傳本的一個特別重要的類別，并成功地繪製了中國古書域外傳播的絢麗圖景。

參考文獻

1. Miller, Roy Andrew. Some Japanese Influences on Chinese Classical Scholarship of the Ch'ing Period, *Journal of the American Oriental Society*, Vol. 72, No. 2, 1952, pp. 56-67.

2. Hess, Laura E. *The Reimportation from Japan to China of the Kong Commentary to the Classic of Filial Piety*, paper presented at the national meeting of the American Oriental Society held in Chapel Hill, North Carolina, in April 1993.

3. 顧永新《〈七經孟子考文補遺〉考述》*北京大學學報* 第 29 卷第 1 期, 2002, pp. 84-91.

4. 顧永新《日本傳本〈古文孝經〉回傳中國考》*北京大學學報*, 第 41 卷第 2 期, 2004, pp. 100-109.

5. 東華大學中國語文學系 華文文學系, 《東華漢學》第 16 期, 2012 年 12 月, pp. 253-96.

清代《康熙字典》流传日、朝、越三国考*

The Research of Kangxi Dictionary's Circulation in Japan, Kroea and Vietnam in Qing Dynasty

裴梦苏(广东海洋大学 文学与新闻传播学院)

Pei Mengsu (Guangdong Ocean Univerity Literature and Communications Academy)

【摘要】《康熙字典》成书不久便流传至海外，在 18-20 世纪间，《康熙字典》对除中国外的汉字文化圈国家无论是从辞书编纂还是语言政策制定方面均产生了一系列的影响。然而这些海外汉字文化圈国家由于其各自的历史、政治、经济、文化等情况有别，辞书编纂传统也存在差异，因而对于《康熙字典》的接受情况也各不相同。本文以 18-20 世纪海外汉字文化圈朝鲜、日本、越南为对象，对《康熙字典》在此时期这些国家内部影响差异进行探源。

【关键词】汉字文化圈 康熙字典 朝鲜 日本 越南

【Abstract】Kangxi Dictionary spreaded overseas after it published. In 18-20 Centuries, Kangxi Dictionary have had an agelong effect on the lexicographical works and formulation of language policies in those countries. However, because of the difference of those countries'history, politics, economy and culture situation, lexicographical works of those countries were different. Therefore, those countries chose different ways to accept Kangxi Dictionary. This article will forcus on the main overseas Sinosphere countries, Japan, Kroea and Vietnam , talk about the different effect of Kangxi Dictionary in those country and search for the reasons for the difference.

【Keywords】 Sinosphere, Kangxi Dictionary, Kroea, Japan, Vietnam.

一、汉字与汉字文化圈

"汉字文化圈"这一概念始于 20 世纪中叶的日本，随后日本学者河野六郎、藤堂明保、铃木修次等都在其著中对其进行探讨，"汉字文化圈"这一概念逐渐成型。我国学者周有光曾将"汉字文化圈"定义为："中国和以汉字为正式文字的国家和民族组成的汉字文化圈，具体包括中国、朝鲜、日本和越南"[1]。冯天瑜则将这一定义具体化，认为：'汉字文化圈'包括使用汉字或曾经使用汉字，并承袭汉字文化传统的民族和国家。这些东亚民族及国家并无共同语言除中国大陆及台湾的汉人、新加坡等东南亚华人是以汉语为母语外，其他如中国的若干少数民族及越南人、朝鲜人、日本人等，都有各自语言，却曾经或至今仍在使用汉字或汉字型文字，并且长时期以汉文、儒学、华化佛教、中国式律令等汉字文化要素作为自己传统的重要组成部份，人们能够读写汉字，根据汉字的书写格式和文法进行

---

[1] 周有光：《中国和汉字文化圈—汉字文化圈历的文化演变之一》群言 2000 年 01 期。

思想文化交流"[2]。结合以上两种观点，"汉字文化圈"内主要国家除中国外，主要包括为日本、朝鲜、越南三国。

而在日、朝、越三国中，汉字传入越南的时间最早（公元前 214 年），汉字使用时间最长（约 2000 年），停止使用的时间约在 1945 年—越南独立后"越南罗马字"被定为官方文字；朝鲜次之，传入时间约为 194 年，汉字通行约 1700 多年，至 1910 年朝鲜沦为日本殖民地为止；日本最晚，传入时间为 3-4 世纪，至今约 1200 多年。[3]在这三个国家中，日本是现今唯一还在使用汉字的国家。汉字的传入，不仅让这些国家获得了与中华文明沟通的工具，同时由于在很长的一段历史时期内"汉字文言"一直处于正统地位，汉字也相应地起到了帮助这些国家记录其各自的历史、文化的作用。后来，在汉字构造思维的影响下，这些国家的人民也仿照汉字创制了具有本国特色的"喃字"、"国字"等文字。在这些国家各自独立的文字体系成熟前，汉字对这些国家的的影响不容小觑。

二、《康熙字典》在海外汉字文化圈内的传播与发展

《康熙字典》自康熙五十五年（1716）刊行后，这部具有集大成意义的辞书很快流传至海外，对汉字文化圈国家辞书编纂、语言文字政策制定、字形标准化方案选取等方面都产生了深远影响，至今余温尚存。然而，《康熙字典》由于其官修字书的性质，在清统治的几百年间，国内几乎无人敢对这部辞书进行批评、补充与修正，使得《康熙字典》成书后至清灭亡这段时间内，字书类辞书在国内发展比较缓慢。在政治束缚解除后，《康熙字典》又因为其错误频出等原因被国内学者所诟病，随后，国内辞书学界受到一系列语言政策的影响，也做出了适当的调整。学者们更倾向抛弃《康熙字典》旧有模式，"另起炉灶"重新开展大型辞书编纂。20 世纪后，《康熙字典》在国内学界影响力日渐式微。

相比之下，《康熙字典》在海外，特别是以日、朝、越为代表的汉字文化圈国家则更受青睐：一是由于这些国家有着较深远的汉字文化传统，但是由于其自身语言的局限，若想独立完成一部与《康熙字典》匹敌的辞书还是比较困难的，因此他们对于这部来自中国的、大型的辞书是十分重视的；二是这些国家并未受到清政府高压文化政策的影响，学者们可以相对自由地对字典进行批评与修订，让《康熙字典》更好地为本国人所使用。但是，《康熙字典》在这些国家的发展并非是均质的，这与其各自独特的政治、历史、文化以及语言概况不无关系，正因为这些差别，导致了《康熙字典》在这些国家发展上的差异。

---

[2] 冯天瑜：《新语探源—中西日文化互动与近代汉字术语生成》中华书局 2004。
[3] 周有光：《汉字文化圈的文字演变》民族语文，1989 年 1 期。

（一）《康熙字典》在朝鲜的流传与发展

1、《康熙字典》东传朝鲜前历史文化背景

在《康熙字典》（1716）成书时，朝鲜、越南与当时的清政府之间正处于藩属国与宗主国的关系，藩属国的君主继位要得到宗主国的册封，同时藩属国要定期向宗主国进行朝贡。清朝延续中国传统儒家"王者不治夷狄"的外交传统，制定了"修其教不易其俗，齐其政不易其宜"的外交政策，并不过多干涉藩属国的内政。[4]虽然在朝鲜在明清两朝均为中国的藩属国，然而朝鲜对于明、清二朝的态度迥然有别。朝鲜一直以来受儒家"尊王攘夷"与"忠君"思想的影响，视清为"蛮夷外族"否认清"夷可变夏"，而认为自己早已成为"小中华"。Micheal C Roger曾这样解释："朝鲜王朝的正统性由中国王朝确认，故他们并不关心本国历史上王朝正统性问题，反而关心的是中国历史上王朝正统性的问题。"[5]这样的"华夷观"使得清朝前期朝鲜一直对清朝政府持有敌视态度，直至清中期朝鲜一些有识之士提出"力学中国"的"北学论"，朝鲜这种敌视的态度才略有改变[6]。朝鲜对于清政府的敌视态度，主要是"朝鲜普遍认为明朝对清'义则君臣，恩犹父子'，清入主中原是'以夷乱夏'，加之清与朝鲜的宗藩关系是建立在胁迫的基础上，因此，朝鲜臣服于请的初期，虽然表面上要'至诚向顺'而实质上对清心存蔑视之意，常怀恢复之心。"[7]实际上，这种朝鲜对清鄙夷仇视的态度在很多方面都有所体现，如"李朝政府视清朝为犬羊夷狄，称清帝为'胡皇'，清使为'虏使'，除在致中国政府的公文中用清帝年号，内部公文，包括国王陵墓、太庙、文庙祭享祝文，仍用崇祯年号。《仁祖大王实录》在降清后仍用崇祯年号，明亡后只书干支和国王在位年号，不用顺治年号。以后的实录则附注清帝年号者，有只书国王在位年次者，至于私人著述，直至清末，大多仍书崇祯年号。"[8]在《朝鲜王朝实录》中曾有大量关于朝鲜使节出访中国时对中国君主帝王的描述，他们对清统治者的记载也多是讥讽与挖苦之辞，如他们认为康熙帝耽于游猎嬉戏，沉湎女色，性格暴躁，而且"只知清书"，不识汉文……[9]从上述史料中，能看出朝鲜"尊明贬清"的文化心态。朝鲜对于清廷鄙夷的态度亦体现在辞书编写方面，如1856年郑允容编写的《字类注释》，其中释文中有对避朝鲜君王讳、避世子讳、避王父讳，然而仅录

---

[4] 何新华：《最后的天朝：清代朝贡制度研究》，33-34 页人民出版社，2012 年。

[5] 孙卫国：《试论朝鲜王朝尊明贬清的理论基础》，史学月刊，2004 年 6 期。

[6] 刁书仁：《从"北乏论"到"北学论"—试论李氏朝鲜对清朝态度的转变》，中国边疆史研究，2006 年 4 期。

[7] 王薇 杨效雷 吴振清：《中朝关系史》，324 页，世界知识出版社，2002 年。

[8] 蒋菲菲 王小甫《中韩关系史（古代卷）》323 页，社会科学文献出版社，1998 年。

[9] 马睿《李氏朝鲜君臣眼中的康熙帝与雍正帝》辽宁师范大学硕士学位论文，2010 年。

的一条避中国君主讳，则是"明 见天上时。太祖朱，讳元璋，国名。"[10]当时朝鲜的这种对清廷鄙夷的心态无疑会对《康熙字典》在朝鲜的传播与接受造成一定的影响。

2、《康熙字典》传入前朝鲜文字及辞书使用情况

至 1446 年朝鲜"训民正音"（又称谚文）创制前，朝鲜一直利用汉字来记录本国语言，同时汉字文言也一直作为官方正式语言帮助记录朝鲜的历史与文化，因此朝鲜长久以来对于汉字是十分重视的，这在他们对于中国所编写的字典类辞书的态度方面也有所体现："在高丽时代，中国的一些字书如《玉篇》、《字统》、《字林》等已经是贵族子弟的基本教材"[11]，与此同时，他们也利用中国的字书开始编写了一些自己的字书。根据王平的调查，在《康熙字典》传入前，朝鲜时代朝鲜学者所编写的字典有：《训蒙字会》(1527)、《韵会玉篇》(1536)、《新增类合》(1547)、《玉堂厘正字义韵律海篇心镜》(1567-1608) 等[12]。总的看来，在谚文创制前，朝鲜对于中国所编的辞书一般都是直接利用，谚文创立后，朝鲜学者则以中国辞书为蓝本利用谚文编写适于本国人使用的辞书。如《训蒙字会》辞书编纂形式上参考了中国辞书《尔雅》、《释名》；《韵会玉篇》则参考了中国第一部楷书字典《玉篇》。

18-20 世纪的朝鲜，与同时期幕府统治的日本相比，虽作为中国的藩属国，政治上则更加集权，自上而下的语言政策成为朝鲜文化管制的方式之一，朝鲜政府也因此组织编著了很多官修辞书，如正祖李祘下令奎章阁诸臣编写《奎章全韵》、《全韵玉篇》。而朝鲜的印刷业主要以官刻本、书院刻本为主，也有寺院刻本、私家刻本与坊刻本。然而，根据李钟美的研究，朝鲜朝民间坊刻并不发达，这可能与当时一系列动荡的政治事件有关，"因突发壬辰倭乱，接着又连续有光海君暴政，李适之乱，丁卯与丙子两次胡乱等，造成印刷业一蹶不振，至十七世纪中叶才有所恢复。"[13]相比同时期日本民间印刷业的繁荣与兴旺，这也便不难理解两国在辞书发展模式与规模上的差异了。

同时，我们在对比两国辞书发展差异时，还应该注意到朝、日两国在创立本国文字时间上的差异。朝鲜创制谚文字母的时间约在日本创制假名 500 年后。周有光推测朝鲜创立谚文的时间晚于日本的原因"可能是技术问题：日语的音节很少，创造音节字母很容易，朝鲜语的音节多而复杂，创造音节字母难于适用。等到 15 世纪，语音学知识提高了，朝鲜才创造出音素的谚文字母。"[14]我们需要注

---

[10] 申龙《从〈字类注释〉释文特征看韩国文化》湖北民族学院学报（社会科学版），2013 年 6 期。

[11] 井米兰《韩国汉字及俗字研究综述》，延边大学学报（社会科学版），2011 年 1 期。

[12] 王平《论韩国朝鲜时代汉字字典的整理与研究价值》，中国文字研究，2015 年 1 期。

[13] 李钟美《韩国朝鲜朝早期印书概况》，中国典籍与文化，2002 年 3 期。

[14] 周有光《朝鲜文化的历史演变—汉字文化圈的文化演变之二》，群言，2000 年 2 期。

219

意的一点就是：这些汉字文化圈内的国家利用中国辞书编纂本国辞书多是在本国文字创立之后。朝鲜谚文创立时间比日本假名创立的时间晚很多，这也便造成了《康熙字典》传入时日、朝两国辞书产业发展模式的差异，这种模式上的不同也就直接导致了《康熙字典》在两国的发展的差异。

3、《康熙字典》传入朝鲜及后来的发展

清政府曾三次向朝鲜政府赠书，据史料记载雍正七年（朝鲜英宗五年，1729），清政府向朝鲜第三次赠书的名单中就列有《康熙字典》[15]，但据李肯翊的《燃藜室记述》所记载，清廷赐《康熙字典》的时间是 1728 年，这与韩致奫、立德懋所记 1729 年相矛盾，据学者许捲洙推测很可能是 1728 年朝鲜使团出使中国，1729 年将书带回国，因此导致记录的年份有出入。[16]这说明《康熙字典》传入朝鲜的时间最晚不会晚于 1729。据考，朝鲜赴清使节及随员每次出访中国都会搜购大量图书，如姜绍所介绍："朝鲜国人最好书。凡臣使之来限五六十人，或旧传，或新书，或稗官小说在彼所缺者，日中出市中，各写书目，逢人便问，不惜重值购回。故彼国反有藏书之异本。"[17]因此，笔者推测《康熙字典》极可能在雍正赐书前便通过使节采买的方式传入朝鲜。

《康熙字典》传入朝鲜后，受到一部分朝鲜学者的重视，他们开始试图从《康熙字典》中积极吸取有益的知识，如朝鲜学者丁若镛在其著作中对于"种痘"的描述就参考《康熙字典》[18]。但是同时，他们也认为该书存在一些问题，如正祖大王李祘曾在《弘斋全书》中对《康熙字典》有过这样的评价："字学菱裂，莫近日若。如张自烈《正字通》，释适之《金壶字考》。《康熙字典》非不钜丽纤悉，间亦有失真而伤巧者。字学之难有如此。"[19]查考相关的历史文献，我们发现《康熙字典》在韩国的影响范围并不大，仅是在宫廷内部与上层文人间有一定的影响。韩国现存的历史文献中，《康熙字典》仅出现了 21 处，除《朝鲜王朝实录》有一处记载外外，于李圭景、李德懋、丁若镛等文人著作中反复出现。正如学者陈榴考证的那样，"在韩国未见翻刻《康熙字典》的记载，可知其复本是有限的。在很长

---

[15] 韩致奫《海东史绎.艺文志》，《朝鲜时代书目丛刊》，2458 页，中华书局，2004。

[16] 许捲洙《＜康熙字典＞之韩国流传与其应用》，《康熙字典暨词典学国际学术研讨会论文集》，116 页，中国社会科学出版社， 2010 年。

[17] 王薇 杨效雷 吴振清：《中朝关系史》，382 页，世界知识出版社，2002 年。

[18] 许捲洙《＜康熙字典＞之韩国流传与其应用》，《康熙字典暨词典学国际学术研讨会论文集》，116 页，中国社会科学出版社， 2010 年。

[19] 李祘《弘斋全书》卷 162，《日得录》卷二。《韩国文集丛刊》第 267 册，164 页，景人文化社，1990 年。

一段历史时期内，它可能只是保存在奎文阁或静静地躺在一些文人的案头。"[20]

正如上文所提，正祖大王对于中国字书的诸多不满，故命学者李德懋、徐荣辅等人编纂朝鲜本国的字书《全韵玉篇》，这部书于 1796 年刊行。据王平、邢慎宝考证："韩国一直有韵书和字书成对编纂的通例，这样做的目的是提高检字效率"，与《全韵玉篇》配套编纂的字书便是《奎章全韵》，《全韵玉篇》附在其后，"但是，从《全韵玉篇》的成书的编纂体例、详实的说解内容和丰富的读音要素来看，它已经具备了独立字书的面貌。"[21]《全韵玉篇》在体例上效仿《康熙字典》，全书也按 214 部首检字排序，但是在收字、注音、释义、引证方面都对原《康熙字典》进行了删略与改动，同时增加了谚文注音，使之更便于查检、使用。《全韵玉篇》的性质一定程度上，与《康熙字典》类似，都具备官修字书的性质，因此《全韵玉篇》在当时的朝鲜，其典范性与权威性是其他字书所不能比拟的。无论是从其官修性质，还是从辞书实际推广普及度来看，在当时的朝鲜《全韵玉篇》的影响都超过了《康熙字典》。

甲午中日战争（1894）后，随着中国战败、《马关条约》（1895）的签订，朝鲜与中国的宗藩关系不复存在，朝鲜逐渐沦为日本的势力范围，至 1910 年《日韩合并条约》的签订，使朝鲜完全沦为日本的殖民地。此后日本开始逐步对朝鲜文化进行"清洗"，烧毁大量史地类书籍，同时推行"奴化"教育，推广日语，中小学取消韩国语课程。但是与此同时，朝鲜人民也掀起了民族启蒙与文化自救运动，一方面他们认识到谚文在朝鲜原有编写的辞书中一直被忽视的地位，辞书缺乏谚文解释在一定程度上使得辞书无法起到文化启蒙的作用，只能成为掌握汉文的知识分子阶层使用的工具；一方面，由于汉字传入朝鲜历史悠久，如果废弃汉字便面临着很多历史典籍文献无法阅读的问题。因此当务之急则是编写一部更利于朝鲜人民使用的，带有谚文释义的字典，以《康熙字典》为参考所编写的《字典释要》与《新字典》就是在当时这种形势下编写成的。

相比于同时期的日本，朝鲜虽然在一定程度上对《康熙字典》加以利用，但往往另取书名，以《康熙字典》为蓝本所撰写的辞书文献并不多。笔者以《朝鲜古书目录》（1911）、《域外汉字传播书系.韩国卷》（2012）、黄卓明《朝鲜时代汉字学文献研究》（2013）以及《奎章总目》（约 1789）等目录文献资料为基础，结合对文献本身细致的考察，发现韩国现存的以《康熙字典》为参考所编写的辞书文献，在朝鲜光复（1945）以前，仅有李德懋、徐荣辅的《全韵玉篇》（1796）、郑允容《字类注释》（1856）、池熙永的《字典释要》（1909）、柳瑾《新字典》（1915）

---

[20] 陈榴《<康熙字典>对韩国近代字典编纂的影响》，《康熙字典暨词典学国际学术研讨会论文集》，116 页，中国社会科学出版社，2010 年。
[21] 王平 邢慎宝《<全韵玉篇>整理与研究》，5 页，上海人民出版社，2012 年。

几部辞书。

（二）《康熙字典》在日本的流传与发展
1、《康熙字典》东传日本前历史文化背景

相比朝鲜，同时期的日本与中国为两个相互独立的国家。日本对于中国文化的态度并未受到明清朝代更替的影响。即便是明治维新（1868）后，日本逐渐走上"脱亚入欧"的道路，日本学界对于中国的典籍与文化仍在一定程度上保持着积极的态度。当时日本对于中国文化的吸收主要是通过书籍商贸贸易，清代流入日本的汉籍无论从数目上还是种类上都大大超越了前代[22]。据张伯伟考证，汉籍流入日本的方式主要是通过"输入"，即"中国人将书籍带进"，而流入朝鲜的方式则是朝鲜人员来中国购入。[23]此外，17、18世纪的日本，正处于资本主义肇始阶段，随着商品经济的日益繁荣与发达，以牟利为目的的出版事业也随之蓬勃发展，宽永（1624-1633）之后，出版物的种类日益增多，价格也趋向低廉，销售对象也有原来的公家、武士、学者阶层逐渐扩大至商人、手工业者以及富裕农民阶层。"到17世纪末，日本已经形成了以京阪地区为中心，覆盖至全国的印刷品生产、流通、消费网络。"[24]此时期的日本书籍翻刻印刷业日趋成熟，将有限的"持渡汉籍"进行翻刻，使之为一般人所拥有的"和刻本"汉籍，也促使了中国的典籍在日本的传播与发展。朝鲜使者申维汉经过大阪时就对其印刷业的繁荣有所记述："浪华（大阪），这里有书林和书屋，门前揭榜，曰柳直轩、玉树堂等。收贮古今百家文籍，且复刻贩卖，盈利而蓄之。中国之书及我朝诸贤之撰集，无所不有。"[25]《康熙字典》东传日本后，和刻本《康熙字典》很快便出现。据牛建强统计，江户时期和刻本辞书字典集成就多达22种之多[26]，其中便包括和刻本《康熙字典》。现存的中日有关《康熙字典》贸易往来的记录，仅有《长崎官府贸易外船赍来书目》的记载："宝历己卯（1759）有一番船"赍来"108种858部，4252套无帙20本"书中就有"《康熙字典》十九部百四十套。"[27]然而这并不能说明《康熙字典》首次传入日本的时间，因为在《享保以后大阪出版书籍目录》中记录了有关《康熙字典》

---

[22] 胡孝德《清代中日书籍贸易研究》，中国经济史研究，2007年1期。

[23] 张伯伟《清代诗话东传略论稿》，97页，中华书局，2007年。

[24] 张博《日本江户时代前期大众文化雏形研究》，南开大学博士学位论文，2012年。

[25] 牛建强《江户时代中国文化对日本之影响—侧重江户前中期狭义的文化考察》，暨南学报，2008年1期。

[26] 牛建强《江户时代中国文化对日本之影响—侧重江户前中期狭义的文化考察》，暨南学报，2008年1期。

[27] 大庭修《于江户时代唐船持来书的研究》，248页，关西大学东西研究所，1967年。

翻刻出版的申请记录，这说明《康熙字典》东传日本最晚不会晚于记录中所记载的享保二十年（1735）年，也就是《康熙字典》成书 19 年后[28]。然而此版本并未被发现，作者利用日本"全国汉籍"数据库以及日本国立国会图书馆数据库进行检索，发现在所收录的 388 部藏于日本各大图书馆的《康熙字典》中，当前所见《康熙字典》最早版本为 1778 年的《康熙字典 42 卷》。

2、《康熙字典》东传前日本文字及辞书使用情况

"汉字文言长久以来一直是日本的正是文字，直至 15 世纪"汉字假名混合体"成熟通用而后止，时间长达 1200 年。"[29]日本文化的勃兴与汉字、汉籍的传入是密切相关的，正是因为汉字长久以来对于日本社会所起到的重要作用，所以在很长的一个历史时期日本人对于学习汉字一直保持着积极的态度，这种学习汉字的热忱在他们对于中国辞书的态度上也有所体现。川濑一马在《古辞书概说》一书中曾指出："本来，日本一切都是从正确学习大陆汉文学的发音和意义开始的。之后仍一直尊重本家本元，致力于理解它们，所以彼土新编纂的大小辞典几乎全部迅速被输入日本。而且我国有识之士中很多人就直接将它们用于汉字汉语生活。"[30]

在《康熙字典》传入以前，《玉篇》、《字汇》、《正字通》曾也在日本先后风行，自《玉篇》开始，日本就已经有对中国字书进行改造的传统，因此在和刻本中国辞书出版时，也相应地出现了一大批对这些辞书和训注音、订误增补类的辞书，具体情况如下表：

《玉篇》	《小篆增字和玉篇纲目》1600；《倭玉篇》1600；《和玉篇》1600；《真草倭玉篇》1600；《增补二行倭玉篇》1600；《新刊倭玉篇》1638；《袖珍倭玉篇》1664；《增字倭玉篇》1670；《广益倭玉篇》1690；《四声附韵冠注补缺类书字义校订增益大广韵会玉篇大全》1691；《小篆增字和玉篇纲目》1709；《大广益增艸和玉篇》1707；《字林和玉篇大成》1721；《增补改正字林玉篇大成》1791；《大全正玉篇》，1883；
《字汇》	《头书字汇》1662；《篆字汇》1691；《增续大广益会玉篇大全》1691；《小字汇》1692；《字汇求数声》1694；《删定增补小字汇》1697；《字汇节用悉皆藏》1694；《增注校正头书字汇》1787；《行草字汇》1881；《草字汇》1869；
《正字通》	《大成正字通》1782；《新撰正字通》1790；《广益正字通》1885；《广益正字通平仄附韵训译字义》1876；《新译大全正字通》1877；《新刻正字通》1878；《新选正字通》1879；《新撰正字通》1879；《掌中新译大全正字通》1880；《和汉经史正字通》1880；《明治正字通》1881；《袖珍广益正字通》1883；《日本正字通》1883；；《正字通：训蒙广益》1885；

---

[28] 松冈荣志《江户医家与〈康熙字典〉》，《康熙字典暨词典学国际学术研讨会论文集》，108 页，中国社会科学出版社， 2010 年。

[29] 周有光：《汉字文化圈的文字演变》民族语文，1989 年 1 期。

[30] 潘钧：《日本辞书研究》，72 页，上海人民出版社，2008 年。

《玉篇》的东传对于日本辞书的发展有着重要的意义，一方面很多日本具有代表性的辞书是以《玉篇》为蓝本所编写的，到后来"玉篇"在日本已变成了一种对于辞书的特定称谓，很多辞书并非与《玉篇》相关，但也被冠以"玉篇"之名。[31]而由于《字汇》与《正字通》成书时间比较接近（分别为 1615 年与 1670 年），因此《字汇》系辞书逐渐被后来的《正字通》所取代，后来出现的以"字汇"为名的辞书并非是参考中国明代《字汇》，而多指与西方语言对译的辞书如《英和袖珍字汇》（1888）、《和兰字汇》（1858）等。一些辞书实际上是借鉴了《字汇》但是由于上文所述的原因仍被冠"玉篇"，如《增续大广益会玉篇大全》（1691）。

从上文所列的日本学者对于《正字通》的改造书籍来看，《正字通》在日本 18-19 世纪间影响力也不可小觑，即便在《康熙字典》传入日本后，仍有很多日本学者以《正字通》为蓝本编纂辞书。从《玉篇》、《字汇》、《正字通》这三部中国典籍东传日本后所产生的一系列衍生著作看，中国字书东传后被日本学者所改造的方式总共可分为五种：一是用假名标注汉字音，同时用假名注解字义；二是增加小篆、草书字形作补充，以补充原书以楷书为主的单一字形；三是出于便携的目的将原大篇幅辞书改造为节本、袖珍本辞书；四是对原书收字与内容进行删减或增补，通常是删减了原生僻、疑难字形以及原书详尽的引例与释义，而将一些日本国字以及原辞书外的经史类文献；五是对原书进行订误校勘。

总的来看，此时期这类日本学者编写的、以中国字书为蓝本的辞书文献通常更适合日本读者阅读、使用，它们通常带有较强的文化启蒙色彩，内容较原本更浅易，很多辞书都用格子将字与字隔开，体例明晰更易查考，片假名注音对于不通音韵的日本人而言也能很快掌握。从字典的性质而言，此类辞书已经初具汉和辞书的雏形。但是我们也必须认识到，这个时期辞书发展呈现类型化趋势，辞书的体例趋同，内容多是陈陈相因，很多著作都缺乏创新，虽然品种繁多、数量可观，但却少有佳作。这种情况与江户、明治时期民间出版印刷业的兴旺不无关系，出于逐利的目的，出版商难免会出版一些内容雷同的著作。但是另一方面，日本学者对于《康熙字典》的改造与利用也并非完全按照前代辞书编纂模式进行，还是因其辞书本身特征而有所改变。

3、《康熙字典》传入日本及后来的发展

《康熙字典》东传后，在日本仍是延续着这种辞书编纂模式对其进行利用改造，出现了很多与前代和训类字书体例与内容皆类似的著作，如《鳌头音释康熙字典》（1883）、《掌中康熙字典》（1884）、《训蒙康熙字典》（1892）等。此外还出现了专门为《康熙字典》的使用方法做出解释说明的书籍，如都贺枝春的《初学

---

[31] 徐时仪《汉字文化圈与辞书编纂》，江西师范大学学报，2015 年，3 期。

索引》（1870）、饭岛道宝《康熙字典等韵指示》（1887）。同时对于《康熙字典》进行订误的书籍也相对丰富，如《字典琢屑》（1870）、《康熙字典考异正误》（1885）、《标注订误康熙字典》（1887）、《增订康熙字典》（1887），这些版本的《康熙字典》较原版字典讹误更少，而且增添了很多考证内容。这些辞书的出现，一方面可以看出日本读者对于《康熙字典》的认可，同时也在另一方面说明通过辞书的改造，各个文化层次的读者都可以找到适合自己程度的《康熙字典》。

《康熙字典》对日本辞书，特别是汉和辞书的形成产生了重要作用。山田忠雄曾促使汉和辞书最终形成的三点因素概括为："汲取《康熙字典》布告文字及部首分类的范围，延承《和玉篇》汉字的读法和释义，根据西洋字典的指定出的体裁。"[32]汉和辞书与具有对译功能的双语辞书有所区别，汉和辞书"主要着眼于日语中的汉字、汉语词"[33]，此时期日本学者们所编纂的、以《康熙字典》为蓝本的字典，其主要功用还是帮助日本人查考在阅读汉籍中所遇到的疑难汉字，还不能称之为汉和辞书。同时，该类辞书在编纂体例与内容方面与前代倭玉篇、和玉篇有相承袭之处，在后代学者所编纂的汉和辞书中也能发现其踪迹，因此也对此时期日本学者所编纂的《康熙字典》类辞书进行研究，也有助于缕清汉和辞书形成历史。

从《康熙字典》传入前日本辞书发展面貌以及《康熙字典》在日本发展传播的形态来看，我们可以总结如下几点：首先，江户明治时期的日本，由于国民文化水平的整体提升，对于中国而来的典籍，特别是辞书文献，态度是十分积极的，因此翻刻、改造了大量的辞书文献。其次，在《康熙字典》传入前，日本基本已经形成了一种接受模式来接纳中国辞书，这种模式由于民间出版业的繁荣而被逐渐固化定型，在某种程度上这种模式与后来汉和辞书的形成有很大关系。最后，《玉篇》虽在日本影响深远，然而《康熙字典》东传后，在字书编纂模式上《康熙字典》的影响逐渐超过《玉篇》，《康熙字典》东传日本一定程度上是将一种新的辞书编纂模式带到日本，将旧有的日本《玉篇》系辞书的"旧酒"盛入《康熙字典》系辞书的"新瓶"中。

（三）《康熙字典》在越南的流传与发展
1、《康熙字典》传入前后越南历史文化背景及字典类辞书发展概况

在朝、日、越汉字文化圈三国范围内，汉字传入时间最早（公元前214年），汉字使用时间最长（约2000年），约在1945年—越南独立后"越南罗马字"被定

---

[32] 高田智和《文字号码和部首号码的起源及应用》，376页，《敦煌学.日本学—石塚晴通教授退职纪念论文集》，上海辞书出版社，2005年。

[33] 潘均《汉和辞典的性质、种类及发展方向》，解放军外国语学院学报，2002年1期。

为国字后，越南开始停止使用汉字。越南发展本国文字的时间约在公元 10 世纪左右，此前越南用汉字记录京语，同时也利用汉字形声、假借、会意等方法来创造新字—喃字。由于喃字是在汉字基础上创立的，因此掌握喃字需要以学习汉字为基础，所以喃字推广也并非易事。喃字被发明之后主要在民间流通，虽在越南历史上有短暂的时期被当为正式文字，但是其始终无法撼动汉字文言作为越南官方书面语言的地位：在越南历史上，"黎朝玄宗帝曾经下令禁用喃字（1662 年），很多用喃字创作的书籍被焚毁，西山朝和阮朝前期又恢复使用喃字，到了明命帝时又下诏禁用喃字，官府文书一律用汉文书写，并要求以《康熙字典》为规范"[34]。然而，很可惜的是，明命帝下诏后不久便驾崩（1840）了，随后不久越南便陷入内忧外患的政治局面，越南政府也无暇顾及文字规范的推广工作，有关越南的史料中再未见相关内容。《康熙字典》也未见越南刻本，因此笔者推测虽然官方曾以《康熙字典》作为文字规范，但是客观因素导致这一政策很难落实，《康熙字典》在越南也并未被真正推广。

据梁茂华研究，历史上"越南的辞书均是汉喃二元一体，特点是以字喃解音解义汉字"。在《康熙字典》传入越南（1839 年）前后，越南比较流行汉喃辞书文献有：《指南玉音解义》（成书年代不详，在 1761 年再版）；《三千字解音》（约 1831 年）；《嗣德圣制字学解义歌》（1897）；《大南国语》（1899）。此外，还有范廷虎编著的《日用常谈》（1851）、杜辉琬《字学求精歌》（1879）等[35]。这些具有辞书性质的汉喃文献有如下特点：首先，编写依据并非为某部中国辞书文献，辞书体例编排很有特色，义类与六八体诗歌为这些辞书的主要形式，而在中国这种辞书编排体例并非主流。其次，这些辞书的规模大都不大，除了《嗣德圣制字学解义歌》（610 页），其余各部辞书都不超过 200 页，一般属于中小型辞书。再次，这些辞书都属于内容比较浅易的学习型辞书，编排的目的或是帮助越南人参加科举，或是帮助越南人阅读佛经；最后，这些按照义类编排的辞书已经初具双语词典的性质，超越了以字为单位的中国传统字书模式。

2、《康熙字典》传入越南及后来的发展

与朝鲜同属清廷藩属国的越南，在明朝灭亡后就臣属清朝。中越间经贸往来主要以绸缎、布匹、茶叶、纸张、瓦器、铁锅等物为主[36]，与日本、韩国不同，书籍并非经贸往来的主要商品。然而这并不意味着中国与越南在清朝无书籍往来，据学者李庆新的考证，在清代广州成为中越书籍贸易的中心，很多传入越南的汉

---

[34] 范宏贵《越南文字的替换与发展》，东南亚纵横学术增刊，2000 年 S2 期。

[35] 梁茂华《越南文字发展史研究》，郑州大学博士论文，2014 年。

[36] 黄国安 杨万秀 杨立冰 黄铮《中越关系史简编》，106 页，广西人民出版社，1986 年。

籍都是广州刊刻的，而越南方面也主要是通过使臣、官差、商人进行采购。[37]此外朝廷赐书也是越南获取汉籍的方式之一，《康熙字典》就是通过赐书的方式传入越南的。据《清史稿》的记载，《康熙字典》传入越南的时间是道光十九年（1839年）。越南国王阮福皎曾奏请道光帝颁发《康熙字典》[38]，依现在可确定的史料来看，《康熙字典》传入越南的时间比日本、韩国都要晚。此外，与朝鲜情况略有相似，在越南重印、翻刻汉籍也并不通行，"《古法学院手册》是法殖民政府在原有新书院基础上（新书院的基础就是内阁书）汇集社会文集的产物，是越南书籍集大成的一部目录。其中所收中国书 1953 种，标明越地重刻的只有五种。《北书南印版书目》，收越南重刻书 680 种，但是大部分是佛经、俗信、劝善、启蒙之类的底层书。"[39]《康熙字典》在越南亦未发现翻刻本，这也就大大地影响了该书在越南的传播与发展。在台湾中研院文史所主编的"越南汉喃文献目录资料库系统"所收录的 5000 余种汉喃文献中，有关《康熙字典》的文献，仅有两部，分别为《国字新音》(Quốc Âm Tan Tự) 和《华文字汇纂要习图》(Hoa Văn Tự Vựng Toản Yếu Tập Đồ)。据记载《国字新音》当下只存抄本一种，该书共 16 页，题城南居士阮子编辑，该书是"越南的文字方案，根据《康熙字典》的四声符号和越南语语音特点制定"。而《华文字汇纂要习图》当下有印本一种，是"供越南人学写用的汉字字汇，摘自《康熙字典》法国人吴低旻编辑并引于成泰己亥年（1899）"据夏露考证，《华文字汇纂要习图》这部书有书法字帖的性质。[40]总的说，《康熙字典》在越南的影响广度与深度上都远不及朝、日两国，其中原因笔者推测，一方面是由于《康熙字典》传入后不久，越南便遭遇法国入侵，战乱动荡的环境对于大型辞书的编纂来说是十分不利的；一方面是因为越南本身的辞书传统与日韩不同，越南并没有继承中国原有的辞书模式，《康熙字典》传入后，原有的辞书系统无法接受这部中国辞书的集大成之作，因此即便是上层文人学者能够有机会接触使用这部辞书，更多的越南人还是受困于自身的文化水平，无法直接利用《康熙字典》查疑解惑。

三、《康熙字典》在朝、日、越三国流传差异探因

综合以上对朝、日、越三国对于《康熙字典》的接受情况的论述，我们了解到：三国虽同为汉字文化圈国家，同受中国文化的深远影响，但是由于当时（18-20

---

[37] 李庆新《清代广东与越南的书籍交流》，学术研究，2015 年 12 期。

[38] 见"又自鄙其国文教之陋，奏请颁发《康熙字典》。"，赵尔巽《清史稿·第四十八册》，14644页，中华书局，1976。

[39] 何护年《中国典籍流播越南的方式及对阮朝文化的影响》，清史研究，2014 年 5 月。

[40] 夏露《汉字书法艺术在越南》，汉字文化，2008 年 3 期。

世纪）各国在政治、经济、历史、文化等方面所存在的差异，他们对于《康熙字典》的接受情况也有存在不同。笔者认为，以下三个因素是导致各国对于《康熙字典》接受差异的关键所在：

一是各国普遍的文化心态上的差异，也就是当时汉字文化圈内各国对于汉学所持的态度，此处的"汉学"广言之是以儒家文化为代表的中国传统文化，结合当时所处的时代背景具体指的是清以来盛行的"乾嘉之学"，日本较朝、越两国，受"清学"影响更深，18-20 世纪 300 年间，以"求实"、"考证"为宗旨的学派成为当时日本学界的主流，而《康熙字典》这部中国字书的集大成之作的传入正顺应了时代的趋势。而当时的朝鲜，文化上占一统地位的仍是"朱子学"，"朱子学"作为宋明理学的代表，一定程度上与乾嘉考证学问是相左的。加之，前期朝鲜受"华夷论"观念的影响，对清朝的盲目偏见。这种文化心态上的差异影响了《康熙字典》在汉字文化圈内各国对其的接受。

二是各国出版印刷业的发展程度上的差异，较韩、越二国而言，当时日本出版印刷业相对发达，逐渐形成了以大阪、京都、江户三地为主，相对成熟的汉籍采购、翻刻、印刷生产体系，加之江户、明治时期平民教育水平提高，据统计江户末期男子有 40%-50%的人识字，妇女中有 15%的人识字[41]。识字水平的提升直接刺激了日本对各类书籍的需求，让一些本属于"精英"阶级的文献典籍流向民间，《康熙字典》便是其中之一。《康熙字典》作为当时最权威的一部汉字工具书，自然受到当时日本社会各界的欢迎。为了满足各阶层日本读者，特别满足庶民阶层的阅读诉求，出版商门也陆续地相应地推出了一系列《康熙字典》的改造本、说明本书籍。

三是各国政治历史环境差异，18-20 世纪这一特殊的历史时期，朝、日、越都经历了一系列的政局变迁，朝鲜与越南都曾一度被外族侵略沦为殖民地，动荡的历史环境无疑不利于文化典籍的保存与传承。在一定程度上，朝、越二国停止对汉字的使用也与被殖民的历史不无关系。而此时期的日本，虽然也经历了一系列的历史洗牌，然而却因明治维新而走上现代化道路，文化得以保存并持续繁荣发展。在 20 世纪中期《康熙字典》逐渐淡出中、朝、越学者视野的时候，日本学者仍对这部辞书抱有热忱，不仅继续利用其编写了一系列大型辞书，如《汉和大词典》（1960）、《学研汉和大字典》（1979）等，同时，日本还将《康熙字典》的字形作为文字规范的依据，如日本在 1946 年 11 月制定了《当用汉字表》，选取 1850个汉字作为日常常用汉字，限定社会上使用的政府公文、报纸杂志上出现的文字，

---

[41] 王桂《日本教育史》，85-90 页，吉林教育出版社，1987 年。

这 1850 字中包括了很多依据《康熙字典》简化后的字形，后来成为日本简化字的基准。

参考文献：

1、周有光：《中国和汉字文化圈—汉字文化圈历的文化演变之一》群言 2000 年 01 期。

2、冯天瑜：《新语探源—中西日文化互动与近代汉字术语生成》中华书局 2004。

3、周有光：《汉字文化圈的文字演变》民族语文，1989 年 1 期。

4、何新华：《最后的天朝：清代朝贡制度研究》，人民出版社，2012 年。

5、孙卫国：《试论朝鲜王朝尊明贬清的理论基础》，史学月刊，2004 年 6 期。

6、王薇 杨效雷 吴振清：《中朝关系史》，世界知识出版社，2002 年。

7、蒋菲菲 王小甫《中韩关系史（古代卷）》社会科学文献出版社，1998 年。

8、马睿《李氏朝鲜君臣眼中的康熙帝与雍正帝》辽宁师范大学硕士学位论文，2010 年。

9、《燕巖集》卷十二，《韩国文集丛刊》二百五十二册，韩国景仁文化社，1990 年。

10、申龙《从<字类注释>释文特征看韩国文化》湖北民族学院学报（社会科学版），2013 年 6 期。

11、韩致奫《海东史绎. 艺文志》，《朝鲜时代书目丛刊》，中华书局，2004。

12、夏露《汉字书法艺术在越南》，汉字文化，2008 年 3 期。

13、王薇 杨效雷 吴振清：《中朝关系史》，世界知识出版社，2002 年。

14、许捲洙《<康熙字典>之韩国流传与其应用》，《康熙字典暨词典学国际学术研讨会论文集》，116 页，中国社会科学出版社， 2010 年。

15、李祘《弘斋全书》卷 162，《日得录》卷二。《韩国文集丛刊》第 267 册，景人文化社，1990 年。

16、陈榴《<康熙字典>对韩国近代字典编纂的影响》，《康熙字典暨词典学国际学术研讨会论文集》，116 页，中国社会科学出版社， 2010 年。

17、王平 邢慎宝《<全韵玉篇>整理与研究》，上海人民出版社，2012 年。

18、胡孝德《清代中日书籍贸易研究》，中国经济史研究，2007 年 1 期。

19、张伯伟《清代诗话东传略论稿》，中华书局，2007 年。

20、张博《日本江户时代前期大众文化雏形研究》，南开大学博士学位论文，2012 年。

21、牛建强《江户时代中国文化对日本之影响—侧重江户前中期狭义的文化考察》，暨南学报，2008 年 1 期。

22、大庭修《于江户时代唐船持来书的研究》，248 页，关西大学东西研究所，1967 年。

23、松冈荣志《江户医家与<康熙字典>》，《康熙字典暨词典学国际学术研讨会论文集》，108 页，中国社会科学出版社， 2010 年。

24、裴梦苏 李无未《日本学者对<康熙字典>的校勘与注释》，辞书研究，2015 年 2 期。

25、黄国安 杨万秀 杨立冰 黄铮《中越关系史简编》，广西人民出版社，1986 年。

26、李庆新《清代广东与越南的书籍交流》，学术研究，2015 年 12 期。

27、何扞年《中国典籍流播越南的方式及对阮朝文化的影响》，清史研究，2014 年 5 月。

28、王桂《日本教育史》，吉林教育出版社，1987 年。

中国电影在日本
——以德间康快举办的中国电影节为中心
刘文兵（早稻田大学）

【要旨】本稿は、日本における中国の映画を題とし、1977年から1997年にかけて、日本映画の実業家徳間康快が日本で主催した中国映画祭の状況について具体的に考察するものである。

【摘要】本文以中国电影在日本为主题，具体考察日本电影事业家德间康快在1977年至1997年间在日本举办的中国电影节的情况。

众所周知，在距今 30 多年前，中国出现了空前的日本电影热。20 世纪 70 年代末 80 年代中期，《追捕》（佐藤纯弥，1976。*片名后为导演、拍摄时间，以下相同）、《望乡》（熊井启，1974）、《生死恋》（中村登，1971）、《人证》（佐藤纯弥，1977）、《沙器》（野村芳太郎，1974）等日本电影，相继在中国引起巨大轰动。

这些中国影迷耳熟能详的日本电影绝大多数是通过每年在中国举办的"日本电影节"被介绍到中国的。从 1978 年到 1991 年在中国举办的"日本电影节"（又称日本电影周，或日本电影首映式）。电影节几乎每年都举办一次，通过中方审查的日本电影首先"日本电影节"期间上映，之后陆续发行到全国各地。这种发行渠道就此确立了起来。另外在日本电影节期间，由导演、演员等著名电影人组成的日本电影代表团来华参加活动，电影周成为两国电影人切磋交流，以及电影人与观众互动的平台。

这项活动的中方主办单位是掌握国内电影发行以及影片进出口业务的"中国电影公司"，日方的主办单位是"日本电影制作者联盟"，但是承办具体事务并起到核心作用的是德间书店的分公司东光德间。这家公司主要开展与中国相关的业务，它的老板是德间集团的第一代创始人德间康快（1921-2000）。

对于日本在中国产生的巨大影响，笔者在分别用中日文写成的《日本电影在中国》（中国电影出版社，2014）、《中日电影交流史》（日本东京大学出版社，2016）这两部著作中，均有详细的介绍。另外植草信和、玉腰辰巳、坂口英明主编的《证言 日中电影兴亡史》（苍苍社，2013）中也对此有所涉及。

然而与形成鲜明对照的是，有关德间康快在日本举办的"中国电影节"的研究却相对较少，笔者也对此关注不多。其原因在于"中国电影节"在日本的影响远比不上当年"日本电影节"在中国所产生的轰动效应。因为当年绝大多数中国电影只能在电影节期间放映几场，而很少有进入院线进行大范围高密度放映的机会。

但是值得注意的是，第一届"中国电影节"（1977）的举办要早于第一届"日本电影节"（1978）。也就是说 1977 年 3 月在东京举办的第一届"中国电影节"才是文化大革命结束后中日电影交流的起点。

在中国电影节举办的 20 年中，中国电影从毫无影响，到第五代导演作品《黄土地》（陈凯歌，1984），《红高粱》（张艺谋，1987）等横空出世，直至德间康快直接投资的《菊豆》（张艺谋，1990）等中国电影进入日本院线广泛上映，中国电影在日本获得了大批日本影迷的追捧。本文将通过大量第一手资料以及对相关人士的采访，首次对德间康快在日本举办"中国电影节"的情况，进行进行全方位的考察。那么，德间康快是何许人也呢？

德间康快与中国

回顾德间康快的一生，我们就会知道他为对日中电影交流倾注如此高的热情并不是一件偶然的事情。德间康快于 1942 年从早稻田大学毕业之后，进入出版界，相继在读卖新闻社、东京民报社、真善美社工作过。在此过程中，他加入了日本共产党。

之后德间康快开始独立创业，1950 年创立新光印刷（之后的德间发行中心）。1954 年收购了东西艺能出版社（之后的德间书店），1970 年收购了米诺风音乐工业（之后的德间日本通信），又在 1974 年收购了大映电影公司，并一手捧红宫崎骏。自此形成了横跨出版、音乐、电影的德间集团。德间康快为人豪爽，宫崎骏的《风之谷》和《龙猫》都是他在 1991 年拿来送给中国儿童的"六一儿童节"礼物[1]。他常常语出惊人，在日本人称"德间喇叭"。

在几个版本的德间康快传记中，佐高信撰写的《饮水思源 媒体策划人，德间康快》（金曜日，2012）无疑是最具权威性的。本书对他跌宕起伏的一生进行了生动详实的描述。日本著名左翼社会活动家铃木东生、松本重治都曾对青年时期的德间的人生观产生过直接的影响，"不入仕途，不捧铁饭碗"、"百折不挠，转败为胜"成为德间的座右铭。

作为一名经历过战争年代的有良知的日本人，德间时常对周围人讲"日本人当年曾在中国作恶多端，所以现在不能总想着去赚中国人的钱"。在进行中日间电影交流的活动中，德间能不计得失，主要源于这种负疚赎罪的心理。而不像有人猜测的是为了开拓未来的中国市场而做出的让步。

从这本传记中我们还可以知道，德间最早是由于 1960 年代出版学者竹内好的著作而跟中国结缘的。竹内好在日本以研究鲁迅而闻名。另外德间交游甚广，跟田

---

[1] 〈德间公司赠送动画片〉、《中国银幕》1992 年第 4 期

中角荣等日本政界保守势力也有联系。所以在中日邦交正常化(1971)之后，田中角荣执政期间，德间跟中国交往也就更加密切了。他在文化大革命期间曾四次访华，并跟中国老一代政治家廖承志会谈。两人都毕业于早稻田大学，性格上也十分投缘。两人曾就中日文化交流交换意见。

这也就是在文革刚刚结束不到半年，"中日和平友好条约"(1978年8月)尚未签订的情况下，德间康快就能迅速在日本举办中国电影节的重要原因。

首届中国电影节的台前幕后

说起首届中国电影节的举办，不得不提到德间康快的得力助手森繁。森繁是一个在中国生活过多年的中国通，中日电影交流的一些具体事宜都是经他手办的。他于1931年生于中国，精通中日两国语言。1950年代回到日本后，从事跟中国相关的贸易旅游工作。在工作之余，他参加了放映中国电影的活动，主要是在公共设施，或者学校中进行一些非商业性的小型的巡回放映。

1976年森繁在跟德间见面时，谈起自己的中日电影交流之梦，两人一拍即合。这一年的3月份，中国大使馆找到森繁，希望他来接待即将来日本考察的中国电影考察团。森繁在担任翻译和向导的同时，利用德间在电影圈的人脉，为中国电影考察团安排了参观日本电影院、电影制片厂，并与日本电影节人士进行交流座谈等多项活动。中方考察团满意而归。之后不久，中方正式邀请德间、森繁访华。

东光德间公司事业部田村祥子曾这样回忆二人访华时的情形。

德间、森繁到达北京的当天，中方设隆重的晚宴为二人接风。但是宴会结束后却没有告诉他们第二天的安排，只是轻描淡写地说：明天请二位在房间等我们的消息吧。第二天早上，两人隐隐听到酒店外面锣鼓喧天，鞭炮齐鸣。打开窗户，看到长安街已经被游行队伍堵得水泄不通，「粉碎四人帮」的横幅标语跃入眼帘。这时正把身子探出窗外，观看游行队伍的森繁听到电话铃响，接起来后知道是负责接待二人的中国电影公司士来的。电影公司的人开门见山地说：我们粉碎了四人帮，今后想积极开展跟日本的交流。德间、森繁立刻回应：映像是文化交流的首选，我们想在日本举办中国电影节。这一提议马上得到中方首肯[2]。

1973年3月17日，首届中国电影节在东京内幸町新落成的日本出版中心大厦揭幕，3天中，共放映了6部中国电影。即大型舞蹈史诗《东方红》(王苹，1965)、

---

[2] 『徳間グループニュース』1997年7月号

故事片《天山的红花》、（崔嵬，1964）、《渡江侦察记》（汤晓丹，1954）、《南征北战》（汤晓丹、王炎，1952）、纪录片《伟大的领袖和导师毛主席永垂不朽》、《敬爱的周总理永垂不朽》。以钱筱璋为团长，成荫、王苹、龙森林、张润昌组成的中国电影代表团参加了电影节活动。这无疑预示着中日电影交流新时代的到来。首届中国电影节成功举办后，中日双方决定每年在对方国家互办电影节。

中国电影新浪潮－－《黄土地》《红高粱》

到 80 年代中期为止，在日本引进购买中国电影的只有德间独一家。当时中国电影也不具备进入院线放映的商业竞争力，即使在电影节举办期间，也常常出现主办方四处送票组织观众前来观影的尴尬情况。但是到了 1985 年放映《黄土地》（陈凯歌，1984）时出现了急剧的变化。

《黄土地》首映也是在德间方主办的中国电影节上。即 1985 年在东京池袋的一家叫文艺坐的电影院举办的"85 中国电影新片展"。负责选片的文艺坐负责人三浦大四郎在 1993 年这样回忆他第一次观看《黄土地》时的情形。

> 1985年5月，我来到北京中国电影公司的试映间，为同年11月在我们文艺坐举办的「中国电影节」选片。跟主办方东光德间公司的森繁先生一起，连续几天从早到晚坐在试映间的黑暗中，一部接一部地观看着中国电影。几乎每天都是这样往返于试映间和住宿酒店。在连续几天看片后的最后一天，也就是我们略感疲劳和倦怠的时候，电影公司负责接待我们的工作人员悄悄地对我们说：这是在中国争议很大的一部电影，仅供参考吧，之后为我们放映了一部新片。看这部影片时那种震撼的感觉，我至今难忘。它就是《黄土地》，导演是时年仅32岁的陈凯歌。
>
> 从根本上颠覆了中国电影传统的全新的映像感觉，以及贯穿全片的强有力的气势，令我目瞪口呆。看完后我说：「太棒了！这部电影是这次看过的所有影片里最好的」。听了我的话，电影公司的工作人员露出了惊讶的神情[3]。

《黄土地》在文艺坐放映时，场场爆满，电影节放映完后，艺术影院岩波大厅要求对这部影片进行商业发行，而德间方没有同意。因为更有影响力的电影发行公司HERALD 也十分看好这部影片，并表示今后要继续扶持陈凯歌导演，并发行他之后拍摄的影片。在得到德间方许可后，HERALD 随即在自己公司所属的电影院 CINEMA SQUARE 正式推出《黄土地》。影片在日本电影界引起强烈反响。吉村公三郎、大

---

[3]三浦大四郎「中国映画に学ぶ」、『日中文化交流』570 号，1996 年 2 月 1 日

岛渚、增村保造等资深导演都曾撰文高度评价了这部影片。

那么德间为什么会转让《黄土地》的发行权呢?因为德间自身并没有自己的发行渠道。而像 HERALD 等大的发行公司除了拥有遍布全日本的电影发行网络以外,还有自己多年来积累的发行经验和人脉,显然比德间更具有优势。所以德间在商业发行方面,也不得不依靠大的发行公司。

《黄土地》之后,第五代导演的艺术创作引起世界影坛的瞩目,日本也有多家电影发行公司着手购买他们的作品。原先在中国电影发行方面一手遮天的东光德间公司开始失去了它的垄断地位。之后除了《红高粱》(张艺谋,1987)、《芙蓉镇》(谢晋,1986)、《阳光灿烂的日子》(姜文,1995)等以外,《孙中山》(丁荫楠,1986)、《孩子王》(陈凯歌,1987)、《大红灯笼高高挂》(张艺谋,1991)、《霸王别姬》(陈凯歌,1993)等都不是通过德间方面渠道引进到日本的。

而继《黄土地》之后,《红高粱》无疑是经德间康快之手的又一个成功的商业发行个案。1988 年由东光德间买断的《红高粱》交给艺术影院 EUROSPACE 独家放映 盛况空前,跟该电影院同期放映的日本记录片《前进,神军!》(原一男,1987)同样引起强烈反响。EUROSPACE 被认为是籍这两部电影的成功运作才跻身于一流艺术影院行列的。而之后大多数中国电影是通过在这种艺术影院的放映才逐渐走入日本电影市场的。

投资拍摄中国电影

德间康快除了在日本放映中国电影以外,还跟中国电影界合作拍摄过几部影片。最著名的是《一盘没有下完的棋》(东光德间公司、北京电影制片厂合拍,佐藤纯弥、段吉顺,1982)和《敦煌》(东光德间公司、八一电影制片厂合拍,佐藤纯弥,1988)。但是虽然名曰中日合拍,在实际拍摄过程中,日方创作人员是处于主导地位的[4]。

鉴于第五代导演的国际影响,德间开始考虑新的合作方式。即由日方投资,并在日本进行后期制作,而故事是关于中国的,在中国出外景, 主要创作人员为中方电影人。第一部探索之作是《菊豆》。由于《红高粱》在柏林国际电影节拿到金熊奖,在日本公映时也获得良好口碑,所以投资人听说是《红高粱》导演张艺谋的新片都愿意投资。四个投资方很快就确定下来了。

---

[4]李洪洲、葛康同「《一盘没有下完的棋》剧本创作始末」、『电影艺术』1982 年 11 月号 / 苏书阳编著『燃烧的汪洋』、中国电影出版社、1999 年。另外笔者为撰写本文,采访过佐藤纯弥导演、段吉顺导演、剧作家安倍彻郎、制片人佐藤正大、演员绀野美沙子。

德間康快「長年の夢が実現——映画『敦煌』を完成して」、『日中文化交流』325 号、1988年 4 月 10 日。

《菊豆》于 1989 年 4 月 26 日召开记者发布会, 9 月在安徽省黄山市开机, 11 月关机, 1990 年 1 月进入后期制作, 2 月全片完成。4 月 26 日在上野宝冢剧场独家放映后, 由东宝公司在全国发行放映。

影片在戛纳 (1990 年 5 月)、芝加哥 (1990 年 12 月) 等国际电影节上频频获奖, 并于 1991 年获得奥斯卡金像奖最佳外语片奖提名。影片虽然有较大尺度的情欲戏码, 在中国国内也顺利公映。

但是德间康快投资的另一部由第五代导演田壮壮执导的影片《蓝风筝》却未能跟中国观众见面。一方面由于其题材原因, 另一方面因为没有通过国内电影审查即送片参加了东京国际电影节。德间康快作为这部影片的投资人, 以及当年东京国际电影节的负责人, 跟中国方面的关系也一度陷入僵局。

德间康快跟中方关系得以修复应该是在 1997 年《鸦片战争》(谢晋, 1996) 在日放映期间。影片片尾鸣谢名单中也出现"日方总指挥: 德间康快"字样。德间用 6500 万日元的高价买下该片在日本的版权, 并在艺术影院岩波大厅做独家放映。但是仅在一家影院放映, 票房收入是有限的, 所以德间康快又亲自去日本电视台进行交涉, 说服他们买下该片电视播映权。

但是即使在德间跟中方关系出现裂痕的几年中, 中方仍然继续为中国电影节提供放映片源。这是由于森繁在中日双方之间奔走斡旋的缘故。但是即便如此, 电影节还是于 1997 年停办了。原因是多方面的, 但是最主要的还是因为进入 90 年代后, 中国电影的大格局出现了变化。

张艺谋、陈凯歌、田壮壮等具有国际影响力的中国导演都纷纷开始利用海外资本拍摄影片。而且拍成的影片大多是直接面向国际市场的大制作。《霸王别姬》、《大红灯笼高高挂》、《蓝风筝》, 以及《活着》(张艺谋, 1994) 等都属于这种类型。

而在德间主办的中国电影节上放映的影片却是由中国官方提供的, 在投资规模、国际电影市场上的竞争力等方面都跟前者有距离。所以在这种情况下, 在日本继续举办中国电影节是否还有意义? 连电影节主办方东光德间公司内部工作人员都对此产生了怀疑。

中国电影节停办后, 东光德间主办的另一项展映中国电影的大型回顾展活动"中国电影的全貌"(1990 年至 2012 年) 却保留了下来。以往在中国电影节放映过的影片, 每年都会拿出来在这个回顾展上重映, 其数量有几十部甚至超过百部之多。另外每年还会特别放映几部最新的中国电影。遗憾的是, 这项活动也在 2012 年落下了帷幕。

结语:

德间康快之所以能在中日电影界呼风唤雨, 并成功举办多项中日电影交流的重大活动,跟他准确的判断力、果断的决策能力,以及出色的集资·融资能力分不开的。

他生前常常说"不用担心钱,银行里有的是"。"讨债的人不会追到坟地来要帐"。事实上,2000 年德间康快去世后,给公司留下了数额高达数千亿日元的债务。他苦心经营的德间集团也日渐衰落,最终被其它集团公司收购,成为他人麾下的分公司。

那么,德间康快又为中日电影交流事业留下了些什么呢?

早在 1920 年代中后期, 中国电影就已经在日本放映。中国最早的片上发声式有声片《雨过天青》(夏赤凤,1931)是一部中日合拍片。但是在日本都反响甚微。

而在抗日战争爆发之后,日方曾经把《新茶花女》(李萍倩, 1938)、《木兰从军》(卜万苍, 1939)、《铁扇公主》(万古蟾、万籁鸣,1941)等几部影片拿到日本放映。但无非是为了宣扬所谓其"大东亚共荣圈"、"八纮一宇"、"日华亲善"而进行的政治表演而已。

而从战后的 1950 年代起,日本共产党的外围组织日中友好协会及其它日中友好团体在日本放映过《白毛女》(王滨,1950)、《青春之歌》(崔嵬、陈怀皑,1959) 、《烈火中永生》(水华,1965)等几十部新中国的影片。但是大多是非商业性的巡回放映,其影响也仅限于部分日本左翼人士。

而在文革后,中国电影在日本几乎没有任何受众基础的情形下,德间康快通过举办中国电影节、安排院线放映等多种形式,20 余年坚持不懈地向日本观众介绍中国电影。这些中国电影题材丰富,风格各异,从不同的侧面为日本观众展现了中国的社会现实,以及历史文化。为中国电影培养了一大批忠实的观众。德间康快作为一名拓荒者为中日电影交流做出了不可磨灭的贡献。

東光德間主辦的「中国電影節」(1977〜 1997 年) 所放映的中国映画

電影節名稱	日文片名 (中文片名)	舉辦年份	放映地點 (放映日期)	中國電影代表團成員
第 1 回中国映画祭	東方紅、天山の赤い花（天山的紅花)、渡江偵察記、南征北戦、偉大な指導者·毛沢東主席は永遠に不滅である（偉大的領袖和導師毛主席永垂不朽)、敬愛する周恩来総理は永遠に不滅である（敬愛的周総理永垂不朽)、江陵漢墓、タケノコ（長在屋里的竹笋)	1977年	東京内幸町·日本プレスセンター10 階ホール（3 月 17 日〜19 日)	团長·銭筱璋（北京中央新聞記録電影製片廠負責人)、团員·成蔭（導演)、王苹（導演)、龍森林（中国電影公司对外发行处处長)、翻譯·張潤昌（中国電影公司对外发行处对日業務諮詢担当)3 月 15 日〜24 日滞在
第 2 回中国映画祭	祝福、農奴、阿片戦争（林則徐)、氷山からの客（冰山上的来客)、上海の戦い（戦上海)、毛沢東主席記念堂（毛主席紀念堂)、カエ	1978年	東京·港区のヤクルトホール(9 月 2 日〜4 日)	团長·袁文殊（中国映画協会第一書記)、团員·白楊（演員)、王冰（北京科学教育映画製作所編集総責者)、王遐（中国電

236

	ルを守る（青蛙）、蘇州の刺繍（蘇州刺繍）、世界の屋根（世界屋脊）、曲芸と奇術（雑技与魔術）		大阪・東区の朝日生命ホール（9月8日〜9日）	影公司対外発行処負責人）、黄宗江（八一映画製作所劇作家）、張潤昌（中国電影公司対外発行処日本担当）9月2日〜15日滞在
第3回中国映画祭	将軍（従奴隷到将軍）、戦場の花（小花）、双子の兄弟（他俩和她俩）、保密局の銃声（保密局的槍声）、舞台姉妹（舞台姐妹）、敦煌の芸術（敦煌芸術）	1979年	東京・新宿東映ホール（11月17日〜30日）神戸・県民会館ホール（11月20日〜22日）福岡・明生のホール（11月27日〜29日）	団長・陳播（文化部電影局局長）、副団長・趙丹（演員）、団員・李欣（中国電影公司副総経理）、王炎（導演）、孫羽（導演）、郭梁信（劇作家）、田華（演員）、張金玲（演員）、陳冲（演員）、王瑞山（中国電影公司翻譯）
第4回中国映画祭	舞台姉妹（舞台姐妹）、喜劇 ピンボケ家族（瞧這一家子）、不滅の星（今夜星光燦爛）、秦のはにわ（秦俑）、雲崗の石窟（雲崗石窟）、美しき中国（中国風貌）	1980	東京・テアトル銀座（10月18日〜31日）名古屋・中小企業センターホール（10月20日〜21日）	孟波（上海電影局局長）、胡健（中国電影輸出輸入公司総経理）、謝晋（導演）、陳強（演員）、孫道臨（演員）、李秀明（演員）、方舒（演員）
中国映画ロードショー	薬、天雲山物語（天雲山伝奇）、魯迅伝、ミイラの謎（新疆古屍）	1981	東京新宿・東映ホール（11月28日〜12月11日）	
第5回中国映画祭	阿Q正伝、牧馬人、駱駝の祥子（駱駝祥子）、遊女・杜十娘（杜十娘）	1982	東京・銀座松竹（11月20日〜12月3日）札幌・道新ホール（11月23日）	団長・丁嶠（国務院文化部副部長）、副団長・胡健（中国電影輸出輸入公司経理）、団員・凌子風（導演）、厳順開（演員）、斯琴高娃（演員）、潘虹（演員）、趙静（演員）、叢珊（演員）、林鋼、張潤昌（中国電影輸出輸入公司副処長）
83 中国映画新作フェスティバル	北京の思い出（城南旧事）、茶館、炎の女・秋瑾（秋瑾）、武林志、逆光、人、中年に到る（人到中年）	1983	東京池袋・文芸坐（11月16日〜30日）	団長・石方禹（文化部映画局局長、副団長・胡健（中国映画輸出輸入公司総経理）、団員・梁月軍（演員）、潘虹（演員）、李秀明（演員）、郭凱敏（演員）、戈春艶（演員）、張潤昌（中国映画輸出輸入公司副処長）
第6回中国映画祭	三国外史・華佗と曹操（華佗与曹操）、さすらいの果て（漂泊奇遇）、上海にかかる橋（大橋下面）、郷音、寒夜、雷雨、夕照街	1984	東京新宿・東映ホール（11月9日〜22日）福岡・大博ホール（11月12日〜15日）	団長・丁嶠（文化部部長）、副団長・胡健（中国映画輸出輸入公司社長）、張俊祥（上海市電影局局長）、団員・潘虹（演員）、顧永菲（演員）、龔雪（演員）、張閩（演員）、張偉欣（演員）、薛淑傑（演員）、王洪生（演員）、張潤昌（中国映画輸

237

				出輸入公司副処長）。
85 中国映画新作フェスティバル	紅い服の少女（紅衣少女）、黄色い大地（黄土地）、阿混新伝、人生、戦場に捧げる花（高山下的花環）、三峡必殺拳（三峡疑影）	1985	東京池袋・文芸坐（11月14日～12月1日）	
中国映画祭86	青春祭、少年犯、絶響、野山、トンヤンシー　夫は六歳（良家婦女）、演員殺人事件（一個女演員的夢）、太平天国伝　少年拳士の復讐（天国恩仇）、未亡人（秋天里的春天）	1986	東京池袋・文芸坐（10月28日～11月10日）	団長・丁嶠（文化部副部長）、副団長・胡健（中国電影輸出輸入公司総経理）、団員・張潤昌（中国電影輸出輸入公司国外業務部副経理）、李泓冰（中国電影輸出輸入公司国外業務部日本担当）。孫道臨（演員）、顔学恕（導演）、潘虹（演員）、夏提古麗（演員）、李鳳緒（演員）、岳紅（演員）、徐雷（演員）、叢珊（演員）、王静琴（中国広播電影電視部映画事業管理局外事処
中国映画祭87	黒砲事件（黒炮事件）、大閲兵、恋愛季節、最後の冬（最后一個冬日）、スタンド・イン　続黒砲事件（錯位）、死者の訪問（一個死者対生者的訪問）、古井戸（老井）、盗馬賊	1987	東京池袋・文芸坐（10月31日～12月1日）	団長・滕進賢（中国広播電影電視部電影局局長）、副団長・胡健（中出電影輸出輸入公司総経理）、秘書長・張潤昌（中国電影輸出輸入公司国外業務部副経理）、団員・李泓冰（中国電影輸出輸入公司国外業務部日本担当）、烏爾莎娜（導演）、黄建新（導演）、王学昕（演員）、李羚（演員）、張暁敏（演員）、梁玉瑾（演員）
中国映画祭88	追跡者（最后的瘋狂）、北京物語（鴛鴦楼）、舞台演員（人鬼情）、戦争を遠く離れて（遠離戦争的年代）、太陽雨、晩鐘	1988	東京池袋・文芸坐（11月5日～12月4日）	鄭洞天（導演）、宋暁英（演員）、趙越（演員）、伊欣欣（演員）等
中国映画祭89	失われた青春（大喘気）、輪廻、ハイジャック・台湾海峡緊急指令（代号美洲豹）、狂気の代償（瘋狂的代価）、一人と八人（一個和八個）、胡同模様（小巷名流）\n*院線放映：紅いコーリャン（紅高梁）、子供たちの王様（孩子王）、孫文（孫中山）	1989	東京池袋・文芸坐（11月11日～12月10日）	張軍釗（導演）、伍宇娟（演員）、謝圓（男優）等
中国映画祭90	標識のない河の流れ（没有航標的河流）、瀟瀟・シャオシャオ（湘女瀟瀟）、熱恋・海南島（熱恋）、賭博漢（賭命漢）、興安嶺娼館故事（山林中的頭一個女人）、ひとりっ子（失去的夢）	1990	東京池袋・文芸坐（11月10日～12月10日）	謝飛（導演）、董克娜（導演）、王君正（導演）、陶玉玲（演員）、原利（演員）等
中国映画祭	おはよう北京（北京，你早）、双旗鎮刀客、老店、街角の騎士（馬	1991	東京渋谷・ル・シネマ2	田壮壮（導演）、何平（導演）、姜文（男優）、張文蓉（演員）、

91	路騎士）、清朝最後の宦官・李蓮英（大太監李蓮英）、女人故事 女のものがたり（女人的故事）		（11 月 23 日～12 月 13 日）	徐松子（演員）、馬暁晴（演員）等
中国映画祭 92	心の香り（心香）、血祭りの朝（血色清晨）、さよなら上海（留守女士）、少女香雪（哦，香雪）、太陽山	1992	東京・テアトル新宿（11 月 14 日～12 月 18 日）	
中国映画祭 93	北京好日（找楽）、香魂女－湖に生きる（香魂女）、青島アパートの夏（站直〓別趴下）、四十不惑、再見のあとで（大撒把）、孔家の人々（闕里人家）	1993	東京・テアトル新宿（11 月 20 日～12 月 24 日）	
中国映画祭 94	息子の告発（天国逆子）、春桃・チュンタオ（春桃）、吉祥村の日々（雑嘴子）、青春の約束（青春有約）、少年兵三毛大活躍（三毛従軍記）	1994	東京・テアトル新宿（11 月 12 日～12 月 16 日）	
中国映画祭 95	レッドチェリー（紅櫻桃）、麻花売りの女（二嬢）、王さんの憂鬱な秋（背靠背，臉對臉）、北京四重奏（無人喝彩）、デッド・エンド 最後の恋人（周末情人）	1995	東京・テアトル新宿（11 月 11 日～12 月 15 日）	
中国映画祭 96	項羽と劉邦－その愛と興亡（西楚覇王）、新北京物語（混在北京）、正義の行方（被告山槓爺）、宝物の椅子（椅子）、硯・すずり（硯床）、草原の愛－モンゴリアン・テール（黑駿馬）	1996	東京・テアトル新宿（11 月 14 日～12 月 18 日）	
中国映画祭 97	遥か，西夏へ（西夏路迢迢）、離婚のあとに（離了婚就別再来找我）、張り込み（埋伏）、朱家の悲劇（家醜）、火の鳥（太陽鳥）、ロンドンの月（月滿英倫）	1997	東京・テアトル新宿（11 月 15 日～12 月 19 日）	

当代闽籍作家的日本"性"体验

——"福建二陈"的小说为例[1]

林 祁（厦门理工学院）[2]

【要旨】「日本性体験」という中国語の表現に対し、「日本性の体験」と「日本の性体験」とどちらの意味を理解しても可能である。「性」を方法とし、豊富な日本経験がある「福建二陳」の小説を例として、日本性と性日本、性体験と性描写、福建性と挑戦性などの関係を深く分析し、一連の「性」に関する問題を検討する。世俗に媚びる状態に陥っている評論界を批判し、世界における華人文学のために、新し視野と空間の開拓を試みたい。

【摘要】日本性体验可以读作日本性的体验，亦可读作日本的性体验。以"性"作为方法，以有着丰富的日本体验的"福建二陈"小说为例，对日本性与性日本、性体验与性书写，福建性与挑战性等关系进行深入性探讨，追问一系列"性"问题，挑战当下批评界的媚俗状态，试图为世界华文文学提供新的视界与空间。

【关键词】日本性　性体验　性书写　福建性　挑战性

　　日本性体验可以读作日本性的体验，亦可读作日本的性体验。何谓日本性？何谓性日本？为何偏偏是闽籍作家的日本体验？福建性与日本性体验有何关联？仅仅因为我们在福建所以谈福建作家的地方性？为什么闽籍作家的日本体验之性书写大胆精彩甚至出彩呢？本研究先以"福建二陈"[3]陈希我与陈永和的小说为例，追问一系列"性"问题。

　　"性"作为核心词，并非仅仅玩文字游戏。作为方法的"性"，具有现代意义，直指身体语言和自我身份。"既是手段也是内容——去寻找文学的叙事秘密及其与社会生活的关系，即美学和意义诞生之途。""福建二陈"都在 80 年代末留学日

---

[1]　基金项目：国家社会科学基金项目"日本新华侨华人文学三十年"（13BZW135）及 "华侨大学华侨华人研究专项经费资助项目"，项目编号 HQHRYB2015-06。

[2]　作者简介：林祁（1957-)，女，出生于厦门，北京大学文学博士，厦门理工学院教授，主要从事中国现代文学及海外华文文学研究。

[3]　福建二陈：陈希我与陈永和。陈希我：2002～2004 年连续 3 届获"华语文学传媒大奖"提名奖，2006 年获"人民文学奖"，第 8 届、第 17 届"黄长咸文学奖"、第 4 届福建省优秀文学作品"百花奖"，被《中国图书商报》评为 2003 年新锐人物。陈永和：2016 年《1979年纪事》获中国海外交流协会主办的华侨华人"中山文学奖"。"中山文学奖"是中国首个面向华侨华人开展的文学奖，本届共有十位获奖者，闽籍作家占其中三席，为历史第一。

本，陈希我留日五年返回福州，写了《风吕》[4]等一系列有关日本体验的长篇短篇，核心词是具有冒犯性的"享虐"[5]；而陈永和至今还在日本"永住"。她的《一九七九年纪事》[6]是从日本回望故乡的文革创伤记忆。日本体验使她对人性有了更为深入而细致的观察及拷问，核心词为"性"[7]。"性"作为方法，是一种真正的人文主义态度，是从自身——"民族"和"自我"的双重自身——的经验、体验和伦理感出发，从内部的历史和原点出发，去发现其与外部世界的关系。"[8]

"福建二陈"的写"性"之笔都很"毒"---入木三分，惊心肉跳。在陈希我看来，中日女性在反抗男权的方式上有"阴毒"与"阳毒"之别，日本女性往往表现为"阴毒"——以自虐而虐人，中国女性往往表现为"阳毒"——虐人而自虐。"阳毒"则多以行动示人，推进情节的发展。"阴毒"连接着"物哀"的传统，更多显现为心理上或精神上的病症——自闭、抑郁、歇斯底里。压抑越深，"阴翳"（谷崎润一郎《阴翳礼赞》）越甚。以此病症反映于文学，则揭示人性更尖锐而深刻。

不妨借用陈希我的"阳毒""阴毒"来冒犯一下二位，男陈可谓"阳毒"女陈可谓"阴毒"也。陈希我说他的写作是一种变态，"从艺术的起源就看得很清楚。我们活得太累了，被阉割了，需要一种狂狷。日本是个充满鬼气的民族，所以其艺术才非常璀璨。川端的例子还不是很鲜明，让我们看看谷崎润一郎。一个男人，很早就性无能了，他只能在阴暗的日式厕所里欣赏美，只能用刺瞎自己的眼睛来保存美，只能诱使妻子去通奸来刺激爱的欲望。这是一种怎样的极致的绝望和希望，是变态。而我们很多作家，甚至没有领悟这种变态的智力，只会从浅层次上理解，只会玩形式。（陈希我：写作是一种变态《南方都市报》）陈永和也许刚刚"出场"，还没来得及 "裸白"，索性读其小说的"身体语言"吧。你将惊叹，她的"阴毒"并不逊色于他的"阳毒"。而从中我们可以看出，日本的性体验是如何驱使华语语系作家去追求"极致"之美的。

一 日本性与性日本

当闽籍作家走向日本，首先撞上的就是日本性与性日本。日本当代思想史学者子安宣邦在《东亚论——日本现代思想批判》序言中第一句话便这样说，"从

---

4 陈希我. 风吕, 我疼 [M]. 北京：人民文学出版社，2014.

5 陈庆妃."享虐"与"性越境"-当代留日作家陈希我、林祁的日本体验及其性别话语 [J] 湘潭大学学报(社会科学版)2016 年第 4 期"日本新华侨华人文学中的性别话语研究"专题

6 陈永和：《一九七九年纪事》《收获》2015 年长篇专号（秋冬卷），10 月 13 日出版。

7 林红. 身体·性·忏悔┄┄评日本新华侨女作家陈永和《一九七九年纪事》[J] 湘潭大学学报(社会科学版)2016 年第 4 期"日本新华侨华人文学中的性别话语研究"专题

8 梁红.作为方法的"乡愁"，[M].北京：中信出版社，2016.6

我们自身的体验中去追寻，何谓 20 世纪的'近代'、何谓'亚洲'乃至'日本'？"[9] 可以说，20 世纪的日本性就是现代性。何谓现代性？没有哪个词比"现代性"这个词的解释更加纷繁多样的了。对此课题颇有研究的汪民安指出，现代意味着与过去断裂，表现出一种新的时间意识。现代性的过程，用韦伯的说法就是除魔化的过程，也是一个理性化的过程。现代社会的除魔化实践，逐渐在政治、经济、文化、观念以及整个社会层面上表现出了它不同于中世纪的独特的现代特征。[10]

学者李怡将日本体验提高到"与中国现代文学的发生"有关，提到了相当的高度。他指出重视日本文化"体验"的真实场域对现代留日作家的影响，这种"深度体验"的影响区别于远距离地从知识和概念的角度接受异域文化的方式。[11] 笔者索性短兵相接，直接将这种日本体验插入"性"————日本性与性日本，试图通过"福建二陈"的性书写，考察日本性体验对当代日本华文作家的深度影响。

李怡分析日本体验的意义：首先，这是一种全新的异域社会的生存，影响所致是全方位的。其次，这种生存体验往往与具体的"小群体"的生存环境、活动方式直接相关，与抽象的族群整体体验的概括性不同。第三，个体的人生经验与群体构成某种对话与互动的关系，形成不同的"流"与"潮"之关系。[12]除了这些，笔者以为，提出日本性体验的意义在于对现代性批判的深入，现代性问题是 20 世纪至今社会发展及人文研究之关键问题。

日本的现代化远远地走在亚洲的前茅。中国留日学生作为令人紧张的"他者"[13]，既惊喜地投入及享用日本的现代性成果，又彷徨日本[14]，产生现代性进程引发的沮丧、忧郁、焦虑、呐喊和反抗，恰如将现代社会称为"荒原"，将日本称为"荒岛"。这其中的一种表达了肯定的态度，而另一种则表达了否定的态度。几乎所有的留学生最早都有"抗日"情绪，毕竟中国曾经是日本人的先生，竟然成了人家的学生，成了被鄙视被嘲笑的弱者，愤愤不平是自然的，"拔刀向鬼子的头上砍去"也时有发生。作为这一代留日学生的"呐喊"，更多的是仰天长啸，痛苦永远新鲜。

陈希我把疼痛写绝了："我做梦都梦见一杆冲击钻从墙壁直钻进去，墙壁的红

---

9 （日）子安宣邦：《东亚论——日本现代思想批判》，赵京华译，长春：吉林人民出版社，2011 年版，第一页

10 汪民安：现代性[M]南京：南京大学出版社，2012-6

11 李怡.日本体验与中国现代文学的发生 [M].北京：北京大学出版社，2009.

12 李怡.日本体验与中国现代文学的发生 [M].北京：北京大学出版社，2009.

13 "他者"

14 林祁：彷徨日本 [M].福建：

色肉瓤扑簌簌喷出来"。在《我疼》中，那个女孩挣扎在疼痛中，这是一种极深的肉体体验，而且其深就深在，那个总是感觉身体疼痛、害怕性痛的女孩，居然缠着男人成就她这种痛苦。无独有偶。从性虐到享虐，在陈永和小说中也有极其深刻的描述：芳表姐的身体被继父霸占，内心的煎熬与身体的凌辱，让她恨母亲、恨男人，渴望被拯救。但其身体变得只能适应于丑陋的继父，"没有反抗，而且很快就适应了，她喜欢得很呢……你没有看到她那个疯狂劲，她躺在我身体底下发出像猪叫声音的样子……"她从适应继父的身体继而迷恋继父的身体。从痛恨痛苦到痛快，痛、且快乐着，陈永和毫不留情无情地揭示了女性身体的悲剧。

显然，在"福建二陈"笔下，疼痛成为一种宿命，在疼痛中，人性的脆弱、荒谬和悲哀昭然若揭："他所怕的就是即将发生的事，就是他要迎上去的事，就是他在虐恋活动中为自己所安排的事。""虐恋"看起来是来自肉体的风暴，其实正是精神疾病的生动写照。"生命的疼痛如此尖锐，我无法回避。头疼、牙疼、肩疼、肌肉疼、跌打损伤疼，我的整个人生就是如此尖锐而赤裸裸。"[15] 疼痛成了留日体验者确认自身存在的生命感觉。

进去了。

已经多久没有进入那地方了？很涩，好像生锈了。是残忍地锉进去的。你感觉着自己的残忍。我要捅死你。

这是最后的斗争。

对方好像很可怜，啊啊叫着。她在求饶。你猛然觉得肩膀被她咬了一下。好疼！你几乎要从她身上跌下来。可是你不会跌下来。

你赶快运动起来。这疼，激起了你的情绪。你叫：我要杀了你！杀了你！你在心里嘶喊。

这是陈希我《抓痒》的片段。陈希我用赤裸裸的方式，把我们带进日本的性体验。日本现代性产生的性产业世界瞩目。作为80年代末涌入日语学校的"就学生"，一批中国人，尤其是福建人，近距离走进日本，直面日本的性产业，产生了前所未有的"性荒"。中国所没有的"红灯区"、"撕那股"、"情人旅馆"等等，闪烁灯红酒绿的诱惑。有敢作"歌舞伎町的案内人"的曾名噪一时，但那不算文学，充其量算"性案内"，歌舞伎町里多着去了。陈希我的文学则是认真的，"性"正是陈希我用来打破"媚俗"的一个有力武器。其可怕之处恰在于如此过分而真实地书写"性"，"性"并非作为文学书写策略进入其小说，而是一种生命疼痛意识！那可怕而近乎疯狂的日本性体验，让陈希我小说充满了罪恶般的激情和快感。

---

[15] 陈希我.风吕,我疼[M].北京：人民文学出版社，2014.

243

但陈希我仅仅是在写"性"吗？不！他的 "性"赤裸裸，却有某种东西隐伏其中。

"出国"其实就是"我"以"身体"的形式对自己肉体和精神的放逐和流亡。比之"出国"，陈永和的"出嫁"就更深入体验日本了吧。且看她的《东京风情：狗与人的故事》[16]

狗咪西是条男狗。身子又壮又大，站起来有媳妇一般高。它还在生育期间，一到快要发情的时候，就会乱叫，惶惶不安，到处咬东西，碰到什么咬什么。媳妇虽然从来不带狗咪西出去散步（这任务分配给儿子了），但却特别能理解狗咪西作为男狗的苦处，总能及时在它要大吵大闹之前安抚它。她的办法是拍它躺在她脚边，然后也不回避客人，泰然自若地当着大家的面摸狗咪西的睾丸，直到它性情高昂，像男人发情似地发出呜呜呜舒服的叫声。事完之后，媳妇还坦坦然然找来纸巾擦狗咪西流出来的精液，边看着我，用事务性的口吻说，这下它要安静一阵子了。我搭不上话，只感到脸上发热，好像是自己的情事被人偷看去了一样。

一开篇就把公狗叫作男狗，可见别有用心；好像写狗的世界，其实调侃人的世界，"有的时候，一只狗也能成就一个人的世界。"利用狗性来写日本性，可见作者的"阴毒"。更阴的是，好像让阴毒的日本女人借狗骂日本男人的性无能，却把矛头直指现代日本的性无能问题——

厅里坐着的其他两个男人也一声不吭，眼睛根本不往这边看，依然持续着自己原有的动作，但我可以感到空气中凝聚着一股说不出来的味道。狗咪西也照样使他们难堪了，我想，它在提醒他们，使他们记起他们已经不再是男人了。所以老爷子特别讨厌狗咪西，只要媳妇不在家，他就从老是坐着的沙发上站起来，用脚去踢狗咪西，吼它，去去，滚到一边去。这种突然冒出来的与狗咪西的战斗精神，使终日昏昏沉沉的老爷子有了点旧日的性别感觉。……

人见人不叫，狗见狗叫。人越熟悉话越多，狗越熟悉话越少。在两个狗主人谈话的时候，他们的狗很安静，有的时候，两只狗嘴对嘴亲热地舔着，更多的，却是用舌头去探索对方的屁股。跟熟人碰在一起百谈不厌一样，熟狗碰在一起也百舔不烦。

陈永和对日本事物的观察可谓细致，读她诙谐的文字，隐隐可见一个冷冷的阴阴地审视着日本的女人，即便小说中主人公的 "我"是个男性，她的女性视角依然藏在文字之间。

陈希我"流民"式的挣扎与陈永和"出嫁"式的深入，皆以另类的特殊眼光及笔触，真实地道出在日本性与日本性的混杂中，一种似可告别却无以告别的生存状态，道出从"性"到"无性"的日本焦虑。

---

[16] 陈永和：东京风情：狗与人的故事 ，《收获》 2015-10-14

在揭示中国人的精神积弱方面，陈希我确实有着清醒的头脑和锐利的眼光。同样是崇尚"势能"的东方国家，日本早已在国力上雄起，中国却还在遮掩与盲目中追求精神上的鸦片，甚至流连在"怨妇心态"中自怜自艾。通过中日"性"的对比，使其显得更为触目惊心。他在《风吕》中不无沉痛地写道："一个落后民族的问题，几乎都可以归结到女人的问题。女人牵动着他们的耻的神经。"

陈希我为什么偏偏将这些小说人物放在日本而不是别的国家？除了与作者自身经历的日本体验有关，更是出于对"中日关系"的历史及现状的深层考虑。陈希我曾说过，中日间看上去与一衣带水，但其实鸿沟横隔误解颇深。在大多数民众的意识里，中国从来都是"老子"，日本则是"儿子"。可是甲午战争的炮声击碎了这个顺理成章的逻辑，"儿子"不但反起"老子"来，还直把"老子"打得直不起腰。这种深切刻骨的痛，深深地植根在每一个中国人的心中，甚至已溶入血骨，成为一种先验的集体共识。虽然如今的中国 GDP 赶超日本直逼美国，国家看似富强了起来，但政府收入急剧扩充就真的能铸就一个富强文明的现代化国家吗？"落后就要挨打"的噩梦让我们比任何时候都向往成功，哪怕是不择手段地获取成功。

陈希我的学生陈嫣婧，一位初露锋芒的年轻批评家指出：因着多年留日的经验，陈希我对中日两国的情感都比较复杂，他坦言起初在国内并没有多少爱国心，初到日本时也觉得发达国家什么都好，只是当渐渐体会了弱小民族给他带来的耻辱感，才变得特别爱国，甚至比现在的爱国愤青有过之而无不及，这种强烈而偏激的情愫被他称之为"被踢回来的爱国。"可回国后，对国内生活的不适应加之国外生活给他带来的潜移默化的影响又使他生出对日本的怀念，以至于与自己的祖国倒格格不入了起来。这种"两不靠"的夹缝中的状态便成为陈希我的思维基调，他在《日本向西，中国向东》的序言中写道："也许，这里所谓的'日本'，不过是中国眼中的被指代为'现代化'的日本。所谓的'中国'，也不过是日本乃至'现代'的价值观所参照下的中国。这是两种可疑的眼光，但这并不意味着混乱。它更像分别的两只眼睛，它们除了瞄准正前方，角度也都不相同，经视网膜传到大脑里的影像也就有差距，但聪明的脑子用这种差距制造了立体感。"所以他坦言笔下的日本并非就是"真的日本"，虽然追求"真"是所有自然科学、人文科学乃至文学的本职，可是任何言说都仍然夹杂着情绪乃至偏见，所谓"真"，其实也是虚妄的。既然并不存在绝对的"真"，那么追索这种"真"的过程和方法就显得更为宝贵；同样的，陈希我笔下的"真日本"是否是"真的"也并不重要，因为他看待日本的眼光和思考日本的方式，才是最有价值的。

二　　性体验与性书写

　　陈希我曾说他的《大势》是一部探讨遗忘的小说，借此探讨中华民族该如何处理历史的伤痛？《大势》原名《操》，主人公王中国因女儿爱上日本人，愤而嫖日本妓。男人因为自己的女儿被"操"而感到羞耻，被逼向了崩溃的深渊。本来在他重男轻女的观念里，女儿只能是"挨操"的贱命。更可怕的是，女儿是被一个日本人占有，一个日本侵略者对中国生命的蹂躏，是可忍孰不可忍。战争与耻辱的记忆早已成了王中国存在的一部分。他企图通过嫖日本妓来满足对男权的虚幻的欲望，可"人无法抓住自己的头发飞起来"，鲁迅先生的这句话经常被陈希我引用，他讲的其实就是一种生存困境。男人无能，转而对女人施暴，体现的恰恰是这个民族男人精神世界的羸弱和隐痛。"他在自虐性的想象中，心态越来越扭曲，对女儿从言语暴力不断升级为身体暴力。《大势》借男性对女性身体的暴力强制，对自我的心灵自戕，延续着百年中国男性面对日本的屈辱感。由于二战的民族创伤性记忆，中国女性身体被作家赋予更复杂的隐喻性，"她是我的家，我的祖国"。郁达夫时代由于青春期性压抑，以及弱者子民的屈辱感而导致的自戕自虐行为，到当代留日小说作家陈希我的笔下，转而为以变态而激烈的方式保护女儿——王中国的尊严。在捍卫中国男人的尊严过程中，陈希我让王中国精神自虐、心理自虐以至于濒临崩溃。" [17] 小说表面上看是一部探讨伦理的作品，实则家国同构，家是国的缩影，用王中国对父女苦难纠结的命运，喻指国民心态的狭隘与阴暗，从而探讨中华民族该如何走出历史创伤，走向真正的"大势"，这恰是陈希我性书写的潜在意图罢。

　　留学之初，陈希我经历了生存空间极度逼仄的切身体验。小说中的"阵地"旧公寓混居着"黑人"（非法滞留日本者）或身份低微的日语学校的"就学生"，仅见少数女人如入狼窝。这群来自福建的"流民"集中了长期黑暗的底层生存所滋生的劣根性，他们自卑自贱，又自尊敏感，相互施虐，又彼此受虐，直至"享虐"。也许这种性体验成就了陈希我写"性"的风格：一上来就脱得精光，让你惊愕不已。你打算逃离，却发现身陷其中。对于私人场景的真实书写，对于触觉、嗅觉的感官运用，以及那些被撕扯开的无所顾忌的性场面，让你在荒谬和虚妄中出一身冷汗。有评论说他，比起我们经验中的任何一位色情作家都更加可恶。

　　看来陈永和比较可爱，毕竟是女作家，尽管她擅长以"女扮男装"的"我"叙述故事，女性本身对性爱的敏感与渴求，迫使她直面日本"性"问题，也使她的作品具有先锋的现代意义。性是人类生生不息的根本，是各国文学永恒的主题。

17　陈庆妃．"享虐"与"性越境"-当代留日作家陈希我、林祁的日本体验及其性别话语 [J]
　　湘潭大学学报（社会科学版）2016 年第 4 期"日本新华侨华人文学中的性别话语研究"专
　　题

246

所不同的是《一九七九年纪事》通过"性"书写特殊时期底层人物的命运，审视身体与身份、权力、性的重重纠葛，特别是揭示了从性虐到享虐的女性悲剧。不同于往常灵魂深处闹革命的常见之作，它以身体性忏悔的冷静，对当今社会具有现代性意义的问题进行深入探讨。

除了性别的"换身"，还有地点的"换位"——从日本回归中国，以及记忆的"换时"——站在一九七九年这个重大历史转折期回溯文革，这些身份及时空的距离，似乎使她的性书写不如陈希我那么"直接"。也许这是一种写作策略吧。其实，她比较长时期的深入的日本性体验，使我们对她的日本书写有所期待。作为一名至今尚在日本的女作家（日本永住者），在经历两种文化的冲击与熏陶之后，她面对历史、面对人性、面对生存等现代性问题的思考，应该产生不同于本土作家的角度和深度。这种独特的角度和深度，使文本更具有文学价值。

显然，陈永和的《一九七九年纪事》持有一种讽刺性的距离。但是，面对性压迫、性虐待，她的女性主义立场使之不得不反抗，不得不短兵相接，直指要害。1979记事中最怪诞最恐怖最惊心动魄也是最深刻之处在于人变老鼠的异化，在于人性的扭曲和黑暗通过"身体"暴露无遗。小说揭示，只因一场革命，两个不同出身的人被结婚。没想到这个来自知识分子家庭的弱女子，竟强得被毒打也不愿和工人阶级的丈夫睡觉。结果，性虐待致她的身上永远打上他"工人阶级"的印记。更有甚者，她的女儿也被继父性侵犯，甚至从反抗到臣服。似乎只是一种习惯吧，习惯却是一种很可怕的势力。陈永和无情地揭示了女性身体的悲剧，从性虐到享虐，是女作家直视性要害的剖析，惊心动魄，入木三分，是对男权政治的批判和挑战，更是对女性主义的深刻反省。看来，陈永和比陈希我还要"可恶"，可谓"阴毒"。

米兰·昆德拉在《不能承受的生命之轻》[18]中写道："最沉重的负担压迫着我们，让我们屈服于它，把我们压到地上，但在历代的爱情诗中，女人总渴望承受一个男性身体的重量。于是，最沉重的负担同时也成了最强盛的生命力的影像。负担越重，我们的生命越贴近大地，它就越真切实在。相反，当负担完全缺失，人就会变得比空气还轻，就会飘起来，就会远离大地和地上的生命，人也就只是一个半真的存在，其运动也会变得自由而没有意义。"

福建向来有抒情诗传统，当舒婷的爱情诗浮出历史地表，挺立在文革后的荒原上时，它具有挑战性，但随着时光的浸染，似乎已成为温情脉脉的新传统。福建二陈的小说除了在体裁上挑战福建的诗传统，更在题材上挑战爱情诗，直逼性与人性。

---

[18] 许钧译，生命不可承受之轻[M].上海译文出版社，2010年版

一方面，作为文革的见证者和经历者，促使她对这一疯狂年代进行深刻的历史批判与反思；另一方面，作为长期旅居日本的华文作家，异国文化的感染与碰撞，使她能够尽量以国际性的文化视野来反思现代社会。在现代性语境下，我们该如何重新看待历史？如何面对现代性的焦虑与困境？站在日本这似近非近的彼岸，站在今天审视那并不遥远的历史，独特的空间与时间距离产生独特的视点，使陈永和的作品具有不同于大陆一般作家的清醒与冷峻，甚至比男人更厉害，更尖锐，更尖刻。

在谈到性体验与性书写时，特别值得一提的是日本文学传统"私小说"的影响。私小说对中国现代文学产生了巨大影响。二十世纪初，郁达夫、郭沫若、张资平等在日本留学期间凭借日本开放的窗口，广泛接触和接受了西方先进思想，也受到正在兴起的日本自然主义及私小说的影响。如，郁达夫创作的"自叙体小说"[19]，以直率的自我心迹坦露与内心独白为其特色。心理描写成为主要手段。在郁达夫的小说中，男主人公的压抑更多地表现为青春期的性压抑，男性之间的同性恋被认为是最美的纯一的爱情。到了世纪末的留日热潮，曾经留日及还在留日的华文作家，长期浸淫于日本社会独特的"风吕"文化当中，也有意无意，或多或少受到私小说的影响。显然，它也影响了"福建二陈"的性体验与性书写，使之性书写大胆而细腻，精彩而出彩。

但，为什么偏偏是福建作家？莫非日本性体验与福建性有关？作家陈希我谈及陈永和时讲到：地域是精神概念。陈永和成长于福州，之后留学日本，目前两栖于北海道和福州。[20]这里谈及的"精神"，是"精神病性"，是"精神黑暗"，是"人性黑暗"。那"地域"又是什么？一九七九年的三坊七巷与台江三保，在福州是两个完全不同的街区，蕴含着"身份"的差异，以及身份背后的"精神黑暗"。陈永和主动离开故乡又时常返回故乡。故乡是身体生生死死的地方，是"生死场"。在"生"的故乡看"死"的火葬场，从"精神病院"求生或求死。这种清醒而冷静的生死意识，使这位女作家驱笔深沉，不乏哲理。

三　福建性与挑战性

何谓福建性？学者刘小新曰："福建是两岸文化交流的前沿平台和重要基地。闽台之间有着深厚的历史渊源，地缘近、血缘亲、文缘深、商缘广、法缘久。近年来,闽台之间的经贸合作和文化交流日益深化,闽台文化交流与合作面临着新阶段、新机遇和新挑战。"[21]何谓新挑战？

---

[19] 郭勇. 郁达夫与日本"私小说"及"唯美主义"文学[J].《宁波大学学报》1999年第4期
[20] 陈希我. 一个纯粹的写作者—陈永和印象[J]. 福建文学. 2016年第2期.
[21] 刘小新, 推动闽台文化合作　推进文化精品建设[J]. 学术评论 ,2014年04期

也许曾留日与尚在留日的"福建二陈"的性书写是一种挑战，向文坛不敢提性实则性无能性无力的平庸挑战，向某些名家貌似勇敢的"写性"实则无病呻吟，为写性而写性的媚俗挑战。

为什么偏偏是福建作家？福建这地方有什么特点呢？

第一，海外性。"海水所到，华人所到；华人所到，罪恶所到。"陈希我曾在接受采访中谈到："中国近现代有三种著名的逃难，一是'闯关东'，二是'走西口'，三是飘洋过海，而这其中最可怕的就是飘洋过海。前两种只是放逐于陆地，第三种是从陆地放逐到了海洋。人必须附着土地，没有土地，就失去生存根本。"中华民族自古以来便是立足于黄土地的民族，与西方那些蓝海洋民族的根本区别在于固守不变，若大山挡住门口，便祖祖孙孙挖山不止，所谓愚公移山的精神。与"移山"所不同的西方则主张"移人"，美国便是移民的美国。而陈希我的《移民》所表现的是不同大陆传统的流动，不同于中央主流文化的福建"流民"。用一部小说来阐释"流"这个世代中国人内心深处共同的恐惧和隐痛，实在是非常准确地抓住了民族历史和国民文化的软肋。年轻学者陈庆妃指出：作为一个有着5年侨居日本经验的留学生，陈希我后来的写作屡屡回首他"痛感"出发之处——日本体验。陈希我来自"流乡"，这个叫"流乡"的地方有着移民的传统，最初，流乡人从中原移民到南方，后来又移民到海外，下南洋，闯东洋，入西洋……生命不息，流动不已。他的家族历史的基本姿势都是"跑路"，源源不断上演着"胜利大逃亡"的戏剧。家族的历史和自身的经历让陈希我对"外人"的身份、生活的表现更具有穿透力。陈希我涉及日本题材的小说有《风吕》、《罪恶》、《大势》、《移民》。《移民》的主要叙事情节，即是以改革开放之后的几波出国热为背景展开的。（陈庆妃）和陈希我的其他小说一样，完成出版于2013年的长篇小说《移民》也是几易其稿，在最初命名为《流之氓》的初稿中，主人公的人生遭遇绝大部分被放置了日本，几经修改之后重心虽被移回到国内，但"移民"的主题未变，日本部分的内容也基本得以保留。小说之所以最初会被命名为《流之氓》，这与陈希我长期对近代以来中国人在迁徙过程中所表现出的"流"状态的观察和思考密不可分，《移民》这个题目看上去虽然更为隐晦，然其本质上体现的仍是"流"的内涵。

我们亦不难看出，作品中的"我"有陈永和的影子：经历文革，旅居日本，现在于福州和日本两栖。这些都与作品中的"我"相似。作为文革的见证者和经历者，这个"我"的创伤之痛，也是陈永和的痛。陈永和与"我"一样，有着两种文化身份。"我"在离国前，选择把"过去、将来、心的一部分、包括生命"与梅娘的发卡一同埋葬在土里，这能显示出多年后此刻的"我"孤独、悔恨、绝望，以至灵魂依旧无处安放；福州已经不属于"我"，"过去已经过去，将来没有到来"，那么，"我"只能是"过去"的"我"，"我"只能从过去来，也要回到"过去"里去。这都反映出双重身份的"我"对自己身份的迷茫和归宿的不确定。

在经历了两种文化的熏陶和洗礼，在两个空间之间的辗转，华文作家的双重身份，让福州二陈"游走于中心与边缘"。正如演员因扮演了多重角色而真正成为伟大的演员一样，"跨文化作家"因有机会扮演多重角色、"有更多的机会体验现代性语境下的多重创伤，这决定了他们作品的深刻性和现代意识"[22]。

第二，边缘性。所谓天高皇帝远。北京打出的热弹，到福建就冷了。所谓"闽"字，门里一条虫，只有出了门，虫才能指望成龙。陈希我在小说中引入大量史料和传说来佐证福建的尴尬处境，祖先逃难来到这片"南蛮之地"，是靠吃蛇肉，与蛇交媾活下来的，这里的人阴柔、孤僻、病态，拜女子（妈祖）为神，将自己放逐至水，"流"的状态是他们的常态，面对的大海却是变幻无常的。于是放逐与迁徙成了生活的常态，与中原光明正大的形象形成剧烈反差。福建的不少氏族大家世代以读书考取功名为业，读书之风很盛，甚至一个家族内就出过不止一个进士，但这些人及第后几乎都选择了北上京城，只有当仕途遭遇挫折时才会想到返回故乡聊度余生。作者似乎是想借此说明，无论是"闽"这个特殊的地理位置，还是"流"这种特殊的生存方式，终究是边缘化的，不稳定的。所以他们的一生都只能是奔走在路上，流离外乡，走南闯北，下南洋，渡西方，时至今日，大凡有海水的地方就有华人，有华人的地方就可以听到福建话。

第三，多元性。也可以说是碎片性。福建存在多种方言便可窥一斑。陈永和在小说里将其喻为一个"桶"，各个阶层、各个人物的交错命运被迫混合在这个"桶"里。福州的文化遗产三坊七巷，当年的达官贵人聚集居住的地方与台江三保鱼龙混杂的地方，都混在桶里。陈永和小说中的重要人物芳表姐妈就属于这里。那个荒唐年代的荒唐身体，那间满是老鼠的屋子，只有异化成老鼠的读书人……一切的一，都在"桶"里。

陈永和向我们展示了在文革背景下，通过身体性异化的独特描写，批判和讽刺了。她的回忆和故乡福州联系在一起，她离开福州留学日本，思故乡回故乡是所有游子所走的回忆之路。因为故乡就是回忆的源头。但我们发现，故乡不仅是出身地，也是身体的源头。身体是天生的与生俱来，从故乡出发；回忆是后天的源源不断，回归故里。这种出发与回归，既是时空意义上的，更是情感和精神意义上的。

从精神归依的维度看，故乡从现代自我的价值源头，上升为一种理想的生活

---

[22] 周桂君.现代性语境下跨文化作家的创伤书写[D].东北师范大学.2010.

状态，一种生存方式的暗寓（精神家园），寄寓着对现代人生存处境的思考和批判。所谓故乡就存活在创伤记忆中。20世纪为人类留下了各种巨大的创伤记忆。沉默不语的历史，只有靠现实的人激活。"福州二陈"用文字像刻碑铭一样，记下一代人如何经受创伤，如何反省创伤，如何表现创伤以及如何从创伤记忆中走出来，活出来，不再无奈地沉溺于历史的惰性，不再把创伤记忆作为亏欠的遗产丢弃。由是，下一代或许就不会在新的生活方式中将这些创伤记忆轻易地遗忘、抹去，不会重复前人曾经有过的命运。

这令人想起中国现代文学著名的女作家萧红的故乡体验。其书写已成为"现代性的无家可归"之苍凉的注释。[23]同样有离家赴日的异乡体验，日本性体验。

日本新华侨作家陈永和的回归之路，并不在习以为常的"灵魂深处闹革命"，而是身体性的忏悔。它有别于创伤文学的"赎罪"书写（通过赎罪人的心灵得到净化、矛盾得到化解）。其通过身体性忏悔的这种回归，具有更为深刻的现代性意义，冷静而清醒。我们只能从身体的出生地、从我们的历史和传统而不是"心灵"中寻找救赎的资源和希望。这是《一九七九年纪事》不同于其他跨文化作家的创伤书写之处，也是日本华文文学对中国文学所奉献的一点"收获"。

四　结语：作为方法的"性"

不同于欧美华文文学的移民心态，日本华文文学背负着两国沉重的历史，直面中日敏感的现实，彷徨于似近非近的中日文化之间，留下了非凡的创作实绩。"福建二陈"的精彩登场，以实绩在世界华文文学新格局中画上一个惊叹号：请关注日本华文文学的独特性与现代性。

著名学者李欧梵从个人的切身体验出发，对此有自己一番独到的见解和看法。他自言身处异国，常常要扮演两种不同的角色，一种是寻根，一种是归化。但他认为这不再是一种两难的选择。他深有感触地说："我对于'漂流的中国人'和'寻根'作家的情绪上的认同固然是因为其中包含的共有的边缘性，只是我在面对中国和美国这两个中心时，我的边缘性是双重的。"[24]正因如此，当代闽籍作家的日本"性"体验及其性书写具有了独特的价值与意义。"性"作为方法，赢得了小说的历史纵深与现实批判力，为世界华文文学提供了新的视野。

---

23 卢建红."乡愁"的美学—论中国现代文学的"故乡书写"[J].华南师范大学学报：社会科学版，2012年第一期

24 李欧梵徘徊在现代与后现代之间上海：三联书店，2000年

"去日本化"与"再中国化"：光复初期台湾文化重建的论争

余巧英（厦门大学台湾研究院文学所）

【摘要】1945 年 8 月，以陈仪领衔的国民政府台湾长官公署在接收台湾时，为加强台湾人的"中国人"认同，在文化领域实施了一系列政策，企图肃清当时台湾社会中遗留的日本殖民统治的"奴化"因素，包括遣返日籍人员、禁止使用日语以及改变台人日式生活习惯等措施。但这些政策在实施过程中引发激烈的争论，不但台湾本省籍的知识分子提出了反对的意见，外省籍知识分子也表示异议，这些争论，体现了知识分子在面临政局变换之时，对时代、国家和社会的因应，以及他们的思考、情感和行动。

【关键词】光复初期；"奴化"；"中国化"；文化重建；

【Abstract】In August 1945, In order to strengthen the "Chinese" identity of the Taiwanese people, Chen Yi led the National Government of Taiwan Executive Office when the reception of Taiwan, to make a series of policies which were implemented in the cultural field in an attempt to eliminate the "enslavement" factors of Japanese colonial rule left in Taiwan society at that time, Including the repatriation of Japanese personnel, the prohibition of the use of Japanese and the change of Japanese living habits and other measures. However, these policies in the implementation process sparked heated debate, not only the provincial intellectuals put forward the views of opposition, foreign intellectuals also expressed objections.These arguments reflect the intellectuals in the face of political transformation of the Times, the National and social ,as well as their thoughts, emotions and actions.

【Keywords】rejuvenation; "enslavement"; "Chineseization"; cultural reconstruction;

台湾自 1895 年《马关条约》割让给日本后，在日本殖民统治下经过了 50 年的时间。虽然历届台湾总督府的政策有所不同，但台湾一直被视为日本的延长线，被实施"同化"政策，总督府企图将他们形塑为"日本人"。特别是 1937 年，日本加紧对中国的侵略行动之后，台湾更成为日本的南进基地，以配合战争为目的，台湾被纳入日本的战时总动员法案。日本不但从台湾征调大批台湾兵派上战场，也从台湾收缴更多的粮食等战略物资以供给前线。在文化上，从 1937 年起，实行更为严苛的"皇民化"政策，不但取消报纸汉文栏，还让台湾人姓日本姓，穿日本服装[1]。也就是说，从语言、文化、生活习惯上都加速对台湾人的"日本化"。

针对此情况，台湾光复后，长官公署为平稳接收台湾，在政治、经济、文化

---

[1] 参见近藤正己：《总力战与台湾——日本殖民地的崩溃（上）》，台北："国立"台湾大学出版中心，2014 年。

领域施行了一系列政策。文化方面，长官公署在《台湾接管计划纲要》通则第四条中规定，"接管后之文化设施，应增强民族意识，廓清奴化思想，普及教育机会，提高文化水准。"[2]长官公署施行的文化政策是以加强台湾人的民族认同为出发点，希望用强有力的中华文化重塑台湾，肃清台湾社会的"日本化"影响，学者黄英哲将此文化重建总结为"去日本化"，"再中国化"的过程。[3]

不论是日本文化还是中华文化，此处的"文化"带有强烈的国家认同的意涵，就像萨义德所说，在某一个时候，"文化积极地与民族或国家联系在一起，从而有了'我们'和'他们'的区别，而且时常是带有一定程度的排他主义。文化这时就成为身份的来源，而且火药味十足"。[4]

当时普遍流行的一种看法是台湾人已经被日本文化所"奴化"，但此种说法引发了大规模的争论，本论文拟对不同省籍知识分子的言论进行梳理，考察他们当时对"同化"、"奴化"和"文化重建"的争论。

一、台湾被"奴化"

认为台湾人受了日本的"奴化"教育，是当时大陆去台官员的普遍看法。陈仪在接收台湾时，认为台湾人民在日本的殖民统治下，已经被日本文化所"奴化"。在他写给陈立夫的信中也说："台湾与各省不同，他被敌人占据已四十九年。在这四十九年中，敌人用种种心计，不断地施行奴化教育。……收复以后，顶要紧的是根绝奴化的旧心理，建设革命的心理，那就为主的要靠教育了。"[5]在光复初期的台湾报章杂志中，也不断有人提及"奴化"思想的问题。

光复后返台担任台北市市长的黄朝琴也认为台湾人受日本帝国主义统治的"奴化教育的影响"，造成"心理上不免倚赖盲从，缺乏自信。精神上不免消极萎靡缺乏进取。在气质上不免冷酷空虚，缺乏热诚。"[6]

1946年4月29日,时任台湾教育处处长的范寿康在台省地方行政干部训练团的演讲中，指责台省人排挤外省工作人员，是"完全奴化"的做法，引发舆论哗然，《民报》发表通讯文章，表示抗议，"对此，荒谬谣言，和中伤言辞，全体团员莫不抱着愤怒而热烈反对，为要矫正其荒唐和轻薄并唤起全省民众之注意起见，

---

[2] 陈鸣钟、陈兴唐主编：《台湾光复和光复后五年省情（上）》，南京：南京出版社，1989年，第49页。

[3] 黄英哲：《"去日本化""再中国化"：战后台湾文化重建》，台北：麦田出版，2007年。

[4] 萨义德：《文化与帝国主义》，北京：生活·读书·新知三联书店，2003年，第3、4页。

[5] 陈鸣钟、陈兴唐主编《台湾光复和光复后五年省情（上）》，南京：南京出版社，1989年，第58页。

[6] 黄朝琴：《新台湾的心理建设》，《新生报》，1946年1月1日，第6版。

该团员，决定于本一日，在该团讲堂开团员大会，将提出抗议书要求范某释明演讲内容云。"[7]同时建议省参议会对此进行严重调查，追究其责任，省参议员郭国基提出强烈质询，认为这是对台湾同胞的侮辱。

1947 年台湾发生"二.二八"事件后，行政长官公署在总结原因时，在其所编的《台湾省二二八暴动时间报告》中，将发生此事件的原因之一归结于"日本奴化教育之遗毒"：

日本统治时代因实行奴化教育，对于我国极尽蔑视破坏之宣传，台胞之年事较轻者（中等学校学生及小学教员为多）对于祖国历史、地理及一般情形，既茫然不知，而于日本长时期先入为主的恶意宣传，则中毒甚深，彼等大都怀有成见，认为中国一切文物制度，人才学术，均无足取，平时所言皆日本语言（一般青年说日语比台语为熟练），日常生活亦模拟日本方式，几已死心塌地地希望永远为日本臣民。影响所及，遂使一般青年，殆不知有祖国文化与中华民族传统精神之伟大，更不知此一时代系何潮流。[8]

也就是说，在官方说辞中，台湾被日本"奴化"是定论。如果说"同化"是站在殖民主的角度所做的论述，按学者陈培丰的考证，"同化"一词来源于十九世纪欧美殖民政策中的"assimilation"，基本精神是把"殖民地统治当做本国施政的延长"，一方面"尽量排除暴力、杀戮之统治手段，将被统治者的文化、社会组织的特殊性压抑到最低的程度；一方面则对殖民地当地居民进行血缘、精神、思想上的同质化措施，让他们融入统治者的社会价值体系中。"[9]而"奴化"则认为被侵略的民族"甘受奴役"，值得一提的是，日本战败投降，国民党政府在接收沦陷区之时，认为日本在这些地区所施行的皆为"奴化"教育[10]，所以"奴化"一词并不针对台湾，但当时的台湾知识分子对"奴化"的说法反弹较大，他们强调的是台湾人在日据时期面对日本政策的不同态度，其中，妥协、抵抗、接受、协力者皆有之，无法单一地说是被"奴化"。

二、对"奴化"说法的反驳

虽然本省籍文化人承认部分日本文化对台湾人造成不好的影响，亟待肃清，但他们对"奴化"有不同看法。《台湾文化》杂志的编辑之一——苏生（苏新）在

---

[7]《民报》，1946 年 5 月 1 日，第 2 版。

[8] 李筱峰：《战后初期台湾社会的文化冲突》，张炎宪主编：《台湾史论文精选（下）》，台北：玉山社出版事业股份有限公司，1996 年版，第 286 页。

[9] 陈培丰：《"同化"的同床异梦：日治时期台湾的语言政策、近代化与认同》，台北：麦田出版，2006 年，第 17 页。

[10] 齐红深：《日本对华教育——对日本侵华教育的研究与批判》，北京：昆仑出版社，2005年。

254

题为《也漫谈台湾艺文坛》文章中写道所谓"奴化"的说法于两岸文化交流并无意义,"不但对于台湾文艺界不能贡献些什么,反在本省与外省文化人之间,挖深了一条鸿沟,阻碍台湾文艺运动之发展不说,……破坏互相间的感情。"[11]他更强调的是两岸知识分子的良性互动。

在本省籍知识分子中,杨逵的说法较为公允,他在台湾《新生报》上做过专文论述,他承认日本对台湾存在"奴化教育",这是"因为主子要万世一系,日本帝国主义者要台湾是它们的永久的殖民地,奴化教育当然是它的重要国策之一,但,奴化了没有是另一个问题。"部分的"台湾人是奴化了","他们因为自私自利,愿做奴才来升官发财,或者求一顿饱。"杨逵将他们的"奴才根性"归因为"环境",但"大多数的人民,我想未曾奴化","台湾的三年小反五年大反,反日反封建斗争得到超多数人民的支持就是明证。奴化教育是有的,但不仅在日本帝国主义下,所有的帝国主义,所有的封建社会,封建国家都大规模的从事着奴化教育。"他接着说:

说台湾人民奴化的人与说本省文化高的人都是认识不足。大多数台湾人民没有奴化,已经说过,本省文化更不能说怎样高,这里认识不足是因为澎湖沟隔着,而宪政未得切实保障人民的权利。使台湾人民未能接触到国内的很高的文化所致的。[12]

杨逵的说法强调了日本殖民统治台湾期间的复杂面向,也特意说明台湾人民与祖国文化存在着隔阂,需要加强相互交流和了解才能消除隔膜。

同样是从日据时期跨语到光复时期的作家吴浊流,他认为纯粹的教育的目的是"以个人的完成为目的,而注重人格的陶冶。"但是,日本教育是"为了维护日本帝国主义而施的教育,为要达到它的目的,强要个人的牺牲。这一点,日本教育可说是奴化教育,无论在日本或台湾受这种教育,都属于受奴化教育,"但是,他也强调,千篇一律地认为台湾人受的是"奴化教育",是因为论者"未能接触到日本教育在台湾的真髓,且多偏于主观论,"他将此归类为"谩骂",因为这种言论除了刺激到本省人,完全起不到改善台湾教育的机会,不如"真正认识它的缺陷,渐渐地加以矫正。"[13]而外省人站在自己未受过奴化教育的立场上,认为比本省人了不起,"那就更浅薄而幼稚了。"

吴浊流在日据时期接受日本教育并从日本人开办的师范学校毕业,从事公学校教育 20 多年,所以更为熟谙日本在台湾的教育体制。作为殖民地子民,台湾人

---

[11] 苏生《也漫谈台湾艺文坛》,《台湾文化》,第 2 卷第 1 期,1947 年 1 月 1 日,第 17 页。
[12] 杨逵:《"台湾文学"问答》,《新生报》,《桥》副刊,第 131 期。
[13] 吴浊流:《黎明前的台湾》,台北:远行出版社,1977 年版,第 80、81 页。

在日据时期的上升空间是窄狭的，这点吴浊流更深有体会，他在总结台湾人接受教育的几种渠道时说道：

台湾过去为日本殖民地的五十年间，台湾人仅有两种出路：医生与低级官吏，这是日本统治台湾中最贤明的政策，日本在台湾五十年间得以小康，也可以说得力于这种殖民政策。为要推行它，他们设立了两种学校：医学校与国语学校（师范学校），前者为自费，后者为官费；他们以最巧妙的方法，让台湾中产以上的优秀份子去念自费的医学校；将中产以下的优秀份子送进官费的师范学校去念书；因入学者的数目有限，要登龙门非相当优秀不可！

医生自医学校毕业后无法成大富，只成为中富或小富，于是不会跟日本的大资本家争利而发生摩擦；一旦成了医生以后，怎样优秀的人都每天忙着，没有时间做经济的活动或政治的活动，而政府也易于干涉他们的行动。

从师范学校出来的有五年的教书义务年限，尽管你的青年期有万腔热血，都把你缚在廿坪的教室内。何况教员算低级官吏而有最低生活的保障，退休后还有恩俸可拿。因此，师范学校毕业生不管怎样，总要站在教坛五年才行。慢慢地，他们结婚生子，现实使他失去勇气，于是继续教书下去，不能随心所欲地从事什么活动。尽管如此，在反动份子里面，医学校与国师毕业的还是最多。[14]

吴浊流叹息的是即便这种带有差别化的教育制度，在台湾光复后却不复存在，年青人们只能陷入颓废。从吴浊流的叙述中，也可以看出他对日本教育所持的复杂看法，一方面，这是日本人在通盘考虑并充分保障本国人的利益之后，设计出的一条针对殖民地子民的差别化教育制度，而且从根本上杜绝了他们参与政治的可能性，在本质上是不公平的，但台湾人没有反抗的空间；另一方面，相较于过去台湾在清朝统治时期的教育，以"日本"作为管道，大多数台湾人获得接受基础教育的机会，也让他们有了接触近代文明的可能。吴浊流之类的台湾知识分子也不可避免地陷入"屈从殖民主"和"认同近代化"的痛苦挣扎中。

日本学者驹达武在考察日本的殖民地文化统合政策时，将其分为"国家统合"和"文化统合"两个层面，前者是以"血统民族主义来排除的原理"，后者的文化统合则属于"语言民族主义"的范畴，这样的制度设计，造成了"在国家统合的层次上排除台湾人，在文化统合的层次上标榜包摄，两者之间充满矛盾。"[15]也就是说，在国家层面，以血统来统摄的民族主义，本质上排除了"台湾人"成为"日本人"的可能性，因为台湾人不可能与日本人流着一样的血脉，作为殖民地子民，台湾人也无法像日本国民一样享有参政、选举等政治权力；而在文化统合层面，

---

[14] 吴浊流：《黎明前的台湾》，台北：远行出版社，1977年版，第90、91页。
[15] 驹达武：《殖民地帝国日本的文化统合》，台北：台大出版中心，2017年，第74页。

日本在台湾也同样宣传"天皇万世一系"等思想，并强制他们学习日语，同化台湾人成为"日本人"，于是就形成了吊诡的矛盾架构。结合吴浊流所说的教育体制，表面上，日本人给台湾人接受基础教育的机会，这是形塑他们成为现代国民——"日本人"的方式，但是，"医生和低级官吏"无法参与政治活动，也就不可能成为真正意义上的"日本人"。这也说明所谓"奴化"教育在解释层面存在的两义性，即日本的"同化"教育政策既有"光明面"和"黑暗面"，其中的利弊，难以简单地以"好"和"坏"加以区隔，否则有失偏颇。

三、"奴化"的争论

在讨论如何建立"台湾新文学"的时，大陆作家雷石榆从台湾当时的一条社会新闻说起，一个叫陈彩云的台湾女人被丈夫王明毅抛弃，在打官司的时候却被律师法官等蔑视，雷石榆认为是受了日本的文化影响，因为在资本主义国家中，"日本的妇女可说是最被轻视也压迫了。"台湾在日本的统治下过了半个世纪，"日本的伦理意识倒把本省部份的男子毒害了"，自从台湾光复以来，"我们不断从社会新闻上读到男子如何蹂躏女子的消息"，而替陈彩云做法律顾问的"周议长"所说言辞也让雷石榆诧异，"其威胁陈彩云的语气，也十足表现了遗毒于殖民地的那种买办的性格（无非是钱的问题，你要多少？两万元总够了吧？）"。[16]

雷石榆的文章遭到台湾学者彭明敏的激烈反对，他主张建立台湾新文学，主要创造题材聚焦的是"台湾"社会，而台湾最大的"特殊性"在于受过日本半个世纪的统治，这是"不能否认的明明白白的事实"。他也表示，"危险的陷阱却在这里"，导致一般人看到台湾社会的某种现象，就立刻"联想到日本统治的历史，而不分黑白地将两个事实连在一起"，这其间，不乏"牵强附会的设立一种因果联系，勉强藉用这种历史来说明一切"，他强调台湾的大部分社会现象都是与其他社会共通的，如果把一些事情视为"台湾特殊现象"，只能证明"视界的狭窄"，而且，这种"武断"，不但"妨碍对于现实真正的了解"，还可能产生"空洞的近视眼的作品"。

他设置层层分论点，缜密地反驳了雷石榆关于陈彩云事件的说法。彭明敏是国际法方面的学者，在论述中，可以看出他的文章，逻辑谨严，观点逐层递进，论据有理有据，在文章架构和行文气势上都较雷石榆胜出一筹。他指出雷石榆文章中并未充分说明"虐待"女子的封建意识与"殖民地"之间有何特殊关系；最后，他还举例杀死许寿裳教授的高万侔的"起诉状"，洋洋洒洒写了一大篇，都是关于"日本奴化教育对该犯的影响"，彭明敏认为这个事件中，教育的决定性影响

---

[16] 雷石榆《女人》，《新生报》，《桥》副刊，第109期，1948年5月3日，第4版。

"远在经济社会的环境之重要性之下的"。[17]

雷石榆随后写了《我的申辩》[18]一文回应彭明敏的文章，主要说明台湾男子受日本男子影响，导致轻视女性的现象只是存在于"一部分人之中"，而不是彭明敏所误读的"全部"。

彭明敏在接下来的文章《我的辨明》中提及，问题的重点在于陈彩云案件的事例，是否具备"特殊性"和"代表性"的意义，他强调"女子虐待意识"与"封建意识"有决定性的必然关系，但与"殖民地"只是次要关系而已，而雷石榆莫名扣给他一顶"掩饰日本的遗毒"的帽子，这种乱扣帽子的做法，"使人不敢说点公道话。"[19]

雷石榆的第三篇文章《再申辩》[20]，长篇累牍地分析陈彩云、高万俦案件始末及原因，讨论内容已经偏离了核心问题，以至于一位叫"王澍"的论者遗憾论争未达到应有之效。他认为大陆作家动辄就说台湾是被"武士道的遗毒"统治了五十年的"成果"，甚至是"大和民族的杰作"，是一种"自私的报复"和"极庸俗的看法"，虽然台湾确实被日本统治过，但把这些说法随意地"加冕在台湾任何一件事物上，那便犯了天大的错误。"[21]他强调过分恶意渲染只会破坏种族间的情感。

雷石榆 1930 年代初曾在日本东京留学，光复后从大陆到台湾工作，应该说，对日本文化和台湾文化都有相当的了解，在谈及台湾相关问题时，他在以往所写的文章中常有客观、中立之论，但《女人》一文确有偏激之处，从他的行文中，无法看出陈彩云悲剧与日本文化的直接关系。雷彭之间的争论，除了双方知识、成长背景的差异，还有文化以及立场方面的隔阂，也能看出外省籍知识分子对台湾存在的误解。

四、对"再中国化"的矛盾心理

为了消除台湾的"日本化"影响，长官公署开出的药方是"再中国化"，并施行各种措施，在语言层面，在台湾开展国语运动，让台湾人重新学习中文，禁止继续使用日语；在经济上，接收日产，遣返日籍人员等。尽管在民族情感上，大家都认为台湾人应该迅速"中国化"，加强中国人的民族认同，但在一些有识之士

---

[17] 彭明敏：《建设台湾新文学·再认识台湾社会》，《新生报》，《桥》副刊，第 112 期，1948 年 5 月 10 日，第 4 版。
[18] 雷石榆：《我的申辩》，《新生报》，《桥》副刊，第 113 期，1948 年 5 月 20 日，第 4 版。
[19] 彭明敏：《我的辨明》，《新生报》，《桥》副刊，第 115 期，1948 年 5 月 17 日，第 8 版。
[20] 雷石榆：《再申辩》，《新生报》，《桥》副刊，第 117 期，1948 年 5 月 24 日，第 8 版。
[21] 王澍《我看"台湾新文学运动"的论争》，《新生报》，《桥》副刊，第 122 期，1948 年 6 月 4 日，第 4 版。

眼里，这里面存在一个矛盾现象，经过半个世纪日本殖民统治的台湾，其实在各方面已经走在大陆的前列，不论在经济层面、文化层面，甚至是民众的生活水平方面，都超过大陆的绝大多数省份。在这种情况下，如果是一刀切地在台湾实行"中国化"，对台湾并不是全然有益。这一点，甚至连许多不是十分了解台湾情况的外省籍的知识分子也了然于心，所以，对官方提出的"中国化"的政策存在着尴尬心理。

台湾《新生报》曾发表社论，论者认为对台湾文化的估量，存在着过高和过低的现象，前者，"必为台湾科学昌明，经济发达，文物制度都比祖国现代化。"而后者，"以为台湾是一个殖民地，一切落伍"，论者认为这两种观点都有欠公允，有些方面，台湾确实比祖国进步，但有些方面，"台湾是尚幼稚的。"要建设台湾新文化，该社论认为指导方针在于"中国化"和"世界化"，"以中国化发扬自主的民族精神，肃清奴役台湾人的'皇民化'"，与此同时，"也要使台湾文化达到世界的水准。"[22]这篇社论的可贵之处在于厘清了民族主义与科学精神的区隔，"我们反对的是侵略，是奴役，"但不反对"科学及应用技术"，因为"科学无国界"，所以，在清算日本文化时，对其中进步的、优秀的要予以保留与学习，而不是一味地反对和唾弃。

作家萧乾作为《大公报》的记者，光复初期曾赴台采访，写过关于台湾的文章，记录了他的尴尬心情。他说："日人治台，比民国以来华人治华的根本高明处在两点：工业建设给予台人以经济安定，强迫教育奠下了现代化的真实基础。"在台湾的见闻，深化了他的看法，"祖国能给台湾的是什么？论市政，日人治下的台湾可为全亚洲做模范。论工业，台湾远走在内地的前面。军事教育他们有过了。忠君训练他们受过了。五十一年来只有一桩甜头他没有尝过，而在台人心中，认定只有国民政府可以给予：那就是自由。"但"自由"却不可轻易获得，作者最后写道：

在台岛兜完了圈子，重新望到台北火车站上那些党部标语，特别是"建设新台湾"，我感到一种不安，一种讽刺。比起台湾，大陆中国是个文盲国；比起台湾，大陆中国是个原始农业国；比起台湾，大陆中国是个消费国——消费的且多是洋货。台湾的基础"全"是日本统治者留下的。我们不幸生在这个标语口号的世纪里，对于标语口号的内容，三十年来早已变得麻木不仁了。但是台人却把壁上的纸条当"布告"。他们要兑现呵！大陆中国在现代化上离台湾至少落后了半世纪。[23]

这种矛盾心理，并不是萧乾独有，特别是在国民党接收台湾出现一系列乱象

---

[22] 社论：《建设台湾新文化》，《新生报》，1945 年 11 月 10 日。
[23] 萧乾：《冷眼看台湾》，《人生采访》，上海：文化生活出版社，1947 年版，引自《民国丛书第三编.71》。

之后，大家对所谓"中国化"的政策更加存疑。抗战胜利后，国民党在沦陷区的接收常被调侃为"劫收"，这点，台湾也不例外。光复初期，台湾出现物价暴涨、米价腾贵等现象，百姓生活无着，导致社会矛盾尖锐。与此同时，却频繁爆出国民党腐败丑闻，当时到台湾采访的大陆记者唐贤龙曾指出许多去台官员的贪污行为，"自从国内的很多人员接管以后，便抢的抢、偷的偷、卖的卖、转移的转移、走私的走私，把在国内'劫收'时那一套毛病，统统都搬到了台湾。"[24]比如行政长官公署秘书长葛敬恩的女婿李卓芝、专卖局局长任维钧、台湾省贸易局局长于百溪等，贪污事件频发。这也导致许多台湾人对国民党的接收，由最初的期待，转向失望，到最后的反抗，"二二八"事件正是这种复杂情绪的集中爆发。

比起台湾人，萧乾更为熟悉国民党统治大陆时的作为，与其说他在感叹台湾的"先进"，更深层的情绪实则在批判国民党的腐败和专制，对其能否统治好台湾持怀疑态度。台湾光复后，包括萧乾访问台湾之时，都处于国共内战时期，中国的老百姓刚从抗日的战火中解脱，又陷入战争的泥淖，在连年的战争消耗中，经济早已崩溃，随之而来的代价是"通货膨胀"，再加上国民党在沦陷区的腐败接收，更加剧了公众的反感情绪。"政府进行的反共战争，没有赢得公众的支持，其表现是公众一致谴责政府比中共更应该对内战负责任。当时的一般人都这样看，并且有许多理由作为依据。"[25]所以，也就能理解萧乾的质疑，即面临国内近代化迟滞发展及国共内战困扰的国民党是否有足够的能力统治台湾。

但是纯粹耽溺于工业化和现代教育等殖民现代性，全然忘记台湾被殖民位置的做法，不啻于饮鸩止渴。台湾解严后，随着"台独"势力的兴起，肯定、赞扬日本殖民统治带来现代性的说法甚嚣尘上，包括日据时期一些知识分子的认同困惑被解释为"殖民现代性"，即认为日本的殖民统治给台湾带来了现代性和现代文明，从而推演出肯定日本殖民统治的诡异结论，这种"殖民现代性"史观到现在还在影响着台湾民众的认知。

同样是来自大陆的何容，作为去台参加国语推行委员会的专家，在台湾居住多时，比起萧乾作为记者浮光掠影式的考察，他的观感更有深度。何容在"二二八"事件后几个月曾写文章比较台湾和大陆社会种种的优劣差异，也论及他在台湾的感受。比如说到台湾工业发达，似乎是大家一致公认的意见，但他也指出："许多部门的工业都不完备，只能把原料做成粗制品，好运回日本去加工。台湾出糖，精糖要运回日本去制……台湾出纸，要运回日本去漂白……台湾出樟脑，要运回

---

[24] 唐贤龙：《台湾事变内幕记》，南京，大中国出版社，1947年，转引自张宪文、张玉法主编：《台湾光复研究》，南京：南京大学出版社，2015年版，第285页。
[25] 费正清主编：《剑桥中华民国史》，上海：上海人民出版社，1992年，第811页。

日本去制樟脑精。这都是内行人告诉我的。"[26]他能透过现象看到本质，确知台湾只是作为日本的殖民地，本质上还是供其掠夺资源之用，涉及到核心机密的工业生产，是不可能让台湾人接触并学习的。正如日本学者矢内原忠雄所说，"日本统治台湾的各种政策，一向是以发展经济为主要项目，不，日本对于台湾的经济要求，是决定统治台湾各种政策的最有力原因。"[27]

概而论之，关于光复初期的"奴化"和"中国化"的问题，官方、媒体、知识分子都有不同立场的表述，长官公署的文化政策是为维护其统治的正统性和延续性所做出的，但知识分子关于"奴化"和"中国化"的论断都将一个复杂的社会形态，用非此即彼的二元论进行划分，有简单化之嫌。

结语

在"奴化"论争中，试图确证台湾人是否被"奴化"是一个单纯而又两极的做法，难以厘清台湾被日本殖民统治的复杂历史，"奴化"二字的使用虽然不够客观、中立，但知识分子纠缠于"奴化"二字并无实质意义。

从"国家"层面出发，成为"日本人"，属于工具性的政体及意识形态领域的范畴，这种统合是排他的，但是按驹込武学者的研究，以血统作为统合标准的日本政府在政治制度层面不可能接收"台湾人"成为"日本人"；从文化层面出发，对推崇近代化的知识分子而言，日本统治台湾期间，无论自觉与否，仅从台湾人接受教育的普及率以及当时的市政建设来说，无疑是成功且先进的，但这一类知识分子否认自己被"奴化"，在他们眼里，认同近代化并不等同认同日本的统治，只是他们在标榜台湾近代化的时候存在着尴尬的心态，因为所谓的"近代化"的大部分层面毕竟是以殖民宗祖国作为管道输入台湾的，除此之外，更不用说那些不认同近代化的知识分子。

不论日本殖民统治台湾期间给台湾留下什么样的遗产，都无法改变其殖民统治的事实，殖民的本质在于榨取当地居民的经济利益、侵犯人权、掠夺资源、压制生存空间甚至是杀戮人命，"奴化"的说法虽有刻板化和简单化之嫌，但清算殖民史，反思其带给殖民地人民的伤害势在必行。

---

[26] 何容：《何容文集（甲编）》，台北：国语日报社，1992年版，第125页。
[27] 矢内原忠雄：《日本帝国主义下之台湾》，台北：海峡学术出版社，1999年版，第IV页。

"Ecological" or "Environmental"?
--On Kai Katsuji's Translation of Wang Nuo's Eco-criticism
Li Tingwen (Xiamen University, China)

【Abstract】 This essay is mainly focused on Kai Katsuji's translation of Wang Nuo's works of eco-criticism, and it is dedicated to reveal the differences between Kai and Wang, environmentalism and ecologism, Japanese academics and Chinese academics, in terms of the ideas of "environment/ecology". I first of all pay attention to the question of why and how scholars of humanities can contribute to environmental/ecological protection in regard of Kai's words, and it leads to how Japanese scholars can learn from related Chinese studies. Then I analyze the reasons why Kai chose Wang's text where the context of Chinese experience and the validity of Wang's thesis play the essential roles. Finally, by considering the difficulties Kai had in translating Wang's text, I make critical accounts of Kai's views of Wang's ecologism, eco-holism and attitude towards Humanism.
【Keywords】 Kai Katsuji; Wang Nuo; Ecocriticism; Environmentalism; Translation

It is true that the crisis of ecological system is an increasingly serious problem facing mankind and people all over the world have made various approaches to deal with this issue. While scientists contribute to the research of green energy resources and the solution of pollution, scholars of humanities tend to consider about how to evoke an awareness of eco-protection in the public, and environmental/eco-literature is a friend of these efforts. Although early interest in the environment was related to the consequence of the Industrial Revolution and can be traced back to the 19th century, "ecologism" or "environmentalism" is a contemporary concern that attributable to the environmental movement (also referred to as ecological movement) in the 1960s and 1970s, especially in North America.[1]

That is not to say, there had not been any environmental problems or considerations of Nature before 1960s, what I emphasize here is that the discourse of ecologism/environmentalism is no early than modernity or globalization, because it is unprecedentedly that we measure the risks of ecological/environmental damaging in the scale of the whole world. However, we should not neglect that ecologism/environmentalism was first argued by North Americans, rather than by people from different parts of the world. Though ecological/environmental crisis is global and that is the reason why ecologism/environmentalism has been imported into a variety of countries in the world, we had better pay attention to the context of this argument and the difference between societies and cultures. Japan and China are among

---

[1] 王诺：《欧美生态文学》，北京：北京大学出版社，2011 年第 2 版，第 1 页。

these countries that have introduced ecological/environmental concerns, both seeing thrives in ecological/environmental thoughts and activities since the 1990s.[2] While there are achievements, problems exist, and we also call for breakthroughs. These are the main motivations of the translating work made by Professor Kai Katsuji.

In 2016, Professor Kai has translated a Chinese Professor Wang Nuo's works of eco-criticism. Learning from other Asian academics instead of from those westerns is not a commonly seen phenomenon in the realm of environmental/eco-studies. Before measuring about the merits and weak points in Kai's translation, I will first of all examine the purposes and expectations of his work, his criteria of choosing texts, and his comments on Wang Nuo's eco-criticism.

1. What and How Japanese Ecologists/Environmentalists Can Learn from China?

Kai Katsuji is a professor in the field of Chinese Literature at Fukuoka University, and he started to hold courses for students in the faculty of Recycling and Eco-technology in 2010. Majoring in Chinese literature, Kai has made achievements in Chinese language and nationalities, ancient Chinese literature, and Classic Literary theories. He became interested in ecological/environmental studies before he took the teaching job in the faculty of Recycling and Eco-technology, due to his growing concern about eco-crisis. But is it possible for scholars of humanities to hold classes for science students? And how is it possible? Kai argued for his capability for this task in his report in the 4th International Chinese Literary Theory Conference[3].

1.1 What Can Scholars of Humanities Do for Ecological/Environmental Protection?

According to Kai, there are some arguments in favor of scholars of humanities participating into ecological/environmental movements. One is that neither scientific nor engineering research would provide a complete solution to the crisis of ecological system because eco-problem is also a result of our ways of living, and the development of scientific technology cannot solely alter our habits. By contrast, eco-criticism and eco-literature are likely to change our standard of behavior by pointing out what detrimental effects have been generated by human activity, what has gone wrong in our cultures and beliefs, and what kind of lifestyle is more recommendable for people living in different societies, etc. A fact is that eco-criticism and eco-literature are the main educational resources that used by international environmental organizations like

---

[2] 宿久高，杨晓辉：《日本生态文学研究述略》，《外语研究》，2012（4）：88。
[3] 甲斐胜二：《关于中国古代文学理论批评史的研究发展方向》，复旦大学第四届中国文论国际研究讨论会，2016（11）。

Association for the Study of Literature and Environment (ASLE) for the public. For example, *Enjoying the Reading of Natural Writing* [4](2000), a guide book published by ASLE-Japan, collecting 120 outstanding works of environmental literature and making introductions for them, is representative in Japanese public environmental education and it targets on people at all levels.

Another point is that though governments can implement policies they learn from other countries, they should also find strategies to convince people in the ways they could understand. One appropriate method is to combine ecological/environmental thoughts with local experience, and literature is among the most efficient and comprehensive approaches. The renowned eco-literature texts by Rachel Karson, for instance, have been influential in Japan and China since the 1970s and many native authors were activated to write works of environmental literature, such as Sawako Ariyoshi's work *The Complex Contamination* which is termed to be the Japanese *Silent Spring*[5]. Ariyoshi's book is a good example of what literature can do for ecological/environ-mental movement, because it succeeded in integrating environmental concern with Japanese suffering from pollution.

1.2 How Will This Effort Make Sense?

However, in terms of the question that whether all these efforts would make sense is not indubitable. Some claim that ecologism/environmentalism does not apply to developing countries and non-western societies because they have different cultures and status quo. And some even suspect that there is a collaboration between ecologism/environmentalism and colonialism. To reply to this, Kai places the importance on finding the growing point for ecologism/environmentalism in local history and culture, and it is where he believes that his background of ancient language and literature would make difference. One factor on behalf of this is we need scholars of humanities to tell right from wrong not only in scale of ecological/environmental thoughts but also in regard to our national identity. A fact is that we can see a problematic hypothesis about Japanese literature in relation to ecologism/ environmentalism that is prevailing worldwide. According to this hypothesis, Japanese ecological/environmental literature is a tradition passing down from the Heian period,[6] and Japanese people has always been in a close relation with Nature, [7] but many other

---

[4] 文学・環境学会編『たのしく読めるネイチャーライティング：作品ガイド 120』、ミネルヴァ書房、2000。
[5] 有吉佐和子『複合汚染』、新潮社、1975 年。
[6] 佟姗：《古今集：日本自然写作的先河》,《文学研究》, 2013（12）：52。
[7] 刘利国，董泓海：《日本现代生态文学与生态批评研究现状展望》,《日本研究》, 2016（11）：

researchers are not sure if it is necessarily the case.

It is undeniable that the concern of "Nature" is inherent in Japanese literature, because Japanese literature history did witness a large number of works about "Nature". However, just as Kato Shuichi claimed, many works about the natural world composed between the Heian period and the Kamakura period were "not out of love for nature but due to cultural convention"[8], as most poets and painters were in the habit of appreciating "cherry blossom" instead of going out to the real wild Nature. In fact, the Kamakura period was particular because it saw a new trend of literary depiction of the natural world. This trend was shown in the works by writers like Kenreimon-in. By analyzing her poems, Kato discerned, "(w)hen she lost her society, she discovered nature". [9]Those exiled aristocracies in the Kamakura period were among the earliest practitioners who found the real Nature, which makes it doubtable to consider natural writing in Japanese literature as a monolithic.

In order to solve this problem, what we should notice are two factors behind this hypothesis. One refers to the institutionalization of Japanese literature in the period of Meiji that three approaches of how to write history of Japanese literature started to take shape, all of them tended to characterize Japanese literature as "small-scaled," "delicate," and "nature-loving". Kato had made an examination about these academic traditions in his article "On the Methodology of the History of Japanese Literature"[10] before he wrote *A History of Japanese Literature*. As a result, the transition of the attitudes toward the natural world in Japanese literature was what he decided to reveal in his book, which is also beneficial to deter Japanese self-consciousness from a mere colonial stereotype.

The other aspect is related to the distinction between eco-literature and environmental literature, and it leads to the main reasons for Kai's translating work. Regarding this distinction, it is acceptable to identify some of Japanese literature as "environmental" even though they do not concern about the nature itself, but it would not be plausible to classify them to eco-literature because they are opposite to the ideas of Eco-holism. To take this matter, we have to move on to the reasons given by Kai.

84。

[8] Kato Shuichi, *A History of Japanese Literature (the First Thousand Years)*, trans. by David Chibbett, London: The Macmillan Press LTD, 1979, p. 251.

[9] ibid, p. 251.

[10]加藤周一「日本文学史の方法論への試み」、『日本文学史の定点』、東京: 平凡社 、1978。

2. The Reasons for Translating Wang Nuo's Texts and the Potential Impacts

There are some reasons given out by Kai for his choice, and he also predicted the contributions it might make to ecological/environmental movements.[11] As for the reasons, the first thing he considered about was the influence of Wang's eco-criticism in China. In the prologue of the translation, by quoting Miao Fuguang's point of view[12], he highlighted that Wang's *Euro-American Ecoliterature* (2003) is one of the earliest systematic introduction about Euro-American ecoliterature in China. Further, this book maps out the thrive of Chinese ecoliterature and serves as a milestone because the term "eco-" and its specific usage were for the first time clarified in Chinese academics by Wang's statement, afterward it quickly became widely accepted. According to Kai's reading, many Chinese scholars like Liu Qinghan, Wang Guangdong, Yang Xiaohui, etc., have adopted Wang's definition of ecoliterature that can be seen as a pattern of the impact of Wang's theory.

Moreover, as Kai observed, in many newly compiled anthologies of Chinese literature and theories, ecoliterature is involved as one of the categories. *Anthology of 21th Century Chinese Novel*, for example, includes a whole volume of ecoliterature with its introduction in favor of Wang's clarification[13]. This means that Wang's viewpoints have increasingly produced effects on the composition, classification and institutionalization of Chinese literature in recent years. But Kai is not that satisfied with the works of ecoliterature composed by native China, as they have not yet combined Euro-American ecological thoughts with Chinese experience and thoughts. Nevertheless, he has expectation for "the School of China" in ecoliterature in the near future and he emphasizes that the signs of it are shown in Wang's works.

A further point is that compared with Japanese ecologists and environmentalists, Wang is extremely critical to the imported theories of ecological/environmental literature, and this feature of Wang's work is supposed as the most educational aspect for Kai. From Kai's point of view, it seems that although Japanese scholars have developed their own thesis of ecological/environmental literature, such as Noda Kenichi's "sympathy" and Ikuta Shougo's thought about "place", their criticism towards western

---

[11] 甲斐勝二、徐達然「王諾「生態文学概論」」（上）、『福岡大学人文論叢』、2016（6）、283
-320。

[12] 苗福光：《文学生态学：为了濒危的星球》，上海：复旦大学出版社，2015年。

[13] 甲斐勝二、徐達然「王諾「生態文学概論」」（上）、『福岡大学人文論叢』、2016（6）、284。
参见陈思和，王光东编：《新世纪小说大系（2001-2010）》（生态卷），上海：上海文艺出版
社，2014年。

ecologism/environmentalism is not sufficient. But Kai does not stop at the stage of criticizing and even rejecting ecologism/environmentalism, what he sees as seminal is the lesson he learned from the revisions of ancient Chinese literature nowadays. In his comment on the revised version of *the History of Chinese Literary Theories*, he argued that an ecological and thus seemingly anarchronistic reading of the ancient texts could also be a creative and beneficial understanding.[14] And this is where he finds Chinese ecocriticism could set an example for ecological studies and cultural diagnosis. The values of this kind of works have not been found by Japanese scholars. Therefore, he decided to introduce Wang's work into Japan.

3. Difficulties in the Translating Work and the Methods to Solve Them

3.1 The Distinction between "Ecological" and "Environmental"

In Kai's work of translation, perhaps the hardest thing for him is to deal with the distinction between "ecological" and "environmental" because the mixture usage of this two terms has continued for many years in Japan. What is more, "生態" (ecological) was not used in the realm of ecological/environmental protection before, instead, Japanese people tended to use the terminology "エコロジカル" (ecological). That is the reason why Kai indicated that the word "生態" would probably be unfamiliar to Japanese public, and it is even possible to make them feel uneasy. However, Kai decided to "invent" a new word to convey the ideas in it though in some cases he finds it embarrassed to choose a barely satisfactory phrase to interpret Wang's text.

Kai also measures about this distinction made by Wang. The key factor behind Wang's promotion for "ecology" and his criticism of "environment" is the discourse of anthropocentrism in the latter. Both Wang and his critics would generally agree that the term "anthropocentrism" refers to an ideology that explains and deals with everything in the world according to human interests.[15] It is in this sense that Wang and many other Chinese scholars like Zeng Fanren, Lu Shuyuan, etc., define themselves as "anti-anthropocentrics". Some disagree with this argument and listed out three main faults to undermine it. One is that if ecologism denies the uniqueness of human and reduces human to a mere link in the ecological chain, then human would not be able to take the responsibility of ecological protection. Further, our knowledge of ecological

---

[14] 甲斐勝二：《关于中国古代文学理论批评史的研究发展方向》，复旦大学第四届中国文论国际研究讨论会，2016（11）。

[15] 赵奎英：《论生态美学的困境与前景》，《厦门大学学报（哲学社会科学)》，2006（5），第29 页。

crisis and the natural world would be discredited because it is *gained by human* (1)[16]. The second is that eco-holism and egocentrism do not take the value of individuals into account, and this poses a threat to humanism or Liberalism (2)[17]. Last but not least, re-enchantment is sentimental but not practical[18], and the validity of Deep Ecology has not yet been verified (3).

Wang started to make rebuttals to these arguments by distinguishing the cognitive aspect from the axiological aspect of anthropocentrism. To answer rejection (1), he acknowledged that we could not and we need not understand the world from a non-human perspective, because we would fall into the trap of nihilism if we discredit human reason. The capacity of human cognition constitutes the condition of our responsibility for ourselves and the ecosystem. Moreover, we should pay the ecological debts not only because we are able to, but also because of what we have done to the nature world. In this sense, re-enchantment is not necessary for our movement because we have already known what we have done and what we should do, and this is also the reply for refutation (3). As for the question of Deep Ecology (eco-holism or ecocentrism), Wang claims that although it is not complete, it is gradually self-improving. Furthermore, he is not siding with ecocentrism and any kinds of "-centrism" because it would mean another kind of inequality, no matter it is in terms of society or ecosystem. To combat problem (2), Wang also distinguished the ecological dimension of anthropocentrism from the social dimension. Based on this, he underlined that in social dimension, there is no anthropocentrism but humanism, and he is a friend of humanism and Liberalism within human society. Even in scale of ecosystem, he lays emphasis on the basic rights of living and preservation for mankind. Therefore, it is not precise to describe Wang's eco-holism as eco-fascism.

3.2 Regarding Wang's Eco-holism

Although Wang's responses to the critics are normally satisfactory, there are still suspicions left in Kai's considerations which are related to his work of translation. One question is how to interpret the word "整体" (holism) because in Japanese language "整体" refers to the body in terms of medicine. Kai picked another word "全体" to interpret Wang's idea of holism. But compared to the impression of "整体" or "全体"

---

[16] 孙丽君：《生态美学的基本问题及其逻辑困境》，《马克思主义与现实》，2010（6），第 99 页。

[17] 马草：《生态整体主义的三重困境——论中国当代生态美学哲学基础的局限》，《武汉理工大学学报（社会科学）》，2015（11），第 1050 页。

[18] 蒋磊：《生态批评的困境与生活论视角》，《文艺争鸣·理论》，2010（11），第 17 页。

on Japanese people, this is a minor problem. This two terms are easily to evoke people's memory of totalitarianism that is related to the disasters for humanity. But since Wang has defended himself from such accuse, Kai believes that readers could be convinced. Another concern is whether to use "人間" or "人類" in various cases, because there are two words in Japanese language with the meaning of "human". Kai analyzed different contexts and decided to use "人間" when the text is discussing human issues within human society, and to use "人類" when it comes to the relation between mankind and Nature.[19] This discipline seems to work though in some cases it is a little confusing to use "人類中心主義" and "人間中心主義" both.

But perhaps what Kai thinks about the distinction between "ecological" and "environmental" made by Wang really reflects some problems. Kai responded to this question in his interview. It seemed that he did not think this distinction is necessary for contemporary Japanese eco-saving practices, and he implies it most makes sense in academic debates rather than in the real movements at the present stage. However, this is not to say Kay denies the significance of this distinction. What he suggests is that the most urgent task for Japanese ecologists and environmentalists is to persuade Japanese public to join daily ecological/environmental protections. This suggestion sounds sensible in some cases, but it is questionable in some of his viewpoints. For instance, he gave out a commonly seen motivation for ecological/environmental protection among Japanese people, that is their love for small and lovely animals around them. This sort of opinion is criticized by Wang because it does not take the interest of the whole ecosystem into account, and it did mislead environmental programs to invest money in less urgent problem-solving and achieve little. These might be the inevitable consequences of environmentalism and its anthropocentrism, which Kai should rethink carefully. At last, some of Kai's advice is considerable, particularly in his suggestion of living a simple life by accepting a peaceful natural death after a certain age instead of prolonging life as long as possible, though this is another question.

---

[19] 甲斐勝二、徐達然「王諾「生態文学概論」」（下）、『福岡大学人文論叢』、2016（9）、594。

日本左翼今安在

——日本左翼政治领袖大塚有章在"满映"与中国的岁月和活动

逄增玉(中国传媒大学文法学部)

Tracing Today's Japanese Left Wings

-- "the Left-Winged" Dazhong Youzhang in "Avio manchuria used association" and his days in China as well as his emotional attachments to China

Zengyu Pang

【摘要】大塚有章是上世纪三十年代日本左翼政治运动领导人之一（毕业于早稻田大学经济学部），后被捕入狱，出狱后来到当时日本的海外殖民地之一——伪满洲国，入职伪满也是亚洲最大的电影公司"满映"（株式会社满洲映画协会），一度担任巡回放映课课长。伪满解体后，他积极组织在华日本人的社会主义组织和运动，并在中国共产党方面的安排下组织滞留在吉林辽源、黑龙江鹤岗煤矿的日本人，组成建设突击队，大量生产中国革命和战争急需的煤炭，后来到中共东北局和鞍山钢铁公司担任干部，管理在华的日本人。1956年回国后，组建毛泽东思想学院，从事中日日友好活动，积极支持中国和中国共产党的一切方针政策，是对中国的革命和建设都做出过重要贡献的日本左翼政治家，曾经在中国党和政府及人民中享有崇高声誉。

【关键词】日本左翼　　大塚有章　　中国革命　　建设　　贡献

【Abstract】Dazhong Youzhang is one of the leaders of Japanese left wing political movements in the 30s in last century (He graduated from the faculty of economics in Waseda University).

He was arrested later. After he got out of the prison, he went to one of the biggest overseas Japanese colonies, Manchukuo, and worked at Avio manchuria used association, the biggest production company in both Manchukuo and in Asia. He was ones the head if the road-show department.

When Manchukuo disintegrated, he actively organized Japanese people in China to form socialist groups as well as to conduct movements. In addition, he, under the leadership of the Communist Party of China, organized the Japanese people who were detained in Liaoyuan, Jilin, and in Hegang Colliery, Hei Longjiang, to form special work groups to produce large amount of coals needed by China's revolution and warfare.

Later on, he came to the Northeastern bureau of the Communist Party of China as well as Ansteel Group Corporation, becoming a manager managing Japanese in China. After he returned to Japan in 1956, he formed Zedong Thought College, dedicated in friendly activities between two countries. He actively supported all the policies of the Communist Party of China. He is a left wing politician who made important contributions to China's revolution and development, he enjoyed high reputation among China's Party and people.

在亚洲，最早翻译和传播马克思主义著作的，大概是明治维新以后向西方学习、走上现代化之路的日本吧。在开眼学习西方的过程中，马克思主义自然会作为西学之一译介到日本。日本何时开始翻译出版马克思主义著作，中国人何时从日本转译马克思主义，姑置不论，但是，近现代中国著名马克思主义翻译者和学者中，如李大钊、李汉俊、李达、王亚南、郭沫若、陈望道、艾思奇等，以及政治领导人毛泽东、周恩来等，却皆知一个大名鼎鼎的日本马克思主义翻译者和学者的名字：河上肇，并深受其影响，他们在学问、思想或人生取向上都有河上肇的投影。[1]河上肇这样的日本马克思主义翻译家和理论家对中国的影响，是一个可以深入研究的有意味的大课题，而本文的主旨不是谈河上肇，而是借兹引起和谈论另一个日本人——河上肇的妻弟大塚有章，以及大塚有章在中国的岁月和与中国的不解之缘。

大塚有章1897年出身于日本山口县的一个官僚家庭，1020年毕业于早稻田大学经济学部。近水楼台先得月，由于有河上肇这样一位姐夫，大塚有章理所当然地很早就接受并信仰马克思主义和共产主义，在青年时期就致力于改造社会、开展工农民主运动。1929年在日本红色思潮蔓延的时代，河上肇创建了日本新劳农党（工农党），大塚有章担任该党东京地区支部书记，翌年又到该党中央工作。1930年8月各左翼政党和团体发起成立了"京都劳动组合总评议会"，大塚有章担任该会会长。1931年这两个团体解散后，大塚有章追随姐夫河上肇于1932年参加了日本共产党，从事地下工作。1933年2月，日本政府以"违反治安法"的罪名，将大塚有章逮捕，1934年判处他有期徒刑10年。

大塚有章在狱中度过了九年的时光，而二十和三十年代一度如火如荼的日本左翼政治与文艺运动，在日本的军国主义崛起和法西斯高压的打压下，基本被围剿殆尽，左翼人士不是屈服转向，就是被捕入狱，转向后的很多作家文人摇身一变成为歌颂日本的大东亚共荣和侵略战争的随军作家，像曾经留学日本的中国著名作家郁达夫所写文章《日本的侵略战争与作家》《日本的娼妇与文士》所批判

---

[1] 在韶山毛泽东纪念馆，在陈列着的毛泽东早年阅读的书籍中，就有河上肇写的《经济学大纲》和他翻译的马克思《雇佣劳动与资本》。毛泽东1960年接见日本著名文艺理论家野间宏率领的日本访华文学代表团时，还谈到河上肇的《政治经济学》对中国的影响，见韩凤琴：《竹内实所记毛泽东的一次谈话》载《党的文献》（双月刊）1991年2月。

的佐藤春夫、岛木健作、林芙美子、菊池宽、林房雄、片冈铁兵等人一样。入狱的左翼政治家和作家，或者瘐死狱中，如共产党作家小林多喜二和教育家、创价教育学会创始人牧口常三郎；或者在度过一段牢狱生涯后，为了自己和家人的生存，违心地认罪和悔罪，出狱后在左翼组织和刊物荡然无存、社会环境的变化也无法再从事左翼运动，只好如常人一样低头谋生，著名的左翼电影人、其文章《现代电影与有产阶级》曾经被鲁迅翻译发表的岩崎昶是这样；或者像大塚有章的姐夫河上肇那样，在军国主义和法西斯主义对日本共产党进行全国大逮捕和制造的白色恐怖中，文部省下令在大学中驱逐"左翼教授"，河上肇毅然辞去东大教授一职，1933 年被捕入狱五年后，脱离社会而隐居。与姐夫河上童年入党又同年入狱的大塚有章，是在 1942 年 4 月出狱的，像他这样的要犯，实质上是被日本当局和虎狼般的特高警宪以严密的监管手段驱逐出国的——姐夫那样的名教授尚且隐居不能再参与政治，虽然没有放弃信仰但也只好以研究中国典文学聊且度日，大塚有章人到中年需要养家糊口，无法在国内立足。他以前曾经在满铁工作过一段时间，出狱后为躲避国内的恶劣环境，只好再踏上满洲的土地。

来到伪满洲国的首都新京后，大塚有章没有职业，生活无着。为了让自己坐牢期间也不离不弃的妻子和两个儿子及家庭得以维持和生存下去，大塚有章急于找到工作，但在伪满首都新京却难以如愿，因为他此前的经历，伪满洲国的日本警宪和特高部门是掌握的，一般单位不敢要。他拜访了自己岩国中学时代的前辈、在伪满出版部门任职的藤山一雄，委托为自己找份工作，藤山却没有当场应承。几次见面和晤谈藤山都没有提为他找工作的事情。在他以为工作无希望、而伪满洲国的警宪随时可能驱逐他离开的险境中，内心非常焦虑的大塚有章人生中的一幕戏剧般的情景出现了：一天，藤山突然来找大塚有章，说大塚请托的在出版界找工作的希望，无法实现，因为受到伪满的日本警宪部门的阻挠，不仅如此，他们还有把大塚有章驱逐回国的打算，所以必须找警宪部门也无可奈何的实力人物帮忙，这个人就是伪满洲国的最大国策电影公司——"满映"（株式会社满洲映画协会）理事长甘粕正彦，甘粕正彦愿意与大塚有章见面并决定是否将其聘用到"满映"。

甘粕正彦原是宪兵大尉，一个日本法西斯主义和军国主义的狂热分子，在日本1923年关东大地震时受命刺杀日本的无政府主义者大杉荣一家，手段极其残忍，在日本国内引发不满，不得不在 1923 年被判有期徒刑十年，服刑近三年后释放出狱，被军部安排去法国留学。从法国回来后前往中国东北，以民间人士的身份活动，暗中协助日本军队进入中国大陆和建立伪满洲国，1931 年"九一八"事变后秘密保护溥仪从天津进入东北并达长春。由于参与伪满洲国的所谓"建国"有功，他被视为伪满洲国的"建国功臣"，被溥仪授勋和嘉奖，当上推行满洲国"五族协和"为宗旨的伪满协和会总务部长。为了把殖民主义国策宣传为主旨的"满映"打造得更符合殖民当局的要求，他于 1939 年 11 月被委派到"满映"担任理事长。在"满映"内部和日本国内很多电影人的不满与质疑声中来到"满映"的的甘粕正彦，上任后却大刀阔斧地进行机构改革，实施带有强烈甘粕正彦色彩的"满映"新政，使得"满映"的生产体制、管理体制呈现出若干现代性因素。这些因素既为殖民主义统治的总体目标服务，在殖民主义文化体制建设上做出了符合日本帝国和殖民利益最大化的贡献，又多少为"满映"的殖民主义电影制作和生产，带来国策宣传之外的娱乐功能和市场化的繁荣。另外，杀人不眨眼的军国主义分子的思想装置里也有极其不为人理解的复杂因素，他上任后招聘了日本国内大批的著名电影人，特别是一些带有反战思想的日本左翼电影人，如著名的左翼电影专家岩崎昶等人。作为伪满洲国最大殖民主义电影机构的"满映"，居然收留了不少日本左翼电影和文化人，以及部分中国的左翼文化人，这是令人不解和奇怪的。另外，他表面的权力并不算显赫，但其在伪满洲国的地位和气焰，连日本关东军司令官都对他礼让三分，唯有到他工作的机构，才可以既能谋生也能减少伪满洲国警宪部门带来的麻烦。[2]

了解了甘粕正彦的背景，就明白大塚有章在伪满洲国为了家人的生存而寻找工作却找到甘粕正彦的门上，这一幕是如何具有戏剧性了。即便知道甘粕正彦是杀害日本无政府主义者大杉荣一家的前宪兵大尉和法西斯主义狂人，与自己政治上属于极端对立的左右两级，但为了能够在伪满洲国立足谋生、不再被警宪遣送回到他不愿意回去的恐惧的日本，他也只好有病乱投医、饥渴不择食了。接受约定的第二天，藤山带他比预定时间稍晚些到达大和旅馆拜访了甘粕正彦，会面中甘粕正彦没有要求大塚有章进行政治表态，大塚有章也没有献媚地表达什么为了五族协和努力奉献之类的假话，但是会面的氛围还是比较融洽的。会面后不久很快有了结果，1942 年 8 月，大塚有章进入"满映"，有了稳定的工作和收入，家人也像其他日本职员家属一样住进"满映"的职员宿舍。

从大塚有章的经历可以看出，他几乎是一个小林多喜二那样的职业革命家和党生活者，既有公开的革命经历也有地下工作，也与小林多喜二那样被捕入狱，只是没有被杀害而已。这样的一个人物，按理说没有岩崎昶那样的日本电影界著名人物和大师级人物的声誉，甘粕正彦为了壮大"满映"事业积极吸纳电影界人才，把一批左翼的电影人士纳入"满映"还算是正常中的反常，但也不至于把与"满映"性质格格不入的左翼政治人物都网罗过来吧？特别是像大塚有章这样的

---

[2] 参见逄增玉：《殖民主义电影机构的殖民性与现代性及其复杂纠结———对""满映""理事长甘粕正彦的历史考察》，《抗战文化研究》第九辑，广西师范大学出版社 2015 年 8 月1 日。

不懂电影的职业政治家和革命家，进入"满映"能发挥什么作用？或者是日本政府感到把这些曾经与政府作对的危险分子放在国内总有不妥，因而模仿老殖民主义的大英帝国当年把国内罪犯流放到澳大利亚、沙俄帝国把政治犯流放西伯利亚那样，把这些左翼的政治犯人放到远离本土的满洲、交给曾经杀过人的前宪兵大尉甘粕正彦管理比较放心安心？当然，甘粕正彦留用和起用这些被逮捕和刑满释放的日本左翼电影人士，目的还是为了利用他们的才能为"满映"服务，也就是为殖民主义的"国策"服务。但是，极端右翼的甘粕正彦和极端左翼的大塚有章两个为各自的政治事业拼过命的、政治信仰和意识形态极端对立的人物，却能够走到一起，为"满映"这座殖民主义的文化宣传机构工作，又是在甘粕正彦握有大权的情况下，这无论如何都是"满映"的独特现象和风景。我个人以为，甘粕正彦尽管是军国主义右翼分子，但身上可能还有日本武士道的"豪杰"气概，可以为他的政治理想和目标杀人坐牢。而大塚有章也是为了自己的政治理想和共产主义信仰，背叛大地主家庭而专心从事革命，并为此而坐牢，其人身上也有豪杰气概。因此，惺惺相惜，甘粕正彦才可能并非以政治观点而是从传统的绿林豪杰角度，以江湖义气收留、聘用了大塚有章这个铁杆左翼。[3]当然，与甘粕正彦相识且有交谊的滕山的请托和面子，也应该起了一定的作用。

在"满映"初入职的大塚有章，在"满映"企划委员会的调查室担任一般职员，开始还只是如一般职员那样循规蹈矩地上下班，同时也以他的政治家的眼光观察着"满映"的组织架构及其运转。他看到了很多日本优秀的电影人，如八木保太郎、木村庄十二、杉山公平、内田吐梦为首的二十多位日本著名电影人加入了"满映"，他们在日本可都是大名鼎鼎的人物，也看到了"满映"演员的总体水平不高的问题，当然，李香兰是例外，在"满映"工作的大塚有章也有机会见到了这位中文日语都极其流利的"满映"明星李香兰，一个在中国长大且被包装为中国人的日本人。一年之后，在甘粕正彦的机构改革中，大塚有章被任命为巡回放映课课长，成为"满映"的中层干部。当上课长之后，他发现主要是以中国人为主的放映员的外出放映很辛苦，待遇低，因此工作积极性不高。为此，从事过政治和政党工作的大塚有章，利用他的工作经验和身份——既是在中国人看来高人一等的日本人课长，又是骨子里反对殖民主义的曾经的日本共产党人，开展了走访家里遭水灾的中国人放映员的家庭、进行救济、出钱为中国工人和职员买食物、一起到中国区域的饭店聚餐等方式，拉近了与中国人放映员的距离。在乘坐公共汽车去看望中国放映员途中，他看到了标榜"五族协和"的伪满首都新京，

---

[3] [日]大塚有章：《未完的旅程》，第5卷，20-23页，日本三一书房，1976年5月。

其实存在着严重的民族歧视，中国人和日本人乘坐公交车时有严格的车厢等级的限制，中国人是不能进入日本人的头等车厢的，日本人作为殖民宗主国的待遇和优越感随时存在。同时，他还亲自与放映队一起到内蒙古赤峰、辽宁抚顺等地进行巡回放映的实地工作，从事过政治运动和蹲过监狱的大塚有章，与中国人放映员一起风餐露宿，住在满是跳蚤臭虫的乡村旅店和大车店而不计较和能够忍受。在外出巡回放映的过程中，他看到了在伪满首都新京看不到的真实的情形。在去赤峰的列车上，他看到押解着两名中国共产党方面的游击队队员的伪满警官，当看到车厢里没有日本人时（大塚有章也与他的放映队员一样穿着中国式服装），立马给犯人打开了手铐，这种行为立即迎来车厢里中国人的掌声，到了目的地下车时，警官才重新给他们戴上手铐。伪满和日本殖民当局大肆吹嘘伪满的建国成就和五族协和共荣共存的新满洲、在新京参加过所谓满洲国建国庆典的大塚有章，看到在距离殖民统治中心之地不过千里的火车上和现实中的"满洲国"，其实在中国人心中是普遍存在着敌视和对抗日本殖民者的思想情绪的，看到了满洲的真实的社会情态。在抚顺煤矿，他看到了这个巨大的被日本统治的矿区的资源在源源不断地输出供给满洲和日本，东北的资源成为日本的生命线，也看到了中日双方人们的对立，在十余天的放映中，他作为来自"满映"的日本人课长受到矿区日本管理者的款待，可是在放映电影时他们均不到场，反而是中国人非常喜欢看电影，特别是那些非国策宣传的娱乐片，尤其受到欢迎。在抚顺，大塚有章在一个叫集团部落的地方看到了被武装看守和强迫劳动的犯人劳工，他们不被允许离开关押之地到放映场看电影，为此派出一位在华北战场因负伤失去手腕被俘、被押解到东北抚顺煤矿做劳工的原八路军团长，作为代表与大塚有章谈判，希望给他们放映一场电影。这位八路军团长日语流利，交谈中大塚有章得知他原来留学过日本，竟然也是早稻田大学毕业的，而且与大塚有章同一个学部。内心里实质没有放弃共产主义信仰的大塚有章非常感慨，对这样的八路军英雄和母校的后辈，是敬佩的，因此满足了他们的要求。外地巡回放映的过程也使大塚有章看到东北和内蒙的人民群众实际非常喜欢电影，在内蒙沙漠地区的一次放映竟然有五千人观看，日本人的职业和敬业精神使他尽管知道作为国策宣传机构的"满映"的电影放映中，除了大受欢迎的娱乐片之外，也必须放映文化映画即时事新闻和国策主旋律片，但他还是改进电影放映的工作，督促中国人放映员改进放映方法和流程，改变他们马马虎虎的应付态度。

由于大塚有章的尽职工作，他担任课长不久的放映课，开始陆续受到各地放映点的来信感谢和表扬，"满映"方面也对此予以表扬，这也表现出大塚有章的矛盾性格。把大塚有章招进"满映"的理事长甘粕正彦没有公开说什么，但内心里其实是满意的，他暗中也一直关照和观察着大塚有章。这种关照，不久后又得

275

到体现。那是日本面临战败之际，除了在伪满首都新京等地挖防空洞和经常搞防空演习之外，因战事扩大而兵源不足的日本关东军，也动辄向"满映"征召在乡军人入伍。大塚有章的儿子因此也收到了征兵令。不料第二天甘粕正彦就召见了大塚有章，说此事关东军方面没有征得他的同意，他已经向关东军发出抗议和交涉，大塚有章的儿子可以不必参军。

不过，日本的败象已露，从抚顺回来不久，上映部部长就让大塚有章兼任宣传科长，因为战事吃紧，守护伪满洲国的关东军已经大部分调到南方和太平洋前线，"满映"的人员也不断收到"红纸"（征召令）从军，"满映"就剩下老弱病残了。同时，"满映"也组织日本员工搞军训，而大塚有章因为没有拿枪的资格（受过六年以上刑罚者无资格从军）就没有参加，不久"满映"成立厚生部，大塚又被任命为厚生科长。在战争即将失败的日子里，作为课长的大塚有章，先是受命组织和准备带领日本人职员和家属取道通化转朝鲜归国，此计划流产后，在苏联红军已经打到吉林省的西部白城、很快就要到达新京（长春）之际，伪满的日本警察和监视大塚有章一类革命者的特高科部门不复存在后，"满映"组织了日本人及其家属的逃难回国专列，拟先到沈阳后再转道辽东到朝鲜回国。但是专列到达沈阳后，苏军已经进驻，日本已经投降，专列无法再行，这些日本人躲到了沈阳的属于"满映"的电影馆，有数十万中国工人的铁西区的中国工人，一度为报仇雪恨前来搜查，大塚有章出面与中国工人讲理交涉，知道他们是"满映"逃难而来的日本电影人，中国工人没有采取激烈的报复措施，相反对他们是"满映"的电影人而格外宽宥和客气——这从一个侧面也看出"满映"虽然是殖民主义的文化侵略工具，但也拍摄了一些非政治的娱乐大众电影，东北人民还是比较喜欢的，爱屋及乌地对这些来自"满映"的日本电影人也没有非难。在饥寒交困、走投无路之际暂时困在沈阳的日本人，开始出现道德沦丧现象，而沦丧的标志则是出现了偷盗风。日本人彼此之间偷盗，也不分男女老幼地到附近苏军看守不严的仓库偷盗。这对在伪满洲国横行多年、自诩为五族协和中的先进和领导民族的日本人而言，是一次对其先进文明的彻底的证伪。与此同时，看到自己骨子里反感和憎恨的日本帝国主义的即将垮台，看到帝国主义成为纸老虎，大塚有章内心里是高兴的。

带着"满映"职工和家属从沈阳折返回长春后，"满映"已经解体，因此大塚有章先秘密地组建了在长春的日本人共产主义小组并开展活动，开展在华的日本民主革命运动，此时他不必再提防日本和伪满的警察与特务，但须防止国民党派来的特务的监视和跟踪。长春也已经被苏联红军占领，作为胜利者的苏军一度出现的军纪松弛和扰民现象，大塚有章在自己的回忆录里没有具体描写，但是从他对后来来自关内的共产党八路军队伍的军纪严明的称赞——他认为不论日本

276

军、苏联红军还是中国国民党的军队，军风军纪都不如中共军队，就可知道大塚有章实际是知道或耳闻了苏军进驻东北后的所作所为的。为了防止作为战胜者的苏军对"满映"的日本人及其家属的骚扰，大塚有章组织日本人主动以招待会的形式联系和接待前来的苏联军人，因此"满映"的日本住民没有受到骚扰，反而与苏联军人交好。这时，"满映"解体后中共长春地下组织领导人刘健民、赵东黎积极开展"满映"的工作，组织原"满映"的左翼中国电影人张辛实、王福春（王启民）、马守清等人进行护厂工作，在先期组建的"东北电影演员联盟"和"东北电影技术者联盟"基础上，成立"东北电影工作者联盟"。这个联盟一方面同"满映"的国民党势力进行斗争和争夺，一方面认识到要掌握"满映"的设备，必须积极争取和团结日本技术人员的支持。他们知晓了大塚有章在日本战败后积极组织长春日本人共产主义小组进行活动，因此刘健民和赵东黎主动联系大塚有章等人，通过他们在日本专业人员中开展工作。在大塚有章、西村龙三、仁保芳男等"满映"的日本左翼和进步电影人士卓有成效的努力和工作下，一批日本专业和技术人员很快站到"东北电影工作者联盟"一边，对"满映"设备的保护和护厂工作发挥了积极作用。1945 年 9 月 1 日，"东北电影工作者联盟"改组为东北电影公司。在酝酿组织东北电影公司之前，王福春等在"满映"工作过的中国人就与刘健民等中共地下党研究，认为旧"满映"厂里还有很多日本演职员（日系），其中不少都是中国人演职员（满系）的朋友，他们或者是具有反军国主义倾向的日本进步友好人士，或者是专业水平高超和敬业的优秀技术人才，他们不问政治而专注于业务和技术，东北电影公司需要团结这批日本人。于是刘健民与王福春等人决定选出三位日本人作为日本演职员代表参与厂子管理。大塚有章和西村龙三、仁保芳男在护厂和"东北电影工作者联盟"时就是积极参与者，三人理所当然地成为委员。不仅如此，刘健民还通过大塚有章在中央银行的关系，借到一笔钱，秘密收买日本投降后遗留在长春的一些日本百姓手里的枪支，并在驻长春的苏联红军的同意下，利用这些枪支组建了一个团的军队。曾经亲身经历"东北电影公司成立"的原"满映"日本人、回国后成为中日友好人士的北川铁夫，在日本《电影旬报》发表了记述东北电影公司成立及日本演职员参与其事的文章。大塚有章可以说全程参与了中共方面对"满映"的接收、改造和成立隶属于中共的东北电影工作者联盟和东北电影公司，在其中发挥了重要作用。东北电影公司成立后不仅积极努力保护工厂，还开展生产自救，组织演员排演话剧《阿Q正传》、《太平天国》、《葛嫩娘》等，用票房收入给全厂职工发放工资和生活费。

东北电影公司后来随着东北战场战争形势的变化，在国民党军队到达长春之前，就在中共的领导策划下迁移到黑龙江队兴山（鹤岗）。东影的撤退转移和后来成为东北电影制片等事宜，大塚有章就没有参与其中了，因为他在中共东北局的安排下1945年10月离开"满映"和长春，到达当时的吉林省西安（辽源）煤矿，组成日本人组成的东北建设青年突击队，为救助日本难民和解决滞留日本人的生活问题，也为中国东北解放区的经济建设尽力。中共在抗战胜利后之所以派十万大军和两万名干部、包括中央委员的三分之一到到东北，就是计划利用背靠苏联和北朝鲜的地理政治优势，东北工业发达以及粮食和资源丰富的物质优势，把东北建设夺取全国政权的巩固根据地。由于东北根据地承担的重要使命，以及东北还有大量日本人遗留的现实——在长春当时就有二十万、整个东北有上百万日本人——所以对于像大塚有章这样著名的原日本共产党人而言，征调他去做日本人的工作，让他们在煤矿、工厂和军事等部门为中共的革命建国大业出力，是比在电影部门更为重要和紧迫的工作。在辽源煤矿，他看到了七百名原先的日本满蒙开拓义勇队的成员，住在没有热气热炕的破败肮脏的屋子里，很多人都因为饥饿和传染病瘦弱不堪，如不及时救治很快濒于死亡。这些当年受到日本帝国主义煽动而组成的满蒙开拓少年义勇队青年，他们落入此种战败后的惨状，主要是日本帝国主义的罪恶，他们自己不应该遭此惩罚。为此，他作为日本劳动者代表担任煤矿总工会的副主任，与中国共产党员的主任张伯良一道工作，当时煤矿还处于苏军的管理之下，苏军司令部只是一味地为了苏军的利益拼命要出产煤炭，全不管原先在此担任管理和技术工作的大批日本人的生活状态，为此大塚有章辛勤工作，说服苏军的大尉司令改善日本人的生活与医疗条件，不是把他们单纯地作为敌国人员而是作为新的煤矿劳动者和受中国共产党领导的外国工人阶级。大塚有章的工作很快有了效果，他从长春带来的原先只有二十人的日本青年建设突击队，吸收了新的人员扩大了三倍，并在半年后以原先的满蒙开拓少年义勇队青年为中心，吸收思想认识转变的良心日本人如技术人员、医护人员、管理人员，组成了共产党领导的总工会指导下的西安煤矿日本人劳动组合，并召开了成立大会。在辽源工作期间，他听到了国民党方面因为对他为中共所做的一系列事情不满而准备派人暗杀他，但这样的消息对于久经磨难的大塚有章而言，不会使他心神不宁，何况还有中共方面的保护。在辽源煤矿工作走上正常轨道后，大塚有章还受东北局主管外国人工作的民族部部长李初梨（早年的留日学生、创造社后期成员）约见，让他拿着东北局林枫的介绍信，准备到黑龙江省佳木斯市拜见张闻天，去做战败后躲在山里已经胡匪化的两千余名日本旧关东军军人的宣抚招安工作，为此他到达梅河口市和通化市梅河口，准备取道到黑龙江完成宣抚工作。不料1946年4月长春解放后，他接到李初梨的通知，让他返回长春担任刚组成的日本人民民主联盟委员长，筹备和创办民主联盟的机关报《民主新闻》，认为稳定在长春的二十万日本人比辽源煤矿的工作更为重要，还作为长春日本人共产主义小组代

278

表到沈阳旁听了共产党进入沈阳后召开的"东北人民各界代表大会。"不久由于国民党军队进入东北和东北解放战争初期的失利，中共东北局及其军队战略撤退到黑龙江和吉林省的东部毗邻朝鲜的地区。1946 年 10 月，大塚有章也随之被调到佳木斯的鹤岗煤矿，化名"毛利"，说服当时滞留在黑龙江鹤岗的 1300 多名日本人，到鹤岗煤矿从事劳动，在由于中国内战爆发无法回国的情况下，这样的劳动既是解决生存问题，也是为中国的解放战争和解放军提供急需的燃料和能源。他以原来辽源煤矿的日本东北建设青年突击队为骨干，发起组建了面对整个滞留日本人的东北建设突击队，担任鹤岗煤矿日本人劳动组合委员长。在鹤岗煤矿的日本人后来将近 80%参加了突击队，为中国的解放战争提供了继续的能源动力，也有一百多名日本人因病因工伤死亡。日本东北建设突击队被编成三个不同的队组，分布在鹤岗的不同煤矿，他们积极劳动，发起竞赛，搞技术革新和发明创造，把苏军带来的还没有使用就遭废弃的采煤机械，先组织日本人教师和技术人员进行操作说明书的翻译，继之进行修理调试后应用于采煤一线，极大地提高了劳动生产率，受到了中国解放区政府的表扬，一些日本工人还获得了全东北和全国劳动模范的称号。在鹤岗期间，大塚有章还组织日本人成立社会主义研究会，亲自给日本人讲解日本历史、日本发动战争的罪恶和社会主义与共产主义思想理论，开展了有声有色的在华日本人的民主运动，对扭转部分人开始时的抵制和不理解、到积极参加煤矿劳动起到良好作用。鹤岗煤矿日本人的生产建设和技术革新与发明事迹，还被中国的《工人日报》和《人民日报》多次报道。当然，也有个别日本人对大塚有章在鹤岗的工作、即所谓的积极为中国政府卖力存有不同的看法。如著名电影导演内田吐梦也作为原"满映"电影人随着东北电影公司撤退到鹤岗，由于当时东北电影公司个别中国干部的左倾倾向，身体羸弱的内田吐梦一度被调离电影行业去干重体力劳动，使得他身患重病差点丧命。在极其寒冷严酷的环境中劳动的内田吐梦亏得有点艺术家的达观和中国阿Q式的精神，才免于病绝死亡。因此，他对化名为毛利的大塚有章的工作和行为，是别有看法的。

1948 年 8 月，大塚有章作为为中国革命做出积极贡献的在华日本工人阶级的领导干部和代表，被邀请参加在哈尔滨召开的"第六次中国工人大会"，当然不是正式代表而是作为外国工人阶级代表旁听大会，东北局还为大塚有章托人配备了翻译。当时不论是在煤矿、铁矿、林业、电厂、机车厂、军工厂还是轻工业和医务界，都有大量的日本员工，已然成为为中国革命胜利起到不可忽视作用的中国工人阶级的一支高质量的队伍。同年 10 月，随着东北解放战争的胜利，中共东北局和东北政府都已经从哈尔滨随军再度迁移回沈阳，为了让大塚有章发挥更大的作用，他被从黑龙江鹤岗调到沈阳，被任命为东北人民政府工业部日籍职工科科长，1949 年又调到中国当时最大的钢铁工业基地鞍钢，担任鞍钢外籍职工科长和鞍钢总工会外籍职工部部长。鞍钢是日本殖民统治时期兴建的中国最大最先进的钢铁基地，伪满和日本垮台后，那里也同样滞留有大量日本职工和技术人员，鞍钢的钢铁制造出的炮弹和各种关内其它解放区生产不出的武器，不仅为东北解放战争胜利发挥了积极作用，也为平津战役和淮海战役的胜利提供了武器的保障，东北部队作家陈其通写作的话剧《炮弹是怎样造成的》，写的就是鞍钢和大连的东北企业为解放战争制造武器的事情。东北的企业生产的武器不仅提供给东北野战军，也源源不断地通过陆路和海路输送到关内的各路野战军，淮海战役时的国民党军队将领在失败后写的回忆里，就提到解放军的炮火密集和猛烈程度超过当年与他们作战的日军，而华东野战军的炮弹和重武器也大多来自东北解放区的工厂企业。让大塚有章到鞍钢任职，是看到和知道大塚有章出色的组织领导能力、在辽源和鹤岗的煤矿时对日本员工所做工作的成绩和开展日本民主运动的成效，希望他在日本滞留员工较多的鞍钢继续发挥积极作用，解决生产难题，生产更多的钢铁和武器，同时，东北局民族部长李初梨对大塚有章的高度信任和评价也是他能开展好工作的重要原因——在东北解放战争期间，大塚有章与在东北的中共党政军高级干部如林枫、彭真、张闻天、朱瑞（四野炮兵司令）等都有接触和交集，他们几乎既把他当作日本在华民主运动和共产主义运动的领导人，也把他看作中国共产党东北局的优秀干部，当然，他在日本当年从事政治革命和他姐夫是河上肇的事情，在中共高级领导人中是非常看重的，他一度被安排去黑龙江宣抚招安拒绝放下武器的日本军人时，东北行政委员会主席林枫写给张闻天的介绍信里，就提到大塚有章是河上肇的妻弟云云。大塚有章以在鞍钢的积极工作迎来了中华人民共和国的诞生。

1950 年后，大塚有章在新中国继续受到重用，担任东北人民政府日本人管理委员会宣教科科长、日本人民民主新闻社副社长等职。1953 年至 1956 年，他一边继续从事在东北的日本人管理和归国事务，一边在中共的安排下到北京等地参加学习，他对中国的新民主主义革命、社会主义革命和建设以及毛泽东代表的中国共产党的思想理论，情有独钟，努力学习和掌握，认为中国从一个被压迫被侵略的不发达的后进国，一跃成为亚洲社会主义革命和建设的榜样，这其中中国共产党的领导作用、党的历史和理论及其精华——毛泽东思想，是获胜的宝贵财富，是失败的日本共产党所不具备的，他认为学好和掌握这些思想和精神武器，可以为改造日本社会并继续进行战后的社会主义和共产主义运动，提供有力的借鉴和启示。这样的对中国和中国共产党的思想认识，在战后的日本的左翼知识界，曾经是一种普遍的共识。

1956 年，年事渐高的大塚有章希望回国并提出了申请，得到了中国政府的同意——大塚有章战后已经在中国工作了十一年，为中国革命的胜利和社会主义建设事业，贡献良多，功绩显著，他其实已经是带有中国共产党党员性质的中国政府的公务员了，他的要求自然是会得到理解和同意的，同时，中国政府也希望大塚有章这样的日本左翼人士，在经历朝鲜战争和东西方冷战的时代背景下，回国为日本社会改造和中日交流发挥积极作用。在中国政府的同意和安排下，大塚有章一家从天津回国了，此时，距离他辞别日本到满洲求职，已经十四年了。回国后的大塚有章，面临着与战前迥然不同的社会环境，不再有法西斯军国主义的政治与思想镇压和牢狱之灾了，政治，思想，言论，结社，立党皆自由。大塚有章安顿好了家族，拜访会见了亲族与友人——他的姐夫河上肇已经在 1946 年就辞世了，在共产党已经合法化和左翼社会主义运动在战后再起的时代，河上肇的思想影响犹在。在中国的岁月和受到的影响，使大塚有章积极从事中日友好活动，先后担任大阪府日中友好协会的副理事长、理事长和中央本部顾问，还在 1962 年创立日中友好学院担任院长，积极培育从事日中友好的青年人才。不仅如此，在中国亲眼看到中国革命胜利并参与其中、看到毛泽东思想和理论威力并深受其影响的大塚有章，1967 年在日本大阪府宝塚市创立了"毛泽东思想学院"，积极培养日本从事左翼进步运动的干部和人员。他自己亲自讲课外，还多次到全国各地巡回讲学，日语谓之"行脚"，宣传中国的社会主义、毛泽东思想的大众路线和反对天皇制复活。在五十年代末和六十年代中苏两党为争夺国际共产主义领导权和话语权而展开的论争中，他坚定站在中国共产党一边，认为毛泽东思想和中共的路线才是世界革命的正确思想与道路，反对中苏两党决裂后紧跟苏联的日本共产党的"修正主义"，他不惜与支持苏共的日本共产党决裂，1966 年因此而被日本共产党除名。他曾经三次访问中国并受过毛泽东的接见，1967 年还出访已经爆发文化大革命的中国，受到包括陈毅在内的中国党政负责人的接见，1968 年在日本还写作和出版了《毛泽东语录解说》。可以说，1956 年回到日本后的大塚有章成为铁杆的中国支持者，中国革命和建设的一切、包括文化大革命这样后来被中共自己否定的错误的东西，大塚有章也予以支持，他成为日本的左翼甚至带有"极左"色彩的党派领袖，甚至支持日本的受中国文革影响的红卫兵运动和造反运动。当然，由于时代环境的变化，日本成为当时亚洲战后经济高速成长的国家，国民收入倍增，所以尽管战后日本的左翼思潮和社会运动、劳农运动、工会运动及其组织的罢工集会、反对美国武装日本的反安保运动等，一度高潮迭起，钦佩中国革命的进步和左翼知识分子再度崛起成为重要的力量，但是日本在高速经济增长和高福利社会的大潮中，革命和社会主义一度汹涌之后未能成为主潮和现实，相反，人民大众的社会主义和革命性诉求处在不断的下降之中，震惊世界的日本"赤军"的红色恐怖主义行为也在七十年代后不断消声灭迹。而中国在经历了建国后十七年的革命与建设和文化大革命十年的疾风暴雨之后，也出现了否定文革和告别左倾空想社会主义路线的改革开放思潮与运动，看到了日本、中国和世界普遍"告别革命"形势和国际共产主义运动低潮的大塚有章，是否感到幻灭，内心经历了怎样的变化，他的自传没有来得及写，因此不得而知，而作为一个经历了那么多国内外的激情革命岁月与政治磨难的大塚有章，此时也已垂垂老矣。1979 年 9 月 8 日，82 岁的大塚有章因病逝世，走完了自己一生风云际会的不平凡的人生道路。

作为国内外知名政治人物的大塚有章的逝世，当然也引起国内外的关注和反响。除了日本国内有关的团体和个人吊唁致哀之外，在中国就有中日友好协会、全国总工会、北京大学、中国国际贸易促进会、人民文学出版社、北京周报社、中国画报社、人民中国杂志社、外文出版社、中国驻日本大使馆和领事馆、新华社东京分社等数十家单位，以及廖承志、孙平化、张香山、李初梨、林丽韫、林林、肖向前、周培源、严文井等人，都发去唁电，表达对大塚有章的深切悼念。这个后半生与中国结下不解之缘的日本友人，自然得到中国党和政府与民间和个人的敬重。

大塚有章逝世后，他的那些比较左翼的甚至带有极左色彩的思想行为，在东西方冷战解体、中国否定文化大革命走向改革开放的时代，在日本自然也受到冷遇和影响日益减小。不过，他创办的毛泽东思想学院依然存在，后来改名为日本关西日中交流恳谈会，他的后继者们继承了大塚有章对中国的深情，主要活动改为从事中日友好交流，出访中国和接待中国访日者，同时筹集资金开展对中国西部地区贫困失学儿童的救助和资助，使他们可以继续求学读书。大塚有章的拳拳中国情结，在后继者那里得到继承和发扬，但与中国交往的方式已经变化，因为中日两国的和世界的形势都已经发生难以预料的巨大变化。时代和世界形势究有移人之力且不以人的意志为转移，大塚有章的后继者们当然也不能再在日本从事大塚有章信奉的思潮和运动了。"满映"和东北电影公司是大塚有章与中国结缘的起点，但回国后的大塚有章却再也没有回到长春，在"满映"、东北电影公司和东北电影制片基础上成立的、被誉为新中国电影摇篮的长春电影制片厂，那里的电影人的各种回忆录、公开出版的电影回忆资料和书籍，对大塚有章的介绍相对比较寥寥。不论是大塚有章的回忆录《未完成的旅程》《新中国物语》《老兵挑战》，（那里有他在"满映"的岁月纪录），还是八十年代以来日本出版的各种研究满映的著作，长春电影制片厂几乎都没有翻译介绍，中国大陆翻译的也比较少，这对于大塚有章和满映的其他左翼的进步的日本电影人而言，是令人遗憾的。但是，像大塚有章这样的为中国革命和建设做出过重要贡献的日本左翼社会主义和共产主义运动的人，历史是不应该埋没和遗忘的。在日本的左翼政治与革命运动史上，大塚有章也是不能忘记的存在，尽管在后冷战时代世界范围内的左翼社会主义运动的低潮中，日本的左翼运动和左翼知识分子，亦不复当年了，但大正到昭和时期的左翼政治与社会文化运动和参与其中的政治家与文化人，应该是日本现代史和思想史的一部分，岁月的流逝也不应该遮蔽他们的光辉。提出大塚有章和日本左翼今安在的话题，不是简单的怀旧和招魂，而是正视历史的一种态度和方法。

东方美学视角下中日广告视觉形象美探讨
——以中国"百雀羚"和日本"资生堂"平面广告为例

徐心懿 罗萍（厦门大学新闻传播学院）

【要旨】本論文は東方美学思想を文化基礎におき、中国「百雀羚」と日本「資生堂」の二つのブランドの平面媒体を使った広告を対象として、日中広告視覚形象の異同を検討する。そのうえで、日中間のブランド文化の触れ合いと交流の促進を期し、共にブランド力を向上させることが本論文の目的である。

【摘要】本文以中国的"百雀羚"和日本的"资生堂"这两大著名品牌广告平面广告为对象，以东方美学思想为文化基础，探讨中日广告视觉形象的异同特征，以期促进中日品牌文化互动与交流，共同提升品牌的魅力。

【关键词】东方美学 中日广告 视觉形象 百雀羚 资生堂

东方美学是区别于西方美学的一个概念，东方美学的核心是和谐，是天人合一。东方美学深入东方人的骨髓，渗透在东方人的现代设计等方方面面。探讨中日广告视觉形象比较研究，将使我们在回顾东方美学的精髓中继承传统的古朴含蓄美并丰富现代都市时尚设计，达到传统与现代的融合发展。中国的"百雀羚"品牌和日本的"资生堂"品牌，是世界知名的东方品牌，尤其是日本的"资生堂"品牌，更是世界优秀品牌，其品牌广告扑面而来的东方美，深深地打动着消费者，这其中的魅力所在，值得深入探讨。我们以东方美学思想为依据，以这两大品牌的广告为案例，从平面广告视觉形象选取、视觉形象呈现手法、视觉形象色彩选择、视觉形象风格比较等方面，对比"百雀羚"品牌和日本的"资生堂"品牌的设计，梳理总结其特征及现代东方广告设计的魅力，为现代广告传承与传播东方美学贡献微薄之力。

一、百雀羚、资生堂平面广告视觉形象选择

古语云"相由心生"，形象就是"相"，"相"由内在精神而产生，所谓"有诸内，形诸外"，形象反映着内在真面目。企业的视觉形象，是反映企业真实风貌的视觉传达设计，必须要切实地表现企业的内在精神，传达企业文化，塑造企业品牌。因此，"百雀羚"和"资生堂"在视觉形象的选取以及呈现手法上都传达了各自传承的东方美学的理念以及企业品牌文化。

美的事物依托形式、形象，诠释美的同时离不开美的形象的选择。"百雀羚"

和"资生堂"同属于东方美学范畴，但两个品牌在平面设计的形象选择、色彩配置以及设计风格上都同中有异、异中有同。相同的是，两个品牌在形象的选择上都有东方美学的元素，也具有各自的民族特色。不同的是，资生堂平面设计形象是将东方文化细腻的笔触用西方张扬的形式表现出来；百雀羚则主打的是复古风，将传统与时尚相结合。

（一）　百雀羚平面广告视觉形象选择

平面设计中的形象并不是单纯形象的表达，它还伴随着受众的习惯性联想。由于受众不同的文化背景、个人经验等，对形象会形成不同的既定联想。广告商通过形象来唤醒受众联想之后的情感反应，从而为品牌方服务。

百雀羚作为中国国货品牌的佼佼者，也是中国美妆涅槃重生的典型代表。其平面广告形象选择大胆走复古风潮，通过怀旧和情怀来唤醒一代中国人记忆中的那一抹香。

复古的美：百雀羚最突出的美在于形式复古。百雀羚起源于民国时期的上海，上海女人的形象一直是百雀羚经典御用形象。百雀羚现代平面广告也会将海报中的美女打造成民国时期上海女人的形象。这个复古的形象已经成为百雀羚一个醒目的标志，所以复古广告的打造有利于激起消费者内心中的品牌识别意识。复古的形象也突出了百雀羚的传承、历史悠久。

年轻的美：百雀羚平面广告视觉形象 2015 年后呈现年轻化的特点。百雀羚"东方美学"系列平面广告设计的理念是从文化内容中，以精华为本质，冠以年轻元素，从而达到最佳效果。"东方美学"系列平面广告中主要的视觉形象是穿着京剧戏服的年轻人来秀一场酣畅淋漓的滑板表演、用琵琶弹奏摇滚乐、刺绣登上 T 台秀等。用"传统融合时尚"的方式，将百雀羚复古风潮以及敢于改革创新的理念表现的淋漓尽致。通过年轻的元素来拉近与年轻群体的距离，将年轻化的元素作为与年轻人沟通的桥梁，开拓百雀羚在年轻人的市场，重新定位其消费群体。用传统融入时尚的方式，引出年轻人传承发扬传统文化的理念。

百雀羚视觉形象选取的年轻化还体现在代言人的选择。代言人作为平面设计中的主要视觉形象，选择也是至关重要。百雀羚一改以往没有代言人的方法，先后选取了莫文蔚、李冰冰和周杰伦作为代言人。莫文蔚吸引的消费群体是文艺型女性，莫文蔚本身文艺清新的特点也与百雀羚相契合；李冰冰吸引的消费群体主要是事业上有所成就的精英阶层独立女性；而周杰伦吸引的消费群体主要是年轻人。百雀羚代言人的选择趋向年轻化，则消费群体也趋向年轻化，有利于百雀羚打开年轻市场，唤醒年轻人心中的"国货"与民族品牌的自豪感。

百雀羚的包装设计也是广告视觉形象中非常重要的一点。

中国元素美：百雀羚"东方美学"系列平面广告在形象选择上主要以梅兰竹

菊、京剧、琵琶、四方步等具有代表性的中国元素来表达意图。这些具有代表性的中国元素象征着中国的传统文化。百雀羚"东方美学"系列广告将传统的中国文化与百雀羚近百年的老品牌形象相结合，寓意有着非常深远的意义，暗示着老品牌和中国传统一样需要传承。该广告将社会责任与品牌塑造有机统一。

百雀羚"花 young 百出"的平面广告，是与《博物》杂志合作的，以科普的形式介绍多样的物类，象征中国地大物博。然而美中不足的是，平面广告中的各类"雀"以及花都采用了西方的水彩画，如果采用中国的水墨画形式，则平面广告意境以及形象所体现出来的视觉呈现更有中国元素的美。

趁着近年来掀起的复古风潮，百雀羚平面设计也将复古形象运用到平面设计中，其中中国元素的使用对于百雀羚的涅槃重生有着重要的意义。基于百雀羚的大市场还是在中国本土，所以其将中国传统文化作为平面设计的形象，受众能从这些传统文化形象中联想到民族自豪感，能够从潜意识里唤醒中国人的爱国情怀，掀起"国货热"的风潮。

（二） 资生堂平面广告形象选择

资生堂平面广告的形象选择别具一格，不仅拥有东方美学的细腻、优雅，也拥有西方美学的简约、张扬。因此，资生堂广告在平面广告设计中是非常具有研究价值的。

优雅的美：资生堂的平面广告在点滴之处都透露着对美的独特理解。资生堂的平面广告在形象选择方面以优雅气质的女星为主，画面呈现以女星的脸部、唇部、手部、眼睛特写为主。资生堂初期的《花椿》杂志就是典型的例子。

在资生堂早期的平面广告中，通过素描和插画的方法，淋漓尽致地展现了日本女性的知性优雅与柔美风姿，使当时资生堂的形象独具韵味。当代，在广告代言人的选取上也遵循着优雅原则。日本区的代言人选取了以优雅气质著称的广沫凉子和持田香织，而中国区的代言人则选取了刘若英和袁咏仪。这几位代言人的气质都是典雅型的，代言人与品牌形象的契合度越高，则通过代言人的社会影响力使品牌更有识别度，也奠定了资生堂品牌的优雅美。

个性美：资生堂平面广告形象选择的个性美主要体现在代言人形象的个性美和卡通动漫人物形象的个性美。

初期，资生堂平面广告女性形象是以简单的线条勾勒，抑或是视觉色彩系的某个局部的特写。资生堂平面广告形象选取从成立初期就展现出了个性美。

20 世纪 80 年代，资生堂东方的细腻之美开始与西方的张扬唯美主义相互碰撞，最终进化成用东方细腻含蓄的笔触呈现西方的张扬。资生堂引进的法国设计师 Serge Lutens 追求极致的唯美主义，资生堂的平面广告也因此朝着唯美主义、个性化迈进。通过唯美化的形象选择表现欧洲古典、豪华精致的诗画风格。Serge

Lutens 认为，"理想的女人"应该有着细腻白嫩的肌肤，并拥有自己个性化的装扮。因此，资生堂平面广告的形象选取开始往个性方向发展，正如现在资生堂欧洲区的形象代言人选取了特立独行的 Lady Gaga，通过 Lady Gaga 的形象告诉消费者女性是个性的、独立的。资生堂平面广告不仅向消费者传递了女性表达自我由内而外的美，还表达了资生堂的个性美。抑或是通过夸张的造型配以日本元素塑造夸张的人物形象来表达个性之美。

众所周知，日本的动漫在世界范围内都是数一数二的。如此独特的元素，资生堂当然不会吝啬于把它放入平面设计中作为主要视觉形象。在 98 年《灌篮高手》火热播出时，资生堂就推出了"灌篮人物"为主形象的平面为 uno 洗面奶打广告，广告效果空前，引起了热烈的反响。

在形象的选择上，资生堂很擅于利用日本本国的元素，例如动漫人物、大和元素、昭和风、浮世绘等，塑造日系风格的平面广告。

禅悟美：日本文化深受佛教和儒家思想的影响。资生堂作为日本本土较大的化妆品品牌，其在平面广告形象选取上也以"禅宗"为指导思想。资生堂平面广告"禅"系列就是以"白、想、禅"为主要文案呈现的，画面的主体形象是一个美女在亲吻花木的倒影，画面命名为"白、秋、想"，蕴含着禅宗思想中的对大自然的冥想、禅悟。

资生堂的平面广告形象中也少不了对于儒家思想的融合。儒家思想的思维方式是强于综合、弱于分析，具有模糊性的直觉体悟。资生堂"禅"系列平面广告整体形象趋于一种不确定性，需要消费者的直觉体悟，从平面的直接视觉感触中获得自己情感性的体验。因此，资生堂平面广告趋于禅悟美，悟禅之美。

二、百雀羚、资生堂平面广告视觉形象呈现手法

东方美学，一直是时尚圈热议的话题。国货"百雀羚"的复苏和日货"资生堂"的传承，使人们再一次聚焦"东方美学"。中国和日本虽然同属于东南亚文化圈，但它们却诠释着不一样的"东方美学"。"百雀羚"和"资生堂"作为中日极具代表性的近"百年"美妆品牌，其平面设计经历了巨大的变革。

（一）　百雀羚平面广告视觉形象呈现手法

百雀羚创办于 1931 年的上海，是著名的国货品牌，曾一度热销东南亚，当时百雀羚的受众定位是名媛贵妇类的上层阶级。因此，20 世纪 30 年代的百雀羚平面广告主要以上海画报的形式为主。百雀羚是我国首创全面"护理、滋养"的护肤新诉求的品牌，它摒弃了以往所有护肤品主打的"肌肤保护"诉求。因此，新诉求很快使百雀羚占领巨大的市场份额，风靡全球。

百雀羚兴盛辉煌了半个多世纪。80 年代以后，百雀羚被定义为廉价的大众护

肤品，低廉的价格使它丧失了更新和发展的空间。上世纪90年代初，外资化妆品大举进入中国，受到洋货的冲击，百雀羚这个本土品牌慢慢沉寂。这个阶段百雀羚的平面广告是百雀羚品牌的减分项。平面广告主要呈现的方法是产品的堆砌、毫无传达重点。广告是为塑造品牌服务的，具有广而告之的意义。然而，百雀羚这个时期廉价的海报式设计以及太想推销产品的视觉呈现，均使顾客望而却步。

百雀羚的发展随着历史潮流、文化因素等的影响跌宕起伏。2008年百雀羚开始重新进行产品定位，通过年轻化、复古化、中国化的元素一改以往海报设计的风格。2015年，百雀羚借助电商涅槃重生。"东方美学"系列平面广告也引发了广泛对"东方美学"的热议。百雀羚的"涅槃重生"主要依靠的是复古式、年轻化、中国化的视觉形象呈现手法，通过情怀式营销唤起人们心中念旧的情感。

（二）　资生堂平面广告视觉形象呈现手法

资生堂，源自中文《易经》中的"至哉坤元，万物资生"。因此，资生堂涵义为孕育新生命，创造新价值。资生堂虽是日本的化妆品公司，属于东方文化圈，但由于其第一任主席福原信三是留洋派，所以资生堂不管是在品牌管理还是设计方面都体现着中西合璧的思想。将东方的美学及意识与西方的技术及商业实践相结合，将先进技术与传统理念相结合，用西方文化诠释含蓄的东方文化，这是资生堂的品牌理念。

20世纪20年代，资生堂第一个设计部成立，这时资生堂的海报充满了巴黎Art Nouveau和Art Deco的影子，主要营造理想中的梦幻女郎为主。这时资生堂希望打造的是既有东方格调又有西方尊贵气质的形象。《花椿》杂志就是这个时期的产物。20世纪60年代，年轻设计师的加入，摄影平面设计就成了主流。80年代时，资生堂聘请法籍设计师SergeLutens为设计总监，中西合璧的进程便开始加速。《花椿》也得到快速发展。

资生堂平面设计奉行的是中西合璧的思想。通过西方的表达来诠释含蓄的东方文化，同时也兼容着中国文化的元素表达，例如汉字、色彩选取以及构图方式等。

三、百雀羚、资生堂平面广告视觉形象色彩选择

色彩是否协调吸睛决定着平面广告的成败。色彩有色相、明度、纯度三个基本属性。此外，色彩蕴藏的含义在东西方也大不相同。因此，纯正东方化的百雀羚和中西结合的资生堂在平面广告色彩的选择上也是各有特点的。

（一）　百雀羚平面广告视觉形象色彩选择

百雀羚平面广告色彩的选择是以明丽、清新为主的，给消费者树立的品牌形象是生机、清新和靓丽的。

民国时期，百雀羚的平面广告以复古淡黄色、淡绿色和淡朱褐色为主。产品的包装以黄色和蓝色为主。主体背景色调以淡色为主，明度较低、纯度也较低，所以在平面中只起到背景调和作用。平面广告中的产品才是海报凸显的中心。百雀羚的包装为黄色和蓝色的铁盒，黄色和蓝色的明度、纯度都较高，色彩比较鲜艳夺目。

如今的百雀羚平面广告主打的还是"草本"系列。以白色和绿色为主，白色和绿色是高纯度色相，两种颜色搭配在一起能够加强其色彩的明度。此外，白色和绿色代表的含义也能够极度贴合百雀羚的品牌形象。白色代表纯度高、纯洁；绿色代表百雀羚主打的中医的"草本"系列，代表绿色、健康的，带给消费者一种清新的感觉。同时也代表百雀羚品牌正在慢慢复苏的殷切期望。

（二）资生堂平面广告视觉形象色彩选择

资生堂平面广告的色彩选择整体以色彩鲜艳、绚丽为主，契合资生堂"炫亮色彩，源于 shiseido"的广告标语。

早期，资生堂平面广告的色彩带有强烈的传统表现手法的色彩。平面广告的配色以红、橙、黄、绿、青、蓝、紫光谱上高纯度的颜色为海报的主色调，但基本每个平面广告的配色不超过 3 种。高纯度、高明度的色相能够一瞬间吸引消费者的眼球。由于资生堂早期的广告都不会放入产品形象，因此吸睛的色彩也无可厚非，并没有喧宾夺主之嫌，反而更能够引起消费者的兴趣。资生堂的色彩选择跳跃度较大，配色夸张，但仍然显现出优雅之美。

色彩有品牌识别能力，所以资生堂历经近百年，其企业的代表色仍然不会改变。因此，在平面广告色彩的选择上仍让是以明丽为主。不同的是，随着资生堂各个系列的分化，每个系列的资生堂产品的平面广告设计有着不同的色彩调配。年轻化的产品通常使用黄色、橙色、青色和蓝色来表示青春年少的小清新与无限活力；而适用于中来年人的产品则还是主打优雅性，故平面广告的配色是以红色、紫色为主，展现成功女性的优雅与气质。

四、百雀羚、资生堂平面广告视觉形象风格

百雀羚、资生堂平面广告形象、色彩选取的不同导致了其形成的整体风格也大有不同。百雀羚的平面广告设计风格是复古风中带有潮流、同时由于其与杂志合作的营销模式，导致其平面广告设计拥有杂志风。而资生堂的中西合璧导致了其设计风格遵从了欧洲豪华的诗画风格、又保留了东方的留白风格。

（一）　百雀羚平面广告视觉形象风格

百雀羚平面广告设计风格随其营销和理念的转变而改变。目前推出的系列平面广告风格主要呈现杂志风格和复古风格。

杂志风格：百雀羚与《博物杂志》携手进行社会化营销，所以其"花 young
百出"系列平面广告设计风格呈现杂志封面的风格。"花 young 百出"系列平面广
告主要是"图+文+边框"构成。边框为细边彩色线条，图文排列板式是上下排列，
图上字下。文字主要是对图片的解释，实则为科普化的海报。杂志风格的广告设
计显得非常刻板，审美价值较低。因此，在平面广告设计中不太推崇。

怀旧风格：百雀羚，从民国走来的时尚。通过情怀营销、怀旧风格的平面广
告设计，百雀羚唤醒了一代人的记忆。百雀羚"东方美学"系列平面广告整体呈
现的整体风格是怀旧风格，但同时又结合着年轻时尚的元素。怀旧风格之美在于
将复古元素提炼出来与年轻元素相互碰撞，赋予新风格，重新流行起来。然而，
在"东方美学"系列平面广告中，设计师提炼出来的怀旧元素包括京剧、刺绣、
琵琶等元素，是经得起时间考验的，是有共性的一种元素，因此可以引起如此强
大的共鸣，是一种共性的美，同时怀旧也是一种情怀美。

（二） 资生堂平面广告视觉形象风格

资生堂平面广告设计风格是中西合璧的，用西方的张扬夸张来表现东方含蓄、
细腻的东方之美。

诗画风格：是通过唯美化的形象选择表现欧洲古典、豪华精致的风格。资生
堂平面广告设计风格从 20 世纪 80 年代开始向这个趋势发展。

资生堂平面广告中蕴含的欧洲诗画风格使资生堂平面广告尽显优雅与精致。
诗画风格通过精致的女性形象、质感的产品形象以及以"淡紫色、金褐色"这种
既优雅又有光泽的背景设计来凸显平面广告的质感与层次感。这个风格的平面广
告设计能够展现资生堂这个产品的质感以及它的目标消费人群是成功、精致优雅
的女性。

留白风格：资生堂平面广告的设计背景基本是纯色系，并且一张平面设计中
色彩元素不多于 3 种，这样整张平面广告的气质雅致、高端、文艺、轻盈，并且
重点突出。留白不是流出白色，留白的真正含义是留出空间，背景可以是白色，
也可以是黑色亦或是其他颜色，也可以是没有过度装饰的，整体看来是简洁的设
计风格。

总 结

百雀羚和资生堂分别是中日两国的化妆品品牌。虽然中国和日本同属于东方
美学文化圈，但其表现东方美学的形式却大不相同。

百雀羚是一脉相承的东方美学表达形式，在平面广告的形象选择上具有复古
美、年轻美和民族美。在平面广告中会嵌入不同的中国元素，掀起一股复古的情
怀之风。色彩的选择上也选择含蓄内敛的淡黄色和绿色，展现品牌的复苏和生机。

在设计风格上随着营销方式和理念的改变，目前呈现杂志风格和复古风格。美中不足的是，平面广告大多采用西方的水彩画形式，而忽略了与中国风相呼应的水墨画形式。

资生堂是通过西方美学的张扬、夸张来表现东方美学的含蓄美、细腻美。资生堂平面广告在形象选举上具有优雅美、个性美和禅悟美。形象通常选择优雅女性、个性的女性以及具有日本民族个性的元素（比如动漫、浮世绘的风格）或者是禅宗的形象。值得一提的是资生堂的所有平面广告都是以人为本的，都有人物形象或者是人物的某一个特写部分来呈现，这是百雀羚应该学习的地方。资生堂平面广告在色彩上喜欢采用纯度高、明度高的色相，因此其广告整体呈现一种鲜艳、明丽、张扬的感觉。资生堂平面广告的风格具有欧洲诗画风格以及东方美学中的留白风格，是典型的中西合璧。

参考文献

[1]川村,洋次.広告映像の技法・修辞効果と効果に関する研究.特集—修辞の認知科学.2007(9):409-423.

[2]齋藤.圭介,商業誌の広告において描写される男性像の比較分析,東京大学学院Today,2014(10):119-120.

[3]于春江.论形象性、标记性、象征性在视觉说服中的作用.北方文学.2011(7):140.

[4]杜艳.浅析中国文化在日本广告设计中的应用.新西部.2012(35):185-188.

[5]李彦楠.百雀羚的复兴——民族品牌的传承与创新.经营管理者.2014(3):120.

[6]陈旻.经典国货复苏的传播过程——以百雀羚为例.新闻世界.2011(12):127-128.

[7]冯建军.艺术与文化并重——透视资生堂的《花椿》情节.企业科技与发展.2006(1):16-17.

[8]周密.美之灵韵——日本资生堂.中外企业文化.2003(9):20-21.

[9]周静.20世纪后半叶日本平面设计的艺术风格探析.艺术设计.2014(5):95-96.

[10]苏亚飞.浅论视觉说服与平面广告.中国集体经济.2009(4):129-130

日本动漫 IP 广告视觉形象分析

田雨蕙 罗萍（厦门大学新闻传播学院）

Analysis of visual image in Japan animation and intellectual property advertisement

Luo Ping　Tian Yuhui

(School of journalism and communication of Xia Men University)

【摘要】动漫产业作为日本的强势产业，一直不断将优质的内容和衍生产品推向市场。广告业通过与动漫产业进行合作，产生了独具特色的广告新形式，IP 广告等。本文选取日本动漫 IP 广告作为考察对象，对 IP 广告从视觉形象的角度进行分析。本文认为，动漫 IP 广告在视觉形象的使用和表达上具有独特性，并具有强大的生命力，值得引起关注和探讨。

【关键词】日本广告、动漫广告、动漫 IP 广告、视觉形象

【Abstract】In Japan,animation industry takes a vital place in domestic economy.When animation associated with advertising, a new kind of advertisements has been created.In this paper,it is defined to be animation and intellectual property(IP) advertisement.We think it is different from animation advertisement or traditional advertisement, and analyze in the view of visual image.Animation and IP advertisement performs uniquely in the use of visual image ,expression and advertising effect.Compared with traditional advertisements,it could be more attractive.

【Keywords】Japan Advertisement,Animation advertisement,Animation and intellecual property advertisement,visual image

　　动漫产业近年来呈现高速发展的态势，生产程序日趋完善。动漫作品作为产业链上最初的一环，频频跨界与其他产业进行合作，广告行业同样也包含在其中。

　　部分动漫作品与商业产品进行结合，形成了一种独具特色的动漫 IP 广告。本文所提的 IP 是英文"intellectual property"的缩写，意为知识产权，属于广告中涉及的动漫作品。

　　日本动漫产业较为成熟，生产流程完整，使其动漫 IP 广告具有典型性，对其他国家同类型广告的发展有借鉴意义。本文以视觉形象为出发点，研究动漫 IP 广告视觉形象的特征，分析其特点和优势，希望能够为中国同类型的广告发展提供建议。

一、相关文献的考察

作为日本的强势文化产品，动漫在日本国民的生活中占据着重要地位。日本三菱研究所的调查显示，日本 87% 以上的国民喜欢动漫，约 84% 的国民拥有与动漫形象相关的物品。日本已经成为全球最大的动漫制作与动漫输出国，全世界的动漫产品有 60% 以上来自日本（刘瑶，2016）。成熟的动漫产业链通常包括以下四个环节：漫画或脚本创作、动画片的制作、动画片的播出、动漫关联产品和衍生产品的开发（何建平，刘洁，2009）。

当动画广告与品牌相结合时，它既要符合广告对于品牌个性的持续塑造，影响不同文化背景下品牌消费者的包括生活态度及价值观念的消费行为这一大的共同属性，又同时它又将有自己独特的优势（郑志荣，2007）。饶丽娜（2006）与肖玉琴（2009）认为，动漫广告与传统广告相比更具灵活性和生动性，具有较大的发展空间。有研究者为动漫广告下了如下定义：动漫广告是指包含动漫元素的广告，是动漫技术在现代广告中的运用，是现代动漫产业和广告产业相结合的产物。相比其他广告形式，动漫广告优势明显，生动、易记、独占性强。若使用得当，则能很好地推广企业的品牌形象，并使之深入人心（陈培爱，罗奕，2011）。吴来安（2012）利用眼动仪进行定量研究后发现，多数被试表示相对于非动漫广告而言，更喜欢动漫广告。动漫广告在吸引被试注意广告产品及内容方面也的确有一定的优越性。

新经典 IP 广告这一概念（向勇、白晓晴，2017 提出），认为 IP 广告是当代文化的原创产物，经受过了较长时间的市场检验。新经典 IP 的关键要素包括行业领先水准、时代精神体现与普遍价值认同，能够反映当代社会人们的集体无意识，即无数同类型经验在心理底层积淀的普遍精神和集体认同。对于品牌的营销传播来说，如果信息内容足够精彩，情景处理恰到好处，受众在信息接受过程中就能够积极参与并产生思考，与内容共鸣与品牌互动，沉浸其中，不知不觉接纳品牌（董妍，2016）。也有研究者提醒我们，IP 电影热有可能导致电影过度娱乐化，优质的原创内容被忽视（王臻真，2015）。广告选取 IP 内容，实际上是为了吸引原作的粉丝，享受粉丝经济带来的益处。"粉丝经济"是通过提升用户黏度来优化口碑营销实效以获取经济收益与社会效益的信任代理形态与经济运作方式（李文明，吕福玉，2014）。在动漫 IP 广告中，强势的作品内容在前期的市场检验过程中有较好的粉丝基础，这一特定群体对原作有着强烈的认同感。有研究者发现，情感共鸣与用户的忠诚行为有明显的相关性（Turner，J．C，1985）。

大多数研究者并未将动漫广告这一概念进行细分，只从较为宏观的角度对动漫广告的作用和优势进行了研究，将其和传统广告进行对比。在对"IP"这一概念进行分析时，多数研究者将其与游戏、电影等文化产品相结合，少有人将广告

293

作为研究对象。动漫 IP 广告是动漫作品与产品的独特结合，在发挥其 IP 优势和广告功能时具有特殊性，需要进行深入分析。

广告形象完全不同于我们所常说的"文学形象"、"人物形象"，它是文化工业的产物（潘知常, 林玮, 1994）。

象，即具体的形象，是表达"意"的基础。动画广告之"象"主要是"静象"和"动象"。"静象"即动画广告角色形象的设定和认知；"动象"指动画广告中形象运动产生的影像。有研究者将从聚合关系、组合关系和情境三个角度来解读动画广告的意象特征，认为动画广告用独特的方式来揣摩观众的心理，在表现形象之外，更多的是传递一种独特的意境（冯易, 2012）。

有研究者认为，视觉形象从符号语义学上可以分为图像符号、标记符号和象征符号三种。分别对应视觉形象的三种功能：形象性、标记性和结构的不确定性（保罗·梅萨里, 2004）。

二、关于动漫 IP 广告的讨论

（一）对动漫 IP 广告核心概念的讨论

本文在以往动漫 IP 广告的定义基础之上进一步认为, IP 广告是以具有知识产权的动漫作品为基础而制作的广告。其目的并非是为了推广动漫作品，而是为了促进产品的销售。该广告需要包含较为成熟的动漫作品与现实存在的产品，并依托动漫技术进行展现。在采用了动漫技术、与现代广告结合的前提下，动漫 IP 广告需要继承原知识产权作品的某些特点和表达方式。

动漫 IP 广告发展的前提在于动漫行业的具有较为完备的运作模式。本文所讨论的广告处于动漫行业产业链生产末端，即关联产品和衍生品开发环节，也是利润回报最为丰厚的一个环节。因此, IP 作品在与广告结合前已经经过市场检验，通常有较好的反响或者受到受众的期待，是强势内容，具有一定的粉丝积累。广告商希望强势的内容能使粉丝或受众产生移情的作用，将对作品的喜爱同化为对产品的喜爱。同时，广告商也期待优质的内容能更好的表达产品风格与特点，实现更好的广告效果。

（二）动漫 IP 广告中的视觉形象讨论

本文重点选取视觉形象中的图像符号作为讨论主体。它是广告构成的基本元素。而动漫 IP 广告的意境是对具体的视觉形象进行组合后，通过故事情节与表达风格塑造成型。因此分析动漫广告的意象，最终需要落实到对具体形象的解读。

本文所讨论的视觉形象指的是出现在广告中的图像符号。受众将这些图像符号与现实中存在的形象进行匹配，产生不同的情感反应。通过对图像符号的风格化处理和组合，原作中的视觉形象构成了广告的意，产品形象则构成广告核心的象。

本文将以选取三得利天然水与动画电影《你的名字》结合的动漫 IP 广告作为主要案例进行分析。

2016 年，新海诚执导的动画电影《你的名字》在全球范围内上映，这部影片不仅仅在票房上取得佳绩，在影评界也引起轰动。在日本动画界，继宫崎骏的收官之作《起风了》之后的三年，不曾有一部动画作品受到过如此之高的关注。

1、案例描述

三得利天然水广告分为三支，分别以男主人公、女主人公以及男女共同视角进行叙述。共同视角广告时长三十秒，包含其它两支广告的镜头，因此我们对其进行具体描述。

动画前五秒是对女主人公日常生活画面的剪辑，五到八秒则是男主角的日常生活画面。之后，男女主人公分别在原野和蓝天的场景下伸出手。这部分画面的设定来自于原作品，女主人公生活在乡村，而男主人公则是在东京。紧接着广告中插入两人在原作中互相寻找的街道画面，将电影的高潮场景同样用作广告的高潮场景。

广告的二十秒处插入以漫画手法绘制的产品形象和人物特写，男女主人公分别拿起水瓶喝水，再切到他们手持产品望向远方的背影。此时场景不再转移，男女主人公分别阐述广告台词。在广告最后两秒，再次出现产品特写以及广告尾题、电影名。

在这支动漫 IP 广告中，视觉形象按照来源可以分为两种。第一种是原作品中的人物与场景形象。第二种是产品的形象。广告商会对这两种形象进行一定程度的再创造，以形成一种统一的风格。但需要说明的是无论是哪一种形象，都可以被受众辨识。

2、原作品中的形象

与传统广告相比，在动漫 IP 广告中，原作品中的人物与场景形象的占据主体地位。其中主要为人物形象和场景形象。在所提案例中，原作中的出现的形象填充了超过三分之二的广告时间。通过蒙太奇的剪辑手法，广告将原作品中最具辨识度、审美价值最高的形象展现给受众，这其中存在筛选的过程。

原作形象在动漫 IP 广告中以聚合的形式的出现。广告并不需要对某一个具体的形象进行解释，而是通过形象的聚合表达广告的"意"。脱离原作的内容框架，受众无法根据广告提供的形象来解读其含义，但可以理解形象聚合传达出的意义：这些形象来自《你的名字》，它们是清新的，它们制造了一种纯洁唯美的氛围。

3、产品形象

产品形象在动漫 IP 广告的形象表达中属于从属地位。产品需要继承原作品的表达风格，具体表现为绘制方式、色调、形象大小等。在三得利天然水的广告中，产品以漫画的绘制风格出现，采用了原作中比较明快的色调，由于出现了人物拿着水瓶的特写，因此产品要和人物形象呈现和谐的比例关系。

广告的目的在于对产品进行促销，因此尽管产品形象属于从属地位，也需要处于受众的视觉中心。同样，产品形象依托于原作品形象构成的广告语境，成为广告表意的中心点。它以单一的形象出现，作为原作形象聚合后的焦点呈现。受众在阅读完所有形象后，最终的视觉落点应该回到产品形象，并把它置于整个广告语境中进行解读。

4、视觉形象构成的广告意象

在动漫 IP 广告中，静象来自于原作中的内容框架以及产品的属性，它是构建"意"的出发点。动象则是对可视化的形象进行编辑和组合，它是构建"意"的基本元素。"意"指的是广告的语境，是在具体的形象之中抽象出来的概念。可以理解为是广告想要表达的风格与内涵。

《你的名字》讲述的是青春恋爱故事，色调明亮，调性天真纯净。而三得利天然水同样具有干净、清澈的特点。IP 内容与产品的性格高度契合，构成较好的广告静象。加上透明的水、蓝天与草原、年轻的人物面孔等形象作为广告动象，共同构建了这则广告的意象。若将产品换成一款能量饮料，或将场景置于人类的未来世界，这种意象的建构就会出现问题。

原作中的形象如同圆环上的点，通过排列与聚合形成一个闭环。而产品形象处于圆心位置，以具体的"象"对整个广告语境进行一个收拢。当受众看完这支三十秒的广告后，最终它们会把对原作的理解迁移到对三得利天然水的理解上，认为产品也具有原作所表达的某些风格与特征。

产品和原作品通过视觉形象构建了基本的广告语境，"象"与"意"在语境中相互联动、促进和加强，构建自然而完整的广告意象，最终使广告达到理想的表达效果。

三、结论

动漫 IP 广告依赖知识产权内容带来的受众群体和成熟的表现风格，将产品与 IP 内容进行无缝衔接。动漫本身具有现实情境无法达到的美感，与热门 IP 带来的粉丝效应相结合，使动漫 IP 广告在表达上更具亲和力。来自原作的形象构成了广告的"意"，而产品形象则构成广告的"象"，形象之间的联动构成了动漫广告独特的意象，更能够吸引受众关注。三得利这支广告于电影上映之前投放，既给产品带来了关注度又为电影造势，最终实现双赢。

动漫 IP 广告的发展离不开动漫产业自身的成熟化、流程化生产。目前，中国动漫的内容质量和制作技术都远不及日本，使得形象表达无法达到与日本一样的水平。因而，对于中国的动漫 IP 广告而言，要更偏向于构建广告的"意"。在选取 IP 形象时要注重其典型性，其性格应与产品性格紧密结合，而非生硬的套用。

本文基于研究兴趣，采用文本分析的方法，对典型案例进行解读，但如进行深入的分析，还需今后收集更多的案例佐证研究，同时课采用多样化的研究方法，如通过内容分析来进行编码研究。或使用定性研究的方法，选取受众来观看广告后进行访谈，以丰富对案例的解读，提高研究的效度等来丰富研究成果。愿此文抛砖引玉，引来大家对动漫 IP 广告的关注与研究。

参考文献：

Turner, J. C. (1985). Social categorization and the self-concept: a cosial cognitive theory of group behavior. *Advances in Group Processes, 2.*

刘瑶. (2016). 日本动漫产业的发展历程、驱动因素及现实困境. *现代日本经济*(1), 63-75.

保罗·梅萨里. (2004). *视觉说服：形象在广告中的作用.* 新华出版社.

陈培爱, & 罗奕. (2011). 我国动漫广告产业的新崛起. *厦门大学学报哲学社会科学版, 2011*(1), 54-61.

董妍. (2016). Ip 内容营销优势及本质探析—基于受众沉浸体验的跨界粉丝聚集效应. *当代传播(汉文版)*(5), 68-70.

冯易. (2012). 解读动画广告视觉语言的意象性. *新闻界*(8), 18-21.

何建平, & 刘洁. (2009). 日本动漫产业运作模式研究—兼论对中国动漫产业的启示. *当代电影*(7), 72-77.

李文明, & 吕福玉. (2014). "粉丝经济"的发展趋势与应对策略. *福建师范大学学报哲学社会科学版*(6).

马聪丽. (2016). 《你的名字》："新海诚式"动漫的里程碑. *电影评介*(20), 92-94.

潘知常, & 林玮. (1994). 广告形象的美学阐释. *文艺研究*(6), 37-40.

饶丽娜. (2006). 动漫广告：跨越传统的新生代. *传媒(3)*, 49-50.

王臻真. (2015). Ip 电影热—中国大众消费时代进行时. *当代电影*(9), 8-12.

吴来安. (2012). 基于眼动实验的动漫广告艺术表达形式研究：以广告静态帧幅画面为样本的分析. *国际新闻界*(11), 102-110.

肖玉琴. (2009). 动画广告：俘获 e 世代的传播天使. *广告大观：综合版*(7), 71-74.

向勇, 白晓晴, & Xiang Yong, Bai Xiaoqing. (2017). 新常态下文化产业 ip 开发的受众定位和价值演进. *北京大学学报：哲学社会科学版, 54*(1), 123-132.

郑志荣. (2007). 动画广告塑造品牌模式及原则研究. *艺术与设计：理论版*(2), 58-60.

三　文化・芸術

"乐感美学"：中国特色美学学科体系的构建[1]

祁志祥[2]（上海政法学院研究院）

The Aesthetics Of Pleasant Sensation：
Construction Of Aesthetic Subject System With Chinese Characteristics

【摘要】2016 年北京大学出版社出版的《乐感美学》是一部抓住"美"的"乐感"性能自觉重建后形而上学时代美学形上体系的专著，也是以中国特色的"乐感"概念建构具有普遍意义的美学原理的标志性成果。该书既不同意现代美学对本质论的全盘否定，也不同意传统美学实体论的本质论，而是将本质视为"某类现象背后的统一性"，进而对具有统一性的美的语义及其下属范畴、美的原因、规律、特征等"美本质"问题展开重新反思和系列探讨，建构起全新的中国特色的美学学科体系。全书分"导论""本质论""现象论""美感论"四编，共 14 章 60 万字，提出了许多迥异于传统美学和现代美学的新见，本文是这些见解的集中阐述，希望为美学界的美学原理建设提供一份参考，并欢迎学界同仁展开对话。

【关键词】乐感美学、中国特色、美学学科、体系建构

【Abstract】The Aesthetics Of Pleasant Sensation published by Peking University Press in 2016 is a monograph of the metaphysical metaphysical metaphysical system of beauty and pleasant sensation. It is also based on the concept of pleasant sensation with Chinese characteristics and it has a universal significance of the aesthetic principles of the landmark results.The book disapproves of the modern aesthetics of the overall theory of negation and the traditional aesthetic theory of the nature of the theory.The book regards the essence as "a kind of phenomenon behind the unity", and then to rethink and explore a unified beauty of the semantics and subordinate categories, the reasons for the Aesthetic, the law, the characteristics of the beauty in order to build a new aesthetic system with Chinese characteristics. Divided into Introduction, Essence, Phenomenology and Beauty Theory , this book with total of 14 chapters 600 words put forward many different from traditional aesthetics and modern aesthetics.This paper is a concentrated exposition of these views, hoping to provide a reference for the construction of aesthetics in the aesthetic world, and welcome the dialogue of academic colleagues.

【Keywords】Pleasant sensation, Chinese characteristics, Aesthetic discipline, System construction

---

[1] 本文为笔者主持的 2014 年国家社会科学基金后期资助项目《乐感美学》的终端成果之一，项目批准号：14FZW004。

[2] 祁志祥，文学博士，博士生导师，上海政法学院研究院教授，北京师范大学文艺学中心兼职研究员，上海市美学学会会长。

在新世纪的美学体系的重构活动中，笔者 2016 年在北京大学出版社出版的国家社会科学后期资助项目《乐感美学》是一部抓住"美"的"乐感"性能自觉重建后形而上学时代美学形上体系的专著，也是以中国特色的"乐感"概念建构具有普遍意义的美学原理的标志性成果。该书既不同意现代美学对本质论的全盘否定，也不同意传统美学实体论的本质论，而是将本质视为"某类现象背后的统一性"，进而对具有统一性的美的语义及其下属范畴、美的原因、规律、特征等"美本质"问题展开重新反思和系列探讨，建构起全新的美学理论体系。全书分"导论""本质论""现象论""美感论"四编，共 14 章、60 万字，提出了许多迥异于传统美学和现代美学的新见。书中章节曾以论文形式在各种重要期刊发表，多篇被转载[3]。该书出版后引起学界讨论和注意，产生广泛影响[4]。

一、"乐感美学"的由来及释名

关于《乐感美学》的写作由来，后记中有一个交待："笔者大学、研究生读的都是文学专业。与美学结缘，得自与中国社会科学院钱中文先生的结识和钱先生的指教。1997 年 5 月我告别新闻工作，从事高教工作以来，先后在上海大学、上海财经大学、上海政法学院开设'美学通论'课程。有感于通行的美学教材不尽如人意，我便用自己的著作。开始用的是《美学关怀》（复旦大学出版社 1998 年版），后来用的是《中国美学原理》（山西教育出版社 2003 年版）和《人学视阈的文艺美学探究》（上海财经大学出版社 2010 年版）。然而，《美学关怀》、《人学视阈的文艺美学探究》这两部著作不过是论文的汇编，虽然不乏自得之见，但系统性、严密性都很不够；《中国美学原理》虽然有较强的系统性，但毕竟讲的是中国古代的美学概论，并不太符合'美学通论'的课程需要。因此，自 2008 年完成出版了《中国美学通史》工程后，我便将主要精力放在新美学原理的建构上。一方面，三卷本《中国美学通史》的撰写积累了大量的古代美学共识，另一方面，我在阅读、琢磨西方美学史时，也一直注意搜集那些能够通约的思想资源。于是，从审美实践中'美'是用来指称特种快感的对象这种语义出发，在中外美学理论资源中

---

[3] 详见祁志祥：《乐感美学》后记，北京大学出版社 2016 年版。

[4] 2016 年 6 月下旬，上海市美学学会、哲学学会、伦理学学会与北京大学出版社、《人文杂志》社联合举办"重构美学的形上之维暨《乐感美学》研讨会"，在对《乐感美学》的创新价值予以高度肯定的同时，也提出讨论意见。详参寇鹏程：《重构美学的形上学——〈乐感美学〉研讨会综述》，《上海文化》2016 年第 8 期；孙沛莹、李纲耀：《〈乐感美学〉：美学体系重建的新界碑——"重构美学的形上之维"高端论坛暨〈乐感美学〉研讨会综述》，《黑龙江社会科学》2017 年第 1 期。另见朱立元、马大康、李西建、赖大仁笔谈，《人文杂志》2016 年第 12 期；高楠、冯毓云、张灵、寇鹏程笔谈，《学习与探索》2017 年第 2 期。

301

寻找最大的公约数，对互有共性的思想进行约简，并把这些具有共识的思想组织在一个合理的逻辑框架内进行表述，建构一个以'乐感美学'为标志的新美学理论体系，就是本课题致力的目标。"[5]

该书题为"乐感美学"。"乐感美学"的涵义究竟应当如何理解呢？《前言》作了说明。

首先，"乐感美学"不同于"乐感文化"。"乐感文化"是李泽厚1985年春在一次题为《中国的智慧》讲演中提出的，是对中国古代文化特色的一种概括，与西方的"罪感文化"相对。本书所探讨的"乐感美学"是对以"乐感"为基本特质和核心的美学体系的一种思考和建构，而不同于对中国传统文化特征的研究与概括。

其次，"乐感美学"也不是指中国传统的美学形态。2010年，劳承万在中国社会科学出版社出版了《中国古代美学（乐学）形态论》一书，他将中国古代美学形态概括为"乐（lè）学"。"乐感美学"诚然从中国古代的美学形态"乐学"中吸取了诸多有益资源，但它不是中国古代美学原理的提炼概括，而是综合中外古今美学理论资源、结合审美实践对美学的一般原理的思考概括。

再次，"乐感美学"不是"乐感审美学"。近几年来，伴随着美学研究中心从"美"向"审美"的转变，一些学者主张将"美学"易名为"审美学"。如王建疆在2008年第6期《社会科学战线》发表《是美学还是审美学》一文提出："美学表面上看起来研究的是美，而非审美，但实际上却研究的是审美。""就美学的实际存在而言，确切地说它应该是审美感性学，简称审美学，而不是什么美学。"作者正本清源，认为这种新论似是而非，依据"美学"创始人鲍姆嘉通、黑格尔以及最早将"美学"引进中国的先驱者蔡元培、萧公弼、吕澂、陈望道等人的用法，坚持美学是研究美的本质和规律的"美之学"的传统用法。"乐感"正是对"美"的最基本的特质、性能的概括，所以称"乐感美学"，而不称"乐感审美学"。乐感美学是聚焦美的乐感特性之哲学。

又次，"乐感美学"是不是解构之学，而是建构之学，是美学原理之重构，力图站在新的立场，建设一种更加符合审美实践的新美学原理。解构主义美学否定传统的实体论美学固然有一定道理，但反传统、反本质、反规律、反理性，一路反下来，只有否定、没有建设，只有解构、没有建构，只有开放、没有边际，令人如堕烟雾，不知所从，结果可能更加糟糕。有鉴于此，该书将以一种建设性的态度，在吸收解构主义美学否定实体论的合理性的基础上，对美学原理重新加以建构。

---

[5] 祁志祥：《乐感美学》，北京大学出版社2016年版，第531页。

《乐感美学》就是这样一部借用中国特色的"乐感"概念，概括美的基本性能，并由此出发重构一般的美学原理的探索性专著。[6]

它试图为建设中国美学学科体系作出一份贡献。

二、"重构"："建设性后现代"的方法论

立足于美学原理体系的建构，就必须承认原点、本质的存在和体系、逻辑建构的必要性。这在反本质、反体系、反逻辑的解构主义盛行的当下理论界是要冒"天下之大不韪"的。工欲善其事，必先利其器。因此，在进入本质论探讨和原理体系建构前，首先必须给自己的方法论提供合法性论证。于是，笔者借鉴美国学者大卫·格里芬的"建设性后现代"概念，并吸取德国美学家韦尔施的"重构"思想，标举解构之后必须加以再建的"重构：建设性后现代"方法，给它注入了自家的阐释。这是《乐感美学》的第一章，近4万字，表达了作者对美学研究究竟应坚持什么样的方法这个问题的系统思考，以及对世纪之交以来否定一切的解构主义方法造成的现实问题的重大关切和理论回应。"建设性后现代"方法论的阐释，与陈伯海"后形而上学视野中的形上之思"的方法论思想是一脉相承，而又有自己独特主张的。

所谓"建设性后现代"，是一个与"否定性后现代"相对的概念。而"后现代"又是相对于"现代"与"传统"而言的一个概念。所谓"传统"美学，约相当于柏拉图、亚里士多德到鲍姆嘉通、康德、黑格尔这段时期的美学，这是一个"罗格斯中心主义"的时代，以崇尚理性和形而上学、追问实体性的本质论、坚持客观主义现成论和主客二分认识方法为特征。所谓"现代"美学，是指从柏格森、尼采、叔本华、波特莱尔到胡塞尔、萨特、海德格尔等人约一百年左右的美学，以解构"罗格斯中心主义"、崇尚非理性和形而下的现象学、虚无主义的本质论、坚持主观主义的存在论和生成论以及主客合一的认识方法为特征。再后来进入"后现代"。"后现代"大体上可分"否定性后现代"与"建设性后现代"两种情况。所谓"否定性后现代"，就是否定一切、解构一切。在这一点上它与"现代主义"是一个方向一致、走得更远更极端的概念。"建设性后现代"理论有感于现代美学及否定性后现代理论自身的矛盾及其极端主义、虚无主义缺陷，主张"在解构的基础上建构"，也就是"重构"。

---

[6] 祁志祥：《乐感美学》，北京大学出版社2016年版，第1—2页。另见祁志祥：《乐感美学原理的逻辑建构》，《文艺理论研究》2016年第3期。"乐感"：包括"孔颜乐处"的道德快乐与"曾点之乐"式的感性欢乐。

在作者看来，"建设性后现代"方法的精髓，是从审美实践出发，否定和扬弃传统美学、现代美学（包括否定性后现代美学）各自的缺陷，继承和择取传统美学、现代美学（包括否定性后现代美学）各自的合理成分，在解构基础上重构，在批判基础上肯定，在否定基础上建设，使美学理论能更圆满地解释和说明审美经验。具体说来，就是古代与现代并取，本质与现象并尊，思辨与感受并重，唯物论与存在论结合，现成论与生成论结合，客观主义与主观主义兼顾，主客二分与主客互动兼顾，以图为人们认识美的奥秘，掌握美的规律，指导审美实践，美化自我人生提供有益参考。[7]

首先，"传统与现代并取，反对以今非古"[8]。美学研究发展到今天，积累了大量研究成果。它们各有优点，也各有缺失。"建设性后现代美学"立足于"传统美学"与"现代美学"之后，能够看清二者的得失，从而不偏一端，既重视择取现代美学的最新成果，也认真吸收古代美学的有益成分。"成果有古今，学说有先后，理论有新旧，但价值无高下，它们总是从某一角度、某一层面接近审美经验，不能简单地说新的总比旧的高明正确。"作者还从历史的角度提出忠告："上世纪初，中国学界盛行进化论，以为新的必定胜过旧的，年轻的必定胜过年老的，结果闹出笑话。当下中国理论界包括美学界也流行一种'厚今薄古'甚至'以今非古'的成见，必定贻笑后人。""美学史上后来的学说大多是在不满前人不足的基础上提出来的，后来又被别人的新说所否定和超越。在新中国美学研究的历史上，曾经历过笃信唯物论、笃信实践论、笃信车别杜、笃信康德黑格尔的阶段，后来发现，任何一种过分笃信都有失偏颇。时下又笃信维特根斯坦、海德格尔、德里达等人的存在论和解构主义，是否有同样的绝对化偏颇值得警惕，答案不言而喻。学术史上趋向无限的芳林陈叶催新叶、各领风骚数十年的否定之否定历程启示人们，任何学说都不是绝对正确的，但从某个角度、层面看又都有可取之处。""历史地看，从古希腊到黑格尔，从周秦到新时期，西方的古代美学和中国的传统美学横跨两千多年，积累了大量成果，而西方的现代美学只有一百年左右的历史，中国区别于传统的现代美学步尘西方，只有几十年的历史，尚未经过学术史的过滤和沉淀，这就要求我们综合古今美学成果重构美学理论体系的时候，应当将更多精力投放在古代美学、传统美学成果的潜浸涵濡上。""总之，我们要努力树立全方位的视角，以一种平等精神和尽可能大的包容性，将古今中外美学资料中那些能够有效说明审美经验的合理成分吸收进来，使自己的美学新论成为凝聚着古今美学思想最大公约数的结晶。"[9]

---

[7] 祁志祥：《乐感美学》，北京大学出版社 2016 年版，第 3 页。

[8] 祁志祥：《乐感美学》，北京大学出版社 2016 年版，第 9 页。

[9] 祁志祥：《乐感美学》，北京大学出版社 2016 年版，第 10 页。

其次，"本质与现象并尊，反对去本质化。"[10]传统美学笼罩在唯物论的反映论框架之下，一直追问"美是什么"之类的美本质问题，习惯把"本质"看作客观事物固有的不变的实体。到了现代，维特根斯坦、海德格尔、胡塞尔、德里达等人以反"逻各斯中心主义"为名，对一切有关"本质"的研究都采取否定态度，而对审美现象呈现出巨大的兴趣。在美学领域，鉴于过去各种关于"美是什么"的定义都不能令人满意，于是断定"美是什么"是个伪问题，"美的本质"应该取消，美学研究的中心问题应该转向"美如何生成"、"美是怎样"之类的审美现象。波及文艺理论领域，有人认为：文学没有"固定本质"和"普遍规律"，追求文学本质意义的传统文学理论不过是人们"幻觉的蛊惑"。"去本质化"带来的另一个潮流是"去体系化"。当美学取消了本质研究和形上追问，也就取消了系统归纳和体系建构，从而导致现象描述、案例陈列的文化研究，导致美学理论的表象化、无序化、碎片化。

面对此情此景，笔者提出质疑："美学的本质研究、体系建设果真可以彻底取消吗？现象描述果真可以取代本质研究和体系建构吗？""建设性后现代"的回答显然是说不的。"现象与本质，是事物的一体两面，应当都给予尊重。现代美学对审美现象的钟情固然自有道理，但传统美学对本质的思考同样不可一概否定。"[11]一方面，"我们应当承认现代美学对传统美学本质研究缺陷的批评。反本质主义的现代美学要求人们不要用静止绝对的态度看待美的本质的定义，过去那种自以为提出了一种美本质新说就真理在握、包打天下的想法过于天真，这是值得肯定的。""反本质主义告诫我们，美作为一种客观实体、'自在之物'，是不存在的，在美本质问题上不要陷入'实体'论思路，这同样是有积极的警醒意义的。"不过，"我们同样应当正视反本质主义自身存在的诸多问题。"首先是"逻辑上的自相矛盾"[12]。其次是"因果倒置、由果定因的问题"[13]。再次是"认识上的以偏概全"[14]。复次是"方法论上的武断绝对"[15]。最后是"研究结果的表象化"[16]。现代美学取消"美是什么"的本质研究，热衷于"美是怎样"的现象分析，"虽然在破除传统美学形而上学的实体论方面功不可没，但重用轻体，甚至以现象取代本质，却造成了更大的麻烦"[17]。笔者在《前言》中还补充指出：

---

[10] 祁志祥：《乐感美学》，北京大学出版社 2016 年版，第 14 页。

[11] 祁志祥：《乐感美学》，北京大学出版社 2016 年版，第 16 页。

[12] 均见祁志祥：《乐感美学》，北京大学出版社 2016 年版，第 16 页。

[13] 祁志祥：《乐感美学》，北京大学出版社 2016 年版，第 17 页。

[14] 祁志祥：《乐感美学》，北京大学出版社 2016 年版，第 18 页。

[15] 祁志祥：《乐感美学》，北京大学出版社 2016 年版，第 19 页。

[16] 祁志祥：《乐感美学》，北京大学出版社 2016 年版，第 21 页。

[17] 祁志祥：《乐感美学》，北京大学出版社 2016 年版，第 20 页。

如果我们不是在形而上学实体论的意义上理解"本质"一词,而是把"本质"视为复杂现象背后统一的属性、原因、特征、规律,那么,"本质"是存在的,不可否定的。否定了它,必然导致"理论"自身的异化和"哲学"自身的瓦解。今天,站在否定之否定、不断扬弃完善的新的历史高度,从审美实践和审美经验出发,在避免机械唯物论缺陷的前提下,对"美"的现象背后的统一性加以研究……不仅可以弥补传统美学关于"美的哲学"建构的不足,而且可以补救解构主义美学的矫枉过正之处,为反本质主义美学潮流盛行的当下提供另一种不同的思考维度。[18]

三是"感受与思辨并重,反对去理性化"[19]。由于反本质主义的盛行,当下美学研究的现状是对审美经验很为热衷,但对理论思辨颇多忽视,甚至出现了"去理性化"的潮流。由于倡导理论研究"去理性",哲学思考"去思想","这就给各种胡言乱语、胡说八道充塞美学园地提供了可乘之机"。"而天马行空、波诡云谲、自相矛盾、不知所云,就是后现代理论所呈现的特征。""建设性后现代"美学恰恰建立在对现代美学和否定性后现代美学"去理性化"、"去思想化"缺陷的批判上,"不仅对审美现象的感受能力,而且对现象提炼、本质抽象的思辨能力都加以强调"[20]。诚然,"美学理论的提炼必须以大量的对审美现象的感受为基础。如果割断审美经验,美学理论就会变成无源之水、无本之木"[21]。然而,"对于美学研究而言,光有敏锐的现象感受力是远远不够的,还需要透过现象概括本质、建构理论的思辨能力。""美学属于一门哲学分支。由表及里、由个别到一般的理性思辨能力是从事这门学科的基本条件。如果沉溺于经验描述而不能自拔,体现不出理性思辨的深度和广度,经不起逻辑的严密推敲,这样的'理论'就不是名副其实、令人信服的美学理论。"[22]"美学研究者要取得令人信奉的杰出成绩,理应在具有深刻性、丰富性、系统性、逻辑性的杰出思辨能力方面不断加强修炼和培养。"[23]

四是"主体与客体兼顾,在物我交融中坚持主客二分"[24]。传统的"客观主义"美学强调由物及我、心由象生的反映和认识,坚持主客对立二分的理性认识方法,认为美是一种客观实体,审美认识是对客观实体美的反映,艺术以表现美为己任,艺术家的全部任务就是发现和再现客观现实中的美。现代"主观主义"美学强调

---

[18] 祁志祥:《乐感美学》,北京大学出版社 2016 年版,第 3 页。
[19] 祁志祥:《乐感美学》,北京大学出版社 2016 年版,第 22 页。
[20] 均见祁志祥:《乐感美学》,北京大学出版社 2016 年版,第 22 页。
[21] 祁志祥:《乐感美学》,北京大学出版社 2016 年版,第 23 页。
[22] 祁志祥:《乐感美学》,北京大学出版社 2016 年版,第 24 页。
[23] 祁志祥:《乐感美学》,北京大学出版社 2016 年版,第 26 页。
[24] 祁志祥:《乐感美学》,北京大学出版社 2016 年版,第 26 页。

由我及物、相由心生的反应和生成，坚持主客融合不分的情感反应方法。[25]"由于美由心生，心物融合，于是在审美认识及其研究方法上取消主客二分，成为现代美学的另一趋向。"[26]其实，"审美认识中主客合一既有合理性，也有片面性"，"建设性后现代"的方法论"既不赞成单纯的由物及我、主客二分的客观主义，也不赞成单纯的由我及物、主客不分的主观主义，而主张在审美活动和美学研究中兼顾主体与客体，在主客契合中恪守主客二分"[27]。

审美认识带有一定的主观性，现代美学主张"主客合一"的审美认识方法具有一定的合理性。在日常用语中，"美"是人们用来指称有价值的乐感对象的一种符号。作为"乐感对象"，"美"只有在审美主体的感知中才能存在。对审美主体而言，客观事物所以成为有价值的乐感对象，原因即在于客观对象契合了审美主体的感性阈值和心灵需要。所以，主客合一是美的心理根源。[28]审美认识与一般的科学认识存在根本的不同，就是科学认识以"主客二分"为特征，而审美认识以"主客合一"为特征。[29]然而，承认现代美学"主客合一"的合理性，并不意味着完全否定传统美学"主客二分"的合法性。"因为在审美认识中，主客体既相互交融，又恪守二分，主客二分不仅是主客合一的前提，也是检验和衡量主客交融的审美认识是否正确的依据。"[30]"没有主客分立，就无所谓主客超越。"[31]在审美认识中，作为"主客二分"的前提，必须承认审美对象是产生审美经验的原因，"美的客体"是"产生愉快的机会"。[32]美的事物"具有某种特定的属性和品质，决定着审美愉快的产生"。[33]"审美认识中必须承认客观对象特定的审美属性、品质的存在及其对审美感受取向的决定性，意味着审美中包含着辨别真伪的科学认识。审美认识是一种情感反应，但不同于胡说八道，包含着对美的真理的科学认识。因而，审美认识必须遵循科学认识的基本模式。一般的科学认识以清醒的主客二分反映着客观对象的本质属性，审美认识从根本上来说也不例外，它与反映客观对象的审美属性不仅不矛盾，而且是否反映着客观对象的审美属性也构成检验自身真伪的根本依据。"[34]西方谚语说："一千个读者就有一千个哈姆莱特"，但读者无论对王子哈姆莱特的感受有多么不同，总不会把他与僭王克劳狄斯混为一谈。

---

[25] 祁志祥：《乐感美学》，北京大学出版社 2016 年版，第 26 页。
[26] 祁志祥：《乐感美学》，北京大学出版社 2016 年版，第 27 页。
[27] 祁志祥：《乐感美学》，北京大学出版社 2016 年版，第 28 页。
[28] 祁志祥：《乐感美学》，北京大学出版社 2016 年版，第 28 页。
[29] 祁志祥：《乐感美学》，北京大学出版社 2016 年版，第 30 页。
[30] 祁志祥：《乐感美学》，北京大学出版社 2016 年版，第 30 页。
[31] 祁志祥：《乐感美学》，北京大学出版社 2016 年版，第 30 页。
[32] 祁志祥：《乐感美学》，北京大学出版社 2016 年版，第 31 页。
[33] 祁志祥：《乐感美学》，北京大学出版社 2016 年版，第 32 页。
[34] 祁志祥：《乐感美学》，北京大学出版社 2016 年版，第 33 页。

人们可以容忍"情人眼里出西施",但不会答应将毒品视为美的物品。"趣味无争辩"只能发生在不违背美的真理或无伤大雅的形式美的范围内。即便在无伤大雅的形式美、感觉美范围内,美丑也有大体的标准可以辩论,"以徵为羽,非弦之罪;以甘为苦,非味之过"。这里,"检验美丑真伪的最终依据是立足于主客二分基础上判断的客观真相" [35]。笔者还指出,"主客二分"的对立面是"主客不分"。完全取消审美认识的"主客二分",最后带来了对理论研究"主客二分"科学方法的否定,进而导致了美学研究的"主客不分",其理论表述是不讲事实依据、充满臆想妄断。"否定'主客二分'论者所以拿不出令人信服的成果,恐怕与此很有关系。" [36]

三、美学的学科概念、"美"的统一性及"美是有价值的乐感对象"

在确立了"建设性后现代"的方法论保障之后、具体展开美学探讨之前,有一个问题横亘在笔者面前:美学研究的逻辑起点是什么?或者说美学研究的主要对象是什么?这就涉及美学学科概念的理解问题。所以《乐感美学》导论的第二章,是进行"美学"学科概念的辨别。

世纪之交以来,伴随着美学研究的主要对象从"美"向"审美"转移的呼声,"美学"的学科名称近来遭到"审美学"的挑战。论者主张将美学研究的对象限定在"审美"关系、审美活动、审美经验内,否认原先美学聚焦"美"的本质的思考。作者通过对美学学科创始人鲍姆嘉通、美学先驱黑格尔、世界各国词典最初对"美学"词条的解释和当下中国学界用"审美学"取代"美学"、用"审美"取代"美"作为美学学科的主要甚至唯一研究对象的论证的考察,指出这种新说是经不起仔细推敲的。虽然"美"包含"审美","美学"可同时译为"审美学",但作为学科名称,还是叫"美学"更为合适。由于"审美"必须以"美"为逻辑前提,因此,对"美"的追问是美学研究回避不了的。美学就是以研究"美"为中心的"美的哲学"。[37]

那么,如何研究"美"呢?是不是只能研究"美是怎样"的现象,而不能研究"美是什么"的本质呢?现代美学潮流是侧重于否定后者研究的合法性的。不过,"本质"不仅指"本体",而且指某类现象背后的统一性。"美的本质"作

---

[35] 祁志祥:《乐感美学》,北京大学出版社 2016 年版,第 34 页。

[36] 祁志祥:《乐感美学》,北京大学出版社 2016 年版,第 34 页。另参祁志祥:《重构:"建设性后现代"方法论阐释》,《学习与探索》2015 年第 8 期。《高等学校文科学术文摘》2015 年第 6 期、中国人民大学《文艺理论》2015 年第 12 期转载。

[37] 祁志祥:《乐感美学》,北京大学出版社 2016 年版,第 35 页。另参祁志祥:《"美学"是"审美学"吗?》,《哲学动态》2012 年第 9 期;《"美学"究竟是什么——与王建疆等人商榷》,《广东社会科学》2012 年第 5 期。

308

为"美的现象背后的统一性"，在审美实践中是客观存在的，否定不了的。它是人们将"美"这类现象与其它现象（如"丑"或"真""善"）区别开来的依据。笔者指出：

> 如果我们不是在形而上学实体论的意义上理解"本质"一词，而是把"本质"视为复杂现象背后统一的属性、原因、特征、规律，那么，"本质"是存在的，不可否定的。否定了它，必然导致"理论"自身的异化和"哲学"自身的瓦解。今天，站在否定之否定、不断扬弃完善的新的历史高度，从审美实践和审美经验出发，在避免机械唯物论缺陷的前提下，对"美"的现象背后的统一性加以研究……不仅可以弥补传统美学关于"美的哲学"建构的不足，而且可以补救解构主义美学的矫枉过正之处，为反本质主义美学潮流盛行的当下提供另一种不同的思考维度。[38]

那么，"美的本质"作为"美的现象背后统一性"表现为什么呢？表现为"美"这个词的稳定、统一的语义，表现为"美"所指称的对象产生的根源、规律、特征。这些都属于的对"美"的现象背后统一性的思考。

"美"的统一语义是什么呢？1998 年，笔者曾在《学术月刊》发表过一篇文章，提出"美是普遍愉快的对象"[39]。随着观察、思考的深化，发现原来的定义并非万无一失，并非所有的"普遍愉快的对象"都是"美"，只有对审美主体"有价值"的愉快对象才是美。所以作者在 2013 年发表了另一篇论文，提出"美是有价值的乐感对象"。[40]在日常生活中，凡是一眼见到就使人愉快的对象，人们就把它叫做"美"。美是"愉快的对象"或"客观化的愉快"。这是"美"的原始语义或基本语义[41]。不过，是不是所有的快感对象都是"美"呢？显然不是。可卡因、卖淫女等等可以给人带来快乐，但人们决不会认同其为"美"。"美"实际上不同于一般的乐感对象，而是神圣的价值符号，指对生命有益、也就是有价值的那部分乐感对象。这是"美"的确切涵义，也是"美"的完整涵义。[42]

从"美"所覆盖的范围来说，美是"有价值"的"五官快感对象和心灵愉快对象"。"有价值的五官快感对象"构成"形式美"。关于"形式美"，尤其应当注意防止狭隘化，即不顾审美实践，从理论家的一厢情愿出发，将形式美局限在视、

---

[38] 祁志祥：《乐感美学》前言，北京大学出版社 2016 年版，第 3 页。

[39] 参祁志祥：《论美是普遍愉快的对象》，《学术月刊》1998 年第 1 期。中国人民大学《美学》1998 年第 4 期转载；《高等学校文科学报文摘》1998 年第 3 期转摘。

[40] 《"美"的特殊语义：美是有价值的五官快感对象与心灵愉悦对象》，《学习与探索》2013 年第 9 期。《乐感美学》，北京大学出版社 2016 年版，第 53 页。另参祁志祥：《"美"的原始语义考察：美是"愉快的对象"或"客观化的愉快"》，《广东社会科学》2013 年第 5 期。

[41] 《乐感美学》，北京大学出版社 2016 年版，第 56 页。

[42] 《乐感美学》，北京大学出版社 2016 年版，第 65 页。

听觉愉快对象的范围内。事实上，形式美不只是视觉、听觉快感的对象，也是味觉、嗅觉、触觉快感的对象。作者不仅从实践上列举了中外历史上大量以味觉、嗅觉、触觉快感对象为"美"的事实，而且从生理机制方面剖析了五官感觉的一致性、从逻辑上论证了五觉并列的合理性。并指出无价值的"玩物丧志"的视听觉快感对象也不是美。[43]这是对传统美学"美是视听觉愉快及其对象"信条的重大颠覆。"有价值的心灵愉快对象"构成"内涵美"。值得注意的是并非所有的心灵乐感对象都是美。如邪教组织者眼中的人体炸弹、恐怖袭击等。所以，即便在心灵乐感对象前，仍需加上"有价值"的限定。事物因内涵而令人快乐的美，只能是"有价值的心灵乐感对象"[44]。

将美解释为"有价值的五官快感对象和心灵愉快对象"，直接回答了"美"这个词是什么涵义的问题。平常人们问"美是什么"，实际上大多是指这个问题。但以往的美学争论与解答，大多不是回答"美"这个词是什么涵义，而是回答"美"的本体是什么、根源在哪里，如"美在客观"、"美在主观"、"美在主客观合一"、"美在实践"、"美在自由"、"美在超越"等等，结果不仅没有满足提问者的期待，也不可能给提问者以有用的、可操作的指导（比如提问者依据"美在客观"、"美在主观"、"美在主客观合一"、"美在实践"、"美在自由"、"美在超越"的回答根本不知"美"是何义、"美"为何物，也不可能知道怎样获得这种"美"），只能陷入无休止的莫衷一是的争论（因为本体、根源是不可证实的主观玄思的产物）。

美仅仅为人而存在，这是西方传统美学和实践美学派主导时期的中国美学界的一个基本观点。当然，这种观点也受到当下方兴未艾的生态美学潮流的挑战。从"美是有价值的乐感对象"的定义出发推衍，"美"就不仅为人而存在，而且"为一切有乐感功能的动物生命体而存在"[45]。就是说，动物也有自己有价值的乐感对象、自己的美。这就与生态美学立场殊途同归了。作者据此呼吁：应当破除传统美学人类中心主义的价值立场和思维模式，站在万物平等的生态立场去审视天下万物，承认物物有美，追求美美与共。[46]同时，为了防止将动物认可的美与人类认可的美混为一谈的简单化、庸俗化理解，笔者又指出：处在地球生物圈中，由于动物与人类的生理结构具有某种相似性，动物感受、认可的美或许与人类认可的美呈现出某种交叉重合之处，但并不完全相同。不同的物种有不同的物种属性、不同的审美尺度，因而就有不同的乐感对象、不同的美。不仅人类认可的美与其

---

[43] 《乐感美学》，北京大学出版社 2016 年版，第 68—73 页。另参《形式美的表现形态》，《乐感美学》第 244—319 页。

[44] 《乐感美学》前言，北京大学出版社 2016 年版，第 5 页。

[45] 《乐感美学》北京大学出版社 2016 年版，第 84 页。另参祁志祥：《新美学视野中的"动物美"观照》，《西部学刊》2013 年第 6 期。

[46] 《乐感美学》前言，北京大学出版社 2016 年版，第 5 页。

他动物不尽相同，即便不同物种的动物也有不同的美。在这个问题上，我们既要承认、兼顾其他动物感受的美，懂得认识并按照动物认可的审美尺度设身处地地从事美的创造，追求与其他动物之美和谐共存的生态美学境界，也要注重欣赏、研究和创造人类认可的美，使人类生活得更加美好和幸福。[47]

"美"是一个属概念，在它下面，还可分解出一系列种概念，诸如"优美"与"壮美"、"崇高"与"滑稽"、"悲剧"与"喜剧"。它们作为"美"所统辖的子范畴，以不同方式与"有价值的乐感对象"相联系，诠释着"美是有价值的乐感对象"这一"美"的语义。比如"优美"是温柔、单纯、和谐的乐感对象，特点是体积小巧、重量轻盈、运动舒缓、音响宁静、线条圆润、光色中和、质地光滑、触感柔软；而"壮美"是复杂的、刚劲的、令人惊叹而不失和谐的乐感对象，特点是体积巨大、厚重有力、富于动感、直露奔放、棱角分明、光色强烈、质地粗糙、触感坚硬。[48]"崇高"是包含痛感，令人震撼、仰慕的乐感对象，特点是唤起审美主体关于对象外在形象和内在精神无限强大的想象；而"滑稽"是自感优越、令人发笑、有点苦涩的乐感对象，特点是无害的荒谬悖理。"滑稽"分"肯定性滑稽"与"否定性滑稽"。"肯定性滑稽"一般以"幽默"的形态出现，它制造出一系列令人捧腹的荒谬悖理而又无害的笑话，显示出一种过人智慧，令人击节赞赏。"否定性滑稽"以无伤大雅的"怪诞"、"荒谬"形式，成为人们嘲笑、揶揄的对象，博得不以为然的笑声。[49]"悲剧"原是表现崇高人物毁灭的艺术美范畴，后来也用以指现实生活中好人遭遇不幸的审美现象，是夹杂着刺激、撕裂、敬畏等痛感，导致怜悯同情、心灵净化的乐感对象。"喜剧"原是表现生活中滑稽可笑现象的艺术美范畴，后来也泛指现实生活中具有"可笑性"的审美现象。"笑"有肯定性与否定性之分。歌颂性喜剧产生肯定性的笑，是具有欣赏性、肯定性的笑中取乐对象；讽刺性喜剧产生否定性的笑，是具有嘲弄性、批判性的笑中取乐对象。[50]

"美"何以成为有价值的乐感对象呢？美的原因、根源是什么呢？就是"适性"。这个"性"，是审美主体之性与审美客体之性的对立统一。一般说来，审美对象适合审美主体的生理本性、心理需求，就会唤起审美主体的愉快感，进而被审美主体感受、认可为美。对象因适合主体之性而被主体认可为美，包括审美客

---

[47] 《乐感美学》前言，北京大学出版社 2016 年版，第 5 页。另参第 84—101 页。

[48] 《乐感美学》，北京大学出版社 2016 年版，第 102—112 页。另参祁志祥：《论优美与壮美》，《陕西师范大学学报》2016 年第 4 期。

[49] 《乐感美学》，北京大学出版社 2016 年版，第 112—141 页。另参祁志祥："崇高"检讨，《社会科学研究》2015 年第 3 期；"滑稽"探奥，《学习与探索》2016 年第 7 期，《中国社会科学文摘》2016 年第 11 期转摘。

[50] 《乐感美学》，北京大学出版社 2016 年版，第 141—160 页。另参祁志祥：《论悲剧与喜剧》，《人文杂志》2015 年第 7 期，《中国社会科学报》2015 年 10 月 16 日转摘。

体适合审美主体的物种本性、习俗个性或功用目的而美，审美客体与审美主体同构共感而美，通过人化自然走向物我合一，主客体双向交流达到心物冥合而美诸种表现形态。人类具有其他动物所不及的高度发达的理性智慧，因而人类不仅会按照人类主体"内在固有的尺度"从事审美，进而感受对象适合主体尺度的美，而且能够认识审美对象的本质规律，懂得按照"任何物种的尺度"进行审美，承认并感受客观外物适合自己本性的美，从而破除人类中心主义审美传统，走向物物有美、美美与共的生态美学[51]。

那么，"美的规律"是什么呢？事物成为"有价值的乐感对象"的基本法则是什么呢？现代美学强调相由心生。美在个体审美活动中的当下生成，因而也否定"美的规律"。其实"美的规律"在艺术创作中、在人类美化生活的实践中客观存在着。"美的规律"就是"有价的乐感法则"。形式美的乐感法则主要体现为"单一纯粹"、"整齐一律"、"对称比例"、"错综对比"、"和谐节奏"。内涵美的乐感法则主要体现为理念的形象显现和生机盎然、生气勃勃。对于身体没有毛病、生理没有缺陷、排除了主观情感成见、拥有客观公正的审美心态的主体而言，任何事物只要符合上述规律，就被视为"美"的对象[52]。

"美"作为"有价值的乐感对象"，自有不同于其他事物的特征。这些特征是：一、愉快性，即被称作"美"的事物必须具有使审美主体悦乐的属性和功能。这是"真"与"善"未必具备的，也与使审美主体不快的"丑"区分开来。二、形象性。形式美中五官对应的形式本身就是直接引起乐感的形象。内涵美的实质是给"真"与"善"的意蕴加上合适的感官感知的形象。离开了诉诸感官的形象，就无所谓令感官快乐的形式美；离开了合适的形象外壳，"真"与"善"也不会转化为生动感人的"美"。三、价值性。所谓"价值"，是有益于生命存在、为生命体所宝贵的一种属性，它的内涵外延比"真"、"善"还大。一种非"真"非"善"的对象，比如悦目之色、悦耳之声、悦口之味、悦鼻之香、悦肤之物，也许说不上蕴含什么真理，符合什么道德，但只要为生命所需，不危害生命存在，对生命主体来说就具有价值。无价值、反价值的东西虽然可以带来快感，但却不是美而是丑。在这个意义上，"价值"相当于"正能量"。四、客观性；五、主观性。这

---

[51] 《乐感美学》，北京大学出版社 2016 年版，第 161—180 页。另参祁志祥：《美在适性：关于"美"的本质的全新解读》，《社会科学战线》2013 年第 6 期；《"美的原因"再思考》，《社会科学》2016 年第 2 期；《美在适性：关于美的实质的全新解读》，获上海市社会科学界第十届（2012）学术年会优秀论文奖，《上海市社会科学界第十届学术年会论文集》，上海人民出版社 2012 年 10 月版。

[52] 《乐感美学》，北京大学出版社 2016 年版，第 181—205 页。另参祁志祥：《论形式美的构成规律》，《广东社会科学》2015 年第 4 期；《论内涵美的构成规律》，《贵州社会科学》2014年第 2 期，《高等学校文科学术文摘》2014 年第 3 期转摘。

两种特征是由美的价值性特征决定的。价值既然对生命主体有益，就为生命主体所珍惜和重视。价值将客体与主体联系了起来，因而，美既具有是否适合主体、是否有益于主体的客观性特征，又具有客体是否契合审美主体，为主体所感动、认同的主体性特征。美的客观性特征，决定了美的稳定性和普遍有效性，决定了共同美以及普适的审美标准的存在。而美是否契合审美主体，为审美主体所认同感动的主体性特征，决定了美所产生的乐感反应的差异性、丰富性，决定了不能通约的美的民族性和历史性。六、流动性。美不是固定不变的实体，而是流动的范畴。美的流动性是由美的客观性和主观性决定的。从客观方面看，引起有价值的乐感反应的美只属于事物某一运动阶段的状态。从主观方面看，美作为对审美主体有价值的乐感对象，既要满足人先天固有的生理需要，又要满足人后天习得的文化需要。同一事物，当它恰好满足人的主体需要时，就会成为有价值的乐感对象，就是美的，当它超过了人的主体需要时，就会成为无价值的乐感对象时，就变成丑的了。所以，美不是脱离主体价值需要的永恒不变的实体。[53]

将"美的本质"作为"美的统一规定性"加以探讨，体现了与传统"美本质"思考对象的不同；将"美的本质"并分解为"美的语义"（含"美的范畴"）、"美的原因"、"美的规律"、"美的特征"，分别给予相互联系又相对独立的专章分析，体现了"美的统一性"思考的细化和深化。

四、关于美的存在的现象考察

体不离用。美作为"有价值的乐感对象"，在大千世界呈现为多姿多彩的现象。关于美的现象，美学界有多种划分。《乐感美学》依据自身的逻辑结构，将形式美与内涵美划归"美的形态"，将现实美与艺术美划归"美的领域"，将阳刚美与阴柔美划归"美的风格"加以归纳和描述。必须指出：即使关于现象的分类描述，也是离不开归纳、概括这种本质思考的方法的。

"美"的形态琳琅满目、千变万化，大体上可分为形式美与内涵美。传统的西方美学将形式美限制在视听觉快感的范围内，认为形式美是视听觉快感的对象。然而在审美实践中，美不仅是视听觉的快感对象，也是味觉、嗅觉、触觉快感的对象。由于食、色欲求在人的本能中是最为基本的，因而，与食欲联系密切的味觉美与色欲联系密切的性感美在形式美中占有更重要的基础地位。用"美"来指称味觉对象是世界各民族的共有习惯。不仅"美食"、"美酒"、"甘美"、"甜美"、"鲜美"、"肥美"、"美滋滋"等是中国人的常用词语，将至高无上的"涅槃"之

---

[53] 《乐感美学》，北京大学出版社 2016 年版，第 206—239 页。另参祁志祥：《论美的愉快性、形象性、价值性》，《文艺理论研究》2013 年第 3 期；《建设性后现代视阈下的美的客观性与主观性问题》，《社会科学》2014 年第 2 期。

美比为"甘露"、"醍醐"之味也是印度佛经的一贯传统，而且在西方世界的审美实践中，"美"与"味"也是融为一体而言的。如法语的 savoureux，德语的 delikatesse、delikatdainty，英语的 delicacy、delicate、delicious、savoriness、savor、savoury、nice 都有"美味"或"美味的"之意[54]。于是，本书对中国传统的美食文化、美酒文化、美茗文化作了实证的研究和有趣的描述。[55]触觉美又叫肤觉美，因为它联系着肉欲的性感美，过去在西方美学理论史上是讳莫如深的。其实，性感美在中外原初的人类历史上雄辩地存在于各种性崇拜、特别是生殖器崇拜的文化风俗之中。随着当代审美实践的世俗化潮流，性感美正在经历着返璞归真的历程。可以说，只要对个体生命和相关的社会生命没有危害，易言之，只要符合社会的法律规范和道德规范，性快感的对象就被认可为是美的。[56]食色美之外，嗅觉美与味觉美联系得最为紧密。味觉美往往伴随着嗅之香。美食、美酒、美茗往往口之未尝而鼻已先觉，所以中国古代美学提出"妙境可能先鼻观"。人们通常将带来怡人芳香的事物视为嗅觉美。自然界中最典型的嗅觉美是花香之美。生活用品中最典型的嗅觉美是人们从花香中提炼而成的各种香型的香水之美。《乐感美学》对此作了饶有兴味的揭示。[57]视觉美与听觉美因为距离人的基本的食色欲望最远，所以自古以来受到西方美学理论的肯定和青睐，不过有关探讨尚待深入和细化。本书将视觉美厘析为形象美、线条美、色彩美、光明美现象[58]，将听觉美厘析为自然界的音响美和人工创作的音乐美。[59]人的五觉感官不仅可以各司其职感知外物，而且可以相互联手构成联觉，形成通感美。在欣赏汉字艺术作品的审美活动中，字面意义唤起的"直觉意象美"与字内意义传达的所指无关，也属于一种形式美[60]。

内涵美主要表现为真、善的形象美，也就是本体美[61]、科学美[62]与道德美[63]、功利美[64]；此外还表现为物化的情感美[65]、意蕴美[66]以及想象美[67]、悬念美[68]。内涵美的

---

[54] 据〔日〕笠原仲二：《古代中国人的美意识》原注之三，杨若薇译，三联书店 1988 年版，第 11—12 页。

[55] 祁志祥：《乐感美学》，北京大学出版社 2016 年版，第 246—266 页。另参祁志祥：《东西"味美"思想比较研究》，《人文杂志》2012 年第 6 期。

[56] 祁志祥：《乐感美学》，北京大学出版社 2016 年版，第 302—316 页。另参祁志祥：《审美经验中的以香为美》，《江西社会科学》2014 年第 7 期，中国人民大学《美学》2014 年第 10 期转载。

[57] 祁志祥：《乐感美学》，北京大学出版社 2016 年版，第 270—281 页。另参祁志祥："性感美"刍论》，《社会科学研究》2016 年第 3 期。

[58] 祁志祥：《乐感美学》，北京大学出版社 2016 年版，第 281—295 页。另参祁志祥：《佛教"光明为美"思想的独特建构》，《社会科学研究》2013 年第 5 期，《中国社会科学文摘》2014 年第 2 期转载。

[59] 祁志祥：《乐感美学》，北京大学出版社 2016 年版，第 316—319 页。

[60] 祁志祥：《乐感美学》，北京大学出版社 2016 年版，第 246—266 页。

[61] 祁志祥：《乐感美学》，北京大学出版社 2016 年版，第 324—327 页。

复杂性，在于往往以形式美的形态呈现，易与形式美混淆，比如喜庆的红色、尊贵的黄色、宁静的蓝色、温馨的绿色[69]。形式美与内涵美往往同时并存于一个物体中。在这种情况下，形式美只有在确保与内涵美不相冲突的前提下才得以成立。如果给五觉带来快感的对象形式为心灵判断的内涵美标准所不容，就不是美而是丑。决定事物整体美学属性的不是形式，而是内涵。如果一个事物外表艳丽，但内质丑恶，那么它的整体美学属性无疑是丑的[70]。

　　"美"存在于哪些领域呢？存在于现实与艺术中。"现实美"具体分为两种类型，一是非人为的"自然美"，一是人为的"社会美"。所谓"自然美"，是指自然物中不假人力而令人愉快的那些性质或具有这种性质的物象。对于自然美，美学史上存有两种态度。一是认为自然物无美可言，美只存在于艺术中，是艺术品的特点和专利。这种观点以黑格尔为代表。这是其"美是理念的感性显现"逻辑推论的结果，并不符合实际。另一种观点从生态主义立场出发，不仅认为自然物中有美，甚至认为一切自然物都是美的，所谓"自然全美"，这种观点的代表人物是当代加拿大环境美学家加尔松。据实而论，这两种观点都有片面之处。按照约定俗成的审美习惯，人们总是把自然物中那些普遍令人愉快的性质或具有这种性质的物象称作"自然美"。美不仅存在于艺术作品中，而且存在于自然物象中。自然物中有的令人赏心悦目，被称作"美"；有的令人呕心不快，被称为"丑"，比如雾霾、垃圾、臭水沟、腐烂的动物尸体等等。自然物的美，或在于令五觉愉快的对象形式，如花之容、玉之貌；或在于对象形体象征的令审美主体精神愉悦的人格意蕴，如花之韵、玉之神。自然物的形式美源于对象形式天然契合审美主体五官的生理结构阈值，是美的客观性、物质性的雄辩证明；自然物的意蕴美出自审美主体心灵的物化，是美的主观性、象征性的充分彰显。[71]"社会美"是人类生活中存在于艺术之外而又为人工创造的令人愉快的社会现象。"人"是社会生活的中心。社会美首先表现为人物身心的美。人的形体有美丑之别，作为社会美的人的身体美包括美容美发、健身锻炼等塑造的形体美，人的心灵美包括道德教化、

---

[62]　祁志祥：《乐感美学》，北京大学出版社 2016 年版，第 227—329 页。

[63]　祁志祥：《乐感美学》，北京大学出版社 2016 年版，第 320—322 页。

[64]　祁志祥：《乐感美学》，北京大学出版社 2016 年版，第 322—324 页。

[65]　祁志祥：《乐感美学》，北京大学出版社 2016 年版，第 329 页。

[66]　祁志祥：《乐感美学》，北京大学出版社 2016 年版，第 330 页。

[67]　祁志祥：《乐感美学》，北京大学出版社 2016 年版，第 333 页。

[68]　祁志祥：《乐感美学》，北京大学出版社 2016 年版，第 334 页。

[69]　祁志祥：《乐感美学》，北京大学出版社 2016 年版，第 336—340 页。

[70]　祁志祥：《乐感美学》，北京大学出版社 2016 年版，第 340—346 页。

[71]　祁志祥：《乐感美学》，北京大学出版社 2016 年版，第 349—366 页。另参祁志祥：《自然美新探》，《社会科学战线》2015 年第 2 期。

知识武装等塑造的灵魂美、行为美。人的生存主要依赖人类自身创造的劳动成果。劳动成果不仅以满足人的实用需求的实物形象产生令人愉快的功利美，而且在外观上日趋满足消费者的五觉愉快而具有超功利的形式美。人类在美化自己的身心、创造兼有功利美和形式美的劳动成果的同时，还通过各种手段美化自己的生活环境，使日常生活日益趋于"审美化"。在社会生产力空前提高、科技文明不断发展的时代背景下，"日常生活的审美化"是人类追求美好生活的必然结果。[72]

与"社会美"相较，"艺术美"虽然也是人工产物，虽然也可以承载某种功利内涵，但它是以满足读者超实用功利的愉悦需求为基本特征的。艺术美依据与现实的审美关系呈现为现实本有的"艺术题材美"与现实中原来不存在的"艺术创造美"。艺术题材的美说到底属于一种现实美，它虽然参与了艺术美的构成，但并不决定艺术美，就是说，反映丑的现实题材的艺术作品也可以是美的艺术作品。不过，由于艺术媒介不同，产生的美丑效果有强弱之分。作为观念艺术的文学体裁在反映丑的题材时，不快反应不那么强烈，因而文学拥有反映丑的题材的更大权利；而造型艺术反映的丑的现实题材产生的不快反应过于强烈，故而在反映丑的现实题材的范围、方式上受到更多的限制。真正体现艺术美价值、决定艺术美特征的关键因素是艺术所创造的美。这种美表现为三种形态。一是逼真的艺术形象美，指艺术形象对现实题材惟妙惟肖的刻划可产生悦人的审美效果；二是艺术的主观精神美，指艺术家在反映现实题材时流露的积极健康的价值取向和道德精神；三是艺术媒介结构的纯形式美，指艺术媒介组成的纯形式结构因为符合审美规律产生的普遍令人愉快的"意味"。艺术创造的美保证了艺术在反映任何现实题材时都可以获得美，从而不受题材美丑的限制。艺术既可以因美丽地描写了美的现实题材而"锦上添花"，获得双重的审美效果，也可以因美丽地描绘了丑陋的现实题材而"化丑为美"，形成艺术史上"丑中有美"的动人奇观。传统的古典艺术热衷于美的现实题材的美的再现；后来艺术家发现在丑陋的题材上照样可以完成美的艺术杰作，于是突破现实美的限制，致力于创造艺术形象的逼真美、艺术家传达的精神美和艺术媒介组合的纯形式美。要之，无论通过艺术反映的题材美途径，还是通过艺术创造的形象美、精神美、纯形式美途径，令人愉快的"美"构成了西方传统艺术的根本特征。[73]而在西方现代艺术乃至后现代艺术中，"美"的特征逐渐被消解。其步骤大体是先取消古代艺术（如古希腊雕塑）钟情的题材美，将题材范围转向丑的事物，继而取消艺术形象的逼真美、艺术表现的精神美和艺

---

[72] 祁志祥：《乐感美学》，北京大学出版社 2016 年版，第 366—378 页。另参祁志祥：《"社会美"的系统厘析》，《吉首大学学报》2015 年第 1 期。

[73] 祁志祥：《乐感美学》，北京大学出版社 2016 年版，第 379—405 页。另参祁志祥：《艺术美的构成分析》，《人文杂志》2014 年第 10 期，《学术界》2014 年第 11 期转摘。

术媒介的纯形式美，令人不快、触目惊心的丑成为现代艺术的标志，以"美"为特征的艺术随之消亡[74]。

"美"的现象丰富多彩，广泛存在于人类生活的方方面面，成为一种范围极广的文化现象。从风格上区分，则呈现为"阳刚美"与"阴柔美"。"阳刚美"与"阴柔美"的概念源于中国传统文化，用来说明中国传统文化的地域性审美特征具有举一反三的启示意义。在中国传统文化视阈里，中国南方与北方不同的地理环境决定了不同的审美文化，如孔子分"南方之强"与"北方之强"，禅宗分南宗北宗，《北史》、《隋书》论文章学术有南北之别，董其昌论画分"南北二宗"，徐渭论曲分"南曲北调"，阮元论书分南派北派，刘熙载论南书北书，康有为论北碑南帖，刘师培论南北文学，等等。这种南北方文化的不同，整体上体现为北方重理，南方唯情；北方质实，南方空灵；北方朴素，南方流丽；北方彪悍，南方典雅；北方豪放，南方含蓄；北方繁复，南方简约；北方粗犷，南方细腻。一句话，北方崇尚"阳刚"之美，南方偏爱"阴柔"之美。[75]中国古代是一个文官社会、诗歌国度。"阳刚美"与"阴柔美"这两种风格美追求又体现在中国古代以诗歌为代表的文艺创作与评论中，其中，"阳刚美"凝聚为对"风骨"的推尊，"阴柔美"凝聚为对"平淡"的崇尚。中国传统文艺美学追慕的"风骨"美，是作家以儒家的入世精神、忠贞胸怀，以及炽热的情感、直露的表白、阔大的气象、刚健的力量创造的一种艺术风格，它具有"感发志意"的强大教化功能和席卷人心的巨大震撼力，使人在警醒之中自我检省，焕发出一种激越奋发、积极向上之情。中国传统文艺美学所推崇的"平淡"美，则是作家用道释的精神、淡泊的胸怀、闲静的心态、平和的情感和高超的技巧创造的一种艺术风格，它洋溢着出世的理想，浸润着温婉的情调，饱含着深厚的意蕴，形式朴素自然而又符合美的规律，能够普遍有效地引起读者丰腴的感受和回味，使人在悦乐之中保持镇定和谐。[76]

五、美感的本质与特征、心理元素、基本方法、结构与机制

自然与社会、现实与艺术中呈现出形形色色、千姿百态的令人悦目赏心的形式美与内涵美，对此加以感受、体验和欣赏，就是"美感活动"，或者叫"审美活

---

[74] 祁志祥：《乐感美学》，北京大学出版社 2016 年版，第 405—423 页。另参祁志祥：《现代艺术对传统艺术双重美学属性的反叛》，《人文杂志》2016 年 7 期。

[75] 祁志祥：《乐感美学》，北京大学出版社 2016 年版，第 425—437 页。另参祁志祥：《中国古代南北方文化特色论》，《新疆大学学报》2013 年 6 期。

[76] 祁志祥：《乐感美学》，北京大学出版社 2016 年版，第 437—449 页。另参祁志祥：《平淡：中国古代诗苑中的一种风格美》，《文艺研究》1986 年第 3 期；《风骨与平淡：中国古代文学风格美论》，《社会科学辑刊》2016 年第 3 期。

动"。由此获得的愉快感受，就是"美感"，或者叫"审美经验"。传统美学理论中，"美"有时仅指"乐感"，"美感论"有时以"美论"的形态出现。这就要求我们将貌似"美论"的"美感论"纳入审美活动的考察视野。

美作为有价值的乐感对象，逻辑推衍的自然结果是，乐感对象的审美主体未必是人，有感觉功能的动物都可以充当审美主体。这已得到许多生物学、动物学研究成果的佐证。在崇尚物物有美的生态美学大视野的今天，任何囿于传统成见对动物有美感的否定，不仅有害，而且显得不合时宜。当然，我们人类讨论美感，毫无疑问应将审美主体的重点放在人类身上，着力研究人类的审美活动。

人的美感活动是审美主体对有价值的乐感对象的经验把握。美感的本质是有价值的乐感。愉快性、直觉性、反应性是美感的三个基本特征。美感作为乐感对象的拥抱和感知，愉快性是其显著特征。美感的愉快性与美的愉快性的根本不同，是美使审美主体愉快，自身并无乐感可言，而美感则是审美主体愉快，自身就是乐感。在对象之美中，愉快只是功能特征，就是说美具有产生愉快的功能；而在审美主体的美感中，愉快就是美感自身的属性特征。直觉性特征是指美感判断是不假思索的直觉判断。美感的直觉性是由美的形象性决定的。五觉对象的形式美直接作用于人的五官，因契合五官的生理需要立刻引起五觉愉快，美感判断的直觉性特征相当明显。内涵美寄托在某种特定的感性形象中，以此作用于审美主体的感官，再因条件反射性的精神满足而呈现为直接感受和直觉判断。美感不同于意识反映，而是一种情感反应。从情感与外物的关系来看，情感是主体对外物的"反应"而非"反映"，是主体对外物的"态度"而非"认识"，是主体对外物自发的"评价"而非自觉的"意识"。意识的反映活动只是单纯的由物及我的客观认识活动，情感反应活动则是由物及我与由我及物的双向活动，打着强烈的主体烙印。美感作为一种情感反应，自然也不例外。所谓"反应"，指动物生命体受到刺激后引起的相应情感活动。人受外界刺激产生的情感反应，主要有"喜、怒、哀、乐、爱、恶、欲"等"七情"。其中，"喜"、"乐"、"爱"、"欲"属于美感活动，"怒"、"哀"、"恶"属于丑感活动。情感反应的心理机制是"反射活动"。反射活动分为"无条件反射"（又称一级反射）与"条件反射"（又称二级、三级反射），二者分别对应着形式美与内涵美。五觉形式美的美感活动属于"无条件反射"，中枢内涵美的美感活动属于"条件反射"。传统美学总是强调"美感"与"快感"的不同，这个不同究竟是什么呢？其实它们所说的"快感"不外是"一级反射机制所引发的肯定性感觉"；而它们所说的"美感"可以说是"由二级、三级反射机制所引发的肯定性感觉"。只要是有价值的乐感，无论是由无条件的一级反射机制引发的官能快感还是由有条件的二级、三级反射机制引发的中枢喜悦，都属于美感。[77]

美感构成的心理元素有哪些呢？美的形态不同，美感的心理成分也不同。对形式之美的感受主要体现为感觉、情感、表象，对内涵之美的感受则在感觉、情感、表象之外，还要加上想象、联想、理解。感觉、情感、表象是美感的基本元素，想象、联想、理解是美感的充分元素。没有想象、联想和理解，美感活动照样可以发生；加上想象、联想和理解，美感活动将更为丰富深刻[78]。

美感活动中基本的审美方法是什么呢？是"直觉"与"回味"相结合、"反映"与"生成"相结合的方法。与美分形式美与内涵美两种形态相应，审美方法就呈现为对形式美的"直觉"与对内涵美的"回味"。用"直觉"的方法对待内涵美，无疑不能充分领会其奥妙；用"回味"的方法对待形式美，无异小题大做，会陷于牵强附会。美感活动是客观认识活动与主观创造活动的辩证统一。作为客观认识活动，美感活动是由物及我的、对客观对象审美属性的忠实反映活动；作为主观创造活动，审美活动是由我及物的、对审美对象的审美价值的创造生成活动。因此，美感把握审美对象的美，必须兼顾"反映"的方法和"生成"的方法。[79]

美感中审美判断的结构与心理机制如何呢？从结构上看，审美判断有"分立判断"与"综合判断"之分。"分立判断"指分别着眼于审美对象的形式因素或内涵因素作出的审美判断，"综合判断"指综合审美对象的形式和内涵对事物的整体审美属性作出的审美判断。在对事物整体属性的综合审美判断中，关于内涵的审美判断起主导、决定作用。从审美的心理机制上看，审美反应的兴奋程度与审美刺激的频率密切相关。当审美主体反复接受审美对象强度、容量同样的刺激的时候，审美反应就逐渐弱化，从而产生"审美麻木"，直至"审美疲劳"，从而走向对"审美新变"、"审美时尚"的追求。美感的心理历程，就是在总体保障审美对象与审美主体生命共振的大前提下，不断由"审美麻木"走向"审美新变"、"审美疲劳"走向"审美时尚"的往复过程，或者说是不断由乏味的"自动化"走向新奇的"陌生化"、再走向和谐的"常规化"和乏味的"自动化"的循环过程。令人激动不已的美感就处在审美主体与审美对象既不失和谐共振，又生生不息、光景常新的创造洪流中[80]。

---

[77] 祁志祥：《乐感美学》，北京大学出版社 2016 年版，第 453-471 页。另参祁志祥：《论美感的本质与特征》，《河北学刊》2015 年第 4 期，中国人民大学《文艺理论》2015 年第 9 期转载。

[78] 祁志祥：《乐感美学》，北京大学出版社 2016 年版，第 472—493 页。另参祁志祥：《论美感心理的基本元素与充分元素》，《社会科学战线》2017 年第 4 期。

[79] 祁志祥：《乐感美学》，北京大学出版社 2016 年版，第 494—501 页。另参祁志祥：《直觉、回味与反映、生成——论审美的基本方法》，《人文杂志》2016 年第 12 期。

[80] 祁志祥：《乐感美学》，北京大学出版社 2016 年版，第 502—514 页。另参祁志祥：《论美感的结构与机制》，《江西社会科学》2015 年第 6 期。

论雕塑艺术之单纯性与丰富性[1]

骆玉平[2]（四川美术学院）

【摘要】雕塑艺术的"耐看"是指雕塑创作者在进行艺术创作时，在综合反映生活、表现思想感情、考虑欣赏者审美需求和审美能力的基础上，对生活和经验进行艺术的抽象，舍弃那些不必要的细节，而创作出带有具象特征的能够集中体现创作意图，对欣赏者有吸引力，并能够容易引发欣赏者形成意象的艺术形象（形式）。"耐看"是雕塑艺术品的审美价值所在，也是与艺术社会作用形成内在张力的重要内容之一。耐看这个概念，既是"马克思所说的艺术的'永恒的魅力'所在"，也是"对中国美学一贯重视欣赏者的能动性和艺术的'含蓄'美的优秀传统的继承"[3]。

【关键词】耐看说　单纯性　丰富性　抽象　概括

【Abstract】On the basis of the comprehensive reflection of life, the performance of thoughts and feelings, the aesthetic needs and abilities of appreciators, "The Enduring Look" for sculpture art refers to the sculptor in the artistic creation, abstracts common properties of life and experience, gives up the unnecessary details, and then create an artistic image(form) with concrete features that can concentrate on the creative intentions, attraction and that can easily lead to impression formation for the appreciators. "The Enduring Look" is the aesthetic value of sculpture works, but also one of the important contents of the inner tension that comes from the social function of art. The concept of "The Enduring Look" is "eternal charm of art" by Marx, and the inheritance of the tradition of emphasis on the initiative of the viewer and the beauty of "connotation" of art.

【Keywords】The Enduring Look　simplicity　richness　Abstraction　Generalize

---

[1] 基金项目：教育部人文社科青年项目，当代中国城市雕塑美学研究（项目编号：16XJC760001），重庆市教委人文社科重点项目，中国生态雕塑美学研究（项目编号：16SKGH116）

[2] 作者：骆玉平（1985.07-），女，重庆人，四川美术学院设计艺术学院副教授，重庆市青年骨干教师，主要研究方向：雕塑美学、设计美学。

[3] 刘纲纪. 中国马克思主义美学的建设者与开拓者——王朝闻美学研究的当代意义[J]. 文艺研究, 2005, 03.

一 雕塑艺术单纯性

"耐看"说具体来说，是指雕塑创作者在进行艺术创作时，在综合反映生活、表现思想感情、考虑欣赏者审美需求和审美能力的基础上，对生活和经验进行艺术的抽象，舍弃那些不必要的细节，而创作出带有具象特征的能够集中体现创作意图，对欣赏者有吸引力，并能够容易引发欣赏者形成意象[4]的艺术形象（形式）。耐看的艺术作品要为欣赏者的欣赏活动留下适当的想象空间，既让欣赏者很容易走进和接受艺术作品，又让艺术作品能够经得起欣赏者的反复欣赏、耐人回味，而不至于一览无余。耐看不仅仅是雕塑艺术的审美特征，也是雕塑艺术能否实现社会功用的关键之所在。从这个角度来看，如何理解耐看及关系到对于雕塑艺术美学特征的理解，也关系到对于雕塑艺术社会功用的理解。有学者认为"如果功效不大或不够明显，此事物也就渐次消亡"[5]，并且明确地提出雕塑的作用在于发展所需、效能潜具和作用体现；雕塑艺术作为当代城市空间艺术中的一种客观"主体"，它必然有着自己独特的价值观和精神取向，具体来说就是雕塑首先是人的生存和社会发展的创造和交流的产物，因此雕塑在一定程度上能够满足创造和交流的需要，并且能够发挥纪念作用、美化性作用和展现主体特征的标志性作用[6]，换句话说，雕塑艺术不仅可以装饰生活环境、居住空间，展现地域特色、历史文化和民族风情，还能彰显时代精神，记录文化历史，同时还能起到"颐养身心"的作用，为奔波劳作的灵魂提供诗意栖居的精神港湾。

《罗丹艺术论》中讨论的雕塑与非雕塑艺术美，认为雕塑艺术的独特之处在于通过空间性的存在来展示和预示时间性的存在。换句话说，雕塑艺术难以像戏剧、小说等艺术那样直接再现事件的开端、发展和结局的时间性过程[7]，难以直接展现时间性的存在。雕塑艺术作为一种物质性极强的艺术形式，通过本身的质地、造型、色彩与纹理向人们展示形象的特征，表达某种情感，同时也反映着特定的地域、民俗、民族、社会的审美情趣，并以其饱含的艺术特质为国家的建设与发展发挥其景观艺术空间功能起到了重要推进作用；因此，雕塑艺术一般都被归为空间艺术的范围，其优势则在于它的物质性的存在可以突破时间性的限制而存在。这就意味着，即使雕塑作品经历了千百年之后，仍然可能会留存下来成为新时代的审美对象。另一方面，雕塑艺术不是某个平面或者立体的物理存在，它在固定

---

[4] 王朝闻认为，意象是由观察对象转化为艺术形象的中介，那出现于艺术创造者的脑际、尚有待于外化为可视形象的尚不具体之象，它像原生物那样正在不息地运动着并分解和综合为新物。参见简平.王朝闻集（第18卷）[C].石家庄：河北教育出版社，1998:卷首语.

[5] 许正龙.雕塑概论[M].北京：清华大学出版社，2011:136.

[6] 参见许正龙.雕塑概论[M].北京：清华大学出版社，2011:135—160.

[7] 王朝闻.雕塑美学[M].北京：生活·读书·新知三联书店，2012:60.

的空间性之中仍然能够包含和预示时间性的存在。雕塑艺术选取的是高潮来临前的瞬间作为自己的空间性存在，这个时间性的瞬间既包含了过去已经发生的一切，也预示着将要发生的事情，从而使得欣赏者在掌握这个瞬间的基础上，丰富和想象出即将到来的高潮。正是因为这样，雕塑艺术的形式才不可能成为包罗万象的时间性存在，而只能是选取那个最富于孕育性的存在，从而将时间性融于空间性的存在之中，并使得雕塑艺术的形式呈现出单纯的特点。

一、雕塑艺术单纯的形式来自对内容的选择和取舍

这种选择与取舍首先是指对于丰富的生活内容的选择与取舍，其次是指对于已经选定的艺术内容的选择与取舍。

1. 对生活内容的选择与取舍

"就某一事物的发生、发展和终结来说，艺术所反映的局部和片段，都不可能是全局、整体和终结。就事物的发展的无限性而论，内容丰富的各种形象都可以说只能是未到顶点的"[8]，因此艺术所反映的事物都不会是完完全全的整体，而只能是高潮前的瞬间，即那个最富于孕育性的时刻。其中的原因恰恰在于雕塑艺术的特殊的审美特征，"造型艺术不宜记述事件的全程，只能反映它的局部和片段；因而必须选择比较富于概括性的瞬间"[9]。这种立足于雕塑艺术特征而产生的选择高潮前的瞬间的选择在莱辛那里被视为是由于雕塑艺术的摹仿媒介的限制而产生的，"艺术由于材料的限制，只能把它的全部摹仿局限于某一顷刻"[10]。而之所以要选择这一顷刻的原因不仅仅在于雕塑艺术的特征的限制，还在于"选择上述某一顷刻以及观察它的某一个角度，就要看它是否能产生最大效果了。最能产生效果的只是可以让想象自由活动的那一顷刻了。"[11]在莱辛这里，这种所谓的效果主要指的是艺术效果，"很懂得选取哪一点才可使观众不是看到而是想到顶点，也懂得哪一种现象才不是必然令人想到它是暂时存在，一纵即逝，一经艺术固定下来，予以持久性，就会使人感到不愉快的，并且懂得怎样把这两点道理结合在一起"[12]。莱辛的这段论述指出了雕塑艺术选择高潮前的瞬间必然在于这种瞬间不是直接表现在作品之中让观众看到，而是将这一顷刻通过观众的想象而出现。

从对生活内容的取舍来看，正是因为雕塑艺术要选择这种高潮前的瞬间而不能选择事物发展的全部过程，所以雕塑艺术对于生活的选择必然是部分的、片段

---

[8] 王朝闻. 雕塑美学[M]. 北京：生活·读书·新知三联书店，2012:322.
[9] 简平编，王朝闻著. 王朝闻集（第1卷）[C]. 石家庄：河北教育出版社，1998:60.
[10] [德]莱辛. 拉奥孔[M]. 朱光潜译. 北京：商务印书馆，2013:19.
[11] [德]莱辛. 拉奥孔[M]. 朱光潜译. 北京：商务印书馆，2013:19—20.
[12] [德]莱辛. 拉奥孔[M]. 朱光潜译. 北京：商务印书馆，2013:21.

的、有限的，必然会在选择高潮前的瞬间的同时舍弃其他的部分。如果没有选择高潮前的瞬间而选择了事物的高潮的顶点，这样就会失去让观众想象的空间而难以让观众在雕塑作品所呈现出的高潮的瞬间中想象出事物的发展可能，因为对于事物的发展而言，到达顶点之后就会出现下降的趋势而难以形成矛盾最突出的冲突，从而削弱雕塑艺术的魅力。正是因为这样的创作意图和选择生活内容的标准，才使得雕塑艺术难以在一幅作品中展现一个时代的生活的全貌，而选择某一事物的高潮前的瞬间作为自己的艺术内容。此外，从社会生活不断发展变化的角度来看，具有时代性的艺术作品做多反映的也就是那个时代或者之前时代的生活内容，而不能真正反映未来时代的社会生活内容，即使它对未来时代的社会内容进行了大胆的预测和想象，但也不能真正替代社会生活的发展变化，毕竟在实践基础上的社会发展不是从艺术想象或者艺术虚构中产生的。就算艺术展现的是它所处的时代或者之前的时代，由于艺术家本身的知识、兴趣等方面的不同和限制，也导致了艺术在选择社会生活作为自己的艺术内容的时候也难以面面俱到。这些因素共同决定了雕塑艺术反映的只能是高潮前的瞬间这样片段的、有限的社会生活的内容，从而在一个方面决定了雕塑艺术形式的单纯性。

2. 对艺术内容的选择与取舍

雕塑艺术的内容选择的是社会生活中的某一事物的高潮前的瞬间，那么就会面临着另外一个重要的问题：这个瞬间的一切是否都应当成为艺术的内容。换句话说，事物本身的复杂性和矛盾性决定了它在高潮前的瞬间也是复杂的和矛盾的，因此就面临着上述问题。如何解决好这个问题，不但是艺术技巧高低的标志，也是艺术魅力强弱、艺术社会功用能否实现的关键所在。从这个角度来看，高潮前的瞬间相对于事物的发展过程这个整体而言是细节，而将它本身看成是一个整体的话，其自身也具有很多细节。细节对于雕塑艺术是重要的组成部分，"从艺术的完美性着眼，富有表现力的细节在雕塑形象整体中不可缺少"，并且对于艺术家而言，"对细节的判断或选择是否独具慧眼，因而形象中有没有小中见大的效应，对雕塑家的艺术思维能力的高低，可以说是一种既严峻又有趣的检验"[13]。因此，主题就不得不受到艺术家的创作意图和对于自身的责任的理解，在某种程度上可以说艺术家所理解的自身的责任决定了他的创作意图、也决定了他对于某些客观事物的态度。艺术在整体上必然生动而深刻地反映主题，细节也必然指向这个主题。这就意味着细节的取舍的标准在于它是不是和艺术作品的主题一致，是不是能够最终服务于艺术的社会功用这一目标。

雕塑艺术中的细节既是为了突出雕塑艺术的主题，也是为了雕塑艺术形式单

---

[13] 王朝闻.雕塑美学[M].北京：生活·读书·新知三联书店，2012:211.

纯化而放弃那些与主题无关的细节，使得艺术形式更加单纯。另一方面明确区分了艺术形式的单纯化与简单化，这就意味着区分艺术形式单纯化与简单化的基本原则在于，看它是不是与艺术主题相关的并且富有耐看效应的细节，在于这种被舍弃之后所选择的细节是否能够"调动和规定观众在意象中创造细节的兴趣、自由和倾向"，在于"某些动人的细节对我造成了刺激，从而引起快感反应时，觉得快感整体似乎也是由若干细节组成的"[14]。

正是在对于丰富的生活内容和已经选定的艺术内容进行取舍的基础上，雕塑艺术形式的单纯化才有了坚实的基础。但是进行这两种取舍并不意味着就一定能够实现艺术形式的单纯化，原因一方面在于这些细节本身也是复杂的、多变的，另一方面在于艺术与社会生活的关系既是紧密联系的又是有所区别的，虽然说艺术来源于社会生活，但是社会生活本身并不就是艺术，因此那些经过取舍的生活的细节（包括那些高潮前的瞬间）也不能直接与艺术画上等号，从生活的细节到艺术的细节还需要进行艺术的抽象和概括，否则就可能会导致生活的泛艺术化，从而消解艺术的本质所在。

二、雕塑艺术单纯的形式来自对生活的概括和抽象

从一般的意义上来说，概括指的是把事物的共同特点归结在一起；抽象指的是从许多事物中，舍弃个别的、非本质的属性，抽出共同的、本质的属性[15]。概括所得来的共同之处既可能是事物的本质所在也可能是事物表面的共同点，抽象则是特指掌握事物的本质所在。艺术的概括指的是对于选择的生活素材进行共性的分类和分析，概括得出其中的共同点形成或者进一步完善艺术的主题；而艺术的抽象则可以理解为对艺术概括得出的共同点和对生活素材进行围绕主题的取舍，形成带有具象性的、单纯的艺术形象。如果将概括看作是对于生活素材的物理变化，那么抽象就是对于这些素材的化学变化。关于后者，王朝闻有着较为精彩的论述，他认为"艺术思维的抽象化，常常是指对于客观形体某些与倾向无害的具象特征的改变。……这样的艺术是为了形象更富于象征性，造型更能容纳较为丰富的内容"[16]，其中"对于客观形体某些与倾向无害的具象特征的改变"就是他所说的抽象的三种变化形式：取象、增象和舍象。虽然没有具体解释这三者的含义，但是结合他的分析就可以发现，三者分别侧重于选取、增加和舍弃并且不是截然对立或无关的，它们最后会形成"以有限的艺术形式容纳着有相对性的无限的内

---

[14] 王朝闻.雕塑美学[M].北京：生活・读书・新知三联书店，2012:224, 225.
[15] 中国社会科学院语言研究所词典编辑室.现代汉语词典.北京：商务印书馆,2008:438, 192.
[16] 王朝闻.雕塑美学[M].北京：生活・读书・新知三联书店，2012:182.

容"的艺术意象[17]。

1. 对艺术内容的概括与抽象

在此基础上，从雕塑艺术的特点来看，概括和抽象对于雕塑艺术的单纯的形式的作用主要在于对高潮前的瞬间的概括与抽象。具体说来包括以下内容，首先是对于高潮前的瞬间的概括，虽然说"预示突变的新局面即将出现的时机，最引人关心，也更耐人寻味"[18]，但这并不意味着雕塑艺术仅仅是对于这一片段的概括。如果离开了这一瞬间所存在的完整过程，那么它的代表性和价值就会失去存在的基础，其本身也会沦为不知所云的片段。就像《汪精卫与陈璧君跪像》那样，如果剥离了历史上汪精卫的所作所为和人民群众对他的卖国行为的憎恨以及对于抗战胜利的希望、对美好生活的向往，这件作品就不会引起那么大的社会反响，甚至根本无法让人准确理解这两个跪着的人到底在做什么，更不要说从中体会到耐看的效果了。由此来看，对于高潮前的瞬间的概括，离不开对于这一瞬间存在的整体的理解，换句话说，只有将这个瞬间放在整体中才能更好地理解它的意义，才能更充分地发挥它的作用。这其中体现的就是部分与整体的辩证关系。说到这里，不妨对高潮前的瞬间的概括做一个更为准确的理解，就是在全面了解这一瞬间本身和它所处的整体之后，分析发现这一瞬间所体现的能够代表整体的共同性的、规律性的东西。其次就是对于高潮前的瞬间的抽象。这种有独特意味的创造既是雕塑艺术耐看的原因之所在，也直接构成了雕塑艺术形式的单纯化特点，因为这种艺术的抽象"不去图再现一切细节而是有选择地对待与整体的完善性相关的个别细节，自觉要抓住足以传神的细节，舍弃冲淡对象神态的偶发性细节。……抽象的冲动不是先验性的，但习作中培养出来的抽象能力积极作用于我后来的创作活动"[19]。由此来看，对于丰富的生活内容的取舍和对于已经选定的艺术内容的取舍除了要围绕艺术主题之外，还与艺术的抽象密切相关，以至于很难将二者完全分离。既然艺术抽象的能力是可以后天获得的，那么通过艺术来培养和训练这种能力就具有了合理性和可行性，其结果将是艺术抽象能力的习得和提升，也就是审美能力的提升。

2. 概括和抽象的普遍性

雕塑艺术的这种概括和抽象的能力同时具有一定的普遍性，民间的一些娱乐活动和艺术活动也具有这样的特点，而且还在改变艺术原型的基础上改变了与人的关系。"构思的抽象化过程始终以不脱离具象性的表象为基本特征"[20]，也就是

---

[17] 王朝闻.雕塑美学[M].北京：生活·读书·新知三联书店，2012:177—178.
[18] 简平编.王朝闻著.王朝闻集（第1卷）[C].石家庄：河北教育出版社，1998:60.
[19] 王朝闻.雕塑美学[M].北京：生活·读书·新知三联书店，2012:191.
[20] 王朝闻.雕塑美学[M].北京：生活·读书·新知三联书店，2012:199.

说艺术的抽象除了具有一般抽象的抓住事物本质的特点之外，还将这种本质与具象性的艺术形象联系在一起，形成能够反映事物本质的单纯的艺术形式，并且这种单纯的艺术形式经常体现着艺术创作者的审美个性，正如他分析的那样——"艺术思维的'抽象'和逻辑思维的'抽象'之间的差别，不只在于前者不排除具象特征，还在于它显示着主体那一定程度的审美个性"[21]。正是因为艺术抽象具有的这种具象性和审美个性，才使得它在本质上区别于逻辑抽象。但这并不意味着艺术抽象只是具有这两个特征，它还与人的情感密切相关，因为艺术创作主体的审美个性之中就包含有一定的情感因素，而且作为更倾向于社会需求欲望的态度体验的情感也必然地体现了艺术家的基本立场和态度等方面的倾向。

艺术创造者不能以人们的审美需求为唯一标准，要在分辨高雅和庸俗之类的区别之下，以满足人们的审美需求和提升审美能力为目标，创造出具有更高审美水平的艺术作品来发挥艺术的审美教育作用，从而最终实现艺术的社会功用。相反，如果艺术只是为了满足那种低俗的、甚至是生理性的需求，那么它就失去其艺术应有魅力，而不能实现其社会功用的目标。

二 雕塑艺术的丰富性

对于雕塑艺术而言，丰富的内容可以从以下三个方面来进行理解：一是作为其来源的生活的丰富性决定了其内容的丰富性，从时间上来看，这种丰富性还包括了历时性的丰富性和共时性的丰富性两种类型；二是由于雕塑艺术创作要满足人民的审美需求，而不同人的生活经验和审美体验的不同导致了审美需求的不同，审美需求的不同就带来了为了满足它的雕塑艺术的不同，因此就决定了雕塑艺术的内容必然是丰富的；[22]三是雕塑艺术发展的本身也具有中外交流融合，不同艺术之间碰撞互动的情况，这就带来了雕塑艺术本身的发展变化和创作方法等方面的丰富性。

一、雕塑艺术内容的丰富性源于生活的广袤性

在肯定了生活是艺术的来源的基础上，就会发现这个来源的丰富性具有两方面的含义，一是从历时性上看，事物的发展变化带来了生活的发展变化，所谓"世异则事异，事异则备变"（《韩非子·五蠹》），既然生活本身是发展变化的，那么源于生活之上的艺术自然也就呈现出历时性的发展变化而具有历时性的丰富；二是从共时性上看，在一个共时的状态下不单单是某一个事物在发展变化着，而是

---

[21] 王朝闻.雕塑美学[M].北京：生活·读书·新知三联书店，2012:194.
[22] 简平编,王朝闻著.王朝闻集（第5卷）[C].石家庄：河北教育出版社，1998:315,316.

诸多事物都在经历发展变化的过程，并且事物之间有着这样或者那样的联系，从而使得源于生活之上的艺术在共时性的存在中具有共时性的丰富。

1. 历时性的丰富性

对于具有耐看特征的雕塑艺术而言，历时性的丰富与其选择高潮前的瞬间之间的关系的复杂性也体现了历时性的丰富性。在一般情况下，所谓高潮前的瞬间往往指的是一个事物的发展变化的特殊时期，而雕塑选择这个最富有孕育性的时刻的原因则在于其艺术特征，它常常通过空间性来表现时间性，而不能像文学或者影视作品那样展现一个完整的画卷。这种选择使得雕塑艺术的内容似乎受到了很大的限制而显得有些"单调"，不过这个特殊的时刻本身虽然从时间上来说是相对固定不变的，但是它所潜藏的历时性的内容（包含了事物之前的发展并且预示着事物即将到来的发展）却是丰富的，因而其所产生的艺术效果也是丰富的。更为重要的是，在历时性之中还存在共时性，这就意味着一个事物在经历发展变化的过程中还存在着其他事物也在经历这个发展变化的过程；而不同事物的发展变化并不意味着它们的发展变化始终是同步的，实际上，不同事物的发展变化是交错进行的，既存在着同步的情况也存在着不同步的情况。这种复杂的丰富性就决定了生活的复杂的丰富性，从而使得雕塑艺术的丰富性有了更加深刻的内涵。

不过雕塑艺术在面对这种历时性的发展变化时，并非总是随之发展变化而缺失自己所坚持的原则，即它能在这种发展变化中始终保持着雕塑之为雕塑的本质所在。这一点对于历时性的丰富性尤为重要，否则雕塑艺术将会在这种发展变化中被逐渐消解或者失去其耐看的审美特征。从马克思主义矛盾论的思想中学习和坚持的一条基本原则理解，最富有孕育性的时刻是指对历史性的选择中抓住主要矛盾的矛盾主要方面，如何选择和理解这个特殊时刻的关键之所在，更是雕塑艺术进行取舍的基本原则之一。选择那个最富有孕育性的时刻就是抓住了主要矛盾的矛盾主要方面，也就是抓住了事物的本质之所在，然后对之进行艺术的抽象并通过雕塑的基本形和程式化将它表现出来，就成为雕塑之为雕塑的本质之所在。也是雕塑艺术能够在这种丰富性面前保持自己的耐看的审美特征的原因之所在。

2. 共时性的丰富性

从共时性的丰富性角度来看，除了在历时性之中交织着共时性的情况之外，共时性还具有民族性和地域性这样丰富的内容。对于雕塑艺术而言，既可以体现中华民族的整体特性，又可以体现56个子民族的独特特性。从这个角度来看，中国历史上南北朝时期和唐代的佛教雕像所体现的就不仅仅是宗教性和世俗性的特征，而且还有当时不同子民族的特性；而中国传统音乐中汉族的瑶琴、蒙古族的马头琴和哈萨克族的冬不拉等则鲜明地代表了不同子民族的民族性。

与民族性密切相关的就是地域性，因为一个在历史上形成的民族往往都有一个相对固定的活动区域，而且在划分民族时也不会抛开地域性。其中更为复杂的情况是，民族性与地域性并不是完全对等的概念，既存在同一个民族分散于不同地域的情况，也存在同一个地区共存不同民族的情况，但二者往往交织在一起。理解了这种复杂性，就不难理解《隋书·文学传序》中所说的"江左宫商发越，贵于清绮，河朔词义贞刚，重乎气质。气质则理胜其词，清绮则文过其意。理深者便于时用，文华者宜于咏歌。此其南北词人得失之大较也。若能掇彼清音，简兹累句，各去所短，合其两长，则文质斌斌，尽善尽美矣。"这种艺术风格的划分，影响到了后世艺术的发展，比如后来出现的南北画派等。至于地域性，"橘生淮南则为橘，生于淮北则为枳"就充分说了它的特征。这在雕塑艺术上则具体体现为不同地域的艺术风格，如果抛开时代性不谈的话，这种地域性的风格在中国雕塑史上较为突出，就像王朝闻分析的那样："安岳的菩萨更符合我那神性与人性相统一的要求，……昆明筇竹寺……那世俗气浓厚的罗汉，我看远不及山东临清灵岩寺那不失庄严感的罗汉的艺术魅力"[23]。

雕塑艺术会依据艺术的主题和雕塑艺术对于最富于孕育性时刻的选择来对丰富的生活进行选择和取舍，从而形成雕塑艺术的丰富性，并且表现为单纯的艺术形式。欣赏者通过单纯的艺术形式、借助想象等心理活动来丰富和完善艺术内容，从而达到从有限到无限、从局部到整体。在这个过程中也需要依靠欣赏者自身的生活经验和审美体验，这就意味着蕴含在雕塑艺术单纯的艺术形式中的丰富的艺术内容，借助欣赏者丰富的生活经验和审美体验而生成了欣赏者所理解和掌握的艺术形象或意蕴，从而将雕塑艺术的丰富性从作为其来源的生活的丰富性和其创作者生活经验和审美体验的丰富性，扩展到欣赏者生活经验和审美体验的丰富性。其中，创作者生活经验和审美体验的丰富性之中还包含了对于欣赏者生活经验和审美体验的丰富性的理解和他们审美需求的判断，进而使得雕塑艺术的丰富性具有了更加深刻的内容。

二、雕塑艺术内容的丰富性源于审美需求的丰富性

从艺术的社会功用出发来看雕塑艺术的创作，就会发现它需要满足人们的审美需求，但由于人们的审美需求和审美能力存在着相当的差异性，可能表现为不同层次的需求、不同类型的需求等，这就形成了审美需求的丰富性，它直接决定了雕塑艺术在层次和类型上的差异从而形成了内容上的丰富性。对于雕塑艺术而言，要实现这种社会功用不仅仅要满足人们的具有差异性的审美需求，还需要在这个基础上突出雕塑艺术的审美特征，即用雕塑艺术来满足这种差异性的审美需

---

[23] 王朝闻.雕塑美学[M].北京：生活·读书·新知三联书店，2012:459.

求，而不是使用其他艺术或者非艺术手段；当人们的审美需求得到满足之后，也为人们创造了新的审美需求，从而推动了雕塑艺术的发展。

从雕塑艺术满足人们差异性的审美需求来看，首先需要明确的就是这种差异性的审美需求的内容。由于思想认识、受教育程度、子民族特征和宗教信仰等方面的差异，加上个人社会经历的不同和对于艺术的感悟能力的不同，就决定了人民群众对于雕塑艺术的审美需求是具有差异性和丰富性的。从历时性的发展角度看，不同时代的人民群众的审美需求也处在变化发展的过程，也具有相当的差异性，否则就无法准确理解南北朝时期与唐代武则天时期的佛教雕像在风格上的差异。

雕塑艺术通过自己的审美特征满足了人们的审美需求，并且在审美欣赏的过程中实现了审美教育，提升了人们的审美能力。由于原有的审美需求被满足、审美能力又得到了提升，所以新的审美需求被人们创造出来，又推动了雕塑艺术本身的发展。雕塑艺术要满足丰富的审美需求，既要通过艺术功用论来审视审美需求本身的高低层次，更需要具有高于具有审美需求的人的思想感情，才能在满足这种审美需求的同时成为有效的审美教育的工具；同时这种高于审美需求的思想感情必须结合具有审美需求的人的生活经验和审美体验，并且这种思想感情"为群众所理解或思索过的，它才有可能深切地感染群众，教育群众"[24]。

由此来看，人们审美需求的丰富性不但直接决定了雕塑艺术的丰富性，还意味着雕塑艺术的丰富性必将与雕塑艺术的发展和创作方法的变化密切相关。

三、雕塑艺术内容的丰富性源于雕塑艺术自身的多样性

既然雕塑艺术要通过自身的审美特征来满足来源于生活的丰富的审美需求，那么就不得不考虑雕塑艺术本身的发展变化和创作方法等问题。从一般意义上说，雕塑艺术的创作方法包括塑造、雕刻和构造。塑造是指"用手之各部做工于可塑性材料，造型体积庞大、面积精致细微或者体现特殊效果时，需要使用工具，材料产生形态变化"，其常用的材料有泥土、纸黏土、油泥等[25]；雕刻是指"在可雕刻材料上，手部轻重缓急地运作锤子、刀凿和切割机等工具设备，材料产生形态变化"，其常用的材料有木、石、竹、砖等[26]；而构造则是指"一种组织安排，在一定思想支配下，通过实施结合各个部分，共同反映一个主题"，其常用的材料有木、石、金属、塑料等[27]。由此来看，雕塑艺术的创作方法本身就具有丰富性的特

---

[24] 简平编, 王朝闻著. 王朝闻集（第4卷）[C]. 石家庄：河北教育出版社, 1998:362.
[25] 许正龙. 雕塑概论[M]. 北京：清华大学出版社, 2011:69.
[26] 许正龙. 雕塑概论[M]. 北京：清华大学出版社, 2011:76.
[27] 许正龙. 雕塑概论[M]. 北京：清华大学出版社, 2011:81, 82.

征。

  "雕塑和诗词一样，构成艺术美的重要特征在于艺术境界（意境）的深广"[28]，意境理论是中国美学的核心理论之一，对于雕塑艺术创作来说，"所要创造的主要是精神环境，雕塑所必须适应的不过是物质环境；但适应物质环境这一特点自身，同样具备了创造精神环境（即征服旧环境）的性质与作用"[29]。之所以强调雕塑艺术的精神环境，主要原因在于"雕塑不宜直接描写形象主体所在的实际环境，动人的艺术境界只能依靠雕塑形象无形而似也存在的虚幻创造"[30]，换句话说，这是由雕塑艺术的审美特征决定的。所谓精神环境终究是为了实现雕塑艺术耐看的审美特征；而这里所说的作品价值也在于雕塑艺术耐看的审美特征，这就意味着这种精神环境依旧是通过欣赏者的审美活动而实现审美教育作用。

---

[28] 王朝闻.雕塑美学[M].北京：生活·读书·新知三联书店，2012:120.
[29] 王朝闻.雕塑美学[M].北京：生活·读书·新知三联书店，2012:425.
[30] 王朝闻.雕塑美学[M].北京：生活·读书·新知三联书店，2012:443.

走出德国古典美学:中国美学发展的时代主题[1]

代　迅(厦门大学中文系)

Go out of the German Classical Aesthetics :
The Theme of the Era of the Development of Chinese Aesthetics

Dai Xun

【摘要】思辨方法、美的艺术哲学、审美乌托邦等德国古典美学的思想方法，对中国当代美学理论产生了深刻影响。二十世纪以来西方一系列艺术运动和艺术潮流，与现当代西方美学双向互动，通过对艺术本质的重新诘问，表达了对摹仿说的彻底反叛，解构了美的艺术的传统观念，消解了艺术作品和普通物品之间的传统界限，反对以黑格尔为代表的德国古典美学，进而反对西方古典美学，其实质是西方美学的现代转型。上个世纪八十年后期以来国内艺术与美学领域不满求变的思潮日益增长，走出德国古典美学成为中国美学发展的时代主题。中国当代美学正在吸纳西方现当代美学的反叛性因素，融合其复杂多元和充满活力的思想资源，绘制新的大美学理论图景，实现从基本版图和总体风貌上的全局性变革。

【关键词】德国古典美学　中国当代美学　走进　走出

Abstract: The ideology and methodology of the German classical aesthetics, such as speculative method, philosophy of fine art, and aesthetic utopia etc., has a profound influence on Chinese contemporary aesthetic theory. As a result of dramatic changes of current art and aesthetics, going out of the German classical aesthetics has become the theme of the era of the Chinese aesthetics development. Chinese contemporary aesthetics is absorbing the rebel factors of the western modern aesthetics, integrating the aestheticization of everyday life, environmental aesthetics and other new thought resources, drawing a new theoretical views of the big aesthetics.

Key words: German classical aesthetics, Chinese contemporary aesthetics, go in, go out

---

[1] 此文是作者主持的国家社会科学基金重大项目"二十世纪域外文论的本土化研究"（项目号：12&ZD166)和中央高校基本科研业务费项目"中西比较诗学前沿问题研究"(20720151276)的阶段性成果。通讯地址：福建省厦门市思明区思明南路 422 号，厦门大学中文系

德国古典美学对于中国当代美学的深刻影响为国内学界所公认。上个世纪八十年代以来，现当代西方美学理论占据了国内学界注意力的中心，西方古典美学日渐受到冷落，清理德国古典美学与中国当代美学的关系的论著迄今尚不多见。在当今世界艺术和美学发生急剧变化的情况下，中国美学需要走出德国古典美学并建立新的理论形态，这已经成为当今中国美学发展的时代主题。这个问题包含两个方面：中国美学是如何走进德国古典美学的？又应该如何走出？涉及到中国当代美学从何处来、到何处去的重大问题，对中国美学的发展具有重要意义。

一、主导性学术资源

进入现代社会以来，中国美学受到的西方影响可谓光怪陆离。法国实证主义美学、英美经验主义美学、分析美学和实用主义美学等，和中国学术传统及现实语境相距较远，在中国长期遭受冷遇，影响不大。苏联的马克思主义美学，如普列汉诺夫、卢那察尔斯基、斯托洛维奇、卡岗等人的美学思想，由于苏联政治气候变动不居和中苏关系起落沉浮，以及苏联美学自身的浓厚的教条主义气息，在中国的影响也受到较大局限。

德国比较特殊。美学学科和马克思主义均起源于德国，中国现当代美学的主流走向恰恰是走向马克思主义美学。二十世纪前半叶中国动荡不安烽火连绵，建国后意识形态领域不断革命。马克思主义创始人马克思、恩格斯虽有文艺书简发表，但是为数不多，更没有专门的美学文献，很难对中国美学产生实质性影响，他们对中国美学的影响一度还不如普列汉诺夫。德国的本雅明、马尔库塞、阿多诺等人的美学思想，由于其意识形态的非正统性长期被国内视为"西马非马"，直至上个世纪八十年代，中国学界对他们的了解依然不多，那时中国当代美学理论已然定型。

鲍姆嘉通创立的美学学科，经康德、黑格尔、谢林、叔本华、尼采等人，德国古典美学已经形成了完整而成熟的理论形态，对于中国美学学科的建立起到了示范性作用。中国学者"拿西方的美学理论，尤其是近代以来的德国的古典美学观念、理论和方法等，作为阐释中国美学、中国艺术的现成思想材料，乃至于借助西方近代的美学理论及其概念、方法来建构中国美学的现代理论大厦"[2]，这就是中国现当代美学的基本状况。

中国现代美学先驱王国维的美学观深受康德、席勒和叔本华的影响，他较早引入了"美学"概念到中国，在此基础上提出了自己有关美学的初步见解，被认为是中国近代美学的第一个奠基者。中国现代美学的另一前驱蔡元培留学德国，

---

[2] 王德胜《散步美学——宗白华美学思想新探》，第 4 页，河南人民出版社 2004。

基本接受了康德美学思想，他的《以美育代宗教说》、《美育实施的方法》等文在中国思想界产生了深远影响，被认为是中国现代美学建设的开路先锋。上个世纪40年代以马克思主义的唯物主义美学观崛起的蔡仪，其力作《新美学》曾被批评者斥为"实际上是折衷德国唯心论各派美学的产物"[3]，由此可以窥见蔡仪美学受以德国美学影响之深。

把中国当代美学理论推向体系化的当代中国美学大讨论始于1956年，这场讨论的最终结果是诞生了王朝闻主编的《美学原理》。该著初稿完成于1961-1964年，1981年经修订后由人民出版社首次出版。这是建国后第一部系统和权威的高等学校文科美学教材，奠定了国内后来美学理论的基本面貌，参加过编写工作的有李泽厚、刘纲纪、马奇、洪毅然、周来祥、李醒尘、朱狄、叶秀山、杨辛等国内美学名家。朱光潜翻译的黑格尔《美学》第一卷，早在1959年已由人民出版社印行，该卷包含了黑格尔美学基本理论的主要逻辑构架，包括研究对象、美学研究方法、自然美与艺术美、天才与想象、风格与独创等。第二、三卷由商务印书馆于1979年推出。宗白华翻译的康德《判断力批判》上卷，韦卓民翻译的康德《判断力》批判下卷，由商务印书馆1964年推出。这些重要的美学经典著作的翻译和出版，与中国当代美学理论的定型期大致同步，对中国当代美学理论建设可谓雪中送炭，适逢其时。

德国古典美学诸家对中国当代美学理论的影响仍然是有差别的。上个世纪五十到七十年代，受苏联学界影响，以及尼采与德国法西斯主义之间的关系，尼采在中国学界成为禁区。叔本华的唯意志论和悲观主义难以被当时中国学界主流的唯物主义和革命乐观主义所接纳。康德尽管在美学史上享有盛誉，但是当时国内学界对康德的评价相对比较负面，宗白华认为康德"是德国唯心主义美学的奠基人"[4]，"一直影响到今天的资产阶级的反动美学"[5]。李泽厚九十年代曾回顾说"康德在中国埋没的时间太久了，讲康德的文章在中国极少"[6]。席勒的《审美教育书简》中译本1985年出版。谢林的《艺术哲学》中译本迟至1996年推出。

黑格尔在德国古典美学诸家中享有特殊地位。西方学者指出："对德国唯心主义时期的美学做出最具实质性和永久性贡献的是黑格尔的著作"[7]。更重要的是，黑格尔在当时中国的境遇也比较好。朱光潜赞叹说，"黑格尔在哲学中确实达到超

---

[3] 蔡仪《新美学》（改写本），第一卷，第2页，中国社会科学出版社1985。
[4] 康德著，宗白华译《判断力批判》，上卷，第208页，商务印书馆1964。
[5] 康德著，宗白华译《判断力批判》，上卷，第223页，商务印书馆1964。
[6] 李泽厚《李泽厚对话集——九十年代》，第6页，中华书局2014。
[7] Steven M. Cahn & Aaron Meskin eds., Aesthetics: A Comprehensive Anthology, Malden: MA, Blackwell Publishing, 2008, p. 163.

过前此一切哲学家的成就。在美学方面也是如此"[8]。朱光潜进一步建议说，"对于深入学习马克思主义美学的人，《美学》（指黑格尔《美学——引者注》）这部书是值得细读的"[9]，并详述了原因：

在马克思主义之前，西方美学和文艺理论的书籍虽是汗牛充栋，真正有科学价值而影响深广的也只有两部书，一部是古希腊的亚里士多德的《诗学》，另一部就是19世纪初期的黑格尔的《美学》。在哲学方面总结了他以前两千多年的发展，在美学和文艺理论方面也是如此。马克思、恩格斯早年都属于青年黑格尔派，……美学这个领域，马克思、恩格斯都极为关心，发表过一些卓越的见解。但是由于他们后来转到更重要更迫切的经济学研究和工人运动，虽没有完全抛弃美学和文艺理论，却没有来得及……把他们自己关于美学和文艺理论的一些重要的教导加以汇总和总结。[10]

朱光潜在这里把黑格尔《美学》与亚里士多德《诗学》并列，视为西方美学史上两部最重要的著作之一。这段话出自朱光潜翻译黑格尔《美学》第三卷下册"译后记"，该册出版时中国社会极左思潮余波犹在。经过建国后历次政治运动的朱光潜下笔审慎，未能明确标举黑格尔在美学方面有高于马克思恩格斯的学术权威，但是把对黑格尔《美学》的细读提到了深入学习马克思主义美学的高度，实际上是含蓄地表示，马克思和恩格斯的主要精力是在经济学和工人运动方面，黑格尔《美学》才是这方面最重要的理论遗产和真正权威。朱光潜、宗白华等人对德国古典美学有深厚研究，是引领中国现当代美学的一代宗师，朱光潜撰写的《西方美学史》是国内西方美学史的开山之作。他们的这些观点在国内学界具有导向性。

《不列颠百科全书》指出，"当今最热衷解释黑格尔的，当属马克思主义阵营"[11]。中国和西方学界有着不同的意识形态背景和各自的学术传统，但是在承认马克思主义和黑格尔的理论渊源这一点上并无异议。五十年代以来，国内学界美学理论建设的轴心是服务于当时意识形态领域需要，强调马克思主义的指导地位。既然和黑格尔有着直接师承关系的马克思主义经典作家，在美学方面没有系统和完整的论述，那么在中国当代美学理论的建设过程中，黑格尔发挥了或隐或显的替代性和主导性作用是顺理成章的。

---

[8] Steven M. Cahn & Aaron Meskin eds., Aesthetics: A Comprehensive Anthology, Malden: MA, Blackwell Publishing, 2008, p. 163.

[9] 朱光潜《西方美学史》，第460页，人民文学出版社1979。

[10] 黑格尔著，朱光潜译《美学》，第3卷，下册，第337页，商务印书馆1996。

[11] 黑格尔著，朱光潜译《美学》，第3卷，下册，第337-338页，商务印书馆1996。

334

二、思辨方法普遍采用

中国古代哲学家喜欢用名言隽语的方式来表达自己的观点，不注重理论的逻辑展开，作为儒家思想源头的《论语》就是如此。"不同于欧洲和美国的大多数哲学家，孔子不依赖于演绎推理来使他的听众信服。而是使用诸如类比和格言警句等修辞手法来解释他的思想"[12]。道家思想认为"言不尽意"，喜用类比思维，往往采用比喻的方法说明问题。佛教中国化以后的禅宗推行排斥语言文字、"以心传心"的禅悟直观思维[13]。由于中国哲学传统的影响，中国古代美学主要是一种鉴赏性的品评，用简短的点评来抓住文艺作品的美学特征，诗话、词话和小说评点是我国具有强烈民族性的代表形态。中国古代美学通常被认为是"诗性话语方式"，往往和具体文艺作品紧密粘连在一起，带有强烈的点悟性和模糊性特征，未能孕育出成熟和自觉的方法论意识。

"由于在治学方法和叙述模式方面我们至今没有自己的东西，所以中国哲学的研究者历来重视的，只是史料的编辑整理和鉴别考证。很显然，该研究模式是有重大缺陷的，因为这样的模式本身并不具有真正的学术研究的性质"[14]，中国美学作为中国哲学的一个分支，呈现出相近相通的学术图景。这种研究很难具有真正的学术研究的性质，难以推动学术进步的积累。进入现代社会后，中国美学理论建立过程中迫切需要的是，首先是方法论的需求。

对于建国之初的国内美学界而言，亟待建立与新时代意识形态相适应的中国当代美学理论体系，来占据国内高校美学讲台，指导国内美学研究。如果说，美学史立足于历史材料的爬抉梳理，主要是以历史的纵向展开来叙述美学问题，那么，美学原理则是以高度抽象的思辨形态和理论逻辑的横向展开方式，来阐述美学学科的一系列基本问题。如果说，美学史更具史料价值，那么，美学原理则更具范式意义。在当代中国建立美学原理的过程中，思辨方法的采用具有特殊的重要作用。

根据黑格尔本人的看法，思辨方法的主要特点是超越感性经验水平的纯粹逻辑运动，这种逻辑运动中包含着一种必然联系."完全运用理论思考的方式……美既然应该从它的本质和概念去认识，唯一的路径就是通过思考的概念作用"[15]，"这种必然联系是一种向后的联系，从这向后的联系里它自己生发出来；也是一种向前的联系，从这向前的联系，它自己推动自己，因为它很丰富多产地从

---

[12] 《不列颠百科全书》（国际中文版）1999，第 7 卷，第 536 页。
http://en.wikipedia.org/wiki/Confucianism
[13] 方立天《佛教哲学》，第 241 页，北京：商务印书馆 2007。
[14] 胡军《问题与方法：中国现代哲学转型的必由之路》，《探索与争鸣》2015 年第 11 期，第 66 页。
[15] 黑格尔著，朱光潜译《美学》，第 1 卷，第 27 页，商务印书馆 1979。

它本身又产生出其他东西，这样就让科学认识一直进展下去"[16]。换言之，就是思辨的逻辑力量自己推动自己，"不是从感性的经验出发，而是从抽象的思辨出发，形成一种概念到概念、范畴到范畴的纯粹抽象形式的推移。……黑格尔美学中……包含着辩证法的合理内核和深刻的发展观、历史观。猜测到一些美学规律"[17]。

黑格尔正是这样做的。他的《美学》的基本前提，就是认为美是理念的感性显现。黑格尔从美学研究的范围入手，讨论了美学研究方法，辨析了历史上流行的一些艺术概念，考察了自然美和艺术美的一般性问题，进而讨论艺术从象征性到古典型再到浪漫型的历史发展，最后论述了各门艺术自身的理论，包括建筑、雕刻、绘画、音乐和诗歌。黑格尔就这样从一个既定的理论前提开始，层层推演，最终编织了一个既井然有序又无所不包的庞大美学体系。思辨方法的显著优点在于，长于宏观研究，特别有利于构造完整的理论体系。以黑格尔为代表的德国古典美学，用思辨方法来建立美学理论体系的做法，对于正在倾力建构中国当代美学理论体系的国内学者尤其具有吸引力。

黑格尔美学在中国产生了广泛影响，包括实践观点的萌芽、中国无悲剧论等，艺术终结论近年来也成为理论热点。但是对中国影响最大的，还是思辨方法的普遍使用，这在建立中国当代美学理论的过程中发挥了至关重要的作用。王朝闻主编的《美学概论》并不回避该著与黑格尔思辨方法之间的直接师承关系，该著"绪论"中阐述"美学研究的任务和方法"时，明确表示"黑格尔由于运用历史与逻辑相统一的方法而取得了值得重视的成果"[18]，承认该著编写者已经认识到了这种根本方法的重要性"并力图运用它"[19]。

这里所说的历史与逻辑相统一的方法，就是黑格尔《美学》的思辨方法。这是在国内强调唯物主义和唯心主义存在对立和斗争的"左"的年代，为避免黑格尔式"头足倒置"唯心主义而采取的一种比较稳妥的提法。有着很强的历史感是黑格尔思辨方法的显著特征，具体包含：1，哲学的观念或概念在逻辑上的推演过程与它们在历史中的发展过程是一致的；2，思维、理性本身就是历史的本质，是历史的必然性内容；因此思维的方法和思维的对象和内容是直接同一的[20]。

王朝闻主编《美学概论》的基本前提，是确定美是社会实践的产物。该著从美学研究对象入手，对于美学史上对于美的本质的各种观点作了辨析，认为美的

---

[16] 黑格尔著，朱光潜译《美学》，第 1 卷，第 31-32 页，商务印书馆 1979。
[17] 周来祥《论美是和谐》，第 287-286 页，贵州人民出版社 1984。
[18] 王朝闻主编《美学概论》，第 8 页，人民出版社 1981。
[19] 王朝闻主编《美学概论》，第 8 页，人民出版社 1981。
[20] 参阅齐艳红《黑格尔德思辨哲学与历史主义方法》，《中国社会科学报》2013 年 4 月 15 日。

本质和优美、崇高、悲剧、喜剧等形态都是实践的产物。社会实践在客观方面产生审美对象，在主观方面产生审美意识，艺术是审美意识的集中表现。接着论述审美意识的本质与审美感受的心理形式，再考察生产劳动实践的分工产生了专门的艺术家，艺术家的生活实践直接影响其世界观和创作个性。随后论述了艺术创作的具体过程，包括艺术创作的构思和传达、手法与技巧。再论述了艺术作品，包括内容与形式，艺术各门类的划分，艺术风格与流派。最后论述艺术欣赏与批评，包括艺术欣赏的本质与特点，艺术批评的性质与标准。

王朝闻主编的《美学原理》最后修订出版于 1980 年，在当时国内还没有出版一部自己编写的美学教材的情况下，正是得力于思辨方法的运用，该著逻辑严密，环环相扣，以简明扼要的理论形态建立了几乎无所不包的美学体系，塑造了中国当代美学理论的基本范式，达到了当时国内美学原理研究的最高水平，至今仍在在国内高校美学讲台上发挥着重要影响。随后国内陆续出版了多种我们自己编写的美学理论书籍，这些著作大多和王朝闻《美学概论》之间有着比较直接的渊源关系。

李泽厚和杨辛直接出自王朝闻《美学概论》编写组。杨辛、甘霖的《美学原理》北京大学出版社 1983 年出版，杨辛、甘霖《美学原理》"后记"中明确承认该著和王朝闻主编《美学原理》之间的直接师承关系[21]，该著在全书末尾的"《美学原理》学习总书目"中，关于美学原理仅开列一本并且是必读书，就是王朝闻主编《美学概论》。刘叔成、夏之放、楼昔勇等著《美学基本原理》上海人民出版社 1984 年出版，在该著 1987 年出版的修订版书后开列的"参考书目"中，关于美学原理仍然只开列一本，还是王朝闻主编的《美学概论》。蔡仪主编的《美学原理》湖南人民出版社 1985 年出版。李泽厚的《美学四讲》生活·读书·新知三联书店 1989 年出版。这些著作产生了较大影响，大都多次再版，影响波及台港及西方学界。

中国当代美学学科理论最终于上个世纪八十年代基本定型。针对近年来国内美学研究存在着某种过于宏观和空泛的现象，加强实证方法的呼声有所抬头。但是由于美学作为人文学科所特有的不同于自然科学和其他社会科学的特点，加之实证方法强调"从事实出发，不从主义出发"[22]，在中国现实语境中决定了实证方法只能补充而不能代替思辨方法。如果说，以诗话和小说评点为代表的中国古代美学研究，在传达艺术和审美感觉方面确有独到之处，足以适应在中国古代农业社会相对封闭的文人小圈子中相互玩赏的话，那么，当我们需要系统总结中国美学思想的古老民族传统，试图对国际美学界加以说明并提升其学术话语权的时候，

---

[21] 杨辛、甘霖《美学原理》，第 357 页，北京大学出版社 1983。
[22] 丹纳著，傅雷译《艺术哲学》，第 28 页，广西师范大学出版 2000。

诗话和评点的方法就不够了，而思辨方法则发挥了不可替代的独特作用，思辨方法在当今中国美学研究中依然稳居主流。

三、反叛传统西方美学

美国 2006 年出版的"哲学百科全书"第 7 卷指出，美学是哲学"最古老的分支学科之一。它研究艺术的本质，包括表演艺术和文学、绘画和雕塑" [23]，"两千多年来，柏拉图、亚里士多德、休谟、康德和黑格尔等哲学家始终关注艺术，以及艺术的美、创造、意义、想象和情感等问题" [24]，艺术哲学（philosophy of art）和美学（aesthetics）被视为同义语。以黑格尔为代表的德国古典美学，正是遵循着西方古典美学这个传统，以艺术美为中心展开。黑格尔美学涵盖了艺术美的广阔范围，包括艺术的历史发展，建筑、雕塑、绘画、音乐和诗歌等各艺术门类，对埃及艺术、希腊雕塑、古代和现代悲剧做了深刻分析。黑格尔通过研究多种多样艺术美，为美的概念自身的逻辑运动展示了一个先验的发展过程。黑格尔进行的美学研究，建立在数量庞大的艺术作品包括大量东方艺术作品的基础之上，从这个意义上说，黑格尔的《美学》是"一部名副其实的世界艺术史" [25]。

德国古典美学主要是基于欧洲古典艺术传统，主张绘画、雕塑、建筑、音乐、诗歌、戏剧和舞蹈等艺术必须是美的，它们区别于具有实用目的其他人造物品；德国古典美学理论强调，艺术因具备美的特质而和其他广袤的事物区分开来。黑格尔把美规定为艺术必不可少的基本特质。他主张"把美学局限于艺术的美" [26]，认为美学的正当名称应当是"艺术哲学"，更确切地说，是"美的艺术的哲学" [27]。谢林认为美构成了艺术的基本特点，"没有美也就没有什么艺术作品" [28]，谢林干脆把自己美学理论直接命名为《艺术哲学》。德国古典美学强调审美态度的重要意义，认为审美态度是人对于世界的一种特殊态度。

康德美学的核心概念是审美的非功利性。康德认为"美是无一切利害关系的愉快的对象" [29]，审美判断是"不依赖于概念而具有普遍可传达性的愉快" [30]。席勒认为"艺术因超越了道德责任和物质需要的束缚的自由而在人类生活中扮演重

---

[23] Donald M. Borchert, editor in chief, Encyclopedia of Philosophy, 2nd edition, Volume VII, Detroit: Macmilian Reference USA, 2006, p. 328.

[24] Steven M. Cahn & Aaron Meskin eds., Aesthetics: A Comprehensive Anthology, Malden: MA, Blackwell Publishing, 2008, p. 395.

[25] See http://plato.stanford.edu/entries/hegel-aesthetics/.

[26] 黑格尔著，朱光潜译《美学》，第 1 卷，第 3 页，商务印书馆 1979。

[27] 黑格尔著，朱光潜译《美学》，第 1 卷，第 3 - 4 页，商务印书馆 1979。

[28] 谢林著，魏庆封译《艺术哲学》，上卷，第 20 页，中国社会出版社 1996。

[29] 康德著，宗白华译《判断力批判》，上卷，第 48 页，商务印书馆 1964。

[30] 康德著，宗白华译《判断力批判》，上卷，第 59 页，商务印书馆 1964。

要角色"[31]。黑格尔指出"审美带有令人解放的性质，它让对象保持它的自由和无限，不把它作为有利于有限需要和意图的工具而起占有欲和加以利用"[32]。朱光潜指出，黑格尔在批判艺术目的在道德教训说的基础上，提出艺术自有内在的目的，这就是"为艺术而艺术"论[33]。简言之，审美态度不涉及现实利害关系，不借助概念，而是来自瞬间的直觉，审美欣赏是令人愉快的；美自身就是目的，没有外在目的，美因此能使人摆脱现实生活中的狭隘功利状态，进入自由和无限的领域。这就割断了审美经验与日常经验之间的联系，形成了一种审美乌托邦。

中国当代美学理论在很大程度上遵循了德国古典美学的思路，在很大程度上仍然把美学理解为美的艺术的研究，其理论核心围绕艺术美展开，带有德国古典美学的浓重投影。王朝闻《美学概论》同样把美界定为艺术的基本特质，把艺术看作审美意识物质形态化了的集中表现，认为"艺术作品是一个极为复杂的有机体，在其中综合着现实美、社会审美意识和艺术家的创作个性以及一定的自然物质材料的审美特性"[34]，对艺术的论述在全书中占据了中心位置。该著考察了"艺术"概念的历史演变，强调正是由于实用与审美的分离，才产生了摆脱直接的物质需要而专供观赏的艺术。由于王朝闻具有丰富的美术创作经验，该著在严密的逻辑论证中洋溢着某种艺术家气质，突出地强调了艺术家要掌握并自由运用形式美的规律，并以很长的篇幅，论述了艺术的外部形式和艺术的物质材料，艺术抽象与艺术变形的重要意义等，字里行间闪耀着编写者的真知灼见，不仅在当时特定的年代里难能可贵，而且对后来多种美学原理教科书也产生了重要影响。

参加过该著 1961-1964 年讨论稿的研究、编写和资料工作的人员中有李泽厚，1978-1979 年对讨论稿先后做过一些修改和提过意见的人员中仍有李泽厚。作为实践派美学的领军人物，李泽厚的美学思想具有代表性意义。他不仅对于该著的写作起到了某种引领作用，并且李泽厚的个人著作和该著之间也存在着明显的相近相通之处。李泽厚《美的历程》实际上是中国艺术简史，用他本人的话来说，是"对中国古典文艺的匆匆巡礼"[35]。在《美学四讲》中，李泽厚从审美欣赏是令人愉快的基本观念出发，把美感形态划分为"悦耳悦目"、"悦心悦意"、"悦志悦神"三个方面。蔡仪主编的《美学原理》中，特设专节论述了现实的丑如何转化为艺术的美，"化丑为美"的观点在国内学界流传很广。

二十世纪哲学和艺术领域都发生了巨大变化，美学的改变不可避免。就哲学

---

[31] Steven M. Cahn & Aaron Meskin eds., Aesthetics: A Comprehensive Anthology, Malden: MA, Blackwell Publishing, 2008, p. 163.
[32] 黑格尔著，朱光潜译《美学》，第 1 卷，第 147 页，商务印书馆 1979。
[33] 黑格尔著，朱光潜译《美学》，第 1 卷，第 69 页，商务印书馆 1979。
[34] 王朝闻主编《美学概论》，第 195 页，人民出版社 1981。
[35] 李泽厚《美学三书》，第 207 页，安徽文艺出版社 1999。

领域而言，"德国古典哲学是西方自古希腊以来两千多年哲学发展的总汇"[36]，"黑格尔的体系包括了以前的任何体系所不可比拟的巨大领域，……他在每一个领域中都起到了划时代的作用"[37]。以黑格尔为代表的德国古典哲学曾经是西方哲学发展巅峰，但是二十世纪西方哲学的反叛思潮不期而至，这就是分析哲学的兴起。"分析哲学是 20 世纪西方哲学中的一个主要思潮"[38]，支配了 20 世纪英语国家，在美国、英国、加拿大、澳大利亚和新西兰等国家，大多数大学的哲学系都把自己定位是做分析哲学的。

分析哲学的产生标志着西方哲学总体构架产生了重要变化。"分析哲学产生的另一个重要背景是对黑格尔哲学的反抗……剑桥可以说是分析哲学的策源地，分析哲学的三位创始者——穆尔、罗素和维特根斯坦都是剑桥的哲学家。在他们三人中，穆尔是师长，罗素说，他是跟着穆尔反抗黑格尔主义的"[39]。哲学领域的这种变化对于美学研究产生了直接影响，现代西方美学发生了反叛传统西方美学的重大变革。由于"黑格尔的美学思想在西方美学史的发展过程中，起到了划时代的作用，成为古典美学的集大成者"[40]，因此合乎逻辑地成为现当代西方美学反抗的对象。"现代西方美学的反传统倾向，集中体现在对以黑格尔为代表的德国古典哲学与美学的反叛。黑格尔美学是德国古典美学的高峰，也是柏拉图、亚里士多德以来的整个西方传统的集大成。所以反黑格尔，实质上就是反整个传统。而现代西方美学的基本方向就是反黑格尔、逐步脱离黑格尔影响的方向"[41]。

西方美学在以黑格尔为代表的古典美学那里达到高峰以后就开始转向，这种转向的特征是反叛性的逆向发展。自 19 世纪从叔本华、尼采以来，就已经发生了反对德国古典哲学及美学的反传统倾向，这种倾向在二十世纪以来的西方美学中获得了重要发展。现代西方美学的基本方向，就是反对以黑格尔为代表的德国古典美学的方向，从更为广阔的学术背景来看，也是反对整个西方美学传统的方向，这种反抗实质上是现代西方美学的现代转型，意味着德国古典美学的审美乌托邦走向终结，现代美学新形态如日东升般跃出了地平线。现代西方美学的这个重要走向，从上个世纪八十年代末以来，逐渐被国内学界所了解和把握，促使国内学界重新审视以黑格尔为代表的德国古典美学，直接影响到中国当代美学理论的新近发展。

---

[36] 冒从虎《德国古典哲学——近代德国的哲学革命》，第 6 页，重庆出版社 1984。

[37] 《马克思恩格斯选集》，第 4 卷，第 215 页，人民出版社 1972。

[38] 江怡《分析哲学在中国》，《中国社会科学》2000 年第 6 期。

[39] 赵敦华《现代西方哲学新编》，第 64 页，北京：北京大学出版社 2001。

[40] 《中国大百科全书》哲学卷 I，第 295 页，中国大百科全书出版社 1987。

[41] 朱立元、张德兴《现代西方美学流派评述》，第 3-4 页，上海人民出版社 1988。

四、重新划定美学版图

善于抓住一个事物区别于其他事物的特殊本质，然后在此基础上构造庞大的理论体系，这是以黑格尔为代表的德国古典美学的基本特征。黑格尔排斥自然美，认为美即艺术，他有时称为"美的艺术"，有时称为"艺术美"。从"美是理念的感性显现"这个定义出发，关于艺术概念的思考、艺术的历史发展、各个具体艺术门类的特殊本质，构成了黑格尔《美学》的基本逻辑结构。分析美学作为分析哲学的重要分支，将分析哲学的观点和方法运用于美学的结果，是带有强烈的反本质主义倾向。在分析美学看来，本质主义"预设一个空洞和模糊的本质，使传统美学……术语模糊，含混不清"[42]。

分析美学否定对于美和艺术下定义的可能性。韦兹（Morris Weitz）断然宣称，"对艺术下定义是不可能的"[43]，因为找不到艺术定义的必要和充分条件。从分析美学的观点来看，传统美学的混乱在于它假定艺术有着共同的本质，美学家的任务正在于发现这种本质以建立审美判断的绝对标准[44]。分析美学由此抽掉了传统美学赖以建立的奠基石，这有可能导致传统美学的坍塌。分析美学"不仅一般地反对传统美学，而且要釜底抽薪，从根本上反对传统美学存在的合理性"[45]。从这个意义上讲，分析美学对于德国古典美学乃至整个西方美学传统，不仅相悖，而且是彻底反叛。

如果认为分析美学的这种转变，仅仅是分析哲学的逻辑延伸，那就把问题简单化了。更重要的是，分析美学既是二十世纪以来西方艺术急剧变革的理论投影，又反过来为这些令人不知所措的艺术变革提供了理论依据。这些变革的主要特征，可以用罗马尼亚诗人特里斯坦·查拉（Tristan Tzara）的话来概括，那就是"我有一个疯狂的、如星光闪耀般的欲望，要杀掉美"[46]，杜尚（Marcel Duchamp）把男用小便器签名后送到画廊展览，沃霍尔（Andy Warhol）在博物馆展出了未做任何加工的工业包装盒子，凯奇（John Milton Cage Jr.）曲子《4分33秒》实际上是未作任何演奏的寂然无声。这些具有代表性的艺术事件背后，是更为广阔的艺术变革。这些变革包括二十世纪以来的达达派、野兽派、立体派、抽象派、意识流

---

[42] Richard Shusterman, "Analytic Aesthetics: Retrospect and Prospect", The Journal of Aesthetics and Art Criticism, Winter 1987.

[43] Steven M. Cahn & Aaron Meskin eds., Aesthetics: A Comprehensive Anthology, Malden: MA, Blackwell Publishing, 2008, p. 391.

[44] Richard Shusterman, "Analytic Aesthetics: Retrospect and Prospect", The Journal of Aesthetics and Art Criticism, Winter 1987.

[45] 蒋孔阳、朱立元主编《西方美学通史》，第6卷，第339-340页，上海：上海文艺出版社1999。

[46] Arthur C. Danto, The Abuse of Beauty: Aesthetics and the Concept of Art, Chicago: Open Court, 2003, P. 39.

小说、荒诞派戏剧、无调式音乐、随意音乐、涂鸦艺术和现代舞等。传统的艺术概念受到强有力的质疑，艺术品不再需要多少技能来制作，艺术似乎已经不能成为一个专门职业了，艺术是否能够定义都成了问题。

自 1981 年以来，丹托连续出版了《普通物品的艺术转化》、《艺术终结之后》和《美的滥用》三部曲，认为当今美学的问题在于，美已经不再是艺术的核心，艺术变革赋予现当代艺术挣脱传统体制而获得解放。"对艺术体制的挑战、抹杀艺术与生活界限的行为成为后现代艺术的基本法则……特别是现成品的使用，可以被视为后现代艺术的重要标志，它改变了传统的艺术创作方式"[47]。一系列的艺术事件和艺术运动，通过对艺术本质的重新诘问，解构了美的艺术的传统观念，传递了这样一些重要信息：1，艺术摹仿说不再为艺术家所遵循；2，艺术可以是丑的；3，艺术作品和普通物品之间变得难以区分；4，静观式的审美态度已不复存在。

二十世纪的两次世界大战，均源于美的艺术高度发达的欧洲，西方古典美学巅峰的德国成为战争的重要策源地，这促使艺术家重新思考：在不完美的甚至丑恶的现实面前，艺术家们可以创造出完美的艺术，这种观念类似中国传统的"笔补造化天无功"（李贺《高轩过》），给苦难现实中的人们以安慰。从正面说，这在艺术领域形成了真善美统一的古老观念，这是古典艺术传统；从负面说，这也可能粉饰甚至歪曲了现实，前苏联文艺的"无冲突论"就是如此，事实上是艺术家因懦弱而回避丑恶现实。艺术家们还可以有另一种选择，创造出丑的艺术，这就是二十世纪以来的西方现当代艺术运动和艺术潮流，这种观念类似中国传统的"信言不美，美言不信"（《老子·八十一章》），摒弃美的艺术形式所具有的欺骗性，这就在艺术领域形成了真善丑的统一，形成了现代主义艺术新传统。在令人不快的艺术形式后面，实质上是艺术家主体敢于直面丑恶现实。源自摹仿论的美的艺术已达无可企及的巅峰之后，富于反叛性的现当代艺术的发展获得了更为宽广的可能性。

这种潮流在艺术和美学之间双边互动，推动着美学研究者在更广阔的范围审视这些变化并重新划定美学的版图。费瑟斯通阐述了他的"日常生活审美化"理论，"第一次世界大战和二十世纪二十年代产生的达达、历史先锋和超现实主义艺术运动，在它们的绘画、写作和实际生活中，它们力图消除艺术与日常生活的界限"[48]，这是日常生活审美化的第一个重要方面。日常生活审美化的第二个方面是

---

[47] 马永建《后现代主义艺术 20 讲》，第 6 页，上海社会科学院出版社 2006。

[48] Mike Featherstone, Consumer Culture and Postmodernism, Los Angeles: Sage Publications, 2007, P. 65.

"把生活转化为艺术作品"[49]，用费瑟斯通本人的另一个表达方式，也可以说是生活方式审美化，其内涵是把服饰、身体、行为举止、个人嗜好、家具陈设、室内装修等，都力图实现实用价值与艺术价值的统一，结果"艺术、闲暇与日常生活合而为一"[50]。其中，身体作为最美的消费品构成了日常生活审美化理论的轴心，正如鲍德里亚所说，身体"比其他都更美丽、更珍贵、更光彩夺目……特别是无处不在的女性身体"[51]。

实用主义美学遥相呼应。舒斯特曼写道，"二十世纪英美美学展示出两种典型形式，它们源自两种独特的哲学传统：分析哲学和实用主义。前者诞生于英国，后者代表着美国对哲学的独特贡献"[52]，按照实用主义哲学的观点，传统的西方哲学必须改造，哲学的首要目的不是服务于真理，而是实现幸福生活，生活才是哲学的中心，生活在本质上是感性体验而不是知识体系，对美好生活的感性体验优于拥有美好生活的知识体系，因此实用主义哲学就是生活艺术。

作为实用主义哲学的一个分支，实用主义美学的基本方向是倡导艺术与生活的融合，这与日常生活审美化理论殊途同归。实用主义美学批评德国古典美学的精英主义方向和审美无功利性传统。杜威主张恢复审美经验与日常经验的连续性。舒斯特曼为通俗艺术辩护，强调娱乐性在审美活动的重要地位。舒斯特曼认为德国古典美学关于审美的非工具性、无酬劳性的观点，同杜威的实用主义美学背道而驰。实用主义美学反对把艺术封闭在博物馆、音乐厅、教室和剧院，认为这导致艺术远离了普通人的日常生活，成为遥不可及的偶像，使日常生活变得沉闷、乏味、压抑和缺乏想象力，明确主张艺术应该拆除不食人间烟火的神圣隔离带返回日常生活之中。对于生活的感性体验，必须通过身体来进行，这样身体就处在了生活的核心位置，身体美学理论因此应运而生。身体美学带有强烈反叛德国古典美学色彩，舒斯特曼自述身体美学旨在"终结鲍姆嘉通灾难性地带进美学中对身体的忽略"[53]，主张研究瑜伽、武术、美容、化妆、健美、节食等，使哲学能够更为成功地补偿它作为生活艺术的初始定位。他宣称"身体美学将引发美学学科

---

[49] Mike Featherstone, Consumer Culture and Postmodernism, Los Angeles: Sage Publications, 2007, P. 65.

[50] Jean Baudrillard, The Consumer Society: Myths and Structures, London: Sage Publications, 1998, p.29.

[51] Jean Baudrillard, The Consumer Society: Myths and Structures, London: Sage Publications, 1998, p. 130.

[52] Richard Shusterman, Pragmatist Aesthetics: Living Beauty, Rethinking Art, Lanham: Rowman & Littlefield, 2000, p.43.

[53] Richard Shusterman, Pragmatist Aesthetics: Living Beauty, Rethinking Art, Lanham: Rowman & Littlefield, 2000, p.267.

狭小界限的爆裂"[54]。

作为美国当代美学充满活力的重要组成部分，环境美学同样主张冲破美的艺术的狭隘观念。对于环境美学来说，环境概念包括以荒野为中心的自然环境和以城市为中心的人文环境。这个广袤而没有明确边界的概念带来了一系列理论后果：1，对于环境的审美体验，不能在封闭的空间内进行，美学必然要从博物馆和音乐会等特定时间和地点的保护中解放出来；2，美学从理论走向应用，美学研究理应包括环境设计、园林艺术、商品广告、室内装潢、服装时尚、流行文化等多方面内容；3，人是环境的必不可少的要素，人通过视、听、嗅、触等方式全方位参与到环境之中，环境因人产生影响和改变，参与成为环境美学的重要特征；4，环境美学中利益因素无法回避，用伯林特的话来说，"必须放弃审美非功利性的观点"[55]；5，这些观念强有力地冲击着既有美学理论，正在推动扩大美学边界，重建美学理论，以适应环境美学的新发展。分析美学、实用主义美学和环境美学汇合到一起，构成了现当代西方美学对德国古典美学的反叛性力量，提供了相近相通的美学理论变革图景。西方美学这些新的进展，对于正在寻求变革与突破的中国当代美学理论具有重要启示意义。

五、绘制大美学图景

在二十世纪五十年代到八十年代初期建立的中国当代美学理论，由于当时对于二十世纪世界艺术和美学的新发展比较隔膜，如果说这个理论还可以解释古典艺术和中国现当代革命文艺的话，那么，对于西方现当代艺术和上个世纪八十年以来的中国艺术，以及一系列新的大众审美文化现象，就显得捉襟见肘了。八十年后期开始，国内学界开始出现不满与求变的思潮。"新实践美学"、"后实践美学"、"生命美学"等理论主张接踵而至，近年来"用身体美学改造美学"、"用环境美学改造美学"等观点不绝于耳，"美学泛化"引起广泛争议。这些立场不同、观点各异的声音，可以简要地概括出一个共同的方向，就是中国美学要"大胆走出德国古典美学"[56]，这已经成为中国美学发展的时代主题，中国当代美学理论走到了变革的临界点。

早在上个世纪八十年代后期，叶朗就开始思考突破国内既有美学原理狭窄的学科体系和教学体系，试图融合我国传统美学和西方现当代美学成果，主编《现

---

[54] Richard Shusterman, Pragmatist Aesthetics: Living Beauty, Rethinking Art, Lanham: Rowman & Littlefield, 2000, p. 278.

[55] Arnold Berleant, The Aesthetics of Environment, Philadelphia, Temple University Press, p. 157.

[56] 曾繁仁《重审德国古典美学与哲学》，《文艺理论研究》2010 年第 6 期。

344

代美学体系》（北京大学出版社 1988），但是那时国内学界对西方现当代美学了解还不够充分，同时西方当代美学还在迅速发展，这些因素对该著形成了某种程度上的制约。经过二十年的思考，叶朗独自撰写的《美学原理》于北京大学出版社2009 年出版，显得更为圆熟。该著的彩色插图版名为《美在意象》，这从一个侧面揭示了该著内涵，即立足中国美学传统，变革国内既有美学原理的基本思路，又在一定程度上依然遵循德国古典美学的艺术哲学传统。该著在国内既有美学原理教科书通常是自然美、社会美和艺术美三分的基础上，又增加了科学美和技术美。该著吸纳现当艺术与美学的新进展，把丑与荒诞单独列为一章。在全书末尾，该著吸收了朱光潜"人生艺术化"等观点，将美育功能定位为追求审美的人生。

杨春时《美学》（高等教育出版社 2004）是普通高等教育规划教材，该著主要是对杨春时所倡导的"后实践美学"思想体系进行系统阐述。杨春时《美学》强调审美的自由与超越，把丑陋与荒诞列为否定性审美范畴，和优美与崇高的肯定性审美范畴并列，突出了审美活动中长期为我们所忽略的非连续性和偶然性因素，强调审美升华中肉体和生理欲望的娱乐性作用。该著在现当代西方哲学和美学的基础上，根据杨春时自己的美学思想体系，对在德国古典美学影响下的国内主流美学理论，做了较大幅度改写。在对照王朝闻《美学概论》和李泽厚《美学四讲》的基础上，张法概括了杨春时《美学》的几个特点：如果说前者是思想形态的整体话语，那么后者就是回归到了个体话语；如果说前者是把美学定位为物质，那么后者就是把美学定位为精神；如果说前者是把美学建立于实践，那么后者就是把美学建立于心理；如果说前者注重理性，后者则高扬感性。张法认为杨春时的美学理论是来自海德格尔和萨特的存在主义又有所发展，形成了一种否定现实、历史、实践而突出个人性的思想[57]。

彭锋撰写的《美学导论》（复旦大学出版社 2011）依然坚持美学就是艺术哲学，依然坚持艺术概念可以定义，把分析美学关于艺术定义的质疑和批判解释为艺术定义的新发展。该著不同于国内主流美学理论流行的真善美统一论，而是强调了美与善的分离，他引用了《论语·八佾》中孔子论武乐"尽美也，未尽善也"的观点，说明"未尽善"并不影响"尽美"，认为美的判断不受道德观念局限和美的独立价值同样属于中国美学古老传统。该著较多地吸收了西方美学的近期进展，设专章讨论了"审美与自然"，讨论环境美学的相关问题，分析了自然审美的分离模式、介入模式、自然环境模式和情感唤起模式等。在"审美与社会"一章中，和中国当代美学主要是阐述社会美的伦理内涵不同，彭锋主要讨论了日常生活审美化发生的条件、相关的哲学解释及其政治和美学批判等。

---

[57] 参阅张法《后实践的美学体系》，《贵州社会科学》2007 年第 9 期。

张法《美学导论》（中国人民大学 1999）中吸收了分析美学的观点，断言美的本质是一个假问题，并强化以中国美学传统为主的比较美学色彩，加入了伊斯兰、印度美学的若干内容。陈望衡《当代美学原理》（人民出版社 2003）论述并否定了艺术消亡论，肯定艺术和生活边界的消融和艺术的平民化，论述了审美与科技进步、审美与生态平衡，还特别论述审美与社会幸福这个长期为我们所忽略的问题。近些年国内出版的多种美学原理教科书显露出这样一种趋向，就是在与中国当代美学主流理论保持衔接的基础上，注意吸收西方美学的近期进展，逐渐修改国内美学理论的既有框架，探索拓展美学边界和变革内部图景的可能性。总体来看，国内的美学理论目前仍处于动态发展的变革过程中。

从中国美学的历史传统来看，以儒家为主流的中国古典美学，本质上就是一种介入现实人生的美学。中国美学史上历来没有严格的艺术定义，中国艺术传统持"诗文正宗"论，如果说诗是狭义的文学的话，那么文就是广义的文学，也就是今天所说的大散文概念，包含了多种应用文体。从中国古代文人的日常生活到以陶瓷为代表工艺美术，以及散落于市井之间的评书、相声等民间艺术中，生活与艺术之间并没有严格的界限。李渔《闲情偶寄》中的生活美学，朱光潜的"人生艺术化"主张，都主张艺术与生活的相互流动。从庄子美学到中国画关于奇松怪石的描绘，中国古代并不缺乏审丑。中国古代美学并不存在狭义美学传统，而毋宁说是一种没有确定边界的大美学，和西方现当代美学图景存在着某些相近和相通之处。

中国当代美学深受德国古典美学影响，但并非后者的简单复制，而是凝聚着中国学者自己的独特判断和理论建树，形成了某些不同于德国古典美学的独特面貌。一些当时不为我们所注意或赞成的理论资源，在今天看来具有某种超前性。蔡仪在上个世纪四十年代写成的《新美学》中提出了自然美、社会美与艺术美的区分，把现实美和艺术美相并列，将现实美分为社会美和自然美，其地位高居于艺术美之前。蔡仪坚持"明月星空、蓝天白云、花鸟虫鱼等等自然现象和自然事物的美，在于他们本身所固有的性质，在于这些自然物本身所固有的美的规律"[58]，曾被视为"机械唯物主义"而遭人诟病，今天坚持自然本身固有的内在审美价值是环境美学的核心理念之一。蔡仪主编的《美学原理》出版于 1985 年，其中设专节论述了人体美，并明确地把人体美作为自然美的一个组成部分，这在中国当代美学中是比较罕见的，这源自蔡仪的自然审美理论，他把人体美作为自然美最完美的典范。考虑到从西方环境美学的开拓之作罗纳德·赫伯恩（Ronald Hepburn）的《当代美学及其对自然美的忽略》发表于 1966 年，舒斯特曼提出身体美学理论

---

[58] 蔡仪主编《美学原理提纲》，第 14 页，广西人民出版社 1982。

在 1999 年，我们不难理解中国当代美学资源不仅具有与西方现当代美学衔接的可能，而且还具备某种超前性意义。

随着中国对外开放程度的不断加深，中国经济的快速发展，网络技术带来的查阅国外学术资料的极大便利，中外国际学术交流的空前活跃，国内学界自上个世纪九十年代以来已经能够同步了解国外美学的新近发展。我们有可能做到立足中国当代美学理论的已有成果，挖掘中国古典美学传统相关资源，结合中国美学的现实需求，对二十世纪以来世界艺术与美学的进展，做出连贯和综合性的阐述。现在我们很容易理解这样一点，仅就美的事物而言，可分为这样三类：1，非人类创造的自然；2，人类创造的艺术；3，人类创造并美化过日常事物。艺术是其中很小的一个组成部分，自然和日常生活中美的事物远为宽广辽阔。现代主义艺术兴起之后，人类创造的艺术呈现出一个新特点，它们不一定是美的事物，也可以是丑的事物。根据这样的认识，中国当代美学理论将会从原来聚焦于美的艺术哲学，大幅度地扩充地自己的边界，走向大美学，这已经成为国内美学理论的重要发展趋势。这个新的理论应当包括艺术美学、日常生活美学和环境美学，这个体系涵盖了历史上的审美传统和现当代的审丑活动，包容了日常生活中的审美谋划和对于美学理论的身体解释，消弭了艺术与生活之间的泾渭分明的界限，把复杂、多元和充满活力的现当代美学新进展纳入其中并重新绘制。这将不是对既有美学原理教科书进行局部的技术性修改，而是从美学疆域到主导观点的全局性变革，中国当代美学理论在基本版图和总体风貌上都将最终走出德国古典美学，展示出与时俱进的美学理论新形态。

自我、回旋与交换*
——中国当代美学之思
赵 臻**

Ego, Convolution, and Exchange
—Reflections on Modern Chinese Aesthetics
Zhao Zhen (Zunyi Normal College, Xiamen University)

【摘要】中国当代美学有三种重要"痕迹",分别是以中国玄幻文学为代表唯我美学,以中国当代电影《百合》、小说《和尚》为代表的回旋美学,以黄晓明婚礼、马云拍画事件为表征的象征交换拜物美学。它们代表了中国当代美学从青春期自我美学,向成年期回旋美学和象征交换拜物美学递变,完成了从自我——社会——现实的逻辑递变。通过对这种逻辑递变的追踪,思考时代提出的问题。它关涉到中国当代美学的未来,是一种美学革命。它意味着中国当代美学实践已从文本走向社会,进而演变为社会现实,更意味着美学与生活之间的双向模仿。中国当代理论界应对此进行积极的介入,在介入中回应时代的重大问题,在面向社会实践中,获得当代美学引领时代的超越性品格。

【关键词】自我 回旋 想象 悲剧 现代性 交换 象征

【Abstract】Contemporary Chinese aesthetics have three important "traces": ego aesthetics represented by Chinese fantasy literature; convoluted aesthetics represented by the contemporary Chinese movie "Loss" and the novel Monk; and the fetish aesthetics of symbolic exchange, as represented by Huang Xiaoming's wedding and the auctioning of Jack Ma's painting. These represent the transmutation of contemporary Chinese aesthetics from adolescent ego aesthetics to adult convoluted aesthetics to the fetish aesthetics of symbolic exchange, thus completing the successive change of logic from ego to society to reality. In tracing these successive changes in logic, we are thinking about questions raised by the times. These concern the future of Chinese contemporary aesthetics and constitute an aesthetic revolution. They mean that contemporary Chinese aesthetic practice has moved from text to community and then evolved into social reality. Further, they also smack of mutual imitation between aesthetics and life. Contemporary Chinese theorists should be actively involved in the

---

* 本文系国家社科基金重大项目"当代美学的基本问题及批评形态研究"(项目编号:15ZDB023)、国家社科基金项目"西方文化语境下的中国'幻文学'研究"阶段性成果(项目编号:11XZW031)。

** 赵 臻:(1979—),男,云南大理人,白族,遵义师范学院教授,厦门大学博士研究生,主要从事文艺美学研究。

revolution, responding to major issues and, as they face social practices, acquiring transcendental characteristics in contemporary aesthetic leadership.

【Keywords】Ego ; Convolution ; Imagination ; Tragedy ; Modern ; Exchange ; Symbol

二十世纪人类世界发生了前所未有的变化，文化上更是天翻地覆，如果用英国文学理论家詹·麦克法兰和麦·布鲁特勃莱"文化地震学"的等级来形容，它无疑属于颠覆一切的第三震级："那些压倒一切的位移，那些文化的灾变，那些人类创造精神所造成的根本性的骚动——推倒了我们的信仰和观念中最稳固和最坚实的东西，把属于过去的广大地域夷为废墟。它怀疑整个文明或文化，并疯狂地另起炉灶。这就是第三级地震"。[1]

就美学领域而言，它打破和放弃了康德对美的区分，将美学从封闭中解放出来："从马克思主义到后现代，现代美学的一个重要方向就是对康德以来艺术自律、审美独立的观念的攻击。艺术当然不能超越于社会人生，审美也并非纯粹的心理活动。"[2] 这是一种美学革命，具有否定和肯定两个维度，阿道尔诺更多地看到了否定维度："具有讽刺意味的是，苏格拉底所说的'美是有用的'命题，今天终于实现了"。[3] 贾斯汀·奥康诺看到了肯定维度："'艺术'与现代资本主义几乎同时出现，而且艺术与现代资本主义一样都是我们生活的分裂的现代性中所产生的一系列独特的具有彻底改变社会趋势的实践活动"。[4] 更为重要的是，艺术的生成涉及了文化价值的再生产，所谓的文化价值"从最广泛的意义上来说，它指的是能够从意义中获得其价值的产品／服务，我们将这种意义归入：传统和习俗，法规和信仰，可以分享的公共意义和群体认同，交流实践，等等。简而言之，就是'全部的生活方式'"。[5]

如果将现代艺术的生成看成是"全部生活方式"的再生产，那么它涉及到"宇宙秩序"的再生产，所谓"宇宙秩序"是指人类在生存过程中，基于现实世界而超越现实的价值建构行为，它提供给我们一个"世界的图景"和"价值体系"，可以说人类的历史就是一个"宇宙秩序"不断重构的过程，在这种"秩序"中我们

---

[1] 刘象愚、杨恒达、曾艳兵主编：《从现代主义到后现代主义》，北京：高等教育出版社，2006年，第25页。

[2] 单世联：《黑暗时刻：希特勒、大屠杀与纳粹文化》（上），广州：广东人出版社，2015年，第392页。

[3] ［德］马克斯·霍克海默、西奥多·阿道尔诺：《启蒙辩证法——哲学断片》，渠敬东、曹卫东译，上海：上海人民出版社，2006年，第141页。

[4] ［英］贾斯汀·奥康诺：《艺术与创意产业》，王斌、张良丛译，北京：中央编译出版社，2013年，第27页。

[5] ［英］贾斯汀·奥康诺：《艺术与创意产业》，第185页。

看得到"世界图景",也看到了与"世界图景"相适应的个人世界,二者之间的关系可以说"大宇宙与小宇宙的关系"。古希腊文化将其称之为"topos":"希腊人信奉的两球宇宙模型(天球—地球)"。[6] 这种"宇宙秩序"和个人秩序是同一的,二者可以互为镜像,从个人秩序之中能看得出"宇宙秩序"或"历史秩序",也可以从个体出发发现宇宙秩序或历史秩序的变化和重构过程,这是因为:"主体根据他在感觉中所投射的外部事物的迹象,来创造他身外的世界:即事物在纷繁复杂的特征和状态中所保持的同一性;同时,他学会了用既承认外在印象的综合统一性,又承认逐渐脱离于外在印象的内在印象的方式,在回忆中建构了'自我'。真正的自我是投射的最终产物……这种区分发生在主体身上,而主体则已经把外部世界装进了自己的意识里,而同时却又把它认作是别的什么东西。因而,反思,这一理性的生命,便作为一种有意识的投射产生了出来"。[7] 换而言之,主体自我意识体现了外在世界的秩序,通过对主体自我意识的分析可以了解外部的秩序,同时通过对自我意识的反思可以把握到意识和世界。可以说自我意识是连接世界与自我的桥梁,通过一方可以了解和把握另外一方。世界是自我意识的投射,从自我意识出发可能是最佳的途径。同时,考虑到文学作品是自我意识集中体现的结果,同时文学以其敏感性,能敏锐地把握到社会思想的变迁,成为美学革命的先行者,笔者拟从中国当代文学中独特、由极具争议的"玄幻文学"从发,考察中国当代美学的三个重要的层面,它们构成了中国当代美学的重要"痕迹"即从自我——社会——现实的逻辑演变过程,通过对它们呈现出中国当代美学精神的图景。

一、玄幻文学:自我的表征

玄幻文学是一种有中国特色的文学形式,它的出现不是一种偶然,而是一种必然,它所具有的特征和出现的原因至今尚未得到有效地解释,"玄幻文学"来自于"玄幻小说",它的命名据叶永烈考证:"'玄幻小说'一词,据我所知,出自中国香港。我所见到的最早的玄幻小说,是 1988 年香港'聚贤馆'出版的黄易的《月魔》。当时,'聚贤馆'也准备出版我的作品,出版商赵善琪先生送给我一本香港作家黄易的小说。赵善琪先生在序言中写道:'一个集玄学、科学和文学于一身的崭新品种宣告诞生了,这个小说品种我们称之为"玄"幻小说'。这是'玄幻小说'一词首次亮相,并有了明确的定义"。[8] 玄幻文学自产生以来,就受到了国

---

[6] T. S. Kuhn , *The Copernican Revolution*, Harvard University Press, 1979, chap. 1, 转引自吴国盛:《希腊空间概念》,北京:人民大学出版社,2010 年,第 9 页。

[7] [德]马克斯·霍克海默、西奥多·阿道尔诺:《启蒙辩证法——哲学断片》,第 174 页。

[8] 叶永烈:《奇幻热、玄幻热与科幻文学》,《中华读书报》2005 年 7 月 27 日第 014 版。

350

人尤其是青少年的追捧和痴迷，陶东风先生认为"玄幻文学"是时代的犬儒主义，玄幻文学中价值世界颠倒、混乱，充满了对现实逻辑的认同[9]。

有学者认为"当代网络玄幻小说在玄幻的形式下对人性进行了探索。《诛仙》极力描写情，无论是张小凡与普智之间虽然短暂却纠缠一生的亲情，田不易夫妇对张小凡血浓与水的骨肉亲情，田灵儿对张小凡单纯而有复杂的感情，还是碧瑶对张小凡一见钟情、魂飞魄散来换取情郎生还的忠烈爱情，陆雪琪对张小凡高傲冷峻却又热烈奔放、寄托死生的感情，林惊羽对张小凡推心置腹、不弃不离的友情，乃至犯下滔天大劫的兽神千万年的修炼只为一个名叫玲珑的女子、甘愿抛弃不死之身只为和心爱的人长相厮守的痴情，每一种感情的描写都让人感受到人性的美好和复杂。"[10] 也有的研究者认为："玄幻文学作为一种新的文学样式，其天马行空、漫漶无边的想象力，颠覆传统价值观念的野心和勇气，以及建构第二世界的创造力，皆有可圈可点之处。但是，其价值观的芜杂、凌乱，映照出人文精神的瘫痪、崩溃，的确令人担忧。"[11]

玄幻文学作为一种特殊的文学形式，出现并非偶然，我们一方面看到它在当下中国的风行，看到了它对想象力的"解放"作用，更应该看到玄幻文学本身所具有的特征没有被确切地把握到，更没有基于此之上对玄幻文学产生的原因进行深入探索，使得不少的论断只是一种发现，本身因为缺少论证，使得我们无法把握其本质，更遑论在此基础上对其演进的逻辑加以考察。基于此，笔者对玄幻文学特征进行探索，从其作为表征的特征来来发现当下中国文化生态和秩序。笔者认为中国玄幻文学具有以下三种主要特征：

1. 想象力的混乱与杂糅：玄幻文学想象力不拘一格、天马行空，某种程度上固然起到解放想象力的作用，然而不可否认的一点是中国玄幻文学想象力混乱与杂糅的情况极为特别，对此陶东风指出："玄幻文学不但不受自然世界物理定律、社会世界理性法则和日常生活常识规则的制约，而且恰好完全颠倒了这些规范。"[12] 许闻君则说得更加明确"玄幻小说可以说是具有中国特色的幻想小说，它的创作原则就是无原则，它的幻想基础就是无基础。包容性极强，任何外来事物都能溶进它的怀抱中，并衍生或变形出一些新事物。大多数玄幻小说，取了西方的魔法、中国的武术和谋略、日式的人物造型，再加上科幻，再加上神话（而且经常是

---

[9] 参见陶东风：《玄幻文学：时代的犬儒主义》，《中华读书报》2006 年 6 月 21 日第 009 版。
[10] 李 如、王宗法：《论明代神魔小说对当代网络玄幻小说的影响》，《明清小说研究》2014年第 3 期。
[11] 张国龙：《2000—2010 年中国儿童文学现象考察》，《东岳论丛》2011 年第 9 期。
[12] 陶东风：《青春文学、玄幻文学与盗墓文学——"80 后写作"举要》，《中国政法大学学报》，2008 年第 5 期。

中国、印度、希腊神话并存），构建出神奇的世界，精彩的故事，是动漫、电脑游戏与文学杂交的品种，而最近几年西方魔幻电影的持续升温则直接促进了它的繁荣。很多热门玄幻小说作品大致都是以西方奇幻小说的魔法和骑士为主角，加上东方武侠小说的内力和帮派，加上强者逆天精神，加上夸张和搞笑手法、加上游戏的升级、打怪、加上战争和阴谋，加上一些色情文学的卖点、最后再加上中学程度政治和历史课本所传授的世界观和人生观，经过精心混杂而成的大杂烩。"[13]

这种多种知识的杂糅和表面上的博学多闻，实际上只是各种知识碎片组成的任意的拼盘，值得注意的是的哪怕是作为玄幻文学直接来源的西方魔幻文学（以《指环王》、《哈利波特》为代表）对魔幻文学世界的把握和呈现不是像玄幻文学的任意而为、率性而为，而是遵守某种内在的逻辑，对此林国基指出"普罗提诺的这种神秘体验并非是在毫无理路可循的顿悟或是奇思异想中进行，而是遵循一种严格的步骤和序列，具有浓厚思辨色彩，从中可以看出古希腊哲学对他的深刻影响。这也是西方神秘主义的共同特质，不容忽视"。[14]

这种严格的逻辑和内在的序列是西方神秘主义的特质，也是西方魔幻文学的特质，可以说是人类文明与进步的证明，正如卡西尔在《神话思维》中指出的巫术思维与科学思维的区别在于："科学思维在假设相似性和构造相同系列时，再次显示出它的双重特征：综合与分析同时进行。它在相同的内容中既强调不相似的因素，也强调相似的因素；实际上，它对不相似的因素尤为重视，因为在确定它的种和属时，它更关注的是在同一种内进行区分和分级所要依据的原则，而不是在种属中指出共同的要素。"[15]

因此用科学代替巫术是人类的一种进步，我们考察西方魔幻文学（《指环王》、《哈利波特》等）时就会发现，它们是在现代性完成的基础上，对现代性进行的反思和批判，本身就有现代性作为基础。中国玄幻文学在中国推进现代性过程中出现，这就造成了以科学思维为代表的现代性尚未建立之时，就被前现代性思潮所消解，同时由于中国现代性的尚未完成，西方后现代性思潮不断涌入，使中国社会思潮呈现出现代性与前现代性、后现代性重叠、交织的杂糅状态。在这种状态中，同时有多种相反、甚至截然对立的知识在一起互相结构、解构着自身，其表面的上兼容自然就只能是这些碎片以一知半解或不求甚解的地放在一起，造成了以表面上的"知识"的丰富，掩盖自身想象力的贫乏和浅薄。

---

[13] 许闻君：《论网络文学中的"玄幻"小说》，硕士学位论文，内蒙古师范大学，2012 年，第 1—2 页。

[14] 林国基：《神义论语境中的社会契约论传统》，上海：上海三联书店，2005 年，第 31 页。

[15] [德]恩斯特·卡西尔：《神话思维》，黄龙保、周振选译，北京：中国社会科学出版社，1992 年，第 76 页。

2. 人性的缺失：中国玄幻文学产生于中国现代性进程中，其生发的双重语境即传统文化语境与现代性语境都缺乏产生对人性的深入理解和关怀，这就造成了在此问题上的先天不足和后天失调。就传统语境来说，中国传统文化中"人"是缺失的，人不是以个体、独立、有自我反思的个体的形象出现的，相反更多地以群体来定义人，人是从属于某种集体的，在某种程度上可以说中国传统文化是以"他者为取向"，而不是以"自我为取向"。在这种文化中现代个体自然无法生发。同时中国现代性的特殊性："中国现代性的基本特征就是外发性和后发性，所谓外发性，是指中国现代性不是本土文化的产物，而是从西方引进的，因此引发了持久的文化冲突。所谓后发性，就是中国现代性滞后于西方的原发的现代性，它从西方现代性中汲取思想资源，而且发展得并不充分"。[16] 更麻烦的是，世界全球化带来的西方后现代文化不断涌入，在某种意义上消解了本来就已经很薄弱的现代性个体文化，使得现代主体尚未确立之际就已经面临着被解构的危险。

在此背景中兴起的中国玄幻文学自身难以产生对人性的关怀和对人性有深入的洞见，这就决定了它无法拥有或产生自身独立的精神维度，当一种文学或文化自身不能产生自足的精神维度时，它必然向外面寻找某种精神维度作为支撑，玄幻文学就是如此。玄幻文学自身难以产生自足的精神维度，它必然向外在世界寻找自身价值维度，必然会对主流、强势文化进行认同，因此玄幻文学借鉴与仿造西方魔幻文学就不足为怪了，可以说西方文化的强势与西方魔幻文学的精美绝伦使得其有充足的理由对其进行认同，同时任何认同过程的实现必须基于原先的自我。换而言之，先在的自我就是一种认同的先行结构，它规定和决定着对外来文化的如何认同：认同什么，排斥什么，认同到何种程度等。它必须从自身传统出发，寻找某种"亲和力"，这种"亲和力"对中国玄幻文学来说莫过于传统文化中"成王败寇"逻辑、对权力、金钱的无原则的认同。在此，玄幻文学完成了"挟洋自重"和"以古为尊"双重合法性的叠加，于是便有了老Q式的"我爱谁是谁"的心态和唯我独尊的任性。

值得注意的是，中国玄幻文学上述状态被中国实现现代性的途径所强化，正如英国学者杰拉德·德兰蒂指出的现代性的两种推进逻辑："现代性的一种逻辑，即西方世界里资本主义和民主之间的斗争，导致了从有组织的现代性向后现代性的运动（后现代性仍然处在现代性的范围之内）；而另一种逻辑，即由国家推进的现代性，既压制了民主也压制了资本主义，导致了极权主义（极权主义必须看作是现代性的另一副面孔）。在前一种逻辑中，文化现代性保留了一些资产阶级和基

---

[16] 杨春时：《现代性与中国文学思潮》，生活·读书·新知三联书店，2009年，第269页。

督教的传统；在后一种逻辑中，前现代性的和现代的传统几乎被毁坏殆尽。"[17] 毫无疑问，中国现代性属于后一种逻辑，这意味着现代性对传统文化的破坏，使得中国在推进现代性时没有与之相匹配的文化基础作为支撑和制约，造成了霍克海默、阿道尔诺所批评的："思维把自身客体化为一种不由自主的自我推动过程，客观化成一种机器的化身，这种机器是在这个过程中形成的，以便最后思维能够被这种机器彻底替代"。[18] 现代性的一个后果就是将主体客体化，最终导致了用物质来衡量人的状况，这是对人的异化。中国在进行现代性过程中的传统文化无法提供和制约现代性的不良后果，使得中国社会充满了马克思所批判的"金钱拜物教"的味道，不少人甚至深陷其中。在这种状况下，中国玄幻文学自身精神超越的缺乏，加之中国文化工业的推波助澜，使其不断认同和强化着现实社会的权力、金钱的逻辑，在玄幻文学的虚构世界中获得"唯我独尊"的自负、傲慢与迷狂。

如果再考虑到中国玄幻文学一个重要来源，这种事实就会更加清楚："西方现代奇幻如 DND 小说的创作方式上，更是本来就与角色扮演游戏密切相关，在作品的构造过程之中，对故事背景的搭建与游戏场所和道具的准备过程十分相似；虚拟世界里各种规则和逻辑的设定则与游戏规则的设定过程相类似；在搭建好的背景设置与规则设定里展开情节、推动故事，对于作者来说，能够体验到一边自主掌控节奏和方向，一边在变数中享受冒险的快乐，对于读者来说，则会有在新奇诡幻的世界中探险般的惊喜。"[19] 在网络游戏中，要取胜就必须把人作为数字，当做物体来处理，任何网络游戏中对"敌人"只能将其作为手段，而不是目的，一旦将人作为目的，关怀人的精神，任何带有杀戮性质的网络游戏将无法进行。因此受到网络游戏（DND 小说）的影响，中国玄幻文学本来已经很稀薄的精神维度，变得更加稀薄和脆弱。

如上原因使得中国玄幻文学难有人的关怀，难有对现实世界的超越，其必然的逻辑就是无原则地认同现实逻辑，它虽然有力却无价值与关怀！

3. 青春期的作者与读者：玄幻文学是一种网络文学，其作者和读者大多数处于青春期，它是一种青春期的写作，同时又由于其作者和读者群的特殊性使得这种青春期的文学变得更加特殊，首先就作者群来说，王姝指出"网络小说的创作者们以青年为主，学科背景以理科居多。"[20] 许闻君则更具体地指出："当前玄幻

---

[17] [英]杰拉德·德兰蒂：《现代性与和后现代性：知识、权力与自我》，李瑞华译，"前言与致谢"，北京：商务印书馆，2012 年，第 4 页。

[18] [德]马克斯·霍克海默、西奥多·阿道尔诺：《启蒙辩证法——哲学断片》，第 19 页。

[19] 巩亚男：《中国当代奇幻小说研究》，硕士学位论文，苏州大学，2009 年，第 39—40 页。

[20] 王　姝：《网络玄幻小说的历史母题与价值观审视》，《理论与创作》2008 年第 3 期。

小说创作的作者基本都是 20—30 岁的青年男子，他们是看金庸小说成长、受武术电影影响了的一代人。他们大多数学习科学与工程，从小喜欢看动画片、玩电脑游戏。儿时梦想的骑士文化和卡通文化的碰撞，造就了他们在网络上写作玄幻小说自娱娱人的乐趣，所写的小说本身带有游戏性质。"[21] 创作群体文化素养不高，理工科的背景与中国应试教育的文理分科使得他们无法获得足够的人文素养，从根本上缺乏对人的关怀，他们的创作在某种程度上而言只是在日益冰冷和枯燥的理科思维中，用文学"取暖"，用过去的美好回忆来逃避冰冷的现实，同时由于中国传统文化中无近代科学的产生，五·四更是高扬科学大旗，使得国人产生一种科学万能的意识形态，对此胡适曾言"近三十年来，有一个名词在国内几乎做到了至上尊严的地位：无论懂与不懂的人，无论守旧和维新的人，都不敢公然对它表示轻视或戏侮的态度。那个名词就是科学"。[22] 科学的这种至高无上的意识形态性质在今天依然存在，使得许多玄幻文学作者认为可以假借科学的名义将世间所有的文学一网打尽，更有甚者以科学为名，行伪科学之实。中国玄幻文学作者群凭借着理工科的背景，信奉科学万能，将此运用于玄幻文学的写作中，有的是自我的任性和在文学幻想中对世界的征服，其实背后是一无所有的自我，一无所有才会借助古今中外种种知识的碎片来装饰自我。

中国玄幻文学作者群在用青春期的叛逆来反抗现实，表现受伤与唯我的自我时候，其在进行情感的宣泄与逃避，这又恰好符合青春期的受众群体。他们进入青春期，有着青春期的逆反，表现为对传统、对主流的文化的解构和戏仿，然而他们的经验、知识、人生阅历等诸多方面都不足与全面解构主流文化秩序，只能通过对主流文化秩序的局部的颠覆、戏仿、嘲笑、扭曲等方式来显示自身的存在。玄幻文学某种程度上满足了青春期的人群以及在社会现实中不如意的人们的进行逃避的需要，同时在玄幻文学世界中赎回现实中丧失的自我，玄幻文学与现代科技相结合，将单纯的文学的虚幻世界以网络游戏、电子游戏的方式引入到现实中，在某种意义上消解了现实与虚幻世界之间的界限，这使其对年轻人更具有吸引力。

中国玄幻文学是一种青春期文学，主要集中在青春期，是一种幻想文学，它在青春期绽放并不是没有原因的。"在幻想中涉及自我以及与此相关的活动的能力，会从人类的童年一直持续到青春期"。[23] 它的主要的作用是"在这种情况下，

---

[21] 许闻君：《论网络文学中的"玄幻"小说》，第 8 页。

[22] 胡 适：《科学与人生观序》，《胡适文集》（第 3 册），北京大学出版社，1998 年，第 152 页，转引自杨春时：《现代性与中国文学思潮》，生活·读书·新知三联书店，2009 年，第 114 页。

[23] Anne L. C. Runehov,Lluis Oviedo: *Encyclopedia of Sciences and Religions.* New York: Springer Netherlands.2013.p985.

幻想活动具有一种调适功能。它能缓解由当前巨大的失败、挫折、滥用或自我疏离所带来的生理、心理的痛苦。"[24] 因此，玄幻文学在中国风行一时，因为它满足了刚刚踏出社会的中国青年一代，承受着巨大心理落差，它满足了青年人在幻想中赎回自我与自我疗伤的需要。

值得注意，中国玄幻文学所以能够成为一种潮流或者亚文化，离不开两个关键因素，没有它们不可能有如此影响力，更不可能成为一种声势浩大的潮流，笔者认为这两个关键因素就是：现代性逻辑与现代性对人感性的解放。就第一个因素而言："现代性的逻辑就是：新的就是好的，最新的就是最好的，因此青年必然胜于老年，而创新必然胜于守旧"[25]。现代性赋予了新的东西的天然合理性和青年优先的权力，在这种条件下，中国玄幻文化的风靡才是可能的，因为它是新的，它是青春期的文化，在现代性中占据了天然的合理性。就第二个因素而言，现代性重要后果就是对人感性的解放，我们可以称之为感性现代性[26]，在某种程度上来说现代性就是对人欲望的重新塑造[27]，其重要的意义在于："那些受压制、在可接受的话语中被禁止和宣布为羞耻的东西如果是文化的不可分割的组成部分，它们就不会被废除。它们或者暂时沉寂在文明的底层而存在下去，或者以扭曲的表现方式寻求发泄的机会"[28]。

因此，中国玄幻文学以现代性所奠定的青年优先、新的就是好的先在逻辑，以感性的形态来表现自身，以自己的唯我性来对现有的文化秩序进行解构和颠覆，但是由于其自身的力量的不足，使得它无法在整体上颠覆已有的社会价值体系，只能通过幻想的方式、借用中西方知识"碎片"来建构自身的合法性，掩盖自身的贫乏，正是这种贫乏使得它在幻想的文学世界里用成功的方式来认同现实残酷的逻辑，通过幻想世界里的服从现实逻辑获得自我的"成功"的方式，完成自我的"白日梦"，因此其本质上是自我的宣泄与象征，是一个孤独、受伤、脆弱的心灵在玄幻世界里找到意淫式的"自我救赎"。

---

[24] Anne L. C. Runehov Lluis Oviedo: *Encyclopedia of Sciences and Religions*. New York: Springer Netherlands.2013.p986.

[25] 甘阳：《政治哲人施特劳斯：古典保守主义政治哲学的复兴》，列奥·施特劳斯《自然权利与历史》，彭刚译，北京：生活·读书·新知三联书店，2003 年版，第 10 页。

[26] 参见杨春时：《现代性与中国文学思潮》，生活·读书·新知三联书店，2009 年，第 9—10 页。

[27] 参见（美）阿尔伯特·赫希曼：《欲望与利益：资本主义胜利之前的政治争论》，冯克利译，杭州：浙江大学出版社，2015 年，第 5—61 页。

[28] [英]莱斯泽克·柯拉柯夫斯基：《形而上学的恐怖》，唐少杰、左言新等译，北京：生活·读书·新知三联书店，1999 年，第 8 页。

二、回旋的美学：中国式悲剧

如果说中国玄幻文学是青春期自我宣泄的象征，是当代中国青春期的美学，那么这种回旋的美学，则是成年期的美学，它所面对的是社会的维度，它充满了世俗艰辛与对自身命运的思考，这种美学突出地体现在周晓文导演的当代电影《百合》（Loss）中和陈继明中篇小说《和尚》之中，它们呈现出中国社会在遭遇现代性时所呈现出的特有的美学意味。

就《百合》而言，它描写了一个农村淳朴的女孩百合，到大城市打工，在情投意合之下爱上了香港卡车司机龙仔，执着于纯粹的爱情，她不问对方的任何信息，无限地信任她与龙仔之间的爱情，为此还有了身孕，有了身孕后她在茫茫人海中寻找早已不知所踪的龙仔，她生下了有先天心脏病的孩子，为了给孩子治病需要先垫付 8 万元的医疗费用。为此她想尽种种办法，由于孩子的拖累，使她不断被辞退，不断碰壁。当初作为爱情"信物"生下的孩子，成了她的"阿喀琉斯之踵"，面对随时会病发的孩子，她将何去何从。电影给百合安排了三种可能的结局：第一种是为了钱被贩毒分子卷入，被判死刑；第二种是屈从于生活的压力与有钱的老人结婚，过上了富足的生活，解救了孩子，但也失去了品格中最为光彩的东西；第三种是孩子死了，她从此消失在茫茫人海中。对此王杰教授对此有着独到的见解："百合的形象告诉我们，在现代生活中乌托邦并没有死，它以一种幽灵般的形式，或者说是'韵'的方式在人们意想不到的地方呈现给我们，以悲剧的形式打动着我们、召唤着我们。"[29]

笔者认为电影《百合》展现了中国特有现代性的悲剧，如果说悲剧就其希腊本源而言是思考神圣的东西，喜剧则是思考现实的问题，现代性以来将本来给予神的东西给予了人，人作为神的形象来到世间，同时不可否认人的存在除了神性的一极外，还有野兽的一极，对此美国学者就明确指出："启蒙运动的一条思想线索相信人是神，另外一条线索则把人视为野兽"。[30] 人徘徊在这两极中，用自己的独特的方式将古希腊悲剧、喜剧融合在了一起。如果说古希腊的悲剧在于有着崇高品德的人难免在世界中覆灭，中国式现代悲剧的美学意义则在于具有传统美德的人面对现代社会时，现代性带来的残酷与人物固有的传统美德之间的冲突和缠绕。面对急剧现代性时，我们何去何从，是否要放弃我们曾经珍视的传统，以及

---

[29] 王杰：《没有梦想就没有未来——论"中国梦"的美学维度及文学批评家的任务》，《北京论坛（2014）文明的和谐与共同繁荣——中国与世界：传统、现实与未来："汉学范式与中国问题研究"专场论文及摘要集》，2014 年 11 月，第 8 页。

[30] ［美］米歇尔·艾伦·吉莱斯皮：《现代性的神学起源》，张卜天译，长沙：湖南科学技术出版社，2011 年，第 358 页。

传统所产生的美好的人格与人性？

《百合》体现了这种迷失，它迷失在现代与传统之间，徘徊于现代与传统的两极之间，试图用一极来理解、回答另一极，结果只能是现代的"回旋"美学：徘徊缠绕在现在与传统之间，流连于生存与存在之间，每一次面对现实生存向传统（存在意义所在）寻求支持时只发现彻底的虚无，它就徘徊在两种截然对立的思想的边缘。如果说每一种截然对立的思想是一种"刀锋"，力图依赖一种"刀锋"解决另外一种"刀锋"是危险的，吊诡的是现实世界的先在性使得我们只能徘徊于两种"刀锋"之间，这也许就是现代悲剧的意义所在："许多伟大的作家，尤其是现代的，都发现喜剧中经常包含着悲剧的经验，痛苦的泪水与笑声找到了同一条出路"。[31] 中国式悲剧所不同的在于能将二者结合起来，以其特殊的兼容性力图将二者容纳起来，使得其面对未来的虚空是向过去回溯，在传统和现代之间回旋时，其面对的是如何向未来生成？如果说《百合》在于提出了这种问题，那么陈继明的《和尚》则在某种意义上回答了这个问题。

陈继明的中篇小说《和尚》，原名为《北京和尚》首次在《人民文学》2011 年第 9 期上刊发，后来被国内多家刊物转载，2013 年以《和尚》单行本的方式由重庆出版社出版。本文为了方便采用的重庆出版社的单行本，陈继明的《和尚》所回答的就是如何在现代性中安身立命的问题，出家的和尚可乘（后来还俗后的张磊），在北京郊区的观音寺挂单，他执着于佛教教义坚持认为不可杀生时，由此他面对凡尘女子红芳的追问："我……不小心怀孕了，做掉可以吗？"[32] 红芳说她是发廊女，在出台时不小心怀上了孩子，不知道孩子的父亲是谁，在无奈中到观音寺中问可乘，可乘说不可杀生，由此卷入世俗，孩子生下来了，被红芳遗弃到观音寺，后来又来找回，可乘因为自己的对佛教教理的坚持不可杀生，导致了孩子的降生，出于对红芳的爱恋和责任，可乘勇敢地还俗，在尘世间过起了居士的生活，他仍然吃素、打坐，换而言之，在尘世之中修行，虽然尘世之中有诸多的残酷，但是张磊由原来的逃避走向了积极地面对："可乘惊喜地发现，自己如今不怕麻烦了！以前那么怕世间的麻烦，怕所有的大大小小的麻烦，肯定是因为年轻，因为不懂佛法，现在不会了"。[33]

这是一种执着，也是一种改变，可乘因为怕麻烦而出家，执守却是他的生命底色，在做和尚时就说："连和尚都做不到以苦为师以贫为乐，这个世界还有救吗？"[34]这也是在他悟透了佛法，领悟到了世界的矛盾、人生的矛盾时，他不是随

---

[31] 周宁：《影子或镜子》，厦门：厦门大学出版社，2015 年，第 6 页
[32] 陈继明：《和尚》，重庆：重庆出版社，2013 年，第 1 页。
[33] 陈继明：《和尚》，第 112 页。
[34] 陈继明：《和尚》，第 21 页。

波逐流，而是在矛盾之中有坚守，王杰教授认为："《北京和尚》的悲剧性在于：'好人'和'神圣者'在物欲横流的现实生活中处处碰壁，在"失败"和退让的过程中达到平静与和谐的生存状态的悲悯和悲壮。小说通过隐喻告诉我们，未来或彼岸不是神圣化的"永恒的女性"，而是带着缺陷和世俗性的'麻脸观音'"。[35] 王杰教授将之称为中国特有的"优美化崇高"："中国悲剧观念是中国文化传统与中国现代化过程中的悲剧性现象相结合的结果，它本身就是一个十分矛盾的现象。对这个复杂现象的审美经验，是我们在似乎令人绝望的现实生活中仍然保持住善良、正义和良知的现实基础。"[36]

笔者赞同这种见解，我们应看到产生这种中国式悲剧的深刻社会根源：中国现代性的特殊性。杨春时教授将其称为中国现代性与民族国家冲突"其根源在于中国现代化的两个任务即争取现代性和建立现代民族国家的冲突。由于现代性来源于西方，而建立现代民族国家要反帝，所以二者必然矛盾。由于民族危机的急迫性，加之早期现代民族国家的'绝对主义'性质，导致以牺牲现代性和反现代性的方式建立现代民族国家。这就是'救亡压倒启蒙'的历史根据"。[37] 换而言之，中国的现代性是以反对现代性的方式推进现代性，由于现代性与中国本土文化不兼容，加之现代性产生后，其作为第一推动力的"新教伦理"便消亡了，结果必然是如马克斯•韦伯所洞见到的："正如我们一再观察到的发展模式，当思想的宗教根基枯死之后，功利的倾向不知不觉地潜入称雄"。[38] 现代性以来，人类社会产生了巨大的生产力，人类的福利大幅度地提高了，人类却失去了精神的家园，这在中国表现的更为明显，它表现玄幻文学自我的宣泄与疗伤，表现为社会层面的世俗与神圣的对立，体现一种互相缠绕的回旋美学，更为重要的是这种倾向不只是停留于文学作品之中，而是走入社会，变成现实即用金钱的交换功能力图实现或者获得自我的价值。

三、象征交换的拜物美学

传统美学与商品与拜物教少有联系，自从现代美学打破了自我封闭的体系以来，它越来越与经济社会密切关联，这是现代文化工业逻辑展开的必然结果："巫术变成了一种单纯的活动，一种手段，换而言之，变成了工业。理性的形式化过

---

[35] 王杰、谢卓婷：《中国悲剧观念：理论传统及其当代意义》，《马克思主义美学研究》，2013年第1期。

[36] 王杰、谢卓婷：《中国悲剧观念：理论传统及其当代意义》，《马克思主义美学研究》，2013年第1期。

[37] 杨春时：《两个五四：现代性与现代民族国家的冲突》，《上海文化》2015年第2期。

[38] [德]马克斯•韦伯：《新教伦理与资本主义精神》，康乐、简惠美译，桂林：广西师范大学出版社，2013年，第177页。

程也仅仅是机械化生产方式的智力表达。手段变成了拜物教，并且融入了快乐"。[39] 所不同的只是在于科学技术通过理性计算行使着以前巫术所行使的一切，它对快乐的追求只是利益最大化的结果。现代性造成了原子式的社会，每个个体都成为了孤立无援的原子，正是对这种冰冷的现代性的反抗，才会用艺术来温暖渐渐麻木的人心，可以说艺术"它是一位想象出来的人造的情人。它所回应的不是需求，而是爱"。[40] 正是这种爱情中我们才能消除自身孤独，将被隔绝的他人和世界连接起来，艺术就是人造情人，保护我们的现实的存在，隔绝世界的残酷。因此当现代资本主义演变审美资本主义，在以审美的方式来取得支配世界的权力，通过品位的塑造来获得自我的满足和虚荣。它是一种象征性交换，通过金钱为中介，实现象征性交换，其实质在于"象征不是概念，不是体制或范畴，也不是'结构'，而是一种交换行为和一种社会关系，它终结真实，它消解真实，同时也就消解了真实与想像的对立……象征终结了这种分离代码，终结了分离的词项。它是终结灵魂与肉体、人与自然、真实与非真实、出生与死亡之邦的乌托邦"[41]。它是一种精心构筑起来的堡垒，对抗人生的无常与虚幻。

如果说本文上述对中国玄幻文学、中国式悲剧的分析是在狭义文本中进行，那么这种现象早已跨越了文学与现实的之间的距离，在现实世界中上演，2015 年中国有两件具有轰动性质和象征意义的标志性事件：一是黄晓明与杨颖（Angelababy）结婚，婚礼盛况空前被称为"世纪婚礼"：整场婚礼的费用更高达人民币 1.9 亿元，娱乐圈明星争相云集，场面堪比颁奖晚会。据说轰动海外，引起了美国媒体的关注。[42] 另一事件是马云的画作"桃花源"拍卖估价 200 万[43]，马云以商业闻名，画画只能是业余的水平，虽然与知名艺术家曾梵志共同创作，但是 200 万的标价不是可以用常理来衡量的。

这两个事件都是一种象征，背后所表征的是某种拜物教美学，所不同的是黄晓明婚礼所做的是用金钱的交换功能，获得某种梦想的达成，正如黄晓明在婚礼上所言只想把全世界最好的捧到她的面前，杨颖则说会在人生路上默默支持黄晓

---

[39] [德]马克斯·霍克海默、西奥多·阿道尔诺：《启蒙辩证法——哲学断片》，第 91 页。

[40] [法]奥利维耶·阿苏利：《审美资本主义：品味的工业化》，黄琰译，上海：华东师范大学出版社，2013 年，第 71 页。

[41] [法]让·鲍德里亚：《象征交换与死亡》，车槿山译，南京：译林出版社，2012 年，第 186—187 页。

[42] 新华网：《美媒关注黄晓明过亿婚礼 惊问：谁是 Angelababy》，2015 年 10 月 30 日 11：08：27 http://www.js.xinhuanet.com/2015-10/30/c_1116987620.htm

[43] 光明网：《马云画作"桃花源"将拍卖 估价 200 万》2015 年 10 月 03 日 09：08 http://politics.gmw.cn/2015-10/03/content_17242360.htm

明，相随相陪伴到老，他是她的梦想，给他快乐[44]。从中可以看出他们对爱情充满的期待并视为极为珍贵的东西，这种挥金如土的婚礼在某种意义是一种象征性的交换，希望能够通过它表达对对方的珍惜，二人的婚礼其实是通过仪式希望消除和隔离残酷的现实，将美好的想象永恒化，用想象来消解现实，同时力图将想象引进现实，使得想象成为现实，对想象仪式的重视是对现代社会存在的恐惧，力图用爱情即想象中情人，获得自我的慰藉，从而在人生路上相依相伴，用爱情的美好对抗人生的无常，用爱情的互相支持来获得面对虚无的勇气，应该说从哲学的角度来说这是对现实的一种逃避和对抗，这也许象征了现代社会人们普遍的精神状况。如果说爱情就是不断地寻找自我，婚姻则象征着这种找寻告一段落，双方在对方身上到了自我，通过这种同一方式，获得人生的美好和生存的勇气。可是其实现的手段是通过金钱，通过金钱拜物教的魔力得以实现，在确证了爱情的伟大时候，所确证的似乎也是拜物教美学，正如阿道尔诺所言的："如果交换物本身就是一种牺牲的世俗形式，那么，祭祀也就变成了一种合理交换的巫术模式，变成了一种人支配神的工具：对众神的僭越恰恰是通过遵奉众神的制度而实现的"[45]。马云作画作超高价拍卖，在某种意义上可以说是作品价格与价值之间的关系没有有效地得到体现，背后正是拜物教美学的内在逻辑实现的方式："只要金钱是绝对的，那么艺术就应该是可以随意处置的，这样，文化商品的内在结构便发生了转换，并呈现出来"[46]。

　　如果说中国玄幻文学代表了青春期唯我的美学，中国式悲剧所面对的是成年期美学，拜物教美学则是面对现代性时自我的放逐，用艺术和爱情来对抗现代性，三者实现了从自我层面到社会层面，再到现实实现的演进。如果说前两者是文本上的思考，那么拜物教美学则已走进我们的现实，成为了我们的现实景观，它在某种程度上走完了自我——社会——现实的过程，青春期唯我美学、回旋的现代性美学会不会逻辑必然地演进到拜物美学是值得我们深思的问题？同时拜物美学会不会从自身合理的演进到唯我美学、回旋美学而成为一个周而复始的循环，毕竟它们都会有"孩子"，中国当代美学如何回答这个问题，是时代给我们的重任！

---

[44] 新浪网：《黄晓明世纪大婚太宠 baby！撼动半个娱乐圈》2015 年 10 月 09 日 06:28 http://ent.sina.com.cn/s/m/2015-10-09/doc-ifxirwnr6841117.shtml
[45] ［德］马克斯·霍克海默、西奥多·阿道尔诺：《启蒙辩证法——哲学断片》，第 41 页。
[46] ［德］马克斯·霍克海默、西奥多·阿道尔诺：《启蒙辩证法——哲学断片》，第 143 页。

跨文化研究与中国美学话语转型

李庆本(杭州师范大学艺术教育研究院)

Cross-Cultural Studies and
Aesthetics Discursive Transformation in China

Qingben LI

【摘要】美学比较研究方法之所以是跨文化的，其真谛并不在于去进行东西方两种美学体系孰优孰劣的价值判断，而在于从跨文化的角度，同等尊重不同民族文学艺术的独特价值，并在此基础上从中寻找出更广泛的普遍有效性。这就要求我们能够以一种批判的眼光去开发中国古代的美学资源，以一种审慎的态度对待中国现代的美学传统，以一种宽广的胸怀迎接西方美学话语的挑战。

【关键词】跨文化　美学　比较研究　话语转型

【Abstract】During the past century, Chinese aesthetics has produced a more consistent discursive system which is simultaneously based on western models as well as deeply rooted in China's social reality and culture. We shouldn't ignore this new tradition of 20th century when talking about aesthetic discursive transformation. My argument is, firstly, that the goal and the means of aesthetic discursive transformation should be about looking ahead rather than looking back. A transformation should not imply a simple return to tradition but a creative conversion of tradition. Secondly, we should adopt a positive attitude towards activating tradition rather than simply putting in use ancient Chinese terms in relation to aesthetic discourse. Thirdly, these transformation should mean looking to the future based on reality in comparison of Chinese and foreign cultures.

　　由于美学这门学科的外来性质，它所操用的话语范畴及理论体系均不可避免地带有外来"他者"文化的浓重色彩，这很为某些持严正中国文化立场的学者[1]所

---

[1] 这部分学者的理论主张学界习惯上称之为"文化保守主义"，他们认为，自近代以来，中国文化的激进主义和反传统态度，过于偏激地对待自己的传统，因而使得中国文化出现了某种文化断裂。甚至于像文化大革命这样的文化浩劫，都与五四以来偏激的文化倾向有密切关系。在新的世界政治、经济和文化格局中，身为"第三世界文化"的中国文化，应强调自己的文化传统，警惕西方文化霸权对我们的"后殖民主义"的侵蚀。其具体观点祥见《文学评论》(1993年第3期、1994年第2期、第4期)郑敏、张颐武等人的有关论述。详细情况也可参见周宪的《中国当代审美文化研究》(北京大学出版社1997年版)第246—261页。与之相应，在文学理论界和美学界则有一种观点认为，五四以来，由于我们大量引进西方美学和文艺理论的范畴术语和体系，以至于到了今天，"我们患上了严重的失语症"，"我们一旦离开了西方文论的话语，就几乎没有办法说话，活生生一个学术'哑巴'"。见曹顺庆：《文论失语症与文化病态》，《文艺争鸣》1996年第2期。

不满，他们认为，中国美学应该立足于本民族的文化传统，而不应该照搬西方的话语系统，因此有一个美学话语转型的问题。然而，究竟什么才是真正的中国美学话语，如何才能真正避免西方话语的搅拌，论者迄今并没有给出一个令人信服的解答和一个可资操作的方案。如果说，中国传统文论中的"风骨""神韵"等一系列的范畴可以作为我们中国美学建设的重要的文化资源的话，那么，我们必须进一步地追问，这些范畴的确切含义究竟是什么，如果我们自己尚不能对它们的内涵达成共识的话，我们又如何让美学初学者或者让外国的美学研究者来掌握它们、接受它们？又如何实现论者所理想的避免中国美学"边缘化"的目的？这是其一。其二，中国美学近百年来的发展，已经初步形成了一套话语体系，尽管这套话语体系对西方有借鉴，但同样不可否认的是，它仍然主要是根置于中国的社会现实，与中国现代文化的发展一同生长起来的，或者更确切地说，是在中西文化的冲突与交融中成长发展起来的。美学话语转型能否完全无视这一百年来形成的中国现代的美学传统，是很值得怀疑的。

笔者深感有美学话语转型的必要，但在实现转型的目标和手段上却有着自己的私见。笔者认同于下列观点：美学话语转型的目标和方向，不应该是"向后看"，而应该是"向前看"，不应该是简单地回到传统，而应该是对传统进行"创造性转换"；实现转型的手段也不是简单地只要采用中国古代的一些术语就算了百了，而仍然需要立足现实和放眼未来，在中外文化的比较参照中，用现代人的思维方式去照亮和激活传统，以一种批判的眼光去开发中国古代的美学资源，以一种审慎的态度对待中国现代的美学传统，以一种宽广的胸怀迎接西方美学话语的挑战。

1、传统美学的再生性途径

对中国传统诗词颇有研究的叶嘉莹女士曾指出："无可否认的是任何一种新的理论的出现，其所提示的新的观念，都可以对旧有的各种学术研究投射出一种新的光照，使之从而可以获致一种新的发现，并做出一种新的探讨。"[2]中国传统究竟意味着什么？他是否就是一些不容置疑的价值中性的客观性的实体？如果是这样的话，那么我们还有什么必要在今天再劳神地去谈论封存于过去历史的传统呢？看来，当我们谈论传统的时候，一定是站在今天的角度，以我们特有的立场来重新回视他，我们追问的是传统对于我们的价值；传统本身并不会向我们发言，而是我们向传统发言。正是在这个意义上，生活于东南亚的华人，可以从传统中找到使他们迅速发家致富的正面效应，而中国近代的传统批判者则发现了传统阻

---

[2] 叶嘉莹：《从女性主义文论看＜花间＞词之特质》，载《社会科学战线》1992 年第 4 期。

碍中国顺利走向现代的负面效应。所谓对传统的肯定和批判，无疑都是源于对现实的肯定与批判。以现代的新观念、新话语重新阐释传统，不仅是我们贴近传统所必需的，也是传统走向现代所必需的唯一途径。传统的是否有价值并不在于传统本身，而在于传统与我们的"价值关联"[3]。因此，要做到真正地继承传统，必须打破传统的"封闭语言"，以现代人的思维之光去激活他、去照亮他。对于中国传统的美学资源也应当做如是观。

我们必须承认，中国传统美学，尽管具有丰富的价值资源，但其概念的构成形式、知识的生产和交换方式均基于特定的历史背景。主要表现在，关于文学艺术品评所操用的术语均局限在特定的文人社群之中，在这种文人圈中，其知识背景大致相同，其审美趣味大体一致，因此其概念话语均带有自明的共享性质，彼此之间并不需要太多的解释，对方肯定能听得懂。作者在写作的同时已经将自己暗置在读者的位置上，他可以从自己作为读者的立场上来对自己的作品进行评判；读者也清楚作者的意图，并以作者的身份来对作品作出反应。因此，作为中国古代美学重要资源的诗话、词话、画论、文论、曲论、乐论、传奇评点等，往往三言两语即能道破艺术的真谛，不需要太多的分析与论证。如果说，中国古代美学带有明显的体验美学的特征，这大概是一个非常重要的原因吧。可是中国美学发展到近代则逐渐丧失了这种特权，由于其中主要的一部分的文学艺术的启蒙职责，它试图面对的是文人社群之外的广大大众，这在客观上必然要求对话语方式进行转换，以弥合由于知识背景的不同所造成的差异。因此，我们如果要谈到中国美学的现代转型，必须首先从中国美学自身的发展历史去寻找转型的动力，尽管在这一过程中，中国美学接受了西方美学的影响，但西方美学的影响在促进中国美学转型过程中却并不是唯一的、甚至不是最重要的起因。如果中国美学自身的发展必然是美学话语转型的"内因"的话，那么外来美学的影响顶多可以看成是"外因"，是内因和外因的共同作用，才促使中国美学从传统走向现代的历史转换。

---

[3] 按照韦伯的解释，价值关联就是价值判断。在《社会科学认识和社会政策认识中的"客观性"》一文中，韦伯指出，社会科学和自然科学一样，研究的对象也是实在(Wirklichkeit)，而实在之所以进入社会科学的领域成为文化科学的对象，并非因为它原来就如此，而是因为它在与研究者的价值关联中变得重要了，它便对我们有了意义。韦伯并不认为，意义是文化对象自身的性质，或者文化对象本身固有其价值。通常的情况总是这样：抱有一定价值观念的人与一定的实在发生关联，而他之所以与这个实在发生联系，完全取决于他的价值观念。社会工作者依据一定的价值与一定的实在发生联系，这便是价值关联(Wertbezihung)。参见《社会科学方法论》(汉译本序)，中央编译出版社1999年版，第6页、第8页、第9页。

2、中国现代性美学话语的生成

　　毫无疑问，中国现代美学话语的生成在很大程度上是得益于西方美学的启迪，这在王国维、蔡元培这两位中国现代美学的缔造者身上就可以非常清楚地表现出来。不过在我们强调他们的"西学"知识背景的同时，同样也不应该忽略他们深厚的"中学"知识背景。中国美学的"现代性"问题是一个非常复杂的问题，其中当然也有"反西方现代性的现代性"[4]问题。纵观近百年来中国美学的发展，其中有一个重要的理论价值取向，即在很长一段时间内对于建立具有中国特色的马克思主义美学的追求以及这种追求被主流意识形态的认可。作为毛泽东美学思想的阐释者，周扬就曾明确地提出要"建立中国自己的文艺理论和批评"，反对"背诵马列主义条文和硬搬外国经验，而不结合中国实际"的做法，强调马克思主义文艺理论"必须与我国的文艺传统和创作实践相结合"。[5]这种意见代表着主流意识形态的声音，其对中国现代美学的影响当然是不可低估的。因此，如果说"20世纪中国文论的变革根本上是一种知识方式的变革"，而这种变革"还不是一些局部的诗学观念的变革，而是现代西学的知识系统对中国传统知识谱系的全面替换"，[6]这种说法显然是未经经验证明的先验之见。

　　当然我们并不否认，20世纪中国文论和美学的发展确实存在着外来美学话语横向移植的倾向，但同样不能否认的是，第一，这种分析性知识质态的移植或切换并非是唯一的现代性知识的生成形式，宗白华先生的美学研究就是一个明显的例外；第二，即使对西学异质知识的移植也不是某一些理论家个人有意选择的结果，假使将这种现象看成是存在于20世纪中国的普遍现象的话，我们必须要同时追问产生这种现象的原因是什么，是什么使我们坚信，"只有现代西学质态的知识才是唯一的知识"？这里是否有一个中国现实发展的内在驱动的问题？第三，即使我们存在着这种坚信，对西学知识的接受也还有文化"误读"的问题，在很大程度上，我们对西方话语借用的时候，其"能指"与"所指"在西方原生意义上的关联性由于受到本土经验的干扰有时常常会出现分裂的现象，我们借用的是西方话语符号的"能指"，而"所指"的却常常是中国现实文本，例如当我们采用"现实主义"这一来自西方的术语来概括批评中国文学作品的时候，"所指"的显然不再是西方文本，这样"现实主义"这个术语也就不可能再是西方原生意义上的"现实主义"，而被赋予了特殊的含义，并获得了新的规定性，因此我们

---

[4] 具体论述参见汪晖的《当代中国的思想状况与现代性问题》、《关于现代性问题问答》、《传统、现代性与民族主义》，分别见《文艺争鸣》1998年第6期、《天涯》1999年第1期和《科学时报》1999年2月2号。

[5] 参见《文艺报》1958年第17期的报道：《建立中国自己的马克思主义文艺理论和批评》。

[6] 曹顺庆：《从"失语症"、"话语重建"到"异质性"》，《文艺研究》1999年第4期。

不能不说西方话语在中国现代美学中的意义生成有着深刻的中国现实的文化背景，这也使得西方知识的全面置换大打了折扣。第四，我们要将知识话语的建构与价值话语的建构进行区别，不能一概而论。从概念的外延上来讲，话语不仅仅是知识性话语，而且还包括价值性话语。我们在接受西方知识性话语的同时，是否也接受了西方所有的价值性话语，这仍然是需要进一步论证的问题，而并非是不证自明的。

从整体上看，20 世纪中国美学的发展历程反映了中西文化冲突与交融的现状，其中有采纳，也有拒绝，有借鉴，也有变异，有西方的知识话语形式，更有中国本土的现实经验。中国现代性美学话语正是在这种冲突与融合中曲折地发生、发展的。这种现象应该首先从 20 世纪中国历史发展的层面上去说明。"知识的现状，与其说是根据它们本身的情况，还不如说是依其所追随的事物来界定和解释的。"[7]美学知识的增长，不仅是美学自身内部的知识调整，更是它所关注的现实经验的回应。在中国美学的历史发展中，话语系统的变换应该被看成是一种经常发生的情况，即使是被看成一个整体的中国古代美学，其自身依然存在着不连续性、断裂等现象。如果我们断言，中国传统在现代出现了断层，我们就应该接着追问这种断裂变换的判断是否也适用于中国古代传统。我们不应该只注意到传统与现代的界限，而分别又将传统与现代看成是两个互不相干的毫无变化的僵死实体，从而忽视和抹煞传统和现代本身内部所具有的各自的差异性。我们还想指出，所谓"不连续性"、"断裂"的论断仍然是西方话语，这在米歇尔·福柯的著作中可以很容易地查找出来。但"中国传统断裂论"也同样没有将福柯的理论贯穿到底，其中仍然有"误读"，他们在传统与现代的分界点上，采用了断裂的判断，但当他们分析传统这个概念的时候，却给传统赋予了"连续性"。在这里，我们倒非常有必要听一听福柯本人关于传统是如何被构造出来的解说，他指出："传统这个概念，它是指赋予那些既是连续的又是同一（或者至少是相似）现象的整体以一个特殊的时间状况；它使人们在同种形式中重新思考历史的散落；它使人们缩小一切起始特有的差异，以便毫不间断地回溯到对起源模糊的确定中去……"，而这在福柯看来，不过是"以各自的方式变换连续性主题的概念游戏"，本身并不"具有一个十分严格的概念结构"。[8]不幸的是，"断裂论"正是通过"变换连续性主题"、通过无限夸大现代与传统的差异、而极力缩小两者本身中存在的差异的方式构造出来的，在这里显然使用了双重标准。

我们必须承认一个基本事实，二十世纪中国美学的发展格局是多元化的。中

---

[7] 马尔库塞、费彻尔合著：《作为文化批评的人类学》，三联书店 1998 年版，第 24 页。
[8] 米歇尔·福柯：《知识考古学》，三联书店 1998 年版，第 23—24 页。

国近百年来美学历史发展的实践表明，以单一模式来限定本身具有诸多差异性的中国现代美学，必然会显露出自身的理论困境。

3、"西方中心主义"神话

我们说过，那些要求回归中国传统的所谓保守主义的学术呼声仍然有着深刻的西学知识背景，这可能不为人们所理解。在 80 年代，在中国学术界占统治地位的是"现代化理论"，"其核心论点是，一切国家、民族和地区都有着一条共同的现代化道路，只是不同的国家、民族和地区处在这条道路的不同阶段而已。"[9]由于刚从"文革"封闭状态中走出，西方各种新理论、新观念如同潮水般袭来，这一方面促使了当时的思想解放和学术繁荣，另一方面也确实导致了某些理论（请注意，是某些，而不是全部）表述方面的所谓"失语症"。"形形色色的现代化理论指明了传统社会的那些有别于现代社会的方面，然而在此过程中，它们却忽略了这些社会内部秩序的复杂性。"[10]因此进入 90 年代之后，80 年代处于支配地位的观念以及表述这些观念的理论"范式"被重新评估。"过去，人们以为学术研究的目的在于用抽象的、有普遍意义的理论框架来指导自己的研究，并以此来界说学术研究的宗旨。现在，这种观点正在受到根本性的挑战。"[11]

但所有这一切又是如何发生的呢？我们注意到，这一时期，西方的后现代主义开始进入我们的理论视野，像德里达、利奥塔德、福柯、赛义德等人的理论开始被我们所接受。80 年代与 90 年代的学术分野，除了基于现实发展的不同要求之外，进入我们视野的不同的西学知识也是造成这种分野的重要原因。而进入 90 年代人们视野的这些西学理论，均带有明显的向西方"普遍主义"话语霸权挑战的倾向。例如女权主义者就曾对西方长期占统治地位的各种理论提出质疑，她们认定这些理论并不能真正反映女性的真实状况，她们还宣称，社会科学认定适用于全世界的原则实际上只代表着人类中极少数人的观点。赛义德的"东方主义"理论，也在批评西方中心论，并在此基础上提出了东西方在全球化进程中的关系问题，在他看来，所谓"东方主义"实质上是西方人出于对东方和第三世界的无知、偏见和猎奇而虚构出来的某种"东方神话"，是西方帝国主义试图控制和主宰东方而制造出来的一个具有或然性的政治教义，它作为西方人对东方的一种根深蒂固的认识体系，始终充当着欧美殖民主义的意识形态支柱。

不管承认与否，也不管是自觉的还是不自觉的，所有这些要求从西方普遍主

---

[9] 华勒斯坦等著：《开放社会科学》，三联书店 1997 年版，第 43 页。
[10] 华勒斯坦等著：《开放社会科学》，三联书店 1997 年版，第 60 页。
[11] 乔治·马尔库斯和米开尔·费切尔：《作为文化批评的人类学》，三联书店 1998 年版，第 23 页。

367

义分离并抨击西方话语霸权的西方理论，都给 90 年代要求摆脱西方话语羁绊回到中国传统的理论主张提供了理论的借鉴和自信。但正像有人已经指出的那样，在赛义德那里，东方主义是西方文化的产物，是西方人自我主观性的投射、权力的反映，他对西方的解构与批判，仍然是西方话语，仍然是在西方文化语境中进行的，仍然局限于西方知识体系之内，而并非是"有关东方的真正话语"。[12]而我国保守主义的理论话语也同样存在着这种问题，只要看看他们所操用的术语就可以非常清楚地明了这一点，什么"家族类似"呀，什么"众语喧哗"呀，什么"断裂"呀，等等，这些术语不同样脱胎于西方？他们所主张的回归中国传统、抨击西方话语霸权，显然与西方后现代主义有着共同的理论价值趋向。

海德格尔曾言，语言是存在之家。可是在中国古代的道家传统中，却没有这种对语言的自信，"道可道，非常道"，"大音希声"，"言外之意"，因此，最重要的是实在，而不是言说。今天，我们日益沉迷于为话语所建构的现实之中，而离真正的活生生的现实存在越来越远。我们表面上是在抨击西方的话语霸权，而不知道自己正陷在西方话语的圈套中而不能自拔。如果我们老是在话语表述问题上纠缠不清，打破"西方中心论"神话、真正回归中国传统的确任重而道远。

4、跨文化美学研究的原则和方法

跨文化美学的提出是基于以下前提：在传统与现代之间，应该找到一种对话的途径，应该承认以现代话语阐释中国古代美学传统的合法性；在东方与西方之间，也应该找到一种对话的途径，同时承认东方与西方各具特殊性的美学价值。以西方、现代贬低东方、传统，或者以东方、传统拒斥西方、现代，都不是我们跨文化美学研究所应遵循的原则。

首先，在我们的美学研究中，仍然应该遵守现实优先、历史优先的原则。判断一种理论优劣的标准在于它能否有效性地阐释现实与历史，是否能够有效地促进人们的学术交往，而不在于其采用什么样的话语方式。历史发展了，现实改变了，学术范式、话语系统也应该随之而改变。正像韦伯所指出的："推动人们的文化问题总是不断以新的色彩重新生成，因而始终在同样无限的个别之流中对我们具有意思和意义，成为'历史个体'的东西的范围也变动不定。历史个体借以被考察和得到科学地把握的思想联系变换不已……文化科学的出发点即使在无限的未来也依然是会变动的。"[13]变动不居的"历史个体"永远会构成任何理论永新的知识生长点。

---

[12] 参见刘康、金衡山：《后殖民主义批评：从西方到中国》，《文学评论》1998 年第 1 期。

[13] 马克斯·韦伯：《社会科学方法论》，中央编译出版社 1999 年版，第 34 页。

其次，仍然应该坚持批判地继承传统和批判地接受外来文化的原则。我们今天讲继承传统，就不仅是指继承中国古代的传统，而且也要继承中国现代的新传统。这两种传统尽管有区别，但整体上，它们是一脉相承的。无论是中国古代美学，还是近现代美学，都主要是中国人的审美经验的理论表达，其中（特别是中国近现代美学）有对外来美学的借鉴，但借鉴是手段，而不是目的，借鉴的目的还是为了更好更有效地表达自己的美学见解。由于二十世纪中国美学是在中外文化的冲突与交融中发展起来的，所以其成功的经验和失误的教训，在日趋全球化的今天，更应该值得我们认真总结。当然，无论是继承老传统，还是继承新传统，都不能放弃美学理论的批判性立场。所谓批判性继承绝不同于全盘接受。如果说，在二十世纪，中外文化关系的特征表现为"冲突"与"交融"，那么在世界多极化发展日趋明显的下一个世纪，这种"冲突"与"交融"的特征必将会被中外文化的"互补"与"对话"所取代，中国未来美学也必将在"互补"与"对话"这样一种更加宽松的文化气氛中求得更好的发展。强调中外美学的互补性，首先要强调中国美学的特殊经验，但对特殊性的强调不应成为封闭性的借口，必须是在与国外美学积极对话的前提下来强调中国美学的特殊性。要达至"对话"，则要求有一个共同的话语环境，有一个共同的游戏规则，这就要求我们不能拒绝对西方知识话语的学习，但学习西方话语，不是用来取代中国本土的审美经验的表达，而是出于发掘中国美学的特殊性含义并将中国美学推向世界的策略性考虑。从这一意义上讲，"互补"与"对话"是相辅相成的，不可分裂的。

此外，我们还应该消除对"全球化"的恐惧心理，以一种正常的心态对待"全球化"与"多极化"以及"全球化"与"本土化"的复杂关系问题。

我们指出这一点，是想说明，"全球化"也并不会必然消解我们传统的文化价值，我们没有理由因为担心中国传统的丧失而放弃参与"全球化"进程，放弃与西方文化对话的机会。只有以开放的心态，积极参入对话，才更有利于我们传统文化的发扬与传播。

当然，我们说，"全球化**不会必然**导致"单极化"，**不会必然**消解中国的传统文化，并不等于说它**必然不会**做不到这一点。在参与"全球化"竞争的同时，我们还应该对"全球化"的一些负面影响保持清醒的认识。这就要求我们必须警惕"西方中心主义"对"全球化"的语义置换，不应该使"全球化"成为一种新形式的"西方中心主义"。

"西方中心主义"有一个理论预设，即将西方特殊的历史发展经验看成是具有普遍性的绝对价值。打破"西方中心主义"，就必须首先打破这种"中心主义"的历史叙事，不管这种历史叙事是"西方主义"的，还是代之以"东方主义"的。我们已经指出，"东方主义"，从实质上讲，不过是"西方中心论"的翻版，它并不能有效地克服"西方中心主义"。克服"中心主义"的有效途径，就是皮亚杰向我们提示的，要采用"比较研究"的方法。皮亚杰曾指出：

> 自发性思想，甚至处于最初阶段的思考，它们的两个最自然的倾向是：一、认为自己处于世纪的中心，处于精神世界与物质世界的中心；二、把自己的行为规则甚至习惯确立为普遍的规范。建立一门科学完全不硬是从最初的中心论出发，然后以增添的方式把知识积累起来，而应是在增添之外加以系统化。然而，客观系统化的第一个条件就是要对最初占统治地位的观点本身进行非中心化。而这一非中心化，正是比较研究在通过扩大规范要求，直至把它们隶属于各种参考体系的同时所保证的。[14]

皮亚杰所谓的"自发性思想"的两大倾向，也正是"中心主义"的历史叙事所具备的，只有通过"比较研究"的方法，才能保证"非中心化"的要求。具体到美学研究，就是要恢复东、西方文化和美学各自所具备的特殊性地位，将它们隶属于不同的文化和美学体系之中，"通过扩大规范性要求"，建立一种跨文化的、多元化的普遍主义的美学。

西方后现代主义文化与美学强调特殊性，以解构普遍主义的宏大叙事。他们抨击普遍主义，认为它是一种乔装打扮的特殊主义，并因此而构成了一种强大的压迫性力量。可是，对这种虚假的普遍主义的批判，不应该成为放弃真正普遍主义追求的借口，不应该使科学理沦落为一些杂七杂八的私人观点，并认定其中的每一个观点都同等有效。因为"普遍主义是话语共同体的必要目标"，科学真理不应该放弃这一目标，否则任何学术讨论将会变得无法进行。同时，我们也应该认识到，任何形式的普遍主义都带有历史的偶然性，对于一个不确定的、复杂的世界，应当允许有多种不同解释的同时并存，"只有通过多元化的普遍主义，才有可能把握我们现在和过去一直生活于其间的丰富的社会现实"。[15]

具体到美学研究来说，我们当然首先要反对将西方美学设定为普遍真理的做法，正像厄尔·迈纳教授所指出的，一种文化中诗学体系的建立，是以在此文化中占优势地位的"文类"为基础的，西方由亚里斯多德所奠基的作为"原创诗学"的模仿诗学，只是建立在希腊戏剧文类的基础之上，并不具备放之四海而皆准的普遍有效性，"如果他（亚里斯多德）当年是以荷马史诗和希腊抒情诗为基础，那么他的诗学可能就完全是另一番模样了"[16]；与此相对，东方诗学，例如中国和

---

[14] 让·皮亚杰：《人文科学认识论》，中央编译出版社 1999 年 3 月版，第 10-11 页。
[15] 华勒斯坦等：《开放社会科学》，三联书店 1997 年版，第 64 页。
[16] 厄尔·迈纳：《比较诗学—文学理论的跨文化研究札记》，中央编译出版社 1998 年版，第

日本的诗学，则是建立在抒情诗的基础上的"情感—表现"诗学，具有与西方诗学迥然异趣的独特价值。这两种完全异质的诗学体系都有存在的合理性。[17]厄尔·迈纳教授从"基础文类"入手对东西方两种不同的"原创诗学"的阐释，对于我们建立跨文化的、多元化的普遍主义美学，是非常有价值的。因为不同的"文类"只是文学的亚种，一种"文类"并不代表文学的全部，只有将所有"文类"叠加在一起，才能抽象出文学的普遍本质。同样的道理，如果能将具有特殊性的西方诗学和具有特殊性的东方诗学组合在一起，互补并存，不是正好可以组成完备的具有多元普遍性的诗学体系吗？从这一意义上讲，比较研究的方法之所以成为跨文化的，其真谛也就并不在于去进行东西方两种诗学（美学）体系孰优孰劣的价值判断，而在于从跨文化的角度，同等尊重不同民族文学艺术的独特价值，并在此基础上从中寻找出更广泛的普遍有效性。也只有这样，才能真正打破各种形式的"中心主义"的历史叙事，才能真正走出"西方中心主义"的泥坑。

5-6 页。

[17] 同上，第 370 页。

马里翁关于爱的现象学沉思*

仲霞（厦门大学 人文学院）

Jean-Luc Marion's Contemplation on the Phenomenology of Love
Zhong Xia (College of Humanities, Xiamen University)

【摘要】爱是人类永恒的话题。古希腊语境中的爱成就了哲学的起源，然而哲学史的发展是爱被逐渐遗忘的历史，马里翁的任务便是重构爱的现象学。爱具有优先性的地位，它先于思，先于存在，是更伟大的理性。爱不能被对象化，给予性是研究爱的可行性道路，爱成为自由被给予的礼物，喜欢去爱的决定将自我标志为爱洛斯者。爱赋予他者以优先性的地位，他者的凝视对他者是不可见的，它呼唤我的凝视，在相互凝视的平衡中，勾勒出爱的定义，爱成为不可见的凝视的交错。最终，爱是肉的相遇。我从他者那里接受我的肉，这是自身给予性的彻底化。我现象化他者的肉，使得他者作为面容成为可见，这是他者之肉的现象化。爱甚至无需自我而自动开启爱洛斯化的过程，这是对形而上学自我概念的修正。不过，马里翁关于爱的现象学沉思，虽具开拓性，却也面临着无法解决的困境，需要对其加以分析和批判。

【关键词】爱；现象学；给予性；他者

【Abstract】Love is an eternal theme of human beings. In the ancient Greek's context, love constituted the origin of philosophy, yet the development of philosophical history was the oblivion of love. Then, Marion's task is to reconstitute the phenomenology of love. Taking the precedence over thinking and being, love is the greater reason. Impossible to be objectified, love is possible to be studied through the path of givenness. Love becomes the freely-given gift. The determination to love marks the self as the lover. Love endows the other with priority and the gaze of the other is invisible to itself, which calls my gaze to outline the definition of love in the balance of the mutual gazes. Love becomes the cross of invisible gazes. Finally, love is the encounter of flesh. I accept my flesh from the other, which is the thoroughness of self-givenness. I phenomenalize the other's flesh and make the other's face visible, which is the phenomenalization of others' flesh. Love even doesn't need self and automatically opens the process of love, which is the amendment of metaphysical concept of self. However, despite its pioneering work, Marion's contemplation of the phenomenology of love also faces the difficulties that cannot be solved, which calls for us to analyze and criticize it.

【Keywords】love; phenomenology; givenness; the other

---

* 本文受"国家社科基金青年项目"（批准号：15CZW004）资助。

爱1是人类真实的情感与永恒的话题。古希腊的毕达哥拉斯将哲学视为"爱智慧之学"，赋予爱以崇高的地位，爱因而成就了哲学的起源。恩培多克勒将爱与恨视为水、火、气、土四根建造世界的聚散力量。柏拉图更是全方面谈论爱之迷狂，使灵魂迈向理念的超越。中世纪哲学源自与信仰的关联，爱的论述重心移向了神之爱。然而，在现象学新一代代表人物——马里翁2看来，爱虽是哲学之源，但整个哲学史却表现为科学与知识地位的上升以及爱被逐渐遗忘的历史。其实，这一论断可以经由近代哲学管窥一斑。近代哲学的旨趣转向认识论，虽然笛卡尔在灵魂的激情中谈论了爱的情感，斯宾诺莎的伦理学大厦为爱预留了重要的位置，但一般而言，爱属于情感范畴，与认知相对，它并不是近代哲学的中心议题。逐渐地，正如马里翁所言，哲学得了"爱的失语症"，不再谈论爱了，而他的任务便是在对哲学传统的承继与解构中，返回哲学与爱的关系，恢复哲学对爱的探究，重构爱的现象学。

一、爱的源初优先性

在胡塞尔的现象学中，爱处于被奠基的地位。爱属于情感，是一种非客体化行为，它只能指向对象，而没有构造对象的能力，必须奠基于客体化行为如表象、判断等智性行为之上，后者构成了意识的本质或意向性的根本。将爱提升至奠基地位的现象学家是舍勒。他用爱的先验情感冲动代替了胡塞尔的意识意向性。爱不是通常所说的感觉状态，在我们感受到对某人之爱，对某物之爱以前，爱已经是先验的、确实的价值结构。只有在澄清了爱的概念之后，我们才能通过爱之价值的中介指向对象，从而谈论对事物的感觉，所以爱的意向性才是根本的意向性。

马里翁承继了舍勒的爱之优先性。爱先于思。在马里翁看来，人与其他存在者最根本的区别在于：人首先是在爱的动物，而非在思的动物。笛卡尔发现了自我的奥秘——我思故我在。思先于存在，具有确定性。作为撬动地球的阿基米德之点的思究竟是什么呢？笛卡尔说："何谓'我'？'我'就是一个会思的东西。那又是什么呢？一个在怀疑，在领会，在肯定，在否定，在愿意，在不愿意，也

---

1 古希腊表达爱的概念的词有 Eros（激情之爱），Agape（仁慈之爱），Philia（友谊之爱），Storge（家族之爱），Xenia（好客之爱）等。马里翁所言的爱以 Eros（音译：爱洛斯）为基础，并保持各种爱的含义的统一性，尤其是不再区分 Eros 和 Agape，参见维基百科（Wiki）对古希腊各种爱的概念的解释以及马里翁，2014：8 脚注。基于此，即便马里翁沉思的主题为"情爱（侧重 Eors）现象学"，我们也可以将其视为普遍爱之现象学的范例。
2 关于 Jean-Luc Marion 的译名，就已出中文翻译本来看，方向红先生翻译为"马里翁"（如《还原与给予》一书），黄作先生翻译为"马礼荣"（如《情爱现象学》一书）。为了便于行文统一，本文一律采用前者，特此说明。

373

在想象和有感知的东西"3。这一阐释表明，笛卡尔所言的思范围广泛。那么，思是否包括爱呢？思与爱是何关系呢？笛卡尔这样定义："爱是由精神的运动所引发的灵魂的情感，它驱使灵魂与那些看上去适合它的对象结合在一起。"4这说明，思在源头上天然与精神相连，与精神之思相比，作为情感的爱仍旧处于被引发的第二位。因此，即便笛卡尔的思的概念外延较宽，但马里翁认为，在源初的意义上，笛卡尔的思还是遗漏了爱。于是，与笛卡尔第一哲学的沉思相对应，马里翁展开了爱的沉思，从而对笛卡尔的自我进行了重新阐释与补遗。自我不应该被解释为源初意义的思者，而应该被定义为"首先去爱而思的思者"5。在思的自我，奠基于爱洛斯的行动者之上。

爱不但先于思，而且先于存在。如果笛卡尔的思是确定的，那么对于自我的思即自思，使得我成为了自己的对象，但通过这样一种可思的确定性，达到的只是一种对象的确定性，然后将其扩展到自我，那么，这种得来的自我确证必须经由对象确证的中介。然而自身性的自我并不是对象性的自我，它是成为对象之前的那个东西。诸如数学、逻辑、技术等对象的确定性即便完美，也无法回应"有什么用"的质疑，因为它们只是并不关乎我的、徒然的确定性。一种真正自身性的确立，一种自我保证必须要超越对象的确定性及其扩展的自我确证，而从别处来获得存在或不存在的理由，即通过提出"有人爱我吗"的问题代替"我存在吗"的问题来实施爱洛斯的还原。爱不能被限制在存在之域中，爱与存在不对等。在想爱或被爱之前必须存在，只是一种不合理的预设。爱洛斯者是超越者，"我完全能够爱并不存在或者不再存在的那位，以及我同样能够使自己被不再存在、还没有存在或其存在保持为未定的那位所爱；反之，一位存在者确定地存在并没有使他获得资格以致于我爱他或者他爱我，同样，他的存在的不确定性再也没有使我在爱洛斯意义上对他无动于衷"。6因此，爱并不以存在为根基，我们应该在"不具存在的爱之域"来谈论爱洛斯现象；爱比存在更本源，爱的视域比存在的视域更广阔。在海德格尔哲学中，我们可以阅读到其对各种情绪的精湛分析，如畏、无聊、乡愁、惊奇、惊恐、抑制、畏惧、预感、猜度等等，却唯独少了爱的身影。只有在《形而上学是什么》一文那里谈及无聊情绪之际，海德格尔尝试表达出爱情的喜悦能够启示出存在者整体的意思，却止步于此。7这种对爱的回避态度，究

---

3 Descartes. The Philosophical Writings of Descartes (Volume II)[M]. trans. J. Cottingham, R. Stoothoff & D. Murdoch. Cambridge: Cambridge University Press, 1985. 19.

4 Descartes. The Philosophical Writings of Descartes (Volume I)[M]. trans. J. Cottingham, R. Stoothoff & D. Murdoch. Cambridge: Cambridge University Press, 1985. 356.

5 马里翁. 情爱现象学[M]. 黄作译. 北京：商务印书馆，2014. 16.

6 马里翁. 情爱现象学[M]. 黄作译. 北京：商务印书馆，2014. 10-11.

7 方向红. 通向虚无的现象学道路[J]. 哲学研究，2007(6). 60.

其根本是因为：爱与存在论不相容，即如果要谈论爱，谈论上帝，意味着要走出存在论，这便是马里翁所走的道路。相应的，海德格尔哲学的关键词 Da-sein 也不应解释为存在-在此，而是"是有人在其中可以爱我或者不爱我的一个那里"8。

从亚里士多德开始，人被定义为理性的动物，理性成为哲学关注的焦点。如果要确立爱的优先性地位，必须要处理爱与理性的关系。马里翁认为，爱不但是流俗的激情与欲望，也是更伟大的理性与逻辑，一种"爱洛斯的合理性"。晚期胡塞尔的伦理学区分了两种完全不同的价值：客体的价值和爱的价值，认为后者优先于前者，并发展出了"爱的共同体"的概念。然而，我们在胡塞尔的作品中依然难觅爱的话语，"对爱与理性的关系、爱的共同体和理性共同体的关系清晰而系统的反思，在胡塞尔的手稿中是缺失的"9。爱与理性的矛盾该如何解决？马里翁指出，爱洛斯的含义应该回溯到古希腊那里。在柏拉图看来，真正的爱洛斯作为一种迷狂，它懂得节制，并与美、善相结合，从而提升灵魂去寻求理念或形式。低劣的爱洛斯好似脱离了驭手的劣马一般，只是出于某种生理欲望的满足。笛卡尔那里也有仁慈之爱与色欲之爱的区分。柏拉图所言的灵魂经由爱的指引走向理念的过程表明，真正的爱所具有的理性是比情欲更高的维度，这种理性无关事物，而是支配着我们的内心或灵魂的理性，并且超越了传统形而上学的理性，借此消弭后期胡塞尔伦理学中爱与理性的矛盾，扩展爱的领地，确立爱的崇高地位。

爱先于思，爱先于存在，爱是更伟大的理性均表明：爱具有源初意义上的优先性地位，因此在马里翁看来，我们有理由用爱洛斯的沉思来代替各种形而上学的沉思。但实际上，无论爱先于思，爱先于存在，抑或爱是更伟大的理性，都是马里翁的理论根基即情感现象学的表达，情感的核心正是爱。胡塞尔的意向性主要限于认知的意向性。舍勒发展出同情与爱的现象学，扩展了意向性的情感维度。马里翁又以爱为先，他的爱的现象学作为对思的现象学的补充，是其对现象学运动的贡献所在。但同时，意向性和本质直观包括了认知与情感两个维度，二者应为相互支撑的关系，谈不上谁优先的问题。

二、爱是自由被给予的礼物

既然爱具有源初意义上的优先性，那么爱是什么呢？与柏拉图发出"美是难的"的感慨相类似，马里翁感叹道："我们生活在爱中仿佛我们知道它是关于什么。但是一旦我们试图定义它，或者至少是用概念去接近它，它便离我们而去了。"10借

---

8 马里翁. 情爱现象学[M]. 黄作译. 北京：商务印书馆，2014. 73.
9 U. Melle. Edmund Husserl: From Reason to Love[A]. Phenomenological Approaches to Moral Philoslphy[C]. eds. J. J. Drummond & L. Embree. Dordrecht: Kluwer Academic Publishers, 2002. 247
10 JL. Marion. Prolegomena to Charity[M]. trans. S. E. Lewis. New York: Fordham University

此说明，与海德格尔所说的存在不能被对象化一样，爱也不能被对象化。也就是说，如果我们要谈论爱，必须要开辟一条全新的、非对象化的途径。马里翁在访谈中曾提及：给予性"可以成为通向（爱的）理解的正确之门"[11]。爱的现象学是被自身给予性现象学应用的范例。

马里翁认为胡塞尔的最大贡献是发现了给予性的秘密：对象是被给予给意识的，作为认识合法源泉的直观是被原初给予的。海德格尔强化了这种给予性的中心地位，这一论断可以从存有的发生、本有作为赠予的礼物给出自身等文字中得到说明。然而海德格尔并没有将给予性的道路贯彻到底，它到底是如何给出的呢？于是，接续这一未完成的道路往前走，马里翁指出："那些显现自身的首先给予自身"[12]，并且"还原越多，给予越多"[13]，因而，在胡塞尔意识的认识论还原以及海德格尔此在或本有的存在论还原之前，还有一个更为根本的还原，即自身被给予性还原，它是现象学还原的彻底化，而爱的还原（爱洛斯还原）便是其中的代表。

在给予性的还原中，爱成为被给予的礼物。如果没有给予性，也就没有礼物。如果没有礼物的可能性，也就没有爱的可能性。[14]用礼物来阐释爱并非出于偶然。在马里翁之前，一些思想家已经尝试对礼物一词进行探讨。法国社会学家莫斯（Marcel Mauss）在对古代社会的考察后，发现了礼物交换的经济原则，即收礼物的人具有回赠的义务，而且"我们总是回赠的比我们获得的更多"[15]。这种回赠行为具有群体性、契约性、道德性等社会学意义。而在解构主义者德里达看来，礼物本身的纯粹性与礼物交换的经济性是相悖的，因而礼物是不可能的。当礼物成其为礼物的时候，它已经消解了自身，因为从送礼者、接受礼品者、礼物实体三方面所提醒的怜悯、同情、感激、馈赠等心理状态，都败坏了礼物自身的价值。

马里翁深受德里达的启迪，却不同意其结论。马里翁认为通过现象学的悬置，德里达的礼物恰恰能够成为可能。礼物正是在完全的失去中，即在非经济交换、非回馈中，给予自身。[16]从送礼者来看，如继承一笔遗产，而送礼的人已经去世了，

Press, 2002. 71.

[11] J. W. Alvis. Marion and Derrida on the Gift and Desire: Debating the Generosity of Things[M]. Cham: Springer. 70 Footnote 5.

[12] JL. Marion. Being Given: Toward a Phenomenology of Givenness[M]. trans. J. L. Kosky. Stanford: Stanford University Press, 2002. 5

[13] JL. Marion. Being Given: Toward a Phenomenology of Givenness[M]. trans. J. L. Kosky. Stanford: Stanford University Press, 2002. 16.

[14] J. W. Alvis. Marion and Derrida on the Gift and Desire: Debating the Generosity of Things[M]. Cham: Springer. 72.

[15] M. Mauss. The Gift[M]. trans. I. Cunnison. London: Cohen & West Ltd., 1966. 63.

[16] JL. Marion. Being Given: Toward a Phenomenology of Givenness[M]. trans. J. L. Kosky. Stanford: Stanford University Press, 2002. 96.

去世与匿名的效果一样，便再无交换、回馈的可能。或者债权方是彻底缺席的，使得礼物成为一个永远不可还原的债务。或者送礼的人没有意识到送出的是礼物，没有意识到礼物所带来的影响。马里翁使用运动员、艺术家、爱人的例子来说明，他们带给他者快乐却不自知。在爱的现象学中，在作为送礼者的爱者那里，爱者带给被爱的美妙体验是前者始料未及的，他并不知道他给出的是价值连城的礼物，爱者的成功撤退使礼物的给予成为可能。以上是对送礼者进行悬置。对收礼者即被爱者而言，被爱者可以是匿名者，如红十字会捐款，接受捐赠的人具体是哪些人，获得的是什么样的物品，送礼者毫无所知，接受捐赠的人也不会回赠。被爱者也可以是自己的敌人，圣经中有如此的教导：爱你们的仇敌。他当然不会去回馈爱者的礼物。被爱者还有可能是无力承担爱的责任的一些忘恩者等。也就是说，收礼者的匿名或者对礼物的否定与遗弃恰恰使礼物成为可能。以上是对收礼者进行悬置。对礼物本身而言，爱与承诺、友谊、祷告、传给继承者的权力等一样，都不是实体的物品或者存在者。爱的传递不是物体的传递。爱的诺言不是对物体的承诺，而是生命的誓言。关于爱的象征，马里翁特意阐释了婚戒的意义。婚戒若作为对象化的物体，即便是纯金铸造，其价值也不足以偿还爱的付出。婚戒的意义在于它是爱者与被爱者之间联结的象征，它是我对自身的放弃、他者对自身放弃从而投身到爱中的见证，这些都是无价的。因此，爱作为礼物无需在对象中具体化或实在化。礼物成为对象越少，礼物显现得越多；反过来，一个礼物越多地被对象化，它就越贫乏，所能展现的给予性越少。[17]以上是对礼物本身进行悬置。因此，通过对送礼者，收礼者，礼物本身的三重悬置，礼物成其为礼物，这是一个自身被给予性的循环活动过程。

既然礼物是不能被对象化的，去给予礼物的活动只能符合给予性自身的法则，与计算性、功利性无关，那么，礼物的发生只能是一个去给予的决定，满足一个去给予的欲望。相应的，爱作为自身被给予的礼物，只能是一种自由的选择。马里翁指出，爱洛斯还原的推进需要从"有人爱我吗"的提问转向"我，自我，可以第一个去爱吗"的提问。在恋爱的关系中，人们常常认为，付出多的人容易受伤，谁先停止去爱，谁所受的痛苦便越少。然而，这一论断的出发点是基于一种自然的态度。现象学或者爱洛斯还原的态度正相反：谁爱得越多，谁就越胜利。

因为这种无条件去爱的爱洛斯者即使被欺骗，被引诱，他仍然踏入了爱的河流，实现了爱洛斯的还原。爱是自由被给予的礼物。自由一词表明：爱者去爱并非源于某种外力的强迫或者经济利益的驱使，亦不考虑是否有他者回应的保证，是否有结果如何的保证，而是自身欲望的表达，是勇往直前去爱的"独自"、"预

---

[17] J. W. Alvis. Marion and Derrida on the Gift and Desire: Debating the Generosity of Things[M]. Cham: Springer. 72. 97-98.

先"的决定，或者说，这是一种喜欢去爱（"爱去爱"、"去爱状态的喜欢之调之中"）的决断，马里翁将其视为现象学的直观。这样，马里翁就用喜欢去爱的决断来代替海德格尔的向死而生的决断，从而实现现象学的还原。只有通过喜欢去爱的决定，自我才能成为自身，在他者显现之前就给出自身。即使最终没有完成爱的实际行为，这种喜欢去爱的决定已经足够将自我标志为一个爱者。

爱不是主体对客体的征服与对象化，而是自由被给予的礼物，这一观点颇具新颖性与说服力，值得加以肯定。爱具有现象学悬置的效果，令爱者借由喜欢去爱的决定，从而摆脱功利的缠绕，超越现实的世界，获得精神的解放。但爱不仅是单纯的主体性决断，更是一种相互关系的深层体现。自由也不只限于个人的精神超越与自我实现，更应考虑爱者间的沟通与融合。同时，经由礼物现象学即自身被给予性现象学的独特运转模式，爱作为给予性给出了自身，但给予性的自身运转固然为人称道，其来源也同样有待分析。于是，马里翁自然地走向了与爱者相对的另一极——他者。

三、爱是不可见的凝视的交错

喜欢去爱的决定是一种自由的决断，它并不否认他者的意义。相反，爱作为被给予的礼物，这一给予的来源正是他者，即在他者呼声下的自身给予。自我与他者的关系是现代哲学的重要议题。胡塞尔的意识具有意向性，我"通过内部去界定外部，通过内在去界定超越，通过指称意向目标去界定意向内容"[18]也就是说，在胡塞尔的体系中，自我（主格的我）才是意向性的发出主体，具有优先性的地位，他者只是被构造的对象。马里翁的爱倒转了胡塞尔意识意向性的结构：爱不但具有意向性，更重要的是具有反-意向性，并且后者是诱发前者的根本原因。我发现，在自我的意向性之前，他者的凝视已经作为反-意向性来到我的面前。这种反-意向性使得主格的我（je）消解于宾格的我（moi）之中，这个宾格的我被这种反-意向性的目光所包围，从而能够完成爱洛斯的初步还原，提出"有人爱我吗"的问题。这一倒转的结构赋予他者以优先地位，主体性成为回应他者召唤的接受者。

我们先从他者的凝视谈起。马里翁在礼物的现象学中表明：不管是礼物的给予者还是接受者，还是礼物本身，只要是可见的或易于接近的，都会取消礼物的给予性。爱作为一种礼物，必须通过悬置爱者、被爱者以及爱的礼物本身，爱才能给予自身，因而，他者的凝视本质上只能是一种不可见，对其自身的不可见，或者说对其自身的否定。关于可见与不可见的关系，梅洛-庞蒂曾经有过详细的探

---

[18] JL. Marion. Prolegomena to Charity[M]. trans. S. E. Lewis. New York: Fordham University Press, 2002. 84.

讨。梅洛-庞蒂的可见是一种显现，不可见是可见性的支架与取之不尽的源泉，如深度主要为一种不可见；身体在视看的过程中接近不可见，是肉身的晦暗区域，因为在看的过程中不会发觉自己在看或运动。[19]与梅洛-庞蒂认为不可见是更为重要的支架思想相类似，马里翁曾用两个全新的概念来描述两种不同的状态：偶像与圣像。偶像是将不可见者纳入可见性的凝视之中，作为可见者的对象。圣像则是将可见者纳入到不可见性之中。"圣像'并不是来自于看而是搅动我'。它给予，它给出从而被看到，它打开了无限的深度，一个人的凝视为这一深度所折服"[20]。偶像与圣像概念的提出与神学有者莫大的关系。笛卡尔哲学的本体实际上有两个：自我和上帝，二者处于紧张的矛盾关系之中，马里翁称之为"灰色本体论"。但是基于此种紧张的关系，成就了哲学与神学的无限张力。马里翁是现象学神学转向的代表人物，他的神学与现象学哲学之间存在着参照与互渗的关系。神-人关系可以成为他者-自我关系的基底结构。就神-人关系而言，神是不可见的，如上帝、基督是不可见的，而人是可见的，二者间有鸿沟之隔。同理，他者与自我之间也隔着距离。偶像尝试消除这种距离，以可见消融不可见；圣像则表达出对这种距离的尊敬，以不可见来建构可见。圣像构成马里翁所说的他者凝视的基本构架，在圣像与偶像的对抗中展现不可见与可见的交锋。在他者与自我的面面相对之际，瞳孔作为中心的黑洞，构成可见性中的不可见的深渊。

他者的凝视如何来到我的面前呢？在神-人关系，他者-自我关系中，神的爱与他者的爱，通过神的凝视与他者的凝视发出一种召唤。这种召唤具有现象性，马里翁称之为"饱和（满溢）现象"，以区别于意识的现象性与存在的现象性。饱和现象的提出受到康德美学中崇高概念的启迪。康德所言的崇高并非作为对象的客体的性质，而是主体的一种能力，一种"理性的理念"，即"由某种反思判断力活动起来的表象所带来的精神情调"[21]。崇高与优美相对，它带给人超出感官尺度的"高贵的惊怖"感，一种否定的愉悦感，我们完全被其折服与吞没、马里翁将康德的崇高视为饱和现象运用的范例，以此倒转胡塞尔由主体去意向对象的直观结构，从而证明神的存在。在体验中，上帝（圣像）、爱洛斯者（他者）的面容以一种溢出的方式破茧而出，以排山倒海之势降临到我们面前。在爱的现象学中，他者的凝视作为一种饱和现象触发我，压迫我，吞噬我，凝视的重量加诸于作为他的目标的我之上，贯穿我。

在他者凝视的优先性之上，我的凝视回应他者的凝视，成就爱的定义。神-人

---

[19] 仲霞. 梅洛-庞蒂的绘画空间观解读[J]. 南京大学学报（哲学·人文科学·社会科学），2015(2). 146.

[20] G. Ward. Introducing Jean-Luc Marion[J]. New Blackfriars. July, 1995, Volume 76, Issue 895. 319.

[21] 康德. 判断力批判[M]. 邓晓芒译. 北京：人民出版社，2002. 89.

之间，他者-自我之间有着天然的距离，距离一词来自于列维纳斯。基督教的神是三位一体的上帝，即便如此，圣父与圣子之间的距离依然存在，如耶稣在钉死在十字架之前的急呼："我的神！我的神！为什么离弃我？"（马太福音27:46），这便是其中一例。爱者与被爱者之间也有距离。然而，正是这种距离成就了给予的可能，成就了爱在尊敬这一距离的基础上、作为礼物贯穿它的可能。无论是圣父对圣子的爱，上帝对人的爱，还是爱者对被爱者的爱。在神-人关系、他者-自我这两个对子中，前者均处于优先性地位。神通过爱也就是仁慈与恩典来创造世界，圣像、上帝的凝视首先来到人的面前，人通过信仰之爱来回应神之爱。同理，他者通过凝视首先来到我面前，我通过凝视的意向性回应他者凝视的反-意向性，我的凝视对自身也是一种不可见。两种不可见的凝视相互交错，构成一种平衡的关系。马里翁这样表述，"对诸多不可见的可见的欢呼，没有任何可见的对象，但是通过目标的交错处于一种平衡之中：让我们在此将其视为爱的定义的基本轮廓。"[22]因而，我们可以将爱定义为不可见的凝视的交错。

爱的现象学将爱归结为被给予性，他者是被给予性的源泉。于是，爱不再是主体对对象的占有和征服，而首先是他者的给予。他者现象学作为对意向性（主体性）的反拨，在唯我论的困境面前，在主体性的黄昏来临之际，具有一定合理性与进步性。但他者是与自我相对的另外一个极点，用他者来倒转主体，只不过将问题的重心从天平的一端移至了另外一端。马里翁不仅用他者的召唤倒转了胡塞尔的意向性结构，而且将胡塞尔的先验现象学转变成了超验现象学，即通向上帝的现象学。他者的归宿往往通向上帝，这与马里翁意图将现象学引向神学的目标相一致。这样，爱的现象学只能是神学的一个注释或者一个发展阶段。在神-人之爱，他者-自我之爱中，上帝才是给予性的源泉与保证。但上帝是全知全能全善之神，而人是在时空中生存与灭亡的并且背负着原罪的生物，二者之间有着鸿沟之隔，上帝与世人的关系呈现为倒向上帝一边的倾斜天平。在倾斜的天平之下，天平左右的完全沟通只能是一种奢望而已。

四、爱是肉的相遇

在爱的现象学中，马里翁引入了一个概念——肉。爱作为自由被给予的礼物，这种被给予性还原的彻底化正是从他者那里获得我的肉。爱是不可见的凝视的交错，由此确立他者的优先性地位，而肉作为我与他者的中介，使他者的面容成为可见，使我与他者的沟通真正成为可能。去爱的自我先于去思的自我，自我通过喜欢去爱的决定将自身标志为爱者，但是进一步而言，爱甚至不需要自我，而自

---

[22] JL. Marion. Prolegomena to Charity[M]. trans. S. E. Lewis. New York: Fordham University Press, 2002. 90.

动开启爱洛斯化的过程，这是马里翁对形而上学自我理论的彻底修正。

肉是法国现象学中出现的一个概念，第一次将其提升为重要位置的哲学家是梅洛-庞蒂。后期梅洛-庞蒂将肉视为一种可逆性的表达，它是身体与世界沟通的基础。米歇尔·亨利 （Michel Henry）将肉视为一种自身感-受[23]。这种自身感-受与胡塞尔哲学中意向对象超越意识之外的旨趣不同，它是一种内在性的强调。马里翁的肉的概念受到法国现象学传统的影响，尤其是亨利的启发。马里翁认为梅洛-庞蒂所言的世界之肉并不存在。一方面，恰恰是肉在世界中的缺席才使其成为世界；另一方面，如果没有我的肉，世界无法现象化。我的肉具有自身感-受性，它是异质感-受的基础，"我首先在自我本身之中体验到自我本身，我才能感觉到世界的各种事物"[24]。肉具有自身感受与受让的双重性，这与自身被给予性相一致。"只有我的肉才能这样地在我的根本上是接受而来的个体性之中向我自身指定我和向我自身交付我"[25]，我的肉向自身的交付，这是一种自身给予性的表达，一种内在性的运作。

我的肉向自身的交付需要经由他者的中介，爱是从他者那里接受我的肉。这里需要将身体与肉加以区分。爱的流俗观点认为，爱是性欲的宣泄，身体的器官在主动的进攻与被动的感受中，享受着非比寻常的快乐。马里翁对此并不赞同，身体与肉的确相互关联，但更重要的是，肉超越了身体器官、生理与知觉的必然性，爱洛斯者与肉而非身体有关。我的身体不同于世界的身体，如天空、大地等，后者没有心灵，不能感觉，只能惰性地接受。感知的身体先于我思的身体，而身体的感知性源于肉的自身感-受性。肉在世间具有身体，身体是肉的肉身化，如同灰烬是火烧后的痕迹。一旦我们将肉放入括号，或者说停止爱洛斯还原的进程，身体便显现了，我们成为了在世的存在者，认识到自己是裸露的，就如同亚当在吃了智慧之果以后发现自身是裸露的一样。人当然无法回到偷食禁果之前，但通过内在性的还原发现，爱洛斯者不同于在世存在者，爱洛斯者先于在世存在者；我的肉也区别于我的身体，肉先于身体。肉可以呈现身体，身体却不能呈现肉；身体显现，而肉不可见。[26]因此，爱可以带来感官的快乐是事实，但是现象学所谈论爱的根本在于从他者那里接受我的肉，而非身体的享乐。在此基础上，快乐是肉的相互接纳，痛苦是肉的相互抵制。

---

[23] 亨利所提出的 auto-affection 概念，根植于受让性的本质即内在性之中，在其中，首要的是 self-affection。关于 auto-affection 的中译，黄作先生译为"自身感-受"，杜小真女士译为"自我-影响"或"自我-触及"，本文采用前者。

[24] 马里翁. 情爱现象学[M]. 黄作译. 北京：商务印书馆，2014. 213.

[25] 马里翁. 情爱现象学[M]. 黄作译. 北京：商务印书馆，2014. 208.

[26] JL. Marion. In Excess: Studies of Saturated Phenomena[M]. trans. R. Horner & V. Berraud. New York: Fordham University Press, 2004. 88

爱是从他者那里接受我的肉，但我不能达到他者，而只能达到我自身的内在性，但是他者可以对我成为可见。爱是可见的不可见的欢呼。可见与显现到底是如何运作呢？我的凝视对我自身是不可见，他者的凝视对他自身是不可见；同样，我的肉对我自身是不可见，他者的肉对他自身不可见。但肉一旦接触，我便现象化他者的肉，他者便现象化我的肉。如何现象化？我向他者给出自身，并且从他者那里接受自身而体验自身。也就是，我给予他者他的肉，他者给予我我的肉。在爱中，触及并不是必须的，因为"言语第一个向处于距离之中的他者给出他的肉"[27]。他者从向我说话的言语处接受他的肉。这说明，言语与触及一样，皆可以开启爱洛斯化的进程。整个给予的过程，就像一束光照亮了晦暗，他者的面容才能作为偶像或者圣像呈现，他者对我成为可见，这种可见不是对象化，而是现象化，可见与不可见之间的张力才能够运作。

我为什么需要通过他者给予我的肉，或者说我为什么需要从他者那里接受我的肉呢？首先，作为给予性的礼物要求送礼者的退场，我退场的同时必须通过给予性的过程来送出我所不知的爱的礼物，对于他者亦然。反过来，为了能够从他者那里获得我的肉，我也必须退却自身。其次，即便如马里翁所言，我就是我的肉，爱洛斯化的肉与作为个人人身的自我本身保持着距离，"就如他的肉与他的个人人身保持着距离一样"[28]，后者是一种更为源初的距离。肉具有天然的受让性，它本身由另一个肉所引发，"因此它或然地处于自我之中却无需自我"[29]。肉先于任何形而上学的自我，先于个人人身的自我。肉逃离了决定与意志，开启了一种自动化。也就是说，我不需要通过决定或者意志来开启爱，肉甚至无需自我而自动开启爱洛斯化的过程。"我的肉执行爱的还原而没有我。尽管它完全被动，依靠于他人，但它剥夺了我的意向性，使我成为仆人。我不能够决定我的肉就像我决定我的心灵和身体一样"[30]。在此，他者的优先性通过肉再一次得到了确认。虽然我退却了自身，但是他者开启的一种深度，使得一种遥远的注视朝向我们而来，作为呼唤，将重量加诸在我身上，使我得以更好地从中获得自身。梅洛-庞蒂的身体作为世界的锚定点，确立了外部的空间关系。在马里翁的理论中，通过"有人爱我吗"以及"我，自我，可以第一个去爱吗"的提问，主格的我消融于宾格（呼格）的我中。呼格的我是被他者的凝视呼唤的我，我通过宣布"我在这里"来展示我的位置，回应他者的呼唤，而我在这里是通过我的肉将我固定在这里，这个

---

[27] 马里翁. 情爱现象学[M]. 黄作译. 北京：商务印书馆，2014. 347.

[28] 马里翁. 情爱现象学[M]. 黄作译. 北京：商务印书馆，2014. 300.

[29] 马里翁. 情爱现象学[M]. 黄作译. 北京：商务印书馆，2014. 272.

[30] C.M. Gschwandtner. Reading Jean-Luc Marion: Exceeding Metaphysics. [M]. Bloomington: Indian University Press, 2007. 237.

这里也是他者凝视朝向的方向。而当自我越发清晰的时候，爱洛斯还原便逐渐解体了。

马里翁将一切还原为给予性，爱是自身被给予性还原的典范，爱逃离了自我，成为肉的相遇。通过肉，我从他者那里获得了自身，这是自身给予性还原的彻底化；通过我的肉，我固定在这里，回应他者呼唤，我与他者之间有一种真正的敞开。通过给予，他者的面容对我呈现为可见。

人们通常认为，哲学是关于理性的学问，而爱属于情感的范畴，与理性不相容。马里翁反其道而行之，在不同于意识还原与存在论还原的现象学道路上，择取了爱这一被哲学史所逐渐遗忘的话题，通过爱的沉思取代笛卡尔的沉思，并将其作为自身被给予性还原的最大胆的尝试与运用。爱作为人类伟大的情感，不仅是哲学之源，也成功将现象学的研究推至了边界。爱作为礼物给予自身，在失去自身中不断给予。通过喜欢去爱的决定，自我成为了爱洛斯者；爱是对他者不可见凝视的反-意向的回应，爱又成就他者面容的现象化。爱甚至无需自我，而开启肉的自动化，成为肉的相遇。肉是我与世界天然交织状态的敞开与呈现，它走出了意识现象学与主体性理论的窠臼，也不自觉地越出了他者理论的范围，具有了某种主体间性，从而使得我与世界之间的沟通有据可依。因此，用肉来阐释爱不失为一个明智的选择。遗憾的是，马里翁的肉的交织仍然是以他者（上帝）为根基，而这一根基如前所述并非无懈可击。

实际上，无论是主体还是他者，均有所偏颇，不足以成为爱的坚实根基。爱是我与世界（包括他人）之间根本关系的表达，具有主体间性，这一主体间性的根据是我与世界存在的原初同一性。在现实的世界中，原初的同一性破裂，我与世界的关系体现为同一性的残缺样式即主体性，如主体对自然的征服行动，主体与他者难以达到彻底理解的交往行为等。在主体性的阶段性胜利之余，世界亦会以对立、反抗的姿态现身说法，二者的关系难说是一种理想的状态。然而，主体仍然有与世界完全沟通与亲近的渴望。艺术与宗教是超越现实世界，回归存在同一性的途径，爱亦然。对于普通人而言，爱提供了营造天堂之境的可行方式。爱是不计一切后果的全身心付出，在其中，我们忘却了现实的功利自我，纵然遍体鳞伤，却收获了真、善、美的那个自己。爱是摆脱现实束缚的灵魂相遇，是我与世界之间最深情的告白、最平等的沟通，从而经由我与世界的主体间性返还存在同一性的家园。爱作为现象的直观，展现了我与世界之间不只限于认知的关系，更应是情感、价值的深层联结，它使得人类的本性得以释放，从而达致自由的高峰体验。

中共党员作家群的创作道路研究

罗伟文（集美大学文学院）

A study on the creation road of the writers of the Chinese Communist Party members

Weiwen-Luo (Chinese department of Jimei University)

【摘要】党员作家是一群秉有双重身份的知识分子：作家兼党员。不同的身份赋予他们不同的使命，作为党员他们必须宣传党的政策和鼓动革命；作为作家他们应该尊重自己遵循的文学追求。由于不同历史时期党的文学主张和政策规约对党员作家的影响不同，这个群体的创作并不是毫无生机的僵硬板块，而是呈现出不同的创作特征和面貌。党员作家的创作构成了现代文学创作史上最为生动和复杂的精神景观。

【关键词】中共党员 作家群 创作道路

【Abstract】A party member writer is a group of intellectuals with dual identity: a writer and a party member. Different identities give them different missions. As party member, they must propagate the party's policies and encourage revolution. As writer, they should respect their own pursuit of literature. Because of the different influences of the party's literary propositions and policy stipulations of an agreement on the writers of party member in different historical periods, the creation of this group is not a vitally rigid sector, but rather presents a different creative character and feature. The creation of the writers of party member constitutes the most vivid and complex spiritual landscape in the history of modern literary creation.

【Keywords】 Chinese communist party members,group of writers,creation road

　　1921 至 1949 年的中国历史，毫无疑问是"人类有史以来最伟大的变革之一"。在这段飓风般风云变幻的历史时期，活跃着一群秉有双重身份的知识分子：作家兼党员。不同的身份赋予他们不同的使命，作为党员他们必须宣传党的政策和鼓动革命；作为作家他们应该尊重自己遵循的文学追求。这两种使命在个体作家身上的契合或疏离，构成了文学创作史上最为生动和复杂的精神景观。对于现代文学史上这个特殊的作家群体，国内学界并未给予关注。部分学者只是在研究革命文学、左翼文学和延安文学时，在涉及相关的研究对象时顺便提及他们的党员身份。从已有的研究趋向来看，可以概括出两种代表性观点：一是立足审美文学观否定党员作家的创作；二是试图同情地理解党员作家的创作。由于未能建构合适的研究范式，党员作家群的创作在研究者眼中成了毫无生机的僵硬板块，使我们无法全面评估这个群体的创作特征和历史贡献。本文以革命历程中党的文学主张和政策规约对党员作家的创作影响为切入点，动态地揭示党员作家在不同历史时期呈现的创作面貌。

一

按照现代文学史的惯常理解，革命文学是左联成立之前的"预演"，它标志着中共在思想、文化上影响和领导作家的开始。随着中共领导的革命运动的推进和对文化工作的重视，如何调整和规范作家以发挥革命鼓手的作用成了中共建立统一战线的重要内容。如冯雪峰所言，1928年至1936年间"形成的左翼阵线的思想和文艺运动"，其性质是"统一战线的"。[1]在这一战线中，有诸多追随甚至信奉党的革命主张的党员作家。党员的特殊身份促使作家对自身的角色定位、精神结构和艺术观念发生变化，给他们的创作带来了崭新的质素。

据李初梨《怎样地建设革命文学》一文的观点，在中国文坛首倡革命文学的是郭沫若，他在1926年发表的《革命与文学》使该题目"成为文坛议论的中心"。自此，革命文学就成了早期共产党人和左翼人士集中表达自己文学艺术要求的一种声音，到1928年革命文学论争爆发，革命文学作为共产党倡导的文艺观念得以正式展开。革命文学倡导者建设文学新模式所依据的资源主要是苏俄的文学理论，他们在文坛掀起了一场批判五四新文学运动的浪潮。这一理论基点的转变导致文学中一系列命题理解上的变化：首先，作家角色定位的变化。与五四新文学家的启蒙者身份定位不同，革命文学家明确将自己的身份转变为歌者或宣传者。蒋光慈宣称自己不是"象牙塔中慢吟低唱的诗人"，而是"粗暴的抱不平的歌者"，愿立在十字街头呼号助人们为光明而奋斗。[2]李初梨认为文学家就是宣传者，因为"一切的文学，都是宣传。普遍地，而且不可逃避地是宣传。"[3]在革命文学倡导者看来，要投身革命就须转变自己的身份。其次，精神结构的变化。与五四新文学提倡个性和自由不同，革命文学倡导集体性和阶级性。郭沫若主张从根本上铲除"个人主义的自由主义"，彻底反抗浪漫主义的精神质素。蒋光慈则声称，革命文学应当反对个人主义，"它的主人翁应当是群众，而不是个人；它的倾向应当是集体主义，而不是个人主义"。[4]对文学主体的非个性化要求，其实质是重塑文学的精神品格。再次，艺术观念的变化。与五四文学追求的"文学独立"思想不同，革命文学强调文学的意识形态性。蒋光慈批评文学的自我表现说，认为它脱离时代带有神秘的特征。他主张文学应表现社会生活，密切联系时代，"只有革命能以作家创造的

---

[1] 冯雪峰：《论民主革命的文艺运动》，《冯雪峰论文集》（中），人民文学出版社，1981年，第23页。

[2] 蒋光赤：《鸭绿江上自序诗》，《蒋光慈文集》第3卷，上海文艺出版社，1985年，第430页。

[3] 李初梨：《怎样地建设革命文学》，载《文化批判》第2号，1928年2月15日。

[4] 蒋光慈：《关于革命文学》，《太阳月刊》2月号，1928年2月1日。

活动，只有时代能以作家有趣的材料。"[5]李初梨认为文学表现自我和表现人生的观点都是错误的，因为文学没有自身的个性，只是意识形态的一种，应成为无产阶级的"艺术的武器"。出于建立文艺规范的需要，革命文学忽视了文学的审美本质，而肯定它的意识形态属性。

在建设革命文学的时代氛围影响下，党员作家艰难地探索着文学表现的新模式，革命+恋爱就是这一时期取得的创作实绩。客观地来看，这些作品具有思想上的激进性和艺术上的粗糙性的双重特征。当然，我们不能以"概念化"或"脸谱化"的标签给予简单的拒斥，作为那个时代受到读者喜爱的小说模式，它对无产阶级政治文化想象的拓荒性贡献必须肯定。由于党员的特殊身份，使他们比其他左翼作家更自觉地认同党的革命主张，更愿意用文学的武器表达对革命的赤诚。因此，党员作家在题材的选择、主题的提炼和人物塑造上都有融入政治共同体的自觉性，使得他们的作品富有较为丰富的政治文化内涵。革命+恋爱这一模式的首创者蒋光慈，他的代表性作品《野祭》、《菊芬》、《冲出云围的月亮》等都是取材于早期共产党领导的革命运动，展现小资产阶级革命者为"被压迫群众求解放"所经历的心灵痛苦和投身现代革命的觉醒历程。这些作品都将革命作为表现对象，重在揭露社会的罪恶和黑暗，鼓动起人们激进的革命理念。蒋光慈笔下塑造的人物如陈季常、菊芬、李尚志、王曼英等都是向往革命的知识分子，这些用无产阶级世界观武装起来的新型人物，在革命与恋爱的交织状态中实现着"革命知识分子对 20 世纪初中国社会性质的救赎性思考——改造封建传统、建立民族国家"。[6]洪灵菲的《流亡》讲述的是革命知识分子靠拢革命的人生选择，是由青年学生到革命战士的成长史。这些作品描绘了苦闷的知识分子在斗争中的挣扎，并最终融入无产阶级革命大潮的心理历程。如主人翁沈之菲所说的，到 W 那个地方去"可以见到曙光一线，可以和工农群众站在同一条战线上去，向一切恶势力进攻"，突显了崇高的阶级意识和革命精神。阳翰笙的《地泉》三部曲以高昂的政治热情，塑造了革命斗争中各种先进人物，歌颂他们为主宰历史进行的伟大奋斗。应该说，党员作家的创作具有"伟大的时代相"和"强烈的煽动性"，的确是为革命需要而"定做的"。他们巧妙地融合了革命与恋爱两个流行元素，将社会变革与个性解放紧密结合，极大地拓展了新文学的表现空间。党员作家们以贫弱的艺术笔触，唱出了"引领国民精神的前途"的雄伟之声，其开创性的贡献不能抹杀。

由于前左翼时期只有个人对"主义"的信仰而尚无党的具体文学主张和组织约束，党员作家在"革命启蒙"的同声合唱中还能保有自由探索的空间。这根源

---

[5] 蒋光慈：《现代中国文学与社会生活》，《太阳月刊》创刊号，1928 年 1 月 1 日。
[6] 刘东玲：《革命话语：政治先锋下的个人主义激情——20 世纪 20 年代普罗文学现象及其命运》，《学术月刊》，2010 年第 6 期。

于 20 年代党在文艺界尚未形成有效的组织规范，其制约力还不足以挤压掉知识分子自由化的写作空间。因此，这一时期的党员作家创作虽然都具有鲜明的政治鼓动性，但其写作终究烙有个体性色彩。被称为"不合时宜"的蒋光慈，他的写作就"反映了他作为个人所关心的事物，而不是按意识形态虚构出来的"，从而使他的作品逸出革命文学的话语规范。《丽莎的哀怨》是一篇引起热烈争论甚至改变他命运的作品，是蒋光慈突破革命文学"公式化"写作的一次"大胆的尝试"。小说以白俄贵族丽莎为主线，讲述了十月革命后她个人的命运遭际。革命虽然推翻了沙皇的专制统治，但也终结了她幸福的命运。不幸的丽莎被迫流亡上海，最后受尽人间凌辱而自杀。从革命叙事的角度来看，小说表达了"旧的阶级必然要没落，新的阶级必然要起来"的历史发展铁律。但从人性叙事的角度来看，作者对丽莎流亡生活的同情和革命者承受痛苦的理解，却使小说衍生出了反思革命的另一重解读。前者顺应了革命文学时代的要求，后者则承续了五四文学的人道情怀。在这种双重叙事营造的哀怨氛围中，传达了蒋光慈对革命的独特体验。"这是人的革命，即一个鲜活的生命个体所体验的革命"。[7]茅盾的《追求》在革命文学的语境中则显得颇为另类。与革命文学惯有的乐观色彩不同，这篇作品弥漫着"极端悲观的基调"。小说讲述革命失败后幻灭的知识分子在歧途上的追求，最后全归于失败的人生经历，表达了青年对革命的迷茫和痛苦。茅盾自己说，这篇小说的创作动机是源于"左倾"的狂热革命所造成的可悲损失，加重了自己"悲观、苦闷的心境"，他想停下来仔细思索。《追求》就是这一思索中诞生的"一件狂乱的混合物"，这里有悲观绝望、缠绵悱恻和激昂奋发。这些多种调子的同在使得这篇作品带有鲜明的个人体验色彩，而不是按照意识形态的虚构。可以说，党员作家创作中关于革命的个体性叙事的存在，应归功于前左翼时期文艺界相对自由的空间。

二

1930 年 3 月 2 日，中国左翼作家联盟在上海成立，它标志着"党不仅在思想上，而且在组织上领导文艺的开始"。[8]左联成立之后，中共不仅重视在思想上对作家的引导，而且在组织上强化了对作家的规训。通过内部纲领和机关刊物等形式，左联日渐严密地加强了对其成员的内部管理，以达到思想上和组织上的高度统一。为促使左翼成员能达成一种观念上的自觉，左联对作家身份的界定、新型文学的建设及文学本质的理解等论题上都做了新的解释，借助政治力量的作用使全体成

---

[7] 杨慧：《作为革命的"哀怨"——重读蒋光慈的丽莎的哀怨》，《中国现代文学研究丛刊》，2012 年第 8 期。

[8] 周扬：《继承和发扬左翼文化运动的革命传统——在纪念"左联"成立五十周年大会上的讲话》，《左联回忆录》（上），中国社会科学出版社，1982 年，第 16 页。

员采取同一的步子参与"集体文化形式"的建设。

左联虽说是一个作家联盟，但它并非单纯的文学社团，而是一个政治组织。茅盾曾说，左联与其说是"文学团体，不如说更像"一个政党"。这一性质决定了左联文学在诸多方面都有鲜明的党派色彩，它体现在左联对一些文学论题的重释中。首先，重新定位作家身份。左联摒弃了作家的启蒙身份，并将作家与战士两种社会身份合二为一，强调作家必须是战士。左联要求作家把街头作为"战场"，鼓励和督促作家参加艰苦的革命行动，"即使把文学家的工作地位抛弃，也是毫不足惜的"。这意味着，成为革命作家不仅要在思想上放弃启蒙姿态，主动接受无产阶级意识的洗礼，而且在行动上要与工农大众一道参加各种革命活动。左联对作家身份的改造实际上弱化和清理了革命作家尚存的主体性，有利于实现革命作家思想的统一。其次，建设新型文学。左联沿袭了革命文学的苏化路线，将吸收苏联文学思想作为主要任务，目的是建设"社会主义现实主义"。其规定是"不仅要真实地再现现实，还必须以社会主义精神教育人民、鼓舞人民"，这一规定成为新型文学的核心原则。[9]左联理论家通过反思五四现实主义，进一步明确了自己的理论内涵：重视意识形态性、强调理想性和彰显集体理性（阶级意识）。可以说，社会主义现实主义将政治教化作为文学创作的最高目的，认为文学的教化性高于审美性和批判性，从而在根本上疏离了现实主义传统。社会主义现实主义成为左联文学的主潮，与建立现代民族国家的时代任务密切相关，它本质上属于革命古典主义。再次，重释文学本质。左联理论家在文学本质的理解上完全认同苏联文学理论，这一理论所信奉的是一套反映论和意识形态论的二元化体系，它既主张文学形象反映现实的观点，又强调文学的意识形态属性。苏式理论将后者标榜为更为本质的方面，并进一步演绎出文学的阶级性和党性观点。周扬就完全认同这种文学本质观，他一方面认为文学是通过具体的形象达到对"客观现实的反映和认识"；另一方面，他又强调文学的党性原则，宣称"文学的真理与政治的真理是一个……所以政治的正确就是文学的正确"。[10]周扬认为，只有充分发挥阶级性和党派性的人才会是真理的体现者。可以说，左联理论家放弃了文学的独立性，将文学与政治完全等同。

建立现代民族国家是中共新民主主义革命的首要任务，为实现这一任务，中共选择了一条以工农为中坚的革命建国方式。因此，唤醒工农的觉悟并引导他们走向革命就成为 20 世纪 30 年代的时代潮流，也成为左联文学表现的核心内容。作为自觉听从将令的党员作家，将左联确立的文学纲领贯彻到文学创作中以建设新的无产阶级革命文学成了他们义不容辞的历史使命。虽然党员作家的创作实绩

9　杨春时：《百年文心——20 世纪中国文学思想史》，黑龙江教育出版社，2000 年，第 61 页。
10　周扬：《文学的真实性》，《现代》第 3 卷第 1 期，1933 年 5 月 1 日。

不如理论上的建树，但是他们却以自己的激情和才华开创了一种新型文学——革命古典主义。这种新文学具有的特点表现在：首先，重大政治题材的开拓。与革命文学侧重个人性的革命+恋爱书写不同，左联文学重在集体性地表现阶级、民族命运，形成了以工农革命为内核的宏大叙事，极大地拓展了文学表现的领域。蒋光慈的《咆哮了的土地》被称为"红色经典"的源头，作者以史诗性的笔触生动地再现了中国农村阶级斗争的宏大场景。小说真实地反映了工农大众的思想觉醒，展现了波澜壮阔的农村土地革命斗争，开创了农民+斗争的无产阶级革命文学模式。叶紫的《丰收》、《火》讲述了农民在苦难和抗争中走向觉醒的故事，笔触间流露出对农民革命的热切期盼。小说着力描写了广大农民火山爆发般的革命行动，预示了革命的"星星之火，可以燎原"社会发展趋势。党员作家笔下开创的这种史诗般政治叙事，是红色经典文学建设取得的重要成果，为其后的同类文学创作提供了可资借鉴的审美形式。其次，新的英雄人物的塑造。与革命文学塑造英雄式知识分子不同，左联文学塑造了英雄式的工农形象，呼唤一种全新的革命主体。蒋光慈《咆哮了的土地》中塑造的张进德作为"革命农民"的早期形象，带有无产革命者的象征意味。张进德出身贫苦农民家庭，是一个典型的无地、无产、无亲人的赤贫人员。但作者却赋予了他崇高的政治理念和坚强的革命精神，在为劳苦大众求解放的斗争中敢于牺牲，意志坚定，具有英雄式的人格魅力。茅盾《秋收》中塑造的多多头，则是一个对"农民抱有同情心"的反抗先锋。作为一个觉醒者，他看到农民生存的残酷现实，意识到"即使做到背脊骨折断也是不能翻身的"。正是对自身绝境的清醒认识，最后使多多头义无反顾地走向反抗和斗争的道路，多多头身上同样带有革命者的精神气质。党员作家塑造的这些农民英雄形象，打破了五四文学对农民社会角色的预设，即愚昧和麻木的"被启蒙者"。这些"革命农民"正成长为未来革命的主体，并上升为文学的真正主人。而左联文学的人物塑造方法，也为其后红色文学的人物塑造提供了美学标准。再次，新的文学类型的成熟。左联时期革命古典主义这种新的作品类型逐渐走向成熟，收获了它最有代表性的作品《子夜》。茅盾的《子夜》以艺术的方式对建立现代民族国家做出了想象式的回应，正如杨春时指出的，《子夜》"表达了这样一个革命古典主义的政治信念：资本主义在中国是没有前途的，中国只能走社会主义革命道路"。[11]小说实际上构想了两种建立现代民族国家的道路，一是以吴荪甫为代表的民族资产阶级，欲通过发展民族工业实现国家富强的现代性模式。一是以中共领导的无产阶级，欲通过工农革命实现建国目的现代性模式。小说通过民族资本家吴荪甫在同封建主义和官僚买办斗争中的失利，形象地预示了资产阶级追求的现代性在中

---

[11] 杨春时：《样板戏——革命古典主义的经典》，《学习与探索》，2008 年第 4 期。

国走不通。同时，在对工农革命的侧面描写中，预言式地宣告了农村包围城市的革命建国道路的正确性和必然性。《子夜》以史诗般的笔触回答了中国社会向何处去的问题，鲜明地体现了这一文学类型的理想性和意识形态性特征，是左联文学取得的重大创作成果。

左联制定的文学纲领和组织规约，迫使党员作家遵循政治理性的内在逻辑规范自己的思想和情感，这既有利于党员作家自觉地将"革命性"作为创作的首要追求，同时又损害了文学本该秉有的自由性，导致他们常陷入规训与自由的心灵困境之中。蒋光慈、茅盾和丁玲的创作心路，颇为典型地反映了这种规训对党员作家自由创作的限制。蒋光慈是一位对自己创作才华极为自负的作家，他对自身明确的"作家身份"定位与组织对作家的"战士身份"定位之间所产生的二难，构成了他创作生涯中难以调和的矛盾。在蒋光慈看来，作家的使命是创作，而不是走向街头的实际斗争。他说自己虽然同情群众运动，但他"不愿做一个政治家"，而更"想做一个伟大的文学家"。[12]而蒋光慈对作家身份的持守，也使他遭到了左联组织的强烈批评。他因不参加飞行集会被认为"惧怕牺牲"而开除党籍，而那篇个人色彩浓厚的作品《丽莎的哀怨》因同情没落的俄国贵族，被认为是很失败的创作。与党的分离和创作上的不被理解，使心怀赤诚的蒋光慈陷入难以释怀的精神痛苦。这种痛苦使作家在创作中谨小慎微，思想的火花被硬性扼杀。蒋光慈的《咆哮了的土地》虽表现出对"革命性"至诚追求，但"那种空想的无产阶级描写"，却使整个作品失之主观和简单。由于对革命文学论争时期的因文致祸心有余悸，茅盾在加入左联之后采取了更为谨慎的态度，他的为文和创作都表现出自觉接受党的领导的意愿。《子夜》的完成过程就鲜明地体现了党的文学方针对他创作的指导，茅盾自己说，《子夜》的写作"得到瞿秋白的教益"。《子夜》中关于农民暴动、农村革命和工人罢工的描写，正是在瞿秋白的建议基础上做了修改和完善。甚至原先设定的吴荪甫与赵伯涛握手言和的结局，也在瞿秋白的建议下改为一败一胜。这些修改当然有效地保证了《子夜》符合党的文学规范的稳妥性，为它赢得了革命文学经典的种种赞誉。但也牺牲了对于作家来说至为宝贵的独立性和批判性。为了政治立场的正确，为了做时代的战士，茅盾过于关注作品的社会价值，致使《子夜》中的人物塑造完全受制于历史的构思。而过于急迫的社会诊断冲动，不仅损害了作品的艺术美感，而且也忽视了对人性和历史的深入挖掘。这对于创作起点甚高的茅盾来说，不能不说是一个巨大的遗憾。丁玲进入左联并于1932年入党之后，其创作经历了一个整体的转变。冯雪峰将这一转变的实质概括为："从个人主义的虚无，向工农大众的革命的路"。从个人言说转向集体革命，

---

[12] 蒋光慈：《纪念碑》，《蒋光慈文集》第3卷，第185页。

当然为丁玲的创作赢得了时代所需的革命品格，但也牺牲了她内在秉有的艺术个性。丁玲成名于文坛所凭借的是莎菲式的心灵剖析和个人的苦难书写，而对党的事业的自觉认同，使得丁玲做出自我调整。她放弃自己擅长的小资产阶级女性写作，转向并不熟悉的工农革命描写。要将隔膜的工农生活写得更深刻一些，是她"力量所达不到的"，正如她在创作笔谈中所吐露的，写到不熟悉的斗争生活时，就"比较抽象，只能是自己想象的东西"。[13]《夜会》就完全失却了早期的细腻和灵动，写得平面而空洞，充满了生硬的意识形态说教。可见，文学信仰的压抑使党员作家艺术探索的冲动日益枯竭，使他们很难创作具有浓厚个人主义风格的作品。

三

以 1942 年毛泽东发表的《在延安文艺座谈会上的讲话》为界，延安文学可以区分为前后两个时期。前期的时间范围大致在 1935 至 1942 年，其文学主要继承了左翼文学的传统，正如刘增杰所说，前期的延安文学应看作是三十年代左翼文学在"新的历史条件下的延续和发扬"。基本相同的创作主体以及相对自由的创作环境，使前期延安文学的建构者们惯性式延续和强化了左翼文学确立的发展模式，促进了苏式现实主义（革命现实主义）的发展。以丁玲、萧军等为代表的党员作家，持守知识分子的主体意识创作了一些干预、批判现实的作品，体现了文学创作的初步繁荣。后期的时间范围在 1942 至 1949 年，其文学主要以《讲话》的基本精神为宗旨。《讲话》通过政策化的强制规约，对苏化的文学理论进行了本土化的改造，逐渐型构出了一种一元化的文学理论形态。它的实质是以阶级——民族为内核建设党的新型文学，并以之作为统摄和推动民族文学发展的指南。

《讲话》对中国新文艺的发展产生了重要而持久的影响，它以规范化的方式引导作家参与"现代民族国家叙事话语"的建构。为了从根本上将作家纳入中共意识形态建设的统一体中，《讲话》对此前的文艺发展做了总体性的反思，它既廓清了五四对西方文学思想的盲信，又改造了 30 年代左翼引进的苏联文学理论，提出了带有本土化的革命文学理论。为确保这一任务的实现，《讲话》以政治的权威话语对作家的使命、文学的本质和新的文学类型作了规定。首先，作家使命的规定。《讲话》进一步清理了作家保有的主体性，成功确立了文艺创作中工农的主体性。《讲话》严厉批评了小资产阶级知识分子试图利用文艺以自己的面貌"改造党，改造世界"的企图，号召党员作家用无产阶级的面貌"改造党，改造世界"。这实际上是提出了作家思想的自我改造问题，要求作家自觉成为工农的一分子，在思想和情感上与其打成一片，"真正站在人民的立场上"履行文学创作的任务。因此，

---

[13] 丁玲：《丁玲谈自己的创作》，《丁玲研究资料》，袁良骏编，知识产权出版社，2011 年，第 180—181 页。

对于党员作家来说，其使命只能是"站在党的立场，站在党性和党的政策的立场"，共同完成民族解放的政治任务。其次，文学本质的界定。《讲话》既不是从表现论，也不是从认识论出发来理解文学本质的，而是从社会功利目的即"政治需要"来展开论证。它以"文艺为什么人"这一价值论命题作为逻辑起点，从而"预设了一种意识形态论的文学本质观"。[14]这种文学本质观以政治理性作为文学的本性，忽略从纯艺术即审美角度去理解文学，直接将文艺规定为从属于政治或服从于政治。从当时革命斗争的现实需要来看，《讲话》对文学政治本性的强化能有效地促进文化军队的建设，有助于实现现代民族国家的伟大构想。再次，革命现实主义正统地位的确立。通过对苏联"社会主义现实主义"的修正，《讲话》确立了革命现实主义在延安文学中的正统地位。《讲话》淡化了苏联文学理论所强调的文学反映现实的真实性要求，突显了文学高于现实的理想性原则。它在论及文学反映生活的特点时指出，文学"可以而且应该比普通的实际生活更高，更强烈，更有集中性，更典型，更理想，因此就更带普遍性"。[15]这实际上是要求文学以理想性改造和提高现实，从而使文学更好地服务于现代民族国家建构的政治需要。对这种需要的充分表达和言说，构成了革命现实主义这一创作典范的本质内容。

《讲话》以规范化的方式将作家纳入革命意识形态生产的共同轨道，这种政策性的力量干预使党员作家的创作面临着前所未有的新挑战。如何适应政治规约建构文学言说的方式，成了考验每一个党员作家智慧的时代课题。综观后期的延安文学创作，党员作家在应对政治规约时采取了顺应、调整和抵制三种典型的方式，不同的应对方式赋予了他们的创作不同的面貌和命运。首先，周立波式的顺应。《暴风骤雨》是后期延安文学的典范性作品，它的创作成功归因于周立波对《讲话》精神的主动领会和自觉运用。可以说，《讲话》是周立波"文艺思想发展的一个重大转折点"，正如他自己的回忆所说，《讲话》确定了新的文艺方向，指出了文艺的源泉。这里所说的文艺源泉就是《讲话》揭示的人民生活中存在着文学艺术的矿藏，它是作家用之不尽、取之不竭的源泉。以之为指导，周立波亲自参加了东北的土改运动，体验群众的生活，"目击了这个轰轰烈烈的斗争的整个过程"。为了熟悉土改政策，他还认真研究"中央和东北局的文件"，并借助这些文件的"指示和帮助"，检验《暴风骤雨》的材料和构想。而所说的新的文艺方向就是《讲话》阐发的革命现实主义，它是延安新文学倡导的创作方法。周立波对革命现实主义的理解，就是遵循《讲话》的基本精神的。他说，革命现实主义不该是对现实的单纯模写，而"应该是站在无产阶级立场上，站在党性和阶级性的观

---

[14] 杨春时：《现代性与中国文学思潮》，北京三联书店，2009 年，第 197 页。
[15] 毛泽东：《在延安文艺座谈会上的讲话》，《毛泽东选集》第 2 卷，人民出版社，1991 年，第 861 页。

点上，对所看到的一切真实之上的现实的再现。在这再现的过程里，对于现实中发生的一切，容许选择，而且必须集中，还要典型化"。[16]所谓对材料的选择和集中，其实质是以理想主义的神圣光环提升现实。《暴风骤雨》采取的诉苦——仇恨——革命这一直线型结构方式，是作家依据革命理论对生活进行增删重组的结果。这种增删重组既能保证文本的叙述内容与党的革命理想相一致，又能实现仇恨叙事与新的民族国家想象的合一，如《暴风骤雨》中一段文字所表述的："报仇的火焰燃烧起来了，烧得冲天的高，烧毁这几千年来阻碍中国进步的封建，新的社会将从这火里产生。"在党的领导下点燃农民的仇恨火焰，通过暴力革命建立现代民族国家，周立波的《暴风骤雨》表达了对党的革命主张的高度认同，使该文本成为党的政策的形象图解。

其次，丁玲式的调整。《太阳照在桑干河上》是丁玲创作生涯中发生的最大转变，这一转变是《讲话》精神引领的结果。《讲话》之后，丁玲从思想到行动都主动进行了自我改造，积极投身党的革命事业。《太阳照在桑干河上》可以说就是按照讲话精神自我改造取得的成果，被誉为"社会主义现实主义的一个胜利"。从这部作品的显层创作动机来看，它的确是遵循《讲话》精神创作的。如丁玲自己所说，《太阳照在桑干河上》是在毛主席的教导和根据地的生活熏陶下，"个人努力追求实践的一小点成果"。[17]在《关于立场问题我见》这篇回应《讲话》的文章中，丁玲表达了对《讲话》精神的认同，并坦言了改造自己的迫切愿望。对《讲话》提出的"文艺为政治服务"和作家深入人民生活的主张，丁玲持完全的肯定和赞赏态度。她甚至断言，党员作家的立场只能是"无产阶级的立场，党的立场"，而获得正确立场的方式则是深入群众。为了熟悉农民土改生活，她亲自参加了晋察冀中央局组织的土改工作队，为了准确把握党的思想，她认真研读党的土改文件。《太阳照在桑干河上》材料的取舍和主题的提炼，都是按照党的政策为内核进行增删创造的。梅仪慈一针见血地指出，丁玲的《太阳照在桑干河上》是两种东西"密切结合的产物"，即个人的亲身经历和党的文件中汲取的思想。[18]这必然使《太阳照在桑干河上》烙上鲜明的政治色彩，但我们不能就此认定这部作品就是单纯的遵命之作。丁玲毕竟是一位深受"五四"启蒙精神濡染的作家，知识分子秉有的反思和批判精神已内化在她的血液中。在《太阳照在桑干河上》出版后的笔谈中，她这样披露自己的心迹："一个人不能从报纸上、书本上、别人的报告里去找

---

[16] 周立波：《现在想到的几点——暴风骤雨下卷的创作情形》，《周立波研究资料》，湖南人民出版社，1987年，第287页。

[17] 丁玲：《太阳照在桑干河上重印前言》，《丁玲研究资料》，第144页。

[18] 梅仪慈：《太阳照在桑干河上》，《丁玲研究在国外》，湖南人民出版社，1985年，第322页。

思想，自己应有独立思考的能力。一个作家首先必须是思想家。"[19]正是对独立思考能力的持守，使整部作品隐藏着作家坚执的主体性。因而，《太阳照在桑干河上》既遵命式地书写了农民在土改运动中命运的改变，同时又以独立思考的视角表现了农民精神的痼疾和土改运动的复杂性。这种既遵命又持守的矛盾态度，不能简单地理解为作家主体性的放弃，而应看作是特定时代语境下作家自我保存所做的一种主动调整。

再次，王实味式的抵制。作为具有自由主义倾向的作家，王实味在文学的诸多方面进行了独立的思考。《政治家·艺术家》与《野百合花》是集中体现他文学观念的两篇杂文，在一些文学的重要论题上都体现了与《讲话》精神的根本分歧。其一，对文学与政治关系的理解。与《讲话》反复声称的文学为政治服务不同，王实味认为文学与政治是彼此平等的，它们互不从属。他指出，"我们的革命事业有两方面：改造社会和改造人底灵魂。"改造社会要靠政治，改造人底灵魂则要靠文学，对于革命事业的成败来说两者同样重要。在王实味看来，文学不是政治的附庸，它们是相辅相依的关系。"文学家主要是革命底物质力量底指挥者，艺术家主要是革命底精神底激发者"，两者以不同的方式共同推动着革命的成功。[20]其二，对创作中理想化原则的态度。与《讲话》强调的文学应以理想化原则改造生活不同，王实味则主张文学应丰富全面地反映生活。王实味认为，文学家应直面和揭破生活的黑暗，这样才能迎接光明。文学要"针对自己阵营内部"，因为革命战士多来自旧中国，他们的灵魂不可避免地"要带着肮脏和黑暗"。因此，陶醉于理想主义的光环会导致对黑暗现实的遮蔽，从而危及我们的革命事业。王实味看重国民灵魂的改造，实际上是提出了以批判和启蒙来建构现代民族国家的理路。应该说，王实味的两篇杂文第一次在解放区"明确地把政治斗争与思想启蒙并列提出来"，是他对中国革命的个人思考。[21]但由于中国革命的艰巨性和惨烈性，这条理路难以被当时的政治家们所认同，而当时的领导人将自己人之间的学术论争视为"错误观点"。这两篇杂文发表后不久，中共应时势所需展开了以王实味为斗争目标的整风运动。在这场运动中，王实味坚持自己的观点，拒绝接受党内同志的批评，他对范文澜说，读了你在报纸上发表的文章，"我还是没有发现我的错误"。这种文人式的偏执和对自由的持守，为他的人生带来了悲剧性影响。在整风之后的一段时间，王实味失去了人身和创作自由，使他没有机会反思和调整自己的创作道路。

---

[19] 丁玲::《作家必须是思想家》,《丁玲全集》第 7 卷，河北人民出版社，2001 年，第 443 页。

[20] 王实味:《政治家·艺术家》,《王实味文存》,上海三联书店，1998 年，第 133 页。

[21] 张永泉:《现代文学史上的一桩遗案——重读王实味的两篇杂文》,《海南师院学报》,1993 年第 3 期。

文化趣味：林语堂的文化建设之路

余娜（集美大学文学院）

Cultural Interest: the Road of Lin Yutang's Cultural Construction

Yu Na (College of Literature, Jimei University)

【摘要】20 世纪 30 年代中产阶级在中国上海、武汉等大城市有一定规模，市民社会初具雏形。而当时中国新市民阶层自我意识薄弱，多沉迷于传统文化趣味。以林语堂为核心的论语派文人为了建设现代市民文化，办刊物写文章，致力于培养新市民的文化趣味，改变人们生活习惯、伦理道德、休闲娱乐等，从而真正实现"人"的现代化。林语堂及论语派从文化趣味入手，改造旧文化建设新文化，延续了"五四"启蒙传统，也一定程度上纠正了"五四"新文化的虚浮高蹈。但由于历史条件的原因，新市民文化建设成就有限。

【关键字】林语堂；文化趣味；现代

【Abstract】In 1930s, the middle class in China, Shanghai, Wuhan and other large cities have a certain scale. Civil society has begun to take shape. At that time, the self-consciousness of the new citizens in China was weak. Most of them indulged in traditional cultural tastes. The writers of the Analects who take Lin Yutang as the core worked for the construction of modern citizen culture. To cultivate the cultural interest of new citizens, they changed people's living habits, ethics, leisure and entertainment, etc. Lin Yutang and the Analects of Confucius started with cultural interest, reconstructed the old culture and constructed a new culture, and continued the "54" enlightenment tradition. However, due to historical reasons, the construction of new civic culture is limited.

【Keywords】Lin Yutang; the cultural interest; modern

　　活跃于二十世纪三、四十年代的论语派，因林语堂主编的《论语》杂志而得名。论语派以《论语》和此后创办的《人间世》、《宇宙风》、《文饭小品》、《逸经》、《西风》、《古今》、《天地》等期刊为依托，囊括了林语堂、周作人、俞平伯、老舍、简又文、邵洵美、潘光旦、老向、姚颖等众多知名文人。目前有研究将林语堂和论语派视为现代市民的文化精英代表，肯定了这个群体文学实践的世俗性和现代性，但对他们的文化建构的思考和努力尚未深入研究。本文拟就林语堂及其论语派的现代市民文化趣味的建设问题展开论述，以期进一步探讨中国文化现代化的道路。

一

　　"市民"和"市民社会"是一个源自西方的社会学概念。18世纪德国古典哲学家黑格尔在《法哲学原理》中第一次明确区分了市民社会和政治国家，认为市民社会是人们在市场的经济交往中因相互的需要关心而形成的所谓"需要体系"，以及这一需要体系的保障机制。黑格尔的界定意味着现代含义的市民社会概念真正确立。进入20世纪之后，西方市民社会理论研究出现重大转变。20世纪30年代葛兰西首先将"市民社会"看作是一个文化批判的领域。此后，大多数当代西方思想家将市民社会看作独立的社团及其活动所构成的文化批判领域。总体而言，市民社会是在商品经济关系的演变中，从整个社会中独立出来并逐步形成一个私人生活领域。

　　在市民社会理论中，中产阶级是市民阶层的主体，市民文化相应地表现出高雅与世俗相结合的特点。市民阶层有着自己独特的文化品位、审美理想和文艺追求。20世纪30年代中产阶级在中国上海、武汉等大城市有一定规模，市民社会初具雏形。但中国新市民阶层自我意识薄弱，当时流行的大众文化较低俗，混杂着旧文化和恶趣味。因此，摆脱传统文化趣味，建设健康的现代市民文化成为时代要求。以林语堂为核心的论语派文人意识到了新市民文化的需求，致力于现代市民文化的建设。他们从培育新的文化趣味入手，办刊物写文章，以期逐渐改变人们生活习俗、伦理观念等，从而真正实现"人"的现代化。

　　按照黑格尔的观念，市民社会是"各个成员作为独立的单位个人的联合"[1]具体而言，市民社会应该具备"保护个人自由""反对政治专制""对市场经济的弘扬以及对国家干预活动的应对"[2]等基本要素。以现代的市民社会概念观照中国古代城市，不难发现中国古代社会没有真正意义上的市民。20世纪初开始，中国现代城市得到很大发展。上海在1911年有48家工厂，1933年上升为3485家[3]；"民国年间，仅上海一地就集中了全国工业的50%以上（资本、工厂数、工人数及产值均是如此）"[4]上海从一个贸易中心，成为一个制造集中地。同样的变化也发生在天津、汉口等城市。城市经济链条开始形成，金融业、服务业、娱乐业、教育业、出版业等形成了现代化的城市经济结构，现代意义上的城市初具规模。

　　现代城市的崛起引发了社会结构、文化机构的一系列变化，市民数量得到了前所未有的增长。首先，工商业人口大幅度增加。工业生产的迅速发展"则把商品生产者和一大批急于求职的雇佣劳动者从乡村吸引到城市，扩大了城市的人口、

---

[1] [德]黑格尔：《法哲学原理》，商务印书馆，1996年版，第197页。
[2] 邓正来：《市民社会理论的研究》，中国政法大学出版社，2002年版，第138页。
[3] 乐正：《城市功能结构的近代变迁》，《中山大学学报（社科版）》，1993年第1期。
[4] 乐正：《近代城市发展的主题与中国模式》，《天津社会科学》，1992年第1期。

经济和空间规模"[5]。其次，现代行业增加了更多的职业人口，如教师、律师、医生、编辑、记者、产业工人等。近代以来城市市民的核心群体以三部分人群构成：一部分是接受现代思想的官僚阶层；另一部分是新兴的民族资产阶级；还有一部分是现代知识分子。由于工商业的繁荣，受过良好的现代教育、拥有稳定的职业与收入的中产阶级成为市民阶层的主体，包括中小商人、医生、律师、记者、教师等分布于各社会主导领域的人员。新式的教育业、出版业和文化娱乐业等领域成长起来的知识分子，不同于依附仕途的传统知识分子，能够独立谋生，成为新的文化精英群体。现代知识分子立足于城市，重视都市公共空间，将自身的观念介入到现代市民文化构建中，并传播现代文化想象。

尽管在 20 世纪 30 年代，市民群体在数量和构成上都发生了巨大变化，显现出现代性的特点，但市民的生活方式、审美情趣和行为习惯等等都深受传统影响，现代文化尚未建设成型。五四以来的文化启蒙运动虽然引进了新的文化观念，冲击了传统文化，但旧文化的记忆依然深植于市民深层心理中，旧文化趣味的滞留更为顽固。启蒙思想并未太多地影响中国百姓，大多数城市居民的人生观改变甚微。上海在当时是国际化大都市，得风气之先，但西方现代文明与中国传统封建思想混杂。享受着现代物质文明的新市民的生活方式和审美趣味却普遍低级恶俗：富绅追求奢华排场，纳妾买婢，出入汽车保镖，打牌跑狗；小资产阶级讲究吃穿，打牌看戏，"男人们有时也喜欢涉足跳舞场或妓院，以及各种低级趣味的游戏场中。女人也喜欢在衣饰上较量，他们醉心于奢华，有时因为欲望的不满足而痛苦，这一类人，他们对于生活的享乐，常常感到不满足，因此精神上的痛苦，也占有了他们生活的大部分。"[6]而且，文学阅读趣味也带有深刻的传统印记，以传统价值观念和道德准则为核心的"侠邪小说"、"鸳鸯蝴蝶派小说"、新派的才子佳人小说广泛流行。

可以说，中国新市民群体渐成规模，但自我意识薄弱，现代市民文化尚未形成，严重地阻碍着中国社会的现代化。这就需要通过新的启蒙摆脱传统文化趣味，建设健康的、现代的新市民文化。为此，以林语堂为核心的论语派在现代文化建设上致力于新市民文化趣味的培育，推动中国文化的现代转型。

二

文化包括了理性和感性两个层面：理性文化是观念层面，以科学知识、意识形态等理论观念为主，是对社会生活的概括性认识，较为抽象宏观。而感性文化则是心理层面，以感性经验和生活趣味为主，它渗透在人们的生活方式、行为习

---

[5] 乐正：《近代城市发展的主题与中国模式》，《天津社会科学》，1992 年第 2 期。
[6] 倪锡英：《民国史料工程·都市地理小丛书·上海》，南京出版社，2011 年版，第 136 页。

惯、休闲娱乐、审美趣味等具体日常中。文化经验、趣味支撑着文化观念，文化观念又制约着文化经验、趣味，只有这二者协调发展，社会文化建设才能成功。在构建现代文化中，文化观念与文化趣味往往不相协调。五四新文化运动是文化观念先行，主要致力于输入学理，抨击旧文化，意在改变人民的思想观念。但文化趣味方面的建设尚无暇顾及，未能深入到大众的文化心理层面，也未能改变人们的生活习惯。论语派的文化建设实践针对现代文化观念已经提出、现代文化趣味尚未形成的现实情况，他们透过饮食、服饰、阅读、音乐、电影、绘画等日常生活来审视普通大众的生活趣味，并用现代精神加以潜移默化地改造，力图塑造新市民阶层的生活格调和文化趣味。

论语派的文化建设是从认识"国民性"开始的。林语堂作为论语派的核心人物，他的思想看法具有代表性。20世纪20年代，林语堂激烈抨击国民性缺陷，在《给玄同先生的信》中他说："今日谈国事所最令人作呕者，即无人肯承认今日中国人是根本败类的民族，无人肯承认吾民族精神有根本改造之必要。"[7]在他看来，中国国民性的唯一出路就是全面学习西方现代文明。林语堂在30年代探讨中国国民性特质时，意识到必须结合中西文化，沟通传统与现代，从全盘否定传统文化转为有所肯定，如他在《吾国吾民》中指出的，发现中国的唯一方法是"要搜索一般的人生意义，而不是异民族的舶来文化"[8]。他认为国人总体上有"三个弱点"："忍耐性、散漫性及老猾性"，在《吾国吾民》中明确说到"此等品性为任何民族都可能有的单纯而重要的品性。"[9]这里对中国国民性的认识显得更为客观全面。林语堂在展示国民性特质时，肯定了传统文化对中国人生活的熏陶。在《生活的艺术》中，林语堂不无欣赏地书写中国人吟风弄月、赏花眠柳的浪漫和谐的审美式生活，他说："我深信中国人若能从英人学点制度的信仰与组织的能力，而英人若能从华人学点及时行乐的决心与赏玩山水的雅趣，两方都可获益不浅"[10]，林语堂在中西方文化平等比较中，一方面认识发现中国国民性，找到了中国文化的建设之路；另一方面，林语堂对传统文化的改造和新文化的建设由观念领域转移到心理领域即重视文化趣味的建设。

如前所述，20世纪30年代的中国新市民阶层初具规模，但自觉意识不足，文化上仍保留着许多传统文化的恶趣味。由于中下层市民的文化教养不高，他们对文化观念的接受不敏感，其行为更直接地受文化趣味的支配。群体的趣味具有趋同性和社会性，"由相对一致的个体趣味所形成的群体趣味，亦即相当一部分人的

---

[7] 林语堂：《给玄同的信》，《林语堂批评文集》，珠海出版社，1998年版，第230-231页。
[8] 林语堂：《吾国与吾民》，黄嘉德译，陕西师范大学出版社，2008年版，第26页。
[9] 林语堂：《吾国与吾民》，黄嘉德译，陕西师范大学出版社，2008年版，第71页。
[10] 林语堂：《生活的艺术》，越裔汉译，陕西师范大学出版社，2006年版，第278页。

趣味一致性……可以从经验角度或理论上归纳出群体的趣味类型"[11]。因此，林语堂以"趣味"确立市民阶层的现代特质，也把文化趣味的改造和建设作为突破口，这与五四新文化运动以文化观念作为突破口大不相同，后者更富于实践建设性。文化趣味涉及市民的饮食、服饰、运动、阅读、音乐、电影、绘画等日常生活领域，因此要从具体的文化现象入手培育新的文化趣味。

林语堂及其论语派清醒地意识到现代与传统两种文化的冲突，也意识到两种文化都可以成为新文化建设的资源，应该在西方现代文明与中国传统文化中寻求完美融合点。他们也认识到，新文化的建设不能依靠外来势力，不能通过殖民化来完成，而要由新知识分子作为主体。姚颖在《南京通信》一文中，指出："国家、社会、政治、礼教都在一种'康白度 compradore'（译为：买办）的手掌中，自上而下都是洋行买办的身份，东堂西郊便只听得清算'克姆爽 commission'（译为：佣金）的声音，'康白度'的目的只是在赚'克姆爽'，它决不会建树新礼教、新风俗、新习惯，在这种新情势之下，我们是决不会有一种新的群众现象来代替旧的群众现象的。"[12]以林语堂、章克标、老向、姚颖等作家为主体的论语派确立主体意识，决心融合西方现代文明，改变当时社会文化中理论观念与实践生活的分裂状态。

首先，论语派要改变国人的性格，故而倡导幽默、提倡小品文。论语派通过倡导幽默建立起现代文明的一个新视角。林语堂认为，中国人的品性是过于正经和过于不正经的两极，这样就容易流于古板、偏执或油滑、混世。他认为现代人应该有包容、开朗的胸怀，有幽默的品性。幽默可以化解矛盾，调节人际关系，是现代人应有的品格。幽默也可以用于政治领域，论语派的政治批评从国家大事到市井细闻几乎无所不包，超越具体党派来谈论政治，表达"老实的私见"[13]，主张避开"主义"的高深理论，形成了"论语体"，以幽默的方式释放"政治郁积"。而且，幽默不仅是释放政治郁积的方式，还是生活智慧，一种睿智宽容快乐的生活方式。论语派大量的文章写生活日常写幽默人生，其实是确立现代人应有的精神品格。

小品文的提倡则是为幽默找到了合适的载体。现代小品文有两大资源，一是传统小品文，不离风、月、雪、金鱼等生活趣味；二是西方随笔，不限题材。论语派提倡的小品文核心是凸显西方现代精神，更多取法西方现代小品文。林语堂提倡西洋杂志文，西洋人生之甘苦、家庭之生活、风俗之变迁、社会之黑幕都能反映在文章中。对小品文文体取法西方的倾向，郁达夫曾表达过了自己的看法，

---

[11] 周宪：《当前文化趣味的社会学分析》，《文艺理论研究》，1995 年第 5 期。
[12] 姚颖：《南京通信》，《论语》第 11 期。
[13] 林语堂：《且说本刊》，《宇宙风》第 1 期。

399

他认为古代散文以尊君、卫道、孝亲为主要内容，形式上行文必崇尚古雅，用字造句用典，成为创作桎梏[13]，所以小品文具有现代的品格，适宜于传播现代意识。

第二，论语派要改变国人的旧的生活方式，建立健康的新生活方式。他们的文章里常常谈论新市民的吃饭、穿衣、交际等生活习惯，批判盲从西方文明的细枝末节，认可适合人性自然的生活方式，赞同适度保留合理的传统行为，由此确立新市民生活方式的现代特质。

论语派也在大力倡扬平等，这是现代市民社会主要的价值诉求。林语堂在《阿芳》中写家里的佣人阿芳，聪明懒散，时而给人惊喜时而惹人愤怒，读罢全文令人忍俊不禁，通篇流露出家庭和睦、主仆平等的现代观念。

对于盲目追求西化的倾向，论语派也多有纠正。林语堂的文章多次论及穿西装、握手等西式生活行为的荒谬，肯定中式长衫的舒适，批判了西方文明存在的束缚人性违背自然的一面。他还写过买牙刷牙膏时被广告宣传诱导的困扰，批评了现代文明的扭曲发展。林语堂的《我怎样过除夕》、徐訏的《论阴阳》都在讨论着新旧历法对社会、人民的影响，讽刺国民党政府不顾文化传统粗暴废弃旧历法。

论语派认可中国新市民的现代生活方式可以吸取合乎人性的传统行为。林语堂、姚颖在文章里都写到处理书籍摆放的自然方法——"把书籍随手置放的方法"[14]，妙处在于舒适亲切，讽刺暴发户的书籍收藏和所谓高效率的现代图书分类法。

对于现代社会的理想生活，林语堂反对金钱至上主义和奢侈的生活方式，提倡自然、质朴的生活方式。他在《言志篇》中发现"现代人实在欲望太奢了，并且每不自知所欲为何物"，其实理想的生活状态应如是：一间自己的书房"七分庄严中带三分随便"，总体而言，生活的美好在于——"一套好藏书，几本明人小品，壁上一帧李香君画像让我供奉，案头一盒雪茄，家中一位了解我的个性的夫人，能让我自由做我的工作。"[15]这样的生活状态享受中西文明创造的便利和自在，自由依然是其最核心的本质。

第三，论语派要改变人们的旧的休闲娱乐方式，建立新的休闲娱乐方式。休闲娱乐是市民生活的重要组成部分，但中国新的休闲娱乐方式还没有形成。20 世纪 30 年代的新市民休闲娱乐方式丰富多样，新旧混杂，旧的娱乐方式多有存在，如赌博、麻将、狎妓、跳舞等。论语派面对这种状况，从现代观念出发，谈旅游、聊电影、说读书、话传奇等，引导人们从事健康的休闲娱乐活动，建设重人情、合人性的市民生活。

---

[14] 郁达夫：《中国新文学大系散文二集·导言》，《中国新文学大系散文二集》（影印版），上海文艺出版社，2003 年版，第 5-12 页。
[15] 林语堂：《我的书室》，《林语堂名著全集》（第十五卷），东北师范大学出版社，1994 年版，第 143 页。

林语堂有不少文章写生活的休闲与娱乐：春天游杭州、夏日去避暑，看电影感动流泪，欣赏米老鼠卡通片，喜欢滑稽画片。在他看来，这些对于人心更加有益，"文学的作用，便是使我们带了一种更真的了解与更大的同情把人生看得更清楚，更正确一点。……文学最要紧是必须打动人心，只要它把生活描写得真实。"[16]而且，林语堂充分肯定生活的闲适艺术，以游戏精神培养健全的人生观。在《论玩物不能丧志》里，他否定复古思想里的"玩物丧志"说，也批判了盲目效仿西方玩乐"只许人踢足球，不许人看花赏鸟"的说法，指出山水花鸟是中国人游乐雅趣所在，"在初夏晴日，趁夕阳西下，沿堤散步，看柳浪，赏荷花，观池鱼……乃为成年人之玩赏乐趣。"[17]

论语派提出了高雅的生活理想。林语堂倡导精致的生活，努力实现生活艺术化，"以艺术为消遣，或以艺术为人类精神的一种游戏"[18]。他饶有兴趣地介绍苏轼、李渔、沈复、袁枚等人有关衣食住行的艺术，指出："生活的艺术是他们的第二本能，是他们的一种宗教。如果有谁说过中国文明是一种精神上的文明，那么这个人就是一个谎言制造者。"[19]林语堂在《生活的艺术》中详细地介绍了李渔热爱美食和畅游、听戏写文、改进或创造舒适的日用器具，生活充满情趣，显现出爱生活爱审美的情怀。

论语派也重视普通市民的文化生活。通俗小说拥有大量的市民读者，鬼故事与言情、黑幕、侦探等同为通俗小说最常涉及的题材领域。论语派意识到鬼故事以及鬼文化蕴含丰富的民间性、世俗性，在《论语》杂志上曾推出"鬼故事专号"，篇幅超过平时一倍，周作人、老舍、陈铨、曹聚仁等诸多名家为之撰稿。对于发起鬼故事专号的原因，邵洵美曾说过："我们编这'鬼故事专号'，虽如施蛰存先生所说，是为'正在对于西洋文学中的鬼故事发生很大的兴趣'，但事实上，那动机还要早。因为我们每次谈到文学总会讲起'通俗小说'。我们常想，那所谓礼拜六派的小说，的确曾经继承了红楼、水浒等在通俗文坛上的位置，……但是这一只势力似乎中断了。《红杂志》般的刊物也不再能继续它的生命了，通俗文学是决不会绝迹的，……以纯文艺的地位说，通俗小说当然要不得的，但是以一两著作界，出版界而言，通俗小说自有它存在的理由。"[20]在专号中，除了一部分写刺激猎奇的鬼故事外，还有许多文章以启蒙者身份来写与鬼有关的内容。周作人《谈鬼论》《再谈油炸鬼》、曹聚仁《鬼的箭垛》、马子华《鬼与女性》等文章站在人类

---

[16] 林语堂：《言志篇》，《林语堂名著全集》（第十四卷），东北师范大学出版社，1994 年版，第 82 页。

[17] 林语堂：《论玩物不能丧志》，《人间世》第 7 期。

[18] 林语堂：《生活的艺术》，越裔汉译，陕西师范大学出版社，2006 年版，第 344 页。

[19] 林语堂：《中国人》，郝志东、沈益洪译，学林出版社 2002 年，第 333 页。

学角度分析鬼文化；章克标《邻家的鬼》、徐訏《鬼戏》、老舍《鬼与狐》、老向《乡人说鬼》这类文章则影射现实，借鬼讽今；而陈绵的小说《小站》在叙述中弥漫着强烈的西方悲剧色彩和忏悔意识。尽管鬼故事专号内容、主题不统一，但反映出论语派看重通俗文学，试图借重通俗文学改造市民文化趣味的用心。

第四，论语派重视对中国传统文化趣味的继承和改造。五四以来，尽管传统文化深受现代知识分子诟病，但在文化情感和审美趣味上，包括论语派在内的许多中国现代知识分子依然趋向传统。关于中西文学、艺术的优劣对比，论语派在理性分析中显示出充分的文化自信。林语堂的《论中西画》指出中西艺术起源不同，"中国艺术的冲动，发源于山水；西洋艺术的冲动，发源于女人。"[21]让他气愤的是，中国艺术效法自然，呈现曲折之妙，追求浑然天成，而工业文明影响下的现代中国仿效西方艺术，舍本逐末，美术建筑皆学西方，"上海有几万个中国富翁，却只有一二座中国式的园宅。此上海所以为中国最丑陋最铜臭最俗不可耐之城"[22]。徐訏的《谈中西艺术》则从饮酒品茗吃食等生活细处入手，分析中国艺术的精妙特点。在《谈中西文化》里，林语堂批判卖弄名词、脱离人生地谈文化和盲目崇拜西方文化，指出"东西方文化都放在人生的天秤上一称，才稍有凭准"[23]，以人为中心的中国文明也值得西方学习。

论语派曾经书写过不少关于中国传统意象的文章，表达的情感矛盾复杂，既有怀旧，也有告别，这从"家"和"灯"的专号就可窥一斑。《论语》的"家的专号"里的许多文章表现出怀旧的文化情感。盛成的《家在陶然亭》将京郊的陶然亭视为文人心灵的栖息地。丰子恺的《家》写了搬家的过程，也是从都市到故乡的心灵回归。宋春舫在《从"家"忽然想到搬家》中，一直念念不忘幼年曾经生活过的旧家。这些文章里的"家"是中国知识分子文化情感的皈依，在惆怅伤感中对中国文化之根的留恋和探寻。和《论语》的"家的专号"一样，"灯的专号"也流露出怀旧情感，但后者立足民间立场，从民俗、历史的角度书写中国人关于"灯"的文化记忆。观今的《灯节小考》、梧生的《上元灯话》、殷紫震的《灯与趣》、蝶媒的《龙灯花鼓在民间》等文章引经据典，介绍民间的奇闻异俗，摘录有关灯的趣闻轶事。而陈铨的《回忆》、种因的《扬州春灯》、李短侬的《天下太平》、司徒京的《逛灯》则在今不如昔的感慨里蕴含着传统文化失落的惆怅。对于"家"的留恋和"灯"的守护，都可以看出传统文化在中国知识分子的情感深处仍占有重要的地位。

---

20 邵洵美：《编辑随笔》，《论语》第 92 期。
21 林语堂：《论中西画》，《论语》第 30 期。
22 林语堂：《论中西画》，《论语》第 30 期。
23 林语堂：《谈中西文化》，《人间世》第 26 期。

理想的新市民文化趣味的培养应该是确立现代精神内核、合理吸收传统文化的过程。在林语堂看来，"一种文化的真正试验并不是你能够怎样去征服和屠杀，而是你怎样从人生获得最大的乐趣。至于简朴的和平艺术，例如养雀鸟，植兰花，煮香菇以及在简单的环境中能够快乐，西方还有许多东西要向中国求教呢。"[24]享受着悠闲生活的中国人的精神特质能够协调西方现代文明愈加剧烈的精神矛盾，当然西方现代意识仍是中国需要学习的。在中西方文化平等比较中，林语堂发现中西互补才是理想的现代国民性。林语堂所代表的论语派在建设新市民文化趣味中，可贵之处在于努力契合中国新市民文化情感，积极吸收中国传统文化，融汇西方现代文明，逐渐改变人们生活格调和审美趣味。

三

林语堂及其论语派从疏离政治的民间立场出发，关注日常生活，用幽默、性灵、闲适的文学创作和文化批评潜移默化改造新市民文化趣味，对于当时的社会、文化都产生了积极作用。他们将生活艺术化、艺术生活化的传统文人趣味与西方的重视个性自由、思想解放的现代精神结合，提升了市民文化品位，具有积极的历史意义。论语派对新市民文化趣味的改造、建设既继承了五四新文化运动的启蒙精神，也弥补了其不足。五四新文化运动提倡科学、民主，反对封建专制，主要是在在观念和理论上灌输新文化，反对旧思想，具体的文化建设尚未顾及。胡适致力于建设科学的人生观，其含义广博："我所谓'人生观'，依唐孹黄先生的界说，包括吴稚晖先生所谓'宇宙观'"[25]，他在"科学的人生观"的十条宣示中，从生物学角度回答了人是什么的问题。风行一时的问题小说、哲理小诗也都在关注着人生观的核心问题，探寻人生的价值和意义，忽视了现实人生。胡适后来反思："我在《文学改良刍议》里曾说文学必须有'高远之思想，真挚之情感'，那就是悬空谈文学内容了。"[26]曹聚仁对"五四"新文学运动曾总结道："我们回看'五四'时代的散文，在当时似乎觉得很有意义，写得很起劲，看得很痛快。其实，所布的都是堂堂正正之阵，所谈的都是冠冕堂皇的大问题；说得好，都是些不着边际的大议论；说得坏，便是千篇一律的宣传八股，久而久之，大家都有些厌倦起来。"[27]因此，"五四"文学革命仅在理论层面上批判传统文学思想，但不能改造大众的文学趣味和心理。论语派回到生活回到新市民的心理层面，从文化趣味入

---

[24] 林语堂：《生活的艺术》，越裔汉译，陕西师范大学出版社，2006年版，第278页。
[25] 《胡适哲学思想资料选》（上册），华东师范大学出版社，1981年版，第341页。
[26] 胡适：《中国新文学大系建设理论集·导言》，《中国新文学大系建设理论集》（影印版），上海文艺出版社，2003年版，第28页。
[27] 曹聚仁：《文坛五十年》，生活·读书·新知三联书店，2010版，第156页。

手，改造旧文化建设新文化，一定程度上纠正了"五四"观念建设的虚浮高蹈。

培养新市民文化趣味，是论语派对五四启蒙传统的延续。启蒙的根本目的是实现人的现代化，是深刻的和文化的变革。而五四运动并没有完成启蒙任务，中国人已有的生活方行为、思维方式并没有实现现代化。20世纪30年代，社会革命兴起，启蒙不再是社会变革的重心。这时的文化潮流多元化，一方面是政治化，如左翼文学强调文学的政治宣传功能；另一方面反现代化，以新儒学为代表的复古潮流，与现代文明背道而驰；再一个是商业化，海派文学带有浓重的商业色彩，缺乏对现代性的反思；再一个是精英化，京派文学具有过多的士大夫气，不接地气。国民政府推行"新生活运动"，缺乏社会力量的推动，也没有深及社会文化层面。论语派在纷繁复杂的30年代，立足于现代市民社会会，触及社会心里和文化趣味，从事融合雅俗的文学创作和文化批评，为现代市民文化建设作出了可贵的努力。

文化趣味的建设缓慢而深及社会心理，社会变革激烈而触动社会结构，二者并不同步。由于历史条件的原因，论语派的文化建设成果受到了极大的限制，并没有成为时代的主流。时代主流在于社会变革和民族解放方面，而不在文化建设方面。因此论语派的文化趣味建设很快被社会变革遮掩。此外，中国现代市民社会的基础比较薄弱，中产阶级规模太小，难以提供新市民文化发展的条件。因此，论语派的文化建设成果并不丰硕，效果并不显著。但是，林语堂和论语派对新市民现代文化趣味的建设，毕竟具有推动社会进步的历史意义，应该予以肯定。在今天，现代文化建设已经提到了日程，借鉴其历史经验具有一定的现实意义。

民族国家的吁求与知识分子的归属感冲动
——以"何其芳现象"为例

谢慧英(集美大学文学院)

The Appeal of Modern Nation-state
and Chinese Intellectuals' Sense of Belonging:
Taking *the Phenomenon of He-Qifang* as an Example

Xie-Hhuiying (School of Literature in Jimei University)

【摘要】对何其芳研究学界历来有"何其芳现象"的说法,用以表明他在去延安前后创作上的巨大反差。事实上,这一现象需要从知识分子个体归属感的匮乏与抗战时期民族主义语境之间的互动关系来加以考察,从中可以看到包括"自由"、"理性"、"个人主义"现代性价值的核心范畴是如何被重新改造,并最终走向对自身的"背叛"——自由的悖论。

【关键词】"何其芳现象";现代民族国家;知识分子;归属感

【Abstract】There's always been a saying about *Phenomenon of He-Qifang* at academic *circles* , used it to show the great contrasts to his writing that of before going to Yan'an and after being there.In fact, this phenomenon needs to be explored from the interactions between the intellectuals' lack of sense of belonging and Nationalist context in the period of Anti-Japanese War.Maybe it can be helpful to be revealed how the core categories of the modernity's values,such as Freedom,Reason or Individualism, are re-transformed,and ultimately toward the betrayal of their own.That is to say *the Paradox of Freedom.*

【Key words】*the Phenomenon of He-Qifang, Modern Nation-state;Intellectuals the* sense of belonging,

在中国现代作家中,何其芳是一个特殊的存在。其特殊性不仅在于他曾先后出演过个性色彩突出的浪漫派诗人、散文家以及革命文艺的权威理论家和古典文学研究者等多重角色,更在于在学界久已受到关注和探讨的"何其芳现象"、"两个何其芳"的课题。前者指谓的是他代表了许多在转向革命后出现的"思想进步、创作退步"的普遍现象,后者则是以1938年何其芳奔赴延安为界,将其创作分为前后两个阶段所呈现出的质的差异而言,将赴延安之前的何其芳视作充满了个人主义立场的浪漫派诗人,1936年以其充满梦幻哀伤的个人风格获得《大公报》文艺奖金之后的仅仅一年多的时间,就在奔赴延安时后迅速转换了立场,成为从国统区奔赴延安后的最先发声的歌颂者,在整风运动中被视为"第一个忏悔者"

和思想改造成功的范例，并被委以重任，成为党的文艺理论权威。何其芳的文学历程和精神轨迹，对于观照现代中国知识分子的普遍境况及其精神困境，有着特殊重要的意义，同时它也将启发我们对中国现代性内在矛盾的深层根源进行更细致的思考和索解。

一、中国现代性的结构：现代性与现代民族国家的冲突

梳理中国现代性的逻辑，大致可以概括为以启蒙主义为核心的现代性与国/族主义为核心的现代民族国家之间的错位与冲突。现代性的核心是科学精神与人文精神，它的源头是西方的启蒙思想；现代民族国家的基本立场是民族主义，是对一种政治实体的建构。由于中国现代性的发生始于西方殖民者的强势进攻，其后在西方列强和日本的侵略中逐渐丧失了部分主权，因此建立主权独立的民族国家的任务就成了首要课题，现代性事实上也是从属于这一课题。[1]

五四启蒙运动提倡科学、民主，是以启蒙现代性服务于救国救亡的任务，在这个阶段现代性的这两个维度之间基本上取得了同一。但是，自 1919 年，巴黎和会对中国山东半岛主权问题的处理最终导致"五四"爱国运动的全面爆发，也就开始了启蒙向救亡的转向。这个转向的背后，就是现代性与现代民族国家之间的冲突和矛盾。主流的历史叙事，一般是用"反帝反封建"将其统一在"五四"运动的名下。但事实上，这包含了具有紧张和对抗关系的两个"五四"的概念："反封建"是以启蒙现代性的科学、民主、自由、平等、个体等取代封建主义的伦理、专制、等级和"集体理性"，"反帝"则是以对现代性的抵制来进行现代民族国家的建构。以此为界，文学思潮分化出了两大主潮：坚持自由主义立场的启蒙主义文学思潮、浪漫主义文学思潮、现代主义文学思潮与转向"革命"并以文学的政治功利性作为首要原则的左翼文学思潮（后来发展为革命现实主义文学思潮）。

三十年代抗战的爆发，使知识分子群体的生存境遇和心理诉求都发生了巨大变化。首先是激发了他们普遍高涨的民族主义情绪，自由主义知识分子信奉的个性、自由、理性精神等现代性价值遭遇了严重的冲击，左翼文学的主张，即服从、服务于民族国家建构的政治理性、集体理性，不仅为延安解放区文学所吸收、改造和强化，并且在抗战后逐渐成为知识群体中的普遍立场和内在心理指归，成为抗战文学的整体倾向。相对于同样身处延安的革命作家类似于丁玲那样转型过程的曲折漫长，何其芳的"左转"历程带有线性突进的特点；而与自由知识分子的"左倾"和"左转"幅度相较，何其芳的转型则颇具彻底性和强反差性。因此，何其芳既是现代知识分子的一个独特存在，又是一个独特的样本，通过他可以对抗战

---

[1] 杨春时：《 现代性与中国文学思潮》，生活・读书・新知三联书店 2009 年版。

406

之后中国现代知识分子价值立场转换的内在逻辑及其心理根源进行有效地考察。对中国知识分子而言，三、四十年代以来从现代性的追求到现代民族国家建构的冲动、从自由主义的兼容到民族主义的"归一"，从主张个性自由的小我到推重集体理性权威的"大我"——这种立场的转变及二者之间的冲突，虽然在价值取向的表层显示出明显的对立性，其深层逻辑却又包含着不可忽视的联结和贯通，甚至带有不可避免的必然性；之所以如此，很大程度上是源于心理和精神层面的根源意识和归属感的内在诉求。

二、个体归属感的匮乏与民族情绪作为驱力

何其芳出生于四川万县一个颇为富裕的封建家庭，是其家族的长门长孙。祖父和父亲思想守旧，从小对其施以严厉的家长制管教，"他对待子女最主要的教育方式就是责骂和毒打，最习惯的谈话方式就是命令与指责"。[2]他们使何其芳接受旧式教育，并期待他日后能走科举仕途，光宗耀祖。而其家族的女性，如何其芳的祖母、母亲和同居一个庭院的几个堂姑姑，则以女性的温柔、细腻、婉约给予了不同于男性长辈们的呵护和关爱，他早期诗作中对"爱"与"美"的异常眷顾也可看到柔性力量的影响，这同时也不免会影响到何其芳敏感、脆弱的性格。童年和少年时期压抑和封闭的成长环境给他留下了难以抹去的心理创痛。幸运的是，他天生热爱文学，在压抑的环境中不断发展自己的阅读嗜好，逐渐在文学方面显示出了优异的禀赋。在日后写到童年生活时，他也曾抑制不住地反复表达了对自己童年处境的抱怨和自怜。

弗洛姆在《逃避自由》中指出，每一个个体的心理普遍存在一种"深植于人类模式的本质和生活实践中的刻不容缓的需求"，即是"一个在物质意义上与世隔绝多年的个人可能在观念、价值或至少在社会模式上与外界相连，这些东西给他一种共同的'归属感'"，才能免于"孤独"；而"归属感"的缺失则会使人"感到完全孤独与孤立会导致精神崩溃"。[3]对于儿童来说，最基本的归属感一般首先是源于家庭。何其芳的童年期显然未能与家庭达成一种紧密的联结关系，这难免造成基本归属感的"匮乏"，产生强烈的孤独感。而强烈的孤独感、难以忍受的与他者之间的分离感以及浓重的感伤情绪，亦成为其他早期诗作主要基调。

如早期代表作《预言》和后来获奖并颇受京派名家推重的《画梦录》中，密集着情态色彩浓重的意象，如"梦"、"深夜"，"爱情"等；而表现个人伤感、失意、落寞情绪的语汇更是俯首可拾："叹息"、"寂寥""忧郁"、"寒冷"、"孤独"、"悲

---

[2] 贺仲明：《喑哑的夜莺：何其芳评传》，南京师范大学出版社 2004 年版，第 21 页。
[3] [美]埃里希·弗罗姆：《逃避自由》，刘林海译，国际文化出版公司 2000 年版，第 12 页。

哀、"忧愁"、"寂寞"、"烦忧"……。他的文学阅读集中在中国古典诗词和西方浪漫主义作品，早期诗作受新月派影响，尊崇纯诗，并显现出某种敏感、柔婉的贵族式的、文人式的华丽和唯美，"反复吟咏着爱的寂寞与孤独，沉迷在个人的情感世界中，在想象与梦幻中书写着自己的诗。"[4]如《预言》中以"你-我"结构以潜隐式的倾诉设置了一个充满浓重伤感的迷离情境："我"视你为"预言中年轻的神"，以强烈的激情期待、迎接"你"的到来，渴望"等我和你同行"；而结局是"我激动的歌声你竟不听/你的脚竟不为我的颤抖暂停"，"你"最终无语而去，留下了失落、惆怅、寂寥的"我"。这既是伤感于无望爱情的情感映射，更寓涵着现实与理想巨大反差所引起的无限孤独感、人与"神"之间的不可逾越的分离感、破碎感。即使是题名《欢乐》的诗作中，表达的也是抒情主人公对于欢乐形质的无从感知、无从把握、无从体验，最终传达出的一种强烈的无力感和对于欢乐体验的宿命性缺失，反而衬出了"我的忧郁"的深重。他的散文中，也同样弥漫着浓重的伤感、忧郁和孤寂，如散文名篇《独语》通过内心感受的抒情式自白所传达出的在深夜踽踽独行的"独语者"形象，大致可以呈现他幽闭于内在世界的自怜、孤寂以及与外在世界的之间的巨大隔离之感。如果说童年期家庭归属感的缺失是一个客观存在，那么青年时期失败于爱情的何其芳也未能实现与这一重要"他者"之间建立情感上的联系，这自然会加深归属感匮乏的孤独感。而遁入文学世界，对他而言既是对孤独感的缓冲，但也可能意味着孤独体验的加强。

三十年代初，大革命的失败和东三省的沦陷使国难日益深重。幽居于校园中的何其芳用书籍和诗歌写作给自己建构了一个小小的艺术天地。他创作呈现出显著的个人色彩，其作品中几乎看不到外部世界的扰攘变动，构成其诗作和散文作品的核心的，正是那个带着无限伤感自怜自伤的"独行者"、"独语者"，无望地冀求着一个要么已经逝去、要么永不可及、永远存在于梦中的"他者"。他说："我给自己制造了一个美丽的、安静的、充满着寂寞的欢欣的小天地，用一些柔和的诗和散文，用带着颓废色彩的北平城的背景，用幻想，用青春……我写着一些短短的诗和散文。"[5]后来他曾不无自惭地愧悔早期创作中"流露出许多伤感、脆弱、空想的情感"。[6]何其芳的这些作品杂糅了浪漫主义的激情、感伤主义的自哀、幻灭感和唯美主义的华丽。年轻的何其芳虽然还不能像他的前辈如新月派诗人徐志摩等对艺术与社会关系有过系统的思考，但却明确表达自己对现状的不满；作为对这种不满的回应，他不是描绘、批判现实，而是用想象、幻想的方式构造了一个

---

[4] 朱寿桐：《中国现代浪漫主义文学史论》，文化艺术出版社2002年版，第92页。

[5] 何其芳：《何其芳文集》第二卷，《一个平常的故事》，人民文学出版社1982年，第 215页。

[6] 何其芳：《何其芳文集》第二卷，《〈夜歌和白天的歌〉初版后记》，人民文学出版社1982年版，第253页。

个以个人的孤独体验为中心的梦境。这些梦境，不只是映照出现实的残缺和表现粘稠的自我情绪，更是表达了自我对一个无限美好而迷离难测的理想"他者"的不可实现的期翼。何其芳后来在反思自己早期创作时，曾坦承："我写那些《云》的时候，我的见解是文艺什么也不为，只为了抒写自己，抒写自己的幻想、感觉、情感"，他批评当时的自己"不应该也不可能那样盲目地、自私地活着"，并抱持"那种为个人而艺术的错误见解"。[7]

对于何其芳早期创作的这一立场，我们可以从两个方面来理解。从宏观层面看，和五四启蒙主义从理性层面对现代性——以科学、民主为内核的理性精神的肯定不同，二三十年代的浪漫主义和和审美主义者们"同时性的反拨现代性与现代民族国家所蕴涵的启蒙理性与国家理性……强烈的文化危机和政治不信任感被凸现出来。"[8]就此而言，浪漫派诗人何其芳早期创作的现代性内涵明显有别于与启蒙理性，他是通过审美的建构在反思-超越层面达成了对启蒙现代性的某种程度上的消解。从微观层面说，寻绎其深层心理的脉络可以发现，其创作中反复抒写的不可实现的"梦境"本身对应的恰恰是面对现实的无力感和空浮感，是作为本源需求的归属感匮乏的加剧。依照弗洛姆的分析，归属感的匮乏所带来的精神孤独会使人"倍感自己的微不足道（insignificance）与渺小……感到自己像一粒尘埃，被个人的微不足道所压垮。他将无法同任何能赋予其生命以意义，并指导其方向的制度相联系，他将疑虑重重，并最终使他行动的能力——生命，丧失殆尽。"[9]

何其芳后来在追述这一时期的心境时曾做过这样的表白，认为创作《画梦录》的那个时期"我实在过了太长久的寂寞的生活。在家庭里我是一个无人注意的孩子；在学校里我没有朋友；在我'几乎绝望地期待着爱情'之后我得到的是不幸"。[10]何其芳最早的创作虽然自称要"抒写自己"，然而拘囿于幽闭的个人天地中，只能编织惝恍迷离的梦境，却日益为无法摆脱的苦闷所俘获，不可避免地陷入了深刻的自我怀疑之中。他曾回忆到：

> 《画梦录》是我从大学二年级到四年级中间所写 的东西的一部分。它包含着我的生活和思想上的一个 时期的末尾，一个时期的开头。《黄昏》那篇小文章就 是一个界石。在那以前，我是一个充满了幼稚的感伤，寂寞的欢欣和辽远的幻想的人。在那以后，我却更感 到了一种深沉的寂寞，一种大的苦闷，

---

[7] 何其芳：《何其芳文集》第二卷，《〈夜歌和白天的歌〉初版后记》，人民文学出版社1982年版，第253页。

[8] 杨春时：《中国现代文学思潮史》（下），南京大学出版社2011年版，第592页。

[9] （美）埃里希·弗罗姆：《逃避自由》，国际文化出版公司2000年版，第14页。

[10] 何其芳：《梦中道路：何其芳散文》，《给艾青先生的一封信》，花城出版社2013年版，第197页。

更感到了现实与　幻想的矛盾，人的生活的可怜，然而找不到一个肯定的结论。"[11]

他把自己这一段时间的心理历程用"梦中道路"来概括，短短六七年他经历了"从蓬勃、快乐，又带着一点忧郁的歌唱变成彷徨在'荒地'里的'绝望的姿势，绝望的叫喊'，又怎么企图遁入纯粹的幻想国土里而终于在那里找到了一片空虚，一片沉默。"[12]不难想象，二十年代末至三十年代初，动荡时代的血雨腥风和国难家仇，许多作家纷纷从都市亭子间里的"小我"走向社会民众的"大我"，以"个人主义"和"纯粹美"相标榜的浪漫主义"自我"事实上已经面临着被质疑、被批判乃至于被否定的窘境。

1935年夏何其芳从北京大学毕业后，曾先后在富家子弟云集的南开中学和以底层平民子女为主的山东莱芜乡村师范任教，其间还有一次颇为曲折的回乡经历，深切感受到了故乡几年来的凋敝和落后。这使他开始接触到了"地上的人间"，开始关注到那些承受着生活之苦的"很久以来便已为饥饿、贫穷、暴力和死亡所统治"的"农夫农妇"。[13]"触目所及，都是乡村人的日常生活，都是苦难和贫穷"。[14]之前苦心编织的梦境在沉重的现实面前显得那样缥缈无稽。梦境与现实的反差，使得何其芳强烈感受到"根源感"的缺失，"我自知是一道源头枯窘的溪水，不会有什么壮观的波澜，而且随时都可干涸。"[15]在这一时期，这种"无根"的痛苦越来越强烈地攫住了他。事实上，这也正是"归属感"匮乏的必然结果，它带来了无从获得精神根基的虚无之感。"我像一根托根在硗薄地方的树子，没有阳光，没有雨露，而我小小的骄傲的枝叶反而阻碍了自己的生长。"[16]其实，更早之前当他还在校园"画梦"的时候，关于精神"寻根"的问题就牵引着他。他曾借散文《炉边夜话》中的虚构人物之口表达过自己的理想："我真愿我生在另外一个地方呵。我尊敬这里的一切。但总觉远远处我的乡土在召唤我，我灵魂的乡土……那么你灵魂的乡土是哪儿呢，你们会问我，我也常问自己。"[17]

1936年夏，他带着一份沉重的童年记忆和无以排遣的孤寂感回到了家乡。然而，回到故乡并没有使他获得"归乡"的满足和快慰，反而从"这由人类组成的社会实在是一个阴暗的，污秽的，悲惨的地狱"的现实中感受到强烈的迷茫。他独自踟蹰于黑夜的街道，不仅发出了哀怨的诘问："夜色和黑暗的思想使我感到自

---

[11] 何其芳：《梦中道路：何其芳散文》，《给艾青先生的一封信》，花城出版社2013年版，第250页。

[12] 何其芳：《何其芳文集》第二卷，《〈刻意集〉序》，人民文学出版社1982年，第122-123页。

[13] 何其芳：《何其芳文集》第二卷，《树荫下的默想》，人民文学出版社1982年，第136页。

[14] 贺仲明：《暗哑的夜莺：何其芳评传》，南京师范大学出版社2004年版，第108页。

[15] 何其芳：《何其芳文集》第二卷，《梦中道路》，人民文学出版社1982年版，第65页。

[16] 何其芳：《何其芳文集》第二卷，《梦中道路》，人民文学出版社1982年版，第63页。

[17] 何其芳：《何其芳文集》第二卷，《炉边夜话》，人民文学出版社1982年版，第24页。

己的迷失。我现在到底在哪儿？这是我的乡土？这不是我的乡土？"[18]在这一阶段，即使文学给年轻的何其芳提供了一个借以逃避现实的空中楼阁，然而那种长期隔离于现实、漂浮于幻境的无所依托，以及由虚无之感所造成的精神迷惘，已经造成了心灵危机，并不断激发着寻求归属感的潜在冲动，时会在无望的现实中借助于沉思默想虚构着理想乐土的存在。如《树荫下的默想》中"望着那浩浩荡荡的东去的扬子江的时候，我幻想它是渴望地愤怒地奔向自由的国土，又幻想它在呜咽。"[19]

一般情况下，从童年过渡到青年时期，是一个人从家庭归属感的实现到更广泛的社会、群体归属性达成的重要阶段，而长期的归属感缺失则会带来严重的疏离感和被遗弃感，甚至会导向精神分裂。无论如何，个体总会以各种可能的方式寻找免除其精神孤独的"避难所"。对何其芳来说，地理意义的还乡非但不能慰藉他的孤独，疗救他的苦闷，反而暗示着他"精神还乡"的强烈冲动和自我蜕变的心理吁求。因此，无论是时代风云的裹挟还是个体心灵"归依"冲动，走向更广阔的现实人生和社会天地对此时何其芳来说都有其必然性；在这个过程中，何其芳逐渐在心理上与普通大众建立起了精神上的联系。

在某种意义上，从从精心雕饰的"画梦者"到经历了残梦幻灭之后的精神漂泊者，恰恰是"归属感"的匮乏与追寻归属感的强烈冲动，构成何其芳转型的深层动因。何其芳从封闭的小资产阶级式的个人梦境走向广阔的社会人生，也正是中国民族主义情绪不断激化的时期，属于"前民族主义"阶段的"民族情感"的萌生期。据以赛亚·伯林的解说，民族情感，最早可以追溯到有史可载的部落情感，即是单纯出自为先祖而自豪的情感，它事实上属于个人寻求"归属感"的一种普遍的联系形式。以赛亚·伯林指出："至少自亚里士多德以来，归属于一个易于确认的群体的需要，已经被视为人类的一种自然要求。家庭、氏族、部落、等级、社会阶层、阶级、宗教组织、政党，最后是民族国家，都是满足人类这种基本需要的历史形式。"[20]这种单纯的对于本民族的归属感，是人类的一种自然需求，也是一种根源性的需求。以何其芳为参照，我们还可以把这样一种理解扩展到三四十年代知识分子的具体情境中。

三、民族国家想象/建构以及自由的悖论

上文我们从心理层面对"两个何其芳"之转型过程的心理动因做了简要分析，但"何其芳现象"仅仅从个体心理学的角度加以解释显然是不够的。何其芳由封

---

[18] 何其芳：《何其芳文集》第二卷，《街》，人民文学出版社1982年版，第82页。
[19] 何其芳：《何其芳文集》第二卷，《树荫下的默想》，民文学出版社1982年，第136页。
[20] [英]以赛亚·伯林：《反潮流：观念史论文集》，冯克利译，译林出版社2002年版，第403页。

闭个体而走向群体的过程也反映出，一个崇尚爱与美的浪漫主义者在特殊语境中极为突兀地转变为激进民族主义者，在其思想和观念层面有着更为深刻的内在逻辑。这一点，借助于英国政治思想史的杰出研究者以赛亚·伯林的分析，能使我们获得更深刻的认识。

伯林对自由主义和民族主义及其关系做了深刻的分析。伯林对民族主义的基本看法是，将民族理解为一种与他者相区分的、以共同祖先、语言、风俗、经历、记忆等同质化的文化因素作为纽带而达成群体认同的一种"文化共同体"；不仅如此，他还将民族主义理解为一种根源性的归属感，是对"自己的"群体的情感依恋和精神合一的自然需要。"人属于他本来该待着的地方，民族是有根的"。[21]在他看来，对群体的文化归属和认同是人的基本需要，民族、国家则是这种归属的最高形式之一。他指出："至少自亚士多德以来，归属于一个易于确认的群体的需要，已被视为人类的一种自然要求。家庭、氏族、部落、等级、社会阶层、阶级、宗教组织、政党，最后是民族和国家，都是满足人类这种需要的历史形式。"[22]以此来观照何其芳及其同时代的知识分子会发现，尽管他们对西方思想的接受存在各种差异，无论是来自启蒙主义还是浪漫主义，但民族-国家作为"文化共同体"的心理基础却是普遍存在的，这种归属感的强弱程度则与个人的身份、背景及时代风云的变幻存在显著的联系。

结合前文对于弗洛姆关于个体"归属感"的阐述，不难理解，奔赴延安之前，何其芳的心路历程恰恰说明了两点：一是作为浪漫派诗人对于个体独特性的强烈追求，使他在获得自由、构建了个人完整精神空间的同时，也日益丧失了对于社会、民族、国家的群体联系，陷入了不可摆脱的孤独，这里显现出的是归属感的匮乏；二是来自民族国家这种文化联系形式的强烈归属感的驱动，使其迫切地寻求与"自己的"群体建立联系并迅速落实到行动中，这里起作用的则是获得归属感的冲动。何其芳所处的三四十年代，日本侵略者的铁蹄步步紧逼，政治动荡和民族危机的加剧，文艺的"大众化"问题日益提上日程。特别是随着抗战的全面爆发，文学的宣传功能和教育作用被提到空前重要的地位，民族情绪最大化地被激发出来。因此，他对归属感的强烈冲动必定会不断地被外部环境推向与民族国家相联系的这一群体形式。

伯林在分析自由理念的演进逻辑时，特别强调了费希特的重要性。作为浪漫主义重要根源之一的费希特最开始认定"个体必须是绝对自由的，'我完全是自己的创造物'，他如是说：'我不因为我不得不接受自然为我提供的法则，我所以相

---

[21] ［英］以赛亚·伯林：《浪漫主义的根源》，吕梁等译，译林出版社 2008 年版，第 67 页。

[22] ［英］以赛亚·伯林：《反潮流：观念史论文集》，冯克利译，译林出版社 2002 年版，第 402-403页。

信它，是因为我愿意'"。[23]在这里，自由不再作为自我获得了运用具有合规律性的普遍理性的结果，而是基于内心的理想、意志本身所包涵的主观方面，它指向某种超个人的信仰、理想、良知、正义等道德价值。由此，"费希特开始倾向一种神学式的自我观；他说，真正的、自由的自我不是包裹在身体之内而且处在一定的时间和地点之内的经验性自我，它是所有人共有的一个自我，它是一个超级自我，它是一个较大的、神圣的自我，费希特现在逐渐开始把它与自然、上帝、历史、民族等同。"[24]伯林认为在费希特这里，个体自由的极端个性化、特殊化、道德化最终导向了对超个人的"群体"的共有性的绝对依赖："个体本身什么也不是，人离开社会什么也不是，人离开群体什么也不是，人几乎不存在。"[25]这样，一个超验性的、神话式的"自我"的终极内涵就与理想主义的群体的最高形式得以联通："真正的人，真正的个体，他的自主行为是历史上道德行进的过程——将道德命令强加给柔韧、灵活的天性——即使在自我意识最强的时候，这个个体也不能算作单个人的存在，而是一种集体性：种族、国家、人类。"[26]伯林对个人自由的和理性的价值与意义的解读完全颠覆了我们通常的理解，确实是一种"反潮流"的犀利诠释。

伯林对费希特自由思想的逻辑分析，令人震惊地揭示出正是浪漫主义孕育出了民族主义这个派生物，而浪漫主义个人观念发展逻辑中自由的"反叛"之一种形式，即是从对启蒙理性之普遍性的反拨，走向对自由意志的绝对肯定，最终将基于个体独特性价值的自由完全消解于一个超个体的神圣道德价值；非但如此，通向这个群体性的"神圣自由"的途径甚至往往是基于群体道义的、来自肉体或精神等多种形式的牺牲和受难。

用这个逻辑来反观何其芳的转型，其中所包含的文化内涵实在是令人深思和玩味的。对照何其芳的精神轨迹，可以发现，对于民族国家的认同和归属感，在他走出校门之后已经逐渐变得强烈。由于中国现代性属于"外发型"，即"它不是出自中国社会自身发展的自然要求，而是在西方列强压迫下提出来的（外迫性）；它不是来自中国本土文化传统，而是来自西方（外源性）。"[27]因此，就存着现代性与民族主义的深刻冲突。在这样的境况中，接受了西方现代价值的知识分子身份首先成为民族主义的抵制对象；其次是与此相关的已经内化为知识分子精神属性和价值根基的西方观念，包括理性精神、个性自由、民主权利等，在民族独立解

---

[23] 〔英〕以赛亚·伯林：《自由及其背叛》，译林出版社 2005 年版，第 64 页。
[24] 〔英〕以赛亚·伯林：《自由及其背叛》，译林出版社 2005 年版，第 68 页。
[25] 〔英〕以赛亚·伯林：《自由及其背叛》，译林出版社 2005 年版，第 69 页。
[26] 〔英〕以赛亚·伯林：《自由及其背叛》，译林出版社 2005 年版，第 69 页。
[27] 杨春时：《中国现代文学思潮史》（上），南京大学出版社 2011 年版，第 12 页。

放的正义性和民族国家建构的紧迫性面前，均面临着被审判、被改造、被清除的命运。因此，包括何其芳在内的许多知识分子在强烈的民族归属感冲动中，首先是自觉不自觉的在个体意识中产生了强烈的自我质疑和自我否定。与经受过五四新文化运动直接洗礼的那一代知识分子尤为不同的是，何其芳对西方价值理念的接受不是基源于对中国传统文化和社会现实的深度观察与反思，而是通过相对封闭的、个人化的文学阅读和学校教育中获得的，因而他对西方现代价值的理解和接受也就难免停留在相对狭小的个人领域和感性的层面上。在民族情感和民族意识逐渐觉醒的过程中，自我怀疑、自我否定乃至于自我蜕变的过程往往要比其他受西方现代价值塑造的知识分子发生得更早，过程要更加"顺利"，程度也会更加激烈。

何其芳曾强调自己情感、观念和创作的转变发生在莱芜乡村师范任教时期，山村教师、学生对于知识的热心，对于政治的关心使他深受感动："我总是带着感谢记起山东半岛上的一个小县，在那里我的反抗思想才像果子一样成熟，我才清楚地想到一个诚实的个人主义者除了自杀便只有放弃他的孤独和冷漠，走向人群，走向斗争……"。[28]"自杀"一词，显示出他否定"旧"的自我的彻底和坚定，也表明他对知识分子身份和个人主义立场决绝的抛弃。如此，方可以完全革除个体自我与民族联系的异己性因素，获得与民族共同体之间的"同质化"。"走向人群"的过程首先是告别一个旧的、异己的自我，重新塑造一个新的自我的过程，也是与他者、与群体、与集团建立起文化联系和精神联结的全新起点，是文化归属感的初步达成："和他们在一起，我感到我并不是孤独的。我和他们一样充满了信心和希望。我的情感粗了起来，也就是强壮了起来。"[29]对何其芳来说，转向过程的迅疾与顺利，恰恰是由于他的民族情感的觉醒首先是发自内心的、自我内在的冲动和渴望，是长期以来归属感匮乏状况下的自我驱动，如他所言，"当我和人群接触的时我却很快地、很自然地投入到他们中间去，仿佛投入我所渴望的温暖的怀抱。"并且在诗歌中表白"从此我要叽叽喳喳发议论"。[30]

我们还可以再次结合弗洛姆对归属感理论的阐述，来分析何其芳现象。弗洛姆认为，西方现代性进程中，"摆脱束缚，获得自由"的基本原则在使个体化进程不断加深的同时，"又有助于切断个人与他人的所有纽带，并使个人陷于孤立，将他与同胞分离开来"，[31]因此，"现代社会结构在两个方面同时影响了人。它使人越

---

[28] 何其芳：《何其芳文集》第二卷，《一个平常的故事》，人民文学出版社 1982 年版，第 220 页。

[29] 何其芳：《何其芳文集》第二卷，《一个平常的故事》，人民文学出版社 1982 年版，第 220 页。

[30] 何其芳：《给艾青先生的一封信》，《梦中道路：何其芳散文》，花城出版社 2013 年版，第 197 页。

[31] [美]埃里希·弗罗姆：《逃避自由》，刘林海译，国际文化出版公司 2000 年版，第 78 页

来越独立、自主，越富有批判精神，同时又使他越来越孤立、孤独、恐惧。"[32]一个人从童年期到成年期的历程，在"获得自由"和寻求"归属感"这两者之间始终存在着张力。当归属感的缺失使个体陷入了严重的精神孤独，"为了克服孤独与无能为力感，个人便产生了放弃个性（individual）的冲动，要把自己完全消融在外面的世界里"。[33]于是，以自由的追寻和捍卫为基点的现代理性却最终走向了对自由的逃避和否定。

从自由与归属感的张力关系来观照"何其芳现象"，我们可以更有效地理解何其芳从前期的隔绝、孤独状态到后期与群体"合一"状况的心理逻辑。精神"自杀"的过程被他解释为"白天"所代表"新我"突破、战胜"黑夜"所代表的"旧我"过程，"一个旧我与一个新我在矛盾着，争吵着，排挤着"，[34] "我是如此快活地爱好我自己，/而又如此痛苦地向突破我自己，/提高我自己！"[35]如果说，五四新文化运动的核心课题"新旧之争"指向以西方启蒙精神所代表的新思想去战胜和更新本土文化的旧传统，那么在三十年代发生在青年何其芳内心深处的这个"新旧之争"，则代表了一个虽然并不明确但却无比确定的指向未来的一个理想蓝图，必然要取代的阴暗、破碎的当下现实的必然性。这一过程对何其芳来说，则意味着将那个病态的、不合格的、令人羞耻的"小我"无条件地交付给一个拥有无比强大的能量的"大我"，甚至是怀着热烈期待的来自"大我"的有力惩戒："我期待着铁丝的手掌/击到我头上的声音"。[36]在1936年11月写就的《送葬》一诗中，他宣称"这是送葬的时代"，"在长长的送葬的行列间/我埋葬我自己"。[37] "送葬"在一般语意上代表因死亡、逝去而带来的悲伤和挽悼，无论如何都包含着强烈的否定性的情感取向；而在何其芳的诗作中，"埋葬"一词内蕴的情感意义事实上被一种充溢着神圣道德内涵的"理性"所代替。 这个崭新的理性，我们可以借用费希特所表述：

"理性只表现在群体的生活中；假如理性不去指导我们的生活，就只剩下个体性和自私自利了。这样一来，理性的生活体现在：个体在群体中忘掉了自己，将自己的生活与群体的生活紧密地联系在一起，并且为了整体可以牺牲自

---

[32] ［美］埃里希·弗罗姆：《逃避自由》，刘林海译，国际文化出版公司2000年版，第75页。

[33] ［美］埃里希·弗罗姆：《逃避自由》，刘林海译，国际文化出版公司2000年版，第20页。

[34] 何其芳：《何其芳文集》第二卷，《〈夜歌和白天的歌〉初版后记》，人民文学出版社1982年，第 253页。

[35] 何其芳：《何其芳文集》第一卷，《〈夜歌和白天的歌〉初版后记》，人民文学出版社1982年，第90页。

[36] 何其芳：《何其芳文集》第一卷，《〈夜歌和白天的歌〉初版后记》，人民文学出版社1982年，第58页。

[37] 何其芳：《何其芳文集》第一卷，《送葬》，人民文学出版社1982年，第53页。

己的生活；……只存在一种德行——忘记自己是一个个体；只有一种罪过——指谓自己着想……无论是谁，只要他为自己追求享乐、只想到自己，只想自己去生活，而脱离群体，不为群体考虑，他都是……一种卑劣的、可恶的、邪恶的和可怜的人。……结果，唯一理性的、从而使正确的、美好的和真正的生活在于：人在追求思想观念的过程中忘掉自己，除了为了思想牺牲其他快乐之外，不要追去别的享乐。"[38]

这段表述意味着个人主义的理性与民族国家所代表的理性之间存在的有机联系：它来自民族国家理性对于个体的吸收、接纳、更新、塑造，也来自个体的认同、服从、自我校正、自愿牺牲和自觉归一。因此，自我"埋葬"的过程绝不是令人恐惧和痛苦的，对何其芳来说，这是一次极其清醒并饱含热望的自我选择："我想不起我丧失了什么/我有什么可以放弃/除了那些冷冰冰的书籍/那些沉重地阴暗地记忆/那种孤独和寂寞/那些悲观的倾向和绝望"。[39]由于这个过程被理解为通过黑暗走向光明的崇高体验，它非但不是痛苦的、难以忍受的，反而是发自内心的快活、充满激情的歌唱，是即将达到的至高理想的热烈憧憬。否定自己、革除小我成了通往理想圣殿的必经桥梁，具备了正当性和神圣性——它不再代表失去的恐惧，而是代表着走向新生的必不可少的复活仪式，恰如基督徒的葬礼就代表了经过肉身死亡的仪式化而通向天国的永恒一样。对何其芳而言，"埋葬"自我、获得"新生"所具有的绝对价值，不惟是单一个体的终极价值，并且更是群体所有成员的共有的绝对价值。

在1938年去延安之前，何其芳在诗作《成都，让我把你摇醒》中这样表达自我觉醒、自我蜕变过程中"绝对理性"之于自己的源泉感：

在长长的钢的链锁间
我是极其渺小的一环
然而我象最强顽的那样强顽。

我象盲人的眼睛终于睁开，
从黑暗的深处看见光明，
那巨大的光明啊，向我走来，
向我的国家走来……[40]

在这里，"光明"的召唤，一个指向未来的无限美好的民族国家想象，不仅仅

---

[38] 〔英〕以赛亚·伯林：《自由及其背叛》，译林出版社2005年版，第16页。

[39] 何其芳：《何其芳文集》第一卷，《快乐的人们》，人民文学出版社1982年版，第111页。

[40] 何其芳：《何其芳文集》第一卷，《成都，让我把你摇醒》，人民文学出版社1982年版，第63页。

是对"我"作为个体的崇高期许和承诺，对于那些仍在沉睡的其他"共同体"成员也同样具有神圣价值，同样是其生命意义的根源所在。所以，仅仅只是个人的觉醒是不够的，自觉地承担起"摇醒"那些仍在沉睡的其他成员的使命感也是同样地激烈和迫切。其中潜在的逻辑要旨在于，"光明"和"国家"的理想预设对共同体所有成员具有均等重要的价值。很显然，在强烈民族归属感的召唤中，寻找"光明"成为他奔赴延安的精神动力。当年，京派文人和何其芳的好友们目睹他在抵达延安后的在立场和创作风向上的逆转之后震惊不已，京派圈外也对此颇有褒贬不一的议论。众人们惊讶于他在抗战爆发后走向延安后逆转而纷纷认定，是延安塑造了何其芳的新面目，其"转向"的肇因在于延安之行。对但客观地考察何其芳的心理脉络和创作实际，他当年的辩解是真确的："我并不否认抗战对于我有着不小的影响，它使我更勇敢，它使我脱离了中学教员的生活，它使我过着新的快乐的生活，然而我的觉醒并不由于它。"[41]我们看到，来自个体自身的归属感冲动和自发的民族情感的萌生，其实是更早更深刻地促成其精神危机、搅动其心理波澜的内驱力。也是在这样的自我探求中，那个在想象中作为理想预设的"延安"，才代表了一个通向绝对价值的新世界，是光明的源泉所在。这个"新世界"给他的第一感觉，就是一种"精神上的自由无羁与解放，生命的轻松感，以及群体生命的内在凝聚力，对深感压抑、孤寂与沉重的中国知识分子，这正是他们个体生命所最匮缺的，或者说是他们苦苦追求而始终不得的。不知不觉之间，他们也就与车子上的普通士兵、老百姓产生一种共鸣，'突然回到久别的家中一样'"。[42]这种激动人心的"回家"的感觉，这种获得根源的巨大幸福感，这种从死亡中重生的喜悦，是之前长期的归属感匮乏的精神孤独在骤然之间获得实现的激情体验。在这样的状态中，现实的一切和和苦苦追寻的理想完美遇合。"一个孤独个体陷于走投无路的绝望之时，突然与一种万众一心地奔向同一个明确的目标，强大的集体意志力相遇时"[43]必然会使个体产生不可遏制的全心投入集体的冲动。在这样的"美梦成真"的狂喜中，现实被镀上了诗意的梦幻色彩：

"我充满了印象。我充满了感动。"

"自由的空气。宽大的空气。快活的空气。"

"呼吸着这里的空气我只感到快活。仿佛我常常想象着一个好的社会，好的地方，而现在我就像生活在我的那种想象里了。"[44]

---

[41] 何其芳：《梦中道路：何其芳散文》，《给艾青先生的一封信》，花城出版社 2013 年版，第 200 页。

[42] 钱理群：《丰富的痛苦》，时代文艺出版社 1993 年版，第 276 页。

[43] 钱理群：《丰富的痛苦》，时代文艺出版社 1993 年版，第 276 页。

[44] 何其芳：《何其芳文集第二卷》，《我歌唱延安》，人民文学出版社 1982 年版，第 176 页—178

我们生活在延安。我们的生活有了一个很重要的支柱。我们知道我们活着是为了什么。正因为我们认识了个人的幸福的位置，我们才更理解它的意义，也更容易获得它。在明澈的理智之下，我们个人的问题和苦痛在开始消失．如同晨光中的露水，而过去的生活留给我们的阴影也在开始被忘记．如同昨夜的梦。[45]

从何其芳这嘹亮而欢乐的"歌唱"声中，我们越来越清晰地看到了一个与其早期创作所代表的浪漫主义迥然不同的另外一种浪漫主义的诞生，它是高昂的、乐观的、充满了战斗热情的集体式的、暴风雨般的激情的迸发；而这种"浪漫"的感觉在何其芳在诗作中借人物之口曾经做过明确的宣示：

"我不说我的过去/我早已经把它完全忘记/我们活着是为了现在/或者再加上未来/所以我只说/我现在是一个真正的浪漫派"[46]上文中提及，弗洛姆的归属感理论中提出了自由的逃避机制，认为在个体寻求自由与归属诉求之间存在着紧张关系。个体获得自由的过程就产生了基于归属感诉求的"逃避机制"。其中"权威主义"是该机制的重要形式之一，即"放弃个人自我的独立倾向，欲使我与自身之外的某人或某物合为一体，以便获得个人自我所缺乏的力量"。[47]其极端形式就是受虐倾向和消灭自我。

消灭自我，并进而试图克服无法忍受的无能为力感，这只是受虐冲动的一个方面。它的另一面是企图成为自己之外的一个更大更强的整体的一部分，融入它并分享它。这个权力可以是人、机构、组织、上帝、国家、良心或心理强制。由于成为一个权力的一部分，他便有种无法动摇的强大、永恒及兴奋感。他分享了它的力量与荣耀。他交出了自我并放弃了所有与之相联的力量与自豪。他不再是个完整的个人，他献出了自由；但在他与之相融合的权力中，他获得了新的安全与自豪。他也获得了避免怀疑折磨的安全屏障。受虐者，无论其中认识自己之外的权威，还是内在化的良心或心理强制，在做决定，为自己的命运承担最终责任，也在怀疑要做任何决策方面得到了拯救。他再也用不着怀疑自己生命的意义 或 "他"是谁，他得救了。这些问题由他与他所依附的权力的关系来回答。他的自我消失在一个更强大的整体之中，他的生命意义即自我的个性便由它决定。[48]

"消灭自我"，意味着为了寻获归属感，摆脱精神孤独和强烈的不安全感，个

页。

[45] 何其芳：《何其芳文集》第二卷，《论快乐》，人民文学出版社 1982 年版，第 229 页。

[46] 何其芳：《何其芳文集》第一卷，《论快乐》，人民文学出版社 1982 年版，第 111 页。

[47] [美]埃里希·弗罗姆：《逃避自由》，刘林海译，国际文化出版公司 2000 年版，第 101 页

[48] [美]埃里希·弗罗姆：《逃避自由》，刘林海译，国际文化出版公司 2000 年版，第 111 页。

体将自我完全臣服于一个强大的权威或某种心理强制力量，自愿放弃自我选择、自我批判和自我承担的权利。从根本上说，就是对自我思考和独立批判权利的完全缴械——对何其芳来说，怀着美好期待自愿"埋葬"自我的过程，在某种意义上就是对于"自由"的逃避，是主体性和个体价值的自我消解，更是标志着作为知识分子根本属性的——怀疑和批判精神的悲剧性失落。更进一步，既然个体的自由和价值已经被纳入到宏大的超个人的整体之中，并由此被赋予意义，那么为了整体性的至高利益和绝对意志，个体将心甘情愿地牺牲一切而在所不惜，这也就成了极其自然乃至于具有神圣感的自愿选择。如他的诗中所写，"一个人的死亡，/并不是太细小的事"，"但是，在我们看来，/死亡并不是一个悲剧。/尤其是为了生存的死亡，/为了明天的死亡/更是无可置疑而且合理。"[49]如果通向明天的道路甚至需要"死亡"来奠基，那么将一个在精神上被认定是不洁的、腐朽的、必将走向死亡的"旧我"彻底埋葬，就不仅是正当的，而且是必须的。因此，"埋葬"自己这个过程就是"新我"完美融合于"大我"之中，并获重生的终极理想的实现——它昭告了一个"合一"之境的完美启幕，不但"合理"，更是合情。其实，不单单是何其芳，类似这样的心态在抗战爆发后是比较普遍的。如巴金在1937年抗战爆发后的一篇文章中写道："一个人的生命是容易毁灭的，群体的生命就会永生。把自己的生命寄托在群体的生命上，换句话说，把个人的生命联系在全民族（再进一步则是人类）的生命上面"，"整体的存在也就是我们个人存在。"[50]亡国灭种的危机关头，民族国家的作为文化纽带、精神纽带的功能得到了空前的凸显。作为早期的无政府主义者，继而成为旧礼教"杀人"的激烈抨击者的巴金的这一席话代表了时代的共识和知识分子的普遍心态。当个体在消解了令人不安地异质性而融入到群体、融入到民族国家共同体之中，也就从迷失的绝望中抵达了令人狂喜的圆满。"我这个思想迟钝而且感情脆弱的人……完全告别了我过去的那种不健康不快乐的思想，而且象一个小齿轮在一个巨大的机械里和其他无数的齿轮一样快活地规律地旋转着，旋转着。我已经消失在它们里面。"[51]从何其芳这段极其天真的告白中，我们看到，来自个体的民族归属感的匮乏与冲动，是如何将现代性价值的核心范畴包括"自由"、"理性"、"个人主义"等一系列关键词，重新改写，重新赋予内涵，并最终使其走向对自身的"背叛"。

三四十年代以来在严峻的民族危机状况中，随着民族主义的日益高涨，由根源性的归属感冲动而导向对于民族国家意识的不断强化，使得知识分子对原先抱持的个性自由、批判精神等现代性价值的追求产生了强烈的质疑，并陷于深刻的

---

[49] 何其芳：《何其芳文集》（第二卷），《快乐的人们》，人民文学出版社1982年，第115-6页。

[50] 巴金：《一点感想》，载《呐喊》第1期第6页，1937年8月25日出版。

[51] 何其芳：《何其芳文集》第二卷，《一个平常的故事》，人民文学出版社1982年，第223页。

精神矛盾和心灵困境；民族国家利益作为至高原则，有力地溶解着现代性的追求。现代性与现代民族国家的冲突关系中，不仅仅是抗战的客观现实和时代风云的强力感召，来自知识分子自身对于家国关怀的本土传统、感时忧怀的精神特质等，使他们在与整体分离的孤独感承受着难以摆脱的身份焦虑和精神危机。在这样的情境中，民族意识成为他们寻求精神归属的强大驱动力，民族国家建构的强烈呼求压倒性地放逐了现代性的追求。

四、现代知识分子的精神归属及其困境的反思

上文我们从个体归属感的角度，依据伯林对自由逻辑的分析和民族主义内涵的揭示，对"何其芳现象"的心理动因及其与民族国家认同的关系做了考察，并将焦点集中于个体自由观念的逻辑理路。我们认为，就这个议题而言，何其芳虽具有典型性，但现代文学史上的"何其芳"并不只有一个。如果从更广泛的视野来观照中国现代作家，有关这一"自由的悖论"的命题，其实是以各种方式不断地被提出，又不断地被演绎。它事实上是中国现代知识分子所面临的普遍情境。正如钱理群所说，"当残酷的战争把人们推向孤独、绝望的极致时，知识分子就试图寻求精神的皈依，于是，母亲、家庭、土地、农民（人民）、传统——都成为人的精神归宿：这在抗战时期的文学里，是表现得十分突出的。"[52]如老舍、巴金在三十年代之后由批判立场转向对国家主义的高度崇扬和身体力行，丁玲从时代"新女性"到"人民文艺家"的艰难蜕变突出地呈现了这种冲突的复杂和曲折，胡风充满紧张感的"异端"理论中所包含的将现代性与现代民族国家相扭结的激烈"搏斗"；包括三十年代作为中共领导人的瞿秋白临终前的沉痛告白，其中二元分裂人格的内质中所包含的存在于个体与整体之间难以弥合的巨大鸿沟；即便是像沈从文、废名这样相对超然的自由知识分子，在面临国破家亡的危机关头，尽管没有在立场上和创作上追随革命意识形态，但民族意识的波荡也使他们开始更深刻地去反思和发掘蕴涵在乡土和民众中的力量，从而在创作中为中国文学现代性的内涵增加了关于现代民族国家的新要素……

凡此种种，无不彰显出知识分子民族国家的精神皈依的强烈冲动以及它所引发的令人深味的沉思。在现代性与现代民族国家的冲突中、在个性欲求、个人自由和批判精神、人文主义立场与革命意识形态的国族立场、集体意志和历史理性之间，几乎每一个现代作家都经历了形态各异的困惑、焦虑、调适或反抗。中国现代性历程中，民族主义作为一个最重要、最强大的精神纽带，为个体的心灵归属提供了一种无可替代的支持和保护，为民族解放和独立提供了最强大的精神动

---

[52] 钱理群：《建国前夕对〈论主观〉的批判和胡风的反应》，载《中国现代文学研究丛刊》2013年第4期。

力，是中国民族作为"文化共同体"的基础结构，无论是久远的过去，到跌宕起伏的现代性进程，还是当下乃至于未来中华民族的复兴与完善，其价值和意义都足以值得我们严肃地加以体认和总结。

同时，"何其芳现象"所折射的诸多问题，也值得进行更深入的分析和反思。中国文学现代性进程中，文学立场和价值选择经历了极为曲折的变迁。启蒙现代性、反思现代性以崇尚个性、自由，坚持文学的理性启蒙功能和审美超越价值为基础，它们代表了中国文学的现代性追求。革命现代性则强调以民族国家为最高准则，服膺于集体理性乃至于政治功利主义，强调文学对政治服务功能和宣传功能，充分彰显了文学与民族国家建构的高度同一。三十年代以来，民族主义热忱被空前地激发出来，国难家恨促使传统中国文化阶层的家国情结把知识分子群体逐渐凝聚到这个"文化共同体"的紧密结构中，现代性与民族国家的冲突不断强化了知识分子群体的身份焦虑，造成了他们他们普遍的精神危机，从而深刻地影响着他们既有的观念和主张。兼以政治、文化环境和意识形态因素的多重影响，抗战文学的多元思潮在民族国家的一致性诉求中汇聚整合，现代性的追求明显减弱，遭到抑制，并在政治转型、意识形态收编以及新的文化制度确立的过程中被纳入到承接左翼文学思潮而来的"人民文艺"的版图之中，直至现代性进程被迫中断。在从个体归属感冲动到接受革命意识形态而发生"转向"的文学家群体中，"何其芳现象"是最具典型性的案例。但由于篇幅所限，对于何其芳民族国家的认同和归属的微妙冲突极其文化意义，本文尚未展开，这涉及到更为复杂和深刻的中国现代知识分子的精神史与政治史之间的互动。这是对现代知识分子精神困境进行反思的另一个重要问题。

抗战文学留下了弥足珍贵的经验和财富，它让我们看到文学在血与火的战争中所生发出的巨大能量，文学承担了历史的重任，知识分子以无比的真诚、热情乃至于精神生命投入到这场伟大的事业中，它的意义与价值无论怎样称颂都不过分。但对于这一历程中，知识分子精神归属与家国联结所可能造成的"自由的悖论"，却也是一个不应当被轻情掠过的历史遗产，对于现实和未来都有重要的警示意义，值得我们以历史的眼光做出更透彻的体悟和沉思。

重思"五四"

周伟薇（集美大学）[1]

Rethinking the May Fourth Movement

Zhou Wei-wei

【摘要】"五四"是中外文化第二次交汇中的一次高峰，中国要面对文化水平远超过自己的西方文化，产生了民族焦虑，这种焦虑感直接催生了"五四"策略性的激进主义式的文化调整。"五四"对传统文化进行了多方面多层次的调整：在精神层面上，"五四"提倡独立精神与自由思想，引发了文学革命和整理国故两大文化事件；在社会后果上，"五四"带来了政治和经济组织的重新定向；在制度上，打破了三纲五常，在一定程度上带来了妇女解放。

【关键词】 激进主义　　独立精神　　自由思想　　文学革命　　妇女解放

【Abstract】 The May Fourth Movement is a summit of the second blending of Chinese and Western culture. Facing Western culture, which at that time was far more advanced than hers, China's national concern flew out, and consequently triggered the Movement's strategic and cultural adjustment in the pattern of radicalism. The cultural adjustment happens in various fields and levels: in the spirit level, the Movement advocates independence of spirit and freedom of thoughts, which triggers two major cultural events, the Literature Reform and the movement of Rearranging National Heritage; in the aspect of social effect, the Movement causes the reorientation of some political and economic organizations; in the aspect of system, the Movement breaks the three cardinal guides and the five constant virtues and to a certain extent, brings about the liberation of women.

【Keywords】 Radicalism, Spirit of Independence, Free thought, Literary Revolution, Women's Liberation

　　时间很快，充满了激情与理想以及在后来的岁月中被争论不休的"五四"，如果以其被命名的那一年（1919年5月4日）算起，竟近百年。"五四"因为其巨大的社会影响力，从其诞生之初至今就被不停争论且被不断重估，褒之者谓之是中国的文艺复兴运动，是一场启蒙运动；贬之者认为"五四"是中国传统文化的一场大灾难，甚至将"五四"与文革并提。"五四"，在物理时间上，是过去了；但其影响至今连绵不绝。理解"五四"、整理"五四"，至今仍是一个有意义的话题。

---

[1] 作者简介　周伟薇，女，1979年生，福建平潭人。集美大学文学院讲师，厦门大学博士研究生。主要研究方向为文艺学、美学、宗教学。通讯地址：厦门市银江路185号集美大学尚大楼602室（文艺学办公室）。

一、理解"五四"

对于"五四"的理解，可以是多角度的。中西文化的碰撞也是其中一个角度，我们不妨把"五四"放在历史文化交汇的语境当中去，并在这种语境中去贴近、去理解那些看起来激进的"五四"人物。

（一）历史文化交汇语境中的"五四"

"五四"，这场轰轰烈烈的新文化运动，无论现在对它的褒贬与否，都不可否认它巨大的历史意义。在中国历史上有两次大规模的外域文化输入，一次是汉唐时期佛教文化输入，另一次就是明万历至今的西方文化的输入。"五四"的新文化是中外文化第二次交汇中的一次高峰。

第二次的文化交汇不同于第一次的文化交汇，第一次的文化交汇是中国对与本土文化水平不相上下的南亚次大陆文化的吸收与借鉴，因为自己国力的雄厚与文化的同等发达，而有了宏阔包容的文化气派。但是，第二次的文化交汇的情况却是中国要面对文化水平远超过自己的西方文化。这是一股波及范围更广的的文化交汇，除了中国之外，还有整个非西世界被卷入了"西方化"的进程，"现代化"进程，说得露骨一些就是"西方化"进程。第二次文化交汇在接触的初期，即明末清初，利玛窦、汤若望等欧洲的耶稣会士他们带来了欧洲神学的同时，还带来了西方文化，打开了部分中国人的眼界，近代人士如徐光启、方以智、黄宗羲、顾炎武甚至康熙大帝都不同程度地得益于西学。但是很遗憾，随着耶稣会士被驱逐出境，"西学东渐"的进程在雍正之后中止了，清帝国的大门对外关闭，但是很又被打开了，而且是被武力强行打开的。1840 年爆发的鸦片战争，正如当时其他非西世界一样，以一种血和火的形式，情愿或不情愿地被卷入西方化进程。中华民族在那个时候不再陶然于天朝帝国的地大物博，随着与西方接触日深以及西方侵略加强，民族危亡和文化落后的危机感加剧。凡尔赛合约的签订打破了国内人士对西方的幻想，"五四"运动正是在这个时候爆发了。

自鸦片战争以来中华民族就有了一种焦虑感，尤其是"五四"的时期，政治、经济、社会、文化等各方面的焦虑夹杂在一起。用杜维明的话来说，就是中华民族气不顺，"中华民族的每一分子都有局促不安的无力感，但这种压抑之情在知识分子身上显得特别严峻。"[2]对于国家、民族、社会、经济、文化等诸多方面落后的焦虑，尽管也有人在五千年的中华历史中去寻找自信的基石[3]，却难以掩盖整个民

---

[2] 杜维明、袁伟时．"五四"•普世价值•多元文化[J]．开放时代，1999，（2）:26.

[3] 对这种现象，冯友兰先生曾有过描述："中国民族，自出世以来，轰轰烈烈，从未遇见敌手。现在他忽逢劲敌，对于他自己的前途，很无把握。所以急于把他自己既往的成绩，及他的敌人的既往的成绩，比较一下。"见冯友兰．三松堂学集[M]．北京：北京大学出版社，1984:44.

族的失落、自卑与焦急，而知识分子因为可以接触到更多的来自传统与西方的信息，无疑是承担更多的民族焦虑。这种焦虑感直接催生了"五四"的激进主义。

在"五四"新文化运动中，那些先锋人士并不是说完全没有意识到当时对传统的批判、对科学与民主的提倡以及白话文运动是过于激进了。有时候，时代形势的峻急并不给我们坦言一切的机会，在某些情形下，我们不得不使用一些策略。陈独秀在《调和论与旧道德》中曾过一个比喻，"譬如货物买卖，讨价十元，还价三元，最后结果是五元。讨价若是五元，最后的结果，不过二元五角。社会上的惰性作用也是如此。"[4]鲁迅在《随感录》也说过要在一个黑屋开窗，必遭反对，但要说把整座房子拆掉，那么也许就能开出一个窗户来。当我们在批判"五四"造成了中国传统文化的断裂，并把这种断裂与中国当代的道德滑坡视阈的平面化与单维化等问题结合起来时，是不是应该考虑一下当代与"五四"的历史处境不同，能不能对"五四"抱有一种同情的理解？

（二） 中西文化交汇语境中的"五四"人物

当我们回过头看"五四"那些在今天称之为激进主义者的那些人，比如鲁迅、胡适等人，难道我们没有发现他们这些人正是学贯中西的人物？对于传统文化，他们不似今天的我们如此陌生。郭齐勇教授说"今天，像我们这些忝列高校文史哲教席的'教授'、'博士'们尚不得不借助工具书才能勉强读懂《尚书》、《诗经》，大学生们尚分不清《四书》与明代小说中的'四大奇书'，还有所谓著名青年诗人不知《老子》、《庄子》为何物，到德国去大闹笑话。"[5]在 1919 年之后，中国的经典和历史研究，在清代汉学研究的今文学派以及西方所引进的怀疑主义与考证的方法之后，中国古史观念改变相当大。这正是在胡适、梁启超和其他学者的努力。胡适提出了"整理国故"，正是有其深厚的国学功底和西学功底。（胡适在这方面的贡献，以其《中国哲学史大纲》为开端，其贡献有：(1)他最先运用西方的方法研究中国古代哲学家的逻辑思想；(2)他比旧式学者更注意古代哲学家的生卒年代和他们著作的真实性；(3)他对墨家学派，尤其是它们的逻辑思想的卓越研究，在中国学术界是独一无二的；(4)他对中国古代白话小说的作者、版本以及其故事演化的考证，激发了公众对文学的兴趣，为以科学的方法研究文学传统树立了榜样[6]。鲁迅在传统文化方面的造诣也较今人深厚许多，在 1908 年鲁迅师从国学大师章太炎先生，在其后的岁月以近半生之数校阅《嵇康集》，研究过佛经，刻印《百喻经》，编纂《唐宋传奇集》，即使在新文化运动之时仍搜集并研究金石拓本墓志

---

[4] 陈独秀.《调和论与旧道德》，独秀文存[M].安徽人民出版社，1987，564.

[5] 郭齐勇.评所谓"新批判主义"[J].华中师范大学学报，1999，(3):1.

[6] 转引自（美）周策纵."五四"运动史[M].陈永明，译.岳麓书社，1999：447-448.

拓本，其 50 岁之作《中国小说史略》至今仍为经典著作。那些被我们称之为激进主义者，其传统的背景不仅体现在学术上还体现在他们的行为上。中国是一个以孝为先的社会，胡适和鲁迅都十分顾念母亲的辛苦，对母亲都非常孝顺，在一些人生大事上不敢违背母意。当他们提出建立新文化，有其中学背景，提出反对旧道德，有其受传统的伦理纲常束缚之背景。这些在今天看似不可接受的激进提法，有其深刻的背景。如果因为今天的我们对传统的陌生而去指责"五四"是传统文化的大灾难，是不是我们没有从历史地同情理解"五四"，我们仅仅从"五四"的口号来断定"五四"？这种不考虑背景的理解，又能多大程度理解"五四"呢？而我们这种看似保守实则偏激的情绪，是不是也与"五四"的焦虑感异曲同工呢？

自 80 年代后期林毓生的《中国意识的危机——"五四"时代激烈的反传统主义》和余英时先生的演讲《中国近代思想史上的激进与保守》两文发端以来，对于"五四"的激进与反传统，学界对于"五四"的看法骤转，与 80 年代复兴"五四"、提倡新启蒙相反，90 年代学界开始反思"五四"、批判"五四"，新保守主义泛起。对此，邓晓芒先生提出"当人们众口一词地指责'五四'思想的浮躁时，自己却如同一个顽童拂去一盘下输了的棋一样，堕入了另一种情绪的浮躁。"[7]姜义华与陈炎先生也指出"激进主义需要反思和批判，但不能站在'保守主义'立场对它进行反思和批判，否则又会从一个极端走向另一极端。激进主义或保守主义一旦风行起来往往暗藏着危险。因为，将学术研究简化为一种主义的做法，本身就是危险。"[8]

二、整理"五四"

"五四"，如果仅仅对此有一种历史的同情态度，那么还停留在理解的粗浅阶段；如果不去整理"五四"的成就与不足，那么一来无法深刻地理解这个特殊的运动对于历史的影响与效力，二来也无法应对来自保守主义者的进攻。

（一）关于"五四"研究的整理现状

对于"五四"，人们历来是争论得多，而整理得少。"五四"运动发生在 1919 年，近百年的历史，研究的资料不可谓不多，但是很多是分散型或专题型的研究，缺乏一种全景的整体性的研究。周策纵先生在 1959 年出版的英文初版《五四运动史》中就曾慨叹"有关'五四'的文字可以说是非常丰富，然而这些书刊却都是争论性的居多，描述史实的极少。"[9]时间在周策纵先生说这话时，又过了近 40

---

[7] 邓晓芒. 继承"五四"，超越"五四"——新批判主义宣言[J]. 科学·经济·社会, 1999, (4):12.
[8] 姜义华、陈炎. 激进与保守：一段尚未完结的对话[J]. 开放时代, 1997, (2):37.
[9] （美）周策纵."五四"运动史英文初版自序,"五四"运动史[M]. 陈永明, 译. 岳麓书社,

年，我们现今的"五四"研究状况还是如此，从 80 年代的新启蒙主义到 90 年代的新保守主义，我们还是更多地将时间与精力放在争论上，而很少去做全局性的整理性工作。

当然，"五四"作为一种涉及民族、政治、经济、社会、文学一个多面性的历史事件，对其进行全面的描述、整理、研究并不是一件容易的事，在中国这个特殊的环境，曾有一段时间对"五四"的研究有一些政治禁区，很多研究不能与政治对"五四"的定位冲突太大，而政治在不同时期因不同的政治倾向而对"五四"也做出了不同的评价。现在研究政策有所松动，而且专题性的研究也为全局性的研究打下了一定的基础，面对新保守主义对于"五四"的诘难，我们是有必要重温也有必要整理"五四"了。新保守主义的诘难是一个契机，让我们重温"五四"、整理"五四"、反思"五四"、继承"五四"、超越"五四"。

（二）"五四"是否调整了原有文化传统？

在"五四"对社会产生了巨大的效应后，在走过近 90 年的历程后，我们是不是也可以把"五四"看做传统的一部分？在更往后的将来，人们是不是以看待佛学汉传一样看待"五四"对西学的引进以及"五四"对原有文化传统的调整？

传统从来就不是静止不变的。中国的传统文化从来就是不乏交流与变动。从华夏文明发源地的黄河流域一直扩展到 20 世纪初 1000 多平方公里国土，华夏的文化在民族内外地域内外都展开过文化的交流，甚至是文化的冲突。在内，以中原的农耕文明为主，与北方游牧文明、南方游耕文明长期的交融与冲突一直存在，中原的衣食坐行乐都受到影响与改变；于外，佛教的传入，其思辩的缜密与繁富、教义的精深与不可思议对中国的哲学与伦理均产生了深远的影响，佛教的汉化产生了禅宗，佛教的转化生成了宋明理学。这其间的交流与融合历经了千年，当我们急急地指责"五四"的激进，是不是我们也太激进，没有给"五四"留够时间去转化出新的文化生长点？更何况在并不长的时间里，"五四"也取得了一定的成效，这些成效在政治、文化、社会、文学上的的效果尤为显著。

"五四"它给了一种原来传统所不曾有的或者说历史上曾有的但在"五四"之前以及当下都相当式微的某种精神和行为方式么？

邓晓芒先生认为"五四"精神有：1、怀疑和批判的精神；2、自我忏悔的精神；3、对进化论的超越[10]。邓先生所提出的这三种精神，我们都可以在佛教哲学或儒学中找到近似的精神或观念。佛教反对迷信，要求知而后信，这就是一种怀

1999：5.

[10] 邓晓芒.继承"五四"，超越"五四"——新批判主义宣言[J].科学·经济·社会，1999，（4）：14-16.

疑精神；佛教有经忏的仪式，也就是一种自我忏悔精神；儒家也讲求一日而三省吾身，这同样也是一种比较理性的自我忏悔；佛教的观念与进化论是相反的，它是一种循环的观念；而儒家是好古，美好之事往往追至尧舜禹，孔子一生克己复周礼。这些精神尤其是前两种精神在明清之际到"五四"之前是近乎被遗忘的，当然不排除在个别的人身上存在。"五四"它尤其带来了怀疑和批判的精神。

如果我们不纠缠于概念的细分，那么怀疑和批判的精神、个性解放、精神独立、思想自由、打到孔家店等等，这些"五四"时期流行词都指向了一个核心，即精神的独立。这是"五四"时期给我们的丰厚馈赠。王元化先生认为个性解放后来成了一个讽刺。个性解放后来被扭曲与压抑究竟是"五四"所暗含的趋向还是原来文化的积习太重？这是值得讨论的。但如果把时间限定在"五四"期间，仅仅从意图上去分析的话，并不做一种过于苛刻的要求，精神独立、思想自由、个性解放在当时确实成为了一种时代的目标取向。

（三）"五四"对原有文化传统的调整

"五四"后来被定义为新文化运动，新文化不独包括精神层面，还包括行为层面和制度层面。"五四"的独立精神，通过报纸、期刊等媒介及教育体系的传播，直接带来了一些社会后果，文化由精神层面扩散并进而向制度层面扩张。这些文化层面是相互交融。

"五四"的成就，以下主要从精神内部、社会后果以及制度方面来谈。

1、精神内部

精神内部，这是内涵最丰富也最富争议性的一个部分，绕开还在争论不休的碍地，比如" "五四"的意图伦理、激进情绪、功利主义、庸俗进化论[11]，比如启蒙主义与民粹主义、个人主义与人道主义、实用理性的世俗关怀等等，我们直达"五四"所提倡独立精神与自由思想所直接引发的两大文化事件：一是文学革命，二是整理国故。文学革命当中，胡适提出了"八不主义"："一曰，须言之有物。二曰，不摹仿古人。三曰，须讲求文法。四曰，不作无病之呻吟。 五曰，务去滥调套语。六曰，不用典。七曰，不讲对仗。八曰，不避俗字俗语。"[12]文学革命实乃独立思想之产物，对中国人的思维方式的改变有着重大的意义，它使思想有了较为轻盈的翅膀，而让下层百姓都可以乘着语言的翅膀飞翔。"五四"之后，

---

[11] 王元化先生将"五四"的思维模式概括为意图伦理、激进情绪、功利主义、庸俗进化论。其中意图伦理和功利主义这是一种激进思维模式还是传统的思维模式？姜义华先生认为这更多的是一种传统的思维模式。见姜义华、陈炎.激进与保守：一段尚未完结的对话[J].开放时代，1997，（2）：38-41.
[12] 胡适.文学改良刍议[N].新青年，1917-1-1(2).

几乎所有的杂志、报纸、期刊都开始使用用新文学语言。而杂志、报纸、期刊甚至教材，这些大众媒介和教育媒介语言方面的的革命带来了又进一步带来了思想的大交流、大解放。重估遗产和整理国故中，把传统的权威性打破，依据新思想重新批判传统，这也正是批判怀疑的独立精神与自由思想，即使是有一些反对者，也在客观上指出了传统从来不是完美无缺的。吴稚晖在《箴洋八股化的理学》一文中说："这国故的臭东西，他本同小老婆、吸鸦片相依为命。小老婆、吸鸦片，又同升官发财相依为命。"[13]中国出产的太监和女人的小脚，便是恶习的例子。三纲五常发展到极端就是对个体的极端不尊重。袁伟时先生指出："'五四'时期对人格的尊严，对人的自由，对学术的独立探讨精神，这些价值正是当前我们开发社会资本，培养文化能力，发展有创见性的理论思维、道德理性和精神价值的必要条件。"[14]

从总体上来看，中国传统社会的中央集权是日趋严密。商周尚是狭义上的封邦建国的封建国家；自秦之后，中国的形态变转为中央集权；而在唐代所开创的科举制之后，天下读书人就被尽揽网中；纲常伦理在宋代理学之后就相当地束缚人，独立精神和思想自由仅是极少数人的事。"五四"是撕开了这一道口子，在一个由个人意志统治的社会，给了民众以自由交流与思考，文学革命所提倡之白话文正是这一自由交流与思考的工具；整理国故，又给了民众反思本土文化的契机与过去相异的思考方式。独立精神与自由思考，这正是讲究纲常伦理的传统文化所欠缺的，无论后来的道路如何改变，"五四"的这一初衷以及在随后的社会后果中是显而易见的。

2、社会后果

社会后果，这是"五四"运动所引发的最显而易见。"五四"带来了政治和经济组织的重新定向。在"五四"运动爆发之前，独立精神与自由思想已经由知识分子布传给青年学生，政府对民众思想的控制已经不易做到。"普天之下，莫非王土"中"王土"的意识已转成"国土"的意识。在"五四"运动中，学生提出了"内除国贼"、"外争国权"、"外抗强权"的口号很快地有了效果，北京政府撤销曹、章、陆职务，总统提出辞职，陆征祥拒绝在和约上签字。并自那以后，这些口号很快就被各地政党采用，在后来发展成为反帝国主义、反军阀主义的运动。1923年7月13日，中国学生联合会、全国总工会、全国商业联合会等组织在北京成立了"反帝国主义大同盟"，24个支部很快在全国的主要城市建立起来，社会各界都

---

[13] 吴稚晖. 箴洋八股化的理学[J]. 科学与人生观，1923，（2）:8-9. 转引自（美）周策纵."五四"运动史[M] 陈永明，译. 岳麓书社，1999；449.

[14] 杜维明、袁伟时."五四"•普世价值•多元文化[J]. 开放时代，1999，（2）:20.

给予了热情的支持。它的纲领是：通过联合抵制、罢工、和其他被压迫民族合作的方式，废除和取缔一切租界、协定关税和治外法权，驱逐所有外国军队，废除不平等条约，收复失地。[15]后来影响中国政局的两大政党（国共两党）在这种氛围下开始合作，北伐和国民革命由此有了充分的舆论准备和社会基础。"五四"运动的另一个重要的社会后果就是让商人和城市的工人的组织和活动得到了发展。现代意义上的中国工会正是在1919年成立的，由26个归国的工人组成。那个时候，工会组织和商会组织遍地开花，街道联合会、工业协会、电器工业联合会、中华工会总会、职工运动委员会……全都在那几年迅速地冒了出来，而且进行了卓有成效的政治运动和罢工。

这些民众的运动可以如此公开，并影响到政府意志；工人可以作为一个相对独立的阶层，自发地举行组织和活动，这些在传统社会，要么是被视为叛逆，要么是不可想象；而在"五四"，这些都成了现实，甚至是潮流。这些民众运动的出现，当然有政权不稳固的因素，但新文化运动在其中影响也是不可忽视的。

3、制度层面

"五四"运动再一个硕果即制度上的妇女解放。自宋以来，汉族人看到少数民族的舞姬裹脚而舞姿态娉婷，而要求汉族女子也缠上脚，自那而后，中国的女子基本上就是男性变态审美观念左右下的半个残废。"五四"时期，三纲五常被打破，女子裹足缠脚的被放开，这是身体上的解放。随着三纲五常打破的还有家长的包办婚姻，自由恋爱的提倡，让女子有了人身与婚姻的自主权（尽管这有很长的路程，但"五四"开了个好头）。妇女不再作为附属品而开始作为独立的人出现在家庭和社会中。"中国妇女能有独立人格的生活，其成就归功于《新青年》的介绍，'五四运动'提供了这项成就的钥匙。"[16]在那个时候，妇女开始了要求财产继承权、婚姻自主权、受教育权，甚至对政治事件有了浓厚的兴趣，比如当时以战国"四公子"自许的女高师"四公子"。1920年，长沙妇女参加游行，要求婚姻自由和人身自由；1921年湖南女界联合会提出实现妇女的五种权利，即平等的财产继承权、选举和被选举权、平等受教育的权利、平等工作的权利以及婚姻自主权利（后来被称做"五权运动"）这些运动在湖南、浙江、广东都有发生，甚至产生了一定的效果，比如，湖南省立法中指定了妇女参政和人身自由的条款，并有一妇女被选入了省立法机构。[17]

---

[15] 高希圣. 社会科学大词典[S]上海:1929:116-117. 转引自（美）周策纵."五四"运动史[M]陈永明，译. 岳麓书社, 1999:370-371.

[16] 陈东原. 中国妇女生活史[M]上海:1928:365. 又见林语堂. 吾国吾民 [M] 纽约:1935:69. 转引自（美）周策纵."五四"运动史[M]陈永明，译. 岳麓书社, 1999:372.

[17] 转引自（美）周策纵."五四"运动史[M]陈永明，译. 岳麓书社, 1999:372-375.

当我们今天一夫一妻地婚姻受到制度的保障的时候，当女子可以平等地接受教育，平等地参与政治和工作之时，我们是否知道这正是"五四"在那个时代的努力之一？传统社会的一夫多妻制，传统社会的三纲五常，传统社会女子的无才无职，这些是我们内心想要的么？我们是否对"五四"心存感念？"五四"的这些成果化入了我们的生活，当我们生活其中，并因为习惯此种生活方式，也不再追问什么时候一夫多妻被废除了，因何而废除？我们真的是很善于遗忘，以致我们在生活中碰到道德滑坡、出现对传统文化的隔膜就开始抱怨"五四"。

以上的三个方面仅是最显而易见的，"五四"作为一个影响面极广的运动，其成就要远远超过以上所概括的。

结 语

"五四"是未竟之业，"五四"能在多大程度上被继承被超越，这正需要保守主义、启蒙主义、新批判主义的共同完成，守成与创新始终是相伴随的。

那个时代没有给"五四"足够的可以从容承接传统的空间，而现代的历史语境给了我们超越"五四"的平台。在全球化背景下民族化的要求，过于西化的现代，对传统文化陌生的现代，以及现代西方文化对东方文化的企望，这些都要求我们重新重视我们的传统资源。"五四"的不足，可以在今日加以弥补与超越。

后记

这本书是在 2017 年 5 月召开的"早稻田-厦门大学国际学术研讨会"的论文集。这次学术研讨会的宗旨是开展中日学术交流，建立学术共同知，而这本论文集很好地体现了这个宗旨。参加会议的中日专家，在各个人文社会科学领域交流了自己的学术成果。这些成果涉及到中日关系、文化交流、社会发展和人文艺术诸领域，展示了他们精湛的学术思想；就其交流面之广而言，可谓前所未有。可以说，这次学术研讨会是中日学术交流的一次重要的事件，它对于创造中日学术共同知，进而建立东方学术共同体的目标具有积极意义。

中日两国的交往，如果不算徐福东渡的传说，从汉代就已经开始了；至于唐宋蔚为大观；直到明清，不绝如缕。在文化和学术交流方面，儒学特别是朱子学、佛教特别是禅宗的东传，对日本文化学术发生了重要的影响。在明治维新后，日本又成为中国接受西方现代文明的桥梁，中国的现代学术的历程也由是开始。清末民初形成了中日文化、学术交流的一个高峰时期，后被二战和冷战打断。中国改革开放以来，中日文化、学术交流日趋繁盛，不断发展，正在形成一个新的高峰。在这个历史背景下，我们面临着如何扩展和深化学术交流，建立东方学术共同体的历史课题。

当前，中国已经走出了闭关锁国的历史，不可逆转地融入了现代世界。中国的学术也消除了与世界学术的隔离，缩短了差距，基本上完成了学术的现代转型。但是，无可讳言，中国学术仍然没有走出西方体系的藩篱，甚至在许多领域还基本上属于传播学的范围。这就是说，中国仍然还在讲述西方的学术话语，而没有形成自己的独立的学术体系。如何走出传播学的范围而创造自己的学术体系，这是当代中国学人的使命。

我认为，学习日本学术现代化的经验具有重要意义。日本融入现代世界学术的历史要早于中国，并且完成了学术的现代转型，同时，日本也保留了自己的学术特性，在许多领域取得了重要的成果，甚至走到了世界的前列。日本在这方面的经验就是，在吸取西方现代学术的同时，也保留和发扬了自己的文化传统，使得现代学术与自身学术传统相互融合，从而创造出独立的学术思想体系。例如，我所在的学科美学领域，就有今道友信先生融汇东方传统和现代学术，创造了现代东方美学，其学术建树为世界所瞩目。这个经验是值得我们学习的。

中国具有自己的学术传统，经过必要的扬弃功夫，可以成为中国现代学术的

431

思想资源。这个过程也就是传统与现代、东方与西方对话的过程，在这个过程中建构中国个性的学术体系。就美学而言，我近年来的研究表明，中国传统美学具有主体间性和情感现象学的性质，它完全可以与西方主体性美学以及认知现象学对话，达到中西美学思想的互补。现在的问题是，中国学界还缺乏这种学术独立的自觉，一方面对西方学术亦步亦趋，而缺乏必要的批判工作，如当前对后现代主义的全盘接受；另一方面，对中国学术传统知之甚少，甚至弃如敝屣，创造性发掘还远远不够。因此，中国学术缺少自己的特性和建树，还没有取得与西方学术对话的资格，这是应该反省和改正的。

中日两国具有东方文化的背景和长期学术交流的历史，可以在东方文化传统下创造学术共同知，让古老的东方文化在现代条件下生长出灿烂的学术之花。面对这样的前景，需要加强中日学术的交流与合作。当前中日学术交流仍然具有局限性，主要还在两国关系领域以及比较文化研究领域交集多一些，还有待于开展全面的对话。应该在人文社会科学的各个学科领域开展经常性的交流，通过对两国具有前沿性的学术成果的对话，互相启发，共同进步。我相信，经过长期的努力，中日两国学者就会达成越来越多的学术共识，并且继承和发扬东方文化传统，建立具有东方特色的学术体系，进而形成学术共同体。中日学术可以与德法相比，中日与德法都是近邻和密切交流的对象；中日学术共同体是东方学术的主体，犹如德法学术共同体的是欧洲学术的主体。这样，以中日学界为主体的东方（起码是东亚）学术共同体一旦形成，必将独立于世界，与西方学术共同体并驾齐驱而毫不逊色。当然，这是一个长期的目标，需要不懈的努力。为了实现这个目标，当前要做的就是交流、交流、再交流。

杨春时

2018 年 3 月 22 日于厦门

編　者

樋口清秀（早稲田大学国際学術院教授）

楊　春時（厦門大学人文学院教授）

劉　　迪（杏林大学総合政策学部教授）

王　　元（東北文化学園大学総合政策学部教授）

早稲田大学・厦門大学国際学術会議論文集
日中共同知の創造

2018 年 12 月 10 日　初版印刷
2018 年 12 月 12 日　初版発行

編　者　　樋口清秀・楊春時・劉迪・王元
発行者　　佐藤　康夫
発行所　　白　帝　社
　　　　　〒171-0014 東京都豊島区池袋 2-65-1
　　　　　TEL 03-3986-3271
　　　　　FAX 03-3986-3272（営）／03-3986-8892（編）
　　　　　http://www.hakuteisha.co.jp

印刷・製本　大倉印刷(株)

Printed in Japan6914　　ISBN978-4-86398-359-5
造本には十分注意しておりますが落丁乱丁の際はお取り替えいたします。